Ernst Curtius, Friedrich Adler

# Olympia

Die Ergebnisse der von dem Deutschen Reich veranstalteten Ausgrabung

Ernst Curtius, Friedrich Adler

**Olympia**
*Die Ergebnisse der von dem Deutschen Reich veranstalteten Ausgrabung*

ISBN/EAN: 9783742895820

Hergestellt in Europa, USA, Kanada, Australien, Japan

Cover: Foto ©ninafisch / pixelio.de

Manufactured and distributed by brebook publishing software
(www.brebook.com)

Ernst Curtius, Friedrich Adler

**Olympia**

# OLYMPIA

## DIE ERGEBNISSE
## DER VON DEM DEUTSCHEN REICH
## VERANSTALTETEN AUSGRABUNG

IM AUFTRAGE
DES KÖNIGLICH PREUSSISCHEN MINISTERS DER GEISTLICHEN
UNTERRICHTS- UND MEDICINAL-ANGELEGENHEITEN

HERAUSGEGEBEN
VON

ERNST CURTIUS und FRIEDRICH ADLER

TEXTBAND IV

DIE BRONZEN

BERLIN
VERLAG VON A. ASHER & Cº
1890

# DIE BRONZEN

## UND DIE ÜBRIGEN KLEINEREN FUNDE

### VON

# OLYMPIA

BEARBEITET

VON

ADOLF FURTWÄNGLER

TEXTBAND

BERLIN

VERLAG VON A. ASHER & Cᵒ·

1890

# Vorwort

Die Ausarbeitung des vorliegenden Werkes beruht hauptfächlich auf den Aufzeichnungen, welche ich im Herbfte 1886 in Olympia vor den Originalen gemacht habe. Diefe fowie die inzwifchen angefertigten Zeichnungen zu revidieren, war ich im Frühjahr 1888 nochmals an Ort und Stelle. Auch die Zeichnungen wurden zum weitaus gröfsten Teile in Olympia felbft von den Herren Max Lübke und Eugen Siegert ausgeführt; während der erftere nach einem durch fchwankende Gefundheit verkürzten Aufenthalte fich fpäter noch den in Berlin befindlichen olympifchen Originalen widmete, hat der letztere die durch das Klima Olympias wefentlich erfchwerte Aufgabe mit dankenswertefter Ausdauer durchgeführt. Nur ein kleiner Teil der Gegenftände wurde unter Zugrundelegung von Photographien zunächft in Berlin von Herrn Julius Wentfcher gezeichnet und darauf von Herrn Siegert in Olympia vor den Originalen revidiert. Zu mechanifcher Wiedergabe durch die Photographie erfchienen nur wenige Stücke geeignet; denn die ftarke Oxydation, welche faft alle olympifchen Bronzen bedeckt, läfst die feineren Einzelheiten im Lichtbilde verfchwinden; diefe letzteren mufsten in den weitaus meiften Fällen in langfamer mühfamer Arbeit hervorgefucht werden, um dann in der Zeichnung feftgehalten werden zu können. Häufig mufste erft eine Reinigung des Objektes den Weg dazu bahnen; auch hierin haben mich die Herren Zeichner aufs befte unterftützt. Befonders mühfam, aber auch lohnend, war die Reinigung der zahlreichen Fragmente von Bronzeblech, die aber zu fo wertvollen Refultaten führte, wie fie der Panzer 980 und die Fibelplatte 362 darftellen.

Das Material, das hier verarbeitet ift, befteht zunächft aus den 14150 Stück Bronzen, welche das deutfche während der Ausgrabungen 1875—1881 geführte Inventar verzeichnet. Diefe befanden fich 1886 und 1888, mit Ausnahme der von der griechifchen Regierung an das Deutfche Reich abgetretenen und in Berlin aufbewahrten Dubletten, im Mufeum zu Olympia. Neuerdings ift ein Teil derfelben in das Nationalmufeum zu Athen überführt worden. Zu jener Zahl tritt dann noch eine Reihe von Stücken, die nach der Beendigung der deutfchen Ausgrabungen gefunden wurden und nur in dem Inventare der griechifchen Mufeumsverwaltung verzeichnet find; der zuletzt gefundene Teil derfelben ift in ein vom Jahre 1884 datiertes Inventar mit neu beginnender Nummerierung eingetragen; ich führe daffelbe als »Inventar von 1884« an. Wo im Folgenden dagegen nur »Inv.« citiert wird, ift das Inventar von 1875—1881, und zwar der die Bronzen betreffende Hauptteil deffelben, gemeint.

Zu diefen inventarifierten Bronzen kommt dann eine grofse Maffe von Stücken, welche bei der Ausgrabung zwar gefammelt und aufbewahrt, doch wegen ihrer geringen Befchaffenheit nicht einzeln inventarifiert worden find. Sie befanden fich 1886 in mehr als zwanzig grofsen Kiften im Magazine des Mufeums zu Olympia aufgehäuft. Bei meiner Durchficht derfelben habe ich eine gröfsere Anzahl bemerkenswerter Stücke ausgefondert. Auf diefe bezieht fich im Texte die Bezeichnung »aus dem Magazin«.

Neben der Menge von Bronzen ift die Zahl der übrigen Funde, welche in den Rahmen diefes Bandes fallen, nur eine verhältnismäfsig kleine. Es find zunächft 4643 Stück inventarifierter Terrakotten; unter diefen gehört jedoch ein Teil, nämlich die von Gebäuden herrührenden Terrakotten, in das

Gebiet der Architektur. Ich habe dies Inventar als «Inv. Tc.» angeführt. Die große Menge der Gefäßscherben ist indeß nicht inventarisiert und nur in Kisten und Körben magaziniert worden; ich konnte
deshalb bei Besprechung der Thongefäße nur relativ selten das Inventar citieren. — An Gegenständen
aus verschiedenen Metallen sind 313 Stück in einem Inventare aufgeführt («Inv. Met.»). Leider wurden
die Eisenfunde fast nur magaziniert und waren 1886 bereits nahezu ganz zerstört. — Die Objekte aus
verschiedenen anderen Materialien wie Glas, Horn und Stein sind in dem 203 Stück umfassenden
Inventar der Varia (Inv. Var.) vereinigt worden.

Es versteht sich, daß die einschlägigen als Dubletten an das Deutsche Reich überwiesenen und
jetzt in den Besitz der Königlichen Museen zu Berlin übergegangenen Fundstücke hier alle mit verarbeitet sind.

Zur Vervollständigung erschien es endlich angemessen, auch die nicht bei der deutschen Ausgrabung gefundenen, doch aus Olympia stammenden und in den Bereich dieses Bandes gehörigen
Gegenstände hier mit aufzuführen. Die wichtigeren derselben habe ich auch abbilden lassen, sie jedoch
zum Unterschiede von den unserer Ausgrabung verdankten nicht in die fortlaufende Nummernfolge
aufgenommen.[1] Bei vielen dieser Stücke beruht die Fundangabe freilich nur auf der Aussage der
Händler, ist also nicht absolut zuverlässig. Übrigens konnte bei der Sammlung dieser weit zer-
streuten und vielfach in Privatbesitz befindlichen Fundgegenstände keine Vollständigkeit erstrebt werden.
Das bei weitem bedeutendste Stück dieser Kategorie ist der Panzer auf Taf. LIX, den wir mit
gütiger Erlaubnis des Besitzers Herrn Crow auf Zante in genauer Zeichnung nach dem Originale
veröffentlichen.

Als Vorarbeiten konnte ich zunächst meine eigenen Studien aus den Jahren 1878 und 1879 benutzen. Ich war damals während des vierten Ausgrabungsjahres in Olympia thätig und habe, unter zeit-
weiliger Beihilfe der Herren G. Körte und A. Milchhöfer, sowohl die sämtlichen Funde jenes Jahres
inventarisiert[2], als auch das archäologische Tagebuch über die Ausgrabung vom 16. Oktober 1878 bis
1. März 1879 geführt. Nach Deutschland zurückgekehrt, verarbeitete ich meine damaligen Beobachtungen
in einer in die Abhandlungen der Königlich preußischen Akademie der Wissenschaften zu Berlin von
1879 unter dem Titel «Die Bronzefunde aus Olympia und deren kunstgeschichtliche Bedeutung» auf-
genommenen kleinen Schrift, welche einen Überblick über die bis dahin gemachten Funde von
Bronzegegenständen enthielt; derselbe mußte indeß, da ich in Olympia selbst an eine derartige Ver-
öffentlichung nicht gedacht hatte, recht unvollkommen ausfallen. Im Texte vorliegenden Werkes ist
auf diese Arbeit nur noch an wenigen Stellen durch das abgekürzte Citat «Br.-Funde» verwiesen.

Ferner waren die übrigen Inventare für mich wichtige Vorarbeiten; die der ersten drei Jahre
sind von den Herren G. Hirschfeld und R. Weil, die des fünften und sechsten Jahres von K. Purgold
verfaßt; die letzteren sind besonders reichhaltig, indem sie die Bronzen von No. 7465—14150 in sorgfältigen Beschreibungen enthalten. Endlich habe ich die archäologischen Tagebücher über die Ausgrabung benutzt, welche in den ersten zwei Jahren G. Hirschfeld, in den folgenden, mit Ausnahme
der oben angegebenen Zeit des vierten Jahres, G. Treu führte. Namentlich in diesen von Treu ver-
faßten ist auch den kleineren Funden eingehende Beachtung zu teil geworden.

Um die Nachprüfung zu erleichtern, habe ich alle inventarisierten Stücke jeweils mit ihrer
Inventarnummer angeführt[3] und, wo einzelne Angaben des Tagebuchs meine Quelle waren, dieses
genannt.

---

[1] Aus Versehen ist ein auf Tafel LXIII abgebildeter fragmentierter Helm, der nicht aus unseren Ausgrabungen
stammt, als 1608 in die Nummerierung eingereiht.

[2] Inventar Bronzen No. 3737—7464; Skulpturen No. 972—1328; Terrakotten No. 905—2094; Münzen No. 1271
bis 2935; Varia No. 79—105; Metalle No. 126—234; dazu die Inschriften.

[3] Von zahlreichen Gegenständen war 1886 die Inventarnummer abgefallen; bei den meisten derselben konnte ich
sie wieder nachweisen, nur einige gelang es mir nicht zu identifizieren; diesen Stücken fehlt im Folgenden der Zusatz
der Inventarnummer.

Schließlich darf ich mit Dank hervorheben, daß dem einleitenden Abschnitt über die Fundumstände mehrere Mitteilungen Herrn W. Dörpfelds zu gute gekommen find.

Als gedruckte Vorarbeiten lagen die in den vorläufigen Publikationen »Ausgrabungen zu Olympia«, Bd. I—V, 1875—1881, enthaltenen Besprechungen einiger Bronzen vor; auf diefelben ift im Folgenden durch das abgekürzte Citat »Ausgr.« verwiefen. Einige wenige Bronzen erfchienen auch in dem Sammelbande »Die Funde von Olympia, Ausgabe in einem Bande«, 1882.

Noch ift Einiges über die Einrichtung unferes Textes zu bemerken. Alle abgebildeten bei den Ausgrabungen gefundenen Gegenftände find, wie bereits angedeutet, mit fortlaufenden Nummern verfehen und werden nur nach diefen citiert. Die Maafse der Gegenftände habe ich in der Regel im Texte nicht verzeichnet, weil fie jeweils auf den Tafeln fowohl wie unter den Textbildern durch den Vermerk über das genaue Verhältnis der Abbildung zum Originale angegeben find. Nur in den wenigen Fällen, wo die Angabe diefes Verhältniffes nicht ausreichend erfchien, findet man die Maafse im Texte. Der Fundort ift bei jedem abgebildeten Stücke, mit Ausnahme derjenigen, bei welchen ich denfelben nicht mehr konftatieren konnte, hinzugefügt und auch den meiften der nur erwähnten Fundobjekte beigefetzt. Das Material, aus welchem der Gegenftand befteht, ift in der Regel nur da angegeben, wo es nicht Bronze ift; wenn die Angabe fehlt, ift Bronze verftanden.

Wo es zum Verftändnis der olympifchen Stücke erforderlich oder nützlich fchien, habe ich auf gleichartige oder verwandte Funde anderer Orte, foweit fie mir bekannt geworden find, hingewiefen; eine vollftändige Aufführung aller Analogien konnte aber natürlich nicht beabfichtigt werden.

Befondere Schwierigkeit machte die Anordnung des Stoffes. Es fchwebte mir als wichtigftes Ziel vor, diefelbe fo zu geftalten, dafs fie die in den olympifchen Funden fich fpiegelnden Hauptftrömungen der griechifchen Kultur klar und fcharf getrennt erkennen und verftehen hilft.[1]

Wer nur Einzelheiten wird rafch auffuchen wollen, der wird fich des Regifters bedienen, das ich möglichft bequem zu geftalten gefucht habe; wer aber, unferer Anordnung folgend, die ganzen Gruppen der Funde aufmerkfam verfolgt, wird freudig erkennen, dafs diefe nicht nur zerftreute Einzelbilder liefern, fondern fich organifch zu reichen Kulturgemälden zufammenfchließen.

---

[1] Einige wenige Stücke ftehen leider jetzt an falfcher Stelle, indem ich zu fpät bemerkte, dafs ich fie anfangs unrichtig beurteilt hatte (f. Text zu 933, 1167, 1336a).

Berlin, im Oktober 1890.

A. Furtwängler

# Inhalt

Der Stoff dieses Bandes sind die in überaus grosser Zahl in Olympia gefundenen Altertümer von Bronze und im Anschlusse an diese die übrigen verhältnismässig wenig zahlreichen kleineren Funde, nämlich die Terrakotten, soweit dieselben nicht in das Gebiet der Architektur (Bd. I, II) oder der grossen Plastik (Bd. III) gehören, und die Objekte von Glas, Stein, Horn, Gold, Silber, Eisen, Blei u. dgl.

Bevor wir zur Betrachtung der Funde im Einzelnen schreiten, suchen wir die Frage zu beantworten, wie und wo, unter welchen Umständen und an welchen Stellen diese grosse Masse von Gegenständen zu Tage getreten ist.

Die ungeheure Sandschicht, welche ganz Olympia bedeckte, schloss gar keine Fundstücke ein; aber auch in den oberen, zum Teil sehr mächtigen Schuttschichten, welche in den Jahrhunderten der byzantinischen und der spätrömischen Epoche abgelagert sind, waren die uns angehenden Funde nur verhältnismässig gering. Diese Schichten waren von Bautrümmern aller Art durchsetzt; in ihnen fanden sich auch fast alle die grösseren Skulpturwerke, welche Bd. III enthält; und aus ihnen stammen die geringen Reste von grossen Bronzestatuen, welche uns die Metallgier der Spätzeit übrig gelassen hat. Sonst enthielten sie nur die verschiedensten Gebrauchsgeräte jener späten Epochen und Münzen. Vereinzelt nur fanden sich auch Gegenstände der alten Zeit, die aber offenbar aus den tieferen Schichten emporgewühlt waren (so z. B. einzelne primitive Votivtiere, vergl. unten; Dreifusshenkel und Fragmente alter Bronzeurkunden in byzantinischer Schicht, s. Tagebuch VI, S. 14).

Die bei weitem grösste Menge der hier zu behandelnden Funde stammt aber aus den tieferen Schichten, welche die Ablagerung der klassischen und zu unterst die der ältesten Periode enthalten; und zwar waren die Funde an vielen Stellen um so zahlreicher, je tiefer man kam. Die Bautrümmer, auch die Ziegelscherben hörten überall nach unten hin ganz auf, dagegen wurde die Erde vielfach immer dunkler und, besonders in der Gegend der Altäre, immer ergiebiger an alten Bronzen. Weitaus die Mehrzahl unserer Bronzefunde sind Weihgeschenke oder Reste von Weihgeschenken alter Zeit, welche schon im Laufe der klassischen Epoche unter den Boden geraten waren. Dass gerade die untersten Schichten die an Bronzen reichsten zu sein pflegten, erklärt sich dadurch, dass die einfachen und zum Teil rohen Weihgeschenke der ältesten Zeiten späterhin gewiss als ganz wertlos erschienen und daher, um anderen Platz zu machen, schon frühzeitig unter den schützenden Boden kamen; während dagegen die Weihgeschenke der klassischen Periode in der Spätzeit, wenn auch zuletzt nur des Metallwertes wegen, hoch geschätzt und geraubt oder eingeschmolzen wurden.

Wenn nun auch der allgemeine Charakter der Schichten, wie wir ihn angegeben haben, überall deutlich zu erkennen war, so sind dieselben doch im Einzelnen nur an wenigen Stellen so scharf geschieden, dass sich bestimmtere chronologische Bestimmungen daran knüpfen lassen. Meistens gehen die Schichten ganz allmählich in einander über. Und vielfach ist ihre regelmässige Folge gestört, was bei der allmählichen Anlage der zahlreichen grossen und kleinen Bauten und Basen, der Wasserleitungen und zuletzt noch der christlichen Gräber nicht anders als natürlich ist; denn mit all diesem war ja ein Aufwühlen tieferer Schichten verbunden. So konnte es immer geschehen, dass ältere Gegenstände aus der Tiefe in höhere Schichten kamen, und umgekehrt, dass spätere Dinge in die Tiefe gerieten. Vereinzelte Fälle des Vorkommens von Gegenständen in dieser oder jener Schicht dürfen also nur mit Vorsicht zu chronologischen Schlüssen benutzt werden. Letztere sind meist erst dann zulässig, wenn aus vielen Fällen eine Regel konstatiert werden kann. Und weiter als zur Feststellung solcher Regeln kommen wir leider nur ausnahmsweise; für gewöhnlich müssen wir uns begnügen anzugeben, dass diese oder jene Fundstücke regelmässig den tieferen oder den höheren Fundschichten angehören. Denn nur in verhältnismässig wenigen Fällen liegen genaue Einzelbeobachtungen vor. Um solche bei der Ausdehnung der Ausgrabung konsequent und überall auszuführen, wäre ein grosses und dafür eigens geschultes Personal und ein langsames, vorsichtiges Abheben aller einzelnen Schichten nötig gewesen, was die Verhältnisse nicht gestattet haben.

Nur von den an den Altarplätzen gefundenen kleinen Weihgeschenken der ältesten Zeiten darf man mit Sicherheit annehmen, dass sie von ihrem ursprünglichen Aufbewahrungsorte sich nicht wesentlich entfernt haben. Bei den übrigen Fundstücken ist immer die Möglichkeit der Verschleppung im Auge zu behalten. Die Zerstörung der älteren Bronzeweihgeschenke und die Zersplitterung der Fragmente hat schon in recht früher Zeit begonnen. Dafür sind namentlich die Reste gewisser sehr stattlicher Dreifüße ein Beweis, deren Blechplatten schon im 6. oder gar 7. Jahrhundert v. Chr. zu Inschriften verwendet und zurecht geschnitten wurden (s. unten). Auch hat man öfter ursprünglich zusammengehörige Stücke (wie die Lanzenspitzen der Thurier 1052, 1058, die Schlangenköpfe 816a u. a. dgl.) an den entgegengesetzten Enden der Altis gefunden. Diese Thatsache frühzeitiger Zersplitterung und Verschleppung einzelner Stücke hindert aber nicht alle aus dem Fundorte auf die ursprüngliche Aufstellung zu machenden Schlüsse. Denn letztere werden durchaus zulässig sein in den Fällen, wo sich zahlreiche Gegenstände derselben Art an einem Orte fanden und zwischen ihnen und letzterem sich ein Zusammenhang noch deutlich erkennen läßt.

In der folgenden Beschreibung haben wir bei den einzelnen Stücken den Fundort, wie er in den Inventaren und Tagebüchern sich verzeichnet findet, angemerkt. Hier schicken wir einen Überblick über die einzelnen Fundplätze und eine Charakterisierung derselben voraus.

Wir beginnen mit den ältesten Ablagerungen, den großen Altarfunden.

Bei weitem die erste Stelle unter diesen nehmen die im Süden des Heraions gemachten Funde ein. Schon im zweiten Jahre der Ausgrabung traf man auf das Heraion zu geführter Versuchsgraben südlich vor diesem Bau auf eine tiefschwarze Schicht mit primitiven Terrakottafiguren (Inv. Tc. 383 Mann, 384 ff. Tiere). Im dritten Jahre wurden bei den Grabungen um das Heraion, besonders an dessen Südseite, überaus zahlreiche primitive Bronze- und Terrakotta-Tiere, dazu kleine Dreifüßchen und auch Waffenfragmente gefunden (vergl. das Tagebuch vom 27. Dezember 1877 ab bis zur Mitte Januar 1878; Inv. 2242 ff., 2291 ff.). Die Hauptmassen fanden sich jedoch erst im fünften Jahre, als die ganze Gegend im Süden des Heraions bis auf den gewachsenen Boden untersucht wurde. Nun erst zeigte sich der Rest des aus Mergelkalk und Feldsteinen bestehenden Fundamentes des großen Altares, welchen der Situationsplan zwischen Heraion und Pelopion in unmittelbarer Nähe des letzteren giebt. In dem Fundamente befand sich der uralte handgemachte Topf 1283. Rings um den Altar wurden die primitiven Votivtiere massenweis gefunden. Jeder Hackenschlag förderte welche zu Tage; in einer Woche wurden hier an 700 Stück Tiere allein von Bronze gesammelt, außerdem noch eine Menge solcher von Terrakotta. Es waren hier zwei tiefschwarze Aschenschichten zu unterscheiden. Die untere, welche ca. 20 cm Stärke hatte, lag beim Pelopion etwa 1 m unter jener Schicht, welche außen an der Umfassungsmauer des Pelopionhügels entlang läuft. Sie enthielt besonders massenhaft Terrakottavotive. Etwa 30—45 cm höher, durch eine Lage von gelbem Sande geschieden, lag die zweite tiefschwarze Aschenschicht, auch diese voll von alten Votiven. Die beiden Schichten näherten sich indes

vielfach und gingen stellenweise in einander über. Sie sind in der regelmäßigen Lagerung durch die Anlage der Umfassung des Pelopions sichtlich gestört worden. Das relative Alter dieser beiden Schichten wird nämlich durch die umgebenden Bauten bestimmt. Beide sind älter als die Einfassung des Pelopions; denn das Fundament derselben beginnt erst über der zweiten höheren Schicht. Anders ist das Verhältnis zum Heraion: die zweite Schicht bildete sich erst nach Erbauung des Heraions, die unterste aber ist älter als dieser Tempel; denn sie tritt im Inneren des Baues wieder auf und wird von den Fundamenten desselben durchschnitten.[1] Bei den Tiefgrabungen, welche im Heraion zur Untersuchung seiner Fundamente gemacht wurden, fand sich diese unterste Schicht im südlichen und westlichen Pteron und im Opisthodom; je weiter nach Westen desto tiefer lag sie, da der alte Boden, der im Osten des Tempels hoch ansteht, nach Westen stark abfällt. Im Südosten des Pterons traf man jene schwarze Altarschicht schon 60 cm unter dem Stylobat; sie fiel allmählich nach Westen zu; im Südpteron lag sie meist 1—1,20 m unter dem Stylobat; im westlichen Pteron 1,50—1,70, ja unter der Höhe des Weststylobats ward die unterste schwarze Schicht erst in der Tiefe von 2,20 gefunden. Hier beim Opisthodom und im westlichen Pteron war dieser vor die Erbauung des Heraions fallende Altarschutt wieder in zwei dünne schwarze Schichten gespalten, welche durch Sand getrennt waren. Westlich vom Weststylobat verlor sich jene tiefe Aschenschicht. Auch wird berichtet (Tageb. V, S. 184), daß westlich vor der Südwestecke des Heraions die Aschenschicht bräunlich und die Funde geringer wurden. Dagegen haben die Grabungen südlich vor der Südwestecke des Tempels und von hier südlich herab in der Gegend westlich vom Pelopion und ferner innerhalb des Pelopions in seinem westlichen und nordwestlichen Teile eine mächtige Aschenschicht mit einer Masse ältester Votive zu Tage gefördert, welche offenbar zu dem großen Altare gehörte und älter ist als die Umfassung des Pelopions. Nach Süden zu war die ursprüngliche Grenze der alten Altarablagerungen durch den natürlichen Hügel des Pelopions gegeben. Dieser hatte ursprünglich wahrscheinlich eine viel kleinere Einfassung, vielleicht von einer Lehmmauer; die erhaltene Umfassungsmauer stammt wahrscheinlich aus derselben Zeit wie der Thorbau, also ungefähr aus dem 5. Jahrhundert. In dieser Zeit war die hohe Bedeutung jenes alten großen Altares offenbar schon vorüber und die ganze Masse der alten Votive war schon abgelagert. Nach Westen und Norden war die Ausdehnung des alten Altarschuttes, wie die oben erwähnten Funde lehren, eine vor Anlegung des Heraions unbehinderte. Nach Osten zu scheint sie sich ungefähr ebenso weit erstreckt zu haben wie nach Westen. Wahrscheinlich sind die zahl-

---

[1] Wir nennen diese Schicht in der Folge der Kürze wegen die Schicht unter dem Heraion, heben aber hervor, daß sie nicht unter den Fundamenten des Baues liegt, welche vielmehr noch tiefer herabgehen, sondern nur tief unter dem Fußboden des Tempels

reichen Funde ältester Votive, die schon im vierten Jahre vor der Südostecke des Heraions und zwischen dieser und dem Pelopion gemacht wurden, auch noch auf jenen großen Altar zu beziehen; sie waren ganz gleich denen in unmittelbarer Nähe des Altars. Es wurde beobachtet, daß weiter nach Südost zu die Erde mehr braun als schwarz und die Funde spärlicher wurden.

Die Funde in der schwarzen Asche um diesen großen Altar verteilen sich auf folgende Kategorien. Besonders charakteristisch, und zwar namentlich für die unterste Schicht, war die Menge der primitiven Tier- und Menschenfiguren aus Terrakotta, die vorzüglich hier in Masse auftraten, während sie an den anderen Altarplätzen relativ viel weniger zahlreich erschienen. Daneben große Mengen von Bronzetieren. Ferner primitive menschliche Figuren von Bronze, die aber viel weniger häufig waren als die von Terrakotta. Dann Wagen, Räder, kleine Dreifußkesselchen wie 537 ff. in großer Anzahl und zwar schon in der tiefsten Schicht; hier auch Teile größerer einfacher Dreifüße von Eisen, während Fragmente kunstreicherer Dreifüße von Bronze nur in der oberen, nach Erbauung des Heraions fallenden Schicht vorkamen. In der Schicht, die älter ist als das Heraion, fanden sich ferner, doch den massenhaften Tieren gegenüber in geringer Anzahl, Reste von Diademen mit geometrischer Dekoration, Bommeln, einfache massive Ringe. Nagelköpfe wie 1210, kleine Doppelbeile, kleines Votivschwert, einfache gehämmerte Henkel mit Nieten wie 659, im Gegensatz wie 667, blattförmige Lanzenspitzen von Eisen, Reste von Thongefäßen, Becherfüße wie 1285, 1286, die große Hydria 1287, endlich ein Goldspiraldraht (s. unten). Dazu kommen noch folgende Kategorien, die aber nicht in der Schicht unter dem Heraion konstatiert wurden und wahrscheinlich nur aus der oberen Schicht stammen: Reste von Schallbecken wie 511 ff., Stücke von größeren Bronzedreifüßen, Fibeln, Halsbandteile und Waffen. Westlich vor dem Altar, unmittelbar an der Wasserrinne des Pelopions, wurde der merkwürdige Helm 1031 mit den Gefäßscherben 1296 gefunden, welche ins 8.—7. Jahrhundert zu datieren sind; in der Nähe der ebenfalls interessante altertümliche Helm 1029, beide in einer Tiefe, welche der der ältesten Schicht entspricht, welche älter ist als das Heraion. Da diese Stücke indes unmittelbar bei jener Wasserrinne lagen, so können sie sehr wohl erst durch die hier bei der Fundamentierung derselben stattgefundene Störung der Schichten in diese Tiefe geraten sein. Auch einige im Heraion gefundene Fragmente von Helmen des alten korinthischen Typus wie 1015, werden zufällig hereingeraten sein; in den genau beobachteten tiefen Aschenschichten unter dem Heraion kamen sie nicht vor. Dasselbe gilt für eine 85 cm tief unter dem Stylobat im Südpteron gefundene Knöchelschiene (Inv. 7862), die auch durch Zufall hierhergekommen sein wird. Fand sich doch selbst ein römisches Marmorskulpturfragment (eine Hand) ½ m tief unter dem Stylobat im Südpteron des Heraions. Die Anlage einer das Südpteron teilweise durchschneidenden Wasserleitung in römischer Zeit zeigt, wie jene Funde zu erklären sind.

Daß von den Funden im Pelopion die mächtige Aschenschicht, die sich im westlichen und nordwestlichen Teile zeigte, zu dem großen Altar südlich des Heraions gehört, wird schon bemerkt. Es wurden aber auch an der östlichen und südöstlichen Abdachung des Pelopionhügels schon im vierten Jahre der Ausgrabung und dann im fünften Jahre, namentlich in dem Dreieck welches die Pelopionmauer mit der Nordterrassenmauer im Südosten bildet, massenhafte Funde wesentlich derselben Art wie bei jenem großen Altare gemacht. Es erschienen auch hier Menschen- und Tierfiguren von Terrakotta, ferner Bronzetiere in Menge, darunter auch ein Widder, kleine Dreifußkesselchen, Fragmente großer Dreifüße, besonders viele Blechstreifen mit geometrischen Ornamenten, von Diademen und Gürteln herrührend, ferner Fibeln, Halsbandteile, Bommeln, Armringe, Nadeln, alle diese Dinge nur in den Typen der alten Zeit (vergl. 2. Abschn.), ferner außerordentlich viele einfache Ringe (s. zu 454), dann auch kleine Spiralringe, Schallbecken, kleine Doppelbeile, blattförmige Lanzenspitzen, Pfeilspitzen, Fragmente von Schutzwaffen, endlich auch Greifenköpfe von Kesseln und mehrere altkorinthische kleine Salbgefäßchen, welche dem 7. Jahrhundert angehören; auch ein geschnittener Stein des 8. bis 7. Jahrhunderts (1193). Es ist sehr wahrscheinlich, daß diese Funde sich auf den Pelopskultus beziehen. Südöstlich, innerhalb des Pelopions, nahe der Umfassungsmauer, wurde ein mit der umgebenden schwarzen Erde und alten Votiven gefülltes Loch beobachtet, in welchem man die Opfergrube des Pelops vermutete.[1] Auf dem Pelopshügel selbst wurden fast gar keine Funde gemacht; es war hier keine Ablagerung des Kultus, wie sie in so großer Dichtigkeit an den Abhängen des Hügels gefunden wurde.

Auch südlich vor dem Pelopion, längs der Nordterrassenmauer, wurden zahlreiche alte Bronzen der angeführten Arten gefunden und weiter nach Osten gegen den Zeusaltar zu ebenfalls. Ob die genannten Funde schon auf den großen Zeusaltar zu beziehen sind oder ob sie zu anderen Altären gehörten, bleibt dahingestellt. Beim Pelopion war (Paus. V, 14, 10) der gemeinsame Altar von Dionysos Chariten und Musen, dann der Nymphen; und zwar standen diese Altäre höchst wahrscheinlich östlich oder südöstlich vom Pelopion, da Pausanias sie unmittelbar nach dem Zeusaltar aufführt.

Westlich vom Pelopion wurden zwischen diesem und der westlichen Altismauer sehr zahlreiche Funde alter Bronzevotive derselben Art wie die schon erwähnten gemacht; doch wurden die Fundstellen dieses Terrains in den Berichten nicht genauer getrennt. Die besonders massenhaften Funde vor der Nordwestecke des Pelopions gehören jedenfalls zum großen Südheraionaltar. Doch auch südwestlich vor dem Pelopion erschienen viele Bronzen der gleichen Art, nämlich Tiere, geometrisch verzierte Diademe, Bommeln, aber auch Schildränder und Helmfragmente. Es scheint auch südlich vom Philippeion ein Altarzentrum gewesen zu sein, wo außer den vielen gewöhnlichen Tierfiguren, Dreifußfragmenten

---

[1] Nach mündlicher Mitteilung von Dr. Dörpfeld.

u. dgl. auch Schmuck- und Waffenſtücke in größerer Zahl gefunden wurden. Diese Schicht ſcheint ſich unter den Weſtaltismauern hindurch zu erſtrecken, da außerhalb derſelben unter dem Béton des der Mauer entlang laufenden Weges ſowohl primitive Votivtiere als andere alte Bronzen, wie ſie den Altarſchichten eigentümlich ſind, gefunden wurden.

Ein großer Altar wurde vor der Oſtfront des Heraions aufgedeckt, mit demſelben in der Orientierung übereinſtimmend. Es iſt wahrſcheinlich der Altar der Hera Olympia, der — natürlich auf kleinerem Unterbau — ſich aus Aſche erhob (Pauſ. V, 14, 8). Es wurden hier ſchon im 3. Jahre der Ausgrabung ſehr viele alte Bronzen, namentlich eine Menge von Votivtieren gefunden; auch der große Greifenkopf von Blech 797 ſtammt von hier. Erſt im 5. Jahre aber wurde die tiefſte Schicht ausgehoben, welche wieder, wie bei dem großen Altar im Süden des Heraions, die Terrakotta-Tiere, -Wagen und -Menſchenfiguren in Maſſe brachte.

Ein kleinerer Altar hat ſich vor der Weſtfront des Heraions gefunden, ſtand aber zu dieſem Baue offenbar in keiner näheren Beziehung. Die Ausgrabungen des 4. Jahres lieferten hier eine, indeß nicht beträchtliche, Anzahl der gewöhnlichen Votivtiere; hier fanden ſich auch die zwei Käfer 213; auch ein altkorinthiſches Salbgefäß. Im 3. Jahre waren vor der Weſtfront des Heraions mehrere Ringhenkel großer Dreifüße gefunden worden.

Weiter weſtlich, in der Gegend nördlich vom Philippeion, fand ſich wieder ein kleiner Altar und einige Votivtiere. In der ganzen Gegend nördlich gegen das Prytancion zu und namentlich auch in der Erde zwiſchen den beiden Fundamentringen des Philippeions fanden ſich viele alte Bronzen; neben Älteſtem auch relativ Späteres, auch einige archaiſche Statuetten. In dieſer Gegend waren der Altar des Kladeos, zwei Altäre der Artemis und zwei des Apollon (Pauſ. V, 15, 7).

Die geringen Fundamentreſte des großen Zeusaltares wurden im 5. Jahre aufgedeckt. Die umgebende ſchwarze Aſchenſchicht lag etwas höher als die Fundamente. Dieſelbe war dünn und nicht entfernt zu vergleichen mit der mächtigen Aſchenſchicht um den großen Altar im Süden des Heraions. Auch waren die Funde lange nicht ſo maſſenhaft wie dort, ſondern verhältnismäßig ſpärlich und auf weiten Umkreis zerſtreut. Der Boden war mit Knochen und Kohlenreſten durchſetzt. Unter den Votivtieren waren die von Terrakotta wenig zahlreich. Auch die kleinen Dreifußkeſſelchen waren lange nicht ſo häufig wie beim Heraelon. Im Übrigen waren die Fundkategorien dieſelben wie anderwärts; alſo geometriſch verzierte Blechtänien (auch viel weniger als beim Heraion), Halsbandteile, Bommeln, Ringe, Fibeln, Nägel, Fragmente großer Dreifüße, auch ſolcher von Eiſen, Greifenköpfe, Blechgefäße, darunter namentlich verhältnismäßig viele Opferſchalen; auch an Schallbecken wurden öſtlich und nordöſtlich bei dem Altare eine ganze Anzahl gefunden; endlich Waffenſtücke (das einzige Bronzeſchwert, das gefunden ward, ſtammt von hier, 529; ferner auch die Oberſchenkelſchiene 996).

Eine ſehr intenſiv ſchwarze Schicht mit maſſenhaften Funden, ganz in der Art derer ſüdlich vom Heraion, wurde im 4. Ausgrabungsjahre ſüdweſtlich vor dem Metroon entdeckt. Sie erſtreckte ſich nördlich bis etwas über den vor der Weſtfront des Metroon befindlichen Altar und ſüdlich von der Südweſtecke des Tempels noch eine kurze Strecke; weiter ſüdlich und weſtlich verlor ſich die Intenſität der ſchwarzen Schicht. Nach Oſten reichte ſie unter die äußeren Fundamente des Metroons, unter deren Unterkante ſie 30 cm tief lag; doch ward ſie bei den in Opisthodom und Cella angeſtellten Tiefgrabungen im 5. Jahre nicht mehr vorgefunden, erſtreckte ſich alſo nicht ſo weit öſtlich. Die Tiefe der Schicht im Verhältnis zum Altare vor dem Metroon war ſehr beträchtliche; ihre unterſte Lage war 70—85 cm tiefer als die Unterkante des Altarfundamentes; über dieſer 10—15 cm ſtarken unterſten Aſchenſchicht wurde hier eine gelbe Sandſchicht konſtatiert und über dieſer eine zweite ſchwarze Lage mit Votiven. Über dieſer wieder Sand und dann erſt jenes Altarfundament. Wie beim Heraion-Südaltar war alſo auch hier einmal über die älteſte Ablagerung von Aſche und Votivgegenſtänden Sand gebreitet worden, über welchem dann eine zweite Ablagerung ſtattfand, die wieder mit Sand zugedeckt war, als man den Altar vor dem Metroon, der mit dieſem offenbar gleichzeitig iſt, anlegte. Die Funde in dieſen alten Aſchenſchichten zeigten durchaus denſelben Charakter wie die beim Heraion. Auch hier Terrakottatiere und Menſchen (Wagenlenker), wenn auch weniger zahlreich als dort; auch hier Maſſen von Bronzetieren, einige primitive Bronzemenſchen, ſehr viele kleine Dreifüßchen, ferner Tänien mit geometriſchen Ornamenten, Nadeln, Armringe, Halsbandteile, Räder, kleine Ringe, einige Schallbecken, Doppelbeilchen, Pfeilſpitzen, blattförmige Lanzenſpitzen, endlich große Dreifußteile. Irgend etwas Beſonderes, auf den Kult der Göttermutter zu Beziehendes fand ſich nicht: die Schallbecken ſind keineswegs ſpeziell dieſer Fundſtelle eigen; ſie beziehen ſich vielmehr den Funden nach auf den Zeuskult (vergl. unten). Auf die Frage, ob der Göttermutterkult in Olympia älter iſt als der ziemlich ſpäte Tempel und Altar, geben uns die Funde keine entſcheidende Antwort. Sicher iſt nur, daß das Metroon und ſein Altar ſich auf der Stelle eines ſehr alten Kultus erhoben.

Auch der Zeustempel iſt über einer mit alten Voluten bereits ſtark durchſetzten ſchwarzen Schicht erbaut, welche rings um den Tempel herum konſtatiert wurde und eine Menge alter Bronzen ergab. Auf der Süd- und Oſtſeite ließ ſich (im 4. Ausgrabungsjahre) beſonders deutlich erkennen, wie dieſe von Trümmern freie, nur alte Bronzen enthaltende Schicht unter dem aus Sand und Porosbrocken beſtehenden Bauſchutte des Tempels lag. Über dem Bauſchutte erhob ſich die ſpätere, ſehr ſtarke, vom Trümmern, namentlich Ziegeln durchſetzte ſchwarze Schicht, welche auch viele Bronzen bot, darunter neben vielem Altem aber auch manches Spätere. Ganz beſonders ergiebig war die Gegend weſtlich und nordweſtlich vom Tempel in der höheren wie in der tiefſten Schicht. Einzeln hervorzuheben ſind folgende Stellen. Gerade vor der Mitte der Weſtfront wurden im fünften Ausgrabungsjahre in der unterſten Schicht, bei dem hier befindlichen, wohl von einem Altare herrührenden Quaderfundamente, viele Bronzetiere und einige primitive Menfchenfiguren, auch ein Reigentanz von Frauen, ferner Wagen und größere Keffel gefunden. Schon im dritten Jahre wurden hier viele Votivtiere, auch Schallbeckenteile und Dreifußftücke gefunden. Auch bei dem unter dem Bauschutte liegenden Fundamente eines kleineren Altares vor der vierten Säule der Südfront (von Often) fand fich eine größere Anzahl von Bronzetieren. Nirgends war indefs eine fo intenfive, mächtige und an ältelten Funden reiche Schicht zu konftatieren wie bei Heraion, Pelopion und Metroon. — Die Ausgrabungen um den Tempel wurden ganz allmählich in den fünf Jahren zu Ende geführt. Im erften Jahre wurden nur die oberen Schichten nahe um den Tempel unterfucht. Es fanden fich hier viele kleine Fragmente großer Statuen, befonders vergoldete, Refte der in der Spätzeit zerftörten Bildwerke. Dann von alten Bronzen viele Gefäßfragmente, Stücke großer Dreifüße, auch einige primitive Tiere, ornamentierte Blechftreifen, darunter 762, Fibeln, Nadeln, Blätter von Kränzen, Nägel; und von Waffen Pfeilfpitzen, Lanzenfpitzen, Refte verzierter Schildränder, Stücke von Helmen und Beinfchienen. Im zweiten Jahre fanden fich im weiteren Umkreife des Tempels diefelben Dinge wie im erften Jahre — auch jetzt viele Stückchen vergoldeter Statuen, Blechgefäßftücke, viele Helmingmente —; in den tieferen Schichten nordöftlich vom Tempel auch primitive Tiere, kleine Wagen, Tänien mit geometrifcher Dekoration; im dritten Jahre hier ein primitiver Frauenreigen und Refte von Schallbecken. Auch an der Nordfront fanden fich im zweiten Jahre ziemlich viele primitive Tiere, auch kleine Wagen; hier ebenfalls ein primitiver Frauenreigen. Vor der Nordweftecke wurden im dritten und im fünften Jahre viele Votivtiere in den tiefen Schichten gefunden; auch primitive Menfchenfiguren, darunter wieder ein Frauenreigen, Räder, Spiralringe, Schallbeckenteile u. a. wie an den älteften Altarplätzen. In derfelben Gegend im vierten Jahre auch Opferfchalen mit und ohne Omphalos und Keffel. An der ganzen Südfront wurden im vierten Jahre in der Schicht unter dem Bauschune ziemlich viele Tiere gefunden, ferner kleine Dreifüßchen, Räder, Griffe von Schallbecken, Refte großer Dreifüße, viele Blechgefäßftücke, Armbänder, Fibeln, Nadeln (nur der alten Typen natürlich), Halsbandteile, geometrifch verzierte Bleche, mit Flechtband gefchmückte Schildränder, Helm- und Beinfchienenftücke, Phialen mit und ohne Omphalos, Olblätter von Kränzen und Nägel. Refte greifengefchmückter Keffel und ihrer Unterftütze (vergl. Taf. XLIX) erfchienen mehrfach in verfchiedenen Jahren in der Umgebung des Tempels und wurden im vierten Jahre auch unter dem Bauschutt im Süden konftatiert. Ornamentierte und zwar auch figürlich gezierte Blechftreifen kamen befonders viel vor der Weftfront und der Südweftecke zu Tage; hier ward auch im dritten Jahre das große Relief Taf. XXXVIII gefunden. Der Kopf Taf. I ftammt aus höherer Schicht im Südweften des Tempels. — Nach Paufanias fcheinen namentlich öftlich, füd- und nordöftlich vom Tempel viele und bedeutende Altäre gewefen zu fein; füdweftlich ftand der heilige Ölbaum und der Nymphenaltar. Die

Funde erlauben uns keinen diefer Altäre beftimmt zu fixieren, fondern zeigen nur, wie lebhaft der Kult und wie reich die Menge der Votive hier fchon vor Erbauung des Tempels gewefen fein muß.

Der große freie Platz im Often der Altis vor der Echohalle zeigte zu unterft eine dünne fchwarze Schicht, welche unter den Fundamenten der Echohalle und denen der vor derfelben befindlichen Bafen durchgeht und, wenn auch nirgends gehäuft fondern zerftreut, doch eine ganze Anzahl alter Bronzen ergab, fowohl Tiere als namentlich Gefäßfragmente, Schalen, Refte von Keffelunterfätzen, Waffen, befonders Schildränder; hier fand fich auch der Panzer Taf. LVIII. Nördlich in der Gegend vor den Zanes und dann auf der Thefaurenterraffe wurden in der tiefen Schicht verftreut viele alte Bronzen, auch Votivtiere, Fragment weiblicher Reigentänze, Refte alter Dreifüße und Keffel, Schmuck, verzierte Bleche und Waffen gefunden.

Außerhalb der Altis haben nur wenige Plätze einen den Altarftellen in der Altis ähnlichen und zwar nur entfernt ähnlichen Charakter gezeigt. Südlich von dem römifchen Feftthore traf man (im fechften Jahre) auf eine tieffchwarze unterfte Schicht, die einen fragmentierten Terrakottamann, fonft aber nichts Wefentliches lieferte. — Vor der Nordweftecke des füdlichen der weftlich vom Buleuterion belegenen Bauten zeigte fich (im fünften Jahre) nach Weften zu eine an alten Bronzen reiche fchwarze Schicht; fie ergab Votivtiere, einige primitive und archaifche Statuetten, Dreifüßrefte, Keffelrefte, Schalen, Fragmente von Schilden, Helmen und Lanzen, viele alte Henkel, drei Disken von Bronze, Refte von Bronzeurkunden. — In der Gegend füdlich von dem Baue füdlich der byzantinifchen Kirche fanden fich in der unterften Schicht einige Votivtiere und auch ein primitiver Krieger. — Die tiefe Schicht zwifchen der byzantinifchen Kirche und den nördlich von ihr belegenen Bauten ergab einige Funde in der Art der alten Altäre, Tiere, kleine Dreifüßchen, Fragmente großer Dreifüße und Becken. Im Heroon felbft, wo der Erdaltar mit der Weihung an die Heroen aufgedeckt ward, fanden fich von alten Bronzen nur einige Refte von Waffen, von Helm, Schild und Lanze. An der Nordfeite des Heroons ein großer Greifenkopf. — Auch in der Palätra kamen in der unterften Schicht, die wefentlich älter ift als der Bau und tiefer liegt als deffen Niveau, etliche primitive Tiere, Keffel, Dreifußftücke, Henkel, einfache Ringe in großer Zahl, verfchiedene Waffenfragmente, darunter auch eiferne Lanzenfpitzen, auch eine eiferne Hacke in diefer Tiefe zu Tage. Auch füdlich der Palätra in der tiefen Schicht manche alten Bronzen.

Große Ablagerungen von Schutt älterer Zeiten, welche reich an Bronzen waren, aber einen anderen Charakter haben als die Altarfunde, wurden namentlich in und bei dem Prytaneion, fowie bei dem Südoftbau gemacht. In der tiefen Schicht innerhalb des Prytaneions, die bis 1,10—1,20 tief unter dem Stylobat des fpätrömifchen Oberbaues liegt, fanden fich fehr viele Refte von Bronzeftatuen, namentlich Keffeln und Becken. Einmal fand man hier in einem engen Raume mehrere große Keffel aufeinandergehäuft, die fchon in guter

6

griechischer Zeit hiergeworfen waren; dabei lagen alte Dreifußbeine und Henkel und auch ein Blech-Greifenkopf [1]. Dann fand man viele Beckenhenkel, auch Reste von Pfannen, Weinkellen u. dgl., viele alte Dreifußteile, Löwenklauen von Tischen oder Sesseln; besonders zahlreiche Lanzenspitzen, auch Schildfragmente; ferner Leuchter, Gewichte, Blätter von Ölkränzen, alte Bronzeinschriften. Der ganze Schutt war mit Scherben von Thongeschirr durchzogen. Nördlich vom Prytaneion, besonders dicht nördlich von dem großen oblongen nordwestlichen Raume war die tiefe schwarze Schicht sehr intensiv und enthielt wieder viele Gefäß- und namentlich Dreifußstücke, Lanzenspitzen, Gewichte, Nagelköpfe, mehrere archaische Statuetten; auch eine Anzahl primitive Tiere, die vereinzelt wie fast allenthalben so auch im Prytaneion erschienen. Diese Funde beziehen sich offenbar nicht auf einen Altar, sondern sind die Abfälle der im Prytaneion teils als Weihgeschenke aufbewahrten, teils zum Gebrauche bestimmt gewesenen Gegenstände. — Sehr verwandt sind die Funde in der tiefen Schicht in und hinter dem Südostbau, welcher überhaupt ein dem Prytaneion verwandtes Gebäude ähnlicher Bestimmung gewesen zu sein scheint. Es fanden sich in dem Baue Fragmente von großen Dreifüßen, Kesseln und Becken, viele andere Gefäßfragmente, Schöpfkellen, Lanzenspitzen und Gewichte, auch Leuchter, also ganz dieselben Kategorien wie im Prytaneion. Auch hier waren ferner hinter dem Baue besonders starke Schutablagerungen und auch hier war der Schutt dicht mit Scherben von Thongeschirr durchsetzt. Gleich nordöstlich hinter dem Bau und noch weiter nach Osten hin fanden sich in tiefschwarzer Schicht viele Gefäßhenkel, Kessel, Dreifußteile, Nagelbuckel, Waffen; auch alte Bronzeurkunden. Hinter dem Hause des Nero war der unter den Fundamenten der hier befindlichen griechischen Bauten wahrscheinlich hellenistischer Zeit sich hinziehende Schutt besonders dicht und ergiebig an älteren Thongefäßscherben, an Bronzehenkeln, Becken- und Dreifußteilen, Waffen u. dgl. Auch diese Funde sind offenbar zu beurteilen wie die des Prytaneion.

Charakteristisch und den eben angeführten verwandt waren auch die Funde im Buleuterion in der tieferen

[1] Fund vom 31. Mai 1879, in einem der Ziegelgemächer über dem Prytaneion. Es fanden sich ca. 20 cm unter der Oberkante der Porosmauer griechischer Zeit, auf welcher die Ziegelmauern stehen, zwei große Dreifußbeine vergl. zu 531 und zu 554a; tiefer ca. 90 cm unter jener Porosmauer ein Dreifußkessel mit noch daran sitzendem Ringhenkel vergl. zu 581; über diesem ein ca. 50 cm langer Streif von der Nebenseite eines Dreifußbeines von Blech wie 597; danaben und weiter unten die Reste mehrerer anderer Kessel. Diese Gegenstände waren von einer mit Knochen und Kohlen, mit Eisen- und Bronzeroll, mit Porosbrocken und Gefäßscherben dicht durchsetzten Erde umgeben. Außerdem fanden sich in der die Kessel füllenden Erde noch allerlei zerbrochene Bronzereste, Stücke, anscheinend von Schilden u. dgl, und namentlich, angerostet an die Innenwand des Dreifußkessels mit Henkel, ein Greifenkopf aus Blech, der natürlich von einem ganz anderen Kessel stammte; ferner zahlreiche Vasen- und Ziegelscherben, die alle noch vorrömischer Zeit angehörten.

Schicht, wo ebenfalls viele Dreifußteile, dann auffallend viele Gewichte sich fanden; auch Lanzenspitzen und Saurotere; Leuchter; eine Feuerzange (1196); Teile von Greifenketteln wie die auf Taf. XLIX.

Eine große und an Bronzen reiche Schuttablagerung ergaben die Stadionwälle, soweit sie untersucht worden sind. Am merkwürdigsten war der Fund einer ganzen Reihe größtenteils vollständiger Rundschilde in dem Graben, welcher durch den Südwall gezogen wurde. Der westliche und südliche Wall waren ursprünglich, wie Dörpfeld nachgewiesen hat, ganz niedrig und wurden erst später, wahrscheinlich zugleich mit Erbauung der Echohalle, beträchtlich erhöht. Die Schilde lagen unter dieser späteren Aufschüttung, aber über dem alten Wall, und scheinen gleichzeitig mit jener Erhöhung des Walles hier ausgebreitet worden zu sein. Auch sonst, wo die Stadionwälle untersucht wurden, ergaben sie sich besonders reich an Waffen; darunter waren auch Fragmente von Schilden, aber keine so vollständigen Stücke wie an jener Stelle. Die Vermutung Dörpfelds ist sehr wahrscheinlich, daß die zahlreichen, allmählich von den Bauern im Alpheios gefundenen Waffen aus dem vom Flusse weggerissenen Teile des Südwalles stammen. Jene Schilde lassen vermuten, daß gerade bei Aufschüttung der neuen Wälle eine Menge wohlerhaltener Waffenstücke zu unterst abgelagert wurden. Der Grund dafür konnte nur der sein, daß man sie los sein wollte aus der Altis, wo man den Platz für Anderes brauchte. Daß man gerade so viele Waffen beseitige, damit verband sich vielleicht noch eine andere Absicht. — Im Übrigen ergab die Untersuchung der Stadionwälle schon oben auf ihrer späteren Höhe eine Menge alter Bronzen, ebenso die Durchhackung der Erde des Westwalles und des kleinen ausgegrabenen Stückes des Südwalles und des Ostwalles. Überall waren die Bronzen mit Mengen von Scherben aller Art vermischt. An Bronzen fanden sich fast alle die Kategorien, welche in der Altis vorkommen, also außer den schon erwähnten Waffen auch Votivtiere, kleine Dreifüßchen, Fragmente von großen, von Kesseln, Becken, Untersätzen; dann Schmuckgegenstände, Blechverkleidungen, Nägel, Gewichte u. s. f. Es scheint danach, daß es üblich war, aus der ganzen Altis Schutt und Erde, die zu entfernen war, auf die Stadionwälle abzuladen, die dadurch in wünschenswerter Weise erhöht wurden; die Erde aus der Altis war aber in der Regel durchsetzt von alten Votiven.

Es bleibt uns nur noch übrig, die für die oberen Schichten charakteristischen Funde aufzuführen.

Der zahlreichen kleinen Fragmente von großen Statuen in der Umgegend des Zeustempels ward schon gedacht. Sie fanden sich auch anderwärts, besonders häufig im Südwesten in- und außerhalb der Altis, beim Leonidaion und südlich von der Palästra.

Die intensive Bewohnung Olympias in der römischen Kaiserzeit, welche sich in den zahlreichen Ziegelbauten rings um die Altis manifestiert, mußte natürlich einen beträchtlichen Schutt zurücklassen. Die Gegenstände in demselben waren aber keine Weihgeschenke, sondern hatten wirklichem Gebrauche gedient. So sind Tausende von Kupfermünzen der Kaiserzeit in diesen oberen Schichten gefunden worden; so zahlreiche kleine Geräte. Dergleichen Dinge kamen zwar einzeln verstreut auch über der ganzen Altis in den oberen Schichten zu Tage, besonders zahlreich aber waren sie in den einst bewohnten Ziegelbauten rings um den heiligen Bezirk, im Prytaneion und den nördlich und nordöstlich anschließenden Gebäuden, dem Gymnasion, der Palästra und den Häusern südlich davon, dem Leonidaion, den Thermen am Kladeos und den vielen Räumen über und hinter dem Südostbau, dem Hause des Nero und den anschließenden Bauten. Charakteristisch sind diesen römischen Fundschichten die kleinen Toilettegeräte, die besonders bei den Thermenanlagen zahlreich waren, die Ohrlöffel, Sonden, Pflasterstreicher, Löffelchen; ferner auch die Griffel, Nadeln, Schlüssel, und endlich die Glasstücke.

Zwischen der ungeheuren Masse der Votive der alten Zeit, die bereits in der späteren griechischen Periode unter den Boden gekommen waren und den eben angeführten Fundstücken der römischen Epoche ist kaum ein Übergang, und die Funde aus der eigentlich sogenannten klassischen Zeit des freien schönen Stiles sind auffallend gering.

Wir haben den gesamten Stoff so disponiert, daß wir die höhere Kunst, die Reste von Statuen und die Statuetten vorangehen ließen. Dann folgt die Masse der Weihgeschenke der alten Zeit, nach ihrem Stile in zwei große Gruppen geordnet, die wir die des europäisch-griechischen und die des orientalisch-griechischen Stiles genannt haben. Die Begründung dieser Scheidung und Benennung würde hier zu weit führen; wir geben sie in einer eigenen kleinen Schrift, welche eine zusammenfassende Betrachtung dieser Funde enthalten soll. Endlich kommt ein Abschnitt, welcher unter dem Titel »Weihgeschenke und Gebrauchsgegenstände aus verschiedenen Zeiten« zwar noch eine Menge von Weihgeschenken alter Zeit enthält, die sich aber nicht so passend unter die vorherigen stilistischen Gruppen als vielmehr unter gegenständliche Rubriken ordnen ließen, in denen stilistisch und zeitlich verschiedene Objekte, auch alte Weihgeschenke und spätere Gebrauchsgegenstände vereinigt wurden; in diesem Abschnitte sind auch alle Funde aufgenommen, über die unser Urteil unsicher bleibt; endlich die Gegenstände der Spätzeit und unter diesen zum Schlusse die der christlichen Epoche.

# Erſter Abſchnitt.

## Die Reſte ſtatuariſcher Kunſt.

### I. Reſte gröſserer Statuen.

**1. 1a** (Taf. I). Altertümlicher Kopf, von 0,17 Höhe,
gefunden den 23. Oktober 1877 bei den Grabungen
im Südweſten des Zeustempels, 15—16 m in weſt-ſüd-
weſtlicher Richtung von der Südweſtecke des Tempels,
2,85 m unter dem Niveau des Stylobats an jener Ecke.
Er gehörte zu den erſten Funden in dieſer Gegend
und lag in der oberſten Fundſchicht, in derſelben,
in welcher die Fragmente der Weſtgiebelſkulpturen
zu Tage kamen. Es geht daraus hervor, daſs der Kopf
erſt in der letzten Zeit vor der Verſandung an die
Fundſtelle kam.

Er iſt abgebrochen von einer Statue; der Reſt eines
quadratiſchen eiſernen Dübels, der zur Verbindung diente,
ſteckt im Halſe. Die einſtige beſondere Füllung der
Augenhöhlen fehlt. Die Dicke der Bronze an der
Bruchſtelle des Halſes beträgt 7 mm, an den Augen
beträchtlich weniger. Der Guſskern, eine graubraune
erdige Maſſe, füllt noch das Innere des Kopfes; in ihm
iſt der Dübel befeſtigt. Nicht nur der Kopf der Statue
war beſonders gegoſſen, ſondern am Kopfe ſind auch
mehrere Teile getrennt gearbeitet und angeſetzt; nämlich die beiden Lockenreihen um die Stirne, die drei
Locken, die jederſeits auf die Schultern fielen und der
Schopf im Nacken; und an letzterem ſind wieder die
fünf Lockenenden, die hinten über das Band herabfallen, einzeln gearbeitet. In der Mitte des Schädels auf
Scheitelhöhe iſt ein kreisförmiges Stückchen von 2 cm
Durchmeſſer eingeſetzt; daſſelbe iſt anders patiniert und
ſcheint von weniger feiner Bronze; auch iſt die Ciſelie-
rung des Haares hier nicht ſo fein wie ringsherum. —
Zu der Technik vergleiche man den dem olympiſchen
auch in der Gröſse ganz entſprechenden Bronzekopf
von Kythera im Berliner Muſeum (Arch. Ztg. 1876,
Taf. III, IV, S. 20 ff. Brunn). Auch an dieſem ſind die
beiden Lockenreihen über der Stirne, und iſt der Schopf
im Nacken beſonders gegoſſen und angeſetzt; auch an
dieſem iſt das Innere des Kopfes gefüllt mit dem braunen
erdigen Guſskerne.[*]

Abgeſehen von den in die Stirne fallenden zwei
Reihen von Löckchen, iſt die geſamte Maſſe von
Haar und Bart ganz leicht gewellt in horizontaler
Richtung. Die weitere Gliederung der Maſſe durch in
vertikalen Reihen ciſelierte feine parallele Linien geſchah erſt nach vollendetem Guſſe. Im Haare liegt loſe,
ohne irgend einen Einſchnitt hervorzurufen, ein glatter
runder Reif (auch hierin ſtimmt jener Kopf von Kythera
überein). Die hinten herabfallenden Haare werden
gleich unterhalb der Ohren von einer Binde loſe um-
ſchlungen, die unterhalb der Haare geknüpft gedacht
werden muſs. Unter der Binde löſen ſich zunächſt an
beiden Seiten je drei einzelne Locken los, die bis auf
die Anſätze abgebrochen ſind; ſie ſind lang auf die
Bruſt herabfallend zu denken. Einige im Weſten des
Zeustempels gefundene Lockenfragmente der Art wie
24 ff. wurden bei der Auffindung für zu dem Kopfe
gehörig gehalten (ſ. Inv. 1955, 1999); doch iſt dies
nicht zu erweiſen. Die Maſſe der in den Nacken
fallenden Haare erſcheint emporgebunden mit einer
Binde gleicher Art wie die ſchon erwähnte. Das
über die Binde fallende letzte Ende der Haare iſt
in fünf getrennte Locken gegliedert. Dieſer Nacken-
ſchopf befindet ſich indeſs nicht ganz in der Mitte
der Rückſeite, ſondern iſt etwas nach ſeiner linken
Seite verſchoben.

Die Verhältniſſe des Geſichtes ſind folgende: die
Länge der Naſe bis zur Wurzel gemeſſen entſpricht der
Stirnhöhe von der Naſenwurzel bis zur Haargrenze, und
daſſelbe Maſs zeigt auch das Untergeſicht vom unteren
Rande des Naſenflügels bis zu der Stelle, wo unter dem
Barte das Kinnende ſich befinden muſs. Das Maſs dieſer
Diſtanzen iſt 34 mm. Daſſelbe Maſs beſtimmt auch die
Mundbreite. Es entſprechen ſich ferner die Diſtanzen
von Bartſpitze bis unterem Naſenflügelrand, von da bis
zur höchſten Stelle des Brauenbogens und von da zum
Scheitel, mit je 48 mm. Die Länge der Augen beträgt
26, die der Ohren 44 mm. — Da oben die vielfache
Verwandtſchaft des Kopfes mit dem von Kythera in

---

[*] Letztere Eigentümlichkeit, das Stehenlaſſen des Guſs-
kernes, findet ſich auch ſonſt an ſehr alten Bronzen; ſo an
der Figur mykeniſchen Stiles in Berlin, Arch. Anzeiger 1889,
S. 93, 7; an einigen Ochſenſtatuetten aus Cypern, ebenda
S. 88; in Olympia ſelbſt an dem Fiſch 978 und dem Greifenkopf 803. Bei den kleinen ägyptiſchen Bronzen iſt jene
Eigentümlichkeit die Regel.

Berlin angeführt ward, sei hier bemerkt, dass letzterer ganz verschiedene Proportionen zeigt.

Was die Deutung des Kopfes betrifft, so lässt es sich zwar nicht genau beweisen, ist aber, wenn man die nach Pausanias in der Altis befindlichen älteren Bronzewerke bedenkt, von höchster Wahrscheinlichkeit, dass wir den Rest einer Zeusstatue vor uns haben. Die langen Schulterlocken passen besonders gut zu dieser Deutung. Der Schopf im Nacken findet sich zuweilen gerade so wie hier an dem sitzenden Zeus strengen Stiles auf jenen Münzen Arkadiens, die neuerdings in besonders nahe Beziehung zu Olympia gebracht wurden und wahrscheinlich in Heräa geprägt sind (f. British Mus., catal. of gr. coins, Peloponnesus pl. 31, 11; P. Gardner p. LVII).

Da die Statue, wie oben bemerkt, noch in späterer Zeit in Olympia gewesen sein muss, so spricht alle Wahrscheinlichkeit dafür, dass sie sich unter den bei Pausanias anscheinend ziemlich vollständig aufgezählten älteren Zeusstatuen befindet. In nächster Umgebung des Fundortes scheinen nach Pausanias keine Zeusstatuen gestanden zu haben. Der Kopf kann aber natürlich verschleppt sein. Wenn man es als wahrscheinlicher zugeben mag, dass er aus der Nähe, als dass er aus größerer Ferne verschleppt ward, so sind von den überhaupt in Betracht kommenden Zeusstatuen bei Pausanias der von den Psophidiern geweihte, der sich irgendwo vor der Südfront des Zeustempels befand,[1] und der von den Chor ronneiern von Knidos gestiftete, zwischen Statuen des Pelops und des Alpheios stehende Zeus, der vor der westlichen Hälfte der Nordseite des Tempels seinen Platz hatte,[2] diejenigen, von denen am ehesten unser Kopf stammen könnte. Wenn die Basis nicht eine so ganz unsichere und schwankende wäre, möchte man gerne weiter kombinieren und die bemerkte Verwandtschaft des Kopfes von Kythera benutzen, den Münzen zufolge[3] recht wohl ein Weihgeschenk der Knidier an Aphrodite von Kythera gewesen sein kann; es würde dazu passen, wenn auch unser Kopf eine Stiftung der Knidier wäre. Indessen trägt diese Kombination; denn der olympische Kopf kann natürlich auch aus größerer Entfernung verschleppt sein und der Typus des Kopfes von Kythera kommt nicht etwa allein auf den Münzen von Knidos, sondern auch auf denen Arkadiens vor (Brit. Mus. catal. Pelop. pl. 31, 11, 15). Der charakteristische kleine Schopf im Nacken kehrt außerdem auch an dem strengen Athenakopfe der altkorinthischen Münzen und an der von Studniczka auf Mennichmos und Soidas zurückgeführten Artemis von Pompeii (Mitt. d. Inst. Rom, III, S. 284) wieder.

Frühere Abbildungen und Besprechungen: Ausgr. III, Taf. 22, S. 14 (Treu). Br.-F. S. 90. Funde Taf. 24.

---

[1] Paus. V, 24, 7: vom Buleuterion zum Zeustempel gehend erwähnt ihn Pausanias zur Linken; nachher wendet er sich nach rechts und erwähnt Statuen vor der Südostecke des Tempels, also waren jene weiter westlich vor der Südfront.

[2] Er wird auf dem Wege vom Mikythosdenkmal zur Weftaltismauer erwähnt (V, 24, 6); in der ganzen Gegend befand sich sonst kein älteres Zeusbild.

[3] Vergl. von Sallet in seiner Numism. Zschr. 1891.

Mitt. d. Inst., Athen 1882, S 118 (Brunn). Friederichs-Wolters, Gipsabg. 311, S. 141. Mitt. d. Inst., Rom 1887, S. 108 Anm. 55 (Studniczka). Flasch, Olympia, in Baumeisters Denkm. S. 1076.

**2. 2a** (Taf. II). Kopf einer Siegerstatue, lebensgroß, 0,28 Höhe, gefunden den 7. Juni, 14.50 m in nördlicher Richtung von der Nordseite des Prytaneions entfernt, eingeklemmt zwischen zwei Porosquadern, von denen er halb bedeckt war, circa 1 m unter der Oberkante der Nordwestecke des Prytaneions, tief unter dem Niveau der römischen Zeit. Diese Lage und der Umstand, daß der Kopf mit rohen und haftigen Schnitten vom Rumpfe getrennt scheint, ließen Treu bei der Auffindung schließen, daß der Kopf geflissentlich vergraben und verborgen worden war.

Der Kopf ist vollständig erhalten. Durch grüne Oxydwucherungen sind namentlich die linke Gesichtshälfte und die Nasenspitze entstellt, wogegen die rechte Seite den vollen Glanz der tief dunkelen Bronze zum Teil in unberührter Frische zeigt. Das Metall ist am Bruche des Halses circa 1 cm stark. Der Guß läßt im Inneren die Formen im Allgemeinen erkennen; so in der Linie des Kranzes sieht man im Inneren eine Gußnaht. Der Guß ist außen allenthalben aufs sorgfältigste und feinste ciseliert. Die Sorgfalt des Künstlers erstreckt sich gleichmäßig auf Alles und Jedes. Mit der größten Feinheit ist jede der vielen Locken an Haar und Bart mit den Ciselierwerkzeugen aus freier Hand durchgearbeitet und auf gleiche Weise haben die Fleischteile die außerordentlich lebenswahre Charakterisierung erhalten, welche sie auszeichnet.

Die sich nach innen keilförmig verengenden Augenhöhlen sind jetzt leer, indem ihre einstige Füllung herausgefallen ist. Die Lippen bestehen zwar aus demselben Materiale wie der Kopf, sind aber besonders eingesetzt, wie man sowohl von außen als auch von innen sehen kann (vergl. die einzeln gearbeiteten zum Einsetzen bestimmten Lippen unten 21). Die Augenbrauen sind in bekannter konventioneller Art durch zwei Reihen paralleler kleiner Striche in Gravierung angegeben.[1]

Die Deutung des Kopfes kann nicht zweifelhaft sein. Die stark verschwollenen Ohren und die eingedrückte Nase charakterisieren den Mann als einen, der sich die πυγμήν ἀγρεύσετα oder gar τὸ βαρὺ πίεζεν ἢ παγκράτιον ἀείσων zum Berufe gewählt. Der Kranz aber, der in seinem krausen Haare liegt, bezeichnet ihn als olympischen Sieger. Von diesem Kranze ist jetzt fast nur der Zweig erhalten, dessen Enden hinten ohne Beihilfe eines Bandes in einander geschlungen sind; nur zwei kleine Blättchen und die Ansatzspuren einiger anderen befinden sich jetzt noch an demselben. Die schmalen Blättchen zeigen die charakteristische Form des Kotinos.

---

[1] In gleicher Weise z. B. an dem sogenannten Platonkopfe aus Herkulaneum, an der Doryphoroskopie des Apollonios; aber auch an römischen Bronzeköpfen, wie z. B. dem weiblichen Porträt No. 4190 der Bronzen in Neapel. Es erhellt daraus, daß man diese Art der Brauenbezeichnung nicht wie Treu, Ausgr. V, S. 14 annahm) zu bestimmter Datierung verwenden kann.

Die Züge des Kopfes sind durchaus individuell und offenbar porträtähnlich. Der Mann ist in mittleren Jahren gebildet. Haar und Bart trägt er ungepflegt, kraus und wild. Seine Stirne ist nach der Mitte zu besonders stark entwickelt, doch scheint die Haut hier nicht prall über den Knochen gespannt, die Stirne erscheint vielmehr fleischig, fast knorpelig; durch einige feine horizontale Fältchen hat der Künstler dies besonders klar zu machen verstanden. Die Nase ist von unedler Form und überdies offenbar durch Faustschläge breitgedrückt. Die Haut auf dem Fleisch der Wangen erscheint glatt und glänzend, wogegen sie unter den Augen am sogenannten Thränensacke sich bereits, dem Alter des Mannes entsprechend, faltet. Dieser Teil ist mit besonders bewundernswerter Naturwahrheit gebildet.

Der Ausdruck ist der finsterer trotziger Kraft. Der Mann ist wohl gedacht, wie er den Angriff des Gegners erwartet; die fest geschlossenen Lippen verkünden Entschlossenheit, die zusammengezogenen Brauen gespannte Aufmerksamkeit. Man fühlt aus dem Kopfe heraus die Wucht der Faustschläge, die dieser Mann zu erteilen weiss. Überzeugender kann kein Bild eines athletischen Siegers sein.

Man pflegt den Kopf ins dritte Jahrhundert v. Chr. zu setzen. Mir scheint es ungleich wahrscheinlicher, dass dieses wunderbare Werk noch in die grosse Zeit griechischer Kunst, noch ins vierte Jahrhundert gehört und von einem der ersten Meister herrührt; denn etwas Vollendeteres an Bronzearbeit, als dieser Kopf sie bietet, vermögen wir uns nicht zu denken. Dann aber muss es der Kreis des Lysippos und Lysistratos sein, in welchem der Künstler zu suchen sein wird.[1]

Ist diese stilistische Diagnose richtig, so hat es, glaube ich, einen gewissen Grad von Wahrscheinlichkeit für sich, dass unser Kopf von der Statue des Sohnes des Philandrides aus Stratos in Akarnanien, Siegers im Pankration stammt, welche Lytippos gearbeitet hatte und welche einst in der Nähe des Prytaneions stand, hinter welchem der Kopf gefunden ward. Die Basis der bei Pausanias kurz vor jener genannten Statue der Kyniska[2] war, im nördlichen Prytaneion, gefunden; ebenda sind sich die Inschrift der neben der Kyniska befindlichen Statue des Troilos.[3] Dass unser Kopf von einer der in dieser Gegend von Pausanias genannten Statuen stammt, ist natürlich das Wahrscheinlichste; da bietet sich jener akarnanische Pankratiast des Lytippos als in jeder Beziehung passend. Ja auch darin, in dem wilde, fast rohe Charakter des Mannes nun durch die Nationalität desselben noch eine Motivierung erhalten würde. Er war der erste Sieger aus Akarnanien. Jene Gegenden waren bekanntlich in der Kultur zurückgeblieben und ihren Bewohnern wird noch eine gewisse Rauhheit eigen gewesen sein.

Abbildungen und Besprechungen: Ausgr. V, 21, 22, S. 14 (Treu). Funde Taf. 23. Arch. Ztg. 1880, 113: Treu.

---

[1] So auch Flasch a. a. O.

[2] Paus. VI, 1, 6; auf sie folgen bei Pausanias nur zwei Statuen, dann kommt der Akarnane Kap. 2, 1.

[3] Vergl. Arch. Ztg. 1879, S. 146 Furtwängler.

Flasch, Olympia (in Baumeisters Denkm.) S. 91 (Sep.). Abguss in Berlin Friederichs-Wolters 323, S. 145).

3. 3a (Taf. III). Basis und Fuss einer Siegerstatue, gefunden den 15. Februar 1878, umgestürzt, die Unterseite nach oben, an der Südterrassenmauer, über welche sie offenbar heruntergeworfen war. Am nördlichen Rande der Mauer stehen in nächster Nähe mehrere Basen in situ. Die Stelle des Fundes ist 24.40 m von der Südwestecke des Zeustempels entfernt und unmittelbar neben dem kleinen Wasserbassin am westlichen Teile der Südterrassenmauer.

Die Basis besteht aus hartem weissen Kalkstein. Ihre Höhe ist nicht ganz erhalten, da die Unterseite abgesplittert ist; die erhaltene Höhe beträgt 0,162. Die Breite, die vollkommen erhalten ist, misst 0,052; an dieser Breitseite ist in der Mitte eine Versatzbosse stehen gelassen. Die Länge ist nicht erhalten, indem die Basis links gebrochen ist. Durch Bleiverguss verbunden haftet noch auf der Plinthe der rechte Fuss einer Statue. Das Blei ist am Rande etwas übergequollen und wirkt namentlich an der Innenseite des Fusses fast störend. Die grösste Länge des Fusses beträgt 0,295, die Breite 0,115; die Dicke der Bronze 4—5 mm. Rechts neben dem Fusse befindet sich der Rest einer antiken 4 cm tiefen Einarbeitung. Vom linken Fusse ist wenigstens die 4 cm tiefe Einlassung für den Bronzeverguss grösstentheils erhalten. Es geht aus derselben hervor, dass der Fuss nach der entgegengesetzten Seite gewendet war; denn das vollständig erhaltene Ende der Einlassung ist sicher das für die Ferse, nicht das für die Ballen mit den Zehen. Die Oberfläche der Basis ist zwischen den beiden Füssen glatter als im Übrigen, wo sie rauh gekrönnt ist.

Die Stellung der Füsse ergiebt, wie der Versuch mit einem lebenden Modell lehrte, eine sehr bewegte Haltung, offenbar die eines athletischen Kämpfers, wodurch wir berechtigt sind, in der Basis die einer Siegerstatue zu erkennen. Der Stellung nach ist es wahrscheinlich die eines Faustkämpfers oder Pankratiasten gewesen. Die Vorderseite war in unserer Abbildung nach oben gewandte; die Rolle befand sich also auf der linken Nebenseite.

Der erhaltene Fuss ist ein Meisterwerk. Er gehörte einem kräftigen Manne von derber und keineswegs feiner Körperbildung, einem Manne, der alles auf athletische Ausbildung seines Körpers gewandt hat. Von unnützem Fleische ist hier keine Spur; alles ist kraftvoller Muskel; in Folge dessen treten die Knochen besonders an Ferse und Knöchel stark heraus und man sieht die sie verbindenden Sehnen. Die Haut ist rauh und schiebt sich über der Ferse in grobe Falten zusammen. Die ganze Anlage des Fusses ist nicht edel, vielmehr etwas breit und kurz. Der zweite Zehen ist zwar gebrochen, doch sieht man, dass er etwas kürzer war, als der grosse Zehen, welcher der längste ist, auch dies eine weniger edle Bildung. Die Nägel sind ebenfalls breit und kurz; sie sind an der Wurzel kaum schmäler als am Ende. Um einen rechten Gegensatz zu sehen, vergleiche man den Fuss des Hermes von Praxiteles. — Der Fuss stemmt sich mit Kraft auf den

2*

Boden. Die Anſtrengung hat die Adern ſchwellen laſſen, die ſtark hervortreten.

Die ſtiliſtiſche Behandlung des Fußes findet ihre, wie mir ſcheint, nächſte Parallelen in den Kopien pergameniſcher Werke des 3. Jahrhunderts (vergl. namentlich die Gallierſtatuen). Das Material und die Form der Batis würden zu einem Anſatze im 3. Jahrhundert ſehr gut paſſen, wo gerade dieſe Art weißer Kalkſteinplinthen in Olympia beſonders üblich war. Unter den Athletenſtatuen bei Pauſanias, die in der Gegend geſtanden haben müſſen, wo die Baſis gefunden ward,[1] befinden ſich zwei eines durch beſondere Kraft und Unermüdlichkeit ausgezeichneten Athleten, des Kapros von Elis, der an einem Tage im Ringkampfe wie im Punkration ſiegte; es war dies in der 142. Olympiade, alſo Ende des 3. Jahrhunderts v. Chr. Unſer Fuß kann leicht zu einer der beiden Statuen des Kapros gehört haben.

Vergl. Arch. Ztg. 1878, S. 36 (Treu; Abguß in Berlin (Friederichs-Wolters No. 322).

**4. 4a (Taf. IV).** Horn und Ohr des Stieres des Philesios, des Weihgeſchenkes der Eretrier, gefunden den 27. Januar 1877. Das Ohr fand ſich auf der Marmorbaſis ſelbſt liegend, in der Nähe der Inſchrift zwiſchen den Beinſpuren des Stieres; das Horn lag wenige Schritte nördlich, unmittelbar neben dem hier vorüberſtreichenden Zuge der byzantiniſchen Oſtmauer.

Das Ohr, von 0,23 Länge, war beſonders gearbeitet und angeſetzt und iſt deshalb wohl bei der Fortnahme des Stieres abgebrochen und liegen geblieben. Die Entfernung des Kunſtwerkes muß erſt in der Spätzeit zum Zwecke der Zerſtörung ſtattgefunden haben, da ſonſt das Zurückbleiben von Ohr und Horn nicht zu erklären iſt. — Das Ohr (es iſt das rechte) iſt von ganz vorzüglicher Arbeit und außerordentlicher Naturwahrheit. Die an daſſelbe anſetzenden kurzen Löckchen ſind in der Weiſe des ſtrengen Stiles gebildet und ſorgfältig ciſeliert. Die Patina iſt ſehr ſchön, glatt und teilweiſe hellgrün.

Das Horn — es iſt ebenfalls das rechte — hat, ſoweit es erhalten, eine Länge von 0,505; der untere Durchmeſſer beträgt 0,113; die Dicke der Bronze 1 cm am Bruche. Auch das Horn war getrennt gearbeitet; es iſt hohl gegoſſen und war mit Bleiverguß angeſetzt. Die jetzt fehlende Spitze war wieder beſonders angefügt; man ſieht den Kern hervorragen, über den ſie geſtülpt war.

Vergl. Ausgr. II, Taf. 31, S. 12.

**5. 5a (Taf. IV).** Rechter Arm einer Knabenſtatue, von 0,445 Länge, gefunden den 7. März 1879 in der Südhälfte des Prytaneions circa 1,20 m tiefer als der Stylobat des römiſchen Prytaneionbaues. Der Arm muß alſo einer ſchon relativ früh zerſtörten oder wenigſtens beſchädigten Statue angehört haben. Es fanden ſich in dieſer Schicht ſonſt nur ältere Bronzen.

Der Arm iſt hohl gegoſſen und war getrennt gearbeitet und angeſetzt. Leider iſt er von dichter Oxyd-

[1] Es kommen die bei Pauſanias zwiſchen den beiden feſten Punkten Epitherſes VI, 15, 6 und Philonides 16, 5 genannten Statuen in Betracht (vergl. Arch. Ztg. 1879, S. 140, Furtwängler).

wucherung bedeckt. Die Anſicht 5a giebt den Arm ſo wie er ſich bei Vorderanſicht der Statue zeigte, 5 von der Außenſeite geſehen. Der Arm gehörte einer etwas unterlebensgroß gebildeten Statue eines Knaben, vermutlich eines olympiſchen Siegers an. Der Unterarm iſt ein wenig nach vorn gebogen, die Hand hängt loſe herab. Die Finger könnten höchſtens eine leichte Tänie gehalten haben; es ſind aber keine Spuren davon erhalten. Nur der Zeige- und der kleine Finger ſind fragmentiert.

Der Arm iſt von außerordentlich ſchöner Arbeit. Er gehörte einer Statue freien Stiles an. Die Haltung des Armes mit den leicht gekrümmten Fingern erinnert zumeiſt an jenen Statuentypus, der uns am ſchönſten in der großen Bronze der einſtigen Sammlung Sabouroff erhalten iſt.[1] Ein genauerer Vergleich mit dieſer zeigt aber doch große und weſentliche Unterſchiede. Zunächſt gehörte der Arm einer Knabenfigur von noch zarterer Jugendlichkeit an. Und dann iſt der Stil ein ungleich lebensvollerer; alles Fleiſchige, das jener Sabouroff'ſchen Bronze ſo eigen iſt, ward hier vermieden und die Formen ſind durchaus von köſtlicher lebendiger Rundung; es iſt bewundernswert, wie zart und doch deutlich ſich die Muskeln namentlich am Oberarme herausheben. Auch die Faltungen der Haut, die dort ganz übergangen ſind, fanden hier Beachtung, wie die Innenſeite des Handgelenkes zeigt. Das Nagelglied iſt jeweils kürzer und breiter gebildet als an jener Bronze.

Abguß in Berlin (Friederichs-Wolters 325).

**6 (Taf. IV).** Rechter Arm von der Statue eines Kindes; lebensgroß, Länge 0,31; gefunden den 9. Februar 1878 bei dem Altisthor im Südweſten in relativ höherer Schicht und zwar dicht öſtlich neben dem nördlichen Pfeiler des über dem griechiſchen Baue hier errichteten ſpäten Ziegelbaues. Dieſe Gegend war beſonders reich an kleinen Fragmenten größerer Statuen (vergl. unten).

Die Handfläche iſt ausgeſchnitten, offenbar weil die Hand hier aufgeſtützt und mit der Baſis durch Blei vergoſſen war. Die Fingerchen müßten in dieſem Falle über die Baſis herabgereicht haben; die Hand war alſo am Rande der Plinthe aufgeſtützt. Das Knäbchen — ein ſolches iſt gewiß wahrſcheinlicher als ein Mädchen — war demnach an der Erde ſitzend und mit der Rechten ſich nach hinten aufſtützend dargeſtellt.

Das Ärmchen iſt ganz ausgezeichnet und von der größten Lebenswahrheit; es zeigt die Formen eines etwa ein Jahr alten Kindes. Es war beſonders gearbeitet und angeſetzt.

Abguß in Berlin (Friederichs-Wolters 327).

**7 (Taf. IV).** Südweſten der Altis (Inv. 5500). Linker gebogener männlicher Arm, lebensgroß, 0,365 lang. Dicke der Wandungen am Bruche 4 mm. Der Unterarm iſt horizontal gehoben, die Hand faßte einen ſtabförmigen, jetzt ausgebrochenen Gegenſtand von ca. 20 mm Durchmeſſer; der Arm iſt zur Verbindung mit dem Körper am Anſatz mit Blei gefüllt. Er iſt von guter, doch

[1] Furtwängler, Samml. Sabouroff Taf. VIII—XI. Verz. der antiken Skulpt. in Berlin No. 1.

nicht hervorragender Arbeit und von kräftiger, aber wenig edler Bildung.

8 (Taf. IV). Rechter Unterarm einer lebensgroßen Statue, 0,33 lang. Gefunden den 1. November 1879 zwischen dem Südwestbau und dem Südwestthor der Altis, etwa in der Höhe der Oberstufe des letzteren, zugleich mit 13 (vergl. unten) und zahlreichen anderen kleinen Fragmenten großer Statuen späten Stils.

Der Unterarm ist erhoben, die Finger der Hand sind ausgestreckt. Zeigefinger und Mittelfinger sind abgebrochen; letzterer ist auch gefunden worden, doch ließ er sich nicht anfügen, als die Photographie aufgenommen wurde. Der Arm scheint der Statue eines jungen Mannes oder der einer Frau angehört zu haben. Er ist von geringer Arbeit und durchaus leblos. Die braunen Sandsteinbasen in der Gegend des Fundorts gehören zumeist dem ersten Jahrh. v. Chr. an.

9 (Taf. IV). Hand von Silber, 0,06 lang, gefunden 1880,82 im Kladeos in dem weggerissenen Schutte der Ausgrabung. Gehört nicht eigentlich hierher, da sie nicht von einer Statue, sondern von einem Relief stammt. Sie zeigt hinten flache rauhe Gußfläche. Sie war offenbar eingesetzt in ein großes Relief von anderem Materiale, wohl von Bronze. Zwischen den Fingern ist eine dünne rauhe Fläche stehen gelassen, die vermutlich einst wieder von anderem Materiale bedeckt war. Die Hand hielt offenbar einen Gegenstand. Man kann sie auch umgedreht denken, so daß die Fingerspitzen nach oben sehen. Feine Arbeit.

Einzelne Finger von Statuen und Glieder von Fingern sind in ziemlicher Anzahl gefunden worden; etwas besonders Bemerkenswertes ist nicht darunter. Ein gut lebensgroßer Finger freien Stiles trägt einen glatten Siegelring, der mit gegossen ist (Inv. 6104, aus dem Nw.). Von einem hübschen anscheinend weiblichen lebensgroßen Finger (Inv. 7711), der beim Reinigen des Mergelkalkfußbodens im Innern des Heraions gefunden ward, vermutete Treu (Tagebuch V, S. 42), er könne von der Aphrodite des Kleon stammen, die im Heraion stand.

10 (Taf. IV). Linker Fuß, wahrscheinlich einer Knabenstatue, 0,173 lang; gefunden den 5. November 1878, unmittelbar südlich vor dem Prytaneion, circa 30 cm unter der Fußbodenhöhe der späteren antiken Zeit. Dicke der Bronze am Bruche 6 mm. Der Fuß zeigt strengen Stil und ist von ganz ausgezeichnet sorgfältiger Arbeit. Die Zehen sind außerordentlich lang und sehr fein gegliedert, so wie es in der altertümlichen Kunst üblich ist. Doch fehlt jede Spur eigentlich archaischer Härte. Der große Zehen ist um ein klein wenig kürzer als der nächst folgenden.

11 (Taf. IV). Rechter Fuß einer unterlebensgroßen Statue, wohl eines Knaben, 0,14 lang, gefunden im Westen des Zeustempels in höherer Schicht (Inv. 2557). Die Sohle zeigt den üblichen Einschnitt, der bis zu den Zehen reicht und für den Bleiverguß bestimmt ist. Der Fuß ist von gutem freiem Stile.

12 (Taf. IV). Vorderteil eines rechten Fußes mit darüber fallendem Gewandrest, also wohl von einer weiblichen Statue, unterlebensgroß, gefunden den 6. März 1879 vor der Südfront des Prytaneions, circa 70 cm unter dem Stylobat des späteren römischen Prytaneions. Von gutem Stile. Unten der übliche, bis zum Zehenansatz reichende Ausschnitt zur Befestigung auf der Plinthe.

13 (Taf. IV). Vorderteil eines Fußes mit Sandale, von Lebensgröße, gefunden mit 8 zusammen (vergl. oben). Der Fuß ist mit einem weichen Leder umkleidet, welches nur die Zehen freiläßt; dasselbe ist punktiert wiedergegeben, was die typische Charakterisierung des weichen Leders für Fußbekleidung war (vergl. unten). Über dasselbe sind die Riemen der Sandale geschlungen. Stil späterer Zeit.

14 (Taf. V). Fragment vom Schuh einer Statue in Lebensgröße (Inv. 4173). Gefunden im Prytaneion in der höheren Schicht. Grobe Arbeit späterer Zeit.

15 (Taf. V). Buleuterion (Inv. 5537). Vorderbein eines Hundes in Lebensgröße, von vorzüglicher Arbeit. Hohlguß. Unter der Pfote ausgehöhlt, zum Befestigen mit Bleiverguß. — Abguß in Berlin, Friederichs-Wolters No. 319.

Außer diesen abgebildeten Stücken sind noch folgende Füße und Fußfragmente von Statuen zu nennen:

Zunächst, Inv. 3286, beim 11. Thesauros gefunden, Berlin, Dubl.; Vorderteil eines unterlebensgroßen rechten Fußes von ausgezeichneter strenger Arbeit mit langen Zehen wie 10.

Von griechischer Arbeit guter Zeit sind: Inv. 7103, unterlebensgroßer Vorderteil eines linken Fußes.

Inv. 647, bei der Südostecke des Zeustempels gefundenes Vorderteil eines linken Fußes, etwas unterlebensgroß.

Inv. 7504, Vorderteil eines linken Fußes.

Diese Füße haben alle unten den zur Befestigung dienenden Ausschnitt, der bis zum Zehenansatze reicht.

Das Fragment eines rechten Fußes einer Kolossalfigur, die Fußmitte enthaltend, zeigt diese zwar voll, gegen Ferse und Fußballen aber den Anfang von großen Ausschnitten; der Fuß war also, wie dies zahlreiche Basen großer Figuren zeigen, an zwei Stellen vorn und hinten durch Bleiverguß mit der Plinthe verbunden, während die Mitte lose aufstand.

Späterer, sogenannter römischer Zeit gehören folgende Stücke an, bei denen der für den Bleiverguß bestimmte Ausschnitt unten zumeist auch die Unterseite der Zehen mit einschließt, die in der guten Zeit immer frei sind, d. h. über das Einsatzloch der Plinthe herausragen.

Inv. 13128, im Südwestbau gefundenes Vorderteil eines rechten, etwa lebensgroßen Fußes.

Inv. 2646, bei der Südwestecke des Zeustempels gefundenes Vorderteil eines linken Fußes mit Sandale.

Inv. 12208, im Südwestbau gefundenes Fragment eines etwas überlebensgroßen rechten Fußes; die Zehen sind hier wie in älterer Weise unten nicht offen; die Arbeit scheint aber späterer Zeit.

Eine größere Zahl Fragmente stammt von mit Sandalen oder Stiefeln bekleideten Füßen späterer Statuen. Hervorzuheben:

Inv. 2123, vom Westen des Zeustempels, Teil eines sauber gearbeiteten Schuhes.

Inv. 11431 und 11529, vom Westen des Pelopions, Fragmente feingearbeiteten Schuhwerkes, mit Quasten; das weiche Leder punktiert (vergl. oben 13).

Inv. 5186 vom Südosten der Altis. 5363, 5364 vom Südwesten der Altis.

### Fragmente anderer Körperteile.

16 (Taf. V). Rechtes Ohr, knapp lebensgroß, 0,042 lang, an der Vorderseite des Zeustempels bei der neunten Säule von Osten gefunden (Inv. 1577), von einer Statue abgebrochen. Von vortrefflichem Stile. Die kurze, oben breite Bildung erinnert an die Äginetan.

17 (Taf. V). Linkes Ohr, lebensgroß, 0,07 hoch, gefunden in der westlichen Hälfte der Südfront des Zeustempels (Inv. 4652). War besonders angelötet, wovon die Spuren erhalten sind. Späterer Stil; schlaffe charakterlose Bildung.

Inv. 3891 (Südosten des Zeustempels, vergl. Tageb. IV, S. 4) menschliches Ohr von 55 mm Länge, altertümlich flacher Bildung; war durch Erde und Oxyd mit einem Klumpen zerdrückten Bronzeblechs verbunden, welches mit kleinen Schuppen in flachem Relief bedeckt ist. Vielleicht von einer fischschwänzigen Gestalt.

18 (beistehend). Bronzeeinsatz für das linke Auge einer Koloßalstatue, auf dem südwestlichen Stadionwall gefunden (Inv. 12603); der erhabene Rand umfaßte einst die Füllung aus buntem Materiale; in der Rückwand ein unregelmäßiges Loch.

18
(L. 0,045)

Inv. 13912, Bronzeunterlage 0,075 lang, 0,045 breit für ein Auge aus anderem Materiale, bei der römischen Thermenruine am Kladeos gefunden. Die Bronze hinten mit Blei gefüllt.

Es fanden sich ferner Augen aus weißem Marmor zum Einsetzen in Statuen. Um die Hinterseite eines großen Exemplares liegt noch die Bronzeblechkapsel, die vorne in die jetzt abgebrochenen gezackten Wimpern ausließ.

Ein kleines Auge derart (Länge 0,022) ist von Elfenbein und zeigt in der Mitte ein Loch für den einzusetzenden Augenstern (Inv. Var. 144).

18 a (beistehend). Im Osten des Zeustempels gefunden den 27. März 1878. Rechtes Auge einer Koloßalfigur, aus weißem Marmor, von 5 cm Länge. Für den Augenstern ist ein Kreis ausgetieft. Der beistehende Umriß zeigt die eine Seite des zum Einsetzen bestimmten Teiles mit dem eingeritzten Buchstaben K.

18 a
(1. 2)

Wimperbleche ohne die zugehörigen Augen, doch mit wohl erhaltenen, die Wimpern bedeutenden Zacken, sind sehr häufig gefunden worden.

19 (Taf. V) ist ein von der Unterseite gezeichnetes Beispiel (Inv. 5664) von einer Koloßalstatue, im Osten der Altis gefunden; es sind die Wimpern des unteren Lides.

Inv. 12443, vom Westen des Buleuterions, ist ein anderes besonders großes Beispiel 0,08 lang.

Inv. 12826, vom Norden des Thesauren; bei einer Breite des Ganzen von 6 cm haben die einzelnen Wimpern fast 2 cm Länge.

Vergl. ferner Inv. 570, 774, 784, 814, 1073, 1367, 1713, 2636, 2740, 3816, 4313, 6845, 13538, 13738, 13772. In Berlin als Dubletten: 5883, 4919. Zumeist hat das Blech nach hinten zwei klammerförmige Ausschnitte, die, um den Kern der Augen gebogen, das Blech am Herausfallen hinderten.

Eben solche Bleche fanden sich in Dodona, s. Carapanos pl. 54, 1, 2. Ein ganz außerordentlich großes Exemplar Länge 0,19, Tiefe 0,14) kam auf der Akropolis in Athen bei den neuen Ausgrabungen zwischen Museum und Südmauer zu Tage und beweist das Alter dieser Sitte. An einem nicht vor das 2. Jahrhundert v. Chr. gehörigen Marmorkopf in Berlin (Skulpt. 617) sind die eingesetzten Augen mit den Wimperblechen erhalten.

20 (Taf. IV). Auge von der Statue eines Pferdes oder Stieres, gefunden im Osten vor der Poikile, in tiefer Schicht (Inv. 7224). Archaische Formgebung. Es liefen drei Hautwülste rings um das Auge. Dicke der Bronze 6 mm.

Wie wir an dem Beispiele unseres Kopfes 2 (Taf. III) sehen, ward auch der Mund zuweilen besonders eingesetzt.

21 (Taf. IV). Mund, zum Einsetzen in Statue; gefunden beim Nordosteck des Zeustempels (Inv. 1832). An der linken Ecke noch eine nach hinten greifende Klammer zum Befestigen. Guter freier Stil. Hirschfeld bemerkte bei der Auffindung Spuren von Versilberung. Ein ähnlicher Mund zum Einsetzen, ebenfalls späteren Stiles und etwas geöffnet, ist Inv. 10647, Berlin, Dubl.

Einzelne besonders gewesene Lippen fanden sich mehrfach. So Inv. 1808, Unterlippe, vor der Ostfront des Zeustempels gefunden, reichlich lebensgroß. — Inv. 5192.

Inv. d. versch. Met. 299 ist ein Nase. Mund und Schnurrbart umfassendes Fragment einer hinten flachen Maske aus Blei, von 3½ cm Höhe, nachträglich 1881 im Kladeos gefunden. Es scheint der spätere Zeustypus zu Grunde zu liegen.

Zahlreich wurden Stücke von langen altertümlich stilisierten Locken gefunden, von der Art wie diejenigen, deren Ansätze an dem Kopfe 1 (Taf. I) erhalten sind. Sie gehörten alle zu archaischen Statuen und waren getrennt gearbeitet und angesetzt.

Voran ein wohl besonders altertümliches Exemplar, das nicht gegoßen, sondern gehämmert und einfach gedreht ist; es entbehrt aller ciselierten Details:

22 (Taf. V). Locke, oben und unten gebrochen, doch noch 0,36 lang, gefunden bei dem gewölbten Stadioneingang (Inv. 4685); aus dünnem Blech, oben 15, unten 7 mm breit ist. Die Patina ist die hellgrüne, die den besonders archaischen Bronzen eigen ist.

23 (Taf. V). Unteres Ende einer Locke, bei der Südwestecke des Zeustempels gefunden. Gegoßen, doch von der einfachen gedrehten Form wie 22.

Man kann bei diesem und ähnlichen Stücken (ein solches ist Inv. 3633, Berlin, Dubl.) auch vermuten, daß fie von Blitzbündeln herrühren. Letzteres ift namentlich wahrfcheinlich bei Inv. 3667, einem 25 cm langen gewundenen Fragment, das bei den Zanes gefunden ward und wohl zum Blitzbündel einer diefer Statuen gehörte.

Die meiften Stücke find gegoffen, von der gewellten Form der Haarlocken und mit feiner Cifelierung bedeckt. Sie find zumeift auf der Rückfeite flach und ohne Gravierung, indem fie mit diefer auf der Bruft auflagen; nur an den Stellen, wo fie nicht auflagen, fondern frei herabfielen, find fie ringsum gerundet und graviert; dies ift zumeift an den Enden der Fall. — Den olympifchen ganz gleichartige archaifche Bronzelocken find bei den neuen Funden auf der Akropolis zu Athen gefunden worden.

**24** (Taf. V) beim Südoftbau gefunden (Inv. 5837); Rückfeite flach.

**25** (Taf. V) vor der Oftfront des Zeustempels gefunden (Inv. 2223); fehr fauber cifeliertes Stück; das untere Ende lag nicht auf, ift rings gerundet und graviert.

**26** (Taf. V), füdöftlich vom Zeustempel in der höheren Fundfchicht gefunden (Inv. 4019); zierlich geringeltes Ende, ringsum gerundet und graviert.

**27** (Taf. V), füdlich der Südweftecke des Zeustempels gefunden (Inv. 179). Das Hauptftück ift fehr fchematifch und kantig, unten flach; die Gravierung durch Oxyd bedeckt. Das frei geringelte Ende ift wahrfcheinlich verbogen.

**28** (beiftehend). Stück einer befonders grofsen Locke; 0,29 lang, 0,035 breit; im Nordweften des Zeustempels gefunden (Inv. 2086). Das untere Drittel auch auf der Rückfeite graviert.

**29** (Taf. V). Spiralförmig geringeltes Lockenende; das Ende ift unten erhalten, nur auf der Abbildung nicht fichtbar. Gefunden vor der Südfront des Zeustempels (Inv. 4939). — Ebenfo Inv. 5370, Berlin, Dubl., vom Südoften.

Zu erwähnen find ferner:
Inv. 6924 und 13547, Berlin, Dubl., beide vom Südoften. — Inv. 7618, auf dem weftlichen Stadionwall gefunden. Oben und unten gebrochen. — Inv. 4600 und 4322, beide vom Süden des Zeustempels, find vierkantig, flach und auf drei Seiten graviert. — Inv. 9146, beim Pelopion gefunden, ift fehr lang (0,43), vierkantig und an allen vier Seiten mit feinen Längslinien graviert, doch nicht von geringelter Lockenform, fondern nur einfach gebogen und deshalb vielleicht von einem Blitze.

Die Locken ftammen zumeift aus der Umgebung des Zeustempels auch aus dem Südoften und Südweften und gehörten wohl gröfsenteils Zeusftatuen an.

Manche kleinen Fragmente ftammen von Haaren freien Stiles (fo Inv. 4593, 4596). Wohl zu einem behaarten Silen gehörten die bei der Südaltismauer gefundenen Fragmente Inv. 4377, 4379.

Aufser den fchon erwähnten fraglichen Reften von Blitzbündeln gehören noch dahin:

**30** (Taf. VI). Blumenartiges Stück, vielleicht vom Blitze einer kleineren altertümlichen Zeusftatue, bei der Südweftecke des Zeustempels gefunden (Inv. 4670). Die eine Hälfte des Blitzes ift auf den älteren elifchen Münzen wie an dem von einer Statuette herrührenden Stücke 58 flammenartig geftaltet. Die beiden oben gebrochenen langen gedrehten fchmalen Blätter paffen hier jedenfalls beffer zur Annahme eines Blitzes als der einer Scepterkrönung, an die man fonft auch denken könnte.

**31** (Taf. VI). Blitzfeuer, maffiv gegoffen, ohne feinere Cifelierung (Inv. 5951). In naturaliftifcher Weife find hier weiche züngelnde Flammen nachgeahmt. Ein kleineres an derfelben Stelle gefundenes Fragment gehörte vielleicht zu demfelben Blitze (Inv. 5951). Die Fundftelle ift das Südgebäude des Buleuterions, dicht an deffen Nordrand. Treu vermutete gleich bei der Auffindung, dafs wir es mit einem Refte jener von Paufanias 5, 24, 9 befchriebenen gefürchteten Statue des Zeus Horkios zu thun haben, die in jeder Hand einen Blitz trug und wahrfcheinlich in dem Mittelgebäude des Buleuteriums ftand. Ift diefe Vermutung richtig, fo war die Statue von fpäterem Stile; denn nur in fpäterer Zeit ift fo realiftifche Bildung des Feuers denkbar.

**32** (Taf. V). Schamhaare, knapp lebensgrofs, nördlich vom Südoftbau gefunden (Inv. 11954; Berlin, Dubl.). Das getrennt gearbeitete, vollftändig erhaltene Stück war mit drei Bronzenägeln, von denen einer noch im Loche fteckt, an die Statue befeftigt. Es ift circa 1 cm dick gegoffen. Die einzelnen Locken find aufs forgfältigfte cifeliert in archaifchem Stile. Die mittelfte Locke fetzt höher an als die übrigen.

Männliche Gefchlechtsteile von Statuen find mehrfach gefunden worden.

Inv. 2679 ift ein vor der Weftfront des Hernions gefundener unterlebensgrofser Unterfchenkel (0,16 L.) von guter Arbeit.

Von Gewand wurden zwar zahlreiche, doch nur kleine und unbedeutende Stücke gefunden.

Hervorzuheben: Inv. 12432 (weftlich vom Pelopion) ein 25 cm langes Fragment, Zipfel eines Mantels mit kleiner Quafte, wie vom Winde bewegt. Stil römifcher Zeit.

Inv. 7692, Stück eines geknöpften weiblichen Oberarmels von einer lebensgrofsen Statue, von fehr geringer fpäter Arbeit. Beim Südweftbau gefunden.

**33** (Taf. V). Wohl Fragment von Gewandfaum, im nördlichen Prytaneion gefunden (Inv. 7303); mit einem Mäander, der von anderem, doch jetzt wie die Bronze grün oxydiertem Metall eingelegt ift. — Ein fehr ähnliches Fragment (Inv. 3741) fand fich im Südweften.

Ziemlich häufig find die Fragmente von gepanzerten Statuen, alle fpäteren Stiles.

**34** (Taf. IV). Ende des Lederftreifs eines Panzers, mit den üblichen Franzen, vor der Weftfront des Zeustempels gefunden (Inv. 1461), von trefflichem freien Stile; das Gewirr der Franfen ift ausgezeichnet wiedergegeben.

**35** (Taf. V). Often der byzantin. Kirche (Inv. 11772). Vielleicht auch von einer Panzerftatue. Oder — wozu der

16

gewundene Ansatz links eher passen könnte — von einem
Gespann? Geringe späte Arbeit.

Inv. 7279 (beim Pelopion), Ende eines ähnlichen
Streifens. — Inv. 4207 (im Prytaneion) desgleichen, vergoldet, Dicke 4 mm.

Man vergl. die ähnlichen Panzerfragmente aus Dodona Carapanos pl. 59. 60.

**36** (Taf. VI). Eine der runden, besonders angesetzten Bauchklappen vom Panzer einer grofsen Statue.
Im nordöstlichen Teil des Prytaneions, nicht in der
spätrömischen, sondern der etwas tieferen Schicht gefunden, den 11. Februar 1879. Die marmornen Panzer-
statuen zeigen bekanntlich häufig reichen Reliefschmuck an
diesen den Bauch bedeckenden Klappen. Das Relief ist
gegossen und springt bis zu 9 mm vor. Dicke der Platte
3—5 mm. Das schnurartige Band ringsum ist besonders
aufgelötet. Oben Bruch. — Dargestellt ist Theseus, wie
er den Minotauros bewältigt. Die von allen Darstellungen dieses Kampfes abweichenden Motive finden ihre
Erklärung darin, dafs der Künstler einen uns auf der
Metope des Theseions erhaltenen Typus des Kampfes von
Theseus und Skiron nachahmte. Er hat diesen nur wenig
modifiziert. Aus dem stürmischen Hinabwerfen über
den Felsen, das eben nur bei Skiron passte, hat er einen
ruhigeren Kampf gestaltet. Der Minotaur stürzt noch
nicht; er hält sich mit dem linken Fufse noch fest und
seine Rechte greift nicht haltlos in die Luft, sondern fasst
den mit der Chlamys bedeckten linken Arm des Theseus.
Vergl. Ausgr. IV, Taf. 24. 4. Br.-Funde S. 100f. Abgufs in Berlin, s. Friederichs-Wolters, Gipsabg. S. 152f.
No. 351.

Von einer Statue stammt, wie Sophus Müller, eur.
Bronsalder Oprindelse S. 49 Anm. 1, mit Recht bemerkt,
eine vierkantige Lanzenspitze (vergl. unten), die sich in
einem massiven runden Bronzekörper fortsetzt.

**37** (Taf. V). Eine Art Kette aus ledernen Riemen,
im Südwesten gefunden (Inv. 3921), wohl von einem
Viergespann; die beiden Seitenrolle waren bekanntlich
mit Riemen an den Wagen gespannt.

Inv. 13108 (südlich der byzantinischen Kirche) Fragment von Achse und Speiche eines grofsen Rades.
Vom Rade eines kleineren Bronzewagens scheint
Inv. 982 (an der Nordseite des Zeustempels gefunden)
zu stammen.

Inv. 3979, an der Südseite des Prytaneions in tieferer
Schicht gefunden, ist ein kleines 8 cm hohes Stück von
einem Pferdebein in natürlicher Gröfse, hohlgegossen,
15 mm dick; oben ist das Stück aber vollgegossen und
zeigt hier den Rest eines grofsen eisernen Stiftes, mit
dem es angefügt war. Die Beine des Pferdes waren
also getrennt gearbeitet. Schon der Fundtiefe wegen
mufs das Stück relativ älterer Zeit angehören.

Ein flaches Tierohr stammt offenbar von einem
etwa lebensgrofsen Maulesel; es ist von strengem Stile.
Der Maulefelwagen war in Olympia bekanntlich nur
von der 70. bis 84. Olympiade zugelassen (Pauf. 5. 9;
das Weihgeschenk, zu dem jenes Ohr gehörte, wird
aus dieser Zeit stammen.

**38** (Taf. VI). Fragment eines Flügels, südlich vom
Zeustempel gefunden (Inv. 4633). Auf beiden Seiten

gleich fein graviert. Ausgezeichnete Arbeit strengen
Stiles.

Fragmente von Flügeln ähnlichen Stiles, welche
meist auf beiden Seiten sauber graviert sind: Inv. 4055,
4070, 5375, 7474, 12479.

**39** (Taf. VI). Flügel, gefunden den 23. Februar
1881 in dem Schutte, welcher das in der Mitte des
Leonidaions gelegene grofse Bassin anfüllte (Inv. 14044).
Derselbe besteht aus mehreren Bronzeplatten, die, wie
man an der roh gelassenen Rückseite sieht, aufeinander
gelötet sind; den Kern bildet eine grofse Platte, die einst
am Körper befestigt war; an sie setzen die anderen an,
aus welchen die langen Schwungfedern ausgeschnitten
sind. Nur eine Seite ist mit Ciselierung versehen, welche
indes roh ausgeführt ist. Die Statue gehörte späterer Zeit
an. Es war vermutlich eine Nike zur Dekoration der
römischen Anlagen im Leonidaion.

Fragmente von ähnlichen Flügeln geringen späten
Stiles sind Inv. 13089, 3102.

In grofser Zahl sind kleine Fragmente von Statuen
gefunden worden, die sich nicht genauer erkennen lassen.
Diese Fragmente waren besonders in den höheren Fundschichten häufig. Sie zeugen von der gewaltsamen Zerstörung vieler Statuen in der Spätzeit. Man scheint
dieselben gleich am Orte in kleine Stücke zerschlagen
und dann so zum Einschmelzen weggeschleppt zu haben,
wobei denn manche Stücke liegen blieben. Besonders
zahlreich waren diese Fragmente in der Umgebung des
Zeustempels, sowohl im Osten als namentlich auch im
Südwesten. Ferner fanden sich viele bei der Nordwestecke des Leonidaions, dann an der Südwand der Palästra und von da gegen die byzantinische Kirche hin.[1]

Mehrere Fragmente zeigen die an griechischen
Bronzestatuen häufig beobachtete Manier, kleine fehler-
hafte Stellen des Gusses durch eingesetzte rechteckige
plattenartige Stückchen zu verbessern.

Eine Menge kleiner Fragmente weist Vergoldung
auf. Es geht daraus hervor, dafs einst in der Altis eine
grofse Zahl in hellem Goldglanze schimmernder Statuen gegeben hat. Leider sind es bis auf ein vor der
Ostfront des Zeustempels gefundenes etwas gröfseres, aber
auch unkenntliches Stück von einem nackten Körperteil
(Inv. 2823) nur ganz kleine Brocken, welche die Zerstörer
haben liegen lassen. Einige scheinen von Gewand herzurühren, eines zeigt die Enden betranzter Lederstreifen
eines Panzers von schlechter später Arbeit (Inv. 4207);
weitaus die meisten sind ganz unkenntlich. Indessen
lassen sich zweierlei Arten von Vergoldung unterscheiden. Bei der einen, gewifs älteren, ist das Gold lose
als ein dünnes Blättchen auf und löst sich leicht ab (so
z. B. 1433, 2622). Bei der anderen sitzt die Vergoldung
fest auf und löst sich nicht leicht ab; sie ist mit der
Bronze wohl im Feuer verbunden. So z. B. das oben
genannte Stück Inv. 2823.

---

[1] Vergl. Tagebuch V, S. 23 f. 267. 276. IV, 6/5. 79. III,
23. 1. 78.

## II. Statuetten und Reste von folchen.

(Die primitiven Figuren und die Tierftatuetten bleiben von
diefem Abfchnitte ausgefchloffen.)

### a. Freie nicht tektonifch verwendete
### Figuren.

**40. 40a** (Taf. VII). Bärtiger Mann im Mantel, 0,29
hoch, ohne den Zapfen unten 0,282, die gröfste unter
den Statuetten. Gefunden den 20. Mai 1880, circa 6 m
nordweftlich von der Nordweftecke des Prytaneions
entfernt, und zwar in einer tiefen von Afche reich durch-
fetzten Schicht, die fich 70 cm unter der Oberkante der
dort befindlichen Wafferleitung hinzog. In der Nähe
und in derfelben Schicht fanden fich die Statuetten
**44. 45. 56. 266.** Die Afche und das Vorkommen
primitiver Tiere wiefen darauf hin, dafs hier vor der
Nordweftecke des Prytaneions ein Altar geftanden hat.

Die Statuette ift vollgegoffen. Der rechte Fufs fehlt.
Unter dem linken Fufse fieht man einen Reft des Zapfens,
mit welchem er in die Bafis eingefetzt war. Die ganze
Figur ift von ftarker Oxydation bedeckt, welche die urfprüngliche Schärfe der Formen wefentlich beeinträchtigt.
— Der Mann ftand auf beiden Füfsen gleichmäfsig auf;
der linke ift vorgefetzt. Die vorgeftreckte Rechte umfchlofs
einen ftabförmigen Gegenftand, der verloren ift. Das
Attribut der etwas nach unten vorgeftreckten Linken ift
teilweife erhalten; es endet gleich unterhalb der Hand
in einen dicken runden Knopf, doch ift es über der
Hand abgebrochen. Der Mann ift nur mit dem Mantel
bekleidet, den er in der üblichen Weife über die linke
Schulter geworfen hat, fo dafs die rechte Bruft frei
bleibt. Die Falten haben ganz geringes Relief und find
faft nur wie eingegraben. Der Mantel legt fich eng an
die Körperformen an, fo dafs die Stelle des Gefchlechts-
gliedes wie die allgemeine Gliederung der Kniefcheiben
fich deutlich abheben. Haar und Bart find durch forg-
fältige Cifelierung charakterifiert. Das Haar ift ganz
flach gewellt und mit fauberen Längslinien graviert.
Es fällt lofe in breiter Maffe auf den Rücken, die unten
rechteckig abgefchnitten ift. Das Vorderhaar über der
Stirn zeigt keine Löckchen, fondern diefelbe Behandlung
wie die übrigen Haare, ift alfo flach gewellt, mit Längslinien graviert und gleichmäfsig abgefchnitten. Im Haare
liegt ein Reif, der wie bei 49 und 83 aus aneinander-
gereihten runden Buckeln befteht, wie er öfter an archaifchen Bronzen erfcheint.[*] Die Brauenbogen find
nicht hochgefchwungen, fondern verhaufen ziemlich horizontal und haben einen fcharfen Rand, der nur durch die
Oxydation entftellt ift. Auch die Augenlider hatten fehr
fcharfe Ränder. Der keilförmig vorfpringende Bart ift

ebenfalls fauber graviert mit Längslinien und kleinen
Querftrichen. Der Kopf ift ftiliftifch entfchieden vorgefchrittener als 1 (Taf. I). Man vergleiche namentlich
den Brauenbogen, der hier fchon horizontal, dort noch
hochgefchwungen ift, ferner das Auge mit den flark vor-
fpringenden Lidern, die wefentlich längere Nafe, die
volleren Lippen, den breiteren, weniger fpitz vorfpringen-
den Bart, die mageren Wangen und das Fehlen der
Stirnlöckchen, alles Zeichen vorgefchritteneren Stiles.
Eine nur wenig ältere Stufe derfelben Kunftart bietet 42.

Die Proportionen der Figur find ganz beftimmte
und wohlerwogene. Die gefamte Körperlänge (0,282)
beträgt fechs Fufslängen (der erhaltene linke Fufs mifst
0,047). Der Fufs ift länger als der Kopf. Die Geftalt
mifst 6½ Kopflängen. Die Körpermitte liegt nicht am
Anfatz, fondern am Ende des Penis. Das Unterbein,
vom oberen Rande der Kniefcheibe an, mifst gerade
zwei Fufslängen. Auch in den Proportionen ift 42
altertümlicher.

Zu einer Deutung der Figur reichen die vorhandenen Indizien nicht aus. Am nächften läge es natürlich,
Zeus zu erkennen, wie dies auch Treu und Purgold
gleich nach der Auffindung thaten. Indefs bezweifeln
läfst fich dies nicht, ja es wird fogar unwahrfcheinlich
durch den Reft des Attributes der linken Hand. Purgold glaubte (Inv. 12700), es könne doch von einem
Blitze herrühren, der nur einfeitig, nur nach oben fich
entwickelt hätte und unter der Hand in einfacher
fchematifcher Weife beendet gewefen wäre. So lange
aber eine derartige Blitzesform nicht wirklich in der
antiken Kunft nachgewiefen ift, bleibt diefe Annahme
mindeftens fehr unficher. Man würde der Form jenes
Reftes nach eher an den Griff eines Schwertes denken.

Vergl. Ausgr. V, Taf. 28A, S. 17 (Treu). Abguß in
Berlin (Friederichs-Wolters No. 355).

**41** (Taf. VII). Krieger, 0,16 hoch, gefunden den
5. März 1880, unmittelbar neben dem circa 10 m füdlich
vom Philippeion belegenen Fundamente, und zwar auf
dem Boden eines trichterförmigen, circa 65 cm tiefen, von
fchwarzer Erde gefüllten Loches, das von der den alten
Fufsboden bezeichnenden fchwarzen Schicht aus in die
Tiefe ging, und vielleicht urfprünglich fakralen Zweck
hatte (βόθρος?). Es fanden fich in der Umgebung eine
Reihe befonders altertümliche primitive Figuren und
Tiere (237. 246. 260). — Schöne glatte dunkelgrüne
Patina.

Die Füfse und die rechte Hand fehlen, der linke
Unterarm ift ftark verbogen; er war wahrfcheinlich vorgeftreckt; ein Stift in der linken Hand diente wohl zur
Befeftigung des Schildes. Der mit dem rechten Beine
ausfchreitende Mann ift nackt bis auf Panzer und Beinfchienen. Den Kopf bedeckt der Helm mit fehr hohem
Bufche, welcher aber nur auf der linken Seite der Figur
gegliedert, auf der anderen glatt ift. Der Helm hat
keinen Nafenfchirm; die Backenfchirme haben vorn
einen runden Ausfchnitt, der eigentlich für den Mund
beftimmt ift. Diefe Helmform ift aus Olympia fonft nicht
bekannt. Die Nafe fpringt weit vor und ift fehr dick.
Der keilförmige Vorfprung am Kinn foll wohl den Bart
bedeuten. Die hinten lang herabfallende Haarmaffe wird

---

[*] Vergl. z. B. den geflügelten Dämon der früheren
S. Pourtalès, Panofka cab. P. pl. 42, jetzt in Berlin, oder die
archaifche Jünglingsftatuette aus Griechenland, in Berlin,
Bronzen Inv. 6396, abg. Overbeck, Apollon S. 31, Fig. 7,
oder die fog. Kanephore von Pällum, Arch. Ztg. 1880, Taf. 6.

nach unten fchmal und zeigt vier tiefe Querfurchen, ift
alfo von Bändern umfchnürt gedacht.

Vergl. Ausgr. V, Taf. 27, 4. S. 17 Treu). Abguís in
Berlin (Friederichs-Wolters No. 360).

**42. 42a, b** (Taf. VII und beiftehend). Krieger,
0,096 hoch, gefunden den 15. November 1878 bei dem

ab

ftumpfen Winkel, welchen die
ältere weftliche Altismauer nach
Nordoften macht, wo fie auf das
Prytaneion zuläuft, innerhalb der
Mauer, circa 50 cm unter der Ober-
fläche des antiken Fufsbodens.
Unmittelbar daneben lag die alte
Bronzeinfchrift Arch. Zig. 1879,
S. 51, 226. Röhl, infcr. antiquifs.
374. Ganz nahebei die Statuette 53.
(Inv. 4076, Berlin. Dubl.) — Schöne
hellgrüne Patina.

Die Figur ift mit der rechteckigen Plinthe vollgegoffen; in
letzterer befanden fich an den zwei
von den Füfsen nicht bedeckten
Ecken runde Nagellöcher zum Befeftigen auf einer Bafis. Der linke
Fufs ift vorgefetzt. Das Gewicht
ruht auf beiden Beinen. Die beiden Unterarme waren ganz gleichmäfsig vorgeftreckt; der rechte ift
etwas nach innen verbogen. Beide Hände umfafsten
in völlig gleicher Weife je einen flabförmigen Gegenftand.
Es weift keine Spur mehr darauf hin, dafs die Linke
den Schild getragen hat; doch ift dies gleichwohl möglich. Der Mann ift völlig nackt bis auf den Panzer.
Die Schamhaare find durch eine flache punktierte Erhöhung angegeben, deren oberer Kontur eine fpitze
Hebung in der Mitte hat. Die Haare find kurz gefchnitten; ihr unterer Rand ift abftehend gebildet. Das
Vorderhaar ift zurückgekämmt und legt fich wie eine
Binde um die Stirne. Der Bart fpringt keilförmig vor.
Haar und Bart mit Ausnahme des Schnurrbartes zeigen
gravierte Längslinien und erfteres auch kleine wellige
Querfurchen. Der ganze Kopf hat etwas Breites, und
ift dem von 40 verwandt; die Nafe ift kurz, der Mund
mit den feftgefchloffenen mageren Lippen breit. Die
Muskulatur an Armen und Beinen ift mafsvoll, fchön und
ftreng, ganz ohne die noch in 41 zu bemerkende Über-
treibung.

Die Proportionen der Figur find trotz ihrer Kleinheit wohlabgemeffene. Die ganze Körperlänge zerfällt
in fechs Kopflängen; die Mitte ift beim Penisanfatz.
Die Kopflänge ift zugleich die des Fufses. — Dafs der
Stil der Statuette etwas älter fcheint, als der von 40,
ward fchon oben bemerkt.

Sehr ähnlich ift diefer Figur eine Bronze in Caffel[2],
welche aber Herakles darftellt, der unter dem Panzer
das Löwenfell angezogen hat, auf dem Rücken den

---

[2] Vergl. Br.-Funde S. 88. Abg. und befpr. in meinem
Artikel «Herakles» in Rofcher's Lexikon der Mythol. I,
Sp. 2149, Z. 62 ff.

---

Köcher trägt und in den Händen Bogen und Keule hielt.
Hiervon abgefehen, fcheinen die Figuren faft genaue
Repliken; erft die nähere Betrachtung lehrt doch nicht
unbedeutende Unterfchiede kennen. Vor allem ift der
Herakles viel weniger fein ausgeführt; er ift weniger
ftraff und ftramm; er ift in weiterem Ausfchreiten gebildet, die Muskeln find voller; kurz, er nähert fich
fogar jener in 41 vorliegenden Manier. Auch die Proportionen find andere; der Kopf ift kleiner. Sonft ift
aber gerade der Kopf am ähnlichften, Haar und Bart find
fogar völlig gleich. Ohne Zweifel haben wir in den
beiden Bronzen Werke deffelben, gewifs peloponnefi-
fchen, Ateliers zu erkennen. — Der Kopftypus kehrt
fehr ähnlich, nur in derber grober Ausführung, in einem
Marmorköpfchen aus der Thyreatis wieder (Mitt. d. Inft.,
Athen, VII, Taf. 6).

Vergl. Ausgr. IV, Taf. 23, 2. 25, 1, S. 17. Br.-Funde
S. 87 f. Abgufs in Berlin (Friederichs-Wolters No. 359).

**43. 43a** (Taf. VII und beiftehend). Zeus, weitausfchreitend, 0,13 hoch, gefunden den 8. Juni 1880 in dem

43a

weftlich vom Südbau des Buleuterions belegenen antiken
Gemach, und zwar an der öftlichen Wand deffelben,
80—90 cm unter der Oberkante der Mauer an jener
Stelle, alfo in tiefer Schicht. Es fehlen linker Fufs,
rechte Hand und die Finger der linken Hand. Stark
oxydiert. Auf der linken Handoberfläche ift keine Spur
davon erhalten, dafs etwa der Adler hier gefeffen habe,
den man hier zu vermuten berechtigt ift. Die Rechte
fchwang aber wohl gewifs den Blitz. Die Haare find
vorne und hinten in einen runden Wulft aufgenommen,
und find wie der Bart fein graviert. Der Rücken ift vorzüglich modelliert; f. die beiftehende Anficht 43a.

**44** (Taf. VIII). Zeus, weitausfchreitend, mit Blitz,
0,12 hoch, gefunden den 20. Mai 1880 nördlich beim
Prytaneion, in derfelben Gegend wie 40 und 56.
Inv. 12701, Berlin. Dubl.). — Es fehlt der linke Fufs
und die linke Hand. Das linke Unterbein ift verbogen.
Stark oxydiert. Die Nafe fehlt faft ganz. Die Rechte
fchwingt den Donnerkeil, der einfach und glatt gebildet

ill. Die Haare find hinten in einen fchlaff hängenden Wulft heraufgenommen. Haar und Bart find mit Längslinien graviert. Die Figur ift im Typus wie im Stile ganz entfprechend 43, doch von geringerer Ausführung; namentlich ift der Rücken, der dort fehr fchön ift, hier mißlungen.

Vergl. Ausgr. V, Taf. 27, 2, S. 17 (Treu).

45 (Taf. VII). Zeus, weitausfchreitend, mit Blitz und Adler; 0,11 hoch, gefunden den 30. Mai 1879 im Prytaneion in der tieferen Schicht. Vollftändig erhalten; nur ift der linke Arm nach abwärts verbogen. Auf der linken Hand faß der fehr roh gebildete Adler. Der Donnerkeil in der Rechten zeigt fpiralförmige Windungen. Die Haare find ringsum in einen Wulft heraufgenommen. Das Geficht ift fehr flach und flüchtig gebildet. Unter den Füßen befinden fich Zapfen zum Einlaffen in eine Bafis.

Diefe Statuette ift befonders ähnlich einer aus Dodona bei Carapanos pl. 12, 4. Eine andere fehr ähnliche Figur befitzt das Berliner Museum aus Delphi, Inv. Br. 7812; In der Linken ein Loch. In der Rechten ftellt einen Stabes gewifs nicht Herakles, wie Treu wollte, eher Pofeidon.

Vergl. Ausgr. IV, Taf. 24, 1, S. 17. Br.-Funde S. 88. Abgufs in Berlin (Friederichs-Wolters No. 354).

Die drei Statuetten 43—45 gehen trotz mancher kleiner Differenzen fichtlich auf ein und diefelbe ftatuarifche Original zurück, das fie frei reproduzieren. Die Entftehung deffelben wird in die Zeit um 500 v. Chr. zu datieren fein.

46 (Taf. VII). Mann, weitausfchreitend, mit Mäntelchen über den Schultern, 0,10 hoch; gefunden den 5. April 1880, 11 m füdlich der Südwand der Paläftra. Es fehlt der linke Vorderarm. In der rechten Fauft ift ein Loch zum Durchftecken eines ftabförmigen Gegenftandes. Unter den Füßen find Zapfen mit je einem runden Loch. Die Figur war offenbar in eine Bronzebafis eingelaffen und auf derfelben dadurch befeftigt, dafs unten ein Nagel durch die Löcher geftekt wurde.[1] Das Haar fällt hinten lang auf den Rücken herab. Bart und Haar find mit Längslinien graviert. Das Geficht ift flach und flüchtig.

Es ift möglich, dafs auch diefe Figur Zeus darftellt und in die Rechte einft ein Blitz eingefügt war, der dann getrennt und aus zwei Stücken gearbeitet war. Wahrfcheinlicher aber ift es, dafs ein Stab durch die Rechte ging; es kann leicht etwa ein Pofeidon mit dem Dreizack gewefen fein, übereinftimmend mit dem Typus der Münzen von Pofidonia. Jedenfalls geht diefe Figur auf ein ganz anderes Vorbild zurück als 43—45, auf ein Vorbild von anderem und etwas älterem Stile als jene.

Vergl. Ausgr. V, Taf. 27, 3, S. 17 (Treu).

Mehrfach find archaifche Statuetten von nackten Jünglingen gefunden worden, welche Attribute hielten, die aber verloren find. Keine derfelben ift ficher zu benennen. — Die altertümlichfte darunter ift:

47 (Taf. VIII). Männliche Figur, gefunden vor der Weftfront des Zeustempels (Inv. 1363). Der Kopf fehlt. Die Beine ftehen gefchloffen nebeneinander. Die beiden Füße haben unten einem gemeinfamen dünnen Einlaßzapfen mit zwei Löchern; die Figur war alfo wohl in eine Bronzeplinthe geftekt (vergl. zu 46). Die beiden Hände hielten einft je einen dünnen ftabförmigen Gegenftand. Auf die Schultern fällt je eine fteife Locke[2]; in den Nacken fällt das Haar lang herab. Die Bauchgegend ift verletzt. Die Beine find fehr lang und kräftig, der Hintern tritt mächtig heraus; dagegen find Hüften und Leib fehr fchmal, die Schultern wieder breit.

Vergl. Ausgr. III, Taf. 24, B. 2, S. 15 (Treu).

Den vorgefchritteneren Typus mit vorgefetztem linken Beine zeigen:

48 (Taf. VII). Nackter Jüngling, 0,135 hoch, gefunden nördlich bei dem römifchen Feftthor im Südoften der Altis, in tieffter Schicht (Inv. 6306). Der linke Unterarm ift verbogen; er war vorgeftrekt wie der rechte. In beiden Händen Löcher für die fehlenden Attribute. Die Beine mit der Plinthe find, wie im Profil deutlich, ftark nach oben verbogen. Auf die Schultern fällt je eine Locke; das lange Haar im Nacken ift nicht aufgenommen. Es ift durch Längsftriche und Querkerben gegliedert. Auf dem Kopfe liegt ein Auffatz von ungewöhnlicher Art, regelmäßig gekerbt. Vielleicht ift ein fteif ftilifierter Blattkranz gemeint. Der Kopf ift grofs; die Figur hat nur etwa 5½ Kopflängen Höhe. Die Augen ftehen etwas fchräg: hochgefchwungene Brauenbogen, voller Mund. Der Ausdruck ift ein freundlicher.

Vergl. Ausgr. IV, Taf. 23, 1; 25, 2, S. 17. Br.-Funde S. 86. Overbeck, Apollon S. 33, Fig. 6. Abgufs in Berlin (Friederichs-Wolters No. 352).

49 (Taf. VIII). Nackter Jüngling, 0,07 hoch, gefunden an der Nordfront des Zeustempels, bei der vierten Säule von Often (Inv. 1030). Der linke Vorderarm und die Füße fehlen. Beide Unterarme waren vorgeftrekt. Das Geficht abgerieben. Bruftwarzen und Nabel find durch eingegrabene kleine Kreife bezeichnet. Der Körper ift fehr trocken und fchematifch behandelt. Das Geficht ift rund und voll; der Brauenbogen horizontal. In dem langen Haare liegt ein Reif, der wie aus kleinen Kugeln befteht; vergl. 40. Der Stil ift von dem der vorigen Figur wefentlich verfchieden.

Vergl. Ausgr. IV, Taf. 25, 3, S. 17. Br.-Funde S. 86. Abgufs in Berlin (Friederichs-Wolters No. 353).

50 (Taf. VII). Torfo einer ähnlichen Figur wie die vorhergehenden. Gefunden vor der Weftfront des Zeustempels (Inv. 755). Beide Unterarme waren vorgeftrekt, die rechte Hand ift verbogen; fie ift leer. Hinten langes Haar.

51 (Taf. VIII). Nackter Jüngling auf fäulenartiger Bafis. Gefunden den 27. Mai 1879 füdweftlich vom Metroon in der weiteren Umgebung des großen Zeusaltares, in tieferer Schicht. Die ftumpf gegoffene Figur entbehrt aller feineren Ausführung durch Cifelierung. Das Geficht ift nur allgemein angedeutet. Die Haare

---

[1] Diefe Art der Befeftigung war bei altgriechifchen Bronzen häufig: völlig erhalten ift fie z. B. an dem kleinen Apollon von Naxos in Berlin (Arch. Ztg. 1879, Taf. 7, wo ein eiferner Nagel, durch die Löcher in den Zapfen der Füße geftekt, die Figur auf der Bronzebafis fefthält.

[2] An denen Hirfchfeld (im Inventar, darnach Treu im Text zu Ausgr. III, S. 15) Verfilberung bemerken wollte.

find kurz; fie fcheinen rings um den Kopf in einen
Wulft aufgenommen zu fein. Der linke Arm hängt fteif
und gerade herab. Die Hand hat die bei den archaifchen
»Apollo«-Figuren übliche Haltung und ift leer. Der
rechte Unterarm war vorgeftreckt. Die Figur hat eine
vierfchrötige breite Anlage. Die rohe runde, fäulenartige
Bafis, auf welcher fie fteht, ift mit der Figur gegoffen.
Vergl. Ausgr. IV, Taf. 23, 5, S. 17. Br.-Funde S. 87.

**52** (Taf. VIII). Nackter Jüngling, 0,165 hoch, gefunden beim Südoftbau (Inv. 5313). Der rechte Arm
fehlt. Die ganze Figur ift durch Oxydwucherung fehr
entftellt, was fehr zu bedauern ift, da fie in entwickelt
archaifchem Stile fein ausgearbeitet war. Das rechte
Bein ift vorgefetzt; das Gewicht ruht gleichmäßig auf
beiden Beinen. Unter den Füßen Zapfen zum Einfetzen.
Der linke Unterarm ift halb vorgeftreckt, die Hand, die
etwas gehalten zu haben fcheint, ift geballt. Die Haare find
kurz, doch bilden fie vorn wie hinten einen fchwachen
Wulft. Sie find in feinen Längslinien graviert. — Der
Stil der Figur erinnert fehr an die Aegineten; auch eine
fchöne Bronzeftatuette der Akropolis ift verwandt.
Vergl. Ausgr. IV, Tafel 23, 6, S. 17. Br.-Funde S. 87.

**53** (Taf. VIII). Nackter Jüngling, 0,017 hoch, ge-
funden den 15. November 1878 10 m füdlich vom
Nordweftthor der Altis, innerhalb der Mauer, in tiefer
Schicht, in der Nähe von 42. Die Füße und der rechte
Vorderarm fehlen. Das rechte Bein ift etwas vorgefetzt,
doch ruht der Körper auf beiden Beinen gleichmäßig.
Der linke Arm ift verbogen; er war halb vorgeftreckt;
die Hand hielt etwas. Der Mund ift durch ein Loch
entftellt, das wohl eine Verletzung ift. Bruftwarzen,
Nabel und Kniefcheiben find eingraviert, ebenfo die
Haare in einfachen Linien. Die Ausführung ift roh;
doch gehört die Figur, wenn auch keineswegs in fehr
alte Zeit, doch noch in die Epoche des archaifchen
Stiles. Der Stil ift zwar fehr viel roher, aber doch verwandt dem von 49.

**54** (Taf. VIII). Nackter Jüngling, 0,096 hoch. Der
linke Arm fehlt, der rechte ift vorgeftreckt mit geöffneter
Hand, doch etwas verbogen. Die Ausführung ift fehr
gering, der Stil ähnlich dem der vorigen Figur.

Es find nur zwei weibliche felbftändige Bronze-
votivftatuetten erhalten; davon ift die erftere zugleich
eine der beften Bronzen aus Olympia:

**55.** 55 a, b (Tafel VII). Artemis, fchreitend, mit
dem Bogen in der Rechten. Höhe 0,188. Gefunden den
20. Februar 1878 nordweftlich am Philippeion, dicht am
äußeren Fundamentringe deffelben, circa 35 cm unter
der Oberkante deffelben. Die Füße und der größte
Teil des linken Unterarmes fehlen. Sonft wohl erhalten.
Tiefdunkle Patina. Der rechte Vorderarm mit Hand ift
etwas nach einwärts verbogen. In der rechten Hand ift
noch der Reft des Attributes erhalten, ein gerundeter
Stab, deffen Fortfetzung nach beiden Seiten abgebrochen
ift; er ftieß urfprünglich nicht wie jetzt an das Gewand,
fondern fetzte fich fort. Es war ohne Zweifel ein Bogen.[1]

Die Linke kann einen Pfeil gehalten haben. Daß der
Köcher fehlt, ift keineswegs auffallend.[1] Die Göttin ift
in ruhigem, leichtem Vorfchreiten dargeftellt. Ihre Gewandung ift in merkwürdiger Weife behandelt. Sie
fchmiegt fich dem Körper an, doch hat der Künftler
vollftändig auf Wiedergabe der Fältelung verzichtet; das
Gewand bietet glatte Flächen, als wäre es von Leder.
Diefelben find nur durch Gravierung etwas belebt, welche
alle Säume, den Gürtel und den breiten Streifen, der
vorn zwifchen den Beinen herabgeht, bedeckt. Außerdem find auf den Zipfeln des Überfalls einige eckige
Linien graviert, die vielleicht eine Andeutung von Falten
fein follen. Beiftehende Skizzen dienen zur Verdeut-

55 a          55 b

lichung der Gravierung. Eine genaue Parallele zu dem
Gewande der Figur wüßte ich nicht zu nennen. Doch
ift es wohl im Grunde kein anderes als das ionifche
Obergewand mit dem großen Überfchlage an den bekannten archaifchen Statuen der fogenannten Spes-Ty-
pus; es kommt dies zuweilen auch auf beiden Schultern
geknüpft vor,[1] freilich auch dann nur mit einem langen
Zipfel, deren wir hier zwei fymmetrifche haben. —
Den Kopf fchmückt ein Diadem. Das Vorderhaar
entfpricht einer an Figuren jenes fogenannten Spes-
Typus häufigen Art. Die breite lange Haarmaffe, die auf
den Rücken fallen würde, ift mit einem breiten Bande

[1] Ganz gleichartig ift der plumpe Reft des Bogens in
der Hand der archaifchen Artemis-Statuette in Berlin, Jahrb.
d. Inft. II, S. 204.

[1] Er fehlt ebenfo bei der in der vorigen Anm. genannten
archaifchen Bronze.

[1] Musées d'Athènes pl. VII, und vergl. Studniczka in den
Röm. Mitt. III, S. 289, Anm. 41.

im Nacken aufgebunden. Sehr ähnlich ist zuweilen die Haartracht des gewiß mit Recht neuerdings als Artemis erklärten Kopfes auf den alten arkadischen Münzen (f. Brit. Muf., catal., Peloponn. pl. 31, 13) und ferner des Aphroditekopfes strengen Stiles auf korinthischen Drachmen (Brit. Muf., catal., Corinth, pl. 2, 8. 9. 12). Am Gesichte ist die Nasenspitze etwas beschädigt. Die Augäpfel sind rund und quellen etwas vor; der Mund ist klein und freundlich.

Der Stil macht im Ganzen den Eindruck, als ob ein ionisches Original von einem peloponnesischen Künstler umgearbeitet fei. In der Reihe der Artemistypen steht die Figur in der Mitte zwischen der viel altertümlicheren Bronze aus Thesprotien in Berlin (Jahrb. d. Inst. II, S. 204) und der von Studniczka in Nachbildungen nachgewiesenen Statue des Menaichmos und Soidas (Mitt. d. Inst., Rom III, S. 277 ff., Taf. X). Während erstere im eiligen Ausschreiten den Bogen abschleift, letztere den Bogen nur in der Linken hält und mit der Rechten zierlich das Gewand faßt, so ist die olympische Artemis weder so eifrig thätig wie jene, noch so gefällig bewegt wie letztere, sondern trägt in gehalten feierlichem Schreiten die Waffe als ihr Attribut.

Der Fundort macht es wahrscheinlich, daß die Statuette einst an einem der zwei Altäre der Artemis geweiht war, welche nach Paufanias in der Nähe sich befanden: entweder an dem hinter dem Heraion oder dem beim Eingange zum Prytaneion erwähnten Artemisaltare.

Vergl. Ausgr. III, Taf. 24 B, 4, S. 15 (Treu). Abguß in Berlin (Friederichs-Wolters No. 358).

**56** (Taf. IX). **Aphrodite mit der Taube,** 0,025 hoch, gefunden den 30. November 1880 bei den Tiefgrabungen gleich außerhalb der Ecke, welche Ostalismauer und Echohalle in Südosten gegenüber dem Südostbau bilden, in schwarzer Schicht, mit anderen Bronzen, welche wahrscheinlich von einer Kultstätte herrühren, die älter war als die Echohalle. — Der linke Fuß fehlt. Stark oxydiert. Die Göttin steht auf dem linken Beine, das rechte ist ein wenig entlastet daneben gestellt. Sie trägt den dorischen Peplos, den sie mit der Linken anfaßt. Auf ihrer vorgestreckten Rechten sitzt die Taube. Ihr Haar ist in einem einfachen Wulste um den Kopf aufgenommen. — Die Figur entspricht in Typus und Stil genau den so häufigen, wahrscheinlich meist altkorinthischen strengen Spiegelstützen (vergl. unten S. 27[1]) und ist gewiß gleicher Herkunft mit diese. Sie ist indes sicher eine selbständige Statuette, da keine Spur an ihr auf eine tektonische Verwendung deutet.

Nicht aus den deutschen Ausgrabungen, sondern aus dem Kunsthandel stammt die nachstehend abgebildete Bronzestatuette der Athena im Antiquarium der Königlichen Museen zu Berlin. Sie wurde 1873 gekauft. Der Händler gab mit Bestimmtheit an, daß sie aus Olympia stamme. — Dasselbe strenge Schema, das wir in 55 be-

obachteten, tritt hier in gemilderter Gestalt auf. Die Göttin steht auf dem linken Beine, das rechte ist etwas entlastet daneben gesetzt. Sie trägt den dorischen Peplos mit Überschlag, dessen Falten man noch das Vorbild jenes strengen Schemas anmerkt. Die hoch erhobene, jetzt abgebrochene Rechte stützte gewiß den Speer auf, während die Linke, in der ein rundes Loch sichtbar ist, den Schild hielt. Die Ägis trägt die Göttin nicht. Ihr Haar ist nicht sehr lang; es ist vorn gescheitelt und fällt völlig lose in den Nacken und auf die Schultern. Ihr Helm hat die sogenannte attische Form mit emporgeschlagenen Backenklappen, deren eine erhalten, aber verbogen, die andere abgebrochen ist. Unter den Füßen keine Zapfen; sie war also aufgelötet auf die einstige Basis.

**57** (Taf. VIII). **Faustkämpfer.** 0,112 hoch. Gefunden den 21. Mai 1880 im Norden des Prytaneions in derselben Gegend und derselben schwarzen Kohlenschicht wie 40 und 44, nur etwas weiter nördlich und zwar circa 18 m nordöstlich von dem großen Nordweftgemach des alten Prytaneions (Inv. 12745). Die Figur ist von Oxydwucherung ganz bedeckt, so daß die Formen im Einzelnen unkenntlich sind. Dieselbe war indes von grober Arbeit und ohne alle feinere Ausführung. Der rechte Unterarm ist etwas nach unten verbogen. Auch die Linke ist ein wenig verbogen. — Der Faustkämpfer[1] setzt das rechte Bein etwas vor, lehnt den Oberkörper zurück, hat die Linke mit geöffneter Hand weit vorgestreckt, während die Rechte mit geballter Faust zum Schlage ausholt. Die Hand ist unbewehrt.

Das Motiv ist bekannt und, außer in Gemmen, namentlich in einer Marmorstatue zu Berlin erhalten,[2] welche auf ein Original noch etwas strengen Stiles des 5. Jahrhunderts zurückgeht. Dasselbe, wohl einst in Olympia aufgestellte Original mag die vorliegende Bronze, die gewiß ebenfalls noch ins 5. Jahrhundert gehört, inspiriert haben.

Die Figur war gewiß das Weihgeschenk eines Athleten. Daß letztere je nach Verhältnissen nicht nur große sondern auch kleine Nachbildungen ihrer Person als Votive darbrachten, durfte vorausgesetzt werden

---

[1] Besonders genau stimmt eine in Berlin befindliche derartige Spiegelstützfigur Inv. 6376 überein, wo die Rechte gerade so in die Taube hinaushält und die Linke das Gewand faßt.

[1] Purgold in Inv. 12745 erkannte das Motiv richtig; Treu hatte zuerst an einen Trompetenbläser gedacht.

[2] Verz. d. Skulpt. No. 469. Abg. und fälschlich auf Apollo gedeutet Overbeck, Apollon S. 219. Die Münze ebenda (Münzt. IV, 31) lehrt nur, daß das Motiv in späterer Zeit auf den Bogenschützen Apollon übertragen ward.

'vergl. Reisch, Weihgeschenke S. 39) und wird durch die Ausgrabungen bestätigt (vergl. auch 59 und 63; auch die Statuetten wie 51 ff. werden hierher gehören).

Der römischen Zeit gehören drei kleine schlechte Statuetten des Hermes von dem in römischer Epoche gewöhnlichen Typus an:

Inv. 12267, nordöstlich vom Prytaneion gefunden, Petasos mit Flügeln. In der Rechten Beutel, in der Linken Kerykeion. Ähnlich, noch schlechter Inv. 2606, 11438.

Unter den Fragmenten selbständiger Statuetten sind hervorzuheben:

58 (Taf. VIII). Rechte Hand mit Blitz. Beim Südwesteingang ins Pelopion gefunden (Inv. 9408). Von einer Zeusstatuette. Ob die Hand hochgehoben oder gesenkt war, läßt sich nicht mehr feststellen. Die Form des Blitzes ist bemerkenswert: der obere oder vordere Teil ist wie eine Blüte gestaltet (vergl. oben 30), der untere ist von der gewöhnlichen Form wie oben 45.

Aus derselben Gegend, aus dem Südwesten des Pelopions, stammt (Inv. 11813) ein kleiner 4 cm langer Blitz ganz einfacher Form, ähnlich 45, auf beiden Seiten gleich, mit einem Stäbchen in der Mitte, mittelst welchem er in die Hand der Statuette befestigt war.

58a, b (beistehend). Pelopion (Inv. 9674). Fliegender Adler, in Ober- und Unteransicht. Die letztere (58b) zeigt, daß er mittelst eines Nagels aufgesetzt war, vermutlich auf der linken Hand einer Zeusstatuette des Motives von 43—45.

58a
(1 : 1)

58b
(1 : 1)

Inv. 1123 nordwestlich vom Zeustempel; Berlin, Dublette), sehr ähnlicher, kleiner fliegender Adler, 33 mm lang. Am Unterkörper Rest der flach ausgestreckten linken Hand der Zeusstatuette, mit welcher der Adler zusammengefügt war. Vergl. Carapanos, Dodone pl. 21, 4.

59 (Taf. VI). Rechter Arm eines Diskoswerfers. Gefunden den 21. Februar 1881 in der Schuttablagerung unter dem Fundamenten der im Osten des Nerohauses zu Tage gekommenen spätgriechischen Ruinen. Leider sehr oxydiert. — Die Finger legen sich in fast krampfhafter Spannung um den Diskos. Die Arbeit ist ganz vorzüglich und gewiß dem 5. Jahrhundert an.

Diesem Stücke sehr ähnlich ist ein auf der Akropolis zu Athen schon bei den älteren Grabungen gefundener rechter Arm mit Diskos, ungefähr derselben Größe und Stilart.

60 (Taf. VI). Rechter männlicher Arm, gefunden im Süden des Zeustempels (Inv. 4416). Rest eines gekrümmten rechteckigen Stabes in der Hand; vielleicht war es ein Bogen und die Statuette die des Apollon. Freier Stil der besten Zeit; vorzügliche Arbeit. Etwas zarte und jugendliche Formen.

Inv. 12970, im Westen des Buleuterions gefundener trefflicher linker Arm von 8 cm Länge; die Finger ausgestreckt, der Unterarm gehoben.

Inv. 12159, in der Dromoshalle gefundener rechter Unterarm mit geschlossener Hand, die ein Attribut hielt, 12 cm lang. Durch Oxydation entstellt.

Inv. 7930, südlich von den Zanes gefundener rechter Arm, 8 cm lang; die Hand hielt etwas Stabförmiges. Spuren von Vergoldung. Gute Zeit.

Inv. 4729, im Prytaneion gefundener rechter Arm mit geschlossener Faust; gute Zeit. Länge des Unterarms 48 mm.

Inv. 11430, beim Pelopion gefundener linker Arm, welcher ein stabförmiges Attribut hielt.

Inv. 12358, westlich vom Pelopion gefundene geschlossene rechte Hand von 4 cm Länge; Spuren eingesetzten Attributs. Schlechte Arbeit.

61 (Taf. VI). Rechte Hand, im Süden der Palästra in tiefer Schicht gefunden (Inv. 13032). Rohe, aber sehr altertümliche Formen. Die Hand war mittelst eines verrosteten eisernen Zapfens in die Statuette befestigt. Die Finger umschließen den verrosteten Rest eines Eisenstabes. Vielleicht auch nur der handförmige Teil eines Eisenstabgerätes.

62 (Taf. IV). Linkes Bein, 0,10 lang, beim Metroon gefunden (Inv. 3707). Vollguß. Sehr altertümliche Formen.

63 (Taf. VI). Rechtes Unterbein, 0,14 lang, südlich vom Philippeion gefunden (Inv. 11484), 75 cm unter der Unterkante der dort abgebrochenen »Slaven«-Mauer. Vollguß; sorgfältig ciseliert. Unter dem Fuße ein Zapfen zum Einsetzen in die Basis. Vorzügliche Arbeit freien Stiles. Der Fuß gehörte einer athletisch geschulten Gestalt an. Sehnen und Muskeln sind sehr deutlich herausgearbeitet. Auch die Adern sind angedeutet. Der große Zehen tritt etwas zurück hinter den folgenden.

64 (Taf. VIII). Linker Fuß einer Statuette. Im Süden der Altis, bei dem großen halbkreisförmigen Bathron gefunden (Inv. 5132). Der Zapfen mit Loch (zum Durchstecken eines Nagels unter der Bronzebasis) ist fragmentiert. Ganz ausgezeichnete Arbeit altertümlichen Stiles. Sehr lange, fein gegliederte Zehen. Der erste und der zweite Zehen sind gleich lang.

65 (Taf. VIII). Rechter Fuß einer Statuette, gefunden vor der Südfront des Prytaneions (Inv. 3098). Die Bronze hat einen silberigen Glanz. Äußerst feine Arbeit strengen Stiles. Sehr lange Zehen.

66 (Taf. VIII). Rechter Fuß einer Statuette, gefunden an der Südfront des Zeustempels, bei der zweiten Säule von Westen über dem Raufchutte des Tempels (Inv. 4737). Der vierte Zehen und ein Teil des dritten fehlen, indem hier eine T-förmige Klammer eingreift, welche wohl zur Befestigung der Statuette diente. Äußerst feine Arbeit freien Stiles.

Andere Unterbeine und Füße von Statuetten: Inv. 3024, 3315, 12485.

Kleine Bronzeplinthen mit darauf erhaltenen nackten Füßen von archaischen Statuetten:

Inv. 7231, nordöstlich der byzantinischen Kirche gefunden; linker Fuß etwas vorgesetzt.

Inv. 5763, in der Gegend des Pelopions gefunden; linker Fuß etwas vorgesetzt.

Inv. Met. 203. Eine kleine Basis von Silber, vor der Ostfront des Zeustempels gefunden, 29 mm breit, mit Füßen einer ebenfalls silbernen archaischen Statuette; linker Fuß etwas vorgesetzt nach dem gewöhnlichen Schema.

Auch sind kleine Bronzebasen gefunden worden, welche Löcher zeigen, in welche die Zapfen unter den Füßen der Statuetten eingelassen waren:

Inv. 7323, beim Pelopion gefunden, rechteckig, 3½ cm breit; oben und unten springt eine einfache Leiste vor. Oben die zwei Löcher für die Füße ganz gleichmäßig nebeneinander.

Inv. 12781, im Norden des Prytaneions gefunden; Rundbasis von circa 7 cm Durchmesser und 15 mm Höhe; oben und unten vorspringende Leiste. Die beiden rechteckigen Löcher oben zur Befestigung der Fußzapfen stehen rechtwinklig zu einander.

Von sonstigen Fragmenten, die sich Statuetten zuweisen lassen, sind einige Reste von Helmbüschen zu erwähnen: Inv. 8026, südlich der Zanes gefunden, Helmbusch mit sauberer Gravierung. — Geringer Inv. 12320, 13218.

Schließlich nennen wir die Fragmente zweier Statuetten späterer, frühestens hellenistischer Zeit.

67 (Taf. IX). Kopf der Athena, im Süden der Palästra gefunden (Inv. 11902). Der Helm hat dreifachen Busch; der rechte ist teilweis abgebrochen. Flaue weichliche Formen. Der Kopf war mittelst eines Stiftes auf dem Körper befestigt.

Inv. 4732. Unten abgeplattete kleine Kugel mit den beiden auf die Zehen gehobenen Füßen einer Figur, offenbar einer Nike. Ein Loch, das durch die Kugel geht, diente zur Befestigung des Ganzen auf einer Basis. Die Füße zeigen sorgfältige Arbeit freien Stiles. Höhe 14 mm, Länge der Füße 12 mm. Gefunden wurde dies kleine Fragment in auffallender Tiefe, 10—15 cm unter der Unterkante des Fundamentes der Südterrassenmauer, nicht weit westlich vom Telemachos-Bathron.

Eine isolierte Merkwürdigkeit ist die folgende Nummer:

68 (Taf. IX). Hinterkopf, aus dünnem Blech getrieben, vermutlich von einer Statuette derselben Technik, also ein ἐσφυρήλατον. Bei der Südwestecke des Zeustempels gefunden (Inv. 4557). Das Fragment kann nach dem Stile noch in die Mitte des 5. Jahrhunderts gehören. Die Haartracht ist eine weibliche. Der Hals ist mit einem Halsbande geschmückt.

Wir schließen hier gleich an, was von selbständigen Statuetten aus anderen Materialien erhalten ist.

69. 69a (Taf. IX). Silen, aus Blei. Gefunden den 26. Januar 1880 im innersten Südostwinkel des Haupt-

raumes jenes kleinen Gebäudes, das nordöstlich von der Exedra, zwischen dieser und dem Sikyonier-Tesauros steht; in Höhe des alten Fußbodens. — Der Silen macht eine nicht zu verkennende obszöne Gebärde; er weist mit einem Finger jeder Hand auf das Loch in seinem Hintern. Die Gebärde sollte ohne Zweifel prophylaktische Wirkung haben. Der Silen ist ithyphallisch und hat einen Pferdeschweif; die Ohren sind nicht mehr deutlich. Der Kopf ist von sehr altertümlichem derbem Typus mit klumpiger Nase und breitem dickem Munde. Das Haar fällt in starren Strähnen in den Nacken.

Nur ganz vereinzelt sind in Olympia Terrakottastatuetten gefunden worden.

70 (Taf. IX). Thronende Göttin; gefunden den 2. Februar 1880 zwischen Pelopion und Zeustempel in der tiefen Schicht (Inv. Tc. 2687). Sehr abgerieben. Graulicher Thon, der teilweis rot verbrannt ist. Die aus zwei Formen gepreßte Figur hat Rückseite und ist massiv. Die Hände ruhen auf dem Schoß. — Der Typus ist in Terrakotten bekanntlich sehr weit verbreitet.

71 (Taf. IX). Unterteil einer sitzenden langbekleideten Statuette. Bei der byzantinischen Westmauer gefunden (Inv. Tc. 949). Ziegelroter Thon, etwa wie der der älteren palästinischen Terrakotten. Die Figur ist ohne Rückseite, aus einer Form gepreßt, also hinten hohl. Sie hat auf dem Schoße aufgeschlagen ein Diptychon; vergl. die archaischen Marmorfiguren der Akropolis, Mitt. d. Inst., Athen, VI Taf. 9; XI Taf. 9 und Terrakotten späteren Stiles, Samml. Sabouroff, zu Taf. 86, Nachtr. S. 7 f. — Strenger Stil.

Inv. Tc. 131. Weiblicher Kopf strengen Stiles, bei der Südwestecke des Zeustempels gefunden. Der Kopf ist hinten voll, doch einfach glatt; er gehörte, was man am Halse sieht, einer Figur ohne Rückseite an (ein Verfahren, das z. B. bei palästinischen Terrakotten strengen Stiles häufig ist). Ein Schleier fällt zu beiden Seiten des Kopfes herab.

72 (Taf. IX). Weiblicher Kopf freien Stiles. Rötlicher Thon. Die Haare bilden eine Schleife auf dem Oberkopf. Hübsche Arbeit etwa späterer hellenistischer Zeit.

73 (Taf. IX). Tragische Maske, gefunden nördlich der byzantinischen Kirche, außerhalb des Heroons (Inv. Tc. 2229). Rötlicher Ton; keine Spur von Färbung erhalten. Die Maske gehörte nicht zu einer Figur, sondern war selbständig; sie ist unten offen. Höhe 78, Tiefe 62 mm. Vortrefflicher Ausdruck. (Ähnlich, nur geringer und kleiner der Kopf der aus Pergamon stammenden Statuette in Berlin, Tc. Inv. 7635, bei Rayet mon. de l'art ant. abgebildet.)

## b. Statuetten tektonischer Verwendung.

74 (Taf. VIII). Aphrodite, 0,225 hoch, gefunden den 25. Februar 1878 im Osten des Zeustempels, bei der Nordostecke der byzantinischen Mauer, gleich außerhalb derselben, 30,30 m östlich der Nordostecke des Tempels, 3,04 m unter dem Stylobat desselben. Durch die ganze vollgegossene Figur geht eine Eisenstange hindurch. Sie könnte etwa zur Zierde eines eisernen Stabdreifußes ge-

dient haben (vergl. unten). Der Wulst auf dem Kopfe gleicht keinem der in alter Kunst üblichen Kopfaufsätze der Göttinnen und ist deshalb als tektonisches Glied anzusehen. Die Rückseite der Figur entbehrt des gravierten Details.

Die Göttin trägt den ionischen Chiton mit kurzen Oberärmeln, die in der üblichen Weise geknöpft sind. Der rechte Ärmel ist etwas länger als der linke. Die Gürtung sitzt tief; das Gewand fällt etwas über den Gürtel. Die Linke umfaßt die linke Brust, während die Rechte den Rock vor dem Schoße zusammennimmt. Von den Hüften abwärts ist die Figur rund wie ein Stamm; es sind an diesem Teile auch nur die Falten, die vorn von der rechten Hand herabfallen, angegeben. Unten sehen die Spitzen der völlig gleichmäßig neben einander gestellten Füße heraus. Beide Unterarme sind mit je einem nur durch Gravierung angegebenen Armbande geschmückt. Vorn herum liegt in den Haaren ein Band. Vor den Ohren sieht man je eine steife breite emporgerollte Locke herumer gehen. Sonst fallen die Haare einfach und schmucklos herab; sie sind im Nacken unten gerade abgeschnitten. Die Augen sind mit weißer Masse gefüllt; die Pupillen, die besonders eingesetzt waren, fehlen. — Die Deutung als Aphrodite dürfte nach der Gebärde der Figur nicht zu bezweifeln sein.

Mit Recht hat bereits Studniczka die große Verwandtschaft der Figur mit den samischen Marmorstatuen hervorgehoben. Sie ist jedenfalls ein früh ionisches, vielleicht samisches Werk, das den Einfluß vorderasiatischer Kunst noch deutlich zur Schau trägt. In der Art, wie die Göttin das Gewand faßt, lassen sich namentlich Sandsteinfiguren aus Cypern und Naukratis vergleichen (vergl. Naukratis II, pl. 14, 4. 12 aus dem Temenos der Aphrodite).

Vergl. Ausgr. III, Taf. 24 B, 5, S. 15 (Treu). Br.-Funde S. 86. Mitt. d. Inst., Rom, II, S. 109, Anm. 59 (Studniczka). Abguß in Berlin (Friedrichs-Wolters No. 336).

**75** (Taf. VI). Unterteil einer Figur im Mantel, Höhe 0,145, gefunden vor dem Südostbau (Inv. 5600). Ein durchgehender Eisenstab weist auf tektonische Verwendung. Die Füße sind unten hohl, zum Befestigen auf einer Basis. Das linke Bein ist ein klein wenig vorgesetzt. Die Füße tragen Sandalen. Die Falten sind alle, bis auf die in der Mitte herabfallenden, nur durch Gravierung angegeben. Das Gewand schließt sich eng an den Körper an; es scheint kein Chiton, sondern ein Mantel, der unten mit kleinen Franzen besetzt ist. Der Stil ist sehr altertümlich.

**76** (Taf. VII). Gelagerter unbärtiger Mann, 8 cm hoch, 12 cm lang, gefunden den 31. Mai 1880, 5 m westlich von dem kleineren südlichen der beiden antiken Bauten, welche im Westen des Buleuterions zu Tage gekommen sind, in der antiken Fußbodenschicht (Inv. 13000). Die beiden Hände sind verbogen. Starker Hohlguß. Unten offen gelassen zur Befestigung auf einer Basis.

Der junge Mann ist zum Symposion gelagert; er hält in der Linken die Schale, die Rechte ist geöffnet erhoben. Die Kline ist durch den vorspringenden Rand unten ange-

deutet. Der linke Ellenbogen ist, wie üblich, auf ein Polsterkissen gestützt. Er trägt den Mantel, der nach der Sitte die rechte Brust und Arm freiläßt; doch auch der linke Arm kommt größtenteils aus dem Mantel heraus, dessen Rand gerade dem Kontur des Körpers von der Schulter herab zum Ellenbogen folgt. Purgold macht (im Inventar) mit Recht darauf aufmerksam, daß diese Art der Anordnung an die olympischen Giebelskulpturen erinnert. Der Mantel ist als dicker Stoff charakterisiert und bildet nur wenige wulstige Falten. Vor den Ohren fällt je eine kurze spitze gedrehte Locke herab; das übrige Haar ist nur durch eine Binde geschmückt und fällt lose in den Nacken. Es ist in Längsstreifen gerippt. Weder am Gewand noch am Haare hat Gravierung einen Anteil, beides ist durchaus plastisch behandelt. Die Augen sind stark vorquellend gebildet. Das Gesicht voll und rund. Ionischer Stilkarakter scheint mir unverkennbar.

Die Figur hatte sicherlich dekorativen Zweck und war an irgend einem Geräte aufgesetzt. Mit Recht erinnert Treu an eine Bronzekanne in Berlin Friederichs, Kl. Kunst 1120, wo zwei sehr ähnliche nur viel kleinere Figuren gelagerter Jünglinge oben auf dem Rande des Gefäßes sitzen und in dasselbe herabsehen.[1] Der Henkel, mit welchem diese Figuren zusammengegossen sind, besteht hauptsächlich aus einer zurückgebogenen Jünglingsfigur und gehört zu der Gattung wahrscheinlich chalkidischer archaischer Bronzen. Über die vergl. Goldfund von Vettersfelde, S. 30. Unserer Figur sehr verwandt ist eine aus Ruvo stammende im British Museum (Sammlung Temple), ebenfalls ein gelagerter Jüngling im Mantel, in der Linken einen Becher mit hohem Henkel haltend. Entfernter verwandt ist die archaische griechische Bronzefigur eines bärtigen Mannes im Mantel, gelagert, mit Schale, im Museo Pompei zu Verona; der Mann scheint Silensohren zu haben; das Gegenstück ist eine gelagerte Mänade mit Krotalen. Zahlreich sind die kleinen gelagerten archaischen Silene, wahrscheinlich chalkidischer Kunst, die auf Geräten aufsaßen;[2] sie haben ebenso wie die bisher genannten Figuren ein Polster unter dem linken Arm und sind unten hohl gegossen zum Aufsetzen.

Vergl. Ausgr. V, Taf. 28 B, S. 18 (Treu). Abguß in Berlin (Friedrichs-Wolters No. 376).

**77** (Taf. VIII). Gelagerter bärtiger Mann, 62 mm hoch, gefunden den 16. Dezember 1880 im äußersten Osten, östlich von dem Mosaikgemach hinter der Südostecke der Echohalle, in der Nähe der dort in den Plane schwarz eingetragenen Porosmauern, in tiefer Schicht (Inv. 13566, Berlin, Dubl.). Die linke Hand mit der darin vorauszusetzenden Schale ist abgebrochen. Das Gesicht war stark oxydiert, ist jedoch nach der in Berlin erfolgten Reinigung ganz wohl erhalten herausgekommen.

---

[1] Die Kanne ist antik, aber nicht zugehörig. Der Henkel kann auch von einer Amphora stammen, in welchem Falle ihm ein zweiter gleicher entsprach.

[2] So in Berlin, Friederichs, Kl. Kunst 1490 p, q. Ähnliche in vielen Sammlungen.

Die Figur iſt ſehr ähnlich der vorigen. Sie iſt unten ebenfalls hohl und diente ebenſo dekorativem Zwecke wie jene. Sie war einſt mit zwei Nägeln auf ihrer Unterlage befeſtigt. Der eine Nagel (er iſt von Bronze) ſteckt noch in der Figur; er geht durch den unteren Teil der Beine. Das einſtige Vorhandenſein des anderen erkennt man an dem Loche, das hinter dem Ellenbogen durch das Polſter geht. Die Kline iſt hier nicht angedeutet; doch das Polſter unter dem linken Ellenbogen fehlt nicht. Der Mantel bedeckt hier nur den Unterkörper und läſt beide Schultern und Bruſt und Rücken bis gegen die Hüften frei. Zwei lange Locken fallen jederſeits auf die Bruſt des Mannes; das Haar um die Stirn bildet einen flachen Wulſt. Hinten iſt das Haar ganz wie bei der vorigen Figur angeordnet. Der Bart ſpringt ſpitz vor. Die Lippen ſind voll, die Augen vorquellend, doch ſcharf umrändert gebildet. Die rechte Hand iſt in ſteifer Haltung auf das rechte Knie gelegt. Dies giebt der Figur ein etwas altertümlicheres Anſehen als der vorigen. In den Hauptſachen iſt der Stil beider Figuren aber der gleiche. Auch hier ſehen wir nur wenige wulſtige Falten des Mantels; Gewand und Haar ſind vorwiegend plaſtiſch behandelt, nur die Längelinien ſind graviert. Der Geſichtstypus iſt hier wie dort im Weſentlichen derſelbe.

**78** (Taf. VIII). Rennende Gorgone, 12 cm hoch, gefunden den 26. Mai 1879 im nördlichen Teile des Prytaneions in tiefer Schicht. Stark oxydiert, weshalb manches Detail unkenntlich geworden iſt. Die Gorgone trägt einen kurzen mit Schuppen verzierten Chiton, ohne alle Falten. Die Haare fallen in langen Locken auf die Schultern. Schlangen fehlen gänzlich. Auch hat ſie keinen Bart. Die Flügel an den Füßen ſind größtenteils abgebrochen.

Die Rückſeite iſt flach, der Kopf hinten ausgehöhlt; man ſieht hier hinten einen vom Halſe ausgehenden langen Zapfen; unterhalb deſſelben, an der Rückſeite der Bruſt, ein tiefes Loch; unterhalb des rechten Armes ſteckt im Flügel noch ein Stift. Die Figur war, wenigſtens mit ihrem Oberteile, auf eine gerade Fläche befeſtigt, diente alſo dekorativem Zwecke. Sie wird der Fuß eines Käſtchens von Holz oder Bronzeblech geweſen ſein.

Über den Typus der Gorgone, wie er hier auftritt, vergl. meinen Aufſatz »Gorgonen in der Kunſt«, in Roſchers Lexikon d. Mythol. 1, Sp. 1710, Z. 67 ff.; über dekorative Verwendung der ganzen Gorgonengeſtalt ebenda Sp. 1711, Z. 50 ff.

Vergl. Ausgr. IV, Taf. 23, 3, S. 17. Br.-Funde S. 88.

**79** (Taf. VIII). Unterteil eines rennenden geflügelten Dämons, wahrſcheinlich einer Gorgone; gefunden den 12. Februar 1879 in derſelben Gegend wie die vorige Figur, im nordöſtlichen Teile des Prytaneions in tiefer Schicht. Schema des ſogenannten Knielaufs; das rechte Knie tief heruntergebeugt; die rechte Hand liegt an der Hüfte an, die linke war ohne Zweifel erhoben. An den Füßen ſitzen Schnabelſchuhe mit aufgebogenen Flügeln. Die Muskulatur iſt ſehr kräftig; das Detail am Knie gut modelliert. Die Figur trägt einen kurzen enganliegenden Chiton, der einige gravierte Falten zeigt. Da keine

Spur von Männlichkeit angedeutet iſt, wird die Figur für weiblich und für eine Gorgone zu halten ſein. Die Füße ruhen auf einem in Voluten ausgehenden Streifen, welcher den unteren Abſchluſs bildet. Derſelbe zeigt keine Spur, daſs er irgendwo aufgeſeſſen hätte.

Die Rückſeite iſt ganz flach. Wahrſcheinlich war die Figur mit ihrem oberen Teile an ein Gerät befeſtigt; ſie diente vermutlich, wie zahlreiche andere archaiſche Bronzen, welche dieſen unteren Abſchluſs mit Volute haben, als Fuß oder Stütze, etwa eines Käſtchens oder dergl. (Vergl. z. B. die Sphingen aus der kretiſchen Zeusgrotte, Muſ. ital. di ant. class. II, p. 746; Tav. XII, 18; die Gorgone als Henkelflütze, Gaz. arch. 1888, pl. 13.)

Vergl. Ausgr. IV, Taf. 23, 4, S. 17. Br.-Funde S. 89.

**80** (Taf. VIII). Ende des Flügels einer ähnlichen Figur, weſtlich der Echohalle gefunden (Inv. 8878), 4 mm dick; ſauber graviert.

**81** (Taf. IX). Hockender ſchwanzloſer Affe. Gefunden im Prytaneion, in tiefer Schicht (Inv. 7488). Unten ein 14 mm breites und 15 mm tiefes cylindriſches Loch zum Aufſetzen auf einen Rundſtab; alſo wohl dekorative Krönung eines Gerätes. Am Rücken ebenfalls ein Loch; Reſte von Bleiverguſs in den Löchern. Die Unterbeine ſcheinen mit ſcharfem Inſtrumente abgeſchnitten. Der Affe hockt mit angezogenen Beinen, um welche er die Hände legt. Der Kopf iſt mit aufmerkſamem Ausdruck etwas emporgerichtet. Die Ausführung beſchränkt ſich auf das Weſentlichſte. Die Formgebung iſt altertümlich.

Verwandt, nur viel roher, ſind die archaiſchen Thongefäße, wahrſcheinlich altkorinthiſcher Fabrik, welche hockende Affen darſtellen (vergl. Vaſenſ. in Berlin 1313 ff.). Hockende Affen deſſelben Typus, immer ſchwanzlos, aus Bronze, ſehr guter Arbeit älterer Zeit, z. B. Berlin, Inv. 7479 (Peloponnes), 6418 (Griechenland).

Als Griffe dienten die folgenden Figuren.

**82** (Taf. IX). Zurückgebogene männliche Geſtalt ohne Kopf, im nördlichen Teil der Echohalle gefunden (Inv. 5777). Sehr ſtark oxydiert; der untere Teil namentlich ſteckt ganz in dicker Oxydwucherung. Die linke Schulter iſt etwas emporgezogen. Der linke Oberarm iſt geſenkt und liegt feſt am Körper, der rechte Arm war vorgeſtreckt; der linke Unterarm iſt etwas gehoben, die Füße ſtehen genau nebeneinander platt auf der Baſis. Der Mann trägt einen breiten Gurt um den Leib. Dieſe Tracht paſst zu dem Stile, der hoch altertümlich iſt. Charakteriſtiſch iſt auch die Bildung des Gliedes. Vergl. 244. 616. 617.

Durch die Baſis ſcheint ein Nagel zu gehen; die Figur war danach auf eine horizontale Fläche aufgenagelt. Es iſt danach, wenn auch ausgeſchloſſen, ſo doch wenig wahrſcheinlich, daſs die Figur wie ihre nächſten Analogien, die zurückgebogenen Jünglingsfiguren, die an Kannen und Amphoren zu Henkeln dienen,[1] von einem Gefäße ſtamme. Sie wird in un-

[1] Vergl. zwei vortreffliche ſehr archaiſche Exemplare aus Griechenland, fragmentiert, eines in Berlin (Arch. Ztg., 1881, Taf. 2, 1) und eines im Louvre. Zahlreiche vollſtändige mit den Gefäßen, Kannen oder Amphoren erhaltene

derer Weife als Gerätgriff verwendet gewefen fein. Sie ift altertümlicher als irgend eine jener Henkulfiguren. Bei letzteren find auch immer die Arme hoch erhoben.

**83** (Taf. VII). Jüngling als Griff eines pfannenartigen Gefäßes. (Berlin, Dubl.). Diese Figur befteht aus zwei Teilen: a) Jüngling mit erhobenen Armen, gefunden den 25. Januar 1879 im Stadionwall, 16 Schritte öftlich vom Geleer Schatzhaufe; abg. Ausgr. IV, Taf. 23, 2, S. 17. b) Oberteil mit Schafen und Palmettenanfatz, fpäter gefunden. Man glaubte, beide Stücke gehörten zufammen und hat fie aneinandergelötet. Dies war indeß ein Irrtum. Der Oberteil gehörte zu einem anderen Exemplare deffelben Typus, wo die Hände etwas weiter auseinander ftanden.[1] Auch ift die Arbeit des letzteren gröber und geringer gewefen. Wir befprechen die beiden Stücke alfo gefondert:

a) Jüngling mit erhobenen Armen; die Unterbeine, der obere Teil der Hände und der Kopfauffatz fehlen. Eine antike Schramme auf dem Bauche. Nafe, Mund und Kinn abgerieben. Schöne grüne Patina. Etwas derbe altertümliche Arbeit. Sehr hart und fteif ift die gerade Linie von den Hüften zur Scham. Der Bauch unter dem Nabel fehr flach, fogar wulftartig vortretend. Die Augen find fehr groß und vorquellend; die Stirne hoch, zurückweichend. Im Haare liegt ein aus kleinen Kugeln beftehender Reif (vergl. zu 40). Die Haare find nur in derber plaftifcher Weife charakterifiert, nicht durch Gravierung. Sie fallen hinten weit in den Rücken herab, indem fie nach unten fpitz zulaufen, jedoch durch keinerlei Band gehalten werden. Das Exemplar gehört zu den altertümlichften feiner Gattung.

b) Oberes Auffatzftück einer ähnlichen Figur. Graugrünliche, von a durchaus verfchiedene Patina. Sehr geringe, grobe Arbeit. In der Mitte rohe Andeutung einer Palmette; zu den Seiten je ein Schaf; als unterer Abfchluß ein in Voluten aufgehender Stab (vergl. zu 79). An der Rückfeite die Spitzen der Hände einer Figur wie a. Oben der als Palmette mit Gravierung geftaltete Anfchluß an das runde Gefäß, das vollftändig erhaltenen Exemplaren nach die Form einer tiefen runden Schale oder Pfanne hatte. Die Verbindung gefchah durch Lötung.

**84** (Taf. VII). Jüngling als Griff einer Pfanne; 25 cm hoch, gefunden im Prytaneion in tiefer Schicht. (Inv. 5175). Oben der palmettenförmige, auf der nicht fichtbaren Aufenfeite gravierte Anfchluß an das Gefäß, an welches der Griff angelötet war. Die Jünglingsgeftalt zeigt den eleganten, gereift archaifchen Stil und unterfcheidet fich hierdurch wefentlich von der vorigen

Stücke aus Italien in den verfchiedenen Mufeen; zumeift hält der Jüngling die Schwänze der auf dem Rande der Gefäße gelagerten Löwen (ausnahmweife find es einmal, bei einer Amphora im Britifh Mufeum, Ochfen). Man kann italifche Nachahmungen von den griechifchen Arbeiten fcheiden.

[1] Dies ift ganz zweifellos; die Stücke paffen nicht aneinander, obwohl b von einem genau an derfelben Stelle gebrochenen Exemplare herrühren muß. Bei b ift die Diftanz der Hände 4 mm größer als bei a. Auch ift b wefentlich dicker gegoffen als a.

Nummer. Das Haar fällt lang in den Rücken, zeigt horizontale Wellen und läuft in einen mit einem Bande umwundenen kleinen Zipfel aus. Der über dem Kopfe fich erhebende Anfatz an das Gefäß ift mit gravierten Voluten und Palmettenblättern geziert. Den Abfchluß unter den Füßen bildet eine Palmette, deren Innenzeichnung ebenfalls graviert ift; ihre Rückfeite ift flach nach den Ferfen des Jünglings zu abgefchrägt.

Vergl. Ausgr. IV, Taf. 22, 5, S. 17. Br.-Funde S. 75. Abguß in Berlin (Friederichs-Wolters No. 377.)

**85. 85a** (Taf. IX). Oberer Auffatz einer ähnlichen Figur, von zwei Seiten gezeichnet. Im Prytaneion gefunden. (Inv. 3808). Man fieht die emporgeftreckten Hände des Jünglings; darüber die zwei Schafe, wie bei **83 b**, auf dem in Voluten endenden Streifen. Zwifchen beiden ftatt der Palmette ein Epheublatt. Der Griff war angelötet an die Pfanne. Geringe grobe Arbeit.

**86** (Taf. IX). Fragmentierte Jünglingsfigur. Griff einer Pfanne wie **83** ff. Gefunden bei einem der Gemächer der Nordoftecke der Paläftra. Der Kopf mit den Händen und dem Anfchluffe an das Gefäß, fowie die Füße find abgebrochen. Gereifter archaifcher Stil. Um die Hüften liegt ein Schurz, der auch die Scham bedeckt, doch fo zugefchnitten ift, daß er die Beweglichkeit der Beine möglichft wenig hemmt; er ift ganz faltenlos, doch durch Gravierung mit Säumen und kleinen Kreifen verziert; vielleicht ift er von Leder gedacht; die kleinen Kreife pflegen in der archaifchen Kunft Fell anzudeuten. Die Beine ftehen hier nicht ganz gleichmäßig neben einander, fondern das linke tritt ein wenig vor; es kann dies aber auch nur Folge von Verbiegung fein. Das Haar fällt lang auf den Rücken.

Inv. 5195, gefunden im Südoftbau. Oberteil einer Grifffigur wie **84**. Nur Kopf und Bruft mit den Anfätzen der Arme find erhalten. Der fpätere archaifche Stil. 5½ cm hoch.

Inv. 8572, gefunden im weftlichen Stadionwall, Füße auf einer Palmette auffitehend, von einer Figur wie **84**.

Die Pfannengrifffiguren **83** ff. gehören einem überaus verbreiteten Typus an. Derfelbe hat fich aufser in Olympia auch fonft in Griechenland gefunden, nämlich in Dodona (Carapanos pl. 12, 3 mit dem Schurz; pl. 12, 2 ohne denfelben) und auf der Akropolis in Athen, und zwar hier, was für die Datierung wichtig ift, in der von der Zerftörung durch die Perfer herrührenden Schutte (fchon zu Roßs Zeiten, f. Roß, arch. Auff. I, 111; dann 1888 füdlich vom Parthenon ein Exemplar wie unfere **84**. Der Typus fand fich aber auch in Südrußland (Stephani, Compte rendu 1877, Taf. 1, 9) und dann fehr häufig in Italien. Ein Exemplar ward bei Bari in einem Grabe mit einer der erften Hälfte des 5. Jahrhunderts angehörenden attifchen Vafe zufammen gefunden (Bull. d. Inft. 1881, 182 ff.). Nicht felten ift auch das pfannenförmige Gefäß mit dem Griffe erhalten (gute Exemplare mit Pfanne im Britifh Mufeum, im South Kenfington Mufeum, in der Ermitage No. 345, in der Campana'fchen Sammlung zu Paris u. a.). Exemplare mit dem Schurze wie **86** find zwar feltener, kommen aber auch öfter vor. In Italien wurden diefe

Geräte wahrscheinlich durch die Chalkidier eingeführt (vergl. auch meinen Goldfund v. Vettersfelde S. 30). Sie wurden dann hier vielfach nachgeahmt; manche der erhaltenen Exemplare sind sicher italische Arbeit. Ja sogar in Thon ahmte man sie nach, als einem billigen Ersatze der Bronze für die Gräber (Campanien).

Fig. 31

Die in beistehender Abbildung mitgeteilte hübsche Spiegelstützfigur stammt nicht aus den Ausgrabungen in der Altis, sondern aus einem Grabe im Kladeosthale in der Nähe Olympias. Sie befindet sich im Olympia-Museum. (Abguß in Berlin, f. Friederichs-Wolters 357.) Aphrodite steht, das linke Bein etwas entlastend, stützt die Rechte in die Seite und streckt die Linke vor; gewiß befand sich einst auf der Hand ein Attribut, wahrscheinlich die Taube. Die Haare sind wie gewöhnlich in einen Wulst aufgenommen. Auf dem Kopfe erhebt sich der übliche, mit gravierten Palmetten gezierte Aufsatz, an welchem der Bronzespiegel durch Lötung befestigt war. — Die Spiegel dieses Typus wurden wahrscheinlich in Korinth fabriziert; sie fanden sich an verschiedenen Orten in Griechenland (vergl. oben zu 56; und Sammlung Sabouroff zu Taf. 147, S. 2).

An die Besprechung der tektonischen Statuetten fügen wir die einiger Köpfe, die ebenfalls dekorativen Zwecken gedient haben.

87 (Taf. IX). Kleiner menschlicher Kopf, in derselben Gegend und an demselben Tage gefunden wie 82, im nördlichen Teile der Echohalle. Das Stück ist ganz vollständig. Ein Rundstab wird bekrönt von einem sehr roh, aber sehr altertümlich gebildeten plumpen unbärtigen Kopfe. Unten ein dicker Dorn, mit dem das Stück wohl irgendwo eingesetzt war.

88 (Taf. VII). Gips-Ausguß aus einer in Bronze gegossenen Hohlform von 0,053 Höhe, die vor der Südfront des Prytaneions gefunden ward. Weiblicher Kopf mit Hals. Sehr altertümlicher Stil. Halsband von langen tropfenartigen Gliedern. Hinter den ganz konventionell gebildeten Ohren fallen je drei Locken herab. Vorne um die Stirne einzelne symmetrisch aufgerollte Löckchen; dahinter ein Band. Mit Recht erkannte Brunn, daß die auffallende Ungleichheit, welche in der Schärfe der Stirnlöckchen und der Rundlichkeit der Seitenlocken sich kundgiebt, durch die Technik erklärt wird, indem der Künstler bei dem Ciselieren des Gusses in der Hohlform die Wirkung beim Abdrucke nicht vor Augen hatte. Das Haarband hat er jedenfalls zu tief ciseliert, so daß es im Abdruck zu hoch erscheint. Das Untergesicht ist überaus lang, es ist allein so hoch wie das Obergesicht bis zur Haargrenze.

Die Form diente wahrscheinlich dazu, um Metallblech darin zu hämmern und die so gewonnenen weiblichen Masken an Geräten zur Dekoration zu verwenden.

Vergl. Ausgr. IV, Taf. 26a, S. 19. Br.-Funde S. 71 f. Mitt. d. Instl., Athen, VII, S. 117 (Brunn). Flasch, Olympia S. 65 (Sep. aus Baumeisters Denkmälern). Blümner, Gewerbe u. Künste IV, S. 237. Abguß in Berlin Friederichs-Wolters No. 374.

89 (Taf. IX). Menschliches Gesicht aus Mergelkalkstein, den 19. Dezember 1878 in dem früher von den Thesauren nach dem Oktogon gekarrten Schutte nachträglich gefunden. An der rechten und hinteren Seite Bruch, unten, oben und an der linken Seite Schnittfläche. Aus einem im Übrigen rohgelassenen Brocken Mergelkalk, demselben Materiale, aus welchem der Giebel des Megarerthesauros und andere archaische Skulpturen bestehen, ist hier ein menschliches Gesicht in altertümlichem Stile ausgehauen. Wahrscheinlich ist es ein unfertig verworfenes Stück; der Hals ist ganz unausgeführt stehen gelassen. Es scheint ein weibliches Gesicht gemeint. Abguß in Berlin (Friederichs-Wolters, No. 376).

# Zweiter Abfchnitt.

## Die Weihgefchenke der alten Zeit.

### I. Erfte Gruppe.
### Der europäifch-griechifche Stil.

1. Tier- und Menfchenfiguren primitiver Kunftart.

**a. Tiere von Kupfer oder Bronze.**

Die Ausgrabung der Altis hat eine ungeheure, nach mehreren Taufenden zählende Menge von kleinen rohen Tierfiguren aus Kupfer oder Bronze zu Tage gefördert. Sie haben fich von Anfang der Ausgrabung an[1]) allenthalben und in allen Schichten gefunden. Doch unterfcheiden fich fcharf die Funde einzelner zerftreuter Exemplare und die Maffenfunde. Letztere gehören ganz ausfchliefslich der tiefften und älteften Schicht Olympias an, und zwar fpeziell den durch Beimifchung von Kohle tieffchwarz gefärbten Altarplätzen. Erftere, die Funde einzelner verftreuter Exemplare, fanden überall und auch in den oberften Schichten ftatt. Doch da fie in letzteren niemals in Menge, fondern nur vereinzelt vorkamen, da diefe vereinzelten aber genau derfelben Art angehören wie die der Maffenfunde, fo geht fchon hieraus hervor, dafs jene aus ihrer Heimat, den tiefften Schichten, verirrte Exemplare find. Da an den meiften Stellen der Altis die fpäteren Schichten unmittelbar auf den älteren aufliegen, ohne dafs letztere durch eine fchützende neutrale Zwifchenlage von jenen getrennt wären, fo ift es fehr natürlich, dafs Stücke aus den älteren in die fpäteren Schichten gerieten. Dafs dies gerade mit den rohen Tierfiguren häufig gefchah, erklärt fich aus der Maffenhaftigkeit, mit der fie in den tiefften Schichten abgelagert find: es mufsten bei der ununterbrochenen Benutzung der Altis zahlreiche Exemplare von da aufgewühlt und in die oberen Schichten verftreut werden. So kommen fie fogar in der fpäteften, der fogenannten Slavenfchicht hie und da vor; ja in diefer Spätzeit fcheint man fie des Kupferwertes wegen gefchätzt und gefucht zu haben; ein Exemplar fand fich einmal in einem als Schatz vergrabenen Topfe voll byzantinifcher Kupfermünzen (Tagebuch 26. bis 31. Dezember 1880). Ein anderes Mal fand fich ein Tier diefer Art in einem Bronzekruge, welcher innerhalb der byzantinifchen Oftmauer in der Füllung zwifchen den Quadern verborgen war; der Topf enthielt eine Menge

eiferner Nägel und dazu jene Tierfigur (vergl. Inv. 962). Vergl. ferner Tageb V, S. 33 (primitiver Stier in der Palästra, über den fog. Slavenmauern); Tageb. 23. Okt. 1878 (zehn Stück auf und neben der byzantinifchen Weltmauer gefunden).

Für das hohe Alter jener tiefften Schichten der Altis, in welchen die Maffenfunde der rohen Tierfiguren gemacht wurden, find die Grabungen von entfcheidender Bedeutung, welche im fünften Jahre zwifchen den Fundamenten des Heraions vorgenommen wurden und deren Refultate oben in der Einleitung S. 2 f. zufammengefafst find. Die hier gefundenen Bronzetiere gehören gerade denjenigen Gattungen an, welche die grofse Maffe der gefamten Tierfunde der Altis bilden. Es wird hierdurch erwiefen, dafs eben diefe Maffe in jene ältefte Zeit vor Erbauung des Heraions heraufreichen kann. Genauere Scheidungen zeitlich folgender Gruppen innerhalb diefer Maffe laffen fich aber aus diefen Grabungen nicht gewinnen. Hier tritt die fyftematifche Rekonftruktion der Entwickelung ein, die freilich keine fichere Gewähr bietet. Zum einen, aber einen fehr wichtigen feften Anhalt geben uns jene Funde unter dem Heraion, indem eine gewiffe Gattung von Tierfiguren mit einem fehr beftimmt ausgefprochenen Stile — wir nennen ihn der Bequemlichkeit halber, mit einem konventionellen Namen, den geometrifchen Stil · hier noch fehlt.[1]) Es erhellt daraus, dafs die Ausbildung diefes Stiles erft in die Zeit nach der Erbauung des Heraions fällt. Es ftimmt mit jener Fundthatfache auch die andere überein, dafs hier noch keine Teile von geometrifch verzierten Dreifüfsen gefunden wurden, an welchen die vorkommenden Tierfiguren immer den ausgebildeten geometrifchen Stil zeigen. Mit der fpäteren Anfetzung des letzteren ftimmt ferner auch der Umftand, dafs von ihm aus allmähliche Übergänge zum gewöhnlichen archaifchen Stile zu konftatieren find, während dies bei jener älteren Maffe der primitiven Tiere durchaus nicht der Fall ift.

Abgefehen von den eben erwähnten Übergängen, die nur von dem entwickelten geometrifchen Stil aus weiter führen, ftellen fich die rohen Votivtiere Olympias

---

[1]) Die erften fanden fich bei den Grabungen um den Zeustempel in oberen Schichten (Inv. 131, 185—187, 225f. 241, 252, 258, 279, 302f.).

[1]) Ein einziges mit den Dubletten nach Berlin gekommenes Exemplar, ein kleines Pferd, Inv. No. 8091, zeigt den geometrifchen Stil. Indefs kann diefer vereinzelte Fall die Regel nicht umftofsen; es kann fehr leicht eine Verwechfelung vorliegen, indem ein Stück von einer anderen Fundftelle beim Inventarifieren unter die des Heraionfundes geriet.

als eine in sich völlig abgeschlossene einheitliche Gattung dar, innerhalb welcher alle Elemente aufs engste zusammenhängen und sich gegenseitig bedingen, und wo durchaus nichts Fremdartiges sich einmischt. Diese Einheitlichkeit des Charakters führt uns zu demselben Schlusse wie die Fundumstände, d. h., daß die ganze Masse dieser kleinen Weihgeschenke einer einzigen großen Periode angehören, und zwar der ältesten Zeit Olympias.

Die chemische Untersuchung[1] eines der Tiere, wie sie unter dem Heraion vorkamen und wie sie die Masse bilden, ergab, daß dasselbe nicht aus Bronze, sondern aus Kupfer besteht. Es ist darnach wahrscheinlich, daß ein großer Teil der Tiere, wenigstens der älteren Arten, von Kupfer ist.

Die Mannigfaltigkeit in den Typen dieser Tierfiguren ist eine ganz außerordentliche. Die Auswahl, welche unsere Tafeln darstellen, umfaßt bei weitem nicht alle Varianten, sondern beschränkt sich nur auf die wichtigsten. Wahrscheinlich wurden die Figuren in verlorenen Formen oder doch in so schlechten Formen gegossen, daß ihre Erneuerung immer wieder nötig war. Nur ganz ausnahmsweise lassen sich zwei Stücke nachweisen, die aus einer Form stammen (vergl. unten S. 37).

Daß diese einfachen Votive an Ort und Stelle hergestellt wurden, darauf weisen die im Gusse verunglückten Exemplare und die mit den stehengelassenen Gußzapfen, über welche vergl. unten 226 ff.

Die Masse der Tiere läßt sich nur entweder als Rinder oder als Pferde bestimmen; andere sicher erkennbare Tiere kommen in der Masse nicht vor; die undeutlichen Tiere müssen also als schlecht charakterisierte Exemplare jener beiden Gattungen angesehen werden und dürfen nicht dazu verleiten, andere Tiere, wie Maulesel, Hunde u. dergl., mit denen sie eine oberflächliche Ähnlichkeit haben, zu erkennen. Das numerische Verhältnis von Pferden und Rindern ist ein ziemlich gleiches, doch wiegen bei den ältesten Gattungen die Rinder, in dem entwickelten geometrischen Stile die Pferde vor. — Die wenigen primitiven Tiere anderer Art sind ganz vereinzelt.

Wir beginnen die Übersicht über die Haupttypen mit einer kleinen Serie primitivster Art, den aus Blech geschnittenen und gebogenen Tieren.

#### Tiere aus Blech.

Die größere und wichtigere Gruppe innerhalb dieser Gattung ist diejenige, welche darin ausgeht, das Tier von oben gesehen in flachem Bleche darzustellen.

90 (Taf. X). Ein rechteckiges Stück Blech hat einige Einschnitte erhalten, um so ein von oben gesehenes Rind anzudeuten: links sind Hinterbeine und Schwanz, rechts die Vorderbeine und dazwischen zwei die Hörner bedeutende Zacken zu sehen. (Aus dem Mag.)

91 (Taf. X). Ähnliches Rind, doch sind hier die einzelnen Ausschnitte ein wenig nach unten gebogen, wodurch ihre Absicht deutlicher wird; dies ist namentlich an Schwanz und Hinterbeinen der Fall. Ferner sind

[1] Gemacht im Laboratorium des Herrn Geheimrat von Hofmann.

hier nicht nur die Hörner, sondern auch der Kopf ausgeschnitten. (Aus dem Mag.)

Ebenso Inv. 508, Ostfront des Zeustempels; Berlin, Dubl. Nur der Schwanzstreif ist nach unten gebogen und dadurch gerundet. Am Kopfe nur kleine Zacken, welche die Hörner bedeuten.

Von dieser Art sind ferner die im Folgenden aufgezählten Stücke, die sich aber alle untereinander wieder etwas unterscheiden; sie sind alle nur 5—7 cm lang: die meisten sind durch Andeutung von Hörnern als Rinder charakterisiert. Zuweilen sind die Beine abstehend gebildet und waren dann wohl zum Herunterbiegen bestimmt, wodurch das Tier schon viel natürlicher wird; meist sind die Beine jetzt verbogen oder plattgedrückt. Es sind: Inv. 8337, Pelopion. — 6338, südlich Metroon. — 1749, nordwestlich Zeustempel. — 9587, Pelopion. — 1247, westlich Zeustempel. — 205, südwestlich vom Zeustempel, ohne Hörner. — 7058, südöstlich Heraion, ohne Hörner. — 8217, Pelopion; die zum Herunterbiegen bestimmten Beine sind fast ganz platt gedrückt. — Fortgeschrittener ist

92 (Taf. X). Fast 1 m tief unter dem Fußboden der Metrooncella gefunden (Inv. 1357). Es sind hier die Beine aus besonders abwärts gebogenen Blechstreifen angefügt und außer den Hörnern auch die Ohren ausgeschnitten.

Einen weiteren Fortschritt bezeichnet

93 (Taf. X), indem das den Körper bedeutende Stück nach unten zusammengerollt ist und so eine Rundung erhält; den nach unten zusammengebogenen Schwanz kannten wir schon. Der Kopf ist noch ganz platt; Hörner und Ohren sind verletzt. (Aus dem Mag.)

Ähnlich Inv. 8219, Südosten des Pelopions, Berlin, Dubl.; langgestreckt (10 cm lang); kurze Hörner angedeutet. Nur der Körper aufgerollt, das andere alles flach gelassen.

94 (Taf. X). In der tiefsten Aschenschicht des alten Altarplatzes westlich vom Metroon gefunden (Inv. 6727). Hier sind Körper, Beine, Kopf und Schwanz nach unten aufgerollt. Doch der Kopf entbehrt jeglichen Details; er ist vom Schwanze kaum unterschieden.

Inv. 8417, Pelopion; ähnlich, sehr lang gestreckt (9 cm lang); Kopf ohne alle Charakterisierung, nur als gebogener Streif gebildet.

95 (Taf. X). Pelopion (Inv. 8336). Viel besser als die vorigen, der Hals gehoben, die Hörner deutlich.

Eine andere Gruppe sucht nicht durch Aufrollen des Blechs körperliche Rundung zu erzeugen, sondern macht in der Längsachse des flachen ausgeschnittenen Bleches einen Knick und biegt die beiden gleichen Hälften nach unten. Hierdurch entstehen zwei verbundene Silhouetten-Ansichten des Tieres.

96 (Taf. X). Durch das Loch im Kopfe waren wohl die Hörner gesteckt.

97 (Taf. X). In tiefster Schicht unter der Exedra gefunden (Inv. 8765, Berlin, Dublette). Ein durch den Kopf gesteckter Draht vertritt die Hörner. Da das Blech für den Kopf nicht mehr ausreichte, ist hier ein kleines Stückchen Blech herumgewickelt und festgehämmert.

Ähnlich, doch meist ohne Hörner, sind:

Inv. 7053, südöstlich Heraion, zwischen diesem und dem Zeusaltar gefunden. — 5037, vor der Ostfront des Tempels in tiefer Schicht; scheint eine Andeutung von Hörnern zu haben. — 8398, Pelopion, ganz roh, Kopf und Schwanz kaum unterschieden.

Gingen die bisher betrachteten Arten immer von der von oben gesehenen Form aus, die im flachen Bleche ausgeschnitten ward, so will dagegen die folgende Gattung nur eine Profilansicht geben, sie schneidet das dünne Blech nach Silhouettenart aus.

**98** (Taf. X). Südöstlich vom Heraion (Inv. 6799). Sehr rohe kurze Beine, dicker Kopf ohne alle Charakterisierung.

Inv. 7838, circa 50 cm tief unter dem Stylobat des Heraions, unter dem Pronaos desselben, in gelber Erde gefunden. Besser als 98. Gehobener Kopf, schreitend; unbestimmtes Tier.

Inv. 8396, Pelopion; ähnliches unbestimmtes Tier.

**99** (Taf. X). Zu den großen Tierfunden in den tiefen Schichten vor der Ostfront des Heraions gehörig (Inv. 3347). Ochse, ziemlich gut charakterisiert.

Ähnliche Ochsen: Inv. 1132, Nordfront des Zeustempels. 1752, von ebenda.

**100** (Taf. X). Westfront des Zeustempels (Inv. 3059). Schreitendes Pferd, gut charakterisiert.

Ähnlich Inv. 8250, Pelopion. — 4308, beim Stadion.

Eine besondere Gruppe ist aus schmalen, aber dicken Streifen hergestellt, welche nicht nur durch Schneiden und Biegen, sondern auch durch Hämmern ihre Gestalt erhielten. Diese Streifen sind zuweilen gegossen und dann erst zurecht gehämmert und gebogen, so daß wir hier einen Übergang zu der folgenden Gattung der gegossenen Tiere haben.

**101** (Taf. X). Zu den Funden beim großen Altarplatz im Süden des Heraions gehörig (Inv. 10278). Aus dem gegossenen Streifen sind Beine und Schwanz ausgeschnitten; das den Kopf bedeutende Ende ist flach gehämmert.

**102** (Taf. X). Aus der Gegend des Zeusaltars (Inv. 9103). Aus starkem Bleche geschnitten und gebogen; Kopfende verbogen. Unbestimmtes Tier.

**103** (Taf. X). Pelopion (Inv. 9587). Aus gegossenem Streifen ausgeschnittenes Rind.

**104** (Taf. X). Zu den Funden unter dem Westpteron des Heraions gehörig (Inv. 8050). Um den dicken Blechstreifen, welcher den Körper bedeutet, sind die Beine einfach als dünne Blechstreifchen herumgewickelt. Der Kopf ist flach gehämmert und durchbohrt (um Hörner aus Draht durchzuziehen?).

ß) Gegossene Tiere.

Unter diesen lassen sich zwei Hauptrichtungen unterscheiden. Die eine nimmt sich die typischen Formen der aus Thon gekneteten Tiere zum Vorbild, welche sich sehr leicht im Gusse nachbilden ließen. Man kann diese Richtung den Terrakottastil nennen. Zu einer höheren Entwicklung führte derselbe nicht. Die andere Richtung lehnt sich an den Stil des gehämmerten und gebogenen Bleches an. Für sie ist der Guß nur

eine erwünschte Erleichterung, um dem Metall rasch eine Form zu geben; der eigentliche Charakter, die künstlerische Idee wird aber durch die Gußtechnik nicht bestimmt, sondern durch die des Hämmerns. Das weiche Metall (das Kupfer) gestattete, daß man durch wirkliches Hämmern dem Gusse, der dann nur vorbereitende Technik war, zu Hilfe kam. Doch bestrebte man sich auch mit mehr und mehr Erfolg, im Gusse Stilformen herzustellen, welche eigentlich in gehämmertem Bleche gedacht sind. Diese Richtung führte allmählich aus der Rohheit des Primitiven zu höheren Kunstformen.

Wir beginnen mit den Anfängen der letzteren Richtung, betrachten also zunächst diejenigen gegossenen Tiere, welche eine direkte Anknüpfung an die aus Blech hergestellten zeigen.

Im unmittelbaren Anschlusse an die zuletzt besprochenen Arten von Blech stehen:

**105** (Taf. X). Zu den Tieffunden südlich vom Metroon gehörig (Inv. 6329, Berlin, Dubl.). Das gegossene Tier ahmt ausgeschnittene und gehämmerte Formen nach. Rohe Andeutung des Kopfes; darin ein Loch zum Durchstecken der Hörner. Die Beine sind senkrecht herabgebogen. Sie setzen breit an und sind am Ansatze unterhöhlt, also ganz dünn; nach unten werden sie spitz. Der wie flach gehämmerte Hals, der nach unten ausbaucht und so die breite Wamme andeutet, ist bereits ein das Rind speziell charakterisierender Zug. Sowohl durch diesen Hals als durch den Beinansatz erweist sich dieses Tier als eine erste Vorstufe zu dem später sich entwickelnden geometrischen Stil.

**106** (Taf. X). Westlich vor der Altis, in der Gegend vor dem Theekoleon, in tiefer Schicht (Inv. 6326, Berlin, Dubl.). Das gegossene Rind ahmt die aus dickem, schmalem Streif ausgeschnittenen und zurechtgebogenen Tiere nach. Der Kopf ganz flach und ohne jedes andere Detail als kurze Hörner.

**107** (Taf. X). Vom Altarplatz im Südwesten des Metroon (Inv. 6855). Rind, auch dieses im offenbaren Anschluß an die in Oberantike ausgeschnittenen Blechtiere. Der Kopf ist ganz flach, wie gehämmertes dickes Blech. Form und Ansatz der Beine ähnlich wie 105.

Die Anfänge der anderen Richtung zeigen zunächst ganz plumpe rundliche Formen.

**108** (Taf. X). Aus der Südwestecke des Zeustempels (Inv. 4714). Der Kopf entbehrt jeder Charakterisierung. Da diese Votivtiere, wie oben bemerkt, mit ganz wenigen Ausnahmen nur Pferde und Rinder deutlich charakterisieren, so dürfen wir alle die Tiere ohne Hörner mit Wahrscheinlichkeit als Pferde bezeichnen. Der kurze, etwas rundlich herabgebogene dicke Schwanz, der mehr dem eines Hundes als dem von Pferd oder Ochsen gleicht, ist dieser Richtung von Anfang an eigen. Er stammt eben aus dem Terrakottastile.

**109** (Taf. X). Westlich vom Zeustempel (Inv. 252). Rind, plump; nur kurze Hörner angedeutet.

**110** (Taf. X). Nordseite des Zeustempels (Inv. 1730). Rind; Kopf besser charakterisiert.

**111** (Taf. X). Südosten des Heraions (Inv. 7137). Rind. Cylindrischer Körper. Die Beine erscheinen wie besonders angesetzt; aus Blech um den Bauch gewickelte

Beine scheinen das Vorbild gewesen zu fein. Kopf ganz flach, ohne alle Charakterifierung, aufser den ebenfalls wie befonders angefetzt gebildeten Hörnern.

Die am zahlreichften vertretene Gattung unter den älteften Typen wird aber durch etwas vorgefchrittenere Exemplare jener Richtung gebildet, die man als »Terrakottaftil« bezeichnen kann. Folgende find die Eigentümlichkeiten derjenigen Typen diefer Art, welche als die älteften angefehen werden dürfen. Der Rücken bildet einen fcharfen Grat, von dem der Körper in zwei flachen filhouettenartigen Hälften nach beiden Seiten fchräg abfällt; die Beine divergieren alfo in einer glatten fchrägen Linie, deren Fortfetzung auf das Rückgrat trifft. Die Beine pflegen kurz und dick zu fein, der Schwanz in gerundeter Linie abftehend und kurz. Der Kopf wird zunächft durch nichts anderes charakterifiert als durch die Hörner beim Rind und durch ganz kurze Ohren beim Pferde; die Mähne wird zunächft noch in keiner Weife angedeutet. Der Kopf pflegt einfach fpitz zuzulaufen.

112 (Taf. X). Südfront des Prytaneions (Inv. 5137). Rind.

Diefe Art, nur meift kleiner und mit kürzeren Hörnern, ift überaus häufig. Sie bildet auch die Maffe der unter dem Heraion gefundenen Rinder.

113 (Taf. X). Pelopion (Inv. 8257). Rind; mit ungewöhnlich langen Hörnern.

114 (Taf. X). Norweftecke des Zeustempels (Inv. 2128). Rind. Der Schwanz ift länger als gewöhnlich.

114a (Taf. X). Unter dem Heraion (Inv. 8513) Pferd. Seitenftück zu dem Rinde 114.

115 (Taf. X). Weftlich vom Pelopion mit vielen anderen Tieren in tiefer Schicht (Inv. 11179). Der Kopf ift flach, wie gehämmert; kaum bemerkbare Andeutung von Ohren. Als Pferd zu bezeichnen ift die folgenden Exemplare. — Ähnlich ift Inv. 10966 (von demfelben Fundort).

116 (Taf. X). Pferd. Beine plump, Schwanz und Kopf dünn, wie gehämmert.

116a (Taf. X). Unter dem Heraion (Inv. 8191). Pferd. Überall glatte Flächen, die wie gehämmert ausfehen. Auge als eingegrabenes Loch bezeichnet. Reiche Verzierung im Tremolierftich am Rücken und an den Seiten entlang und an den Beinen herab. Schöne hellgrüne Patina, die den beften der älteften Bronzen Olympias fpeziell eigen ift.

117 (Taf. X). Weftlich vom Pelopion wie 115 (Inv. 11259). Pferd. Der lange gehobene Hals bedeutet einen Fortfchritt.

118 (Taf. X). Südoften des Pelopions (Inv. 8437). Pferd. Ungewöhnlicher getreckter Kopf und entfprechender Schwanz.

Eine kleine Vervollkommnung erfahren diefe Typen dadurch, dafs man beginnt, den Kopf etwas näher zu charakterifieren, und zwar zunächft durch einen Einfchnitt, welcher das Maul bedeutet; feltener durch Andeutung von Augen und Nafenlöchern. Beim Rinde werden öfter die Ohren zu den Hörnern zugefügt. Auch fängt man an, zuweilen das männliche Gefchlecht anzugeben.

119 (Taf. X). Zu den Funden an der Südfeite des Heraions gehörig (Inv. 2409). Stier.

120 (Taf. X). Zu den Funden unter dem Heraion gehörig (Inv. 8154). Stier.

121 (Taf. X). Von den Funden weftlich vom Pelopion (Inv. 11126). Rind mit langen vorgebogenen Hörnern.

122 (Taf. X). Altar im Süden des Heraions (Inv. 9871). Rind mit Maul und Nafenlöchern. Andeutung der Wamme. Die Hörner dünn gehämmert und dann gebogen.

122a (Taf. X). Weftlich vom Pelopion (Inv. 11095). Rind. Ganz kurze Hörner.

123 (Taf. X). Rind, mit Maul und Nafenlöchern, die nach dem Guffe eingefchnitten find; runde Erhöhungen bedeuten die Augen.

124 (Taf. X). Pelopion (Inv. 7416). Guß ohne Cifelierung; allerlei Unebenheiten, die weggenommen werden follten, find ftehen geblieben.

125 Taf. X). Von ebenda wie 122 Inv.2475). Pferd. Der Typus ift nach dem von 117 weiter gebildet. Augen angegeben; der Mund noch nicht; noch der alte Spitzkopf. Der lange gebogene Schwanz ift durchaus ungewöhnlich.

126 (Taf. X). Pferd, mit Andeutung des Mauls.

127 (Taf. X). Weftlich vom Pelopion (Inv. 11100). Pferd.

Einen anderen kleinen Fortfchritt bezeichnet es, wenn kleine Kerben oder Einfchnitte, natürlich erft an dem fertigen Guße, hinzugefügt werden, die Behaarung am Nacken oder Schwanz anzudeuten.

128 (Taf. X). Von den Funden im Süden des Heraions (Inv. 10402). Rind; Kerben auf dem Nacken. Die Grundform des Tieres erinnert an die mit einem Knick zufammengebogenen Blechtiere.

129 (Taf. X). Welten des Pelopions (Inv. 11170). Pferd. Der ganze Rücken nebft Schwanz gekerbt.

130 (Taf. X). Süden des Heraions (Inv. 2399). Pferd. Nacken und Schwanz gekerbt.

131 (Taf. X). Süden des Heraions (Inv. 9546). Pferd. Kopf, Ohren, Hals, Nacken und Schwanz mit Kerben.

War bisher das Pferd nur durch ganz kurze Ohren charakterifiert, fo ift es eine fortgefchrittenere Bildung, wenn zwifchen den jetzt meift etwas höheren Ohren ein zunächft erft ganz kleiner, die Mähne andeutender, Kamm hinzugefügt wird.

132 (Taf. X). Süden des Heraions (Inv. 2367). Pferd. Sehr grob. Der Mähnenkamm ift noch ganz klein. Der kurze Schwanz ift dünn gehämmert und gebogen.

133 (Taf. X). Südöftlich vom Heraion (Inv. 6825). Pferd; das männliche Gefchlecht ift angegeben.

134 (Taf. X). Weftlich vom Pelopion (Inv. 10711). Pferd. Der Hals gehoben. Die Augen find, wie die Nüftern, durch eingegrabene Löcher bezeichnet.

135 (Taf. XI). Süden des Heraions (Inv. 9874). Pferd. Die Augen als dicke kleine Klumpen gebildet, die wie befonders angefetzt ausfehen. Diefe Manier kommt oft vor und wechfelt mit den eingegrabenen Löchern ab.

136 (Taf. XI). Süden des Heraions (Inv. 9436). Pferd. Der Kopf hat durch die eingegrabenen Augen Nüftern und das Maul etwas Lebendiges. Bemerkenswert ift hier,

daß der Leib durch, im sogenannten Tremolierstich gravierte, feine Zickzacklinien verziert ist. Vergl. 116a.

137 (Taf. XI). Östlich vor der byzantinischen Kirche vereinzelt gefunden (Inv. 11817). Pferd. Der Kopf zeigt nur den kurzen Mähnenkamm und noch kürzere Ohren. Die Beine sind an ihrem Ansatze etwas unterhöhlt; auch gehen sie senkrecht herab und divergieren nicht. Vergl. dazu 105. Dieses Element wird nachher im geometrischen Stile ausgebildet.

Die Charakterisierung des Pferdes schreitet fort, indem der Mähnenkamm zwischen den Ohren höher wird und zuweilen fast eine hahnenkammartige Form erhält, indem der Rand gekerbt wird. Ferner wird der Kamm jetzt allmählich auch am Nacken weiter herabgeführt. Bei der nun folgenden Serie findet es sich häufig, daß der Schwanz hoch gehoben ist, was dem Tiere ein sehr viel lebendigeres Ansehen giebt. Auch beginnt man zuweilen die Füße etwas zu charakterisieren, bei Pferden wie bei Rindern, freilich zunächst nur in sehr roher andeutender Weise.

138 (Taf. XI). Süden des Heraions (Inv. 10321). Pferd mit Angabe männlichen Geschlechts.

139 (Taf. XI). Unter dem Südpteron des Heraions (Inv. 8178, Berlin, Dubl.). Pferd. Der Kamm gekerbt.

140 (Taf. XI). Pelopion (Inv. 8319). Pferd. Der gehobene Schwanz abgebrochen. Der Kamm sehr hoch. Die Füße durch Umbiegung angedeutet.

141 (Taf. XI). Süden des Heraions (Inv. 10150). Pferd. Sehr ähnlich sind die Terrakottapferde, vergl. unten 267 ff.

142 (Taf. XI). Im Südwesten vereinzelt gefunden (Inv. 6031). Pferd etwas ungewöhnlicher Bildung. Die Ohren sehr groß. Der Kamm niedrig. Die Hufe angedeutet.

143 (Taf. XI). Altarplatz westlich vom Metroon (Inv. 6719). Pferd. Mähnenkamm ganz vernachlässigt.

144 (Taf. XI). Unter dem Südpteron des Heraions (Inv. 8173). Pferd. Die Mähne geht den Nacken weiter herab. Sehr häufiger Typus.

144a (Taf. XI). Süden des Heraions (Inv. 10206). Pferd.

145 (Taf. XI). Unter dem Westpteron des Heraions (Inv. 8043). Pferd. Die Füße etwas angedeutet. Der sehr dünn gehämmerte Schwanz scheint verbogen.

146 (Taf. XI). Süden des Heraions (Inv. 3418). Rind. Die gespaltenen Hufe angedeutet. Die Auffaltung ist der des Pferdes 145 ganz parallel. Beide Typen sind häufig. Die Augen sind hier immer plastisch kugelig erhoben; der ganze Kopf sehr kurz.

147 (Taf. XI). Westen des Pelopions (Inv. 10796). Rind. Die Hufe gespalten.

148 (Taf. XI). Süden des Heraions (Inv. 10311). Rind mit besonders gut ausgeführten langen Hörnern. Andeutung der gespaltenen Hufe.

149 (Taf. XI). Süden des Heraions (Inv. 10600). Rind. Geringe Andeutung der Hufe. Kopf ungewöhnlich roh. Der schlechte Guss nicht ciseliert.

Die bis jetzt besprochenen Typen machen die größere Masse, ungefähr zwei Drittel der gefundenen Tiere aus. Wir haben gesehen, daß die große Menge derselben von jenem plumpen »Terrakottastile« ausgeht. Wir betrachten jetzt eine Typenserie, welche der anderen der beiden oben charakterisierten Richtungen angehört, also in bewußter Weise nach Formen strebt, die wie gehämmert und zurecht gebogen aussehen, ein Streben, das bei der letztbetrachteten Gattung nur in untergeordneter Weise an Details hervortrat. Diese Entwickelung führt nun allmählich zu einem klaren festen, ja eleganten Stile. Die ganze Gestalt ist hier sofort weniger plump. Die Beine gehen ziemlich senkrecht herab, wodurch sie sich von den stark divergierenden der vorigen Gruppen unterscheiden. Sie sind auch nicht so dick und nicht so rund und zapfenartig wie die der letzteren, sondern bilden spitze oder breite, aber dünne Streifen, die wie gehämmert aussehen. Der Schwanz pflegt dementsprechend im allgemeinen länger und dünner zu sein als in den vorigen Gattungen. Der Bauch neigt zu hohler Form an der Unterseite, namentlich am Ansatz der Beine. Der Hals bezeigt eine sich immer stärker aussprechende Neigung zu ganz flacher, dünner, wie gehämmerter Form. Immer bewußter und entschiedener geht die ganze Entwickelung darauf aus, dem gegossenen Tiere bestimmte feste Formen zu geben, die ihm den Anschein geben, als wäre es ganz gehämmert. Auf diese Art bildet sich allmählich der Stil heraus, den wir den »geometrischen« nennen. Die erste Vorstufe fanden wir bereits in 105.

Wir beginnen zunächst mit einer Serie, die sich durch sehr dünne spitze Beine und dünnen cylindrischen Körper auszeichnet. Der Kopf ist anfangs noch von zugespitzter gestreckter Form und wird sehr wenig detailliert. Beim Pferde wird der Mähnenkamm gar nicht ausgedrückt. dagegen werden die langen spitzen Ohren als besonderes Charakteristikum hervorgehoben. Die ganze Entwickelung lehrt, daß hiermit nicht etwa ein anderes Tier, etwa der Maulesel, bezeichnet werden soll, sondern daß dies eben nur eine andere Lösung für das immer neu versuchte Problem der Charakterisierung des Pferdes ist. Diese Serie führt uns direkt in den entwickelten »geometrischen« Stil, wo gerade die langen spitzen Ohren des Pferdes zum festen Typus gehören.

150 (Taf. XI). Süden des Heraions (Inv. 10233). Rind.

151 (Taf. XI). Südlich vom Heraion (Inv. 7125). Pferd. Sehr ähnlich z. B. Inv. 1766.

152 (Taf. XI). Westen des Pelopions (Inv. 10793, Berlin, Dubl.). Pferd. Sehr charakteristisch für diese Serie; die Beine ganz spitz, der Körper dünn cylindrisch, der Kopf sehr lang und ebenfalls cylindrisch.

153 (Taf. XI). Pelopion Inv. 7359). Pferd.

154 (Taf. XI). Altarplatz südwestlich vom Metroon (Inv. 6444). Pferd. — Die Beine sind hier nicht mehr spitz, sie sind breit, aber dünn, wie von Blech. — Dieser Typus ist sehr häufig in kleinen Exemplaren.

155 (Taf. XI). Nordöstlich vom Prytaneion vereinzelt gefunden (Inv. 13831). Pferd.

156 (Taf. XI). Vor der Südseite des Zeustempels unter dem Bauschutt (Inv. 4821). Pferd. Hier ist bereits versucht, die Gelenke an Vorder- und Hinterbeinen anzudeuten.

157 (Taf. XI). Pferd. Am Beinansatz unten stark ausgehöhlt; Brustrand unten gerade abgeschnitten.

158 (Taf. XI). In der Nähe des Pelopions (Inv. 2892). Pferd.

Wir haben hier den Endpunkt der eben betrachteten Reihe erreicht: es ist der fertige »geometrische« Stil. Charakteristisch ist demselben: der kurze Leib; der breite, unterhöhlte Beinansatz; die Andeutung der Gelenke derselben; der breite, flache Hals; der lange, gerade herabhängende Schwanz; der gestreckte, cylindrische Kopf; die spitzen Ohren.

Weniger direkt, mit mehr Umwegen und manchen Anklängen an die früher behandelten Gruppen, geht die folgende Serie auf den festen Endpunkt, den »geometrischen« Stil, zu. Sie betont beim Pferde die Ohren wenig und bildet sie nicht gerade emporstehend. Dafür betont sie den Mähnenkamm beim Pferde und die Wamme beim Rinde. Den Mähnenkamm führt sie immer bis zum Nacken herunter. Bei Pferd wie Rind wird der Hals sehr breit, aber dünn, wie flach gehämmert, gebildet. Zuweilen tritt gravierte Verzierung an diesem Teile hinzu. Der Schwanz pflegt gehoben zu sein, ist aber lang und dünn. Die Angabe des männlichen Geschlechtes ist sehr häufig, und zwar werden die Tiere gern ithyphallisch dargestellt.

159 (Taf. XI). Kleiner Stier; auch der Kopf wie flach gehämmert und ohne alles Detail. — Der Typus ist häufig in kleinen Exemplaren.

160 (Taf. XI). Vom nördlichen Teil des Prytaneions (Inv. 7448, Berlin, Dubl.). Kleiner Stier; sehr lebendig.

161 (Taf. XI). Pelopion (Inv. 7313). Pferd. In der Auffassung den Stieren 159 und 160 sehr verwandt. Der Guss ist nicht fertig ciseliert und ein Höcker über dem Schwanze stehen geblieben. — Ganz gleich z. B. Inv. 10701 (Pelopion).

162 (Taf. XI). Südlich vom Heraion (Inv. 9384). Pferd. Hals und Beine dünn und flach. Der Mähnenkamm gezackt. Zickzack in Tremolierstich auf Körper und Kopf. Die zurückgelegten Ohren wie in den früher besprochenen Gruppen.

163 (Taf. XI). Altarplatz westlich vom Metroon (Inv. 6466, Berlin, Dubl.). Pferd. Beinansatz unterhöhlt. Beine, Schwanz und Hals besonders dünn und blechartig. Sehr charakteristisch als nächste Vorstufe vor dem entwickelten geometrischen Stil.

164 (Taf. XI). Westlich vor der Echohalle (Inv. 8697). Pferd. Breite, dünne blechartige Beine; gehobener, nicht langer Schwanz. Der Guss ist nicht ganz ciseliert.

165 (Taf. XI). Altarplatz südwestlich vom Metroon (Inv. 6168). Rind. Beine ähnlich wie 162. Hals breit und dünn.

166 (Taf. XI). Altarplatz südwestlich vom Metroon (Inv. 6287). Stier. Die Hufe angedeutet.

167 (Taf. XI). Süden des Heraions (Inv. 10342). Rind. Bei einer kleinen Reihe von Pferden sind die Vorderbeine durch einen scharfen Absatz vom Körper getrennt, als wären sie besonders angesetzt. Der Schwanz ist lang und gesenkt.

168 (Taf. XI). Westlich vom Pelopion (Inv. 10905). Pferd.

169 (Taf. XII). Südlich vom Heraion (Inv. 9813). Andeutung der Gelenke an den Beinen. — Ähnlich, noch etwas vorgeschrittener Inv. 10661 (westlich vom Pelopion; Berlin, Dubl.). Gelenke deutlich; Kopf schon ganz wie im »geometrischen« Typus.

Die Andeutung der Gelenke an den Beinen bleibt von nun an ständig.

170 (Taf. XII). Altarplatz südwestlich vom Metroon (Inv. 6176). Pferd. Der Kopf noch spitz zulaufend, wie in den älteren Gruppen. Der Guss ist nicht ciseliert.

171 (Taf. XII). Südlich vom Heraion (Inv. 10085). Pferd. Mähnenkamm gezackt, kurze Ohren; Augen, Mund und Nasenlöcher graviert. Auf dem Halse Zickzack in Tremolierstich; am Kopfe aber Zickzacklinie aus gravierten Punkten.

172 (Taf. XII). Westlich von der Echohalle (Inv. 9484). Pferd, ithyphallisch. Mähnenkamm gezackt, Auge als Loch graviert. — Ebenso z. B. Inv. 10571 (Süden des Heraions).

173 (Taf. XII). Westlich vom Metroon (Inv. 6658, Berlin, Dubl.). Pferd, ithyphallisch. Mähnenkamm gezackt. Der sehr kurze Bauch und sehr lange, hochgehobene Hals sind Eigentümlichkeiten, die dann der entwickelte geometrische Stil festhält.

174 (Taf. XII). Westlich von dem südlichen im Westen des Buleuterions gelegenen antiken Bauten, aus der tiefsten Schicht (Inv. 12858). Stier. In der Auffassung dem Pferde 173 sehr verwandt.

175 (Taf. XII). Südlich vom Heraion (Inv. 9711). Pferd, ithyphallisch. Andeutung der Hufe. Mähnenkamm gezackt; der Hals nicht breit.

176 (Taf. XII). Westlich vom Metroon (Inv. 6647). Pferd. Ganz mit graviertem Zickzack bedeckt.

177 (Taf. XII). Pelopion (Inv. 7262). Pferd. Mit graviertem Zickzack an Kopf und Hals. Ohren ganz niedrig.

178 (Taf. XII). Südlich vom Zeustempel unter dem Bauschutt (Inv. 4617). Stier. Sehr verwandt dem Pferde 177. Mit graviertem Zickzack.

179 (Taf. XII). Westlich von der Echohalle (Inv. 8557). Rind. Oben am Kopfe graviert. Die Gelenkandeutungen an den Beinen sehr mangelhaft.

180 (Taf. XII). Südlich vom Heraion (Inv. 9623). Stier. Die Hufe angedeutet.

Bevor wir nun den fertig entwickelten geometrischen Stil betrachten, erübrigt uns noch, einige an die bisher besprochenen Gruppen sich anschließende Figuren zu besprechen, welche sich von den gewöhnlichen typischen Exemplaren etwas unterscheiden und als Ausnahmeerscheinungen am besten hier zusammengefasst werden, um so mehr, als sie auch die letzten Ausläufer der betrachteten Arten zu sein scheinen. Es gehören hierher namentlich einige Tierbilder von ungewöhnlichem Naturalismus. Manche derselben zeigen den Einfluss des entwickelten geometrischen Stiles und sind also demselben wenigstens gleichzeitig.

Zunächst einige Stiere, deren Schwanz die Natur dadurch nachahmt, dass er gedreht gebildet ist; meist find zugleich auch die Hufe charakterifiert. Die Beine find im Wefentlichen fo wie bei den letzt befprochenen Vorftufen des geometrifchen Stiles.

**181** (Taf. XII). Aus der antiken Schuttmaffe des weftlichen Stadionwalles (Inv. 6617). Stier.

**182** (Taf. XII). Südöftlich vom Heraion (Inv. 7019). Stier.

**183** (Taf. XII). Often der Altis (Inv. 5590). Stier. Es fehlt die Hufandeutung.

**184** (Taf. XII). Südlich vom Heraion (Inv. 10191). Stier. Mit deutlicher Gelenkangabe und breitem dünnem Hals, aber ohne Hufe.

**185** (Taf. XII). Stier. Derb und plump. Gelenke und Hufe deutlich.

**186** (Taf. XII). Weftlich vor der Echohalle (Inv. 8690). Ungewöhnlich gutes Exemplar. Letzte Entwicklung diefer Reihe. Gelenke und Hufe fehr deutlich und charakteriftifch. Unten Zapfen zum Einlaffen in eine Bafis, was auch ungewöhnlich ift und auf relativ fpäte Entftehung weift. Unterhöhlung unter den Beinen, Beinanfatz, Bildung des Halfes und der Schnauze wie im entwickelten geometrifchen Stil, von dem das Stück fich nur durch geringere Strenge und größeren Realismus unterfcheidet.

Wir fügen noch einige weniger gewöhnliche Typen von Stieren mit glatten Schwänzen hinzu.

**187** (Taf. XII). Altarplatz weftlich vom Metroon (Inv. 6685). Stier. Kopf durch Gravierung ziemlich naturaliftifch. Hufe angegeben.

**188** (Taf. XII). Südlich vom Metroon (Inv. 6349). Stier. Ungewöhnlich dicker, aber ziemlich natürlich gebildeter Kopf.

**189** (Taf. XIV). Stier. Ungewöhnlich groß. Plump. Doch zeigen Kopf und Beine deutlich den Einfluß des entwickelten geometrifchen Stiles.

**190** (Taf. XIV). Bei der Südoftecke des Zeustempels (Inv. 3985). Pferd. Hufe und Gelenke angegeben. Der unterhöhlte, breite Beinanfatz und die Kopfbildung zeigen deutlichen Einfluß des entwickelten geometrifchen Stiles.

**191** (Taf. XII). Nördlich vom Prytaneion (Inv. 12616). Stier. Probe der letzten vollkommenften Entwicklung des primitiven Ochfen. Der Einfluß des geometrifchen Stiles ift an den Beinen deutlich. — Ähnlich Inv. 12771.

An Pferden ungewöhnlich naturaliftifcher Bildung find namentlich folgende zu bemerken:

**192** (Taf. XII). Weftlich vom Pelopion (Inv. 10905). Pferd. Mähne und Schwanz gekerbt.

**193** (Taf. XII). Nordweftlich vom Zeustempel (Inv. 8801). Pferd. Beine plump nach der gewöhnlichen alten Art. Mähne und Schwanz bufchig; mit Gravierung.

**194** (Taf. XII). Aus dem Maffenfunde am Altarplatz füdlich vom Heraion (Inv. 9000; vergl. Tageb. 20. bis 26. Februar 1880; Berlin, Dublette). Pferd von ungewöhnlich natürlicher Bildung, die namentlich am Kopfe auffällt. Gelenke und Hufe angegeben. Mähne gekerbt. Rücken und Schwanz graviert, in derfelben Weife wie an zahlreichen Exemplaren der gewöhnlichen primitiven Arten. Dies Pferd gehört, wie Fundort, Stil und Technik lehren, durchaus noch zu den primitiven Tieren.

Schließlich fügen wir noch einige Unica an.

**195** (Taf. XII). Bei den Aufräumungen im Jahre 1884 im Pelopion gefunden. Widder. Stil der gewöhnlichen plumpen Tiere. Das Tier ift durch die Hörner ficher charakteriftiert. — Andere fcheinbare Widder find nur Rinder mit etwas nach unten verbogenen Hörnern; fo Inv. 3338. 2456. Die Hörner der primitiven Rinder find nie nach hinten, fondern immer nach oben oder nach vorn gebogen gebildet; letztere find zuweilen nach unten verbogen. — Daß der einzige fichere Widder gerade aus dem Pelopion ftammt, wo dem Heros diefes Tier geopfert ward, ift gewiß nicht Zufall.

**196** (Taf. XII). Aus der tiefen Schicht innerhalb der Gemächer füdöftlich von der byzantinifchen Kirche (Inv. 13133). Eber. Einziges Exemplar. Sicher charakteriftiert durch Kopfform, Hauer und Schwanz. Die Beine noch von der gewöhnlichen primitiven Art.

Wir gehen nun zu den Tieren des fertigen geometrifchen Stiles über, die innerhalb der Maffe der Votivtiere zwar nur eine geringe Zahl ausmachen, aber befonderes Intereffe beanfpruchen. Es find dies ganz vorwiegend Pferde. Der Ochfe tritt fehr zurück in diefem Stile; oder, anders ausgedrückt, die Bildung des Ochfen erhält fich unabhängiger von dem fetten Schematismus des geometrifchen Stiles; wir befprachen oben einige Typen des Ochfen, die zwar den Einfluß des letzteren zeigten, fich aber eine felbftändigere und natürlichere Formgebung bewahrten. Dagegen treten in diefem Stile einige neue Tiere auf, namentlich Hirfch, Hafe und Vogel.

Der Stil charakterifiert fich durch Steigerung der von uns fchon früher befprochenen, ihn vorbereitenden Elemente und durch Zufammenfaffung derfelben in ein feftes Syftem. Die reiche Mannigfaltigkeit und Individualität, die innerhalb der früheren Stilgruppen herrfchte, hat ein Ende und hat einem einförmigen, ftrengen Syfteme Platz gemacht.

Charakteriftifch ift vor allem das Streben, die Formen des gegoffenen Tieres fo zu ftilifieren, als ob es getrieben und gehämmert wäre. So wird der Hals ganz flach und dünn gebildet; die Beine find in ihrem oberen Teile vollftändig unterhöhlt und fetzen wie dünne Blechftreifen, die durch Treiben von innen etwas ausgebaucht find, an den Körper an. Am Übertriebenften ift dies Prinzip an der Figur 222 zu fehen. Der Bauch ift auf einen dünnen und ganz kurzen Cylinder reduziert, welcher die unterhöhlten Vorder- und Hinterkörper verbindet. Die Unnatur des fchematifierenden Stiles tritt an diefem Körperteile, dem Bauche, befonders hervor; er paßt in feiner runden Fülle nicht in das Syftem und wird deshalb auf das mindeft mögliche reduziert. Dagegen find die wefentlichen Grundformen der Natur des Pferdes an den fchlanken Beinen und dem hohen Hufe fehr gut beobachtet, jedenfalls außerordentlich viel beffer als an irgend einer der früheren Wiedergaben des Pferdes. Die Hauptform der breiten Oberfchenkel ift namentlich am Hinterbein zumeift ganz richtig ausgedrückt und die Hauptgelenke an Vorder- und Hinterbeinen find jetzt faft immer und, zwar eckig und hart, aber im Wefentlichen richtig wiedergegeben. Der Schwanz von Pferd und Ochs ift immer lang, hängt gerade herab und fleht unten auf. Die Angabe von Haaren verfchmäht diefer Stil fowohl an Schwanz wie an Mähne durchaus. Die Ohren des Pferdes find lang und zumeift hoch gehoben (vergl. die Serie 151 ff.) oder etwas nach vorn gefpitzt; bei ihrer Dünnheit find fie aber auch häufig nach vorne verbogen. Der Kopf ift wieder ganz bewufst unnatürlich und fchematifch gebildet und entfpricht der Behandlung des Bauches. Um den gefchwungenen mannigfaltigen Formen der Natur aus dem Wege zu gehen, begnügt fich auch hier der Künftler mit einer fchematifchen Andeutung der ungefähren Hauptlinien des Kopfes. Er bildet ihn als einen Cylinder, der fich zumeift an der Schnauze etwas erweitert; als einzigftes Detail pflegen die Augen kugelartig oder als Löcher angedeutet zu fein.

Die Angabe des männlichen Gefchlechtes ift felten. Zuweilen finden fich gravierte Verzierungen auf dem Körper; es find aber nicht jene Zickzackftreifen in Tremolierftich, die wir bei einigen der älteren Figuren fanden, fondern konzentrifche Kreife, wie fie dem geometrifchen Stilfylteme entfprechen, an welchem fich diefe Tierfiguren anfchließen. Hie und da find auch die organifchen Hauptgliederungen, wie die Trennung zwifchen Hals und Leib, oder die Stelle der Gelenke an den Beinen durch gravierte Linien hervorgehoben. Die anderen Tiere, die in diefem Stile ganz neu vorkommen (Hirfch, Reh, Hafe, Ziegenbock, Wafservogel, Hahn, Käfer), zeigen eine grofse Sicherheit in der Hervorhebung des Wefentlichen und Charakteriftifchen bei Unterdrückung alles Nebenfächlichen, wie dies diefem Stile ja überhaupt eigen ift.

Im Ganzen machen alle diefe Tierfiguren den wohlthuenden Eindruck eines felten bewufsten Stiles. Eine eckige und harte, aber klare Präzifion herrfcht in ihnen. Das Leben ift freilich wie gebannt und erftarrt. Sie flehen im fchärfften Gegenfatze zu jenen früher betrachteten, zwar roheren, aber fo viel lebendigeren Tierfiguren mit gehobenem Schwanze, die fröhlich einherfpringen.

Die Technik des Gufses ift eine fehr vorgefchrittene, wie vor allem die grofse Dünnheit beweift, auf welche man die Beine und den Hals brachte, die zuweilen nur die Dicke eines ftärkeren Bleches haben (fo befonders 222). Ein weiterer Beweis für die entwickeltere Technik find die verzierten Bafen, auf denen flehend die Tiere jetzt meiftens gegoffen wurden. Diefe Plinthen ermöglichen es jetzt aber auch, mehrere Tiere zu einer gefchloffenen Gruppe zu vereinigen, wie dies nun des öfteren gefchieht.

Wir betrachten zunächft die Figuren mit Bafen, voran die Pferde. Die rechteckige Bafis hat meift einen kleinen Vorfprung hinten zur Aufnahme des Schwanzes. Ferner zeigt fie in der Regel durchbrochene Verzierungen. Das Gewöhnliche ift, dafs durch Durchbrechungen zwei in der Längsrichtung der Bafen laufende Zickzacklinien hergeftellt werden. Doch kommen auch Verzierungen in Relief vor. Die Bafen find beftimmt, von unten einen gefälligen Anblick zu geben, und be-

weifen, dafs diefe Tiere einft aufgehängt zu werden pflegten. Auf der Unterfeite pflegt der Rand ringsum und der mittlere, die beiden Zickzacklinien trennende Streif erhöht zu fein, fo dafs die durchbrochene Verzierung emporgehoben frei dazwifchen liegt. Diefen gewöhnlichften Typus zeigen 197, 198. Manche Varianten lehren die folgenden Abbildungen.

**197** (Taf. XIV). Südlich vom Heraion (Inv. 10536). Pferd. Schöne glatte hellgrüne Patina; dem Rücken und Mähnenkamm entlang find ganz kleine Querlinien graviert. — Ähnlich Inv. 1154.

**198** (Taf. XIII). Im Thefaurus der Sikyonier gefunden (Inv. 3112) Pferd. Die Bafis ift in 198a von unten gefehen abgebildet.

**199** (Taf. XIII). Vor der Wellfront des Zeustempels (Inv. 2556). Pferd. Die Beine fehr dünn und blecharrig. Unteranficht der Bafis **199a**. Aufser dem erhobenen Rande noch drei ftumpfe Zickzacklinien im Relief.

Pferde der Art wie **197–199** auf rechteckigen durchbrochenen Bafen find ziemlich häufig. Unter den Dubletten in Berlin gehören hierher Inv. 9245, 5166, 11032, 8606, 10845 (nur Hinterkörper; fehr dünn gegoffene, die unterhöhlte kleine).

**200** (Taf. XIII). Öftlich von der Philetiosbafis (Inv. 9032). Pferd. Ohren nach vorne verbogen. Schmale Bafis in Kreuzform durchbrochen; nur der Rand ift erhöht.

**200a** (Taf. XIII). Südweftlich vom Metroon (Inv. 6770, Berlin, Dubl.). Pferd, mit gravierten konzentrifchen Kreifen verziert. Die Ohren nicht verbogen, nach vorn gefpitzt. Die Bafis wie bei 200. — Das Fragment eines fehr ähnlichen Pferdes Inv. 10436 (füdlich Heraion) zeigt noch mehr konzentrifche Kreife auf den Oberfchenkeln an Vorder- und Hinterkörper.

**201** (Taf. XVI). Pferd auf kreisrunder Bafis.

**202** (Taf. XIII). Südlich vom Heraion (Inv. 9951). Pferd. Schlechtes, im Gufse mifslungenes, uncifeliertes Exemplar.

Ganz vereinzelt ift:

**203** (Taf. XIII). Südlich vom Heraion (Inv. 10443). Primitives Pferd der gewöhnlichen alten plumpen Art, auf durchbrochener Bafis.

Es geht aus diefem Stücke hervor, wie dies ganz natürlich ift, dafs man auch, nachdem der geometrifche Stil entwickelt war, noch fortfuhr, die kleinen plumpen geringen Tiere nach der einfachen alten Art für billigen Preis herzuftellen.

Selten ift die Bafis nicht durchbrochen und nur auf der Unterfeite mit Zickzackftreifen im Relief gefchmückt. So ein Bronzepferd Inv. 9972 (Berlin, Dubl.). Ebenfo die Gruppe unten 217. — Auch ganz unverzierte glatte Bafen, doch mit dem charakteriftifchen Vorfprung für den Schwanz, kommen vor (Inv. 8687 Pferd; 9246 Ochfe; 4820 Berlin, Dubl., Pferd).

Viel weniger zahlreich als die Pferde find die Ochfen mit durchbrochenen Bafen.

**204** (Taf. XIII). Südweftlich vom Metroon (Inv. 6898). Stier. Die Bafis wie bei **200, 200a**. — Ähnlich Inv. 11196 (weftlich vom Pelopion) Rind. 13568 (faft 1 m unter dem Fufsboden des Metroons) Rind, auf

schmaler Basis mit nur einem durchbrochenen Zickzackstreif.

Mehrfach kommen Hirsch oder Reh vor. Das
Gehörn ist sehr stilisiert.

**205** (Taf. XIII). Bei der Südwestecke des Zeustempels (Inv. 2233). Hirsch. — Unteransicht der Basis in
**205 a**.

**206** (Tafel XIII). Südwestlich vom Metroon (Inv.
6912). Hirsch. Die Stellung ist für das springende Tier
recht charakteristisch. Auf runder, zierlich ausgeschnittener
Basis.

**207** (Taf. XIII). Südlich vom Heraion (Inv. 9698,
Berlin, Dubl.). Reh, durch die Körperformen, die langen
Ohren und den kleinen Schwanz unzweifelhaft charak-
terisiert. Auf runder Basis.

**207 a** (Taf. XIII). Pelopion (Inv. 9200). Hirsch,
ganz übereinstimmend mit **205, 206**, doch ohne Basis.
Einigemale kommt ein Hase vor.

**208** (Taf. XIII). Westlich von der Echohalle (Inv.
11470). Hase in charakteristischer Sprungstellung. Die
Zickzackstreifen der Basis (Unteransicht **208 a**) laufen quer
statt wie gewöhnlich der Länge nach.

**209** (Taf. XIII). Südlich vom Heraion (Inv. 2363,
Berlin, Dubl.). Hase, einfach aber treffend charakterisiert.
Die Basis hat den vier Füßen entsprechend die Gestalt
von vier aneinanderstoßenden konzentrischen Kreisen
(Unteransicht **209 a**).

Nächst den Pferden sind die Vögel am häufigsten
in dieser Stilgattung. Sie haben immer zwei stelzen-
artige getrennte Beine. Der gewöhnliche Typus ist der
von **210**; es ist offenbar ein Wasservogel gemeint; den
langen Beinen nach möchte man an den Kranich denken;
doch Schwanz und Schnabel passen besser zum Schwan.
Vereinzelt kommt der Hahn vor, ebenfalls mit langen
Stelzbeinen.

**210** (Taf. XIII). Vor der Südwestecke des Prytaneions (Inv. 4285). Vogel. Unteransicht der Basis **210 a**.
Sehr ähnlich Inv. 2716 (östlich Zeustempel, Berlin, Dubl.)

**210 b** (Taf. XIII). Ostfront des Heraions (Inv. 3204).
Ein ähnlicher Vogel auf einer kreisrunden durchbrochenen Basis, deren Ornament dasselbe ist wie an **206**.

**211** (Taf. XIII). Altarplatz vor der Mitte der Westfront des Zeustempels (Inv. 8680). Vogel, wahrscheinlich
von einer durchbrochenen Basis abgebrochen. Mit
gehobenen Flügeln, im Schwanz und Flügeln graviert.
— Genau übereinstimmend ist Inv. 8704 (in derselben
Gegend gefunden, Berlin, Dubl.), ebenfalls an den
Beinen unten gebrochen.

**212** (Taf. XIII). Nordfront des Zeustempels (Inv.
1800). Hahn, im Wesentlichen gut charakterisiert. Die
Basis ist nicht durchbrochen, zeigt aber unten (Unteransicht **212 a**) eine Verzierung in Relief, die wie ein
Skorpion aussieht. — Vergl. unten **420**, Hahn mit Loch
zum Aufhängen.

In zwei Exemplaren ist ein sechsbeiniger Käfer gefunden worden.

**213** (Taf. XIII). Altarplatz vor der Westfront des
Heraions (Inv. 4133). Sechsbeiniger Käfer. Der schild-
artige Körper ist unterhöhlt. Durchbrochene Basis
(Unteransicht **213 a**).

Inv. 4157, ebenda gefunden (Berlin, Dubl.). Gleiches
Tier; geringer. Basis fehlt.

Vereinzelt ist:

**214** (Taf. XIII). Südwestlich vom Zeustempel Inv.
1931). Ganz rohes unkenntliches Tier, liegend gedacht,
mit zur Seite gedrehtem Kopf. Mit einem Loche zum
Aufhängen. An der Unterseite der Basis (**214 a**) einfache
Verzierung in Relief. — Wohl eher ein Anhängsel zum
Schmuck als ein selbständiges Votiv. Vergl. unten zu **420**.

Vereinzelt und sehr merkwürdig ist ferner:

**215** (Taf. XIII). Im südwestlichen Teile des Prytaneions in tiefer Schicht gefunden (Inv. 5077) Kentaur.
Der Pferdeleib setzt an einen vollständig menschlichen
Körper an. Der linke Arm ist fragmentiert und die
durchbrochene Basis verbogen. Auch sind der Schwanz
und der für ihn bestimmte Vorsprung der Basis abgebrochen. Auf der Basis unten Dekoration mit Halbkreisen,
die selten ist. Der Pferdeleib ist ganz wie sonst an den
Pferden dieses Stiles gebildet. Das vogelartige Gesicht erinnert sehr an die Stilisierung der menschlichen Figur auf
den Dipylonvasen. Abg. Ausgr. IV, Taf. 21, 2, S. 16.

Wir betrachten jetzt die Gruppenbildungen.

**216** (Taf. XIV). Auf dem Westwall des Stadions
(Inv. 7571). Pferd. Auf dem Rücken hinten sitzt ein
Vogel. Der größere mittlere Teil der Basis ist weg-
gebrochen. — Das Motiv, das Pferd mit dem auf dem
Rücken sitzenden Vogel, kommt auch auf Dipylon-
vasen gemalt vor (vergl. Jahrb. d. Inst. II, S. 36).

**217** (Taf. XIV). Beim Südwest!eck des Zeustempels
(Inv. 2168). Stute mit Füllen. Die Basis ist nicht durchbrochen. Die Unterseite (**217 a**) zeigt Zickzackverzierung
in Relief. — Eine kleine Gruppe desselben Motives und
desselben Stiles fand sich auch auf der Akropolis zu
Athen. — Der Gegenstand erinnert auch an die Stute
mit Mauhierfüllen als Siegespreis in den Leichenspielen
für Patroklos, Ψ 265.

Inv. 3420 (Westfront des Zeustempels). Stute mit
saugendem Füllen; Augen als Löcher gebildet. Die
Verzierung der Basis besteht in einem großen Haken-
kreuze.

Inv. 2169 (an derselben Stelle wie **217** gefunden;
Berlin, Dubl.). Stute mit saugendem Füllen. Auf dem
Rücken des Pferdes ein Rest, der wahrscheinlich von
einem Vogel herrührt, wie **216**. Durchbrochene Basis.

**218** (Taf. XIV). Hinter dem Südostbau, nordwestlich vom Oktogon (Inv. 13025). Stute zwischen zwei ruhig
neben ihr stehenden Füllen, von denen das eine fast
ganz weggebrochen ist. Augen der Stute als Löcher
gebildet. Die Basis durchbrochen (Unteransicht **218 a**).

**219** (Taf. XIV). Gegen die Südwestecke des Zeustempels hin (Inv. 2021). Hirsch, von einem Hunde umgeben; von dem einen sind nur die Reste der Füße erhalten. Die Basis ist glatt und nicht durchbrochen. Der
erhaltene Hund ist durch den Schwanz ganz sicher und
nicht etwa für ein Füllen zu halten.

**220** (Taf. XIV). Südfront des Zeustempels (Inv.
1106). Hirsch, von drei Hunden angefallen; einer springt
ihn von vorne an, die anderen zwei von hinten. Die
Basis ist nicht durchbrochen, zeigt aber auf der Unterseite (**220 a**) Verzierungen in Relief und eingeschlagene

konzentrische Kreise auf dem Vorsprunge vorne. Abg.
Ausgr. II, Taf. 31. S. 12. — Den Gruppen 219 und 220
sehr ähnlich ist die Krönung einer großen Nadel aus
Koban, Chanure, Caucase I, p. 91.

**221** (Taf. XIII. Südöstlich vom Zeustempel (Inv.
3796). Unteransicht einer nicht durchbrochenen Basis
mit interessanter Reliefverzierung. Das Tier, das darauf
stand, ist ein Pferd; es ist erhalten, doch abgebrochen,
auch fehlt sein Kopf.

Viel weniger zahlreich sind die Tiere dieses Stiles
ohne Basen, und bei einigen derselben ist es zweifelhaft, ob sie selbständig waren und nicht vielmehr dekorativen Zwecken dienten.

**222** (Taf. XIV). Westlich von der Echohalle (Inv.
8930). Pferd. Vorderbeine abgebrochen. Höchste Steigerung des Prinzipes dieses Stiles. Die Oberschenkel sind
ganz dünn wie Blech; ebenso der Hals; an diese schein-
baren Blechteile setzen als dünne Cylinder Bauch, Kopf
und Schwanz sich an. Ohren vorgespitzt. An den
Hinterfüßen ein verbogener Ansatz, der andeutet, daß
das Pferd irgendwo befestigt war.

Ähnlich, nur kleiner und weniger dünn gegossen,
Inv. 11182 (Berlin, Dubl.), mit verbogenem Ansatz an
den Vorderbeinen.

**223** (Taf. XIV). Bei der Südwestecke des Zeustempels unter dessen Bauschutt (Inv. 4882). Pferd. Ausgezeichnetes charakteristisches Exemplar des Stiles. Die
Hufe sorgfältiger als sonst. Sehr schlanke Beine.

Andere gute Pferde dieses Stiles, ohne Basen: Inv.
8896. 3031. 4262 (Berlin, Dubl.). 2899 (Berlin, Dubl.),
sehr charakteristisches Exemplar. 7293, großes 14½ cm
hohes aber etwas rohes Exemplar. 2962.

Ochsen kommen in dem ganz entwickelten, elegant
geometrischen Stile, wie ihn namentlich **222**, **223**
zeigen, überhaupt gar nicht vor. Aber auch in der
älteren geometrischen Art sind sie selten. Eines der
wenigen charakteristischen Exemplare ist

**224** (Taf. XIII). Südlich vom Heraion (Inv. 10118).
Der Schwanz noch etwas abstehend.

Schließlich fügen wir noch ein wahrscheinlich hier-
hergehöriges Tier an, das vielleicht von einer verzierten
Basis abgebrochen ist.

**225** (Taf. XIII). Ziegenbock mit starken Hörnern,
die aber glatt sind, also kein Steinbock. Sehr oxydiert.
Der Stil ist verwandt dem von **206**. **208**. Vergl. den
Bock aus dem Hermesheiligtum auf Kreta (Mus. it. di
ant. class. II, tav. 14. 9).

In Hinsicht auf die Technik der gegossenen Tiere
sind namentlich diejenigen Stücke merkwürdig, die unfertig oder verunglückt sind. Sie beweisen die Anfertigung der Votivtiere an Ort und Stelle in Olympia, da
man solche Dinge gewiß nicht importiert haben wird.
Es finden sich solche Indizien aber an Tieren fast aller
Gattungen: namentlich sind sowohl die ältesten Arten
(vergl. **226**, **229**) als der entwickelte geometrische Stil
(vergl. **230**, **231**) vertreten. Es wurden also alle die bisher
besprochenen Votivtiere am Orte fabriziert.

Sehr häufig sind die Gußzapfen sichtbar. Besonders
oft ist der große Gußzapfen auf dem Rücken nur ungenügend entfernt, so daß ein Höcker stehen geblieben
ist. So z. B. Inv. 10142, 3453, 10417, 10753, 10287,
11705, 6617, 6281, 1114K, 9824, 3170, 9375. Es sind
dies alles kleine geringe Exemplare. — Seltener ist es,
daß man den Rest eines Gußzapfens auf der Brust sieht;
so Inv. 6379.

Ein längeres Zapfenstück ist auf dem Rücken stehen
gelassen, z. B. Inv. 10254, 10991, 6165, 10641, 10227,
7445. Dahin gehört auch

**226** (Taf. XIII). Südfront des Zeustempels, unter
dessen Bauschutt (Inv. 4849). Pferd sehr alter Art. Nur
kleiner Mähnenkamm zwischen den Ohren.

Häufig kommen sogar Exemplare mit einem großen
Gußzapfen vor, der eine trichter- oder pilzförmige Erweiterung nach oben hat, da wo der Einguß erfolgt
war. Der Zapfen teilt sich zuweilen in zwei Kanäle.
Derart sind

**227** (Taf. XIII). Ostfront des Heraions (Inv. 3259).
Rind ältester Art.

**228** (Taf. XIII). Gegen Nordwestecke des Heraions
(Inv. 2553). Pferd ältester Art. — Ähnlich, mit zwei
Gußkanälen, Inv. 3266 (Berlin, Dubl.).

**229** (Taf. XIII). Südlich vom Heraion (Inv. 9471).
Pferd, mit kleinem Mähnenkamm.

Ähnlich sind noch z. B. Inv. 2371, 11311, 13204,
10640, 3720, 9839, 9767. — Solche Zapfen und trichter-
förmige Eingußstücke wurden auch abgebrochen einzeln
gefunden. So z. B. Inv. 13814. 14004.

Besonders interessant sind **230** und **231**.

**230** (Taf. XIV). Westlich vom Pelopion (Inv. 11198).
Pferd auf durchbrochener Basis (deren Umteransicht **230 a**).
Verunglückter Guß. Auf dem Rücken Gußzapfen. Hals
und Kopf fehlen, da sie im Gusse überhaupt nicht gekommen sind.

**231** (Taf. XIV). Südlich vom Prytaneion (Inv. 5159).
Pferd geometrischen Stiles. Verunglückter Guß. Zwei
lange Gußzapfen, der eine auf der Brust, der andere am
Kopfe endend. Der Kopf ist mit letzterem in eins zu-
sammengeflossen; die Vorderbeine sind garnicht gekommen.

Inv. 10632 ist ein ganz unförmliches verunglücktes
Tier älterer Gattung, ohne Hals und Kopf.

Zahlreich sind die mehr oder weniger schlecht gegossenen Tiere, wo das Metall allenthalben herausgequollen und stehen gelassen ist. Z. B. Inv. 3188, 2211,
3080 (Berlin, Dubl.).

Zuweilen, wenn der Schwanz nicht recht im Gusse
gelungen war, setzte man ihn aus einem Blechstreif besonders an, indem man ihn einfach in ein Loch steckte;
so Inv. 10208 (Berlin, Dubl.). 6140, 5678.

Wie schon oben bemerkt, scheinen nur ganz selten
mehr Exemplare aus einer Form gegossen zu sein; nachweisen kann ich es nur bei Inv. 3198 (östlich vom Heraion) und 9677 (Pelopion), zwei Pferdchen mit Gravierung: nur die letztere, die nach dem Gusse mit der
Hand gemacht ward, differiert etwas an den beiden
Exemplaren.

38

### b. Menschen von Kupfer oder Bronze.

Auch die primitiven menschlichen Statuetten haben sich fast nur in den tiefsten Schichten gefunden. Ihre Zahl ist im Verhältnis zu den Tierfiguren eine sehr geringe. Sie werden im Folgenden vollständig aufgeführt. Besonders häufig waren sie wie die Tiere in der Umgebung des großen Altars im Süden des Heraions vertreten; von einigen (256. 261. 262) ließ sich konstatieren, daß sie in der tiefen Schicht unter dem Tempel lagen, also älter sind als dieser.

Aus Blech ausgeschnittene Exemplare giebt es unter ihnen nicht. Die Figuren sind alle gegossen. Auch hier lassen sich dieselben beiden Richtungen unterscheiden wie bei den Tieren. Die einen, lediglich durch Guß hergestellt, ähneln in ihrer Plumpheit den geknetenen Terrakotten; bei den anderen tritt die Technik des Hämmerns stilbildend auf. Von beiden Richtungen liegen sehr primitive Erzeugnisse vor; aber nur die letztere erzeugt eine höhere Entwicklung.

Die roheste und zum Teil wohl auch älteste Serie ist, wie dies ebenso bei den Tieren der Fall ist, geschlechtslos; sie begnügt sich mit ganz ungefährer Andeutung der menschlichen Gestalt.

**232** (Taf. XVI). Südwestlich vom Pelopion (Inv. 11831). Sehr primitive Figur. Der Leib ist flach gehämmert; auch der Kopf ist zu einer zum Leibe in rechtem Winkel stehenden Fläche gehämmert. Ein Einschnitt bezeichnet den Mund.

**233** (Taf. XV). Pelopion (Inv. 7378). Der Körper ist wieder flach gehämmert; der Ausschnitt für die Beine ganz schematisch. Der Kopf ist rund; die Augen sind durch kleine Löcher, der Mund durch einen Einschnitt bezeichnet. Um den oberen Teil des Kopfes geht eine breite Binde; vergl. 264. 265.

**234** (Taf. XVI. Aus dem in den Kladeos gekarrten Schutt (Inv. 13192). Der ganze Körper ist rund so wie er gegossen ist, und nicht flach gehämmert wie an den vorigen. Die Arme seitwärts ausgestreckt. Kein Geschlecht angegeben; doch ist ein Gurt um den Leib durch Gravierung angedeutet. An den Seiten des Kopfes zwei dicke Vorsprünge, welche die Ohren bedeuten und durchbohrt sind; es steckt noch je ein Drahtring in denselben. Wahrscheinlich ist ein Weib gemeint.

Inv. 10269. beim großen Altar südlich vom Heraion in der tiefsten Schicht gefunden (Berlin, Dubl.). Figürchen ähnlich 233, nur noch roher, indem die Formen ganz so gelassen sind wie sie im Gusse kamen, der Leib ist also nicht flach gehämmert und der Kopf ohne alles andere Detail als die plumpe Andeutung des oben herum laufenden Bandes. — Inv. 6365 (südlich vom Metroon), 234 verwandt, doch ohne die Ansätze am Kopfe. Augen, Mund und Zehen roh angedeutet. — Fragmentiert sind Inv. 9150 (südlich vom Heraion), Oberkörper, sehr roh, Arme waren seitwärts gestreckt. Inv. 2146 (südwestlich des Zeustempels), Unterkörper, ganz rohe Beine.

Bei den folgenden Figuren ist das Geschlecht angegeben. Wir betrachten zuerst die männlichen Gestalten, und zwar zunächst die Figuren, die durch nichts näher charakterisiert sind:

**235** (Taf. XV). Südlich vom Metroon (Inv. 6364). Mann. Deutliche Angabe des Geschlechtes über der Trennung der kurzen zapfenartigen Beine. Kleine Vorsprünge nach vorn bezeichnen die Arme. Ohren und Mund sind angedeutet.

**236** (Taf. XV). Südlich vom Heraion (Inv. 2383). Mann. Steht auf einer kleinen unregelmäßig gegossenen Basis. Penis deutlich. Der Kopf ist nur ein roher Klumpen.

**237** (Taf. XVI). Zwischen Pelopion und Westaltinmauer (Inv. 11194). Mann, auf kleiner Basis. Er trägt einen kleinen flachen Hut und steht mit etwas eingebogenen Knieen. (Vergl. den Hut beim Reiter 257.)

Inv. 8707 (nw. Zeust.) Oberkörper ähnlicher Figur mit flachem Hut.

**238** (Taf. XV). Pelopion (Inv. 9500). Mann. Steht mit eingebogenen Knieen. Der Körper flach. Das Glied sehr groß; unförmliche Ohren. Der rechte Arm etwas eingebogen, was ursprünglich scheint.

Inv. 8755 (bei den Tiefgrabungen in der Exedra gefunden). Mann. Arme gerade vorgestreckt, verwandt 238, nur noch geringer. — Inv. 12745 (nördlich vom Prytaneion). Mann. Arme seitwärts: Kopf ohne alles Detail, nur ein Klumpen; der Körper flach, die Beine weit getrennt. Gering. — Inv. 2282 (sw. beim Heraion). Unterkörper eines Mannes der Art wie 236.

**239** (Taf. XVI). Beim 4. Thesauros gefunden (Inv. 3011, Berlin, Dubl.). Mann, die Arme auf den Leib gelegt. Der Kopf etwas mehr ausgeführt als bei den vorigen.

Eine Anzahl männlicher Figuren ist dadurch charakterisiert, daß sich auf dem Kopf ein nach hinten gebogener Aufsatz befindet. Da die sicheren Helme (vergl. 243 ff.) ganz anders erscheinen, so dürfen wir darin schwerlich einen Helm sehen. Dieser Aufsatz wird in einem sicheren Beispiele 249 von einem Manne zu Wagen getragen, so daß man vermuten möchte, daß es eine diese Situation charakterisierende Kopfbedeckung war.[1] Die hier zunächst anzuführenden Statuetten standen jedoch nicht auf Wagen und find durch nichts weiter charakterisiert; die Arme sind einfach seitwärts oder in die Höhe gestreckt, was wohl den Gestus des Adorierens andeuten soll. Die besseren Exemplare haben bereits eine bestimmte Stilisierung.

**240** (Taf. XVI). Altarplatz südwestlich beim Metroon (Inv. 7042). Mann mit nach hinten gebogener hoher Kopfbedeckung, beide Arme erhoben. Roher Guß. Die Ohren sehr plump angedeutet. Knie- und Hüftgelenke find angegeben. Der Leib ist auf ein Minimum beschränkt. Ein Stück der Gußzapfen unter den Füßen ist stehengelassen, um zur Befestigung in einer Basis zu dienen; man sieht, wie die Zapfen von zwei Seiten abgeschnitten wurden.

---

[1] Zu vergleichen ist der zuweilen ebenfalls gezackte »Schopf«, welchen einige der mit Pferden beschäftigten oder tanzenden Männer auf dem Goldreliefs, Arch. Ztg. 1884, Taf. 8, 1. 9, 1, und dem Steatit von Kreta, Mus. it. di antich. class. II, p. 757 tragen. — Helbig in den Sitzungsber. d. bayr. Akad. 1880, S. 336 f. Über den Pileus bringt jene Tracht der olympischen Bronzen mit den asiatischen kegelförmigen Mützen zusammen.

**241** (Taf. XVI). Westlich von der Echohalle (Inv. 9000; Berlin, Dubl.) Ganz gleiche Figur, im Profil gezeichnet; es fehlt hier nur der den Mund bedeutende Einschnitt. Man sieht, wie die Gelenke und der Hintern deutlich angegeben sind.

Inv. 8900 (westlich der Echohalle), eine 240 und 241 ganz entsprechende dritte Figur, nur noch roher; sehr breiter Mundeinschnitt; die Zapfen unter den Füßen ebenso.

Inv. 3630 (Osten der Altis), derselbe Typus, nur viel plumper und roher, die Arme ohne Biegung einfach seitwärts gestreckt; mit Penis und Kniegelenk; mit Zapfen unter den Füßen. — Die letzteren Details weggelassen und noch roher, sonst übereinstimmend: Inv. 8600 (nw. beim Zeus.). In derselben Gegend wie diese ward noch eine ähnliche, aber noch etwas rohere Figur gefunden (Inv. 8703; vergl. Treu, Tageb. V, S. 134).

Als Krieger sind die folgenden Figuren charakterisiert.

**242** (Taf. XVI). Südlich vom Heraion (Inv. 9788). Krieger, die Lanze schwingend, die ganz verbogen ist; ein kleiner Schild mit einem Buckel wird von der linken Hand getragen. Das Glied ist groß und abstehend. Der Kopf scheint ganz vom Helme bedeckt gedacht, doch soll ein großer roher Einschnitt vorn am Kopfe vielleicht den Mund andeuten. Der große Busch des Helmes geht quer über den Kopf, statt von vorn nach hinten. — Zu dieser Figur lassen sich die Krieger einer mykenischen Vase aus Tiryns vergleichen, Schliemann, Tiryns Taf. 14.

Viel entwickelteren Stil zeigen die folgenden Kriegerfiguren.

**243. 243a** (Taf. XVI). Aus der Gegend des Pelopion (Inv. 2914). Krieger, die Rechte erhoben; sie ist durchbohrt und hielt ohne Zweifel die Lanze; die Linke hält eine quere Handhabe, an welche vielleicht ein Schild befestigt war. Um den Leib ein durch Gravierung angegebener Gurt. Auf dem Kopfe ein Helm mit hohem Busch.[1] An den Füßen Löcher für Stifte zur Befestigung auf der Basis. Die Augen sind durch tiefe Löcher angedeutet. — Abg. Ausgr. Bd. III, Taf. 24B, 6, S. 15 (Treu).

**244** (Taf. XVI). Nördlich vom Südwest-Bau (Inv. 13100). Krieger mit erhobener Rechten, welche die Lanze hielt; die gesenkte Linke ist durchbohrt; einen Schild mag man kaum an dieselbe ergänzen; vielleicht hielt sie eine zweite Lanze. Um den Körper ein breiter Gurt, der graviert ist. Die Füße stehen auf rechteckiger Plinthe, der linke etwas voran; in der Diagonale zwei Löcher angebracht zum Aufnageln auf einer Unterlage. Die Beine sind schlank und ziemlich naturwahr gebildet; der Rumpf ist flach; ebenso der Kopf, der nach unten und oben sich zuspitzt; aus der schrägen Fläche ragt nur die Nase heraus; der Mund ist durch Einschnitt, die Augen durch Löcher bezeichnet. Der Oberkopf trägt offenbar eine spitze pilosartige Bedeckung, wohl einen Helm.

**245** (Taf. XVI). Vom Buleuterion, aus höherer Schicht (Inv. 3834). Oberteil einer ähnlichen Figur. Die erhobene durchlochte Rechte schwang gewiß die Lanze; die Linke war gesenkt. Der Körper flach wie geklimpert. Auf dem Kopfe die Andeutung eines Helmes mit nach vorn gebogenem Busche; er ist nur durch eine Linie vom Kopfe abgegrenzt. Der Kopf ähnlich wie an 244 stilisiert, flach, spitz nach unten vorspringend; die Augen fast gar nicht angedeutet. Abg. Ausgr. IV, Taf. 21, 1. S. 16.

**246** (Taf. XVI). Westlich vom Pelopion (Inv. 11322, Berlin, Dubl.). Mann, den rechten Arm seitwärts streckend; die gesenkte Linke ist durchbohrt, vielleicht um eine Lanze zu halten. Das Glied ist hoch emporgerichtet und verschwindet am Gurt; vielleicht ist er, wie Purgold vermutet, infibuliert zu denken. Der Rumpf ist flach; der Kopf zeigt dieselbe charakteristische Stilisierung wie an den vorigen Figuren. Unter den Füßen ein Einsatz mit zwei Löchern, zum Einzapfen in eine Basis.(?)

**247** (Taf. XV). Unmittelbar vor dem mittleren Intercolumnium der Westfront des Zeustempels, dicht bei der Krepis gefunden (Inv. 1362). Größte der Kriegerfiguren (0,248 hoch). Die Beine sind verbogen, die Füße abgebrochen. Auch die Linke ist verbogen, sie war gesenkt; ein durch die Hand gehender Stift befestigte wohl den Schild. Die Rechte war erhoben und schwang gewiß den Speer. Den Kopf bedeckt ein Helm der gewöhnlichen sogen. korinthischen Form, mit hohem Bügel und Busch. Das Gesicht ist in der Weise stilisiert wie an den vorigen Figuren, nur etwas vollkommener und weniger hart. Der Rumpf ist flach. Vergl. die Krieger der Vase, Arch. Jahrb. II, Taf. 5. — Abg. Ausgr. III, Taf. 24B, 3, S. 15 (Treu).

Wir betrachten jetzt die Männer, welche zu Wagen, und zwar in der Thätigkeit des Lenkens dargestellt sind.

**248. 248a** (Taf. XV). Pelopion (Inv. 9215, Berlin, Dubl.). Wagenlenkender Mann. Mit Ausnahme der vorn um den Wagenrand geschlungenen Zügelenden, welche aus schmalen Blechstreifen bestehen, ist das Ganze gegossen. Die Deichsel ward nach oben verbogen gefunden und ward in Berlin herunter gebogen (wohl etwas zu tief). Der Mann ist nur mit dem gewöhnlichen, hier in flachem Relief angegebenen Gurte um den Leib bekleidet. Sein Kopf ist anders stilisiert als an den vorigen Stücken, wie besonders die Profilansicht desselben zeigt, die wir beistehend als **248a** geben. Der Kopf ist oben sehr breit und verengt sich nach unten. Die Rechte ist durchlocht, um die Zügel zu halten. Der Wagen hat die übliche durchbrochene Form. Die eine  Achse ist sehr lang heraus, doch ohne Spur von dem Rad; die entsprechende andere Achsenhälfte fehlt und war offenbar niemals da; sie kam wohl nicht beim Gusse.

---

[1] Ein Helm von gleicher Bildung kommt zuweilen an alten cyprischen Terrakotten vor. Cesnola, Salaminia p. 243 Fig. 230.

[1] Sehr ähnlich scheint eine Bronze aus der Höhle von Psychro auf Kreta; die Abbildung Mus. it. di ant. class. II, tav. 13, 1 a. b; vgl. p. 978 ist vielleicht nicht ganz genau; der Bart ist wohl nur Mißverständnis des Zeichners; vom Gurte hängt ein Streif vorn herunter, der, wenn er genau gezeichnet ist, freilich nicht das Glied sein kann.

Vorn auf der Deichfel liegt das Joch mit jederfeits zwei Löchern zum Durchziehen der Zügel.

**249** (Taf. XV). Altarplatz weftlich vom Metroon (Inv. 6507). Wagenlenkender Mann. In den gefchloffenen Händen find Refte der Zügel aus Blech erhalten. Auf dem Kopfe die fchon oben (vor 240) befprochene, nach hinten gebogene Bedeckung, deren oberer Rand gekerbt ift. Der Kopf ift ftilifiert wie an 243 ff., und zwar hier befonders gut, nach unten fpitz vorfpringend und fehr flächenhaft. Die Augenhöhlen find nur durch eine horizontale Vertiefung angedeutet. Am Wagen find Deichfel (verbogen) und Joch erhalten. Achfe und Räder waren nie da. Das Trittbret ift durchbrochen, wie bei den folgenden Stücken. — Abg. Ausgr. IV, Taf. 21, 5, S. 16.

**250** (Taf. XV). Mit 249 zufammen gefunden (Inv. 6508). Wagenlenkender Mann. Kleiner und plumper als die vorigen. Auf dem Kopfe ein breiter Petafos. Der Kopf klumpig, nur Nafe und Kinn treten vor. Beide Hände find durchlocht für die Zügel. Um die Lenden der übliche Gurt. Die Deichfel ift verbogen.

**251** (Taf. XVI). Auf dem weftlichen Stadionwall gefunden (Inv. 3680, Berlin, Dubl.). Wagenlenker ohne den Wagen; er war auf denfelben mit Stiften befeftigt, welche durch die Mitte der Füfse gingen, wo ihre Löcher noch zur Hälfte erhalten; der Vorderteil der Füfse ift abgebrochen. Die rechte Hand fehlt, die linke ift einwärts gebogen; ganz wie an 249, um die Zügel zu halten. Um den Leib der übliche Gurt. Auf dem Kopfe diefelbe Mütze wie fie 249 trägt; auch die Stilifierung des Kopfes ftimmt ganz mit 249 überein. Die Augenhöhlen find eine flache horizontale Vertiefung; der Mund ift hier gar nicht angegeben. Abg. Ausgr. Bd. IV, Taf. 24 B, 1, S. 15 (Treu).

Inv. 6800 (füdöftl. vom Heraion) ift eine ganz gleiche Figur, nur etwas fragmentiert.

**251 a** (beiftehend). Südlich vom Heraion (Inv. 9626). Gezackte Mütze wahrfcheinlich von der Statuette eines Mannes zu Wagen abgebrochen; auf beiden Seiten derfelben eine flache, runde Erhöhung, wohl φάλαρα bedeutend.

Häufig wurden kleine Wagen gefunden. An den wenigften find Spuren davon erhalten, dafs ein Lenker darauf ftand. Man hat offenbar auch Wagen ohne Lenker als Vorivgabe dargebracht. Nur die befferen Exemplare waren auch mit Rädern ausgeftattet. Immer hat der Wagen diefelbe leichte durchbrochene Form, die wir kennen.

Ganz aus Bronzeblech gefchnitten und gebogen ift Inv. 9937 (füdl. Heraion, Berlin, Dubl.). Trittbret und Deichfel aus einem Stück Blech; der Wagenrand aus fchmalen Blechftreifen gefchnitten, in das Trittbret gefteckt und zurecht gebogen. Auch eine Achfe ift unten durch das Trittbret gefteckt; die Räder find verloren. Das Ganze ift fehr zerdrückt und zur Abbildung ungeeignet. Keine Spur von einem Lenker.

**252** (Taf. XV). Südöftlich vom Heraion (Inv. 7081) Zwei Räder aus Bronzeblech mit einer aus einem

fchmalen Blechftreif beftehenden Achfe, auf welcher zwei Süfte zu fehen find, welche den Blechwagen befeftigten. Die Aufsenfeite der Räder (f. 252 a) ift mit Zickzackftreifen in Tremolierftich verziert.

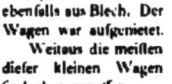

**252 a** (beiftehend). Südweftlich beim Heraion (Inv. 2442). Rad aus Blech, mit Ausfchnitten, um die Speichen anzudeuten. Die verbogene Achfe ift ebenfalls aus Blech. Der Wagen war aufgenietet.

Weitaus die meiften diefer kleinen Wagen find aber gegoffen.

**253** (Taf. XV). Nördlich vom Zeustempel (In. 9080). Wagen ohne jede Spur eines Lenkers; fehr wohl erhalten. Die Räder find befonders gegoffen und an die Achfe gefteckt, deren Enden dann einfach breit gehämmert find, um das Herausfallen der Räder zu hindern. Loch durch das Ende der Deichfel zur Befeftigung des Jochs.

Inv. 916 b (nordöftlich vom Zeustempel). Ein anderer gut erhaltener Wagen mit Rädern, die aber plumper find, unter den Berliner Dubl.; ebenfalls ohne Lenkerfpur. Das Trittbret ift durchbrochen wie bei 249—251. Es ift dies die Regel bei den gegoffenen Wagen.

Inv. 10537 (füdl. Heraion); desgl., mit Rädern, ohne Lenkerfpur.

Die Füfse des Lenkers find auf dem Trittbret erhalten bei Inv. 3786. 10883 (die Füfse mit Stiften befeftigt) und 6893 (füdweftlich Metroon, Berlin, Dubl.; an letzterem Exemplar ift auch die Deichfel mit dem befonders gegoffenen, hereingefteckten Joch und den durch diefes nach dem Wagenrande laufenden Drahtzügeln erhalten.

Zuweilen ift das durchbrochene Trittbret mit einem Geflecht quer überfpannt (alles gegoffen); fo Inv. 10304 (füdl. Heraion, Berlin, Dubl.).

Ferner find noch zu bemerken: Inv. 9501 (Pelopion). Wagen mit Deichfel, Joch und Drahtzügeln; hier ift auch noch der Kopf eines Pferdes erhalten, durch deffen Maul die Zügel gehen.

Kleine Exemplare mit maffivem Trittbret, ohne Spur von Lenkern: Inv. 9988 (füdl. Heraion). Inv. 10476 (Palästra, Berlin, Dubl.).

Sehr fragmentierte Exemplare: Inv. 7302 (Pelopion). 5726. 4658. — Deichfel mit Joch: Inv. 13642. 10307. 8737. 9711; 8905; mit Drahtzügeln 6933. Deichfel aus Blech zufammengerollt 11558. Joche, befonders gegoffen, zum Befeftigen an der Deichfel: Inv. 2925. 5056. — Inv. 5373. Rad von 36 mm Durchm., mit Achfe, an welcher ein Stift zur Befeftigung des Wagens. — Inv. 3353 (Oftfront Heraion), kleines Rad mit Achfe, von einem Wagen.

Von den Pferden, mit welchen wenigftens die gröfseren und befferen der befprochenen Wagen ficher befpannt waren, haben fich auch manche erhalten. Keine Spur weift indes auf Viergefpanne; ficher geftellt find nur Zweigefpanne, wie auch die Indizien am Wagen, Joch und Zügel, nur auf Zweigefpanne deuten.

254 (Taf. XVI). Weftlich Metroon Inv. 6552, Berlin, Dubl . Zweigefpann. Die beiden Pferde find von einem alten Typus, den wir oben zu 150 ff. erläutern haben. Ein gefchnittener Draht ift beiden um Hals und Kopf gefchlungen; die Enden deffelben find abgebrochen; fie liefen offenbar direkt zum Wagen und Lenker; das Joch war hier nicht angegeben; der Wagen diefes fehr alten Beifpiels war wahrfcheinlich aus Blech.

254a (Taf. XVI). Südlich Heraion (Inv. 10263). Zweigefpann; ein plumper Anfatz auf dem Nacken des einen Tieres, offenbar das Joch bedeutend, ift durch den Nacken des anderen gefteckt. Der Pferdetypus gehört einer Vorftufe des geometrifchen Stils an.

Inv. 3448 (Thefaurenterraffe). Pferd, plumper alter Art, mit Jochreft.

Zumeift wurden die Blechzügel durch ein Loch im Kopfe oder Halfe gefteckt; fie wurden gewifs durch die Löcher im Joche gezogen und liefen dann zum Wagen. Einzelne Pferde mit durch Kopf oder Hals geftecktem Drahtzügel find: Inv. 10967. 6186 (zugleich mit Reft des Gufszapfens auf dem Rücken). 5636. 10664; von entwickelt geometrifchem Stile find 2372. 9515. — Auch kommt ein Gurt um den Hals in Relief zur Befeftigung am Joche vor Inv. 4174, wie an den Terrakottapferden.

Auf die wagenlenkenden Männer laffen wir die Reiter folgen.

255 (Taf. XV). Nordweftecke des Pelopions, bei dem grofsen Süd-Heraion-Altar (Inv. 10310). Reiter. Das Pferd gehört jener alten Serie an wie 138 ff., mit kurzem hohem Mähnenkamm zwifchen den Ohren. Der Reiter ift überaus primitiv, von der klumpigen Art wie 235, ohne jede Details.

256 (Taf. XV). Unter dem Weftpteron des Heraions Inv. 8131. Wahrfcheinlich ein Reiter mit heraufgezogenen Beinen; das Pferd fehlt. Beide Arme vorgeftreckt; männliches Gefchlecht angegeben. Eingebohrte Löcher bezeichnen Augen und Ohren. Der Kopf ift von beiden Seiten flachgehämmert; der fchmale fürftartige obere Rand ift gekerbt, wodurch das Haar angedeutet werden foll. Diefelbe Behandlung fanden wir am Mähnenkamm der Pferde der älteren Typen mehrfach.

Inv. 11180 (weftlich Pelopion) fragmentiert; der Reiter von ähnlicher Rohheit wie 255; die Beine gar nicht angegeben.

257 (Taf. XV). Beim nordweftlichen Altisthore Inv. 4167. Reiter von entwickelterem Stile; das Pferd fehlt. Die Hände find gekrümmt zum Halten der ohne Zweifel aus Blechdraht gebildeten Zügel. Auf dem Kopfe ein kleiner flacher Hut. Um den Leib ein Gurt. Der Kopf ift in der bekannten Weife ftilifiert wie an 249, doch noch etwas vorgefchrittener; die Augen find flache Höhlen; die Haarenden find angedeutet. — Abg. Ausgr. IV, Taf. 21, 4. S. 16.

258 (Taf. XVI). Nördlich Prytaneion Inv. 7390, Berlin, Dubl.). Reiter; vom Pferde nur der Hinterteil erhalten. Das Pferd gehörte dem entwickelten geometrifchen Stile an; der Bauch deffelben ift ganz dünn cylindrifch und deshalb auch entzwei gebrochen. Um den Leib ein dicker Gurt. Das Glied plump und fummarifch angegeben. Der Kopf, ohne jegliche Gliederung, gleicht

einem Knopf. Grofser flacher Hut, der vorn und hinten etwas emporgebogen ift.

Wir wenden uns nun zu den Figuren weiblichen Gefchlechts. Eine Reihe ift von fehr primitiver älterer Art.

259 (Taf. XV). Südlich Heraion (Inv. 2330). Weib, an den Brüften kenntlich. Letztere fowie die die Beine bedeutenden Zapfen find am Rande gekerbt, zur Andeutung von Händen und Füfsen.

Inv. 3015 (Weftfront Zeustempel). Ähnliche Figur.

260 (Taf. XV). Weftlich vom Pelopion (Inv. 11323). Weib; etwas natürlicher; grofse hängende Arme vorgeftreckt, der rechte höher als der linke; der Hintern von den Beinen unterfchieden. Die Füfse mit bafisartiger Erweiterung.

261 (Taf. XV). Beim grofsen Altar zwifchen Pelopion und Heraion, ca. 1,10 m unter der Oberkante der Wafferrinne am Pelopion, aus der tiefften Afchenfchicht, die unter dem Heraion durchgeht (Inv. 10268). Weib. Die Arme feitwärts geftreckt. Die Brüfte wie aufgefetzte Klümpchen. Rima angegeben. Am Kopfe find Ohren, Augen und Mund deutlich. Die Beine vereinigen fich unten; das Ende ift etwas zugefpitzt, wie um in eine Bafis hereingefteckt zu werden.

262 (Taf. XV). Unter dem Heraion im Weftpteron (Inv. 8118). Kleines Figürchen eines Weibes. Rima grofs und deutlich. Beine etwas gefpreizt; beide Arme, der nur angedeutet find, konvergieren nach der Mitte unten. Am Kopfe zeigt fich bereits etwas von jener Stilifirung (vergl. zu 249), wo der Kopf nach unten und oben fpitz zugeht und möglichft flächenhaft ift; Augen, Mund und Ohren find angedeutet.

Eine eigene Serie bilden die kreisförmigen Reigentänze nackter Frauen, welche fich gegenfeitig die Arme auf die Schultern legen. Diefelben find immer von ganz rohen klumpigen Formen. Bei weitem das befte Exemplar ift

263 (Taf. XVI). Nordfront des Zeustempels, bei der 11. Säule von Often, 15 Schritte von der Krepis, wahrfcheinlich aus höherer Schicht (Inv. 1457). Reigentanz von fieben Weibern, welche die Arme um einander fchlingen, auf einer kreisrunden Bafis. Die Brüfte find deutlich und bei einigen ift auch die rima angegeben. Die Köpfe find nur rohe Klumpen.

Inv. 8702, ca. 13 m nordnordweftlich von der Nordweftecke des Zeustempels gefunden (Berlin, Dubl.). Gleiche, nur kleinere und noch viel rohere Gruppe von fieben Weibern. Bei der Rohheit und dem fchlechten Gufs, wo namentlich an der Innenfeite des Kreifes viel Metall herausgequollen ift, kann von Angabe des Gefchlechts natürlich nicht die Rede fein. Auf den Köpfen Refte der Gufskanäle.

Inv. 2579, ca. 45 m öftlich von der Nordoftecke des Zeustempels, in tiefer Schicht, 4,18 m unter dem Stylobat des Tempels. Gleichartige Gruppe; vier Weiber erhalten; es waren aber, wie es fcheint, fünf. Etwas zerquetfcht. Die Gufskanäle von den Köpfen laufen in einem dicken klumpigen Gufszapfen zufammen, ganz wie dies bei rohen Tierfiguren bemerkt ward (vgl. oben).

Inv. 8124, südl. von den Zinnen. Fragment eines solchen Reigentanzes; nur eine Figur ist auf dem Fragmente des Ringes erhalten; daneben Spur einer zweiten. — Inv. 10305, südlich vom Heraion; Fragment; eine Figur erhalten; mit Angabe von Arm und Brüsten. — Inv. 4823, Südfront des Zeustempels; Unterkörper einer solchen Figur; was wie ein männliches Glied aussieht, scheint vielmehr nur ein bei dem schlechten Gusse übergequollenes Stück Metall.

Entwickelteren Stil zeigen
**264. 264a** (Taf. XV). Südwestlich vom Metroon (Inv. 6300). Wahrscheinlich ein Weib. Das Geschlecht ist nicht sicher angegeben. Doch würde einer männlichen Figur so entwickelten Stiles gewiß die Geschlechtsangabe nicht fehlen. Die breiten Hüften, eine Spur runder Bildung der Brüste und das lange Haar weisen auf weibliches Geschlecht. Dazu paßt wohl auch das verzierte Diadem, das um den Kopf läuft. Die Arme entbehren der Angabe der Hände.
**265** (Taf. XV). Westlich von dem hinter dem Buleuterion belegenen Südbau (Inv. 12865). Weib. Die Rundung der Brüste deutlicher als an 264. Diadem um den Kopf.

Die letzte reifste Entwicklung des primitiven Stiles zeigt **266. 266a** (Taf. XV). Aus der schwarzen Schicht nördlich hinter dem Prytaneion (vgl. zu 40); Inv. 12607. Stark von Oxyd überwuchert. Die beiden Oberarme seitwärts gestreckt, die Unterarme abgebrochen. Unter den Füßen dünne Ansätze zum Hereinstecken in Basis. Frau. Die Brüste sind deutlich. Sie ist mit einem Chiton bekleidet, der am Oberkörper kaum sichtbar ist, doch an den Oberarmen sich mit kurzen Ärmeln abgrenzt. Er reicht bloß bis etwas unter die Kniee. Ein breiter Gürtel ist durch Relieferhebung angedeutet. Das Gewand ist in horizontale Streifen gegliedert und durch Gravierung geziert, welche aber nur unterhalb des Gürtels kenntlich ist. Auch die Haare am Hinterkopfe sind graviert. Der Kopf zeigt jene Stilisierung mit 249, also ganz kleinen Oberkopf, großes flächenhaftes (durch Oxydierung leider entstelltes) Gesicht mit ganz flach angedeuteten Augen. Was der Aufsatz auf dem Kopfe bedeutet, ist unklar; es ist auch nicht sicher, ob er oben abgebrochen ist, doch ist dies das Wahrscheinlichste. Dann diente die Figur tektonischen Zwecken als Trägerin an einem Geräte.

Überblicken wir diese Figuren noch einmal nach ihrer stilistischen Entwicklung, so sind die ältesten ganz roh und klumpig in der Art der Terrakotten, nur mit notdürftiger Angabe der Extremitäten. Einen stilbildenden Einfluß übt jedoch schon hier auf einige die Technik des Hammers aus 232. 233). Dann werden die Extremitäten deutlicher charakterisiert und länger gebildet; die Arme sind immer seitwärts oder vorwärts ausgestreckt (261. 237. 238. 234). Die einseitige Betonung der Extremitäten führt dann zu einer eigenartigen Stilisierung (240 f., wo der Rumpf ganz zurücktritt gegen die Arme und Beine, welche, als wären sie ohne Muskeln und bestünden nur aus Knochen, wie dünne Cylinder gebildet werden; nur die Gelenke sind angegeben. Von

dieser Stufe her, welche zuerst strenge Stilisierung einführt, bleibt gerade bei den best stilisierten späteren Figuren eine übergroße Schlankheit der Beine und eine zu kurze Bildung des Rumpfes 243. 244. Der letztere empfängt dann dadurch seine bestimmteren Formen, daß er wie flach gehämmert gebildet wird (245. 243. 244. 246. 247). Der Hintern setzt sich dann im Profil weit herausspringend scharf ab 243a. 246a. Was den Kopf betrifft, so führen die von seiner runden knopfartigen Form ausgehenden Versuche, wo Augen, Mund und Nase in den Terrakotten verwandter Weise angegeben werden (vergl. 264. 248), zu keinem dauernden festen Stile. Dagegen gewann jene schon in 262 sich zeigende Richtung große Bedeutung, welche den Kopf in eine vom Wirbel zum Kinn schräg verlaufende möglichst wenig unterbrochene, nach beiden Seiten abfallende, wie gehämmerte Fläche auffaßte. Das Gesicht ward hierbei übergroß, der Schädel verschwindend klein. Die einzige Erhebung in der Fläche ist die Nase. Die Augenhöhlen sind nur als flache Einsenkungen angedeutet (vergl. 245. 246. 249. 251. 257. 243. 244. 247. 266. Aus dieser Richtung nun wächst ein schon sehr vervollkommneter Stil heraus, wie ihn unter den männlichen Figuren am besten 244, unter den weiblichen 266 zeigt. Hier schließen sich daran die später beim geometrisch dekorierten Dreifuß zu behandelnden Statuetten (616. 617) an. Dem Stile wie der Tracht (Gurt) nach gehört hierher auch die schon oben besprochene Figur 82. Von dieser Stufe aus ist endlich der Übergang zu dem eigentlichen archaischen Stile zu gewinnen. — Außer dem Kopfe giebt es aber noch andere charakteristische Merkmale der allmählichen Vervollkommnung in dieser Serie. Der Teil, der zuerst eine naturwahrere Bildung erhält, sind die Beine. Die Anschwellung von Oberschenkeln und Waden und die Charakterisierung des Kniees wird schon im Wesentlichen ganz richtig gegeben, noch hart an 243, weicher und natürlicher an 251. 249. 257; schon eine bewußte elegante Knappheit zeigt 244, die wir denn auch an den Dreifußstatuetten wiederfinden 616. 617. Ferner ist charakteristisch die Bildung des männlichen Gliedes, das anfangs plump und derb gerade heraussteht 235. 236. 238. 240. 241. Dann aber natürlicher gebildet wird (Übergang 243; dann 247. 257. 244. 616. 617; vergl. auch 82). Ein anderes Zeichen der Vervollkommnung ist das Aufkommen einer regelmäßigen Plinthe (244) oder der Vorrichtung zur Befestigung auf einer solchen (246. 266). Auf der letzten Stufe finden wir auch das erste Aufkommen von Gewand (266), das aber ganz eng und faltenlos am Körper anliegt. Die bei den menschlichen Figuren der Vasen des sogenannten Dipylonstiles künstlich festgehaltene Primitivität zeigt sich auch unter unteren Bronzen, und zwar da, wo die menschliche Figur mit einem Pferde des entwickelten geometrischen Stiles eng verbunden ist, wie bei dem Kentaur 215 und dem Reiter 258. Die Köpfe sind hier ohne alle Gliederung einfach knopfartig gebildet; es unterscheidet sich diese absichtliche Primitivität — die mit schlanken Körperformen und ziemlich natürlichen Beinen verknüpft ist — aber sehr deutlich von jener wirklichen plumpen, die wir an den

Figuren kennen gelernt haben, welche, wie der Reiter 255 zeigt, den älteren vorgeometrischen Tierbildungen parallel gehen. Die Entwickelung der menschlichen Rundfigur liefs sich glücklicherweise nicht durch ein für die dekorative Kunst geschaffenes starres Stilschema festbinden.

Was die Bedeutung dieser Figuren betrifft, so sind die Männer zu Wagen, zu Rofs und die Krieger gewifs nur Menschen; dann sind aber auch die nicht näher charakterisierten Gestalten nichts anderes. Somit sind auch die Weiber, die einzelnen wie die zum Choros vereinigten, nur Menschen, Votive der Frauen an weibliche Gottheiten. Die Nacktheit der Weiber ist lediglich durch die Rohheit und Primitivität des Stiles bedingt; sowie ja auch beim Manne zunächst jegliche Angabe von Tracht fehlt. Weiterhin wird das Weib statt durch die rohe Deutlichkeit der Geschlechtsangabe durch das Diadem um den Kopf, die langen Haare und diskrete Andeutung der weiblichen Formen charakterisiert 264'; endlich erst auf der letzten Stilstufe versucht man auch das Gewand darzustellen 266.

### c. Tiere von Terrakotta.

Die Verwendung des Thones zu Rundfiguren ist entschieden älter als die des Metalles. Wir sahen im vorigen Abschnitt, wie ein gewisser Terrakottastil für das Metall vielfach maßgebend wurde. In Olympia gehören denn auch die primitiven Thonfiguren speziell den alleraltesten Schichten an; sie scheinen mit der Zeit durch die von Kupfer oder Bronze verdrängt worden zu sein.

Die Tiere aus gebranntem Thone sind viel weniger zahlreich als die von Bronze. Nur in den untersten Schichten sind auch sie in Maßen gefunden worden, und zwar hauptsächlich in der Umgebung des großen Altares zwischen Pelopion und Heraion, in jener tiefsten Schicht, die älter als das Heraion ist. Sie waren hier mindestens ebenso zahlreich wie die Bronzen. Auch beim Altar vor dem Metroon waren sie häufig. Vereinzelt kamen auch sie in oberen Schichten vor, in späterer Zeit aus der Tiefe aufgewühlt; so bemerkte ich einmal zwei primitive Pferde in der obersten byzantinischen Schicht, gegenüber der Echohalle.

Es sind nur Pferde und Rinder gefunden worden. Die letzteren sind etwas weniger zahlreich als erstere, weil sehr viele Pferde zu Gespannen gehörten. Die Reste von Wagen und Wagenlenkern fanden sich immer mit den Tieren zusammen, und zwar in den tiefsten Schichten, sehr viele auch unter dem Heraion.

Die Tiere sind alle aus freier Hand geformt. Die Farbe des Thones ist hell gelblich-rötlich; die Oberfläche ist immer stumpf und nie so geglättet, dafs sie glänzte. Bei sehr vielen ist noch mehr oder weniger gut ein Überzug von brauner oder braunroter Firnisfarbe erhalten. Dieselbe hat nur ganz matten Glanz und haftet sehr schlecht auf dem Thon, so dafs sie meist abgeblättert ist. Sie ist deshalb wahrscheinlich auch bei den Tieren, welche jetzt keine Spur mehr davon zeigen, vorauszusetzen. Es ist dieselbe Firnisfarbe, welche einer gewissen unten zu besprechenden Gattung lokaler Töpferei in

Olympia eigentümlich ist. Nur sehr wenige Exemplare zeigen statt des Überzuges eigentliche Malerei mit dieser Farbe. — Die Augen sind durchweg, wenn sie überhaupt angegeben sind, als in den weichen Thon eingedrückte einfache Kreise gebildet.

### Pferde.

Die weitaus größte Menge gehört denselben Typen an, welche wir oben unter den gegossenen Bronzen als die älteren kennen gelernt haben. Es sind dies eben die dem ›Terrakottastil‹ charakteristischen Typen.

Zunächst finden wir auch hier den Typus mit rundem, niederem Ohr, mit spitz zulaufendem Kopfe und völlig fehlender Mähne. So z. B. Inv. Tc. 1993 (südöstlich Heraion). Es folgt ein Typus mit ganz kleiner Andeutung der Mähne zwischen den langen und spitzen, aber flach anliegenden Ohren. Schon bei Pferden dieser Sorte z. B. Inv. Tc. 3006. 3009, südlich Heraion) kommt ein breiter Gurt um den Hals, das Halfter zur Verbindung mit dem Joche vor; also gehörten diese Pferde zu Gespannen. Es bestätigt dies, wenn es dessen noch bedurfte, dafs jene entsprechenden, dem Rofse so unähnlichen Bronzen (wie 126 f. wirklich Pferde darstellen.

Die Masse der gefundenen Pferde zeigt den Typus mit kurzem aber hohem Mähnenkamme zwischen den Ohren vergl. oben 138 f.

**267** (Taf. XVII). Aus den Funden unter dem Opisthodom des Heraions (Inv. Tc. 1500, Berlin, Dubl.). Pferd. Nur das rechte Hinterbein fehlt. Schwache Farbreste.

**268** (beistehend). Pferd. Der Kamm schräg ansteigend.

Etwas vollkommener sind diejenigen Stücke, bei welchen der Kamm gerade emporsteigt; hier pflegt der Kopf magerer und das Ohr richtiger gebildet zu sein.

**269** (Taf. XVII). Unter dem Westpteron des Heraions (Inv. Tc. 2393, Berlin, Dubl.). Pferd. Beine, Schwanz und Ohren gebrochen. Rötlicher Farbüberzug erhalten.

**270** (Taf. XVII). Unter dem Opisthodom des Heraions (Inv. Tc. 2616, Berlin, Dubl.). Pferd. Nur der Schwanz ist abgebrochen. Um den Hals das Halfter und auf dem Nacken das Joch, dessen Fortsetzung nach links gebrochen ist; das Pferd war das rechte Glied eines Gespannes. Um den Kopf ein Streif, dessen Fortsetzung gebrochen ist; es ist die Andeutung des Zügels.

**271** (beistehend). Pferd. Hals, Kopf, Vorderbeine und Schwanzende fehlen. Rest des ansteigenden Mähnenkammes. Außergewöhnlich ist die Verzierung mit in den weichen Thon gedrückten kleinen Kreisen.

Der Hals wird schlanker und höher gehoben.

44

**272** (beiliehend). Pelopion. Inv. Tc. 2608. Pferd mit Halfter.

Seltener find die Exemplare, bei welchen der gerade emporgehobene Hals ganz übertrieben lang ist; sie flammen fast alle von Gespannen. Diese Gattung ist den auf den »Dipylonvafen« zuweilen vorkommenden plastischen Pferdegespannen zunächst verwandt.

**273** (Taf. XVII. Oftfront des Heraions. Inv. Tc. 802. Berlin, Dubl.). Hals und Kopf eines solchen Pferdes.

Der Hals eines solchen wurde den 18. Dezember 1877 in der Heraioncella 80 cm unter dem Fufsboden vor der Hermesbafis gefunden.

Zwei durch die Bemalung ungewöhnliche Exemplare find

**274** (Taf. XVIII). Südlich Heraion. Inv. Tc. 492). Vorderkörper eines Pferdes. Die Vorderbeine setzen scharf ab; auf ihrem Ansatz aufgemalte Verzierung. Die Augen gemalt. Der übrige Körper scheint von der gewöhnlichen braunroten Farbe bedeckt gewesen zu sein.

**275** (Taf. XVII). Berlin, Dubl.). Kopf und Hals eines Pferdes. Die Malerei ist auf den geglätteten, doch stumpfen graugelblichen Thongrunde mit der üblichen matten vielfach verblafsten braunen Firnisfarbe aufgetragen. Das Auge ist in der üblichen Weise eingedrückt und dann ringsum bemalt. Die Malerei mit ihren Zickzacklinien gehört durchaus dem »geometrischen« Stile an.

Schliefslich sei bemerkt, dafs bei den Pferden das Geschlecht nicht angegeben zu werden pflegt.

### Rinder.

Die ältere und gröfsere Menge hat etwas spitz zulaufenden Kopf, nach vorne gebogene Hörner (die daher oft eine zufällige Ähnlichkeit mit Widderhörnern haben), stark divergierende Beine und kurzen abstehenden Schwanz. Die Männlichkeit ist sehr häufig angegeben.

**276** (Taf. XVII). Unter dem Westpteron des Heraions (Inv. Tc. 2301, Berlin, Dubl.). Stier. Der gebrochene Schwanz ist nach einem daran vollständigeren Exemplare dieser Gattung ergänzt.

Geringer an Zahl find die Stücke, wo der Kopf breiter und richtiger gebildet und am Halse die Wamme angedeutet wird; die Hörner pflegen dann gerade seitwärts herauszustehen.

**277** (Taf. XVII. Pelopion (Inv. Tc. 3011, Berlin, Dubl.). Refte der braunen Farbe. Schwanz fehlt.

Ganz ausnahmsweife kommen in Terrakotta auch etwas freiere naturwahrere Stiere vor. So Inv. 3703 (Pelopion); ferner

**278** (Taf. XVII) Südöstlich vom Zeustempel (Inv. Tc. 1038, Berlin, Dubl.). Stier. Rotbraune Firnisfarbe ziemlich erhalten. Die Enden von Hörnern, Schwanz und Beinen fehlen.

### d. Menfchliche Figuren von Terrakotta.

Die menfchlichen Geftalten find unter den Terrakotten relativ viel zahlreicher als unter den Bronzen. Bei den Funden unter dem Heraion kamen z. B. nahezu halbsoviel Menfchen als Tiere zu Tage. Die Technik ist durchaus diefelbe wie bei den Tieren. Auch die menfchlichen Figuren find mit der Hand frei geformt. Die Details, nämlich Augen, Nafenlöcher, Mund, Bruftwarzen, Nabel und rima bei den Weibern, find in den weichen Thon gedrückt. Vielfach haben fich Refte des braunen, fchwärzlichen oder rötlichen Farbüberzugs erhalten. Von eigentlicher Bemalung aber wie bei 274, 275 ist nirgends eine Spur zu fehen.

Wir betrachten zuerft die Männer, deren Zahl die der Weiber bedeutend überwiegt. Befonders primitiv find einige wenige männliche Figuren, deren Kopf jeglichen Details ermangelt und nur durch Kneten mit den Fingern in derfelben Weife hergeftellt ist wie bei den zahlreichen Terrakotta- »Idolen« von Mykenä und den verwandten Fundftätten.

**279** (Taf. XVII). Unter dem Opisthodom des Heraions. Inv. Tc. 2480, Berlin, Dubl.). Mann. Die die Arme bedeutenden kurzen Zapfen find vorgeftreckt; fie find nur an der Spitze beftofsen.

Die grofse Menge zeigt einen nackten Mann mit grofsem Gliede, mit horizontal feitwärts geftreckten Armftümpfen, gefpreizten kurzen Beinen und unbedecktem Kopfe. An letzterem find Ober- und Hinterkopf ganz klein; von der Schädelhöhe zur Nafenfpitze läfst fich eine horizontale, ja zuweilen nach hinten zum Schädel abfallende Linie ziehen, fo dafs das Untergeficht von Nafen- zur Kinnfpitze allein die Vorderanficht des Gefichtes ausmacht. Augen, Bruftwarzen und Nabel find in der gleichen Weife als eingedrückte Kreife gegeben; Nafenlöcher und Mund find derb eingefchnitten. Auch die Trennung der Gliuten pflegt durch einen Einfchnitt markiert zu fein. Zuweilen find durch dicke abftehende Anfätze die Ohren angedeutet. — Die geringeren kleineren Exemplare diefer Gattung laffen Bruftwarzen und Nabel, ja felbft die Gefchlechtsangabe weg.

Proben des Typus find:

**280** (Taf. XVII). Unter dem Weftpteron des Heraions (Inv. Tc. 2287). Mann; 0,13 hoch. Spuren des rotbraunen Ueberzugs. Die Armftümpfe beftofsen.

**281** (Taf. XVII). Ebenda gefunden (Inv. Tc. 2286. Mann; 0,145 hoch. Enden der Armftümpfe fehlen. Ohren angedeutet. Refte des roten Überzugs.

**282** (Taf. XVII). Unter dem Opisthodom des Heraions (Inv. Tc. 2478, Berlin, Dubl.). Profil des Kopfes einer 0,145 hohen männlichen Figur deffelben Typus wie 280. 281. Am Hinterkopfe, wie es fcheint, Reft einer Mütze (vergl. unten 286 f.), die befonders angefetzt war und jetzt abgebrochen ist.

Selten find die Armftümpfe am Rande gekerbt, um dadurch die Hände anzudeuten. So

**283** (Taf. XVII). Unter dem Weftpteron des Heraions (Inv. Tc. 2288, Berlin, Dubl.). Mann. Rechter Arm fehlt. Ein unklarer Anfatz (nicht Wagenrand) an linker

Hüfte. Bruſtwarzen und Nabel nicht angedeutet, dagegen iſt der Hintern durch einen eingedrückten Kreis ausgezeichnet. Reſte des rotbraunen Überzuges.

Etwa ein Viertel der Anzahl der eben beſprochenen gewöhnlichſten Typus zeigt Männer auf Wagen. Leider iſt kein vollſtändig erhaltenes Exemplar vorhanden, indem Räder, Deichſel und Geſpann immer abgebrochen ſind. Der Wagenrand wird einfach an die Figur angeklebt und hat ſich deshalb immer mit den Lenkern zuſammen erhalten. Gleich unterhalb der nach vorn geſtreckten kurzen Armſtümpfe beginnt der Wagenrand und läuft hinten unmittelbar an der Figur hinunter. Der Kopf der Lenker iſt unbedeckt.

**284** (Taf. XVII). Südlich Metroon (Inv. Tc. 1958). Mann im Wagen. Deichſel und Räder abgebrochen.

**285** (Tafel XVII). Unter dem Weſtpteron des Heraions (Inv. Tc. 2359, Berlin, Dubl.). Kleines aber wohlerhaltenes Exemplar. Die Deichſel vorn abgebrochen. Die Achſe mit den Rädern ſcheint an dieſem kleinen Stücke gefehlt zu haben. Reſte der braunen Färbung. Die Armſtümpfe ſehr kurz; ſie ſind vollſtändig erhalten.

Teile der Wagen, namentlich Räder, ſind, abgebrochen, in ziemlicher Anzahl mit dieſen Figuren zuſammen gefunden worden. Die Räder ſind meiſt plumpe undurchbrochene Scheiben. Inv. Tc. 606 (ſüdlich Heraion) iſt ein Stück Deichſel nebſt Achſe und Reſt eines undurchbrochenen Rades, darüber das Trittbrett des Wagens mit den Reſten des Wagenrandes und den Standſpuren des Lenkers; alles mit der rotbraunen Farbe überzogen. — Inv. Tc. 2846 kleiner Wagen mit dem Unterkörper des Lenkers.

Selten ſind Fragmente gröſſerer, mit Speichen verſehener, alſo durchbrochener Räder. So Inv. Tc. 3185 (ſüdlich Heraion); ferner 869 im Theſauros der Sikyonier gefunden, Berlin, Dubl.). Fragment eines groſsen Rades mit vier Speichen und Achſenloch. Der Durchmeſſer des Rades betrug 15 cm.

Ob dieſe Räder alle, und namentlich ob die groſsen letztgenannten auch wirklich zu Wagen gehört haben und nicht etwa zum Theil auch ſelbſtändige Votive waren, wie dies bei vielen Bronzerädern der Fall iſt (vergl. unten), muſs dahingeſtellt bleiben.

Über die zu den Wagen gehörigen Pferde mit Reſten der Beſpannung ſiehe oben.

Reiter fehlen unter den Terrakotten gänzlich.

Eine kleinere Anzahl männlicher Figuren hat eine pilosartige Kopfbedeckung (vergl. oben 282). Bei dieſen iſt der Kopf meiſt natürlicher gebildet und die Naſe ſchräg nach unten geſenkt.

**286. 286a** (Taf. XVII). Oſtfront des Heraions (Inv. Tc. 841, Berlin, Dubl.). Mann. Das Glied abgebrochen. Naſe abgeſtoſsen. Rechter Arm vollſtändig. Die Mütze iſt faſt rund. — An anderen Beiſpielen iſt ſie etwas ſpitzer.

**287** (Taf. XVII). Kopf mit runder Mütze. Höhe 0,055. Das Profil iſt beträchtlich entwickelter als an dem oben betrachteten Typus der Maſſe der Terrakottafiguren. Die Ohren kreisförmig.

Inv. 2300 (unter dem Weſtpteron des Heraions, Berlin, Dubl.). Kopf mit der deutlichen Spur einer beſonders angeſetzt geweſenen Mütze.

Ein ſehr zerſtörtes Exemplar trägt einen flachen Petaſos in der Art wie 250.

Vereinzelt iſt ferner:

**288** (Taf. XVIII). Südlich Heraion (Inv. Tc. 531). Mann mit dem Profile der alten Art. Er trägt einen Pilos, der mit einem Bande unter dem Kinn befeſtigt iſt. Quer über die Bruſt läuft ein Band, vermutlich das Schwertband; alſo ein Krieger. Um den Leib ein einfacher Gurt.

Zweimal iſt der Unterkörper eines Mannes erhalten, der um den Leib einen dreifachen Gurt trägt, welcher vorn zum Gliede herabfällt:

**289** (beiſtehend). Südlich Heraion (Inv. Tc. 2926). Der eine der beiden eben beſchriebenen Unterkörper.

Vereinzelt iſt endlich auch eine ſitzende Figur (Inv. Tc. 2613, unter dem Opiſthodom des Heraions, Berlin, Dubl.); Kopf und Arme ſind abgebrochen; Geſchlecht nicht angegeben; äuſserſt roh; die Beine ſind gerade heraus vorgeſtreckt, wie die Arme es waren.

Nur in geringer Anzahl ſind weibliche Figuren gefunden worden.

**290. 290a** (Taf. XVII). Unter dem Weſtpteron des Heraions (Inv. Tc. 2285). Weib, 0,165 hoch. Mit Angabe der rima. Um den Kopf eine hinten ſich kreuzende breite Binde; vergl. die Profilanſicht 290a. Geringe Reſte der rotbraunen Farbe.

**291** (Taf. XVII). Südlich Heraion (Inv. Tc. 2762). Weib, 8 cm hoch. Brüſte gerundet. Armſtümpfe abgebrochen; ebenſo die Beine. Geſchlechtsteil beſonders hervorgehoben. Die Ohren durch halbmondförmige Einſchnitte angedeutet.

Inv. 2706 (Pelop., Berlin, Dubl.). Weib; runde Brüſte; rima. Reſt des Diadems um den Kopf. — Inv. 2761 (ſüdlich Heraion). Fragmentiertes ähnliches Exemplar.

## 2. Kupfer- oder Bronzebleche des geometriſchen Stiles.

Die chemiſche Unterſuchung des Fragmentes einer Tänie wie **302** ff. ergab, daſs das Material nicht Bronze, ſondern Kupfer ſei. Es iſt danach wahrſcheinlich, daſs ein guter Teil der in dieſem Abſchnitte beſchriebenen Bleche von Kupfer iſt.

### a. Mit figürlicher Dekoration.

**292** (Taf. XVIII). Rechteckiges Blech; an den Schmalſeiten je ein Loch für einen Nagel. Rings dem Rande entlang geſtanzte Punkte. Der ſo begrenzte Raum iſt im Tremolierſtich verziert. Es ſcheint, als ob in den zwei mittleren Reihen je ein gehörnter Vierfüſsler nach rechts dargeſtellt ſein ſoll. Doch iſt dies nicht ſicher.

Die folgenden Nummern 293—296 ſind nur Fragmente gröſserer Blechſtreifen, die irgendwie zur Bekleidung von Geräten gedient haben.

293 (Taf. XVIII). Pelopion Inv. 8271). Dreifach geknicktes Blech (die punktierten Linien deuten die Knicke
an). Nur rechts vollständig; links wird derselbe Rand
wie rechts zu ergänzen sein. Der äußerste Rand ist mit
einer feinen Zickzacklinie graviert; es folgt eine Linie
von gestanzten Punkten, dann beiderseits ein dreifacher
Zickzackstreif, der in der Art des Tremolierstichs aber
mit einem stumpferen Instrumente gemacht ist. Zwischen
diesen Säumen sieht man oben drei Vögel[1] und unten
zwei Fische, in Umrissen, welche durch von der Rückseite eingeschlagene Punkte hergestellt sind. Die Trennung von Vögeln und Fischen wird durch zwei Paare
von der Oberseite eingeschlagener kleiner konzentrischer
Kreise bewirkt, welche unter sich durch gravierte Tangenten verbunden sind.

294 (Taf. XVIII). Rechtes Ende eines Blechstreifs,
mit zwei Nägeln. Links der Rest eines Tieres mit
langem Schwanz, wohl eines Pferdes oder Rindes, dann
ein schwanzartiger Vogel. Die Figuren sind in weichen unbestimmten Umrissen von der Rückseite herausgetrieben;
um jene zu präzisieren, hat der Künstler dieselben auf
der Oberseite mit Linien im Tremolierstich umzogen.

295 (Taf. XVIII). Bei der Nordwestecke des Zeustempels (Inv. 2061). Rechts und links gebrochen; in
der Mitte geknickt. In flach getriebener Arbeit sieht
man einen Ochsen und ein Pferd, letzteres von entwickelt geometrischem Stile. Oben ein Fisch und dahinter eine Zickzacklinie.

296a, b (Taf. XVIII). Westlich vom Pelopion
(Inv. 11327). Zwei nicht anpassende Fragmente desselben
Blechstreifens. Die Figuren sind nur in den allgemeinen
Hauptformen getrieben und entbehren allen Details. —
a. Ein Mann nach rechts spielt die Kithara. Ihm gegenüber steht ein nacktes Weib nach links mit runden
Brüsten und rima; ihr Kopf gleicht im Umriss den
Köpfen auf den »Dipylon«-Vasen; ihr linker Arm scheint
schräg nach unten gestreckt; vielleicht folgte eine Ge-
nossin, welche sie an der Hand faßte (Choros?). Der
Raum unter der Kithara ist durch eine kleine unbestimmte
menschliche Figur gefüllt. Vergl. zu dieser Darstellung
die »Dipylon«-Vase, Arch. Ztg. 1885, Taf. 8, 2. — b. Ein
Bock flieht nach rechts; die Stellung der Beine wie an
den Tieren entwickelt geometrischen Stiles oben 206.
297. Unter dem Bauch ein Hakenkreuz. Oben ein gelagerter Bock. Zum Schema des letzteren vergl. das Reh
und den Hirsch auf der eben citierten »Dipylon«-Vase.
Abguß in Berlin Friederichs-Wolters No. 348. 349).

#### b. Ornamental verziert.

Nur bei einem Teile der sehr zahlreichen hierher
gehörigen Stücke läßt sich die ursprüngliche Bestimmung
noch deutlich erkennen. Die Mehrzahl gehörte mensch-
lichem Schmucke an. Wir betrachten zunächst die als
Gürtel oder als Diademe zu deutenden Stücke.

[1] Zu den Vögeln vergl. die ebenfalls aus getriebenen
Punkten gebildeten Vögel auf der Bronzecista aus der Gegend
des Lago maggiore bei Zannoni, Scavi della Certosa di Bologna,
Tav. 35, 66.

### Diademe.

Wie die primitiven Bronze- und Terrakottastatuetten
lehren, war ein breites Diadem mit linearer Verzierung
vergl. 264. 265. 290) ein charakteristischer Teil der
Frauentracht, den ja auch die ältere Poesie mit den
beliebten Beiworten ἀμπυκτήριος ἐντάδεος χρυσάμπυξ
und dergleichen an den Frauen hervorhebt. Zahlreiche
kleinere und größere Diademe aus dünnem Bronzeblech
haben sich in den tiefsten Schichten um die Altäre in Olympia gefunden, die
offenbar selbständige Weihegaben waren. Sie fanden
sich mit den bereits besprochenen primitiven Tier- und
Menschenfiguren zusammen und gehören ohne Zweifel
derselben ältesten Epoche an wie diese. Besonders
häufig waren sie in der Gegend des Pelopions.

Ein Teil derselben ist nur oder fast nur mit gravierter Verzierung versehen:

297 (Taf. XVIII). Nördlich des Zeustempels, in
tiefer Schicht (Inv. 2848). Vollständiges kleines, 0.185
langes Diadem. Die Enden sind gerundet und zeigen
je ein Loch, durch welches wohl das Band gezogen
ward, mit dem das Diadem um den Kopf festgebunden
wurde. Am Rande getriebene Punkte. Zwei Reihen
Zickzack im Tremolierstich.

298 (Taf. XVIII). Südöstlich vom Heraion (Inv. 6801).
An beiden Enden gebrochenes Diadem. Verzierung in
Tremolierstich.

299 (Taf. XVIII). Ende eines Diademes aus dünnem
Blech mit erhöhter Mittelrippe. Dasselbe läuft in eine
abwärts gewundene Spirale aus. Das fehlende Ende ist
mit einer aufwärts gewundenen Spirale zu ergänzen
(vergl. 303). Es ist dies eine häufige Form des Diadem-
schlusses in Olympia; durch die Spiralen wurde das Band
gezogen, mit dem das Diadem festgebunden ward.
Die doppelte Zickzackreihe in Tremolierstich ist nur in
Spuren zu sehen.

300 (Taf. XVIII). An der Nordfront des Zeustempels
Inv. 980). Ende eines Diadems, das in längere, doch
etwas verbogene Spiralwindungen ausläuft. Dreifache
Zickzacklinie in Tremolierstich.

301 (Taf. XVIII). Südlich Heraion (Inv. 9611). Ende
eines Diadems von dünnem Blech mit drei herausge-
triebenen Rippen; es läuft in zwei Spiralen aus zum
Festbinden mit Doppelem Bande. Verzierung in Tremolierstich. Vergl. hierzu das vollständige Diadem aus Ungarn bei Hampel, Altertümer der Bronzezeit Taf. 39, 1,
dessen Enden ganz mit dem olympischen Fragmente
übereinstimmen, nur daß sie einfacher und schmaler
sind, mit nur einer Mittelrippe und also nur zwei Zick-
zackreihen.

Ähnliche Streifen von 1—4 cm Höhe sind: Inv. 10651
(südlich Heraion), getriebene Punkte am Rande wie 297;
Ornamentierung wie 298; zwei Löcher an den einen
erhaltenen Ende. — Inv. 14079. — 9405. — 6335 (südlich
Metroon; nur 1 cm hoch). — 6304 und 9191; eine getriebene Punktreihe trennt die zwei Zickzackstreifen in
Tremolierstich. — 8225. — Mehrere nicht inventarisierte
im Magazin, darunter auch ganz erhaltene, doch verbogene, von circa 42 cm Länge, mit dem üblichen

Zickzack in Tremolierſtich. Auch Fragmente von kleinen ſchmalen Exemplaren kommen vor, von nur 9 mm Höhe; dieſe zeigen nur eine Zickzackreihe und am Ende nur ein Loch, ſo wie 297. Fragmente letzterer Art: Inv. 11408. 11412 (weſtlich vom Pelopion).

Vereinzelt iſt das an beiden Enden gebrochene Stück Inv. 8602 (weſtlich der Echohalle) dadurch, daſs ein Stift mitten darin ſteckt; es war alſo entweder ſelbſt aufgenietet auf eine feſtere Unterlage oder, was wahrſcheinlicher, es war noch eine kleinere Verzierung von Metall auf dem Diadem befeſtigt; es iſt ſonſt ganz von der gewöhnlichen Art getriebene Punkte als Randſaum und ein gravierter Zickzackſtreiſt.

Nur eine untergeordnete Stellung nimmt die Gravierung ein bei

302 (Taf. XVIII). Pelopion (Inv. 9168). An beiden Enden gebrochen. Getriebene Punktreihen. Dazwiſchen zwei Linien in Tremolierſtich.

Es giebt auch Tänien, welche ganz glatt und ohne alle Verzierung ſind; ſo Inv. 11417 (weſtlich vom Pelopion); zuſammengebogenes Band von 14 mm Breite und 60—70 cm Länge. Die hellgrüne Patina der älteſten Bronzen.

Die Mehrzahl der Diademe hat nur getriebene Ornamentierung. Dieſelbe beſteht aber in der Regel lediglich aus runden Punkten, welche in verſchiedener Weite angeordnet ſind. Dieſelben ſind mit einem ziemlich ſpitzen Punzen von der Rückſeite herausgetrieben; häufig hat das Blech durch die Stärke des Stoſses und die Spitze des Inſtrumentes in der Mitte des getriebenen Punktes ein Loch bekommen. — Wir beginnen mit den kleinſten und einfachſten Beiſpielen.

303 (Taf. XVIII). Weſtlich vom Pelopion (Inv. 11334). Vollſtändiges Exemplar mit drei Reihen von Punkten. An jedem Loch ein Loch zum Durchziehen eines Bandes.

304 (Taf. XVIII). Vollſtändig. Drei Reihen von Punkten, doch in der Mitte ein kleiner Kreis von Punkten. Loch an jedem Ende. — Aus dem Magazin.

305 (Taf. XVIII). Südweſtlich vom Pelopion (Inv. 9975). Vollſtändig; mit leichter runder Biegung. Mit neun vielfach unregelmäſsigen Reihen von Punkten. Loch an jedem Ende.

Inv. 5466 (öſtlich Zeustempel). Vollſtändig, 6 cm lang, Punkte nur dem Rande entlang.

Inv. 6733 b (ſüdlich Metroon, Berlin, Dubl.). Vollſtändig, 15 cm lang. Nur eine Punktreihe in der Mitte zwiſchen den dem Rande entlang laufenden Reihen.

Inv. 8341 (Pelopion, Berlin, Dubl.). Vollſtändig, 77 mm lang; wie das vorige.

Abweichend vom Gewöhnlichen iſt:

Inv. 10519 weſtlich vom Pelopion. Vollſtändig, 9 cm lang; zwei in der Diagonale ſich ſchneidende Punktreihen.

Die vollſtändigen Exemplare haben alle an den Enden je ein Loch.

Zahlreich ſind die Fragmente von Streifen wie 303—305, meiſt von 1—3 cm Breite; doch kommen auch ſolche von 5 cm Breite vor. Einige haben noch die kreisförmige Biegung erhalten. Wenn das Blech nicht immer ganz dünn wäre, würde man vermuten, daſs die kleineren Exemplare von Armbändern herrührten.

Die Deutung als Diademe iſt aber für alle dieſe Stücke die wahrſcheinlichſte. — Mit nur einer Reihe von Punkten in der Mitte und Punkten dem Rande entlang: Inv. 2776 (öſtlich Zeustempel), 10 cm lang erhalten. 8357 und 8358 (Pelopion). 9610 (ſüdlich Heraion). — Mit zwei oder mehr Reihen von Punkten: Inv. 8343 (Pelopion). 2 Reihen. 6861 (ſüdweſtlich Metroon; 10806 (weſtlich Pelopion); 10870 (ebenda); 7830 (Pronaos des Heraions), alle mit 3 Reihen. 6302 (ſüdlich Metroon), circa ſechs Reihen. 6337 (ſüdlich Metroon), acht Reihen. Ferner Inv. 11409 (weſtlich Pelopion). 1853 nordöſtlich Zeustempel). 8814 (nordweſtlich Zeustempel). 8352 (Pelopion). 9167 (Pelopion). 2215 (ſüdweſtlich Heraion). 935 öſtlich Zeustempel). 14077. 8018. — 7530 (weſtlich Stadionwall), in der Mitte Punktkreis.

306 (Taf. XVIII). Pelopion (Inv. 7220). Kleines vollſtändiges Exemplar, etwas gebogen; mit Löchern an den Enden. Die Punktreihen gehen wirr durcheinander; eine beſtimmte Figur ſcheint nicht beabſichtigt.

307 (Taf. XVIII). Südlich von den Zanes (Inv. 8237). An beiden Enden gebrochen. Mit den getriebenen Punkten iſt ein Zickzackband hergeſtellt (vergl. die Thonfigur 290).

Stücke wie 307 kommen öfter vor. So Inv. 7140 (Pelopion). 10374 (weſtlich Pelopion). 9502 (Pelopion). 1192 (weſtlich Zeustempel). 11414 und 11427 (weſtlich Pelopion, Berlin, Dubl.). Zahlreiche derartige Stücke habe ich im Magazin notiert; ebenda auch ganz ſchmale Streifen von nur 8—9 mm Breite und geſtrecktem Zickzackband aus Punkten.

Eine andere einfache Verzierung beſteht darin, daſs in der Mitte in regelmäſsigen Abſtänden einzelne gröſsere Punkte oder Buckeln herausgetrieben werden; den Rändern entlang laufen die gewöhnlichen kleinen Punkte. So Inv. 4656 (ſüdlich Zeustempel). Ein gutes 22 mm breites Stück im Magazin. — Zwei Reihen Buckeln, durch eine Reihe der kleinen Punkte getrennt, Inv. 8274 (Pelopion).

Reicher und hübſcher wird die Dekoration durch kreisförmige Anordnung der Punkte.

Wir beginnen mit einem vereinzelten Beiſpiele, wo dem Rande entlang Halbkreiſe mit einem Punkte in der Mitte aufgereiht ſind.

308 (Taf. XVIII). Beim Altar ſüdweſtlich vom Metroon (Inv. 6425). An beiden Enden gebrochen; ſehr dünnes Blech.

Sehr gewöhnlich ſind Kreiſe mit Punkt im Centrum, einzeln in regelmäſsigen Abſtänden angeordnet. Am einfachſten, und wohl auch älteſten, iſt die Art, wo der Centralpunkt den anderen den Kreis bildenden Punkten ganz gleich iſt. So:

309 (Taf. XVIII). Pelopion (Inv. 9409). Links gebrochen. Am erhaltenen Ende hört die Verzierung auf und es ſind zwei Löcher ſtatt des ſonſt gewöhnlichen einen Loches angebracht.

Inv. 7996 (ſüdlich Heraion). Kleines, aber vollſtändiges Exemplar. Zwiſchen den einzelnen Kreiſen nur geringe Abſtände. 11½ cm lang, etwas gerundet; 3 cm breit; an den Enden das übliche Loch.

48

Das gewöhnlichere aber ist, daß der Punkt in der Mitte dicker ist als die des Kreises, also einen Buckel darstellt, welchen jene umgeben.

310 (Taf. XIX). Wahrscheinlich nördlich vom Zeustempel gefunden (Inv. 8926). Der Kreis ist sehr weit und berührt die Punktreihe der Ränder. An beiden Enden gebrochen.

311 (Taf. XIX). Südwestlich Metroon (Inv. 6993). Zusammengedrücktes Diademfragment, an beiden Enden gebrochen. Aufgerollt würde es circa 18 cm Länge haben.

312 (Taf. XIX). Pelopion (Inv. 8276). Doppelt zusammengebogenes Diademfragment. Die Punkte sind hier alle ziemlich grofs.

Inv. 8473 (aus den Tieffunden im Opisthodom des Heraions) wie 311. — Inv. 8349 (Pelopion) wie 311. Nur 12 mm breit. Auch von dieser Art habe ich zahlreiche Fragmente im Magazin notiert.

Seltener kommt es vor, daß diese Kreise durch Tangenten miteinander verbunden werden. Ein gutes Beispiel, zugleich das best erhaltene größere Diadem überhaupt, ist:

313 (Taf. XIX). Ostfront des Zeustempels (Inv. 3485). Vollständiges Diadem. 50 cm lang. Die Abbildung giebt nur die beiden Enden wieder, da die Mitte nur die Fortsetzung der hier erscheinenden Dekoration zeigt. Die Distanzen der Kreise sind übrigens nicht ganz regelmäßige. Die Enden laufen in Spiralen aus, von denen die eine nach oben, die andere nach unten gebogen ist. Die üblichen Löcher zum Durchziehen eines Bandes zum Zusammenbinden fehlen nicht. — Die zierenden Spiralen an den Enden, die Schmalheit des dünnen Bleches und die Verschiedenheit der sicheren Gürtel 317 f. zeigen, daß nicht ein Gürtel, sondern ein Diadem vorliegt.

Inv. 10547 (südlich Heraion). Dasselbe Ornament auf etwas breiterem Streif; Enden fehlen.

Inv. 7145 (südöstlich Heraion). Ein 4 cm breites Fragment. Von den erhaltenen drei Kreisen sind zwei durch Tangenten nach rechts verbunden; von dem dritten vielleicht einst dem mittelsten) geht die Tangente nach links empor.

Inv. 7225 (Pelopion). Fragment schmalen Diadems. Ein Kreis ist mit dem anderen durch eine horizontale Punktlinie verbunden, der nächste in gewöhnlicher Weise mit Tangente.

Endlich nennen wir ein Diademfragment, das nicht mit den Punkten, sondern mit getriebenen Linien in einfachster Weise verziert ist:

Inv. 9337 (Pelopion). Das eine Ende mit Loch ist erhalten; 20 cm lang, 2½ cm breit. Den beiden Rändern entlang läuft ein Zickzackband aus getriebenen Linien. Vergl. das goldene Diadem Arch. Zeitg. 1884, Taf. 9, 4.

Etwas breiter und stärker als die bisher besprochenen Stücke sind die folgenden Fragmente, die dennoch am wahrscheinlichsten zu den Diademen gerechnet werden, obwohl die Annahme von Gürteln nicht ausgeschlossen ist. Sie laufen aus in einen oder zwei starke Drähte, welche leider immer gebrochen sind.

314 (Taf. XIX). Nördlich Prytaneion Inv. 12712). Ende eines glatten unverzierten Bandes, das in zwei gewundene schmale Streifen ausläuft.

Inv. 5821 (Buleuterion) ähnliches Stück; nur 22 mm breit, doch 1 mm stark.

315 (Taf. XIX). Östlich Zeustempel Inv. 21981). Ende eines mit getriebenen Punkten verzierten Bandes, in starken Draht auslaufend. Loch zum Banddurchziehen.

316 (Taf. XIX). Südlich Heraion (Inv. 10462). Gleiches Fragment, von starkem Blech. Um die Buckeln laufen je zwei Kreise von getriebenen Punkten.

Inv. 11624 (südwestlich Philippeion). Ähnliches Fragment, in einen Draht auslaufend; das Band ist nur 3 cm breit und zeigt in der Mitte eine getriebene Punktreihe. — Ein vollständig erhaltener unverzierter schmaler Streif starken Bleches (im Magazin) hat auf der einen Seite eine erhöhte Mittelrippe und läuft an beiden Enden in starken Draht aus.

## Gürtel.

Sicher als Gürtel sind nur die folgenden Stücke zu bezeichnen, die zwei verschiedenen Typen angehören.

317 (Taf. XIX). Nordwestecke des Zeustempels (Inv. 1013). Das eine Ende eines Gürtels von starkem Blech. In derber Weise sind Buckeln und konzentrische Kreise herausgetrieben. Der obere und untere Rand ist abgebrochen. Offenbar war die gesamte Gestalt des Gürtels elliptisch, in der Mitte höher als an den Enden. Das erhaltene Ende läuft in einen schmalen Streifen aus, der zu einem Haken gekrümmt ist. Sicheren andersartig erhaltenen Analogien nach ist das andere Ende als breites eckiges Stück mit zwei Löchern zum Befestigen des Riemens zu denken, der, hinten um den Leib des Mannes laufend, dann mit einem Ringe in den Haken des anderen Endes gehangt war.

318 (Taf. XIX). Westlich Pelopion (Inv. 11048). Mehrfach zusammengefaltetes und stark oxydiertes Blech, hier aufgerollt und andeutungsweise in punktierten Linien nach den sicheren Resten ergänzt gezeichnet. Dekoration aus regelmäßig abwechselnden größeren und kleineren getriebenen Punkten, aus denen in gewissen Distanzen Kreise hergestellt sind. Das erhaltene Ende mit den zwei Löchern zeigt, daß ein Gürtel vorliegt; das andere Ende ist hakenförmig zu ergänzen. Die Grundform des Gürtels war indes eine von dem vorigen verschiedene; während jener in der Mitte elliptisch anschwillt, ist dieser ein gleichmäßig breiter Streif.

Wohl von einem Gurte des ersteren Typus stammt das Fragment

318a (Taf. XIX). Südlich Heraion (Inv. 10301). Reihen von Buckeln; dazwischen kleine getriebene Punkte. Man erkennt auf der Rückseite noch die als Vorzeichnung dienenden feinen gravierten Linien. Das Stück stammt wahrscheinlich von demjenigen Ende eines Gürtels des ersten Typus, welches in den gekrümmten Haken ausläuft, wo also die Punkt- und Buckelreihen in spitzem Winkel zusammenflossen.

Wahrscheinlich von Gürteln des zweiten Typus rührt eine Reihe von Fragmenten her, Streifen, die sich

durch größere Breite und Stärke des Bleches von den
Bindenfragmenten unterscheiden.

**319** (Taf. XIX). Südfront des Zeustempels (Inv. 882).
Getriebene Buckel, von Punktkreisen umgeben. Die
kleineren Kreise find durch doppelte schräge Tangenten
verbunden; denn rechts und links folgten natürlich je
drei gleiche kleine Buckel mit Kreisen und dann wiederholte sich wieder der große Buckel mit den drei Kreisen.

**320** (Taf. XIX). Unten ist ein größeres, oben ein
kleines Stückchen Rand erhalten. Getriebene Buckel
mit Punktreihen, die durch Tangenten verbunden find.
Der Saum oben und unten ist durch ein eigenes, sonst
nicht vorkommendes Motiv in Gestalt eines spitzen
Kornes gebildet, das in zickzackförmiger Anordnung
sich wiederholt; es ist offenbar eine Stanze dazu benutzt.

**321** (Taf. XIX). Westlich Pelopion (Inv. 10871).
Rand unten und oben erhalten. Nur kleine Buckel und
getriebene Kreislinien. Der Rand mit den üblichen
Punkten eingefaßt.

**322** (Taf. XIX). Westlich Pelopion (Inv. 10869).
Der obere und untere Rand ist ein wenig nach hinten
umgebogen; der Streif war also mit etwas gefüttert.
Getriebene Punktreihen wechseln mit gravierten Zickzacklinien ab.

Inv. 2521 (westlich Heraion), Fragment; die Breite
ist erhalten und beträgt 36 mm. Dekoration ähnlich **319**.
— Inv. 1133 (nördlich Zeustempel) ähnliches Fragment,
48 mm Breite. — Inv. 7403 (Pelopion), 58 mm Breite;
in der Diagonale sich schneidende Linien aus getriebenen
Punkten. Ebenso Inv. 8367 (Pelopion).

**Fragmente unbekannter Verwendung.**

Wir fassen hier eine Reihe von Fragmenten zusammen, die von mehr oder weniger breiten Streifen
stammen, die irgend wie zur Verkleidung verwendet
waren. Sie zeigen meist Stiftlöcher, waren also aufgenagelt. Wir beginnen mit denen, deren Dekoration
aus Buckeln und getriebenen Punkten besteht.

**323** (Taf. XIX). Westfront des Zeustempels (Inv.
287). In der punktierten Linie gefaltetes Fragment, aufgeschlagen und mit teilweiser punktierter Ergänzung abgebildet. Nur der obere Rand ist erhalten; in demselben
Reste von Stiften zum Aufnageln. Dies und die Breite
des Stückes machen die Annahme eines Gürtels unwahrscheinlich. — Getriebene Buckeln und Punkte. Der
große Kreis ist wie ein Rad mit vier Speichen gestaltet.
Rechts ist zunächst das einfachste vertikale Zickzackband,
dann die Wiederholung des radförmigen Ornamentes
zu ergänzen.

Inv. 9670 (südlich Heraion). Fragment gleicher Dekoration; oben und unten ist der Rand erhalten; Breite
10 cm.

**324** (Taf. XIX). Westfront des Heraions (Inv. 2680).
Unten ist der Rand erhalten. Buckel nebst konzen-
trischen Kreisen und Zickzacklinien aus getriebenen
Punkten. Auf der Rückseite ist die in Linien gesetzte
Vorzeichnung für die einzuschlagenden Punkte sichtbar.
Möglicherweise von einem breiten Gürtel. — Abg. Br.-
Funde Taf. Fig. 5.

**325** (Taf. XIX). Südöstlich Zeustempel (Inv. 4719).
Streif von 1 mm Dicke; nur rechts gebrochen. Von
der Rückseite ist ein großes Loch eingeschlagen, nicht
von der ursprünglichen, sondern von einer späteren Verwendung. — Einfache Verzierung mit getriebenen
Punkten ohne Buckel.

**325a** (Taf. XX). Gegend des Pelopions (Inv. 5802).
Rechts gebrochen; links Stiftlöcher. Fünffacher Kreis,
nämlich vier Kreise der gewöhnlichen Punkte und da
zwischen einer von größeren Buckeln.

**326** (Taf. XIX). Westlich Echohalle (Inv. 8938). Nach
rechts gebrochen, links und oben ist der Rand erhalten.
Links oben und unten ist ein Loch für einen Stift;
außerdem ein gleiches in der Mitte des Bleches. Unten
gebrochen. Der obere Rand ist dicker als das Übrige.
— Linien aus getriebenen Punkten; wie es scheint, rohe
Anfänge zu männerartigem Ornament.

**327** (Taf. XX). Östlich vor dem Buleuterion in
tiefster Schicht gefunden (Inv. 5601, Berlin, Dubl.). In
mehrere Stücke zerbrochenes Fragment. Oben ist der
Rand erhalten; er ist etwas dicker und ein wenig nach
vorn ausgebogen. Buckel und getriebene Punkte. —
Abg. Br.-Funde Taf. Fig. 6.

**328** (Taf. XX). Westlich Echohalle (Inv. 9106). Ein
Rand ist erhalten und nach außen umgeschlagen. Da
das Ornament der durch zwei doppelte Punktlinien verbundenen Kreise sonst immer horizontal, nicht vertikal
angeordnet ist, so wird der Rand wohl der linke sein.
Vergl. namentlich **323**.

Ein anderes Fragment (mit Inv. 9029 gefunden und
aufbewahrt, obwohl nicht zugehörig) zeigt jenes Ornament
der durch doppelte Punktlinien verbundenen Kreise
achtmal über einander wiederholt. — Ein sehr zerstörtes Fragment dieser Art ist Inv. 1223.

**329** (Taf. XX). Nordwesten der Altis (Inv. 288).
Oberer Rand erhalten, mit zwei Stiften, von denen einer
durch ein kleines aufgelegtes Blechstückchen geht. Getriebene Buckel und Punkte und konzentrische Kreise,
die nicht aus getriebenen Punkten, sondern voll getriebenen Kreislinien bestehen. Es rührt dies Blech offenbar von einer größeren Verkleidung her. Die Kreise
werden in regelmäßigen Distanzen sich wiederholt haben,
jeder dritte wahrscheinlich von dem Halbkreisbogen nach
unten umgeben.

Inv. 8982 (nordwestlich Zeustempel). Fragmente eines
großen starken Blechbeschlages mit ebensolchen konzentrischen Kreisen wie **329** und dazu gerade Reihen
kleinerer Buckel (vergl. den Schild aus der tomba del
guerriero, Mon. d. Inst. X, tav. 10).

Zu den getriebenen Punkten tritt Gravierung hinzu
in folgendem Fragment:

**330** (Taf. XX). Westlich Echohalle (Inv. 9032,
Berlin, Dubl.). Nur rechts gebrochen. Links oben
kleines Stiftloch. Einfache Kreise aus getriebenen Punkten.
Die Zwischenräume sind mit Gravierung ausgefüllt.

Zu nennen sind ferner noch folgende Fragmente
mit getriebenen Buckeln und Punkten:

Einfache Punktkreise mit einem Buckel in der Mitte,
durch Tangenten verbunden (vergl. **320**, **313**), zeigen:
Inv. 9052 (westlich Echohalle, Berlin, Dubl.), 68 mm

breiter Streif mit Stiftlöchern. — Inv. 8587 (nordwestlich Zeustempel), 33 cm langes Fragment mit Stiftlöchern. — Inv. 952 (Südostecke des Zeustempels), Fragment mit umgeschlagenem einem Rande.

Nur punktierte Kreise mit Mittelpunkt zeigen Inv. 7415 (Pelopion), 6039 (südlich Metroon), nur ein Rand erhalten; es waren einst zwei Reihen solcher Kreise übereinander.

Punktkreise um größeren Buckel: Inv. 7001 (südwestlich Metroon).

Inv. 4800 (südlich Zeustempel, unter dem Bauschutt). Fragment von vier großen konzentrischen Punktkreisen. Inv. 1576 (Nordfront Zeustempel). Fragment mit zwei geraden Reihen von Buckeln.

Ganz abweichender Art ist:

331 (Taf. XX). Fragment mit Stiftlöchern in dem allein erhaltenen oberen Rande. Die Verzierung besteht nicht aus getriebenen Punkten, sondern voll getriebenen Linien.[*] — Gleichartige Fragmente Inv. 7077. 2826.

Getriebene volle (nicht punktierte) Zickzacklinie: Inv. 2183 (südwestlich Zeustempel).

Keine getriebene, sondern nur von der Oberseite hergestellte vertiefte Verzierung zeigen folgende Fragmente von Blechstreifen:

332 (Taf. XX). Nordostecke des Zeustempels (Inv.1007). Bei der punktierten Linie geknickt. Zwischen den getriebenen Rillen sind konzentrische Kreise von der Oberseite eingeschlagen; dazwischen gravierte Verzierung in Tremolierstich. Das Fragment war irgendwo aufgenietet. Die Rückseite zeigt ganz ohne Ordnung planlos durcheinander eine Anzahl jener konzentrischen Kreise, die offenbar nur eingeschlagen sind um das Instrument zu probieren.

333 (Taf. XX). Rings gebrochen. Eingeschlagene Kreise und Füllung in Tremolierstich.

Inv. 8517 (westlich Echohalle). Schmaler, 22 mm breiter Streif, vielleicht von einem Diadem. Am Rande die gewöhnlichen getriebenen Punkte. Eine Reihe von oben eingeschlagener Kreise in der Mitte (zwei Kreislinien und Mittelpunkt); am erhaltenen einen Ende drei solcher Kreise übereinander.

## Runde Scheiben.

334 (Taf. XX). Westlich Pelopion (Inv. 11045). Zerdrückte kreisrunde Scheibe von dünnem Blech, die mittelt vier kleiner Nägel, deren Löcher sich im Rande befinden, auf etwas befestigt war. Hellgrüne Patina. Die Verzierung besteht nur aus getriebenen Punkten. — Vielleicht Zierplatte eines Schildes; vergl. das gleich-

[*] Das Stück 331, das ich ohne Inventarnummer vorfand, gehört, wie ich nachträglich bemerke, nicht an den Rand des Reliefs 694. Sein fremdartiger Charakter innerhalb der hier behandelten Gruppe erklärt sich also dadurch, daß es gar nicht hierher gehört. Das Ornament findet im orientalischen Kreise seine nächsten Parallelen: ein Schild aus Cypern, Perrot, hist. de l'art III, p. 863, Fig. 636, ist mit drei Reihen jenes Ornaments geziert. Auch kommt es gepreßt auf einem Thongefäß von Mykenä vor (Furtw. und Löschcke, Myk. Vasen S. 53).

artige, auch gleich große, nur mit konzentrischen Kreisen von Buckeln und getriebenen Punkten versehene Stück aus der Zeusgrotte des Ida, Mus. ital. di ant. class. II, p. 711; dann das etwas größere Stück aus Caere, Helbig, Homer. Epos[2] S. 319, Fig. 122. Indeß lassen sich auch manche andere Verwendungen denken. — Vergl. auch die Scheibe aus Ungarn, Hampel, Altert. der Bronzezeit Taf. 34, 1 und manche andere »Zierplatten« aus mitteleuropäischen Funden, die mit Buckeln und Punktkreisen und dergleichen verziert sind (vergl. z. B. den Fund von Thale in Berlin, Mus. vaterl. Altert.).

335 (Taf. XX. Pelopion (Inv. 9602). Doppelt zusammengebogenes Fragment starken Bronzebleches mit getriebener Verzierung, die in kreisförmigen Zonen angeordnet war. Es wechselten immer doppelte Buckelreihen mit Streifen einzelner Strichgruppen ab. Wahrscheinlich von einem kreisrunden Schilde in der Art der in Italien mehrfach gefundenen geometrisch verzierten (vergl. z. B. den aus der tomba del guerriero Mon. d. Inst. X, tav. 10, wo ebensolche doppelten Buckelreihen wie auf unserem Fragmente erscheinen).

336 (Taf. XX). Westlich Zeustempel (Inv. 1321). Randfragment eines großen Rundes. Das Bronzeblech des Randes ist um einen Eisenstab herumgebogen, der zum Halten des Bleches bestimmt ist. Zickzackband derb und roh getrieben. — Wahrscheinlich von einem Rundschilde wie 335. Der Rand des oben genannten Schildes des Kriegergrabes von Corneto ist um einen starken Bronzedraht gebogen.

Inv. 9161 (westlich Echohalle). Gleichartiges Randfragment, um ein Bronzestäbchen gebogen. Buckelreihe und Zickzackband aus dreifachen getriebenen Linien.

## Zierbleche verschiedener Art.

337 (Taf. XX). Nördlich Zeustempel (Inv. 1744). Kreuzförmig ausgeschnittenes Blech, mit Stiftlöchern. Am Rande getriebene Punkte. — Ein ähnliches von Gold aus Ungarn im National-Museum zu Pesth, in der Mitte mit Buckeln geziert. Ein Blech, das aussieht wie 337, auch das Loch in der Mitte hat, aus den baltischen Provinzen stammend, bildet Aspelin, ant. finnoougr. No. 1871 ab. Zierbleche ähnlicher Form kommen öfter auf den großen, aus vier Spiralen bestehenden Drahtfibeln aufgesetzt in Unteritalien vor (besonders in Suessula, f. Montelius, civilis. en Europe, Italie pl. 21, 288, 284).

338 (Taf. XX). Inv. 542. Zierblech mit Stiftlöchern an den vier Ecken; wahrscheinlich zur Befestigung vorn an einer Stirnbinde. Getriebene Punkte. — Ähnlich Inv. 273, wo jedoch ein dicker Stift durch die Mitte geht.

Mehrere Bleche derselben Form mit Stiftlöchern in den Ecken sind ganz unverziert: Inv. 4003. 2883. — 8112 setzte sich nach beiden Seiten in Gestalt eines schmalen Streifens fort, es war also sicher ein Diadem; dies Stück ist verziert auf der einen Seite.

Bleche derselben Form, welche mit einer Rosette geschmückt sind, f. unten 751 ff.

Eine ganz eigentümliche Gattung von ausgeschnittenen Blechen fand ich in mehreren Exemplaren im Magazin. Ihr ganzes Aussehen weist sie in die älteste Zeit; sie werden aus den tiefen Altarschichten stammen. Zuerst glaubte ich, es seien primitive Tiere mit ausgeschnittenen Beinen; dies erwies sich jedoch bei näherer Betrachtung als falsch. Eher könnte man in Blech nachgebildete Kämme darin sehen; vielleicht dienten sie auch lediglich dem Schmuck. Eine befriedigende Deutung weiß ich nicht zu geben.

339 (Taf. XX). Aus dem Magazin. Im wesentlichen vollständiges Exemplar. Es gingen ursprünglich sechs gleich lange ausgeschnittene Streifchen herunter. Oben in der Mitte ein breiter Ausschnitt mit zwei Löchern. Die Dekoration mit mehreren Punktkreisen um Buckeln ist diesen Blechen typisch.

Bei anderen Stücken gehen die ausgeschnittenen Streifen nach beiden Seiten. Ein solches ist

340 (Taf. XX). Aus dem Magazin. Mit punktierten Linien ist die Ergänzung des etwas fragmentierten Stückes angedeutet.

Ein vereinzeltes, einst irgendwie zur Verzierung verwendetes Stück ist

341 (Taf. XX. Westlich Echohalle (Inv. 8085). Blechbuckel, in der Mitte Loch für einen Nagel. Ringsum fünf kleine Buckel.

## 3. Schmuckgegenstände.

### a. Fibeln.

In diesem Abschnitt sollen alle älteren Fibeltypen Olympias beschrieben werden.[1] Die späteren s. in Abschnitt III. Als Grenze zwischen älteren und späteren Typen ist der Punkt der Entwickelung angenommen, wo die Federspirale, welche in die Nadel übergeht, nach beiden Seiten hin Windungen macht. Die Typen, welche von dieser Form ausgehen, suche man im Kapitel über die späteren Fibeln. Hier folgen die mit einseitiger Spirale.

Wir beginnen mit den Typen, welche auch außerhalb Griechenlands, namentlich in Italien weit verbreitet sind.

342 (Taf. XXI). Beim Buleuterion (Inv. 5705). Große hochgeschwungene Bogenfibel. Der Bügel ist rund im Durchschnitt, und in der Mitte nur wenig dicker als an den Enden. Einfache Windung der Spiralfeder. Die Nadel fehlt. Am Fuße[2] ist nur wenig gebrochen, es fehlt der aufgebogene Teil der Nadelaufnahme; der Fuß ist so zu ergänzen, wie ihn Montelius, spännen[3] Fig. 108

[1] Mehrere der Typen finden sich auch in einer Abhandlung von Ingvald Undset in der Ethnologischen Ztschr. 1889, S 205 ff. beschrieben und zum Teil illustriert. Dieselbe erschien nach Abschluß meiner Arbeit, weshalb ich nur einige Verweise auf dieselbe bei der Korrektur eintragen konnte.

[2] Die Bezeichnungen Kopf, Hals und Fuß gebrauche ich in demselben Sinne wie Tischler in A. B. Meyer, Gurina S. 13.

[3] Dies Citat bezieht sich auf die bekannte Abhandlung von Montelius, spännen från bronsåldern och ur dem närmast utvecklade former, in Antiqu Tidskrift för Sverige, VI, 1869—81.

und Montelius, civil en Europe, Italie[1] pl. 4, 25 zeigen. — Besonders ähnlich in Form und Gravierung ist die Fibel von der Villanova-Nekropole, Gozzadini, sepolcr. etr., 1854, tav. 8, 12. Vergl. auch Zannoni, scavi d. Certosa tav. 146, 3. Eine Fibel, ähnlich der obigen, Montelius, spännen Fig. 108 (der Bogen gebildet, als wenn er mit Draht umwickelt wäre), wurde in Mykenä außerhalb der Gräber gefunden (Athen).[2]

Abg. Undset a. a. O. S. 217, Fig. 23.

343 (Taf. XXI). Kleine Fibel. Der niedrige Bügel besteht aus einem in der Mitte sich etwas verbreiternden dünnen, nicht gewölbten Blechstreif, der mit Tremolierstich verziert ist. — Vergl. die Fibel vom Gargano bei Montelius, spännen Fig. 42, die jedoch einen hohen Bogen bildet.

344 (Taf. XXI). Aus der Tiefgrabung in der Exedra (Inv. 8760). Die Nadel ist verbogen. Der Bügel besteht aus kantigem Draht. Zwei Spiralwindungen am Kopf. Der Fuß ist sehr lang, die Nadelhülse aus dünnem Blech.

345 (Taf. XXII). Westl. vom Buleuterion (Inv. 13053). Gleichartiges kleineres Exemplar aus dünnem Draht. Der Fuß fragmentiert. — Ähnliche, doch fragmentierte Exemplare sind noch mehrere in Olympia gefunden, z. B. Inv. 714? (Pelopion). Zuweilen (so Inv. 11751 ist der Bügel etwas dicker und gerundet. Der Fuß ist immer sehr lang.

Fibeln des Typus 344 und 345 kommen in Italien öfter vor; doch pflegt hier der Bügel mit durchgesteckten Scheiben von Bernstein oder Elfenbein verziert zu sein (vergl. z. B. mehrere Exemplare in der tomba del guerriero von Corneto, Mon. d. Inst. X, 10b, 12 mit langem Fuße wie in Olympia; in der Villanova-Nekropole mit kurzem Fuße, Gozzadini, sepolcreto etr., 1854, tav. 8, 19—21; vergl. auch Montelius, Italie pl. VII, 68. 70 mit langem Fuße, aus Corneto und Bologna).

346 (Taf. XXI). Zwischen den beiden Fundamentierungen des Philippeions (Inv. 2383). Stark oxydiert. Nadel und Fuß fehlen. Der Bügel ist massiv, unten mit einer flachen Rille.

347 (Taf. XXI). Buleuterion (Inv. 5444). Fragment einer großen sogenannten Kahnfibel. Der Bügel ist unten ganz ausgehöhlt, seine Oberseite ist graviert. Der Fuß ist fragmentiert; die Nadelhülse war jedenfalls von beträchtlicher Länge. Der Kopf hatte wohl, wie bei diesem Typus die Regel, zwei Spiralwindungen. — Abg. Undset a. a. O. S. 228, Fig. 42.

Fibeln dieses Typus sind in Italien häufig. Der Fuß ist, wo er nicht abgebrochen ist, immer lang. Ein vorzüglich erhaltenes Exemplar aus Süditalien, mit dem das olympische Fragment fast auf jede der gravierten Linien übereinstimmt, s. bei Montelius, Italie pl. VIII, 93. Vergl. ferner die Exemplare aus der tomba del guerriero, Mon. d. Inst. X, 10b, 9; vergl. Tischler in A. B. Meyer, Gurina S. 17. Große derbe Exemplare der Gattung

[1] Herr Montelius hatte die Güte, mir Abdrücke der Tafeln aus des von ihm vorbereiteten großen Werkes über die älteren Funde in Italien zuzuschicken, nach welchen ich in obiger Weise citiere.

[2] Jetzt abgebildet bei Undset a. a. O. S. 114, Fig. 15.

pflegen einen Knopf am Ende des Fußes zu haben (so
Berlin, Friederichs, M. Kunst 250 aus dem Neapolitanischen;
vergl. auch Tischler a. a. O.). Die Dekoration mit zwei-
oder dreifachen gravierten Zickzacklinien ist häufig (vergl.
z. B. Gozzadini, sepolcr. etr., 1854, tav. 8, 11, Villanova;
Montelius, spannen Fig. 57; A. B. Meyer, Gurina Taf. 5, 8).

**348** (Taf. XXI. Südostbau (Inv. 6251). Vollständige
Kahnfibel. Der Bügel ist unten ganz ausgehöhlt. Er
ist in der Mitte bedeutend breiter und zieht sich nach
beiden Enden zusammen. Die Oberseite ist graviert; die
Mitte ist als Ellipse umrissen, in welche zwei diagonale
Linien graviert sind; an den beiden Enden der Ellipse
befindet sich je ein runder Knopf. Der Fuß ist sehr
lang. — Abg. Undset a. a. O. S. 228, Fig. 43.

Größere Exemplare dieses Typus, bei welchen die
Ellipse auf dem Bügel wie aufgelegt und etwas in Relief
erhoben ist, befinden sich in einem Grabfunde (»tomba
a ziro«) aus Chiusi in Berlin, welcher einen bronzenen
Thronsessel mit Aschenvase enthält (Arch. Ztg. 1884, S. 65.)

**349** (Taf. XXI). Südlich Heraion (Inv. 10544). Das
Ende von Nadel und Fuß ist abgebrochen. Der Bügel
ist nicht dünn wie bei den vorigen Nummern, sondern
dick, und zeigt nur eine kleine Aushöhlung. An den
Stellen der größten Breite sitzen Knöpfe. Die Oberseite
ist nicht graviert, sondern nur mit im Guße hergestellten
Rinnen verziert. — Ebenso Inv. 9667 (südlich Heraion)
und 10833 (westlich Pelopion; Berlin, Dubl.).

Der Typus ist sehr ähnlich dem bei Montelius, spannen
Fig. 131 aus den Arnoaldi-Gräbern bei Bologna.

**350** (Taf. XXI). Südlich der Zanes (Inv. 8072, Berlin,
Dubl.). Kopf, Nadel und Ende des Fußes fehlen. Der
Bügel ist nicht hohl, sondern ganz voll; die Oberseite
ist zierlich graviert. Der Fuß war lang und ward gegen
sein Ende schmäler.

**351** (Taf. XXI). Nördlich Zeustempel (Inv. 1721).
Die Nadel sowie das Ende des Fußes fehlen. Der in
der Mitte sich stark verbreiternde Bügel ist gar nicht ausgehöhlt, sondern ganz voll; die Oberseite graviert. Der
Kopf ist mit zwei Spiralwindungen und der Fuß ist in
beträchtlicher Länge zu ergänzen.

Fibeln des Typus 350 und 351 haben sich z. B. in
den tombe a pozzo zu Corneto gefunden; s. Mon. d.
Inst. XI, tav. 60, 11; Notiz. degli scavi 1882, tav. 13 bis, 22.
In den ältesten Gräbern von Suessula, s. Mitt. d. Inst.,
Rom, II, S. 251, No. 9. Ein Exemplar von Pozzuoli
bei Montelius, spannen Fig. 168 — Italie pl. 21, 101.
Hierher gehören auch Inv. 2911 und 11053; beide
aus der Pelopiongegend.

**352** (Taf. XXI). Pelopion (Inv. 9555). Die Nadel
ist verbogen. Am Fuße fehlt nur das letzte Ende. Der
Bügel ist ganz voll; unverziert. Die Anschwellung in
der Mitte bildet hier nur den kleineren Teil des
Bügels.

**353** (Taf. XXI). Östlich vom Zeusaltar (Inv. 8547).
Vollständige Fibel aus starkem Bronzedraht, der an der
Stelle der beiden Spiralwindungen flach gehämmert ist,
während er dazwischen rundlich erscheint. Der Fuß ist
vollständig; nur der Rand am Ende desselben ist etwas
verletzt; die Spitze der Nadel fehlt. Durch die beiden
Spiralwindungen hat die Nadel eine starke federnde Kraft.

Dieser Typus kommt in Olympia häufiger vor, doch
meist fragmentiert. Vergl. Inv. 12875, 10844 (Berlin, Dubl.),
6250, 10853, 8766, großes verbogenes Exemplar, 1513b,
1289a.

Über diesen Typus und seine Verbreitung in Italien
vergl. Montelius, spannen p. 63 f., Fig. 80, 81. Zu den
hier angeführten füge als sichere Fundorte hinzu: die
altitalische Nekropole bei Sybaris, Notiz. d. scavi 1888,
tav. XV, 7; vergl. p. 244, und die ältesten Gräber von
Suessula, Mitt. d. Inst., Rom, II, S. 250, Fig. 11. 12. —
Eine Variante des Typus zeigt ein großes, aus Athen
stammendes Exemplar im Museum zu Leyden: nur die
vordere, dann nähere Spirale ist beibehalten, an
Stelle der anderen ist eine Verdickung des Bügels getreten. — Eine andere Variante fand sich in Olympia:

**354** (Taf. XXI. Südöstlich Pelopion (Inv. 8435).
Die hintere Spirale ist beibehalten, aber an Stelle der
vorderen ist eine Einknickung getreten; an der Knick-
stelle ist der Bügel hoch, im Übrigen gerundet. Der
lange Fuß ist stark oxydiert.

Diese Variante kommt in den ältesten Gräbern von
Vulci (den tombe a pozzo) vor (Grabfund in Berlin,
M. Inv. 7807 ff., großes, schönes Exemplar, teilweise mit
Draht umwunden); ferner in den tombe a ziro zu Chiusi
(vergl. Montelius, Italie pl. 17, 240).

**355** (Taf. XXI). Südöstlich Pelopion (Inv. 8215).
Fragment einer Fibel des Typus wie das bei Montelius,
spannen Fig. 83 abgebildete Exemplar der Villanova-
Nekropole und danach zu ergänzen. (Vergl. auch Annali
1884, tav. P. 3 von Piedimonte d'Alife.) Die vordere
Spiralwindung ist aufgegeben und durch einen Knick
ersetzt (bei diesem ist unser Exemplar gebrochen); das
Bügelstück zwischen diesem und der hinteren Spirale
ist dick, mit starker Anschwellung in der Mitte; nach
hinten teilt sich der Bügel in zwei runde Drähte, welche
je eine Spiralwindung machen und weiter unten wieder
in einen Draht zusammenlaufen, welcher die Nadel
bildet. An dieser Stelle ist unser Exemplar im Altertum
gebrochen und darauf plump repariert worden, indem
man die Nadel mit einem breiten Ansatzstücke anfügte.
Der Fuß war lang. — Abg. Undset a a. O. S. 228, Fig. 41.

**356** (Taf. XXI. Aus den Tiefgrabungen in der Exedra
(Inv. 8763). Fragment einer Fibel des Typus Montelius,
spannen Fig. 83 (Eisen, Nekropole Benacci bei Bologna)
und Fig. 156 (Corneto); nur ist die Schwellung und die
Einsenkung der beiden vorderen Bügelteile stärker als
an den Exemplaren bei Montelius. An Stelle der
beiden Spiralwindungen des Typus 353 sind zwei durch
je zwei Knöpfe verzierte Knicke getreten und die eingesenkten Bügelteile sind geschwellt. Die Grenze zwischen
der Nadel und dem hinteren Teile des Bügels wird
durch ein Ringprofil markiert. Der Fuß, von dem an
dem olympischen Exemplare nur der Ansatz erhalten
ist, hat beträchtliche Länge.

Von dem in der Entwickelung nun folgenden Typus,
Montelius, spannen Fig. 86 = Italie 252 (Villanova; mehrere
Exemplare in der t. del guerriero, Mon. d. Inst. X, 10b,
8, 11; in Suessula, Mitt. d. Inst., Rom, II, S. 251, 14), wo
die beiden geschwellten Einsenkungen nicht rund sind,
sondern seitliche Spitzen haben, scheinen in Olympia

sichere Fragmente nicht gefunden zu sein; wohl aber mehrere von dem sich unmittelbar anschließenden Typus, Montelius Fig. 87 = Italie 253 (Villanova), wo auch die letzt erwähnten Spitzen durch Knöpfe verziert sind. Die Knöpfe der Einsenkungen ragen natürlich seitlich weiter heraus, als die an der Stelle der Knicke. Zwei fragmentierte Exemplare dieses Typus sind 357. 358.

**357** (Taf. XXI). Berlin, Dubl. Die Hälfte des Bügels fehlt. An der Nadel fehlt nur die äußerste Spitze.

**358** (Taf. XXI). Nördlich Philippeion (Inv. 2787). Das untere Ende des Bügels und die Nadel fehlen; vom Fuße ist nur der verbogene Ansatz erhalten. — Abg. Undset a. a. O. S. 228, Fig. 45.

Eine kleine Variante des Typus besteht darin, daß das Ende des Bügels nicht durch einen Ring, sondern durch eine platte Erweiterung von der Nadel geschieden wird. Diese z. B. in Suessula (Mitt. d. Inst, Rom. II, S. 251 Fig. 15) erscheinende Variante ist auch in Olympia vertreten durch das Fragment Inv. 9086 (westlich Echohalle). — Das Fragment Inv. 7591 scheint von der bei Montelius, spannen Fig. 88 aus dem S. Francesco-Fund von Bologna abgebildeten Variante zu stammen.

**359** (Taf. XXI). Westlich Echohalle (Inv. 8835). Vollständig erhaltenes Exemplar eines bekannten Typus, wo die Fibel aus einem einzigen in zwei große Spiralen gewundenen runden Draht besteht; die Spiralen sind durch eine doppelte Schleife verbunden. Das eine lange Ende des Drahtes bildet die Nadel, das andere kurze dient dazu, diese aufzunehmen.

Inv. 8503 (nordwestlich Zeustempel) ein fragmentiertes auseinandergezerrtes Exemplar. — Inv. 9527 (Pelopion) Doppelschleife von kantigem Draht; wohl von der Mitte einer großen Fibel dieses Typus. — Inv. 10279 (südlich Heraion). — 7336 (Pelopion) große Spirale. — Zahlreiche einzelne kleinere Spiralen mögen von Fibeln dieser Art stammen. Indes können diese Spiralen auch zu anderem Schmucke gehört haben, z. B. zu solchen aus Spiralen bestehenden breiten Gürteln, wie sie in Süditalien vorkommen (schönes Exemplar in Karlsruhe No. 603, Samml. Maler, die in Süditalien gebildet ward, s. Bronzen d. gr. bad. Altert.-S. Taf. 32 s, ein anderes in Berlin, unbekannten Fundorts, Friederichs, kl. Kunst 4202); diese Spiralgürtel gehören ohne Zweifel in denselben Kreis wie die Spiralfibeln, Exemplare davon dürften also in Olympia wohl erwartet werden.

Der Typus 359 (Hildebrand, bidrag Fig. 78; Montelius, spannen Fig. 192; vergl. Undset a. a. O. S. 224 f.) ist außer Olympia auch von Rhodos (schönes großes Exemplar aus Biliotti's Grabungen in Berlin), von Megara (Helbig. homer. Epos² S. 280 f., Fig. 101), von Elatea (Bull. de corr. hell. XII, S. 56) und von Böotien (zahlreiche Exemplare im Kunsthandel; in Athen auch eins im Museum; ein wohlerhaltenes von 12 cm Länge und mehrere kleinere aus den Gräbern bei Theben in Berlin) nachgewiesen. Seine Verbreitung außerhalb Griechenlands ist bekannt.

Die Variante, wo eine besondere Nadel auf der Rückseite der Spiralen aufgenietet ist (Montelius, spannen Fig. 193), fand sich in Olympia nicht. Dagegen erscheint hier der Typus mit vier Spiralen, mit besonders auf-

genieteter Nadel (360), während die einfachere Form der vierspiraligen Fibel, wo die Nadel mit der einen Doppelspirale aus einem Stücke ist (Montelius Fig. 195), fehlt.

**360. 360a** (Taf. XXI). Im 2. Thesauros (Inv. 3679). Vollständig erhalten, bis auf die Nadel. Die Abbildung von zwei Seiten macht die Konstruktion hinlänglich klar. Zwei Doppelspiralen sind durch einen Stift und zwei auf der Rückseite sich kreuzende, über die Ränder nach vorn etwas übergreifende Blechstreifen verbunden; zwischen diese beiden ist ein stärkerer Blechstreif gelegt, welcher einerseits mit einer Spiralwindung in die (verlorene) Nadel, andererseits in die erhaltene Nadelhülse ausläuft. Ein Stift verbindet die drei Blechstreifen mit den drei Spiralen.

**361. 361a** (Taf. XXII). Nördlich Prytaneion (Inv. 6846). Diese beiden zusammen gefundenen Fragmente scheinen, dem gleich großen und gleichgestalteten durchbohrten Mittelstücke nach, zu einem Ganzen gehört zu haben; doch ist mir nicht klar wie. Verbindet man 361 mit einem gleichartigen zweiten Stücke, so erhält man das gewöhnliche Kreuz von vier Spiralen; dasselbe bekommt man, wenn man zu 361a ein entsprechendes Stück fügt. Die beiden Spiralenkreuze über einander würden sich aber größtenteils decken. Vielleicht stammt 361a von einer zweiten ungewöhnlich konstruierten vierspiraligen Fibel.

Die Fibeln mit vier Spiralen haben ungefähr dieselbe Verbreitung wie die mit zwei. Auch sie sind, was Griechenland betrifft, in böotischen Gräbern konstatiert (Helbig, homer. Epos S. 280 f., Fig. 102; schönes Exemplar in Kopenhagen, vergl. Montelius, spannen S. 194 Anm.). Die außergriechische Verbreitung ist bekannt.

Wir betrachten jetzt die Typen, welche geringere Verbreitung hatten und mehr auf Griechenland beschränkt erscheinen.

Zunächst der Typus, welchen wir nach einem charakteristischen Fundorte desselben und nach Analogie der bereits rezipierten Bezeichnung »Dipylonvasen« den Dipylontypus nennen wollen.[1]

**362. 362a** (Taf. XXII). Aus dem Magazin.[2] Vorder- und Rückseite des Fragments einer großen Fibel des Dipylontypus. Erhalten ist die große Fußplatte, die unten zur Aufnahme der Nadel aufgebogen ist. Oben sitzt noch ein Stück des segelartig geblähten Bügels mit den üblichen Linien in der Mitte. In ganz dünner leichter Gravierung sind auf der Vorderseite zwei Krieger dargestellt, welche sich mit Lanzen bekämpfen. Der Mann links hält die Lanze in der Linken, wenn nicht der Oberkörper vom Rücken gesehen gedacht wird;

---

[1] Vergl. zu dem Typus Montelius, spannen S. 12 ff. Fig. 8 ff. Studniczka in Mitt. d. Inst. Athen, XII, S. 14 ff. Undset in Ethnol. Ztschr. 1889, S. 220 ff.

[2] Als ich 1886 die magazinierten Bronzen durchsah, richtete ich mein besonderes Augenmerk auf rechteckige Platten, die von Fibeln dieses Typus stammen könnten. So fand ich diese, deren Gravierung aber erst nach mühsamer Reinigung zu Tage kam. Es ist indes möglich, daß noch andere Reste solcher Fibelplatten in Olympia existieren, die ungereinigt von ihrer Gravierung nichts ahnen lassen.

vom anderen Arme ist nichts zu sehen. Der Krieger rechts stößt ebenfalls mit der Lanze nach unten; sein anderer Arm ist vorgestreckt. Die Linien um die Hüfte deuten jedenfalls den breiten Gürtel an, welchen die Männer tragen; die darunter heraustretenden Linien an der Figur links werden zufällig sein, da sie an der anderen fehlen; gewiß darf man sie nicht als Panzerrand deuten. Der Querstreif über der Brust des einen Kriegers soll wohl den Schwertgurt andeuten. Die Linien um die Kniee weisen auf Schutz der Unterbeine in der Art der Krieger der bekannten mykenischen Vase (Furtw. u. Löschcke, myk. Vasen Taf. 42, 43). Nur den einen Mannes Kopf ist ziemlich erhalten; die Linien über demselben sollen wohl den wehenden Helmbusch andeuten. Soweit der Körperumriß ohne Innenzeichnung ist, hat ihn der Künstler nach Gewohnheit seines Stils mit Zickzacklinien in Tremolierstich gefüllt. In die leeren Zwischenräume hat er, ebenfalls gewohnheitsgemäß, zwei Schwäne mit umgebogenem Halse und zweimal das in seinem Stile überaus beliebte Vierblattornament gesetzt. Das Bild ist von einem Rahmen mit Zickzacklinien umfaßt. — Die andere Seite 362a zeigt eine sehr gewöhnliche Darstellung, ein Pferd mit einem Gurt um den Leib, das mit dem Halfterbande angebunden steht. Ein großes Hakenkreuz füllt den Raum über dem Rücken, ein schildförmiger Stern den unter dem Bauche und kleinere Ornamente das Übrige.

Das Fragment einer Fibel von der Art und Größe wie 362 ist unter den Dubletten in Berlin; es ist das Ende der großen Blähung des Bügels und ein Stück der Fußplatte erhalten, auf dem aber nur von der Ecke oben hereinhängende Zacken zu sehen sind.

363 (Taf. XXII), 363a (beistehend). Südseite des Zeustempels, unter dessen Bauschutt Inv. 4515). Bügel eines sehr großen Exemplares, von oben gesehen. 363a

362a

giebt in kleinerer Skizze eine Profilansicht desselben Stückes. Der Bogen ist unten hohl und segelartig gebläht. Die Fußplatte war bei diesem Exemplare nicht wie sonst aus einem Stücke mit dem Übrigen, sondern besonders eingesetzt und festgenietet.

364 (Taf. XXII). Westseite des Zeustempels (Inv. 1356). Bügel eines sehr großen Exemplares mit vier segelartigen

Blähungen, von denen die letzte, vierte, fragmentiert ist. Der herabgehende kantige Teil des Bügels ist verbogen; er ging wahrscheinlich ziemlich rechtwinklig zu dem horizontalen oberen Teile gerade herab. Die Oberseite der Blähungen ist mit feiner Gravierung verziert.

365. 365a (Taf. XXII). Westfront des Zeustempels Inv. 3437). Die Nadel und der untere zur Aufnahme derselben aufgebogene Rand der Fußplatte fehlen. Schöne hellgrüne Patina. Der stark verbogene Bügel ist hier nicht gebläht, sondern hat nur eine Verdickung in der Mitte; der ganze obere, einst horizontale Teil des Bügels ist rund im Durchschnitt und ist an feiner Oberseite mehrfach gekerbt. Der ungefähr rechtwinklig dazu herabgehende Teil ist wie gewöhnlich vierkantig. Die Vorderseite 365, d. h. diejenige, nach welcher der Nadelkanal aufgebogen war, ist mit vier Fischen verziert, welche nach links schwimmen; die Zickzacklinie darunter deutet das Wasser an. Die andere Seite 365a zeigt den üblichen großen Vogel mit zurückgebogenem Kopfe, aber in einer fast unkenntlichen ornamentalen Weise. Besonders auffallend ist, dafs er je zwei Beine nach zwei Seiten hat. Er ist nämlich so in das rechteckige Feld gezeichnet, dafs feine Beine an die eine breite Seite des Blechs kamen; da jedoch bei gerader Stellung der Fibel, d. h. wenn die Nadel unten horizontal liegt, das Bild auf der unteren Schmalseite des Blechs auftstehen sollte, so hat der Künstler hier nochmals zwei Beine hingezeichnet. Der Rahmen beider Bilder ist ein dreifacher; die Punkte sind mit einem spitzen Instrument eingeschlagen. Abg. Br.-Funde Taf. Fig. 7.

Sehr ähnlich ist eine Fibel aus Elatea, Bull. de corr. hell. XII, p. 47.

366. 366a (Taf. XXII). Südwestlich Pelopion (Inv. 10000. Fußplatte einer Fibel desselben Typus wie 365; an der Vorderseite 366 unten der aufgebogene Rand, der als Nadeleinlage dient. Die beiden oberen Ecken sind gebrochen; der Bügel setzt links oben an. 366a giebt die andere Seite. Die Bilder beider Seiten sind so angebracht, dafs ihre Grundfläche von einer der Langseiten gebildet wird, sie erschienen also nur dann richtig gestellt, wenn man die Fibel so anlegte, dafs die Nadel vertikal nach unten gerichtet war. Das Bild der Vorderseite ist größer, doch weniger gut erhalten; es scheint einen Ochsen darzustellen; vor ihm wahrscheinlich ein Gewächs, an dem er frafs; lineare Füllornamente zwischen den Beinen. Die Rückseite 366a zeigt einen Hirsch oder ein Reh, je nachdem man die Striche über dem Kopf als Andeutung der Hörner oder der Ohren ansehen will. Das Tier ist im Laufe von zwei Lanzen in die Brust getroffen und erhebt deshalb den Kopf. Ein breiter Rahmen aus einem einfachen Mäandermotiv umgiebt das Bild. Außerdem sind für die Rahmen beider Seiten aneinandergereihte kleine Halbkreise verwendet. Sehr ähnlich ist die Verzierung einer Fibel dieses Typus aus Rhodos im Britischen Museum 85, 12/13, 50). Auch hier, wie ebenfalls an der zu 365 genannten Fibel von Elatea, erscheinen die Halbkreischen als Randornament.

Außerdem sind noch folgende Fragmente zu nennen: Inv. 13631. Segelartige Blähung eines Bügels; dieselbe

hat nicht weniger als 13 cm Länge und 7 cm Breite,
stammt also von einem sehr grofsen Exemplar. — Andere
fragmentierte Segelblähungen grofser Exemplare sind
Inv. 12005, 13692, 1872. — Der untere vierkantige Teil
des Bügels, zuweilen mit gekreuzten Linien graviert, ist
in folgenden, nur von grofsen Exemplaren ſtammenden
Stücken erhalten: Inv. 7392 mit Nadelspirale und Anſatz
der Blähung oben, 2835, 11 cm lang. 7208. Von
einem kleineren Exemplar ſtammt 8336, mit Fragment
der Nadel. — Auch Nadeln von den grofsen Fibeln
dieſes Typus ſind erhalten und eben an ihrer Gröfse
und den zwei Spiralwindungen kenntlich, mit denen ſie
in den Bügel übergehen; ſo Inv. 9844, eine Nadel von
22 cm Länge, mit ſchöner hellgrüner Patina; an den
zwei Spiralwindungen ist der Draht wie häufig dreikantig.
10518, 17 cm lang.

An dieſe grofsen Vertreter des reinen »Dipylontypus« laſſen ſich noch einige kleinere Fibelfragmente
als verwandt anſchliefsen.

367 (Taf. XXII). Weſtlich Pelopion (Inv. 11404).
Bügel einer Fibel, maſſiv gegoſſen, mit einem gröfseren
Knoten in der Mitte und zwei kleineren jederſeits. Der
abſteigende Teil iſt rund; unten Reſt der Spiralwindung,
aus welcher die Nadel hervorging. Vorne Reſt der
Fufsplatte, die wie gewöhnlich ein hohes Rechteck bildete. — Eine genau übereinſtimmende Fibel aus Rhodos
ist in Berlin, leider auch ohne Fufsplatte. Sehr ähnlich
iſt die Fibel von Kreta, Mitt. d. Inſt. Athen X, Beil. zu
S. 59, Fig. 8 = Muſ. ital. di ant. class. II, p. 747.

368 (Taf. XXII). Weſtlich Pelopion (Inv. 11200).
Bügel einer Fibel. Der hier ſehr kurze untere Teil,
welcher in die Nadelspirale ausgeht, iſt wie gewöhnlich
vierkantig; der obere Teil iſt in der Mitte mit einer
grofsen hohlgegoſſenen Kugel und jederſeits mit einer
Scheibe geziert. Die Kugel hat auf einer Seite ein grofses
rundes Loch, vielleicht zum Einſetzen einer Perle von
Glas oder Bernſtein? Nach rechts folgte die Fufsplatte.
Abg. Undſet a. a. O. S. 219, Fig. 28.

369 (Taf. XXII). Nordſeite des Zeustempels (Inv.
1660, Berlin, Dubl.). Von einer Fibel deſſelben Typus
wie 368. Auch hier hat die hohle Kugel auf der einen
Seite ein antikes rundes Loch; das andere Loch, das
ſich oben befindet, iſt dagegen nur eine Verletzung.
Hier folgen zwei Scheiben auf die Kugel. Von der
Fufsplatte iſt hier ein verbogenes Stück erhalten. Es
zeigt den Rändern entlang feingravierten Zickzack, ſonſt
aber keine Verzierung.

Um von der vollſtändigen Geſtalt des Typus 368.
369 einen Begriff zu geben, laſſe ich beiſtehend eine

Skizze folgen, welche ich nach einem aus den Gräbern
von Theben ſtammenden Exemplare im Britiſh Museum

gemacht habe. Eine fragmentierte Fibel dieſes Typus
aus Elatea f. Bull. de corr. hell. XII, p. 59.

Wir betrachten jetzt eine Reihe von Fibeln Olympias, welche keine Fufsplatte, ſondern nur einen einfachen
Haken als Fufs haben. Der gegoſſene Bügel iſt in verſchiedener Weiſe mit Knoten oder Knöpfen verziert.
Dieſe Fibeln haben meiſt eine in der Dekoration deutlich unterſchiedene Vorder- und Rückſeite; als Rückſeite
gilt immer diejenige, welche den den Fufs bildenden
Haken zeigt; immer iſt auch die Nadelſpirale auf dieſer
Seite (mit Ausnahme von 370). Die Fibeln ſind immer
aus einem Stück.

370 (Taf. XXII). Öſtlich vom Zeusaltar (Inv. 8545).
Die Nadel fehlt; dreifache Spiralwindung. Ausnahmsweiſe iſt hier die Spirale auf der Vorderſeite, die Nadelaufnahme iſt wie immer auf der Rückſeite. Wahrſcheinlich war — wie Undſet a. a. O. S. 217 mit Recht vermutet — der Draht nach der anderen, der Rückſeite hin
umgeſchlagen, die Nadelſpirale alſo zweiſeitig. Die Fibel
würde hiernach erſt in Abſchnitt III zu behandeln geweſen ſein. Der Bügel iſt auf der Rückſeite flach und
unverziert, die Knoten und Rieſeln, welche die Abbildung
in der Mitte und an den beiden Enden des Bügels zeigt,
befinden ſich nur auf der Vorderſeite. — Abg. Undſet
a. a. O. S. 217, Fig. 24.

Inv. 3185 (Paläſtra; Berlin, Dubl.) ſehr ähnlich 370,
doch etwas kleiner; die Profilierung der drei Knoten iſt
rings herumgeführt. Die Nadelſpirale befindet ſich auf
derſelben Seite wie der Fufs, iſt alſo ſicher nur einſeitig.

Inv. 10514 (weſtlich Pelopion) derſelbe Typus, doch
kleiner und geringer. An den drei ſtellen des Bügels
ringförmige Umſchnürungen, aber nur auf der Vorderſeite; die Rückſeite glatt.

Eine kleine Fibel dieſes Typus aus den Gräbern
auf Rhodos befindet ſich in Berlin; der Bügel hat drei
breite Ringe, die auf der Vorderſeite mit gravierten
parallelen Linien verziert ſind. — Exemplare dieſes
Typus ſah ich auch in Athen im Kunſthandel.

371 (Taf. XXII). Paläſtra (Inv. 2951). Die Nadel fehlt.
Zu den drei gröfseren breiten Ringen um den Bügel
treten hier noch zwei kleinere. Profilierung auf Vorder-
und Rückſeite.

372 (Taf. XXII). Pelopion (Inv. 3004). Bügelfragment
mit drei Kugeln. — Inv. 5182 (Buleuterion). Ähnliches
Fragment mit fünf Knoten.

Eine reichere Variante dieſes Typus mit einer Tier-
maske an einem Bügelende fand ſich in Dodona, ſiehe
Carapanos pl. 51, 5.

Eigentümlich iſt eine Reihe hierhergehöriger Fibeln,
deren Bügel aus einem vierkantigen glatten Bogen beſteht, in welchen von der Vorderſeite her Nägel mit
dicken runden Köpfen eingeſchlagen ſind. Dieſelben
ſind meiſt auch von Bronze, zuweilen ſind einige von
Silber.

373 (Taf. XXII). Öſtlich Zeustempel (Inv. 2718).
Vollſtändiges Exemplar. Die Nadel iſt weſentlich länger
als der zweifellos vollſtändige Fufs. An den unteren
Enden des Bügels je ein breiter Ring, wie bei den
vorigen Typen. Die Nagelköpfe ſind hier an den Bügelenden kreisförmig angeordnet.

**374** (Taf. XXII). Südlich Heraion (Inv. 9169, Berlin, Dubl.). Die Nadel mit den Spiralen fehlt. Das Bügelende am Fuß zeigt einen kleinen, mit zwei Nägeln beschlagenen Querbalken.

**375** (Taf. XXII). Östlich Zeustempel (Inv. 1387). in zwei Stücke gebrochen; die rechte Hälfte ist in Olympia, die linke unter den Dubletten in Berlin). Die Nadel gebrochen, sonst vollständig. Die unteren Bügelenden haben Kugelgestalt. Kleiner Querbalken über dem Fuß. Die in der Zeichnung dunkler gehaltenen Nagel sind von Silber.

Inv. 7046. Derselbe Typus wie **374. 375.** — Bügelfragmente gleichartiger Fibeln: Inv. 3063. 3169.

Ein neuer Typus entsteht dadurch, daß die beiden unteren Bügelenden durch einen, ebenfalls mit Nageln beschlagenen Querbalken verbunden werden.

**376** (Taf. XXII). Vor dem 11. Thesauros (Inv. 3605). Nadel und Nadelspirale fehlen. — Vergl. die auffallend ähnliche Spange, welche der Mann des Felsenreliefs von Ibriz (Arch. Ztg. 1885, Taf. 13) trägt.

Eine Variante des Typus fügt von dem Querbalken zur Mitte des Bügels noch einen verbindenden Steg hinzu.

**377** (Taf. XXII). Östlich Zeustempel (Inv. 516). Nadel und Nadelspirale fehlen; auch ist oben am Bügel ein Nagelkopf abgebrochen.

An den Schluß dieses Abschnittes stellen wir einen kreisrunden brochenartigen Fibeltypus.

**378. 378a** (Taf. XXII). **378** giebt die Ober-, **378a** die Unterseite. An letzterer sieht man einen schmalen Blechstreif, welcher aufgenagelt ist und an der einen Seite in eine Drahtspirale endet, welche sich in die Nadel fortsetzte, die fehlt. Auf der anderen Seite ist jener Blechstreif gebrochen; ursprünglich war er hier emporgebogen zur Aufnahme der Nadel.

**379** (Taf. XXII). Seitliche Ansicht eines anderen gleichartigen Exemplares.

Diese Fibeln stimmen in allem Wesentlichen überein mit einem in Hallstadt vorkommenden Typus (v. Sacken, Taf. 14, 11).

### b. Ringschmuck.

### Armringe.

#### a. Geschlossene Armringe.

Besonders altertümlichen und einfachen Charakter hat folgende Gattung: der Armring besteht aus einem einfachen glatten Blechbande von $1\frac{1}{2}$ - 2 cm Breite, welches zu einem Kreise von 6–8 cm Durchmesser zusammengebogen ist; die Enden sind miteinander durch einen Stift verbunden. Die Verzierung ist fein graviert. Diese Armbänder sind sehr verwandt den oben beschriebenen kleinen Diademen, von denen sie sich nur durch etwas stärkeres Blech und die im Wesentlichen nur gravierte, nicht getriebene Verzierung unterscheiden.

Inv. 15127, kleines unverziertes Exemplar von 6 cm Durchmesser; mit Bronzestift. — 9504 (Pelopion) unverziert; Rest von Eisenstift.

Inv. 6424 (südwestlich Metroon bei den tiefen Altarfunden). Größeres Exemplar von 8 cm Durchmesser; mit einfachem Zickzackband in Tremolierstich verziert. Mit Bronzestift.

Inv. 2848 (nördlich Zeustempel, in tiefster Schicht). Ähnliches Stück, auseinandergebogen; zwei Zickzackbänder in Tremolierstich übereinander. Den Rändern entlang getriebene Punkte. Bronzestift.

**380** (Taf. XXII). Altarfunde westlich Metroon (Inv. 6566). Etwas stärkeres Blech. Vollständig erhalten. Verzierung in Tremolierstich. Bronzestift.

Wahrscheinlich rühren auch die folgenden beiden Stücke von solchen Armbändern her.

**381** (Taf. XXII). Altarfunde südlich Heraion (Inv. 10460). Fragmentierter Streif; stark verbogen; hier gerade gezeichnet. Fein gravierte Verzierung. Das Blech ist stärker als es bei den Diademen üblich ist.

**382** (Taf. XXII). Westlich Echohalle (Inv. 9247). Es ist noch ein zweites kleineres, nicht mitgezeichnetes Fragment erhalten, das ein Loch mit Eisenstift zeigt. Stark verbogen; hier gerade gezeichnet. Äußerst saubere feine Gravierung; einfaches Mäanderschema. Schöne hellgrüne Patina.

Zur Gravierung von **381** und **382** vergl. die Bronzen Mon. d. Inst. XI, 59, 4. 7. 19, tomba a pozzo, Corneto.

Ein unverziertes vollständiges Armband dieser Art, also ein zusammengenieteter Kreis aus ziemlich dünnem Blech ward 1884 gefunden (Inv. von 1884 No. 166) und trägt die Inschrift: Ε·ΜΑΟ·ΙΑΡΟ·ΤΑ·

Diese Gattung von Armbändern ward in der letzten Zeit Olympias wieder Mode; vergl. unten 1349.

Den alten olympischen verwandte geschlossene Armbänder aus Blech fanden sich in Hallstadt, s. v. Sacken, Taf. 16, 17.

Ein großes gegossenes Armband in Form eines geschlossenen Kreises von 8 cm Durchmesser ist

**382a** (Taf. XXIII), südlich Heraion, Altarfunde (Inv. 9647). Dasselbe ist innen konkav, außen konvex und ganz unverziert.

#### 2. Offene Armringe.

Der vorigen Gattung zunächst verwandt sind diejenigen offenen Armringe, welche aus einem glatten Streifen von stärkerem Blech bestehen. Dieselben sind elastisch.

**383** (Taf. XXIII). Nordwestlich Zeustempel (Inv. 1320). Vollständiges Exemplar. Nur an den Enden einfach verziert.

Das Blech ist in der Mittellinie etwas herausgetrieben.

**384** (Taf. XXIII). Südwestlich Zeustempel (Inv. 1589). Nur an den Enden mit flüchtig eingeschlagenen Linien und Würfelaugen verziert.

**385** (beistehend). Östlich Zeustempel, tief (Inv. 5434).

Auseinandergerissenes und verbogenes Exemplar gleicher Art, doch mit stärker erhöhter Mittelrippe. Die Breite nimmt von der Mitte, wo sie 15 mm beträgt, nach den

Enden zu ab (bis auf 7 mm). Die Abbildung zeigt nur die Gravierung.

Aus dickem rundem Drahte besteht

**386** (Taf. XXIII). Nördlich Zeustempel (Inv. 1526). An den Enden aufgerollt.

Ebenso Inv. 13660. Östlich des Mosaikgemachs im Südosten, tief. Etwas größer; 12 cm Durchmesser; wird also ein Halsring sein.

Dieser Ringtypus ist in Mitteleuropa verbreitet, aber nicht für Armbänder, sondern für Halsringe. Das eben genannte Stück Inv. 13660 ist denn auch ohne Zweifel ein Halsring. Ganz gleiche, von den gleichen Dimensionen, fanden sich öfter in der Nekropole von Watsch (auch von Eisen), f. Deschmann und v. Hochstetter, prähistor. Begr. in Krain (Denkschr. d. math. nat. Cl. der Wiener Akad. Bd. 42′, Taf. XIII, 1. Sie kommen ferner in Dalmatien, Kärnthen, Steiermark und in der Schweiz vor. Endlich ist der Typus in der Nekropole von Koban im Kaukasus gewöhnlich (Chantre, Caucase II, p. 56 ff.). — Unfer **386** muß nach seinen Dimensionen für ein Armband gelten; es müßte denn der Halsring eines kleinen Kindes sein.

Aus dickem kantigem Drahte bestehen:

**387** (Taf. XXIII). Gegend des Pelopions (Inv. 2995). Die Enden greifen etwas übereinander. Keine Verzierung.

Ebenso Inv. 4549 (südlich Zeustempel, unter dem Bauschutt), 8 cm Durchmesser; 2194 (westlich Zeustempel) nur 53 mm Durchmesser.

**388** (Taf. XXIII). Gegen die Palästra hin (Inv. 5985). Der Ring ist vierkantig. Die Enden greifen nicht übereinander. Eintache gravierte Verzierung an den Enden. Ganz gleich **388** ist Inv. 8595 (nordwestlich Zeustempel, tief; Berlin, Dubl.).

**389** (Taf. XXIII). Altarfunde südlich Heraion (Inv. 9629). Kleineres Exemplar. Die übergreifenden Enden sind reicher verziert mit Linien und Würfelaugen. — Vergl. ein überaus ähnliches Stück aus Watsch bei Deschmann und v. Hochstetter a. a. O. Taf. XIII, 11; vergl. auch Lindenschmit, Alt. I, 10, 1, 7.

Gleicher Art sind: Inv. 1710, 856, beide aus der Nähe des Zeustempels und beide von ca. 8 cm im Durchmesser; kleiner, nur 4—5 cm im Durchmesser, also wohl für Kinder bestimmt, find Inv. 2834 und 8670.

Verwandt ist eine Gattung kleiner Armbänder von 4—5 cm Durchmesser, welche eine kleine Spirale bilden. Sie sind rund, doch an den Enden vierkantig und hier mit Gravierung versehen. Sie sind elastisch und lassen sich etwas auseinanderbiegen. Ein gutes Exemplar ist:

**390** (Taf. XXIII). Altarfunde südlich Heraion (Inv. 10539). — Gleicher Art sind: Inv. 11047 (westlich Pelopion), 8690 (östlich Zeusaltar), 2443 (südwestlich Heraion). — Ähnliche, doch größere Armbänder von vier bis sechs Windungen fanden sich in Suetlula (Samml. Spinelli).

Wir gehen jetzt zu den Typen über, welche die Enden durch Knöpfe besonders charakterisieren.

**391** (Taf. XXIII). Östlich Zeusaltar (Inv. 9024). Armband aus dünnem Blech mit runden Knöpfen.

Mehrere kleinere ärmliche Armringe bestehen aus dickem rundem Draht und enden in kleine runde Knöpfe (so Inv. 11477 östlich Zeusaltar, 8631 westlich Stadionwall).

**392** (Taf. XXIII). Nordwestlich Zeustempel, tief (Inv. 8857). Spiralförmiges Armband von drei Windungen, aus einem in der Mitte breiteren, nach den Enden schmäleren Blechstreif, der in profilierte Knöpfe endet. Der eine Knopf ist abgebrochen. Reiche Gravierung. In der Mitte vertikale Streifen linearer Ornamente; jederseits davon ein Feld mit je zwei Fischen übereinander; nach den Enden zu wieder lineare Ornamente.

Ein gleichartiges Armband, ebenfalls mit Fischen verziert, ist im Museum der arch. Gesellschaft in Athen (χαλκ. 1110). — Der Stil der Gravierungen ist durchaus derselbe wie an dem Diademe Annali d. Inst. 1880, tav. G und an den »Dipylonfibeln«. — Armbänder desselben Typus wie **392**, immer nur mit drei Spiralwindungen und den charakteristischen Knöpfen, aber einfacher verziert, meist nur mit Zickzack in Tremolierstich, sind zusammen mit den »Dipylonfibeln« zahlreich in den alten Gräbern bei Theben gefunden worden (In Berlin ca. ein Dutzend, vergl. Jahrbuch d. Inst. III, S. 363, h). — Nahe verwandt sind Armbänder aus Suetlula (Samml. Spinelli), wo das Blech aber der Länge nach gerieft ist; die Bildung der Enden als lange profilierte Knöpfe stimmt indeß mit der besprochenen griechischen Form ganz überein.

Wir gehen schließlich zu den schwereren Armringen über, welche gegossen sind.

**393** (Taf. XXIII). Südseite des Zeustempels, unter dem Bauschutt in tiefster Schicht (Inv. 4798). Kleines vierkantiges Armband mit runden Knöpfen. Gravierte Kreise, von Diagonalen durchschnitten, dienen zur Verzierung.

Dieser Typus kommt bei kleineren Armbändern von ca. 5 cm Durchmesser öfter vor. Ganz gleich **393** ist Inv. 11600 (östlich Zeusaltar, Berlin, Dubl.). Gleichartig sind ferner Inv. 2551 (nordöstlich Zeustempel), 9107 (westlicher Stadionwall).

Das Fragment einer Variante ist

**394** (Taf. XXIII). Östlich Zeustempel (Inv. 5570). Hälfte eines Armringes. Derselbe war an zwei Stellen durch einen Knoten unterbrochen; das Stück zwischen beiden Knoten ist mit Zickzack graviert.

Einen ganz anderen Typus zeigen einige größere Armbänder, welche in Nachahmung von getriebener Arbeit innen konkav sind und außen eine stark erhöhte Mittelrippe zeigen. Ihre Enden, mit großen Knöpfen versehen, greifen etwas über, doch find sie, da sie gegossen find, natürlich nicht elastisch. Sie find nur an den Enden mit einfachen eingeschlagenen Linien verziert.

**395** (Taf. XXIII). Südlich Metroon (Inv. 6313). Ziemlich plump und schwer.

**396** (Taf. XXIII). Östlich Zeusaltar (Inv. 9276). Sehr großes Exemplar. Viel schöner und schärfer in der Profilierung als **395**. Dunkelblaue Patina über der grünen Schicht.

Inv. 5248 (südlich Prytaneion, Berlin, Dubl.). Schönes Exemplar von 6½ cm Durchmesser im Lichten; sorgfältig profiliert.

Ziemlich häufig ist schließlich ein Typus derber größerer und kleinerer gegossener Armringe, welche weit offen und nicht kreisförmig, sondern etwas elliptisch, meist mit 8—10 cm größter Spannweite sind. Sie sind außen konvex, innen gerade. An den Enden sind sie mit plastischer, im Gusse hergestellter Verzierung versehen: zwei durch Einschnürungen umgrenzte Felder werden durch zwei einander mit der Peripherie berührende Halbkreise gefüllt. Zuweilen (wie bei dem abgebildeten Exemplar 397) befindet sich in deren Mitte noch eine Einkerbung. Selten ist diese Verzierung auch in der Mitte angebracht (wie 398). Mit Tierköpfen hat dies Ornament gar nichts zu thun; es ist ein rein lineares. — Das hohe Alter auch dieses Typus wird durch die Funde bewiesen.

**397** (Taf. XXIII). Gegend des Zeusaltars, tief (Inv. 8635).

**398** (Taf. XXIII). Südlich Metroon, tief (Inv. 8901, Berlin, Dubl.), mit 9 cm größtem Durchmesser im Lichten. Das Ornament ist in der Mitte und an den Enden angebracht. Blaue Patina über der grünen.

Zu diesem Typus gehören ferner: Inv. 4645 (südlich Zeustempel, unter dem Bauschutt). 8247 (südöstlich vom Pelopion, tief). 11719 (südöstlich byz. Kirche). 7955 (südlich der Zanes), von roher Ausführung. 12144 (südlich Palästra), nur 6 cm größter Durchmesser; gering.

**Halsring.**

Außer dem zu 386 erwähnten Halsring läßt sich nur noch ein Stück mit einiger Wahrscheinlichkeit als Halsring bezeichnen.

**399** (Taf. XXIII). Gegend des Zeusaltars, Inv. 8708. Flacher, kantiger Draht, in der Mitte gerade, nach den beiden Enden zu wellenförmig gebogen. Das letzte Endstück ist wieder gerade. Das rechte Ende ist abgebrochen.

Verwandter Art ist eine Gattung kleiner Armringe aus den älteren Gräbern von Suessula Samml. Spinelli, wo ebenfalls der flache Draht nach den Enden zu wellenförmig gewunden ist.

Vielleicht gehört hierher auch Inv. 13673 (Südostbau, Tiefe unbekannt), starker, 1 cm breiter, verbogener Blechstreif, 29 cm lang, an einem Ende ein großes Loch, am anderen ein herzförmiges Schlußstück zum Einfügen in jenes Loch: Siehe beistehende Skizze.

**399a.** Ob das Stück wirklich der alten Zeit angehört, ist freilich nicht sicher.

**Andere kleinere Ringe.**

Wir besprechen hier die kleineren Ringe der alten Zeit nur, insofern sie etwas zu umfassen beitrimmt, also eigentlicher Ringelschmuck waren. Die als Hängezierrat oder sonst verwendeten Ringe s. im folgenden Abschnitt.

**Kleine Drahtspiralen.** — Eine besondere Stellung nimmt ein vereinzelter Fund ein: Inv. Mat. 235, unter dem Westpteron des Heraions gefunden. Spiralring von ca. 2½ cm Durchmesser aus dünnem Golddraht. Die Spirale ist aus einem geschlossenen Drahtring zusammen-

gebogen, der Draht hat also keine Enden. Die Spirale macht nur wenig über zwei Windungen. Das Ganze ist verbogen und an mehreren Stellen zusammengedreht. — Die ältesten Spiralornamente der mykenischen Kunstgruppe sind immer so gebildet, als wenn ein geschlossener Ring geknickt und zur Spirale gebogen wird; vergl. Schliemann, Mykena S. 91. 106. 108. Furtw. u. Löscheke, myk. Thongef. 1879, Taf. I. 1. 6; VII, 41. Mitt. d. Inst. Athen XI, Beil. zu S. 16, A 4.

Der Typus der olympischen Goldspirale aus geschlossenem Drahtring ist in Mitteleuropa verbreitet. Er ist gerade für Gold charakteristisch. Mehrere dem olympischen durchaus analoge Exemplare aus Ungarn im Nationalmuseum zu Pesth vergl. Hampel, Alt. d. Brzezt., Taf. 42, 8', mehrere aus Norddeutschland von ca. 1 bis 5 cm Durchmesser im Museum für Völkerkunde in Berlin Inv. I f 482. I m 19. II 2492. 5716 ff., alle von Gold. Auch in Italien kommt der Typus in Gold vor, so in den älteren, dem 7. Jahrhundert zuzuschreibenden Gräbern von Falerii Museo Papa Giulio in Rom.[1]

**400** (Taf. XXIII). Pelopion Inv. 9171, Berlin, Dubl., Spiralring von 1¾ cm Durchmesser und 2½ cm Höhe. Der breite Draht ist an der Außenseite konvex.

Inv. 8792. Gegend des Zeusaltars (Berlin, Dubl.), ähnlicher Spiralring von 2 cm Durchmesser und 2¼ cm Höhe; sechs Windungen.

Gleicher Art sind ferner Inv. 9777 (südlich Heraion); 7339 (Pelopion); 8459 (Pelopion); 10531 (westlich Pelopion); 1486; 8708 (nordwestlich Zeustempel, dünner Draht). Andere von dieser Art im Magazin. Exemplare aus dickem Draht haben zuweilen Gravierung an den Enden:

**401** Taf. XXIII. Nordwestlich Zeustempel, tief Inv. 8637. Die Enden vierkantig und graviert.

Gleiche Exemplare sind: Inv. 6343 Altarfunde beim Metroon; 8796 Zeusaltar; 8813 nordwestlich Zeustempel; Berlin, Dubl. Vergl. die größeren Ringe 390.

**402** Taf. XXIII. Westlich Pelopion Inv. 10857. Der Draht ist außen konvex. Die Gravierung der Enden analog 388. 395. 396.

Ebenso Inv. 10277 (südlich Heraion).

Kleine, einfache Drahtspiralen wie 400 haben eine weite Verbreitung in alten Funden im Osten, Westen und Norden. Goldene Spiralen dieser Art fanden sich in Mykena (Schliemann, Myk. S. 401, nicht in einem der berühmten Schachtgräber, wie Helbig, hom. Epos² S. 244 angibt, sondern im Raume eines Hauses, der nur fälschlich für ein Grab angesehen wurde). Kleine, plumpe Exemplare aus Gold kamen in Troja vor, s. Schliemann, Ilios S. 544. Von Bronze traten sie in Mykena in Gräbern außerhalb der Burg auf ('Εφημ. ἀρχ. 1888, Taf. 9. 14, glatter Jicker; 12, gewundener Draht). Auf Cypern trugen sie von Bronze schon in den vor, die den letztgenannten mykenischen gleichzeitig sind. Exemplar in Berlin in einem Grabfunde von Ag. Paraskevi, der eine mykenische Vase enthält. In

[1] Eine vorzügliche, exakte Behandlung haben die Spiralringe dieser Art, wie ich nachträglich bemerke, durch Olshausen in der Ethnolog. Zeitschr. 1886 S. 433 ff. gefunden.

den cyprifchen Gräbern der »graecophönikifchen« Periode ca. 8. bis 5. Jahrhundert erfcheinen häufig viel dickere kleine Spiralen von Silber; wie ftatuarifche Funde lehren, dienten diefelben hier als Ohrringe. Exemplare der gewöhnlichen Art von Bronze fanden fich dann in den mehrfach genannten alten thebanifchen Gräbern mit den Dipylonfibeln (einige in Athen befindliche f. Helbig, hom. Epos[2] S. 243, Fig. 77—79; mehrere in Berlin); ferner in Dodona (Carapanos, Dod. pl. 50, 9). In Italien find fie häufig in den älteren Grabfunden. Eine Menge folcher Bronzefpiralen von 1½—3 cm Durchmeffer und 1—3 cm Höhe aus fchmalem und breiterem Drahte fanden fich in den älteren Gräbern von Suefsula (Samml. Spinelli). In Corneto kommen fie fchon in den Pozzo-Gräbern vor; fie müffen hier zum Teil zur Verzierung von Holzftäbchen (von der Dicke eines Fingers) gedient haben, da fich zuweilen Holzrefte darin fanden. Wefentlich größer find die Spiralen, welche an einem Chiufiner Canopus als Ohrenfchmuck dienen (Mus. ital. di ant. claff. I, tav. 9a, 14). Auch jenfeits der Alpen find jene kleinen fogenannten Fingerfpiralen weit verbreitet (vergl. Virchow, Koban S. 43). Ihre Verwendung war gewifs eine verfchiedenartige, wie fchon die angeführten Thatfachen lehren. Wahrfcheinlich haben fie auch als Lockenfchmuck gedient (was Helbig, hom. Epos[2] S. 242 ff. mit Unrecht für alle annimmt). Sicher war dies einft üblich in Eftland und Kurland: vergl. Afpelin, ant. finno-ougr. No. 2179, Schädel mit Haarlocken voll kleiner Bronzefpiralen; vergl. auch Hartmann, d. vaterl. Muf. zu Dorpat, Taf. I, 29 ff. Dergleichen Spiralen dienten aber ficher auch als Fingerfchmuck; in Koban fand Chantre folche zweimal am rechten Zeigefinger der Skelette (Caucafe II, pl. 16, 10. 11; p. 59).

### Blechringe.

**403** (Taf. XXIII). Kleiner, offener Ring aus dünnem Blech, von nur 11 mm Durchmeffer. Mit zwei Zickzackbändern in Tremolierftich verziert.

Offene Blechringe derfelben Art haben fich fehr zahlreich in den erwähnten alten Gräbern von Theben gefunden (in Berlin find über 70 Exemplare daher). Diefe beftehen ganz wie das olympifche Stück aus einem dünnen Streifen Blech von meift nur 8 mm Breite, welcher zu einem Ringe von meift 2 cm Durchmeffer zufammengebogen ift, ohne dafs die Enden aneinander befeftigt wären. Die Dekoration befteht regelmäßig in einem Zickzackband in Tremolierftich. — Gleichartige Ringe fanden fich auch jenfeits der Alpen, und zwar in Hallftadt noch in situ an den Fingerknöcheln des Skeletts (Wien, naturhift. Muf.). Diefer Fund beweift aber kaum für ihre Verwendung in Griechenland. Hier möchte man fie fchon wegen des maffenhaften Vorkommens in Theben über als Haarlockenfchmuck anfaffen, wozu ihre Leichtigkeit fie fehr geeignet erfcheinen läfst.

**404** (Taf. XXIII). Blechring, an beiden Enden in Spiralen auslaufend, welche in entgegengefetzter Richtung aufgerollt find.

Auch diefe Art von Ringen ift zahlreich in jenen thebanifchen Gräbern gefunden worden (viele in Berlin; vergl. Jahrb. d. Inft. III, S. 363, m). Auch fie pflegen 2 cm

im Durchmeffer zu haben und mit Zickzack in Tremolierftich verziert zu fein. Der Blechftreif hat ganz wie in Olympia gewöhnlich 9 mm Breite.

Sehr ähnliche kleine Ringe kommen in Koban im Kaukafus vor (Chantre, Caucafe II, pl. 16, 7. 8). Derfelbe Ringtypus erfcheint ferner bekanntlich in größerer Ausführung als Armring in verfchiedenen Gegenden nördlich der Alpen (Ungarn, Pofen, Frankreich; vergl. Chantre, Caucafe II. p. 61; derf., Baffin du Rhône, Age du fer, pl. 44, 1).

**405** (Taf. XXIII). Dromoshalle Inv. 12073). Offener Ring von 2 cm Durchmeffer, aus fchmalem Blechftreif, an beiden Enden in je zwei Spiralen auslaufend.

Inv. 11413 (weftlich Pelopion) in zwei Stücke zerbrochenes Exemplar derfelben Art; der Blechftreif nur 4 mm breit, wie bei 403.

Auch diefe Ringe mit vier Spiralen wurden in den thebanifchen Gräbern gefunden, doch weniger häufig als die mit zwei Spiralen. Diefelben pflegen hier wie in Olympia fchmäler zu fein als letztere (meift 5 mm Breite), doch kommen auch einzelne größere Exemplare (bis zu 15 mm Breite) vor. Sie find meift mit Tremolierftich verziert. Sehr wahrfcheinlich ftammt von einem folchen Ringe auch das Fragment aus Dodona, Carapanos pl. 50, 14 (Blech von 5 mm Breite).

Mit den olympifchen und den thebanifchen vollftändig übereinftimmende Stücke kommen in den Gräbern Eftlands vor (Afpelin, ant. finno-ougr. No. 1970, 2026; Hartmann, vaterl. Muf. in Dorpat, Taf. XI, 11).

Daffelbe Schema, welches wir hier für kleine Schmuckringe verwendet fehen, tritt anderwärts in

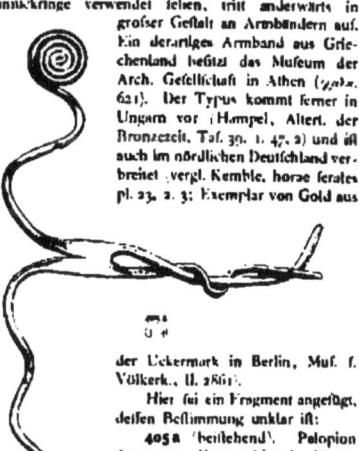

großer Geftalt an Armbändern auf. Ein derartiges Armband aus Griechenland befitzt das Mufeum der Arch. Gefellfchaft in Athen (γαλ. 621). Der Typus kommt ferner in Ungarn vor (Hampel, Altert. der Bronzezeit, Taf. 39, 1, 47, 2) und ift auch im nördlichen Deutfchland verbreitet (vergl. Kemble, horae ferales pl. 23, 2, 3; Exemplar von Gold aus der Uckermark in Berlin, Muf. f. Völkerk., II, 2861).

Hier fei ein Fragment angefügt, deffen Beftimmung unklar ift:

**405a** (beiftehend). Pelopion (Inv. 7322). Kurzer fchmaler Blechftreif, der, wie es fcheint, nach beiden Seiten in je zwei Drahtfpiralen auslief, die fich zum Teil aufgerollt haben; die rechts find ganz abgebrochen.

### Dünne Drahtringe.

**406** (Taf. XXIII. Altarfunde südlich Heraion (Inv. 9954). Drahtring mit in je eine Spirale aufgerollten Enden.

Ringe wie 406 find ebenfalls zahlreich in jenen Gräbern bei Theben gefunden worden; sie schwanken zwischen 2 und 2½ cm im Durchmesser und sind bald von dünnem, bald von dickerem Draht (vergl. Jahrb. d. Inst. III, S. 363, I).

Ein anderer Typus der thebanischen Gräber, kleine Drahtringe von mehreren Windungen, deren Enden in Spiralen aufgerollt sind (Exemplare in Berlin), ein Typus, der in größerem Formate in Ungarn (Hampel, Altert. d. Bronzezeit, Taf. 40, 1) und weiter nördlich vielfach vorkommt, fand sich in Olympia nicht.

**407** (Taf. XXIII. Südöstlich Heraion (Inv. 7097). Ring aus gewundenem Draht; das eine Ende ist breit gehämmert, das andere zu einer Schlinge umgebogen, durch welche jenes durchgesteckt ist.

Inv. 300 (östlich Zeustempel). Ähnliches Exemplar.

Unter den thebanischen Gräberfunden in Berlin ist auch ein gleichartiger Ring aus gewundenem Draht von 2 cm Durchmesser; nur fehlt die Verbindung der Enden; der Ring ist offen.

### Ringe mit Knöpfen an den Enden.

**408** (Taf. XXIII. Südostbau Inv. 6255). Spiralring aus dickem rundem Draht; derselbe ist in der Mitte, wo der Ring leider gebrochen ist, zu dünnem Bleche breitgehämmert, dessen Rand in Tremolierstich verziert ist. Das eine erhaltene Ende ist mit einem spitzen Knopfe ausgestattet (vergl. dazu die Knöpfe des goldenen Armbandes aus Troia, Schliemann, Ilios S. 559, No. 918). Ohne Zweifel ist die verlorene Hälfte ganz gleich der erhaltenen zu denken. Schöne hellgrüne Patina.

Inv. 7324 (Pelopion). Gleiches Exemplar, ebenfalls nur zur Hälfte erhalten.

**409** (Taf. XXIII). Pelopion (Inv. 7159). Ring mit übergreifenden Enden und runden Knöpfen.

Ähnlich ist Inv. 5917.

Unter den thebanischen Funden in Berlin ist auch ein Spiralring der Art wie 408 mit spitzen Knöpfen an den Enden (Misc. Inv. 8064, 158); doch ist es ein kleines geringes Exemplar, das der Erweiterung zu Blech in der Mitte entbehrt.

### e. Hängeschmuck.

#### Bommeln.

Eine meist hohl gebildete Kugel ist die Grundform verschiedenartiger, sehr altertümlicher gegossener Bommeln.

**410** (Taf. XXIII). Westlich Pelopion (Inv. 11326). Das Stück ist vollständig; doch ist die ursprüngliche hohle Kugel jetzt platt zusammengedrückt. Die Kugel hat ringsum Schlitze. Unten ein kleiner Knopf, oben eine Öse zum Aufhängen.

Vergl. hierzu Carapanos, Dodone pl. 52, 17. Kugel ohne Schlitze.

**411** (Taf. XXIII. Südpteron des Heraions, 1,10 m unter dem Stylobat (Inv. 7949). Die kleine durchbrochene Kugel hat nach oben und unten einen gewundenen Fortsatz. Oben die Öse. — Gewundene oder geriefelte stabförmige Fortsätze find bei den Schmuckbronzen dieser Epoche und dieses Stiles in Griechenland sehr beliebt (vergl. 392. 448. 453. 514); ferner die oberen Enden der langen Nadeln aus den thebanischen Gräbern.

Inv. 9359 (Pelopion) gleichartiges Exemplar.

**412** (Taf. XXIII). Inv. 14142. Hohle, doch nicht durchbrochene, etwas eingedrückte Kugel mit geriefeltem Fortsatz, der unten in eine kleine Scheibe endet und oben von einem Vogel der bekannten primitiven Stilisierung bekrönt ist. Letzterer ist vom Rücken durch die Brust durchbohrt, offenbar zum Anhängen.

Inv. 3173 (beim Altar östlich Heraion) fragmentiertes ähnliches Exemplar.

**413** (Taf. XXIII. Westlich Stadionwall (Inv. 7617). Mit Dreiecken durchbrochene Kugel mit geriefeltem Fortsatz; unten kleine abschließende Scheibe, oben ein primitives Pferdchen mit spitzem Kopfe und ganz kleiner Andeutung des Mähnenkamms; dasselbe gehört also zu den ältesten Arten vor die Ausbildung des geometrischen Stiles (vergl. oben S. 31). Die Bommel wurde ohne Zweifel an Etwas, das um den Leib des Tieres geschlungen war, getragen.

Inv. 2514 (westlich Heraion, Berlin, Dubl.) gleichartiges Exemplar, doch mit einem primitiven Vogel bekrönt.

Inv. 13055 (westlich Buleuterion) wie 413, doch ist der Vierfüßler oben abgebrochen.

**414** (Taf. XXIII. Altarfunde südlich Heraion (Inv. 2375). Ähnliche Bommel; oben fragmentiert; erhalten sind die Reste zweier an den Enden emporgehender Stäbe, die vielleicht oben wieder verbunden waren. Zur Verzierung find Würfelaugen am oberen Teile eingeschlagen.

**415** (Taf. XXIII. Altarfunde südlich Heraion (Inv. 9791). Länge 0,12. Die Kugel ist nicht hohl; doch geht ein Loch durch die Kugel und den ganzen Cylinder. Oben ein Pferdchen, das schon die geometrische Stilisierung zeigt.

**416** (Taf. XXIII. Südwestlich Pelopion (Inv. 11845). Der kuglige Teil ist hohl gegossen. Oben mit zwei Pferdeprotomen verziert, deren eine abgebrochen ist. Der Pferdehals ist sehr langgezogen wie bei den geometrisch stilisierten Terrakottapferden, vergl. 273. Das Verbindungsstück zwischen dem Pferdehals und der Bommel ist jederseits von einem Loche durchbohrt, welches zum Aufhängen diente.

**417** (Taf. XXIII. Westlich Zeusaltar (Inv. 9489). Zwei von Dreiecken durchbrochene Kugeln wie 413. 414, von einem Vogel bekrönt. Durch letzteren geht vom Rücken zur Brust ein Loch, wie bei 412, zum Aufhängen.

Anhängsel der Gattung, die wir eben besprochen, haben anderwärts eine sehr weite Verbreitung. Die allernächste Verwandtschaft zu den olympischen Typen zeigen die von der Nekropole von Glasinac in Bosnien (vergl. Truhelka, die Nekrop. von Glas., in den Mitt. der

Anthropolog. Gefellfch. in Wien, Bd. XIX, S. 11 Fig. 22
gefchlitzte Kugel; S. 20, Fig. 69 mit Knopf unten); ein
gleiches Stück aus Kroatien (von Prozor) in Wien,
naturhift. Muf.; ein anderes unbekannten Fundorts, doch
wahrfcheinlich auch aus der Balkangegend, ift im Nat.
Muf. zu Peflh; dabei auch ein Stück, das ganz unferer 413
entfpricht, nur dafs flatt einem Pferd ein Vogel von
dem Sdle wie 419 fitzt. — Aus Dodons flammt eine
ungefchlitzte Kugel, die hierher gehört, Carapanos
pl. 52, 17. — Etwas entfernter verwandt find zahlreiche
Bommeln aus altitalifchen Gräbern; befonders beliebt ift
die hohle Kugel mit Längsfchlitzen oder den Ausfchnitten
wie an 411 und 417. Dergleichen kommen fchon in der
alteften Nekropole von Vetulonia (Muf. Florenz) und in
der älteren Benacci-Nekropole von Bologna vor. An
einer grofsen Spiralfibel in Berlin (etwa aus Nola, natürlich nicht aus Pompeji, wie das alte Inventar angiebt,
Friederichs, kl. Kunft 354) hängt eine Reihe derartiger
Bommeln. — Kleine gefchlitzte Kugel an einer Kette,
auch in Hallftadt (v. Sacken Taf. 13, 3). — Zu der Form
von 413. 414 laffen fich die ebenfo durchbrochenen Zier-
flücke aus Knochen, »Porzellan« u. dgl. vergleichen,
welche den mykenifchen Funden eigen find ['Εφημ. άρχ;
1887, Taf. 13, 6. Furtw. u. Löfchcke, myk. Vafen
Taf. C, 18', obwohl ein direkter Zufammenhang kaum
befteht.

Kleine primitive Tierfiguren wurden auch ohne jene
Kugeln als Bommeln verwendet.

**418** (Taf. XXIV). Südöftlich Heraion (Inv. 6892).
Primitiver Vogel, etwa vom Typus einer Ente. Ein
fchräges Loch geht vom Rücken zur Bruft hindurch. Die
Bafis ift unten konvex; fie ift nicht glatt, wie fie fein
müfste, wenn das Stück beftimmt gewefen wäre, irgendwo aufgefetzt zu werden. Das Stück ift zweifellos eine
felbftändige Bommel und kein krönender Auffatz.

Ein gleiches, nur kleineres Exemplar in Berlin (M.
Inv. 8084, 173) flammt aus den thebanifchen Gräbern;
ein anderes gröfseres, ebenfalls in Berlin und aus Griechenland flammend, war modern fälfchlich auf den
Deckel einer Hydria gefetzt.[1] Beide Exemplare zeigen
das Loch durch die Bruft und haben keine glatte Unter-
fläche; das letzterwähnte hat fogar dem Rande parallele
Relieffreifen unten.

Einige andere kleine primitive Vögel diefes Typus
in Olympia, welche nur einen runden Zapfen ftatt der
Beine und keine Bafis haben Inv. 9338 Pelopion; 5252
füdlich Prytaneion, werden ebenfalls zu Bommeln gehört
haben. Mehrere Exemplare diefer Art aus den thebanifchen Gräbern in Berlin find ficher Anhängfel gewefen:
fie find zugleich mit dem Zapfen in ein quadratifches
Bafisblech gefteckt; das Zapfenende ift unten breitgehämmert. Das Blech ift auf Ober- und Unterfeite mit
feiner Gravierung verfehen, der Vogel durchbohrt, alfo
ficher Bommel. Vielleicht gehören hierher auch einige
Vögel Olympias, welche einen dünnen rechteckigen

Zapfen unten haben; indefs können diefe Stücke auch
dekorativ verwendet gewefen fein. Es find dies: Inv.
11948 (füdlich Paläftra); der Zapfen ift mit Würfelaugen
verziert. Loch durch die Bruft, wie bei den fichern
Bommeln.

**419** (Taf. XXIV). Verbogenes Exemplar. Die Ober-
feite mit Tremolierftich verziert; unten gebrochen.
Inv. 6806 (Berlin, Dubl.) und 6807 (beide nördlich
Prytaneion); der Zapfen unten gebrochen.

Vergl. den Vogel aus dem Athenaheiligtum bei Elatea,
Bull. de corr. hell. 1888, p. 48.

Wahrfcheinlich ein Anhängfel war auch

**420** (Taf. XXIV). Pelopion (Inv. 8252, Berlin, Dubl.).
Hahn, einfach aber deutlich charakterifiert, im Sinne des
geometrifchen Stiles. Zwei Zapfen flatt der Beine. Ein
rundes Loch geht von oben durch den Körper. Die
runde Bafis ift durchbrochen wie bei den Votivtieren
oben 198 ff. Das dort behandelte kleine Tier 214, mit
dem Loch durch den Körper, wäre beffer hierher zu
den Bommeln gezogen worden.

Mehrere kleine Anhängfel, primitive Tier- und Menfchenfiguren auf runden durchbrochenen Bafen. ganz wie
**420**, wurden unter der Thorfchwelle eines Grabes bei
Kamiros gefunden und find im Britifh Mufeum; darunter
auch primitive Vögel; manche diefer Anhängfel find
oben mit Öfen ausgeftattet.

**421** (Taf. XXIV). Nördlich Prytaneion (Inv. 12257).
Ente; unten glatt; oben eine Öfe, zum Anhängen.

Vergl. dazu: kleiner Vogel, oben mit Stäbchen und
Öfe zum Anhängen, aus der Nekropole von Glafinac
in Bosnien (Truhelka a. a. O. S. 21). — In Sueffula kommen rohe kleine Vögel als Bommeln mit dem Kopfe
nach unten hängend vor (f. Mitt. d. Inft., Rom. II, S. 251,
Fig. 17).

Wir laffen nun eine Reihe verfchiedenartiger Bommeln von nicht organifcher, rein tektonifcher Form folgen.

**422** (Taf. XXIII). Aus Blech zufammengebogene
Hülfe mit einem Haken aus Draht, welcher zum Aufhängen dient.

Diefe fehr einfachen Anhängfel, 3 — 7 cm lang.
wurden in grofser Zahl in Olympia gefunden (nur wenige find im Inventar verzeichnet, fo Inv. 3615. 7970.
11951. 8092. 7519. 312; die meiften find im Magazin). Die
inventarifierten Stücke flammen aus Fundftellen, die fonft
vorwiegend nur Spätes geliefert haben; unter den tiefen
Altarfunden werden diefe Objekte niemals aufgeführt.
Vielleicht flammen fie daher aus fpäter Zeit — Zwei
gleiche Exemplare wie die olympifchen, aus Griechenland,
find im Mufeum der arch. Gefellfchaft zu Athen.
Vergl. die ähnlichen Enden eines Kettengehänges aus
»merovingifcher« Zeit bei Lindenfchmit, Centralmufeum
zu Mainz Taf. 8, 5. Sehr ähnliche, nur etwas gröfsere
Stücke kommen in Ungern, aber in Funden der Bronzezeit vor (zahlreiche Exemplare im Nat. Muf. zu Peflh;
Hampel, Altert. d. Bronzezeit Taf. 54. 10'); die Spitze
derfelben hat kein Häkchen; das Blech pflegt an dem
offenen Rande durchbohrt zu fein, fie wurden deshalb
wahrfcheinlich mit der Spitze nach unten getragen; eine
andere Verwendung als die von Anhängfeln ift kaum
annehmbar.

---

[1] Auf der Hydria von Eretria, Furtw., Samml. Sabouroff Taf. 149. Annali d. Inft 1884, tav. N 1. Der Vogel
hat gar nichts mit der betrüchtlich fpäteren Hydria zu thun
und ift jetzt von dem Deckel abgenommen.

**423** (Taf. XXII). Prytaneion, tief (Inv. 4787). Gehämmertes, 4 mm dickes Stück. Die Form erinnert an die eines Tierzahnes.

Ähnliche Stücke, doch rund, unten spitz, oben breitgehämmert und durchlöchert, sind: Inv. 7020 (unter dem Südpteron des Heraions, tief. 11220 (westlich Pelopion).

**424** (Taf. XXIII). Westlich Echohalle (Inv. 9104). Dünnes Blech. Schöne hellgrüne Patina.

**425** (Taf. XXIII). Westlich Echohalle (Inv. 8837). Blech; etwas konkav. Hellgrüne Patina.

**426** (Taf. XXIII). Westlich Echohalle, tief (Inv. 10882). Stärkeres Blech. Schöne grüne Patina. Das Stück ist palettenartig geformt und hat mehrere Löcher zum Anhängen. Es wird am sichersten hierher zu den Anhängseln zu rechnen sein; ein selbständiges Votiv war es gewiß nicht. Vielleicht ist es in umgekehrter Richtung als auf der Tafel angehängt zu denken; die Reihe kleiner Löcher diente dann zur Aufnahme kleiner Bommeln an Kettchen und das Stück war nur ein Bommelträger.

**427** (Taf. XXIII). Westlich Pelopion (Inv. 11199). Starkes Blech. Auf beiden Seiten mit Zickzack in Tremolierstich verziert.

Die Form, welche hier in flachenhafter Ausführung aus Blech geschnitten vorliegt, findet sich in runder Ausführung gegossen, also als Rundstab mit einer Kugel daran, in weiter Verbreitung für Bommeln verwendet. So in den thebanischen Gräbern, hier zuweilen mit einem krönenden Vogel (vergl. Berlin, Misc. Inv. 8064, 173—177). Ähnlich in Suessula, Samml. Spinelli u. a.

**428** (Taf. XXIV). Südlich byzant. Kirche Inv. 13257). Kleine massiv gegossene Bommel.

Inv. 4008 (südlich Zeustempel) ähnliches Stück; hängt noch an dem Ende einer einfachen Ringkette.

Inv. 1214 (Westfront Zeustempel) und 11416 (westlich Pelopion). Zwei mehrgliedrige massiv gegossene Bommeln. 4 — 5 cm lang; aus mehreren kugligen Gliedern bestehend, nach unten sich etwas verbreiternd.

**429** Taf. XXIII. Palästra Inv. 3023. Kleine Bommel; unten hohl und viergeteilt; **429 a** zeigt die Unterseite.

**430** (Taf. XXIII). Vor der Westaltismauer (Inv. 8156). Kleines Anhängsel; unten (s. **430 a**) ausgetieft und viergeteilt. — Ebenso Inv. 3846, fragmentiert.

Sehr ähnlich **430** ist ein beim Athenatempel zu Tegea gefundenes Stück, s. Mitt. d. Inst., Athen., Taf. V, 4. c

**431** (Taf. XXIV). Südlich Heraion Inv. 9900). Kunstreicher gestaltetes Anhängsel, wohl von einem Halsband, wahrscheinlich später als die vorigen Stücke, aber doch noch alter Zeit. Mit gravierten Punkten verziert.

Dieser Typus kommt häufig vor, doch ohne die gravierte Verzierung; auch sind die folgenden Exemplare etwas kleiner als **431**; immer ist der Hals durchbohrt: Inv. 580, 13816, 7562, 11595, 1606, 9119, 7511, 1976, 7983 (Berlin, Dubl.). Andere im Magazin. Ohne den kleinen Knopf oben: 4511, 3828.

**431 a** Taf. XXIV. Westlich Pelopion (Inv. 10451). Ein verwandter Typus. In der Öse sitzt Eisenrost, wohl Rest eines eisernen Kettchens. — Ebenso Inv. 13047, 13505.

Wahrscheinlich gehört auch folgendes Stück zu den Anhängseln:

**431 b** (Tat. XXIV). Thesaurenterrasse (Inv. 3091) gegossen; unverziert. — Ebenso Inv. 7485 nordöstlich byz. Kirche; Berlin, Dubl.). — Ein gleiches Exemplar aus den thebanischen Gräbern (in Berlin, Misc. Inv. 8064, 179) ist auf den beiden konvexen Außenseiten mit Tremolierstich verziert; es war also sicher ein Schmuckstück, das doch nur zum Anhängen dienen konnte.

Diese Form eines Doppelknopfes kommt als Zierstück, auf beiden Außenseiten mit Gravierung versehen, auch im skandinavischen Norden sehr ähnlich vor Montelius, um tidbestemning Taf. 2, 41. 3, 66).

Wahrscheinlich gehören hierher auch die kleinen gegossenen Kännchen, die unten 891 aufgeführt sind. Sie sind freilich etwas sehr plump, um als Hängeschmuck zu dienen. Kleine Kännchen waren indeß als Halsbandschmuck oder Anhängsel gerade in sehr alter Zeit beliebt, besonders im mykenischen Kreise, wo sie aus Glas oder Gold bestehen und sehr zierlich sind (vergl. Kuppelgrab von Menidi Taf. V, 10, S. 32; mykenische Vasen Taf. A, 18, aus Jalysos; Kuppelgrab von Dimini, Mitt. d. Inst. Athen XI, S. 439, aber auch später in Groß-Griechenland; daher stammen mehrere massiv gegossene Bronzeexemplare, Kännchen archaischer Form, aus Sammlung Kolier in Berlin, Friederichs, kl. Kunst 403 d—h; Reihen ganz entsprechender Stücke finden sich in verschiedenen Sammlungen ohne Provenienzangabe, so im Kircherianum zu Rom, in Bologna (alte Sammlung) und in Florenz, Mus. etr. No. 262, 263; an letzteren Exemplaren ist noch ein Kettchen erhalten, das beweist, daß sie Anhängsel sind.

## Glieder von Schmuckketten u. a.

Die wichtigste Grundform der hier zusammengestellten Glieder ist diejenige, welche in der Mitte den größten Umfang hat und nach beiden Seiten dachartig abgeschrägt ist. Die Varianten entstehen, je nachdem diese Abschrägung stärker oder flacher und das Glied länger oder kürzer ist. Die einfacheren Formen, die wir voranstellen, entbehren noch des besonderen abstehenden Randes, den wir nachher an den Enden finden. Die kugelige Grundform ist selten.

Die zu besprechenden Stücke sind alle gegossen.

Beide Grundformen sind für Schmuckperlen weit verbreitet und uralt.

Ich habe hier alle formell zusammengehörigen Stücke vereinigt, obwohl es bei manchen, namentlich den größeren Stücken, vielleicht näher liegt, an tektonische Verwendung zu denken (vergl. zu 814 d.

**432** (Taf. XXIV). Südwestlich Pelopion Inv. 11830). Diese Form ist sehr häufig. Andere Beispiele, meist aus den tiefen Altarfunden, sind Inv. 8771, 7082, 9475, 6803, 3503, 2011. Es ist eine für Halskettenglieder bekanntlich überaus weite Form. Vergl. auch die große Gürtelkette des Grabes Regulini Galassi, Mus. Gregor. 1, 77.

**433** (Taf. XXIV). Gegend des Pelopions (Inv. 3000). Dieselbe Form, doch größer und dabei verhältnismäßig kürzer.

Ebensolche Bronzeperlen wie diese olympischen
**432. 433.** befinden sich im Museum von Syrakus, aus
alten Gräbern der Gegend stammend.

**434** (Taf. XXIV). Südlich Metroon (Inv. 6310), noch
kürzer. — Ebenso Inv. 11215.

**435** (Taf. XXIV). Westlich Pelopion (Inv. 11049),
noch kürzer, mit ganz flacher Abschrägung — Ebenso
Inv. 11050, 11208. — Kaum merklich ist die Erhebung
in der Mitte bei Inv. 10309, 747. Ganz verschwunden
ist sie bei dem zugleich noch schmäleren Stücke:

**436** (Taf. XXIV). Westfront Heraion (Inv. 1985).
Dieser Typus ist sehr häufig gefunden worden.

**437** (Taf. XXIV). Westlich Echohalle (Inv. 9087).
Geriefeltes Exemplar. — Dieser Typus ist nur durch
dieses Exemplar vertreten.

Starke Abschrägung zeigen:

**438** (Taf. XXIV). Südöstlich Heraion (Inv. 6739).
— Ebenso sind Inv. 8927, 11206, 7611.

Ganz schmal ist

**439** (Taf. XXIV). Westlich Echohalle (Inv. 11467).
Mit eingeschlagenen Würfelaugen verziert.

Die folgenden Stücke haben einen abgesetzten Rand
an den offenen Enden.

**440** (Taf. XXIV). Südöstlich Pelopion (Inv. 8246).
Dieser Typus ist nicht selten (Inv. 13071 u. a.). — Vergl.
auch die Bernsteinperle von Hallstadt, v. Sacken Taf. 17, 12.

Doch häufiger ist diese Form in kleineren schmäleren
Exemplaren wie Inv. 3401 und

**441** (Taf. XXIV). Pelopion (Inv. 7155).

**442** (Taf. XXIV). Pelopion (Inv. 7133). Mit Würfelaugen geziert. — Ebenso Inv. 3696 (südlich Metroon,
Berlin, Dubl.).

**443** (Taf. XXIV). Südlich Philippeion (Inv. 9312).
Ganz schmales Exemplar; vergl. 439. — Ähnliche Exemplare im Magazin, mit gravierten Punkten auf den ab-
geschrägten Seiten.

**444** (Taf. XXIV). Philippeion (Inv. 2820). Die Abschrägung ist ein wenig konkav.

Diese breite Form ist weitaus am häufigsten unter
den hierher gehörigen Stücken mit abgesetztem Rande.
Andere Beispiele dieses Typus, alle von ca. 5—7 cm
Länge, sind: Inv. 2669, 10516, 11485, 8582, 9002, 917,
4040, 8003, 8995, 11033, 11203 (Berlin, Dubl.).

An einzelnen Exemplaren kommt eine reichere Ge-
staltung der Ränder vor; sie werden wie Ausgußröhren
behandelt und profiliert.

**445** (Taf. XXIV). Westlich Echohalle Inv. 8304.

**446** (Taf. XXIV). Südlich Heraion Inv. 10541.

**447** (Taf. XXIV). Südwestecke Zeustempel Inv. 4730.
Hier sind die Ränder zu vollständigen Röhren geworden.

**448** (Taf. XXIV). Berlin, Dubl. Die Röhren beiderseits sind geriefelt (vergl. zu 411).

**449** (Taf. XXIV). Westlich Pelopion (Inv. 11046,
Berlin, Dubl.). Hier ist das Mittelglied ganz zusammen-
geschrumpft und die Röhren dominieren. Das Stück
ist dick gegossen; Reste der Gußzapfen sind stehen gelassen. Gravierte Punkte dienen zur Verzierung. Das
durchgehende Loch hat nur 5—6 mm im Durchmesser.

Die Typen **445—449** sind nur durch je ein Exemplar
vertreten.

Viel weniger zahlreich sind die Typen, deren Grundform eine Kugel ist. Sie haben immer abgesetzte Ränder.

**450** (Taf. XXIV). Nördlich Prytaneion Inv. 6348.
Diese Form ist recht häufig; andere Exemplare sind
Inv. 3420, 6928, 7852, 10542. — Sie kommt auch in der
Nekropole von Glasinac in Bosnien (Truhelka a. a. O.
S. 21) und in Hallstadt (v. Sacken Taf. 17, 23) in
Bronze vor.

**451** (Taf. XXIV). Südöstlich Heraion (Inv. 7080).
Exemplar mit Würfelaugen.

**452** (Taf. XXIV). Nördlich Prytaneion Inv. 7198.
Hier treten wieder die Röhren an den Seiten auf. —
Ebenso Inv. 3157, 2907, 1822.

**453** (Taf. XXIV). Pelopion (Inv. 7105). Vereinzeltes
Exemplar, wo die seitlichen Röhren gewundene Riefelung vergl. 448 zeigen.

### Ringe.

Einfache Ringe verschiedener Größen, die gegossen
sind, haben sich in großer Masse gefunden, besonders
in den tiefen Altarschichten und ganz besonders beim Pelopion. Ihre einstige Verwendung ist ungewiß. Aber
ein guter Teil derselben mag zu Hängeschmuck gehört
haben. Leider hat sich kein Ensemble gefunden. Doch
verwandte Funde in den älteren Gräbern Italiens, wie
nördlich der Alpen und im Balkangebiet, lehren, wie
mannigfaltig die Verwendung von Ringen zu zierenden
Behängen war.

Um nur Weniges zu nennen, so fanden sich z. B.
in den Gräbern von Glasinac in Bosnien (f. Truhelka
a. a. O. S. 20, Fig. 67; 21, Fig. 80) und ebenso in Mähren
(Much, präh. Atlas d. Centr. comm. Taf. 24, 2) Anhängsel in Gestalt von gewundenem Draht oder einem
größeren Ringe, daran eine Anzahl einfacher geschlossener
Ringe hängt, ganz wie sie in Olympia sich fanden. Auch
an die Fibeln hing man, wie andere Anhängsel, so auch
geschlossene Ringe. Ähnliches fand sich in Italien. Besonders massenhaft traten diese Ringe in den älteren
Gräbern von Suessula auf (Samml. Spinelli). Auch hier
hängt sehr häufig eine Anzahl Ringe in einem anderen,
und auch hier kommen die Ringe als Hängeschmuck an
Fibeln vor. Die Masse der einfachen Ringe von meist 1,
2, 3 cm Durchmesser, die sich hier in den Gräbern fand
und nur dem Schmucke gedient haben kann, ist sehr
belehrend für Olympia. Ein Grabfund aus Umbrien im
Museo etr. zu Florenz enthält außer einem altitalischen
Schild u. a. einen größeren dünnen Ring mit kleinen
Löchern, darin zahlreiche kleine Ringe hängen. Unter
den bei Este auf dem Grundstück Baratela entdeckten
Bronzevotiven eines Heiligtums im Museum zu Este;
vergl. Ghirardini, coll. Baratela befindet sich auch eine
große Male von Ringen, die ganz denen Olympias
entsprechen der Typen **454—456**; da in den Gräbern
von Este keine solchen Ringe vorkommen, es erscheinen
dort nur wenige kleine Ringe, die von Gürteln stammen,
so bleibt ihre Verwendung und Bedeutung dunkel. Ein
Licht fällt hierauf durch die Thatsache, daß in manchen
altitalischen Grabfunden diese den olympischen entsprechenden Ringe gerade mit Teilen von Pferdegeschirr,

Gebiſſen u. dergl. vorkommen. Ich vermute daher, daſs dieſelben auch in Olympia ſich groſsenteils auf Pferde-ſchmuck beziehen und als ſolche den pferdeſchützenden Gonheiten und Heroen geweiht wurden. Daſſelbe wird für Eſel gelten, wo ihr Nichtvorkommen in den Gräbern ſich dann durch den Mangel anderen Pferdegeſchirrs in denſelben erklärt.

Viele der in Olympia gefundenen Ringe ſind einzeln in den Inventaren verzeichnet. Zahllos aber iſt die Menge, namentlich der kleinen Ringe, welche im Magazin aufbewahrt werden.

Die groſse Maſſe iſt geſchloſſen und von ungefähr kreisrundem Durchſchnitt. Die gröſseren Exemplare ſind die bei weitem ſelteneren; eins der gröſsten, Inv. 2078 (Nordweſtecke des Zeustempels, mit primitiven Tieren zuſammengefunden), hat 125 mm im Durchmeſſer und 25 mm Dicke. Gleich grofs, aber dünner (nur 12 mm dick), iſt Inv. 8728 (weſtlich Zeustempel, tief). Es folgen dann die etwas kleineren, ca. 10—11 cm im Durchmeſſer haltenden Ringe, Inv. 4489, 8999, 11422. Dann ca. 9 cm Durchmeſſer: 8260 (Pelopion). 4138. Dann ca. 7 cm Durchmeſſer: 5042. 13330. Darauf die von ca. 5 cm Durchmeſſer: 8775. 4953. 7876. 124Ко. 2604. 8882. 1389. Ein Beiſpiel geben wir in Abbildung:

454 (Taf. XXIV. Nordoſtecke Zeustempel Inv. 1799).

Es folgen dann die Ringe von 3 oder 4 cm Durchmeſſer: Inv. 8034. 2687. 13773. 4254. 1412. 4792 (ſehr ſchwer, ca. 1 cm dick). Die Menge der Ringe dieſer Gröſse iſt ſchon ſehr beträchtlich.

Viel gröſser iſt aber die Maſſe der Ringe von 1—3 (ſeltener von 1½—2) cm Durchmeſſer bei ganz verſchiedener Dicke; ihre Zahl geht wohl in die Tauſende. Die jeweils an einem Orte und Tage gefundenen Stücke wurden oft in Bündel vereinigt und als ſolche inven-tariſiert. Derartige Bündel ſind Inv. 13601. 8440. 7154. 7308. 2908. 8279. 7214. Alle dieſe Bündel ſtammen vom Pelopion. 11418 weſtlich Pelopion. 9299 ſüdlich Philippeion. 13165 u. a. Eine Probe giebt

455 (Taf. XXIV. Öſtlich Heraion Inv. 1936).

Viel weniger zahlreich als die runden ſind die flachen Ringe.

Die in vertikalem Sinne flachen oder auf der Auſsen-ſeite etwas konvexen Ringe ſind alle von ca. 2 cm Durch-meſſer.

Wichtiger ſind die in horizontalem Sinne flachen oder auf der Oberſeite etwas konvexen Ringe. Sie kommen in der Gröſse von 2—4 cm öfter vor, und zwar von ganz verſchiedenen Breiten. Ein breites Exemplar dieſer kleinen Sorte iſt

456 Taf. XXIV. Nordoſtecke Zeustempel Inv. 1728.

Schmälere Exemplare ſind z. B. Inv. 13193. 829.

Es kommen aber auch viel gröſsere und breitere horizontalflache Ringe vor. So Inv. 3533 (vor den The-ſauren), von 73 mm Geſamtdurchmeſſer und 18 mm Ringbreite. Ähnlich 11607. 1663. 5817. Ein verziertes Exemplar iſt

456a Taf. XXIV. Südlich Metroon Inv. 6045; Berlin, Dubl.). Der Ring iſt innen 2 mm dick, am äuſseren Rande aber ganz dünn. Er iſt auf beiden

Seiten mit feiner Gravierung verſehen. Schöne hellgrüne Patina, über welcher eine blaue Schicht liegt.

Neben der groſsen Maſſe der geſchloſſenen Ringe ſind es nur relativ wenige, welche etwas offen ſind, in-dem ſie an einer Stelle aufgeſchnitten ſind. Sie ſcheinen im übrigen gegoſſen wie die anderen. Dickere Exemplare ſind Inv. 444. 1070 (von 55 mm Durchmeſſer); kleinere und dünnere 5820. 1527. — Die offenen Enden ſind ein wenig übereinander gebogen, Inv. 1183.

Wir erwähnen hier auch eine Gattung offener ge-goſſener Ringe von kreisrundem Durchſchnitt, welche an einem Ende einen Dorn, am anderen eine Vertiefung haben, in welche jener hereinpaſst. Das elaſtiſche Metall ließ offenbar eine Öffnung und Schlieſsung des Ringes auf dieſe Art zu. Dieſe Ringe ſchwanken von 4 zu 8 cm im Durchmeſſer. Ihre plumpe, unſchöne Form macht es wenig wahrſcheinlich, daſs ſie ein ſelbſtändiger Schmuck, alſo etwa Armringe waren. Vielleicht dienten ſie dazu, um kleinere Ringe darin aufgereiht zu tragen, oder ſie ſtammen von Pferdegeſchirr oder dergleichen. Ein gröſseres Exemplar iſt:

457 Taf. XXIV. Palätira Inv. 10477; Berlin, Dubl.). Ebenſo: Inv. 7085. 12547. 2110 Berlin, Dubl.). Kleiner: 4833 Berlin, Dubl.), 4 cm Durchmeſſer.

Schließlich iſt zu erwähnen, daſs auch kleine Ringe aus Draht vorkommen, deren Enden in einander ver-flochten ſind. An einem derartigen Exemplar (im Magazin) hängen noch zwei andere gegoſſene Ringe.

Der einfachen Ringform wird zuweilen durch kleine Umgeſtaltungen mehr der Charakter einer Zierform ver-liehen.

Dies geſchieht, indem man an den einfachen Ring von kreisrundem Durchſchnitt kleine Knöpfe fügte:

458 Taf. XXIV. Südweſtlich Pelopion Inv. 11804). Mit drei Knöpfen.

459 Taf. XXIV. Berlin, Dubl. Mit vier Knöpfen. Inv. 14139 zeigt fünf ſolche Knöpfe.

Vergleichen laſſen ſich Ringe mit Anſätzen aus alt-italiſchen Gräbern, wie Gozzadini, sepolcr. pr. Bologna 1854, tav. 6, 8 Villanova). Ähnliches nördlich der Alpen vergl. Much, prähiſt. Atlas J. Centralkomm. Taf. 35, 21, Ringe mit fünf Knöpfen, aus Ungarn; Durchmeſſer und v. Hochſtetter, Begr. in Krain, Taf. 9, 19, Ring mit ſechs Knöpfen, in einer Fibel von Watſch).

Ferner kommt es vor, daſs aus der Vereinigung mehrerer Ringe eine zum Anhängen geeignete Zierform hergeſtellt wird:

460 (Taf. XXIV. Südweſtlich Metroon. Altarfund Inv. 6844. Drei Ringe mit Bekrönung. Das Stück iſt auf der Unterſeite flach.

461 Taf. XXIV. Pelopion Inv. 9673). Drei Ringe übereinander. Oben ein primitiver Vierfüſsler in flüchtiger Andeutung.

An die horizontal platten Ringe ſchlieſsen ſich an:

462 Taf. XXIV. Nordweſtecke Heraion Inv. 2536). Drei flache Ringe vereinigt.

Ebenſo, kleiner, Inv. 9536 (ſüdlich Heraion). Inv. 6247b weſtlich Metroon, Altarfunde, Berlin, Dubl.) mit

einem kleinen Knopfe in der Mitte, wo sich die drei
Ringe vereinigen.

Anhängsel der Form **462** kommen auch vor in
Norditalien Este, Ghirardini coll. Este-Baratela tav. 12,
25, eins an einer Fibel als Anhängsel, f. p. 102³ und in
Nordsdeutschland ,ein Exemplar aus dem Kreise Sorau,
Provinz Brandenburg, in Berlin, vaterl. Altert. II f. 1058.

**463** (Taf. XXIV). Prytaneion ,Inv. 4050). Aus-
gezackter flacher Ring von 5 mm Dicke.

Ähnlich **463** ist v. Sacken, Hallstadt Taf. 18, 20.
Gezackte, doch meist nicht flache, sondern runde Ringe
find zahlreich in den Gräbern von Suessula ,Samml.
Spinelli).

Endlich ist anzuführen, dass die Ringform auch in
Blech ausgeführt für Hängeschmuck verwendet wurde.
Die hierher gehörigen wenigen Stücke mögen besonders
altertümlich sein.

**464** ,Taf. XXIV). Westlich Pelopion ,Inv. 11042).
Aus Blech geschnittener Ring; mit getriebenen Punkten.
Genau übereinstimmende Stücke kommen in der
Bronzezeit in den Schweizer Pfahlbauten vor ,f. Gross, les
Protohelvetes pl. XVI, 7).

**465** ,Taf. XXIV). Pelopion Inv. 9688 Grosser
Ring aus dünnem Blech, mit Tremolierstich verziert.

Schliesslich lassen wir ein Stück folgen, das wohl
als Halter für Ringe oder andere Anhängsel gedient hat.

**465a** beistchend . Südwestlich Pelopion ,Inv. 10001).
Ring mit breitem Ansatze,
dessen unterer Rand mit kleinen Ringen besetzt ist. Es
wurden zwei gleiche Exem-
plare gefunden; bei dem
zweiten saßen unten noch
kleine lose Ringe in den setten
Ringen. Oben kleiner ge-
brochener Ansatz.

Träger für Rommeln kommen in altitalischen Gräbern
in verschiedenen Formen vor; sie haben immer unten
eine Reihe Löcher für die Ringe der Anhängsel. Die
spezielle Form aus Olympia ist mir von anderen Orten
nicht bekannt.

#### Anhängsel von Blech in der Art von bullae.

**466** Taf. XXIV. Westlich Zeustempel ,Inv. 1535).
Aus dünnem Blech. Die Öse oben ist einfach durch
Umbiegung des Blechs hergestellt. Im Rande getriebene
Punkte. Die Hauptfläche ist etwas gewölbt getrieben.

**467** ,Taf. XXIV). Pelopion Inv. 7455. Kleines
kugeliges Blech mit Öse.

**468** ,Taf. XXIV). Südostbau ,Inv. 13427). Ausgeschnittenes Blech, leicht gewölbt, mit Öse.

Eine andere Form ist die, dass das ausgeschnittene
Blech dem unteren Teile von **468** entspricht, nur dass
die seitlichen Vorsprünge gerundet sind; es hat also ungefähr die Gestalt eines Epheublattes; Öse wie bei den
vorigen Stücken: Inv. 3107 und ein an eine Blechschale.
Inv. 12900, angeklebt gewetetes Exemplar. Fragmentiert

1330. Vergl. die zahlreichen, wahrscheinlich einen Gürtel
schmückenden Blechanhängsel eines Fundes aus Ungarn,
Hampel, Altert. der Bronzez. Taf. 93, 1.

**469** (Taf. XXIV). Im Südpteron des Heraions, sehr
tief, 1,10 m unter dem Stylobat ,Inv. 7867). Scheibe
von fast 1 mm starkem Blech mit durchlöchertem Ansatz
zum Anhängen. Auf der Vorderseite mit Kreisen in
kleinen gravierten Strichen verziert. Die in der Mitte
befindlichen drei Löcher dienten wohl zur Befestigung
eines besonderen Buckels. — Diese Scheibe war sicher
kein »Spiegel«, wie zuerst geglaubt wurde.

Kreisrunde, in geometrischem Stile verzierte Scheiben
von Metallblech mit einem Ansatze oben oder mit einer
Öse zum Anhängen find weit verbreitet. Vergl. die
Exemplare von Gold aus Rhodos, Arch. Ztg. 1884, Taf. 9,
6. 8; von Bronze in Corneto in tombe a pozzo Mon.
d. Inst. XI, 59, 23 und Not. d. scavi 1882, tav. 13, 1;
p. 161 ;Bronze mit Goldlamina); in Suessula ;Samml.
Spinelli ; von Silber in Praeneste, Archaeologia vol. 41,
tav. 8, 4. 5; 12, 2. Vergl. auch Notiz. d. scavi 1888,
tav. 12, 27; p. 149 ohne Verzierung, aus Este. Ferner
vergl. die grosse Scheibe aus Ungarn, Hampel, Altert.
d. Bronzez. Taf. 31, 4, mit getriebenen Punktkreisen;
Scheibe aus Kalbe, Berlin, Mus. f. Völkerk. II, 4179.

#### Radförmige Anhängsel.

**470** ,Taf. XXIV). Südwestlich Palästra ,Inv. Met.
257). Kleines Rad, aus Blei gegossen, mit Öse zum
Anhängen.

Ich habe dies Stück hierher gestellt, weil der Typus
anderwärts in alten Bronzen vorkommt, vergl. z. B.
Hampel, Alt. d. Brzzt. Taf. 54, 2; ein Stück in Este
,Museo, Grab 95; eins aus der Schweiz bei Chantre,
bassin du Rhône, âge du fer, pl. 20, 4; vergl. pl. 27, 1, 2).
Doch kann das olympische Stück auch der byzantinischen
Spätzeit angehören, vergl. unten 1342.

**471** Taf. XXIV. Westlich vom Buleuterion ,Inv.
Met. 255). Dünn aus Blei gegossenes Zierstück. Der
untere Teil ist aus einem Stück; darauf ist in der Mitte
noch ein kleines vierspeichiges Rad aufgenietet.

Ein verwandtes Stück aus den Gräbern der ersten
Periode in Este f. Notiz. d. scavi 1882, tav. 3, 9.

**472** Taf. XXIV. Pelopion Inv. 7291). Auf der
Unterseite plan.

Ganz gleiche Stücke kommen z. B. in Suessula vor
;Samml. Spinelli, und zwar find sie hier zum Teil an
Fibeln der alten Typen gehängt. Es kommen hier auch
größere Exemplare vor, die bis zu 5 konzentrischen
Kreisen zeigen. Ein derartiges Stück auch in Vetulonia
;tomba delle Pellicce, Florenz mus. etr.), wo es offenbar
zum fonstigen Pferdeschmuck des Grabes gehört, eine
Verwendung, die auch für das olympische wahrscheinlich ist. Auch in der altitalischen Nekropole bei Sybaris
kommt der Typus vor; und zwar finden sich hier einfache Ringe eingehängt ,Not. d. scavi 1888, tav. 19, 2;
15, 13), ein weiterer Beweis für die Verwendung der
letzteren als zierender Behang.

**473** ,Taf. XXIV). Westlich Pelopion ,Inv. 11446.

Ein Anhängsel in der Art von 411 ff. An Stelle der geschlitzten Kugeln treten hier zwei flache radförmige Glieder. Sie sind auf beiden Seiten mit Würfelaugen verziert. Unten die übliche geriefelte Endigung. Oben gebrochen; gewiß krönte ein kleines Tier, wohl ein Vogel, das Ganze.

Verwandt ist ein Stück aus den alten böotischen Gräbern in Berlin Inv. Misc. 8064, 167 in Form eines achtspeichigen flachen Rades, mit Würfelaugen verziert, oben von einem Vogel bekrönt, der durchbohrt ist.

Unter der großen Zahl der in der Altis gefundenen Bronzeräder, die wir im Folgenden unter den selbständigen besprechen, können noch manche sein, die als Zierstücke gedient haben. In den eben genannten böotischen Gräbern fanden sich auch einfache Räder mit Achsenbüchsen wie 503 (Exemplar in Berlin, Misc. Inv. 8064, 168). Ihr Vorkommen in Gräbern spricht dafür, daß es Schmuckstücke waren. Kleine Räder ohne Nabe, gerart wie 498, kommen an Kettchen als Gehänge z. B. in Suessula vor (Samml. Spinelli); zwei dergleichen im Museum von Palermo, wahrscheinlich aus Sicilien.

## Nadeln.

Wir stellen eine Gattung von Stäben voran, welche von primitiven Tierfiguren der ältesten Stilarten bekrönt werden. Die Bedeutung derselben ist unklar. Man denkt zunächst an Nadeln; vergl. schon die goldene Schmucknadel mit einem Steinbocke aus Mykenä (Schliemann S. 288 No. 362), ferner die oben S. 37 zu 220 angeführte Nadel von Koban. Die Plumpheit und Größe der Stücke würde nicht entschieden dagegen sprechen. Doch ein vollständig erhaltenes, den olympischen Fragmenten völlig gleichartiges Stück von 52 cm Länge, von einem primitiven Rinde bekrönt, befindet sich im Museum zu Neapel; das Ende des Stabes verdickt sich unten, und es ist also sicher keine wirkliche Nadel. Unklarer Bedeutung sind auch die analogen Stücke aus Sardinien Bull. arch. Sardo III, tav E 7; Notiz. d. scavi 1878, tav. 7; von Perrot, hist. de l'art IV, p. 80, gewiß mit Unrecht als épées bezeichnet. Vielleicht giebt das altetruskische Gemälde, Journ. of hell. stud. X, pl. 7, Aufschluß, wo ein derartiges, allerdings größeres Gerät als eine Art Szepter oder Würdenzeichen getragen wird.

**474** Taf. XXV). Südlich Zeustempel (Inv. 4488). Primitiver Widder. Durch die Basis geht ein vierkantiger Stab, der noch 28½ cm lang erhalten, unten aber gebrochen ist.

Inv. 7263 Pelopion). Ein Widder wie der von **474**, mit einem runden Loch von 4 mm Durchmesser, das durch die Basis wie durch den Körper geht und einst den Stab oder die lange Nadel aufnahm. — Es ist noch ein gleiches Stück ohne Inventarnummer da.

**475** Taf. XXV). Östlich Zeustempel Inv. 5518). Primitives Rind. Unter der Basis der breite Anfang eines Stabes, der sich nach unten verjüngt haben wird.

Ähnlich ist ein Stück unbekannten Fundortes in Berlin (Friederichs kl. Kunst 1779*) mit einem sehr primitiven Rinde; die Nadel fehlet nach unten gebrochen.

**476** Taf. XXV . Kladeosbett, im Schutt aus der Altis Inv. 1884, No. 9. Primitive Ziege auf Basis, in deren Mitte ein Loch für den Stab; mit demselben kor respondiert ein Loch im Unterleib des Tieres, welches den Rest eines Stabes von Eisen enthält.

**477** (Taf. XXV . Östlich Buleuterion Inv. 5120 . Doppelwidder ohne Basis, mit Loch in der Mitte für den Stab oder die Nadel.

Vergl. ein ähnliches Stück aus Petelia, Bull. d. Inst. 1881, 204, No. 5. Doppelprotomen von Tieren, auf durchbrochenen Basen, zum Anhängen, kommen in dem oben erwähnten Funde primitiver Bronzen unter der Schwelle eines Grabes von Kamiros im British Museum vor. Doppeltiere, im Stile ganz mit dem olympischen übereinstimmend, und ohne Basen, mit Öse zum Anhängen, sind unter den altitalischen Bronzen nicht selten (vergl. Archaeologia vol. 42, pl. 2; 43, p. 559; 36, pl. 26, 15 und in verschiedenen Sammlungen).

**478** (Taf. XXV). Westlich Echohalle (Inv. 8884 . Pferd plumper alter Art; doch ist der Hals dünn gehämmert und die Mähne durch Gravierung angedeutet. Ein rundes Loch geht durch den Körper, das den Analogieen nach einen größeren Stab aufnahm. Das Tier ist wesentlich größer als die übrigen. Vielleicht diente es auch als Krönung eines anderen Gerätes.

Inv. 3428 (westlich Zeustempel etwas kleineres Pferd 6 cm hoch, 8 cm lang), mit Loch wie **478**.

Wir lassen nun die wirklichen Schmucknadeln, die mit verschiedenartigen Knöpfen bekrönt sind, folgen.

**479** Taf. XXV). Altarfunde südwestlich Metroon Inv. 6987). Die Nadel, von zwei Knöpfen und einer horizontalen Scheibe bekrönt, ist in ihrem oberen Teile vierkantig und geht dann in gerundete Form über. Die untere Spitze fehlt.

Dieser Typus ist häufig in Olympia. Es kommen manche kleine Varianten vor. Charakteristisch sind vor allem die kantigen Knöpfe (zu welchen man die Knöpfe der Fibeltypen 365, 367, 372 vergleiche und die Scheibe auf der Spitze. Bei kleineren Exemplaren, so bei Inv. 6043 (Altarf. beim Metroon, Berlin, Dubl.), ist die Nadel auch in ihrem oberen Teile rund.

Sehr ähnlich sind die großen Nadeln, welche sich zahlreich in den alten Gräbern bei Theben gefunden haben (viele Exemplare in Berlin), nur daß bei diesen über der horizontalen Scheibe zumeist noch ein kurzer geriefelter Fortsatz vergl. zu 411! folgt. Sie kommen hier bis zur Länge von 54 cm vor. Ferner erscheint der Typus in der alten Nekropole von Megara bei Syrakus Museum von Syrakus . Ein gleichartiges schönes Exemplar ungewissen Fundorts von 41 cm Länge mit drei kantigen Knöpfen, Scheibe und gerieseltem Fortsatz, ist in Berlin, Friederichs kl. Kunst 3030. Verwandt sind einige der langen Nadeln (nicht Spindeln!) vom Athenaheiligtum zu Tegea, Mitt. d. Inst. Athen, V, Taf. 4. Zwei sehr lange Nadeln mit kantigen Knöpfen befinden sich im Museum der archäologischen Gesellschaft zu Athen. Häufig ist der obere vierkantige Teil der Nadel in Tremolierstich verziert.

Nadeln dieses Typus scheinen dazu gedient zu haben, das Gewand zusammenzustecken. An mehreren Frauen-

figuren der François Vase ist der Peplos auf den Schultern sichtlich mit derartigen Nadeln zusammengehalten.[?]
Eine Vereinfachung des Typus zeigt
**480** (Taf. XXV). Pelopion (Inv. 7208. Der vierkantige obere Teil der Nadel ist erhalten, der untere abgebrochen.
Hierzu lassen sich Formen vergleichen, die in Ungarn Hampel, Alt. d. Bronzez. Taf. 52. 6; 52, 2) und weiter nördlich (vergl. Undset, Aufr. d. Eisens Taf. 22, 4. 5; Berlin, Mus. f. Völkerk. 1 f. 421 b Oderberg; 472 a. b Kuhndorf; 1 d 635 Posen u. s. f.) und auch in Italien (ältere Benacci-Nekropole von Bologna) vorkommen und als Vorstufen des entwickelten Typus aufgefaßt werden können.
Noch einfacher ist
**480 a** (Taf. XXV). Südlich Palästra (Inv. 12507). Die Krönung besteht nur aus der flachen Scheibe oben. An Stelle der Knöpfe darunter zeigt sich nur eine Verdickung der Nadel.
Nadeln dieses Typus sah ich im Kunsthandel in Athen. Verwandte Typen finden sich wieder in Ungarn (vergl. Hampel a. a. O. Taf. 53, 1. 4. 10).
Inv. 9003 westlich Echohalle), ebenfalls nur mit flacher Scheibe oben; die Verdickung weiter unten ist knopfartig.
Noch häufiger als der Typus 479 sind in Olympia die Nadeln mit runden Knöpfen und einem kleinen Knopfe in der Mitte der horizontalen Scheibe oben. Die Nadel ist hier immer gleich von Anfang an rund. Es kommen eine Reihe von Varianten vor.
**481** (Taf. XXV). Östlich Zeustempel (Inv. 5605). Das größte Exemplar. Es ist nur der obere Teil erhalten. Die Knöpfe sind vertikal geriefelt.
Gewöhnlich ist die Krönung nur 2½—3 cm lang; so Inv. 7303 Pelopion, Berlin, Dubl.)
Häufig, besonders bei kleineren Exemplaren, entbehren die Kugeln der Riefelung. So Inv. 7584. 9505 Pelopion; vollständig, 11½ cm lang) und
**482** Taf. XXV). Altarfunde westlich Hersion (Inv. 2708, Berlin, Dubl.). Vollständiges Exemplar.
Eine Nadel dieses Typus ward in Mykena in den oberen Schichten über dem Megaron gefunden ('Εφημ. ἀρχ. 1887, Taf. 13, 19). Eine andere stammt aus den alten thebanischen Gräbern (Μισ. Inv. 8054, 134). Häufig ist der Typus in der alten Nekropole von Megara Hyblaea bei Syrakus (zahlreiche Exemplare, auch

---

[1] Vergl. Studniczka, Stud. z. Gesch. d. Tracht S. 98 und Helbig, hom. Epos² S. 201 f., der zuerst auf dies Detail aufmerksam machte; sieht er fälschlich Fibeln darin, ohne eine Form nachweisen zu können, die irgend dem entspricht, was die Vase zeigt. Auch Helbig ist der Nachweis nicht gelungen. Der Maler hat mit voller Deutlichkeit eine Nadel und keine Fibel dargestellt. Selbst wenn man die große Unwahrscheinlichkeit als möglich zugibt, daß der Maler die Fibeln regelmäßig nur in strenger geometrischer Oberansicht gezeichnet habe — was St. und H. annehmen müssen —, so könnte doch unmöglich der Fuß der Fibel durch das Gewand durchgestochen und von demselben teilweise verdeckt gezeichnet werden, wie dies geschehen sein müßte wenn man Sts und Hs Annahme folgt.

von Silber, in Palermo und Syrakus). In etwas einfacherer, roherer Gestalt findet sich auch dieser Typus in der älteren Benacci-Nekropole von Bologna.
Selten erscheinen mehr als zwei Knöpfe, wie bei
**483** (Taf. XXV). Südwestlich Pelopion (Inv. 11738). Unten gebrochen.
Zwei andere seltene Varianten, wo die runden Knöpfe einen Reif um ihre Peripherie tragen, sind:
**484** (Taf. XXV). Westlich Pelopion (Inv. 10551). Ziemlich vollständig, aber verbogen.
**485** (Taf. XXV. Westlich Echohalle (Inv. 8931). Unten gebrochen.
Kleinere Nadeln, ohne die horizontale Scheibe oben, aber sonst in der Weise profiliert wie die bisherigen Stücke, kommen mehrfach vor. So Inv. 2052. 5257 und 4944 mit kantigen Knöpfen wie 479. Ferner mit runden Knöpfen:
**486** (Taf. XXV. Theseurenterrasse (Inv. 9255). Glatte Knöpfe. Unten gebrochen; doch fehlt anscheinend nicht viel.
**487** (Taf. XXV.) Nordwestlich Zeustempel (Inv. 5912). Geriefelte Knöpfe. Unten gebrochen.
Hieran schließen sich noch zwei Typen, welche späterer Zeit angehören werden als die bisher betrachteten; auch kamen die Exemplare zum Teil sicher in höheren Schichten vor:
**488** (Taf. XXV). Westfront Zeustempel (Inv. 765). Die Spitze ist durchbohrt. Vollständig.
Dieser Typus ist durch etwa 10 Exemplare vertreten. Der obere Knopf ist öfter mehr in die Länge gezogen.
**489** (Taf. XXV). Westfront Zeustempel (Inv. 2159). Hier dominiert allein der obere Knopf, der nach unten in die Länge und Breite gezogen ist. Die untere Spitze fehlt. Ebenso Inv. 13742. 12359.
Vergleichen kann man Carapanos, Dodone pl. 51, 14.
Endlich sind noch einige ganz einfache Typen zu nennen, die älter Zeit anzugehören scheinen.
**490** (Taf. XXV). Südwestlich Zeustempel (Inv. 3817). Nadel mit spitzem Knopf. Zu letzterem vergl. das Armband 391 und den Ring 408. Dieser Typus ist selten. Er stimmt überein mit einem in Troia sehr häufigen (Schliemann, Ilios S. 564. Fig. 936).
**491** (Taf. XXV. Westlich Buleuterion (Inv. 12517). Nadel mit umgebogenem Ende. — Ebenso Inv. 7871. Sehr ähnlich, bischofsstabartig, ist ein Typus von Hallstadt, v. Sacken Taf. 15.
**492** (Taf. XXV. Beim Buleuterion (Inv. 5191). Das umgebogene obere Ende der Nadel ist um dieselbe herumgeschlungen. — Ebenso Inv. 12058 (nordwestlich Leonidaion).
Den Nadeltypus mit oben spiralförmig aufgerolltem Ende, der einer der ältesten und weitest verbreiteten ist (in Troia häufig, in den Pfahlbauten, in Ungarn u. s. f.), habe ich in Olympia nicht getroffen; er wurde in Mykena in einem Grabe gefunden ('Εφημ. ἀρχ. 1888, Taf. 9, 35), wobei der Herausgeber Tsuntas S. 173 bemerkt, daß er ganz gleiche Nadeln in Olympia gesehen habe. Da von Fibeln abgebrochene Nadeln dieses Typus zum Verwechseln ähnlich sehen können, so erkläre ich mir seine Angabe dadurch.

Die Nadeln mit einfachem runden Knopf scheinen alle späterer Zeit anzugehören. Konstatiert sind sie in den byzantinischen Gräbern (f. 1353).

### Haarzwicken (Pincetten).

**493** (Taf. XXV). Beim Altar westlich Heraion (Inv. 4110). Nur die eine Hälfte des Zängchens ist erhalten. Schöne grüne Patina. Gravierte Verzierung von Punkten und Strichen. Die zwei größeren Punkte zu beiden Seiten der oberen Diagonallinien sind aus anderem Material (etwa reinem Kupfer?) eingesetzt; sie heben sich jetzt kupferrot von dem grünen Grunde ab.

**494** (Taf. XXV). Östlich Zeustempel (Inv. 936). Vollständiges Exemplar derselben Form. Der Rand zeigt fein gravierten Zickzack. — Ein **494** gleiches Exemplar ist nur zur Hälfte erhalten.

Diese Form der Haarzwicke ist schon in einem Grabe der später mykenischen Periode bei Mykenä gefunden worden (Grab 5, Athen, Mus. d. arch. Ges.). Sie ist ferner auf Cypern mehrfach in den sehr alten Gräbern bei Agia Paraskevi bei Nicosia bezeugt (über welche vergl. Furtwängler-Löschcke, myken. Vasen S. 24 f.), f. Cesnola-Stern, Cypern Taf. 11 und ein Exemplar der Cesnolaschen Sammlung in Berlin, Inv. 6682, 27; ferner Richter, Journal of cyprian studies pl. 1, 88. Zwei Exemplare befinden sich in einem von Agia Paraskevi stammenden Grabfunde in Berlin, welcher unter Anderem auch mykenische Vasen enthält. Auch in den alten thebanischen Gräbern fanden sie sich (ein Exemplar mit feinem Tremolierstich in Berlin; ebenda aus denselben Gräbern ein Exemplar gleicher Form, doch mit reich profiliertem Aufsatz und einem Drahtring zum Anhängen. Endlich auch in Dodona (Carapanos pl. 51, 21). Der Typus **493-494** ist auch der in Mittel- und Nordeuropa in der ganzen Bronzezeit herrschende.

Etwas anders ist die Form bei **495** (Taf. XXV). Pelopion (Inv. 9528). Stark verbogen. Die Flügel verbreitern sich in anderer Weise als bei den vorigen Typus, wo sie in gerader Linie nach unten allmählich breiter wurden. Der Oberteil ist indefs so gestaltet wie bei letzterem.

Ein dritter Typus zeigt keine Erbreiterung seiner schmalen Flügel, die vielmehr von oben nach unten in ununterbrochener Linie verlaufen. Der Oberteil ist wie bei den vorigen Typen gebildet. So Inv. 4056, 13690.

Ein großes Exemplar dieses Typus fand sich auf der Akropolis von Mykenä (Mus. d. arch. Ges., Athen). Ein anderes notierte ich in Constantinopel unter den Funden aus der alten Nekropole von Pitane. Der Typus kommt auch in Sneffiula vor (Samml. Spinelli bei Cancello). Es ist dies auch der in Hallstadt und den verwandten Funden nördlich der Alpen gewöhnliche Typus (vergl. v. Sacken, Hallstadt Taf. 19, 17).

Zuweilen ist die untere Hälfte der Flügel ausgebogen; die unteren Enden haben dann natürlich keine zangenartige Krümmung. So sind Inv. 9120 (Pelopion), 2659 und **496** (Taf. XXV). Südwestlich Zeustempel (Inv. 5384). Ganz erhalten.

Die anderen in Olympia vorkommenden Typen unterscheiden sich durch ein ganz verschiedenes Oberteil und gehören ohne Zweifel viel späterer Zeit an; f. den Abschnitt III.

### Kamm [1].

**497** (Taf. XXV). Gegend des Zeusaltars (Inv. 8540). Nach links sind wohl zwei gleiche Zinken zu ergänzen wie die erhaltenen. Vielleicht zum Schmuck der Haare bestimmt.

## 4. Andere Weihgeschenke.

### Räder.

Die große Menge der in der Altis gefundenen Räder bedeutet eigentlich Wagenräder. Die wenigen Stücke, die sicher nur radiförmiger Zierbildung sind, wurden im vorigen Abschnitte bei den Schmucksachen behandelt. Bei einigen Stücken kann es zweifelhaft sein, zu welcher Art sie gehören; diese sind hier mit aufgeführt.

Die geweihten Wagenräder sind offenbar Abkürzungen von ganzen Wagen, indem man jene für Votivzwecke genügend erachtete, diese zu ersetzen. [2] Der Beliebtheit der ganzen Wagen mit Lenkern unter den kleinen Votiven Olympias (f. oben S. 39, 45) entspricht die Häufigkeit einzelner geweihter Räder.

Wir unterscheiden zunächst solche, die aus dünnem Blech ausgeschnitten sind.

**498** (Taf. XXV). Südwestlich Pelopion (Inv. 9065). Mit einem Loche zum Aufhängen. Dies könnte dahin gedeutet werden, dafs das Stück ein Zierrat war. Es kann aber ebenso gut nur zum Aufhängen des Votivs bestimmt sein. Letzteres ist wahrscheinlicher, weil auch das Achsloch angegeben, also ein wirkliches Rad gemeint ist.

Inv. 11712 (südwestlich Pelopion), wie **498**. Joch ohne das kleine Aufhängeloch.

Inv. Funde 1884, No. 217 (südlich Heraion). Verbogenes vierspeichiges Rad wie **498**, aus dickerem Blech geschnitten, ohne Achsloch und ohne Aufhängeloch. Durchmesser ca. 7 cm.

Inv. 1558 (Berlin, Dubl.). Vierspeichiges Rad mit Achsloch, aus dünnem Blech geschnitten. Durchmesser 6½ cm.

**499** (Taf. XXV). Östlich Heraion (Inv. 1914). Rad mit kreisrunden Ausschnitten. Ohne Achsloch. Möglicherweise Zierstück.

**500** (Taf. XXV). Südlich Philippeion (Inv. 9311). Mit denselben runden Ausschnitten und außerdem mit fünf Löchern. Vielleicht Zierstück.

**501** (Taf. XXV). Westlich Echohalle (Inv. 4075). Rohes Stück. Mit sechs unregelmäßigen Ausschnitten, als Andeutung von sechs Speichen?

Einige dieser aus Blech geschnittenen Räder haben an der Stelle des Achsloches eine knopfartige Verstärkung in der Mitte.

------
[1] Vergl. auch Reisch, Weihgeschenke S. 61.

**502** (Taf. XXV). Öftlich Zeustempel (Inv. 2747). Knopf auf beiden Seiten.

Inv. 6419 (Altarfunde füdweftlich Metroon) und 14137 (Kladeosbett), Knopf nur auf der einen Haupt-) Seite; fonft ganz wie **502**.

Wir betrachten nun die zahlreicheren gegoffenen Räder. Bei diefen ift zumeift in völlig normaler Weife die durchbohrte, auf beiden Seiten vorftehende Nabe angegeben. Diefe Räder können auch zu ganzen Wagen gehört haben. Doch ift dies den Funden nach durchaus unwahrfcheinlich, da fich nie entfprechend grofse Wagenfragmente mit ihnen zufammen gefunden haben. Wir faffen fie alfo als felbftändige Votive auf.

Solche normale vierfpeichige Räder mit Nabe find: **503** (Taf. XXVI). Weftlich Echohalle (Inv. 8770). Desgleichen: Inv. 1684, 1690, 2281, 2378, 5698, 6731, 4143, 7238, 7825, 8455, 8668, 8688, 8097, 8998, 10306, 10543, 10848, 10849, 11632, 11734, 13268. Einige wenige Male find die Ausfchnitte zwifchen den Speichen ganz rund. Zuweilen erfcheinen die gegoffenen Räder nach dem Rande zu, offenbar durch Hämmern, dünn wie Blech. Es kommt vor, dafs die durchbohrte Nabe nur an einer Seite angegeben ift (fo Inv. 8831). Gefunden find fie vorwiegend an den bekannten Altarplätzen mit den Votivtieren zufammen.

Ein Rad diefer Art hat fich bei Argos gefunden und trägt eine Weihinfchrift an die Anakes, erweift fich alfo hierdurch als felbftändiges Weihgefchenk (Corp. inscr. antiqu. 43). Vergl. auch ein ähnliches Rad von Blei aus Troia, Schliemann, Ilios S. 631, No. 1253.

Durch Gröfse und Verzierung ungewöhnliche Exemplare find:

**504** (Taf. XXV). Südöftlich Heraion (Inv. 7130). Auf beiden Seiten in Tremolierftich verziert. Dicke der Speichen nahe der Nabe 4 mm, des äufseren Randes 1 mm. Schöne hellgrüne Patina.

Inv. 8674 (nordweftlich Zeustempel, tief; Berlin, DubL); desgl., noch etwas gröfser; Durchmeffer 0,13. Auf beiden Seiten in Tremolierftich verziert.

**505** (Taf. XXV). Weftlich Zeustempel (Inv. 1334). Fragment. Mit Würfelaugen verziert. Die Ausfchnitte zwifchen den Speichen kreisrund.

Selten kommt am Rande ein Anfatz vor; derfelbe diente wohl dazu, das Rad in eine Bafis einzufügen: **506** (Taf. XXV). Unterhalb Kronion (Inv. 1592).

Inv. 2272 (Südfeite Heraion; Berlin, DubL) wie **506**. Ein gleiches Rad mit Anfatz, der jedoch durchbohrt ift, fand fich in Mykenä, Schliemann, Myk. S. 83, No. 1210.

Eine vereinzelte Ausnahme ift Inv. 5622 (Öftlich Zeustempel), wo fünf Speichen angegeben find (die Nabe ift ausgebrochen); Durchmeffer 72 mm.

Zuweilen ift die Nabe nicht durchbohrt:

Inv. 8051 (unter dem Weftpteron des Heraions); gewöhnliches vierfpeichiges Rad mit undurchbohrter Nabe. **507** (Taf. XXV). Südlich Zeustempel, unter dem Baufchutt deffelben (Inv. 4576). Fragmentiertes Rad. Der Rand mit Streifen verziert. Undurchbohrte grofse Nabe.

In einigen Fällen fetzt ein Stück Achfe an, das aber nur fymbolifch ift und in einen willkürlichen runden Knopf endet; die Stücke find felbftändig und können nicht zu Wagen gehört haben.

**508** (Taf. XXV). Südlich Zeustempel, bei der fünften Säule von Weften, in tieffter Schicht unter dem Baufchutt (Inv. 4799). Sechsfpeichiges Rad, an der Aufsenfeite Zickzackverzierungen in Relief, die mitgegoffen find. Verbogener Achsbalken, durch einen Knopf beendet. Vergl. zu diefer Art der Verzierung die durchbrochenen Bafen der oben befprochenen Tierfiguren und die unten aufzuführenden gegoffenen Dreifufsteile.

**509**. **509a** (Taf. XXV). Beim Südoftbau, tief (Inv. 4702). Die vier Speichen gabeln fich von ihrer Mitte an. Den Achsbalken zeigt die Profilanficht **509a** deutlicher.

Räder mit ebenfo fich gabelnden Speichen und mit durchbohrter Nabe fanden fich in Mykenä (Schliemann, Myk. S. 83, No. 120). Ebenfolche als Ornament geprefst auf dem Rand eines Thonpithos von Mykenä, f. Furtw. und Löfchcke, Myk. Vafen S. 53.

Die hier bei den Speichen bemerkte Zierform kommt auch an den durchbrochenen Rundbafen von Tieren geometrifchen Stiles vor (vergl. oben 210 b); wenn das Tier abgebrochen ift, gleichen diefe Bafen bei flüchtiger Betrachtung dem befprochenen Radtypus fo z. B. Inv. 7152, 3014).

In zwei Exemplaren ift eine eigentümliche Radgattung vertreten, welche fich durch Vergleiche als dem Maulefelzweigefpann, der ἀπήνη, charakteriftifch erweifen läfst. Auf dem zugehörigen karrenartigen Wagen pflegte der Lenker nicht zu ftehen, fondern zu fitzen. Da die ἀπήνη als ἄθλον in Olympia in der 70. Olympiade eingeführt und in der 84. Olympiade abgefchafft wurde, fo könnte man dadurch diefe Räder in Olympia datiert glauben. Doch ift es nicht nötig anzunehmen, ja fogar unwahrfcheinlich, dafs dergleichen geringe Anatheme irgend Beziehung zu den grofsen ἀπῆναι hatten. Die olympifchen Räder find ficherlich weit älter als jenes Datum.

**510** (Taf. XXV). Nördlich Südoftbau (Inv. 12028). Mit rechteckigem Loch für die Achfe in der Mitte.

Inv. 7036 (füdöftlich Heraion, tief; Berlin, DubL). Wie **510**, nur etwas kleiner (35 mm Durchmeffer). In dem rechteckigen Achsloch fteckt ein gebrochener Stift. — Vielleicht gehörten die beiden Exemplare zu vollftändigen Wagen.

Vergl. zu diefer Radform die fogenannte Burgon-Vafe, Mon. d. Inft. X, 48k. Ferner Panofka, Bilder ant. Lebens, Taf. 17, 1 (Dubois-Maisonneuve, intr. 2, 3) und 17, 2 ( cab. Pourtalès 8, 3). Duruy, hift. de la Grèce I², p. 373, Schale im Louvre. Inghirami, mon. etr., fer. V, 57, chalkidifche Vafe im Britifh Mufeum. Micali, ftor. Taf. 96, 1. Korinthifcher Pinax in Berlin, Vafenf. 507. Gerhard, auserl. Vaf., Taf. 41, 217. Die alten, jetzt als euböifch angefehenen Münzen, Beulé, monn. d'Ath. p. 23. Münze der Tyrrenoi, Berl. Münzfamml. Katal. II; Taf. 6, 53, S. 162; andere archaifche Münze Macedoniens ebenda, Taf. 7, 68. Kleiner Bleiwagen aus Cypern, Cesnola, Salaminia, pl. VI, 1. Terrakottawagen, Fröhner, coll. Hoffmann, 1886, pl. 2, 3 (Kopf des Lenkers fremd und fpät).

### Schallbecken (Kymbala).

Alle hierher gehörigen Stücke sind kreisrunde Scheiben von ziemlich dünnem Bronzeblech. In der Mitte haben oder hatten sie einen eingesetzten Griff. Ihr Durchmesser variiert von 12 bis 18 cm; die meisten bewegen sich um 15 cm Durchmesser.

**511** (Taf. XXVI). Nordöstlich Zeusaltar (Inv. 8833). Durchmesser 18 cm. Mit niedriger Erhöhung in der Mitte. Der Knopf im Centrum ist das Ende eines noch gegen 3 cm langen Bronzenagels, welcher zur Befestigung des fehlenden Griffes oder vielleicht selbst als Griff gedient hat.

Inv. 8020 (nördlich Zeustempel, tief, flach gewölbtes Mittelstück von 9 cm Durchmesser, von einem ähnlichen Kymbalon; dasselbe war mit Nieten an den fehlenden Teil befestigt (antike Restauration?). In der Mitte einfacher Griff mit Knopf; an der Unterseite Öse, vergl. 512 ff.

**512** (Taf. XXVI). Südlich Metroon (Inv. 6312; Berlin, Dubl.). Durchmesser 0,125. Etwas eingedrückter runder Buckel in der Mitte und gegossener Griff, in welchen eine Öse von Bronzedraht gesteckt ist (vergl. 519). Bohrlöcher in der Mitte des Blechbuckels nehmen die Öse des Griffes auf, der hier nicht weiter befestigt war. Schöne hellgrüne Patina.

**513** (Taf. XXVI). Nordöstlich Zeusaltar (Inv. 8832). Durchmesser 0,125. In der Mitte ein runder Buckel und eingesetzter gegossener Griff, dessen Spitze, die in der Art wie bei 512 zu ergänzen ist, fehlt. An der Unterseite des Griffs im Innern des Kymbalons befindet sich eine Öse. Der äussere Rand des Beckens ist in Tremoliersstich verziert.

512 und 513 repräsentieren den gewöhnlichsten Typus der Schallbecken in Olympia. Derselbe zeigt einen runden Buckel und einen gegossenen profilierten Griff, dessen Unterteil pyramidal gestaltet ist. An der Unterseite desselben befindet sich regelmäßig eine Öse von Bronzedraht, die wohl dazu diente, ein Band durchzuziehen, welches das Becken mit einem zweiten gleichen zu einem Paare verband. Der Griff pflegt mit einem eisernen Nagel befestigt zu sein. Häufig ist der Griff ausgebrochen und nur das Becken erhalten. Gleicher Art wie 513 sind: Inv. 8585 (Südwestlich Zeusaltar). 8389 (nordöstlich Zeusaltar). 12299 (südlich Südosthaus). 286 (westlich Zeustempel). 8121 nördlich Zeustempel). 9165 (Pelopion). 9071 und 9072 (nordöstlich Zeusaltar).

**514** (Taf. XXVI). Nordöstlich Zeusaltar (Inv. 9027; Berlin, Dubl.). Durchmesser 11½ cm. Wahrscheinlich der zusammengedrückte mittlere Buckel eines großen Exemplares des gewöhnlichen Typus. Das Blech war flach konvex und hat einen nach unten umgebogenen Rand. Dieser Rand hat allerdings nicht wie gewöhnlich aus, muss es aber doch wohl sein; das Stück kann jedenfalls kein vollständiges Schallbecken sein, da die horizontale Fläche, mit der es an ein zweites anzuschlagen bestimmt war, fehlt. Der Griff ist unten mit Eisenstift befestigt; die übliche Öse fehlt.

Inv. 6301 südlich Metroon; Berlin, Dubl. . Der Rand hat getriebene Buckeln. Sonst der gewöhnliche Typus. Durchmesser 16½ cm.

**515** (Taf. XXVI). Bei der Paionios-Nike (Inv. 885). Durchmesser 16 cm. Der Rand mit getriebenen Buckeln wie im vorigen Beispiel. Die Erhöhung der Mitte ist hier eine zweistufige.

Inv. 9073 (nordöstlich Zeusaltar): Durchmesser 18 cm. Ebensolche zweistufige Erhöhung in der Mitte. Ohne die Buckeln am Rande.

**516** (Taf. XXVI). Östlich Zeusaltar (Inv. 8554). Durchmesser 165 mm. Vier getriebene Ringe umgeben die flach konvexe, jetzt eingedrückte Mitte. Der Griff ist ausgebrochen. Schöne hellgrüne Patina, wie öfter bei diesen Stücken.

**517** (Taf. XXVI). Ostfront des Zeustempels (Inv. 2780). Durchmesser 18 cm. Der Buckel in der Mitte ist kugeliger und höher als sonst. Der Rand ist mit Gravierung verziert. Ein Griff der gewöhnlichen pyramidalen Gestalt ist dabei gefunden und höchst wahrscheinlich zugehörig (Inv. 2782; vergl. Tageb. 15./2. 1879); da er nicht mehr anzupassen ist, ward er hier weggelassen.

Die so oft abgebrochenen Griffe haben sich, wie dies natürlich ist, vielfach einzeln gefunden. Da die dünnen Blechbecken durch Zerquetschen leicht ganz unkenntlich wurden, so ist begreiflich, daß sich viel mehr einzelne Griffe fanden als Becken, denen diese fehlen.

Diese Griffe haben alle einen pyramidalen unteren Teil, der bald mehr, bald weniger steil ansteigt. Dieser wird immer durch eine Scheibe vom oberen Teil getrennt; der letztere aber ist sehr verschiedenartig profiliert. Beliebt ist es, denselben schraubenartig gewunden zu bilden (wozu vergl. oben zu 411). So:

**518** (beiliehend). Westlich Echohalle (Inv. 7115) Höhe 5 cm.

Eine andere Form zeigt

**519** (beiliehend). Südwestlich Zeustempel (Inv. 3704; Berlin, Dubl.). Höhe 5 cm. Die Öse einsetzt ist hier deutlich zu sehen.

Andere Varianten geben 512 und 514.

Die Form von 518 zeigen auch: Inv. 1150 Nordfront Zeustempel. 4026 Südfront Zeustempel: 2782 östlich Zeusaltar.

Die Form von 514 haben: Inv. 5430 östlich Zeusaltar. 1708 Nordostecke Zeustempel.

Mit einem kantigen Knopfe, wie an der Nadel 479, und einem kleinen runden Knopfe darüber: Inv. 4486 (Metroon). 4287 (westlich Philippeion). 3835 (nordwestlich Heraion). Noch etwas reicher 7301 (Pelopion).

Die einfache Form von 515, wo über der Scheibe nur ein runder Stab emporragt, ist sehr häufig. Vergl. Inv. 8603 östlich Zeusaltar. 1715 Nordfront Zeustempel u. a. — Der runde Stab ist ganz kurz bei Inv. 1307 Nordfront Zeustempel). 9344 (Pelopion). — Der runde Stab trägt einen einfachen kleinen runden Knopf, Inv. 871 östlich Zeustempel. — Er wird durch eine kleine Scheibe unterbrochen: Inv. 1659 Nordfront Zeustempel. — Der obere Teil ist abgebrochen bei Inv. 11331 (westlich Pelopion). 3036 (südöstlich Zeustempel). — Eine Anzahl von Griffen, deren Fundort unbekannt ist, befindet sich im Magazin.

Wie aus den mitgeteilten Fundstellen sich ergebt, haben sich die Schallbecken und die Griffe derselben besonders in der Umgebung des großen Zeusaltars, namentlich zwischen diesem und dem Metroon, dann in der Nähe des Zeustempels gefunden; außerdem noch an verschiedenen anderen Plätzen. Sie waren also wohl dem Zeus geweiht. Zu bemerken ist, daß sie fehlen unter den massenhaften Altarfunden an der Südfront des Heraions; nur westlich und südwestlich vom Heraion fanden sich vereinzelte Stücke. Es geht aus diesen Umständen hervor, daß eine bestimmte Beziehung der Schallbecken zu dem Kulte der Göttermutter in Olympia nicht zu erweisen ist. Auch gehören sie wahrscheinlich einer jüngeren Epoche an als die Massenfunde beim Altar südlich vom Heraion.

## Doppelbeile.

Es sind nur Exemplare von miniaturhafter Kleinheit gefunden worden, welche praktischen Zwecke gedient haben können, sondern als Nachbildungen der wirklichen Geräte aufzufassen sind, die man nur herstellte, um sie als Weihgeschenke darzubringen.

520 (Taf. XXVI). Unter dem Westpteron des Heraions (Inv. 8134). Die größte Dicke in der Mitte, wo das Loch ist, beträgt 1 cm.

521 (Taf. XXVI). Südlich Palästra (Inv. 1281). Die Form ist hier länger und schmäler. Durchgehendes Loch für den Stiel.

Ein Exemplar wie 521 ward mit 520 unter dem Westpteron des Heraions bei den Tiefgrabungen zwischen den Fundamenten gefunden (Inv. 8132).

522 Taf. XXVI. Altarfunde südlich Hermion (Inv. 10440). Sehr kleines Exemplar desselben Typus.

Inv. 12352 (nördlich Prytaneion). Fragment eines größeren Exemplars der Form 521, aus Blech.

Ein Exemplar dieses Typus ohne Nummer hat noch den Stiel.

Kleine Votivbeile dieses selben Typus wurden in dem Heiligtum von Psychro auf Kreta gefunden (Mus. ital. di ant. class. II, tav. 13, 3. 4. p. 907). Ein ebenfalls kleines Exemplar von Eisen ward im Kabirion bei Theben gefunden (Nat. Mus. zu Athen). Ein kleines Beil dieses Typus aus Cypern, mit Lotosornamenten verziert, s. Cesnola, Salaminia pl. III, 11. Wirkliche Äxte dieser Form aus Bronze kamen in Mykenä (Schliemann S. 125, außerhalb der Gräber) und in Troia (Schliemann, Ilios S. 676) vor. Über die weite Verbreitung des Typus außerhalb Griechenlands vergl. Sophus Müller, oprindelse S. 293, Anm. 2.

523 Taf. XXVI. Vor der Westaltismauer (Inv. 7089; Berlin, Dubl.). Die Form ist mehr geschweift. Dicke in der Mitte 8 mm. Das Stück ist gegossen. Kein durchgehendes Loch für den Stiel, sondern nur eine Andeutung des Loches.

Inv. 11519 (westlich Philippeion; Berlin, Dubl.). Kleines Exemplar desselben Typus, etwas fragmentiert (ursprüngliche Länge gegen 5 cm), mit erhaltenem vierkantigem Stiel von 4 cm Länge.

Bei den folgenden Stücken sind die beiden Flügel nicht rund geschweift, sondern steigen in gerader Linie vom Stielloche an.

524 (Taf. XXVI). Südwestlich Zeustempel (Inv. 3817; Berlin, Dubl.). Fragmentiertes Exemplar; gehämmert. Auf beiden Seiten mit Würfelaugen verziert. In dem Loch steckt noch der Rest des Stieles.

Ein sehr ähnliches Exemplar, ebenfalls mit Würfelaugen, aus Athen stammend, befindet sich (von mir 1883 notiert) im Museum zu Kopenhagen, Bronzen No. 1647.

525 (Taf. XXVI). Pelopion (Inv. 8284). Gehämmert; nach den Enden zu ganz dünn. Mit Verzierung in Tremolierstich auf beiden Seiten; dieselbe ist nur noch zum Teil kenntlich.

Denselben Typus zeigen auch die unverzierten Exemplare Inv. 10855 (westlich Pelopion). 11697 (westlich Echohalle). 13776 (Südostbau).

Durch die stark ausgeschweifte Bildung der beiden Flügel wird ein neuer Typus hervorgebracht:

526 (Taf. XXVI). Nordwestlich Zeustempel (Inv. 14693a). Dünn gehämmert. In der Mitte durchgehendes Stielloch.

Inv. 14693b. c. d, drei übereinstimmende Exemplare, mit 526 zusammen nordwestlich beim Zeustempel gefunden. — Inv. 7025 (südöstlich Heraion), Fragment eines größeren Exemplares, das ca. 8 cm Breite gehabt hat.

527 (Taf. XXVI). Nordwestecke Zeustempel (Inv. 1400). Mit eingeschlagenen Würfelaugen verziert.

Drei verzierte kleine Doppelbeile dieses Typus aus Goldblech gehören mit anderen Gegenständen, die sicher Schmuckstücke waren, zu dem Goldfunde bei Aidin, den man als »lydisch« und den mykenischen Sachen verwandt bezeichnet hat, während er vielmehr kleinasiatisch-griechische Arbeit und nicht älter als das 7. Jahrhundert ist (Bull. de corr. hell. III, pl. 4; Durny, hist. de la Grèce I[1], p. 34; besser bei Fröhner) collect. Hoffmann, 1886, pl. 20; vergl. Furtw. in Roschers Lexikon d. Myth. I, Sp. 1767, Z. 43 ff.).

Das Museum von Karlsruhe besitzt ein Doppelbeil dieses Typus von Bronze, wahrscheinlich aus Italien, das 8,7 cm Breite hat (Bronz. d. Altert. zu Karlsr. Taf. 28, S. Clarke).

Vergl. zu den olympischen Doppelbeilen überhaupt Sophus Müller, oprindelse etc. in Aarbøger for nord. Oldk. 1882, p. 328 f.

## Streithammer (?).

528 (Taf. XXVII). Südostbau, in großer Tiefe innerhalb der Ziegelmacher (Inv. 12872). Massiv gegossenes Stück, das offenbar einen Hammer vorstellt. Durch die cylindrische Öffnung ward der Stiel gesteckt. An dem Cylinder befindet sich außen jederseits eine stumpfe Warze[1]; hinten ist der Ansatz eines noch unten gebogenen, 3 cm breiten, henkelartigen Steges erhalten, der

---

[1] Purgold im Inventar sieht darin den »fossilen Ausdruck des Nagels, mit dem der Stiel befestigt war«.

in der Mitte gespalten ist. Mit eingraviertem Zickzack
verziert.

Zu vergleichen ist der in Dodona gefundene Hammer,
Carapanos pl. LIII, 4.

## Schwert.

Von Bronze hat sich nur ein einziges wirkliches
Schwert in Olympia gefunden.

**329** (Taf. XXVI). Nordöstlich Zeusaltar (Inv. 8834).
Länge 0,585. Die Spitze ist bei der punktierten Linie
umgeknickt, hier zurechtgebogen gezeichnet. Die Klinge
ist nur 1—2 mm dick und ganz flach. In ihrer Mitte
läuft eine niedere (1 mm hohe) Rippe. Trotz der Dünnheit scheint es doch ein wirkliches Gebrauchsschwert
gewesen zu sein. Die Klinge geht unmittelbar in den
Griff über, der fragmentiert ist und noch drei Löcher
zeigt zur Befestigung der Griffbekleidung.

Vergl. Sophus Müller in Aarboger for nord. Oldk.
1882, p. 322, 325, Fig. 27.

Sonst fanden sich in Bronze nur Miniaturnach-
bildungen für Votivzwecke.

**530** (stehend). Südöstlich Heraion, tief
(Inv. 6802). Länge 32 cm. Aus dünnem Blech
ausgeschnittene Nachahmung eines Schwertes.

**531** (Taf. XXVI). Unter dem Opisthodom
des Heraions (Inv. 8308). Kleines Schwert
mit spitzem Knopf am Griffe und etwas geschweifter Klinge. Die Mitte der Klinge etwas
erhöht.

**532** (Taf. XXVI). Südlich Metroon (Inv.
7517; Berlin, DuM.). Ähnliches Exemplar.
Der Griff an der dicksten Stelle 2 mm dick.
Die Mitte der Klinge etwas erhöht.

Vergl. Sophus Müller a. a. O. S. 328, 329,
Fig. 31.

Sophus Müller (a. a. O. S. 323 = Archiv
f. Anthrop. 1883, S. 341) glaubte ferner noch
in einigen Bronzefragmenten Reste von
Schwertklingen aus Bronze zu erkennen;
doch diese Stücke rühren wahrscheinlicher
von Lanzenspitzen her (vergl. auch Undset,
Zeitschr. für Ethnologie 1890, S. 12), weshalb wir sie unter diesen besprechen.

Unter den leider so sehr zerstörten Resten von
Eisengeräten im Magazin fand ich das folgende Fragment:

**533** Taf. XXVI. Teil des Griffes und der Klinge
eines wirklichen, einst gebrauchstüchtigen eisernen
Schwertes im Wesentlichen des Typus, wie ihn die eben
besprochenen Votivnachbildungen zeigen. Ob die Klinge
auch ausgeschweift war, ist nicht mehr zu entscheiden.

Ein kleines vollständiges Eisenschwert desselben
Typus wie 532 ward in der Zeusgrotte auf Creta gefunden (Mus. ital. di ant. class. II, p. 764).

Über die anderen Eisenschwerter Olympias vergl.
unten zu 1097 f.

Über die Lanzen- und Pfeilspitzen, die zum Teil
in diese alte Zeit gehören, vergl. den III. Abschnitt.

## 5. Dreifüsse.

Zur chronologischen Anordnung der in Menge gefundenen Dreifüsse und ihrer Teile gewinnen wir einen
wichtigen Anhalt in der Beobachtung der Fundumstände.
Jene tiefsten Schichten, welche älter sein müssen als der
Bau des Heraions (vergl. S. 2), haben gar keine Stücke
größerer geometrisch verzierter Dreifüsse ergeben. Es
fanden sich hier nur kleine und unverzierte Dreifüßchen
wie 534 ff. und Reste schmuckloser größerer Dreifüsse
mit kleinen von einfach rautenförmigem Durchschnitt,
zum Teil von Eisen (vergl. unten 548). Bei den Grabungen zwischen Heraion und Pelopion ward ebenfalls
beobachtet, daß die verzierten größeren Dreifußteile in
der höheren und nicht in jener tiefsten unter dem Heraion
hingehenden Schicht zu Tage kamen (vergl. Treu im
Tageb. V, 171. 185). Es stimmt diese Erscheinung vollkommen überein mit der früher berührten, wonach die
Tiere des ausgebildeten geometrischen Stiles ebenfalls
in den tiefsten Schichten fehlen; sie sind eben gleichzeitig
mit den geometrisch verzierten Dreifüssen, zu deren
Schmuck sie zuweilen verwendet werden.

Der durchgehende Typus aller hier zu besprechenden
Dreifüsse ist der, daß ein Kessel mit zwei emporstehenden
kreisförmigen Henkeln auf drei geraden Beinen ruht.
Die Beine und Henkel stehen in keinerlei Responsion.
Die beiden Henkel dienen dem Emporheben und Nieder-
setzen des Kessels, die Beine zum Aufstellen, ursprünglich über dem Feuer. Die Beine haben unten keinerlei
dekorativen Abschluß, sondern enden, sich meist etwas
verjüngend, ohne jeglichen Schmuck. Von diesen Grund-
eigenschaften des Typus sind durchaus keine Ausnahmen
zu konstatieren. Und ein anderer Typus als der be-
schriebene ist in Olympia nicht nachzuweisen.

Von den größeren Dreifüssen ist leider kein einziger
vollständig erhalten. Nur in den kleinen, zu Votivzwecken gemachten Nachbildungen besitzen wir vollständige Exemplare. Wir beginnen mit diesen.

### Die kleinen Dreifüsse.

Diese sind in großer Zahl in den tiefen und zum
Teil in den allertiefsten Schichten um die Altäre gefunden
worden. Sie waren neben den Tierfiguren, die wir bereits besprochen haben, das häufigste Weihgeschenk der
alten Zeit. Sie wurden, wie die Tiere, in der Gegend
um das Heraion, Pelopion und den großen Zeusaltar
besonders zahlreich gefunden.

Sie kommen aus Blech ausgeschnitten und gegossen
vor; zuweilen sind in letztere Teile von Blech angefügt.

Die altertümlichste Form erscheint in einer Reihe
gegossener Exemplare, wo die Beine noch nicht oben
am Rande des Kessels, sondern etwas weiter unten am
Bauche desselben ansetzen; auch sind die Beine kürzer
als der Durchmesser des Kessels. Die ursprüngliche
gegenseitige Unabhängigkeit von Henkeln und Beinen
tritt hier deutlich zu Tage. Ihr folgend hielt der Typus
alle Zeit die zwei Henkel neben den drei Beinen fest.
Durch jene Exemplare aber gewinnen wir auch den

unmittelbaren Anschluß der olympischen Dreifüße an die ähere, in der mykenischen Keramik übliche Form von Kochtöpfen mit zwei Henkeln und drei am unteren Teile des Gefäßbauches ansitzenden geraden, doch niederen Füßen, welche hier auch bereits jenen rautenförmigen Durchschnitt haben. [1]

**534** (Taf. XXVII). Unter dem Südpteron des Heraions, tiefste Schicht (Inv. 8135). Die Henkel sehr klein. Die Beine rund. Sie setzen nicht oben am Rande an. Vollständig, nur verbogen.

Inv. 9995 (Altar südlich Heraion, wahrscheinlich aus derselben tiefsten Schicht wie 534). Die runden Beine setzen erst ziemlich weit unten am Bauche an. Durchmesser 45, Höhe nur 30 mm.

**535** (Taf. XXVII). In der Tiefe eines antiken Einschnittes in der Mitte des westlichen Stadionwalles (Inv. 7673). Ausnahmsweise ist hier der Kessel mit einem absetzenden Rande versehen. Die unten gebrochenen Füße setzen ziemlich tief an. Ein Henkel fehlt, doch ist der Ansatz dazu da.

**536** (Taf. XXVII). Altar südlich Heraion (Inv. 2404; Berlin, Dubl.). Dick gegossen. Die Beine von rechteckigem Durchschnitt; sie gehen noch nicht ganz zum Rande hinauf. Die Henkel sind aus Blechstreifen gebildet und an den gegossenen Kessel angenietet.

**536a** (Taf. XXVII). Pelopion (Inv. 7260). Ein einzelnes gegossenes Bein von einem etwas größeren Dreifuß, dessen Kessel etwa 15 cm Durchmesser gehabt haben wird, ist unten vollständig. Das Bein ging nicht bis zum Rande hinauf; ganz abweichend vom gewöhnlichen Gebrauche ist der Ansatz an den Kessel nach oben verlängert. Vier Nieten stellten die Verbindung her. Das Bein war offenbar niedrig im Verhältnis zum Kessel.

Inv. 4657 (südlich Zeustempel; Berlin, Dubl.) ein ganz gleiches Stück, 0,12 lang.

Inv. 3704 (Nordwestliche Heraion; Berlin, Dubl.). Einzelnes gegossenes Bein von rechteckigem Durchschnitt, mit Ansatzstück an den Kessel (Gesamtlänge 0.115). Das Bein kommt erst ein beträchtliches Stück unter dem oberen Rande desselben heraus; es geht nicht direkt gerade herab, sondern greift erst stark aus, um dann in die Vertikale überzugehen. Oben zwei, unten eine Niete. Sehr altertümlicher Charakter.

**536b** (Taf. XXVII). Nordfront Zeustempel (Inv. 1562; Berlin, Dubl.). Ähnliches Stück. Das Bein hat vier Rillen. Oben drei Nieten. Der obere Teil ist etwas verbogen.

Andere fragmentierte, kleinere gegossene Beine ähnlicher Art: Inv. 8678. 4315. 14082. 7698.

Der herrschende Typus ist indes der, daß die Beine ganz oben am Rande des Kessels ansetzen. Bei einer kleineren Anzahl sowohl gegossener als aus Blech ausgeschnittener Exemplare ist die Beinlänge kürzer als der Kesseldurchmesser. Diese niederen Beine dürfen als Zeichen besonderen Alters angesehen werden. Häufig ist die Beinlänge dem Kesseldurchmesser ungefähr gleich,

[1] S. Furtw. und Löschcke, myken. Vasen Taf. 44, 113. S. 53, 25. Vergl. auch die noch etwas primitivere Form von Troia, Schliemann, Ilios S. 259, No. 59.

namentlich bei den gegossenen Exemplaren. Ein normales Beispiel ist

**537** (Taf. XXVII). Altar südlich Heraion (Inv. 10270; Berlin, Dubl.). Alles gegossen. Vollständig erhalten. Die Beine von ungefähr rechteckigem Durchschnitt.

Inv. 9001 (Gegend des Zeusaltars). Gegossen. Auf dem 3 mm breiten oberen Kesselrande ist eine Zickzacklinie graviert. Beinlänge ca. 40, Kesseldurchmesser 47 mm.

Inv. 9790 (südlich Heraion) ebenso verziert; etwas größer; Beinlänge 60, Kesseldurchmesser 70 mm.

Inv. 9960 (südlich Heraion) mit einer Basisplatte zusammengegossen; plumpe rohe Arbeit, schlechter Guß.

Bei den gegossenen Exemplaren ist die Beinlänge selten wesentlich größer als der Kesseldurchmesser. Die Henkel sind bei den gegossenen Stücken in der Regel sehr klein. Es kommt auch vor, daß sie ganz fehlen (so Inv. 11031, westlich Pelopion; Beinlänge 7½, Kesseldurchmesser 5½ cm); vielleicht sollten sie in diesen Fällen noch aus Blech angefügt werden.

Zwei ungewöhnliche Stücke sind folgende:

**538** (Taf. XXVII). Südlich Zeustempel (Inv. 4696). Höhe 9 cm. Außer den drei kleinen befindet sich unter der Mitte des Bauches noch ein kurzer Zapfen. Wahrscheinlich ist dies nur ein stehengebliebener Gußzapfen. Wo nicht, so wäre dieser Fall das einzige Zeugnis dafür, daß es in Olympia auch die sonst her bekannte (Fabricius, Jahrb. d. Inst. 1, S. 186 ff.) Gattung von Dreifüßen mit Mittelstütze gab.

**539** (Taf. XXVIII). Westlicher Stadionwall (Inv. 7684). Gut erhaltene kleine Nachbildung eines großen Dreifußes mit je einem Vogel auf der Spitze der Ringhenkel. Die Beine haben rautenförmigen Durchschnitt; sie sind durch eine Stütze mit dem Kessel verbunden. Von der Mitte der Ringhenkel abwärts geht ein gebogener Henkel, der zum vollständigen Typus gehört und bei den großen Exemplaren immer vorhanden ist. Merkwürdig und sonst nicht nachweisbar sind aber die kleinen Ringe zu den Seiten der großen Ringhenkel.

Inv. 6838 (südwestlich Metroon; Berlin, Dubl.) mit einfachen Ringhenkeln, auf denen je ein kleiner Vogel sitzt. Die Beine, von rautenförmigem Durchschnitt, zeigen gravierte Zickzacklinien.

Viel zahlreicher als die gegossenen sind die aus Blech ausgeschnittenen Dreifüßchen. Sie bestehen aus dünnem Blech, das auch an den Rändern nicht verstärkt ist. Die Kessel sind meist sehr flach gewölbt, also z. B. bei 8 cm Durchmesser von nur 2–2½ cm Tiefe. Ihre Größe schwankt zwischen 2½ und 10 cm Durchmesser. Doch kommen auch ganz miniaturhafte Exemplare von nur 7 mm Gesamthöhe bei 20–22 mm Durchmesser vor. Eine Menge dieser kleinen Blechdreifüßchen ist nicht in die Inventare eingetragen und nur magaziniert worden.

Die einfachste Art ist diejenige, wo Alles, Henkel, Füße und Kessel, aus einem einzigen Stückchen Blech ausgeschnitten ist. Ein Beispiel:

**540** (Taf. XXVII). Altar westlich Metroon (Inv. 6651; Berlin, Dubl.). Die Beine sind sehr breit und sehr kurz (14 mm Länge zu 40 mm Schalendurchmesser); sie sind etwas verbogen. Gleicher Art sind: Inv. 8854. 8863 und

10

8868 vom weltlichen Stadionwall; 6243. 6567. 6650. 6653, alle beim Metroon; 4851 südlich Zeustempel; 6628. 14037 Südostbau; mehrere südlich Heraion und beim Pelopion.

Eine zweite Art ist die, wo die Füße besonders gearbeitet und angesetzt sind; Kessel und Henkel sind noch zusammen aus einem Stück ausgeschnitten; zuweilen ist nur der äußere Kontur der Henkel ausgeschnitten, der innere Ausschnitt aber weggelassen. Zumeist sind die Beine, die aus schmalen Blechstreifen bestehen, mit Bronzestiften angenietet; sie sind häufig abgebrochen und meist verbogen. Die Beinlänge, wo sie meßbar ist, ist hier gewöhnlich größer als der Kesseldurchmesser. — Beispiele: Inv. 6568. 1551. 9775 (südlich Heraion). 4243. 8224. 6011. 6102. 6740. 8223. 11888. 1779. 7542 südlich Metroon, mit ungewöhnlich langen Beinen (154 mm zu ca. 75—80 mm Kesseldurchmesser).

An zahlreichen Exemplaren sind Henkel und Füße nur in Spuren erhalten und die Kesselchen sind ganz flach gedrückt. So z. B. Inv. 2018. 960. 823. 1521. 13348. 1530. 8285. 8306. 13099.

Noch primitiver ist das Verfahren, wenn die Beine, statt angenietet zu werden, nur in ein Loch des Kesselrandes hereingesteckt und mit dem oberen Ende umgebogen werden. Ein fragmentiertes Exemplar der Art befand sich im Funde zwischen den Fundamenten des Heraions (Inv. 8198); eine Reihe anderer notiere ich im Magazin (z. B. eines von 6½ cm Beinlänge und 4 cm Kesseldurchmesser).

Bei der dritten Art sind die Henkel wie die Beine mit Bronzenieten befestigt. Die Henkel sind öfter oval und schleifenartig, statt kreisrund. — Beispiele: Inv. 3272 (östlich Heraion). 9526 Pelopion). 6570 (westlich Metroon). — 6016, sehr flacher Kessel mit plötzlich aufsteigendem Rand; ähnlich 6796. — 9105 (südlich Heraion), die Füße aus breiten Blechstreifen, die etwas zusammengerollt sind. — Ferner 11390. 4578. 8550. 1784. 11426. 3090. 7219. 10271 u. a.

Auch bei den Henkeln kommt es vor, daß sie, statt angenietet zu sein, nur durch ein Loch in das Kesselchen hereingesteckt sind (Beispiele im Magazin).

Nicht selten deuten Spuren von Eisenrost auf die Verwendung eiserner Stifte neben denen von Bronze. So sind bei Inv. 6246 (südlich Metroon) die Henkel mit Eisenstiften befestigt gewesen, oder sie bestanden selbst aus Eisen. Sicher ist, daß öfter die Beine von Eisen sind, während die Henkel aus Bronzeblech bestehen. Beispiele mit eisernen Füßen: Inv. 6569 westlich Metroon; 8598 und 10529 Gegend des Zeusaltars; 10272 südlich Heraion; 8448. 1291.

Ausnahmsweise fehlen auch hier zuweilen die Henkel; so Inv. 2056 (Gegend des Pelopions), mit angenieteten Füßen, aber ohne die Spur von Henkeln.

In großer Zahl sind von den Blechkesselchen abgebrochene einzelne Beine gefunden worden.

Diese sind zu einem großen Teile aus dünnem Blech geschnitten und meist ohne Verzierung. Sie kommen bis zu 16 cm Länge vor. Ein hübsches verziertes Exemplar ist:

**541** (Taf. XXVII). Nordwestecke Zeustempel Inv. 2197). In Tremolierstich verziert. Hellgrüne Patina.

---

Oben gebrochen; es fehlt ein kleines Stück des breiteren Endes, welches die Stiftlöcher zum Ansatz an den Kessel enthält. Unten vollständig.

Inv. 9530 Pelopion) Nur Zickzacklinie den Rändern entlang. Das breite obere Ende mit zwei Stiftlöchern erhalten; unten fehlt ein Stück, das besonders angenietet war; erhaltene Länge 14½ cm.

Die anderen sind dickere gehämmerte Stücke von rechteckigem Durchschnitt. Sie sind in der Regel 9 bis 12 cm lang. Viele sind ohne Verzierung (z. B. Inv. 7211. Pelopion; 222, Berlin, Dubl.; 15½ cm lang). Die meisten aber sind mit linearen Ornamenten in Gravierung verziert, und zwar zumeist auf drei Seiten. Die Ornamente bestehen lediglich aus kleinen gekreuzten Linien oder Zickzackstreifen. Kreismotive kommen nicht vor. Die Stelle des Ansatzes an den Kessel ist immer flach gehämmert und zeigt zwei Stiftlöcher. Ein Beispiel:

**542** (Taf. XXVII. Pelopion (Inv. 9685). Länge 13 cm. Ansicht von der Vorder- und Nebenseite. — Ebenso Inv. 9474 (südlich Heraion; Berlin, Dubl.), unten gebrochen.

**542a** (Taf. XXVII). Nordwestlich Zeustempel (Inv. 8672; Berlin, Dubl.). Oben und unten vollständig. — Ebenso, und offenbar von demselben Dreifuß, Inv. 8671.

Andere Beispiele: Inv. 9147 und 9220 (Pelopion). 9702. 6579 (westlich Metroon). 5130 (südlich Prytaneion). 9427 (südlich Heraion). 8801 nordwestlich Zeustempel). 11226. 9218 (Pelopion; Berlin, Dubl.).

Selten ist nur die Vorderseite verziert, die Nebenseiten nicht: Inv. 2273. 9961. — Unter der Nummer Inv. 11543 sind 16 verschiedene westlich dem Pelopion gefundene Stücke zusammengefaßt.

Diese Beine pflegen sich nach unten etwas zu verjüngen. Auch pflegt die Ornamentierung nach unten ein kurzes Stück über dem Ende aufzuhören, so daß der unterste Teil glatt ist. Dies gehört zum Typus: jenes Ende ist nicht verziert, weil es ursprünglich zum Feststellen in der Erde oder der Asche des Herdes diente.[1]

Eine Ausnahme bildet das gegossene Stück

**543** (Taf. XXVII. Pelopion Inv. Jahr 1884, No. 110). Unten gebrochen. War mit einem Nagel oben befestigt

---

[1] Auffallend ähnlich diesen kleinen Dreifußbeinen sind jene eigentümlichen Stücke, die in Este gefunden und als Votivnägel aufgefaßt worden (Notiz. degli scavi 1888, Taf. 1, 2. Taf. 4 = Ghirardini, coll. Baratela. Die Verzierung und das breitgeschlagene obere Ende mit den Löchern entspricht ganz den olympischen Stücken, doch sind jene sicher weder wirkliche Dreifußbeine — sie werden nach unten rund und spitz — noch auch wirkliche Nägel, vielmehr wahrscheinlich Nadeln. Offenbar dieselbe Bedeutung wie die verzierten haben nämlich die kleineren, ganz dünnen, unverzierten Stücke, die in großer Masse gefunden worden sind im Museum zu Este: Ghirardini p. 104, Taf. 13, 17—19, beschreibt sie richtig als Nadeln; sie gleichen völlig spitzen Nadeln; immer sind sie oben breitgeschlagen und von einem Loche durchbohrt. Wahrscheinlich dient dies nur zum Aufhängen der Weihgeschenke; wenn an den reicheren Stücken zuweilen Anhängsel zur Verzierung in die Löcher gehängt sind, so beweist dies nicht, wie Ghirardini p. 22 meint, gegen die Bestimmung zum Aufhängen. — Auch in Eisen kommen sie zahlreich vor.

In Tremolierftich und mit Zickzacklinien verziert. Nach
Analogie der grofsen Dreifufsbeine ift ein Anfatzftück
an den Keffel mit dem Beine verbunden. Auch hat
daffelbe nicht den einfachen rechteckigen Durchfchnitt,
fondern einen Vorfprung auf der Innenfeite.

Die einft zu den einzelnen Beinen gehörigen Keffelchen find meift ganz zerdrückt gefunden worden. Nur
von der größeren Art, einft zu den Beinen von 14 bis
16 cm Länge gehörig, hat fich eine Anzahl gut erhalten.
Das Blech ift am Rande ftärker und hat hier 1—3 mm
Dicke; der Rand ift niemals umgebogen. Ihr Durchmesser
beträgt 14—16 cm bei 4½—6 cm Höhe. Diefe Keffelchen
gleichen ganz den ebenfalls in der Altis häufigen runden
einfachen Trinkfchalen und unterfcheiden fich von diefen
nur durch die am Rande erhaltenen Spuren der an-
gefetzten drei Beine und der zwei emporftehenden
Henkel. Ein Beifpiel mit befonders deutlichen Reften
derfelben ift:

**544** (Taf. XXVII). Um den Rand, der wefentlich
dicker ift als der Bauch, ift zunächft ein Zickzackband
in Tremolierftich graviert. Dann erft wurden die Füfse
und Henkel mit kleinen Bronzenieten angenietet. Der
untere Teil des einen gegoffenen Ringhenkels fitzt noch
mit drei Stiften feft; er hatte diefelbe Form wie die
grofsen Henkel Taf. XXIX. Genau gegenüber find die
Löcher für drei gleiche Stifte erhalten. Die drei Füfse
waren nur durch je zwei übereinander befindliche Nieten
befeftigt. Sie waren fchmal und aus dünnem Blech gefchnitten; ein Stück ift noch erhalten (links); fie glichen
alfo etwa **539.**

An den folgenden Exemplaren find nur die Nagel-
fpuren im Rande erhalten: Inv. 12 vom Jahr 1884, die
Füfse waren ziemlich breit, oben mit vier Nägeln befeftigt,
die Henkel nur mit je zwei. — Inv. 10295. 11222. 11223.
2847. 7131. 6585. 3480. 9631. 7206. 10303. 8570. 7298.
Zuweilen waren die Füfse diefer Bronzekeffelchen
aus Eifen, und zwar aus dünnem Eifenblech; fo Inv.
9126. 9162. Mehrere der Art notierte ich im Magazin.
— Der Eifenfufs war mit einem Bronzeftift befeftigt: Nr. 44.
— Nur Eifenfüfse, die vielleicht Bronzebeine befeftigten,
find erhalten bei 9277. 5522. 7086. — An einem wohlerhaltenen Exemplar von 15 cm Durchmesser (Inv. Jahr
1884, No. 128; Pelopion) waren die Füfse mit je drei
Stiften, die Henkel mit je einem befeftigt; von letzterem
ift der des einen Henkels von Eifen, der des anderen
von Bronze.

Auch einzelne Henkel von Blechftreifen, von kleinen
Dreifufskeffeln abgebrochen, haben fich noch kenntlich
erhalten. So:

**545** (beiftehend). Nordweftlich Zeustempel (Inv. 8810). Durchmesser 41 mm.
War mit zwei Nieten befeftigt. Einfache gravierte Verzierung.

**546** (Taf. XXVII). Südlich Heraion
(Inv. 10461). Durchmesser 4 cm. Mit zwei
Nieten befeftigt, von denen eine noch im
Loche fteckt. Zickzack in Tremolierftich.
Inv. 8127 (füdlich der Zanes). Fragmentierter Blech-
ring von 5 cm Durchmesser, verziert wie 546. — Ähnlich,
doch ohne Verzierung Inv. 2241. 14375.

**547** (Taf. XXVII). Südlich Heraion (Inv. 9535). Verbogener etwas größerer Ring. Mit graviertem Zickzack
und eingefchlagenen Würfelaugen.

Ebenfalls von etwas größeren Keffelchen ftammen:
Inv. 11774 (füdlich Paläftra). Ring von 8 cm Durchmesser,
gegoffen, flach, 2 cm breit, auf der Außenfeite eingefchlagenes Zickzackornament. Gegoffener Keffelanfatz
angenagelt. — Inv. 1387 ähnlich, mit eingefchlagenen
Häkchen.

### Die grofsen Dreifüfse.

Obwohl wir diefe nur aus den Fragmenten rekonftruieren können, laffen fich doch mit Sicherheit drei
Haupttypen fcheiden. Ihnen allen gemeinfam find natürlich die oben fchon hervorgehobenen Eigenfchaften
des Grundtypus, zwei emporftehende Ringhenkel und
drei gerade, unten fchmucklofe Beine. Die Befeftigung
der Teile aneinander gefchieht nie anders als durch
Nieten.

Bei dem erften und dritten der von uns zu unter-
fcheidenden Einzeltypen find die Henkel und Beine
gegoffen, bei dem zweiten find fie aus ftarkem Bronzeblech hergeftellt.

### Erfte Gattung (Henkel und Beine gegoffen).

Die erfte und die ältefte Gattung ift diejenige, welche
maffive Beine zeigt, die einen einfach rautenförmigen
oder fechs- oder achteckigen Durchfchnitt haben; die
erft einfach abgefchrägten Seiten werden im Laufe der
Entwickelung nach Art von Kanneluren ausgetieft. Die
Beine find, bei den älteften Exemplaren wenigftens,
verhältnismäßig kurz, und beim Anfatze an den Keffel
machen fie eine ziemlich ftarke Biegung in der Richtung
nach diefem zu. Die Keffel müffen fehr bauchig gewefen fein.

Die Ringhenkel find fchwer und maffiv. Ihr einziger
Schmuck befteht in einer ftrickförmigen Verzierung.
Diefelbe wird auch zuweilen an den Beinen angewendet.
Nur in der fpäteren Reihe diefer Gattung kommen auch
andere Ornamente zuweilen vor; die Henkel haben dann
Riefeln und find weniger fchwer.

Die gefundenen einzelnen Stücke, welche hierher
gehören, find folgende:

Die einfachften und altertümlichften Formen find
nicht in Bronze, fondern in Eifen gefunden worden.
Fragmente eiferner Dreifüfse wurden von Treu im fünften
Ausgrabungsjahre bei den Tiefgrabungen im Heraion in
den tiefften Schichten, welche älter als der Bau des
Heraions find, konftatiert (vergl. S. 2). Sie fanden fich da
mit den älteften Votiven aus Bronze und Terrakotta zufammen. Treu erwähnt fpeziell einen eifernen Ringhenkel
mit drei Bronzenieten, von 13 cm Durchmesser, in einer
Tiefe von 1,30 unter dem Stylobat des Heraions, und
drei andere etwas höher; ferner ein Dreifufsbein von
rautenförmigem Durchfchnitt, 40 cm lang, in einer Tiefe
von ca. 80 cm (Tagebuch V, S. 117; vergl. S. 104, wo
Eifenftäbe aus derfelben Tiefe unter dem Opifthodom
des Heraions erwähnt werden). Leider find diefe Eifen-

reile nicht inventarisiert und so aufbewahrt worden, daß sie, als ich sie 1886 studieren wollte, größtenteils zerstört waren. So konnte ich jene Ringhenkel nicht mehr konstatieren. Dagegen fand ich eine Anzahl von Dreifußbeinen vor, welche aus den tiefsten Schichten stammen werden. Denn außer unter dem Heraion fanden sich nach Treu auch anderwärts, wie südlich vom Metroon, in den tiefsten Lagen massenhafte Eisenreste.

Unter diesen ist eines, das der Größe nach wohl mit jenem unter dem Heraion gefundenen identisch sein kann und einen besonders altertümlichen Charakter hat. Das Bein hat ganz einfach rautenförmigen Durchschnitt und macht mit dem oberen Teile eine starke Biegung nach dem Kessel hin, so wie 536b; es setzte offenbar nicht ganz oben am Kesselrande an und war niedrig im Verhältnis zum Kesseldurchmesser. 548 (beistehend). Ein anderes längeres Dreifußbein von Eisen (0,715 lang), vollständig erhalten. (Die Abbildung giebt, um an Raum zu sparen, nicht das Ganze.) Durchschnitt rautenförmig. Der Ansatz geht bis zum Kesselrande heraus. Der Kessel scheint von Eisen gewesen zu sein.

Ein anderes Exemplar ist 55 cm lang und verjüngt sich nach unten ziemlich stark.

Ein anderes von derselben Länge hat oben einen einfacheren, weniger breiten Ansatz als 548.

Eines von 53 cm Länge hat quadratischen Durchschnitt. Alle verjüngen sich nach unten und sind völlig schmucklos.

Diese eisernen Beine setzen durchaus nicht voraus, daß auch alle anderen Teile des Dreifußes von Eisen waren; wie wir dies bei den kleinen Votivnachahmungen gesehen haben, wird man auch bei den großen Dreifüßen eiserne Füße an bronzene Kessel gesetzt haben; ja es ist wahrscheinlich, daß die zu den eisernen Füßen gehörigen Kessel in der Regel von Bronzeblech waren.

Unter den Dreifußbeinen von Bronze sind solche mit einfach rautenförmigem oder quadratischem Durchschnitt selten. Die hier herrschende Grundform ist das Sechs- oder Achteck mit vier breiten und zwei oder vier schmalen Seiten. Die Beine verjüngen sich nach unten, zuweilen recht stark, und sind meist von mittlerer Größe, das heißt von 50—70 cm Länge. Das mit dem Fuße zusammengegossene runde Auflagerstück für den Kessel pflegt mit dem Beine durch Stützen verbunden zu sein.

Ein vollständig erhaltenes normales Beispiel ist 549. 549a (Taf. XXVIII). Länge 0,59. Die Oberfläche ist rauh und grob. Nur das oberste Stück ist mit strickförmigen Reliefstreifen verziert. Nach dem Ansatze zu schließen, war der Kessel bauchig und der Fuß relativ niedrig. 549a Durchschnitt ungefähr in der Mitte des Beines.

Unter den Dubletten in Berlin ist ein vollständiges Dreifußbein (ohne Nummer) desselben Typus, von 71½ cm Länge, mit drei vom Beine zur Kesseleinlage gehenden Stützen. Der Durchschnitt ist derselbe wie bei 549. Doch sind die Abschrägungen schärfer und bis herunter sorgfältig durchgeführt.

550. 550a (Taf. XXVIII). Westlich vom Buleuterion (Inv. 12838). Länge 0,31. Oberteil eines gleichartigen Stückes, welches das Kesselauflager und die daselbst verbindenden Stützen deutlich zeigt. Vom Kesselblech ist noch ein Stückchen erhalten; drei große Nägel verbinden Fuß und Kessel.

Andere fragmentierte Exemplare derselben Art: Inv. 11780, 8516, 2603, 4013. Ein Fußende: 11849.

Durch Ausbauchung, Kannelierung der einzelnen Seiten, sei es nur der breiten oder nur der schmalen oder beider, und durch verschiedene Anordnung derselben werden nun eine Menge Varianten dieses Typus erzeugt. 551 (Taf. XXVIII). Vollständiges 0,86 langes Bein. Die vier Breitseiten sind ausgebaucht. Am oberen Teil Strickornament wie bei den vorigen Stücken. Geringe Verjüngung nach unten. Der unterhalb der zwei Verbindungsstützen vorstehende runde Dorn kommt häufig an dieser Stelle vor und dient nur der Verzierung.

Ein Bein von diesem Typus wurde in zwei, indes nicht anpassenden, Fragmenten mit verschiedenen anderen Dreifußteilen und Kesseln am 31. Mai 1879 im Prytaneion gefunden (vergl. über den Fund S. 6, Anm.). Es gehörte wahrscheinlich zu demjenigen unter den ebenda gefundenen Kesseln, bei dem ein Strickhenkel des Typus 568 lag. — Andere Fragmente gleichartiger Beine: Inv. 4632 (südlich Zeustempel), 2734 u. a.

Von anderen Varianten geben wir beistehend die Durchschnitte. Die nach unten gewendete Seite derselben ist jeweils die Vorderseite der Beine.)

552 (beistehend). Östlich Zeustempel (Inv. 5432). Durchschnitt des
unteren Endes eines Dreifußbeines;
erhaltene Länge 0,105. Die Vorderseite ist durch zwei Kanneluren ausgezeichnet.

553 (Taf. XXVIII). 553 a (beistehend). Westlicher Stadionwall (Inv.
4292). Ein 0,25 langes Fragment, oben
und unten gebrochen. Die schmalen
Nebenseiten sind hier weggefallen und
die Grundform ist ein Sechseck. Die
Vorderseite hat zwei Kanneluren;
553 a ist der Durchschnitt. — Ebenso
Inv. 2766 (westlich Heraion).

554 (beistehend). Östlich Zeustempel (Inv. 7179; Berlin, Dubl.).
Durchschnitt eines vollständig erhaltenen Beines von 0,70 Länge. Dasselbe verjüngt sich stark nach unten;
das Ende ist halb so dick als der
Oberteil an der Stelle ist, wo er sich

von der Kesseleinlage trennt. Die Vorderseite hat hier
drei Kanneluren erhalten. Die Kannelierung der Rückseite ist tiefer als die der anderen. Vier Verbindungsstützen zwischen Bein und Kesseleinlage und ein Dorn
darunter (vergl. 551).

554 a (beistehend). Südlich Palästra (Inv. 12134). Durchschnitt eines
16 cm langen Fragmentes. Nach
unten sich verjüngend. Rauhe Oberfläche.

Ein vollständiges Bein dieses Typus, doch nur mit einer breiten,
flachen Kannelur vorne, 0,71 lang,
wurde mit anderen Dreifußteilen den
31. Mai 1879 im Prytaneion gefunden (vergl. S. 6, Anm.);
es gehörte wahrscheinlich zu einem ebenda gefundenen
Kessel, an welchem noch ein Henkel des Typus 581.
582 festsaß.

Andere Stücke zeigen geringe oder gar keine Ausbauchung, aber stark hervorgehobene und zur Verzierung
verwendete trennende Stege zwischen den
Seiten.

555 (beistehend). Gegend des Zeusaltars
(Inv. 9101). Durchschnitt eines 14 cm langen
Fragmentes. Sauber gegossen.

556 (Tafel XXVIII). Vor dem Thesauros der Metapontiner (Inv. 3531). Oberteil eines Beines, 36 cm lang.
Auf der Vorderseite zwei schmale Kanneluren. Die
übrigen sieben Seiten sind kaum etwas ausgebaucht, und
durch Stege von einander getrennt.

Einfachere Varianten sind:

557 (Taf. XXVIII). Nördlich byzantinischer Kirche
(Inv. 12285). Unten gebrochen, 0,51 lang erhalten.
Die Abschrägungen der Vorderseite sind so wenig scharf,
daß diese fast einfach gerundet erscheint. Die Nebenseiten sind sehr flach ausgebaucht. Vier Querstützen und
ein Dorn darunter.

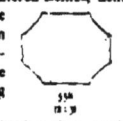

558 (beistehend). Gegend des Zeusaltars (Inv. 11630;
Berlin, Dubl.). Durchschnitt eines kleineren Beines, dem
nur die untere Spitze fehlt. Länge
0,32. Es verjüngt sich nach unten um
die Hälfte der oberen Dicke. Vorder-
und Rückseite sind breit und flach, die
sehr schmalen Nebenseiten ein wenig
ausgetieft. Nur eine Querflötze.

559 (Taf. XXVIII). Südöstlich Heraion (Inv. 7132).
Kleineres vollständig erhaltenes Bein, 0,21 lang. Vier
flache breitere und vier schmale stark ausgetiefte Seiten.
Zwei Querflötzen und ein Dorn darunter.

Eine andere Serie von Varianten, die in allmäligen
Übergängen zu Formen führen, die von den ursprünglichen sehr verschieden sind, ist folgende:

560. 560 a (beistehend). Pelopion
(Inv. 8354). Seitenansicht und Durchschnitt eines 8 cm langen Fragmentes.
Die Vorderseite und die beiden Nebenseiten sind flach, doch durch je zwei
erhobene Riefeln in der Mitte verziert.
Die Rückseite ist stark ausgetieft. Hier
ein Rest der Querflötzen.

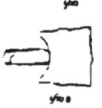

561. 561 a (Taf. XXVIII). Südlich
Heraion (Inv. 2107). Seitenansicht und
Durchschnitt vom oberen Teile eines
Beines mit Kesseleinlage, zwei Querflötzen und einem Dorn darunter. Die
Vorderseite ist flach und in der Mitte
sowohl wie an den Seiten durch er-
hobene Riefeln gegliedert. Die Nebenseiten zeigen zwei
von einem Steg getrennte Kanneluren. Die Rückseite ist
stark ausgetieft.

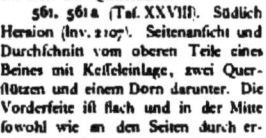

562. 562 a, b (Taf. XXVIII). Buleuterion (Inv. 5827).
Vorder- und Seitenansicht und Durchschnitt eines vollständigen Beines von 54 cm Länge, verbunden mit einem
Stücke des Kesselrandes, an welchem noch der innere
Teil des einen der beiden großen Henkel festgenietet
erhalten ist. Das Kesselrandstück ist verbogen. Das Bein
zeigt an der Vorderseite sechs schmale Kanneluren. Die
übrigen Seiten sind schwach ausgetieft und durch Stege
geschieden. Der Ringhenkel gehörte dem Typus von
579 ff. an.

563. 563 a, b (Taf. XXVIII). Östlich vom Südeck
der Echohalle (Inv. 13539). Vorder- und Seitenansicht
und Durchschnitt eines unten gebrochenen 0,515 langen
Beines. Die Vorderseite zeigt drei Kanneluren, die von
Riefeln getrennt sind, welche am Oberteile des Beines
das Strickornament tragen, das sich wie immer nach
unten verliert. Die Rückseite hat zwei breite Kanneluren, die Nebenseiten sind eingezogen und haben eine
Riefel in der Mitte. Drei Querflötzen, von welchen
die unteren zwei hier durch durchbrochen gegossenes
Zickzackornament verbunden sind. Darunter ein Dorn.

564 (beistehend). Nordwestlich Zeustempel (Inv. 8817). Durchschnitt eines 18 cm
langen Fragmentes. Die Vorderseite hat
drei flache Kanneluren, die Rückseite eine
sehr tiefe und die Nebenseiten je zwei
ebenfalls tiefe Kanneluren.

**565. 565a** (Taf. XXVIII). An der Vorderseite vier flache Kanneluren, an der Rückseite zwei fehr tiefe; an den Nebenfeiten zwei flachere.

Die Reihe, die wir eben überblickten, führt uns von den urfprünglichen fechs- oder achtfeitigen Formen zu einer rechteckigen Grundform mit teilweife fehr tiefen Kanneluren, mit immer deutlicherer Unterfcheidung von Vorder-, Rück- und Nebenfeiten. Eine Tendenz zu tiefer Kannelierung der Rückfeite haben wir fchon an 554, dann an 560 und 561 bemerkt. Dazu gefellte fich aber die in den letzten Beifpielen deutliche Tendenz, die Vorderfeite recht breit und flach zu bilden. So nähern fich diefe Formen in ihrem Streben nach leichterer Eleganz denen der dritten Hauptgattung (vergl. unten), obwohl fie einen verfchiedenen Ausgangspunkt haben als die der letzteren, welche die Blechvorbilder nachahmen, während jene konfequent aus den alten maffiven Formen herausentwickelt find. Indefs mufs, indem wir nur den verfchiedenen Urfprung fefthalten, eine gegenfeitige Berührung wohl zugegeben werden, die eben dazu geführt hat, dafs man die alten Typen eleganter und den neueren ähnlichen zu geftalten fuchte.

Ein anderes Zeichen diefer Berührung fcheint die folgende Form zu fein:

**566** (Taf. XXVIII). Weftlich Zeustempel (Inv. 1947; Berlin, Dubl.). 0,105 langes Fragment. Ein anderes ebenfo grofses Fragment von den Beinen deffelben Dreifufses, ganz identifch mit dem vorliegenden, ward füdweftlich vom Zeustempel gefunden (Inv. 3876, in Olympia). Die alte Grundform ift hier an der Vorderfeite durch mehrere fchmale Kanneluren gegliedert und aufserdem mit zwei im Gufse hergeftellten Zickzackftreifen verziert. Diefe Art von Ornamentierung findet fich fonft nur an den Stücken der dritten Hauptgattung.

Nachdem wir die Beine des erften Typus betrachtet haben, wenden wir uns zu den Henkeln, welche zu denfelben gehörten. Leider ift nur einmal (562) mit dem Fufse zugleich ein Reft des Henkels erhalten, und dies an einem zu der fpäteren Reihe diefes Typus gehörenden Exemplare. Daffelbe zeigt, dafs die im Folgenden 578 ff. befprochenen Henkel mit Riefeln zu eben diefer fpäteren Serie von Beinen gehören. Bei dem Dreifufskeffel unde im Prytaneion vom 31. Mai 1879 (vergl. S. 6, Anm.) laffen fich die zwei gefundenen Beine nur vermutungsweife mit den zwei Keffeln zufammenbringen, deren Henkel erhalten find; an einem fafs bei der Auffindung noch ein Henkel feft, bei dem anderen wurde ein offenbar zugehöriger Henkel daneben liegend gefunden; die Beine vertreten die zwei Reihen des befprochenen Typus und ebenfo gehören die Henkel, wie wir fehen werden, zwei entfprechenden verfchiedenen Reihen an.

Für den Mangel eines älteren vollftändigen Exemplares gewinnen wir einen Erfatz durch einen in Mykenä auf der Akropolis aufserhalb der Schachtgräber gefundenen wohlerhaltenen Dreifufs.[1] Derfelbe, ein bauchiger

---

[1] In Athen im Mufeum der arch. Gefellfchaft; fchon erwähnt in den Br.-Funden S. 18.

Keffel mit ziemlich ftarker oberer Einziehung, hat niedrige Beine (Fufslänge nur 33 cm bei 42 cm Keffeldurchmeffer), welche fich nach unten verjüngen und ganz einfach fechsfeitig abgefchrägt find, ohne jegliche Verzierung und ohne alle Rillen und Kanneluren; eine Querftütze geht in der üblichen Weife zur Keffeleinlage. Die Füfse gehören alfo der älteften Reihe unferes erften Typus an. Ihr Anfatz geht bis zum Keffelrande herauf. Von den zugehörigen zwei Henkeln ift der eine zwar abgebrochen, aber vollftändig erhalten. Der Ringhenkel ift dick und fchwer und zeigt einen plumpen ftrickförmigen Wulft in der Art wie 568, nur noch einfacher. Der Keffelhenkel, d. h. der vertikal zum Keffelbauch herabgehende Henkel, ift ganz einfach, wie an einem Thongefäfs, von kreisrundem Durchfchnitt, alfo einfacher als die olympifchen. Bewiefen wird aber durch diefen Henkel, dafs auch in Olympia die fchweren ftrickförmigen Henkel zu den eben betrachteten maffiven Beinen gehören. Vermutlich vertraten in älterfter Zeit wirklich dicke ringförmig am Keffel befeftigte Stricke die Stelle von Henkeln.

Die grofsen gegoffenen Dreifufshenkel beftehen alle aus drei Hauptteilen, welche in einem Stücke gegoffen find: 1) aus dem Keffelanfatz, einem glatten horizontalen Streifen mit Nagellöchern an den Enden; 2) aus dem Keffelhenkel, dem von der Mitte diefes Anfatzes oder dem unterften Teile des Ringhenkels aus nach unten gebogenen Henkel, welcher fich unten zu einem mit Nagelloch verfehenen Anfatze an den Keffel verbreitert; und endlich 3) aus dem emporftehenden Ringhenkel, welcher bei gröfseren Exemplaren mit dem Keffelanfatze durch zwei vertikale Stützen verbunden ift.

Wir beginnen mit einem fehr einfachen kleineren Exemplare.

**567** (Taf. XXX). Nordweftlich Zeustempel (Inv. 8679). Der dicke Ringhenkel von ca. 12 cm Durchmeffer ift flach, nicht rund, am Rande etwas gezackt. Es folgen die mit der Strickverzierung.

**568** (Taf. XXX). Gegend des Zeusaltars (Inv. 11627; Berlin, Dubl.). Stück eines vollftändig erhaltenen Ringhenkels von 15", cm Durchmeffer nebft Durchfchnitt. Ohne Stützen. Der Keffelanfatz ift fehr fchräge und zeigt, dafs der bauchige Keffel fich nach der Mündung hin zufammenzog. Drei dicke ftrickförmige Wülfte umgeben den Ring.

Von diefem Typus ift ein Henkel von 10 cm Durchmeffer, der bei einem der Keffel im Prytaneion am 31. Mai 1879 fich fand; über das wahrfcheinlich zugehörige Bein der älteren Serie diefer Gattung vergl. oben zu 551.

**569** (Taf. XXX). Weftlich Stadionwall (Inv. 3683). Der Ring hat 15 cm Durchmeffer und ift wie aus dicken Stricken beftehend geftaltet. Auch die zum Keffelanfatz herabgehenden Stützen find wie Stricke behandelt (in der Abbildung nicht ganz deutlich). Der unten gebrochene Keffelhenkel ift flach und mit drei erhobenen Rillen verfehen, die auch ftrickförmig verfehen find.

Der Typus von 569 ift fehr gewöhnlich. Er kehrt mit geringen Varianten wieder bei einer Reihe von Exemplaren von 14—18 (meift gerade 18) cm Durchmeffer. So Inv. 8739 (nördlich Zeustempel), 11460 (weftlich Pelopion). 8701. 8430. 6047. 10898 (alle aus der Umgegend des Zeusaltars). 8242 (füdlich Zanes). 12486 (nördlich Prytaneion). 10523. 10864 (weftlich Pelopion). 10526 (füdlich Heraion). Fragmente: 9994. 7157 mit zwei unklaren Nagellöchern, darin Eisenroft.

**570** (Taf. XXIX). Öftlich Zeustempel (Inv. 5107; Berlin, Dubl.). Vollftändig erhaltener Ring von 17 cm Durchmeffer. Schräger Keffelanfatz wie bei 568. Abweichend vom gewöhnlichen Typus ift unten auf der Innenfeite des Ringes eine Spirale zur Verzierung aufgefetzt (fie ift mit dem Ganzen gegoffen).

Das hier erft befcheiden und untergeordnet auftretende Spiralornament werden wir bald fich mehr vordrängen fehen (vergl. 574 ff.).

Einige Exemplare haben einen zierenden Auffatz auf der Mitte des Ringes oben.

**571** (Taf. XXX). Öftlich Pelopion (Inv. 11337). Durchmeffer 15 cm. Der Auffatz befteht in einer kleineren Wiederholung des Ringes felbft mitfamt den Stützen. — Der Keffelhenkel ift gebrochen.

**572** (Taf. XXIX). Vor dem Buleuterion (Inv. 5449). Der Auffatz befteht in einem nach dem Innern des Keffels blickenden primitiv gebildeten Ochfenkopf. Die Strickverzierung ift hier befonders reich.

Inv. 9952 (füdlich Heraion; Berlin, Dubl.). Geringeres Exemplar, ebenfalls mit Ochfenkopf, 17 cm Durchmeffer.

Inv. 9229 (Pelopion). Durchmeffer 18 cm. Ein drittes Exemplar mit Ochfenkopf, der immer nach dem Keffelinnern blickt. Der Keffelhenkel ift hier mit Spiralornament ftatt der üblichen Riefeln oder Stricke verziert (vergl. 574).

**573** (Taf. XXVIII). Südlich der Krypte bei der Oft-Altismauer, im weftlichen Stadionwall (Inv. 7872). — Grofser Keffel von ca. 80 cm Durchmeffer. Der eine Henkel (24 cm im Durchmeffer) ift erhalten und noch feftgenietet. Von dem anderen fehlenden Henkel fieht man noch, genau gegenüber von dem erhaltenen, die Nieten. Auch die Nagellöcher, welche zur Befeftigung der drei Beine dienten, find zu fehen. Als Auffatz auf dem Strickhenkel dienen zwei nach dem Keffelinnern blickende primitive Vögel. Am Rande wird das Keffelblech dick. Der Rand ift nach dem Innern zu abgefchrägt.

**574** (Taf. XXX). **574a** (beiftehend). Öftlich Zeustempel (Inv. 5471). Durchmeffer 15½ cm. Der Auffatz

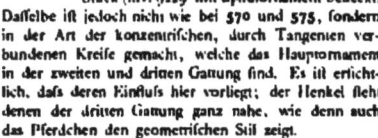

befteht in einem Pferdchen, das bereits die wefentlichen Eigenfchaften des geometrifchen Stiles zeigt. Der Ring hat zwar noch denfelben Durchfchnitt (574a) wie die bisherigen, verfchmäht jedoch das Strickornament und läfst die Wülfte lieber glatt. Dagegen ift der Keffelhenkel wie bei dem oben erwähnten Stück (Inv. 9229) mit Spiralornament bedeckt. Daffelbe ift jedoch nicht wie bei 570 und 575, fondern in der Art der konzentrifchen, durch Tangenten verbundenen Kreife gemacht, welche das Hauptornament in der zweiten und dritten Gattung find. Es ift erfichtlich, dafs deren Einflufs hier vorliegt; der Henkel fteht denen der dritten Gattung ganz nahe, wie denn auch das Pferdchen den geometrifchen Stil zeigt.

Inv. 1047 (Nordweftecke Zeustempel). Der Ring hat das alte Profil wie auch 574. aber kein Strickornament mehr.

**575** (Taf. XXX). Südweftecke Zeustempel (Inv. 218). Durchmeffer 16 cm. Keffelanfatz und Keffelhenkel fragmentiert. Der Ring hat immer noch die alte Profilierung, aber das Strickornament ift nicht nur verfchwunden, fondern erfetzt durch echte Doppelfpiralen, die aneinandergereiht Ring und Keffelhenkel bedecken.

Vielleicht waren die folgenden Stücke einft als Auffatz oben auf gröfsere Ringhenkel aufgenagelt (vergl. 571):

**576** (beiftehend). Gegend des Zeusaltars (Inv. 9398). Durchmeffer 3 cm. Oben ein nach dem Keffelinneren blickender Ochfenkopf. Unten eiferner Stift. — Ein anderes gleiches Exemplar von 2½ cm Durchmeffer notierte ich im Magazin.

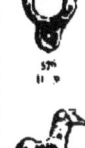

**577** (beiftehend). Von ebenda (Inv. 9404). Durchmeffer des Ringes 2½ cm. Ein Pferd krönt den Ring; daffelbe zeigt im Wefentlichen die Eigenfchaften des geometrifchen Stiles. Die Gröfse des Pferdes weift wohl darauf hin, dafs diefer kleine Ring nur die Krönung eines gröfseren war.

Eine neue Gruppe von Henkeln charakterifiert fich dadurch, dafs die Innenfeite des Ringes nicht mehr rund ift, fondern eine gerade, breite Fläche bildet, von welcher aus der Ring nach dem Rande zu in mehreren Schichten oder Abfätzen anfteigt. Während den früheren Formen zumeift die Idee eines Ringes von rundem Durchfchnitte zu Grunde lag, fo ift diefe hier aufgegeben zu Gunften des flachen Ringes mit kantigem Rande. Die Profilierung zeigt das Streben nach dünner, flächiger Geftalt des Ringes. Es ift wahrfcheinlich, dafs diefe Veränderung durch den Einflufs des Blechftiles hervorgerufen wurde, in welchem der flache Ring eigentlich zu Haufe ift. Wir werden fpäter fichere gegoffene Nachahmungen flacher Blechhenkelringe zu betrachten haben. Hier führen wir nur diejenigen Formen an, die als ältere, den Übergang bildende zu betrachten find, welche den Blechftil noch nicht direkt nachahmen, fondern nur in Berührung mit ihm ftehen. Sie entfprechen durchaus jener fpäteren Serie der oben befprochenen Dreifufsbeine, welche ebenfalls den beginnenden Einflufs des Blechftiles zeigt und aus den maffiven runden Formen in flachere überzugehen beginnt. Den Beweis, dafs die Beine diefer Art mit den anzuführenden Henkeln zufammengehören, giebt 562, wo ein Henkelfragment mit dem Beine zufammen erhalten ift. Auch wurde bereits erwähnt, dafs im Prytaneionfunde vom 31. Mai 1879 ein Bein jener Art wahrfcheinlich zu dem Keffel gehört, an welchem ein Henkel des zu befprechenden Typus feftfitzt.

Die hierher gehörigen Henkel find noch ziemlich fchwer und dick im Durchfchnitt. Sie find noch nicht breiter als die bisher befprochenen, fie beabfichtigen alfo noch nicht, die flachen, breiten Blechringe direkt nachzuahmen. Auch wird das alte Strickornament noch nicht aufgegeben.

**578** (Taf. XXX), **578a** (beistehend). Durchmesser 0,14. Der Ring zeigt eine tiefe Kannelur. Oben ein nach innen blickender Vogel. Dieser Henkelform werden Beine wie **564** entsprochen haben.

578a
(1:1)

**579** (Taf. XXX), **579a** (beistehend). Wellfront Heraion Inv. 2670. Durchmesser 0,20. Kesselhenkel und Kesselansatz fragmentiert. Ziemlich grob gearbeitet. Der Durchschnitt zeigt, daß der Ring in regelmäßigen Schichten nach dem Rande zu abnimmt. Die trennenden Reifen sind mit Strickornament verziert. Oben im Rande ein Nagelloch; es war einst wahrscheinlich ein Tier als Krönung aufgesetzt.

579a
(1:1)

**580** (Taf. XXX). Kladeosbett, Inv. 4244. Fragment, 0,14 lang. Die zwei vorstehenden Ränder der Schichten zeigen das Strickornament. Der äußere Rand ist hier schon recht dünn. Ein Nagelloch in demselben.

**581** (Taf. XXX). Nordöstlich Zeustempel, Inv. 1812. Kesselansatz und unterer Teil des Kesselhenkels abgebrochen. Der Rand recht dünn.

**582** (Taf. XXX). Südlich Heraion Inv. 6587. Fragment. Dünner Rand (vergl. den Durchschnitt).

Ein Henkel der Art wie **581**, **582** saß bei der Auffindung noch fest an einem Kessel aus dem Funde im Prytaneion vom 31. Mai 1879. Er hat 18 cm Durchmesser; der Kessel, dessen Boden ausgebrochen war, hat 55—60 cm Durchmesser. An der dem erhaltenen Henkel gerade gegenüber liegenden Stelle des Randes befinden sich die Nietspuren des zweiten verlorenen Henkels. Über das wahrscheinlich zugehörige Bein vergl. zu **554a**.

In der Art wie **579**—**582**, mit Strickornament verziert, sind ferner folgende Fragmente von Dreifußhenkeln: Inv. 3645 (beim Metroon), 9117, 9689 vom Pelopion, 8316 (südöstlich Pelopion), 8716 (nördlich Zeustempel), 12715 (nördlich Prytaneion), 8406 (westlich Echohalle), 8848 (westlich Stadionwall).

Leider sind die Kessel, welche einst zu den Beinen und Henkeln gehört haben müssen, fast immer so zerstört vorgefunden worden, daß sich von ihrer Form kein exakter Begriff machen ließ und sie in Zeichnung nicht wiedergegeben werden können.[1] Die gewöhnliche obere Randform, wenigstens die für die spätere Reihe dieser ersten Gattung typische, sieht man an **573**. Dieselbe bleibt auch bei den folgenden Gattungen die regelmäßige Form; vergl. **629**. **638**. Bei ihr hat nun der Rand nur eine schwache Einziehung. Bei der älteren Serie war diese, wie die Ansatzstellen an Beinen und Henkeln lehren, eine bedeutend stärkere. Das Blech wird am Rande einfach dicker und springt nach innen etwas heraus.

---

[1]. Leider konnte ich 1886 den oben nach meinen Notizen von 1879 beschriebenen Kessel vom Prytaneion nebst seinem Henkel nicht mehr identifizieren.

Anders ist die Form an einer wohlerhaltenen oberen Kesselhälfte.

**582a** (Taf. XXVII). Gefunden im südlichen Teile des Prytaneions, in tieferer, vorrömischer Schicht, die mit Kohlen, Knochen und Scherben getirnißter antischer Vasen durchsetzt war. Inv. 7407; Berlin, Dubl.). Oberer Durchmesser ca. 45 cm, größter Durchmesser ca. 60 cm; Breite der oberen Randfläche 17 mm. Man sieht die drei Stellen, wo die Beine mit je zwei Nägeln oben und zweien unten angenietet waren. Ferner sieht man die Stellen, wo die zwei Henkel sich gerade gegenüber mit je drei Nieten befestigt waren. — Der Rand springt hier außen vor und der Kessel hat eine ziemlich starke obere Einziehung. Die Füße und Henkel können nicht am obersten Rande angesetzt haben. Auch mußten die Beine in ihrem oberen Teile eine starke Biegung zeigen. Diese Eigentümlichkeiten weisen darauf hin, daß dieser Kessel ein besonders altertümlicher ist, an welchem wir Beine und Henkel der ältesten Art zu ergänzen haben. Der Miniaturdreifuß **535** ist im Wesentlichen derselben Art, nur mit noch stärker betontem Rande.

Wir haben innerhalb der Stücke, welche wir zu der ersten Gattung der olympischen Dreifüße gerechnet haben, eine fortschreitende Entwickelung beobachtet. Daß die Formen, mit welchen wir begannen, auch wirklich die ältesten in Olympia sind, das geht nicht nur aus der Konsequenz der nachgewiesenen Entwickelung hervor, sondern wird auch bestätigt durch die Fundthatsachen (vergl. oben) und dadurch, daß sie sich unmittelbar anschließen an noch ältere Formen. Schon die thönernen dreifüßigen Kochtöpfe der altmykenischen Kultur haben jene Beine von rautenförmigem Durchschnitt, mit denen wir oben begonnen haben.

Um eine deutliche Anschauung der gewonnenen Resultate zu vermitteln, geben wir in den zwei Skizzen a und b auf Tafel XXXIV ergänzte Ansichten der älteren (a) wie der späteren (b) Art des besprochenen Typus.

Der aufmerksame Betrachter kann es ohne Erläuterung leicht selbst kontrollieren, wie diese Wiederherstellungsversuche — und dasselbe gilt von den folgenden — dem im Einzelnen als noch vorhanden nachgewiesenen, oder als einst vorhanden erschlossenen Materiale entsprechen. Die Beine von a sind von einfach rautenförmigem Durchschnitt, die von b so wie **564**. Als Maß ist eine vorhandenen Resten entsprechende Durchschnittsgröße angenommen.

Diese beiden, hier in ihren gegensätzlichen Formen wiederhergestellten Typen sind indes, wie wir im Einzelnen gesehen haben, in Wirklichkeit durch zahlreiche Übergänge verbunden.

Ferner ist hier daran zu erinnern, daß in der späteren Art an Stelle der alten Strickornamentik vereinzelt, wenigstens an den Henkeln, auch Reihen von Doppelspiralen als Verzierung vorkommen, die von den durch Tangenten verbundenen Kreisen der dritten Gattung wohl zu unterscheiden sind und nur in einem als Übergangsform zu betrachtenden Stücke wie **574** sich denselben nähern; fowie ferner, dafs hier Ochfenkopf, Vogel und Pferd zuweilen zur Krönung der Henkel verwendet werden. Diefe Tiere zeigen die Grundzüge der geometrifchen Stilifierung. Die letzte Gruppe diefer erften Gattung ift in der That aber als die Ausbildung jenes Stiles. Sicher geht aber die ältere Gruppe in frühere Zeit zurück. Die Entwickelung innerhalb diefes erften Typus ift jedenfalls auf eine lange Periode zu verteilen.

### Zweite Gattung (Henkel und Beine von Blech).

Das Charakteriftifche der Dreifüfse diefer Gattung ift, dafs nur Kleinigkeiten an denfelben, wie die figürlichen Zuthaten, gegoffen, alle anderen Teile aber gehämmert find. Die Füfse wie die Henkel beftehen aus ftarkem Blech von 1—3 mm Dicke. Diefelben find mit von der Oberfeite eingefchlagenen geometrifchen Verzierungen bedeckt. Das Hauptmotiv derfelben find konzentrifche Kreife, welche durch Tangenten verbunden werden.

Die Ornamente wurden nicht aus freier Hand eingefchlagen, fondern mit Punzen, welche die einzelnen Ornamente, die Kreife, die Häkchen und den »laufenden Hund« enthielten. Von den konzentrifchen Kreifen ward jeder einzelne mit befonderem Punzen eingefchlagen, weshalb bei Gleichheit der Durchmeffer doch die Diftanzen der Kreife untereinander ungleich find. Der Punkt in der Mitte ward immer zuletzt eingefchlagen und fteht meift fehr ungleich, bald höher, bald tiefer.

Die Ringhenkel find auf beiden Seiten verziert, die Teile der Füfse natürlich nur auf einer.

Wir betrachten zunächft die Füfse.

Ein vollftändiges Exemplar ward leider nicht gefunden; wir müffen die Form aus den Fragmenten[1]) rekonftruieren.

Die ftarken geraden Blechftreifen, aus welchen diefe Dreifufsbeine beftanden, boten den Zeiten, wo man die alten Anatheme nicht mehr fchonte und diefelben befeitigte oder zerftörte, ein fo vielfach zu verwendendes treffliches Material, dafs wir uns nicht wundern dürfen, wenn die meiften Fragmente der Blechdreifufsbeine Spuren fpäterer Verwendung zeigen. Dies gefchah, wie Infchriften lehren, fchon in verhältnismäfsig alter Zeit (vergl. 586. 591). Die Brauchbarkeit für andere Zwecke erklärt es, dafs uns kein einziges vollftändiges Dreifufsbein diefer Art erhalten ift.

Nur an einem Fragmente ift ein Stück des Keffelblechs noch erhalten:

**583** (Taf. XXXI). Südlich byzantinifcher Kirche (Inv. 13213). Oberes Ende eines Fufses von Blech. Der Nagel rechts oben verbindet noch ein Stück des Blechkeffels. Das entfprechende Ende links fehlt. Unten Bruch und Reft eines Nagelloches in der Mitte des Streifens.

1) Dafs die zu befprechenden verzierten Streifen von Dreifufsbeinen herrührten, vermutete ich zuerft in den Br.-Funden (S. 11. 16), dachte mir diefelben aber noch als Holzbekleidung. Die richtige Verbindung derfelben erkannte darauf Treu im fünften Ausgrabungsjahre vergl. Purgold, Annali d. Inft. 1885, p. 173.

Auch diefes diente wahrfcheinlich zur Befeftigung an den Keffel. Das Stück ift ausnahmsweife einfach, nur mit einem Randftreifen verziert, was durch die Kleinheit des Exemplares erklärt wird. Die Breite des Beines betrug nur 4 cm. Die Verbreiterung deffelben am Anfatze oben kennen wir fchon von den früher betrachteten Dreifufstypen. Diefes kleine Exemplar hatte wahrfcheinlich keine Nebenfeiten.

Dagegen beftehen die gröfseren reich verzierten Beine diefes Typus regelmäfsig aus der breiten Vorder- und zwei fchmalen Nebenfeiten. Denn bei grofsen Dimenfionen war der eine breite Blechftreifen, welcher die Vorderfeite bildete, nicht ftark genug, um das Gewicht allein zu tragen; er erhielt daher zwei im rechten Winkel mit ihm durch Zapfen verbundene fchmale Nebenfeiten.

Leider ift die Verbindung von Vorder- und Nebenfeiten an keinem Stücke mehr ganz erhalten (ein Reft bei 589). Sie ift nur durch die vorhandenen Löcher und Zapfen nachzuweifen. Die breiten Seiten zeigen in regelmäfsigen Diftanzen zwei Reihen von forgfältigen kleinen Löchern. Die fchmalen Streifen dagegen tragen am Rande, aber nur an einer Seite deffelben, in beftimmten Abftänden hervortretende, mit den Streifen aus einem Stücke gearbeitete kleine Zapfen, deren Enden breit gehämmert find. Sie haben einft als Nieten fungiert, indem fie in jene Löcher der breiten Streifen von der Rückfeite derfelben und rechtwinklig zu ihnen eingefügt und dann auf der Vorderfeite breit gehämmert wurden, fo dafs fie nicht über die Fläche derfelben herausftanden.

Der beigefügte, nach den normalen Proportionen der Fragmente ergänzte Durchfchnitt durch die Stelle der Einzapfung verdeutlicht dies.

Wir betrachten zunächft die Vorderfeiten.

In der Regel zeigen diefelben vier vertikale Reihen von Kreifen mit Tangenten als Hauptornament. Diefelben pflegen durch Streifen von Zickzack getrennt zu fein. Den Rand bildet immer der fogenannte »laufende Hund«. Diefe Dreifufsbeine hatten offenbar gar keine Verjüngung nach unten, da eine folche nirgends zu konftatieren ift. Sie führen das Ornament gleichmäfsig bis herunter und laffen es da einfach abbrechen. Ein beliebtes Mafs für die Vorderfeiten ift das von 14—15 cm Breite. Die Nebenfeiten ftanden dann um ¼ diefes Mafses (ca. 37 mm), wie die Stiflöcher zeigen, vom Rande ab. Indefs kommen auch verfchiedene andere Mafse vor. Bei der Vorficht, welche in diefen Dingen geboten ift, wage ich nicht, Reduktionen auf antike Mafsftäbe vorzunehmen.

**584** (Taf. XXXI). Öftlich Exedra (Inv. 1742). Oberes Ende einer Dreifufsbeinvorderfeite. Obere Breite 23 cm; die Breite der leider abgebrochenen geraden Fortfetzung nach unten betrug ca. 14 cm. Zwei große Nagellöcher in den Ecken und eines in der Mitte oben rühren von der Befestigung am Kessel her; ebensowohl die zwei kleinen Löcher etwas weiter unten. Das Stück zeigt keine Löcher für die Nebenseiten, da es etwas oberhalb der Stelle gebrochen ist, wo diese beginnen. Das erhaltene Stück ist noch völlig ohne Kessel an. Es ist charakteristisch für die Dekoration dieses oberen Stückes, daß dieselbe mit Ausnahme der Ränder horizontale Richtung hat. Von der Stelle, wo der Streif vom Kessel sich trennt und auch die Nebenseiten beginnen, oder etwas ober- oder unterhalb, nimmt die Dekoration immer vertikale Richtung an (vergl. 586 ff.).

**585** (Taf. XXXI). Bei der halbrunden Basis im Süden des Zeustempels, unter deren Fundament (Inv. 7749; Berlin, Dubl.). Linke Hälfte des Oberteiles eines Dreifußbeines. Das Nagelloch in der erhaltenen linken Ecke diente zur Verbindung mit dem Kessel. Nach rechts und unten gebrochen. Auch hier ist dieser Oberteil mit Ausnahme des vertikalen Randes in horizontaler Richtung verziert. Die Kreise sind durch doppelte diagonale Tangenten verbunden. Erhaltene Breite 13 cm. Wenn wir annehmen, daß die Dekoration der Mitte vier Kreise nebeneinander enthielt, so war die ursprüngliche obere Breite ca. 20 cm, die der unteren Fortsetzung ca. 14 cm.

Inv. 12843 (südlich Palästra). Linke obere Ecke eines ähnlichen Stückes mit Nagelloch.

**586** (Taf. XXXI). Östlich vom Mosaikgemach hinter dem Südende der Echohalle, ca. 1 m tief unter dem Fußboden der römischen Anlage (Inv. 13700). Linke Hälfte der breiten Vorderseite eines Dreifußbeines. Der ursprüngliche Rand ist nur die Obrigen Seiten Schnittfläche. Das Stück gehörte zu dem oberen Teile des Beines, wie die horizontale Richtung eines Teiles der Ornamente zeigt. Gleich über der oberen Schnittfläche wird einst die Verbreiterung begonnen haben, wie wir sie an 584 und 585 sehen. Die horizontale Richtung der Dekoration ging hier etwas über den Ansatz der Nebenseiten herab, wie das obere Loch zeigt, das noch in dem horizontalen Teile sich befindet. 12 cm tiefer ist ein zweites Loch erhalten. Die beiden Löcher befinden sich je 37 mm vom Rande entfernt. Die vertikale Linie, zu deren beiden Seiten runde Fläckchen angebracht sind, bezeichnet ohne Zweifel die Mitte des ursprünglichen Ganzen, welches also 0.148 breit war. Es ist danach 64 mm weiter rechts von den Löchern die entsprechende zweite Reihe von Löchern zu denken, in welchen die zweite Nebenseite befestigt war. In dem oberen der erhaltenen Löcher steckt noch der Stift, der auf der Oberseite flach gehämmert ist. Nach Zerstörung des Dreifußes, zu welchem das Bein einst gehörte, hat man das vorliegende Stück ausgeschnitten und auf der leeren Rückseite eine Urkunde aufgezeichnet (deren Buchstaben natürlich auf die vorhandenen zwei Löcher Rücksicht nehmen). Dieselbe wird im Bande der Inschriften veröffentlicht (vergl. Arch. Ztg. 1881, Beil. zu S. 77, No. 382). Diese Inschrift wird von Purgold in das 7. Jahrhundert gesetzt (ebenda S. 94, freilich mit unsicheren Gründen; jünger als das 6. Jahrhundert wird sie aber gewiß nicht sein. Der Dreifuß, welcher bei

ihrer Anfertigung zerstört war, muß natürlich einer beträchtlich früheren Zeit angehört haben.

**587** (Taf. XXXI). Westlich Stadionwall (Inv. 7715). Vom oberen Teil der Vorderseite eines Dreifußbeines; links der antike Rand, sonst gebrochen. Hier ist der Oberteil mit der horizontalen Dekoration aus einem besonderen Stücke an den Hauptteil mit den Vertikalstreifen aufgenagelt. An letzterem fehlt rechts noch der vierte Streif mit den konzentrischen Kreisen und das laufende Hund-Ornament als Abschluß. Die ganze Breite war 0.145. Rechts sieht man ein Loch für einen Stift der einen Nebenseite; dasselbe ist 37 mm vom einstigen Rande entfernt (wie bei 586).

**588** Taf. XXXI. Beim Thesauros der Megareer (Inv. 3455; Berlin, Dubl.). Fragment vom oberen Teile der Vorderseite eines Dreifußbeines. Links ist der Rand beschädigt, doch fehlt nichts Wesentliches (nur etwa 5 mm); an allen anderen Seiten durch Umknicken gebrochen. Auch hier ist der Übergang der horizontalen Reihen in die vertikalen erhalten. Die vertikale, doppelte Zickzacklinie bezeichnete offenbar einst die Mitte. Danach betrug die ganze Breite 0.144. Das runde Loch, für einen Stift der linken Nebenseite bestimmt, ist wieder 35 bis 37 mm vom einstigen Rande entfernt.

Inv. 11960 (nördlich Leonidaion). Fragment einer Vorderseite, von der Stelle, wo horizontale und vertikale Anordnung aneinanderstoßen.

**589** (Taf. XXXI. Südlich Metroon (Inv. 6247). Stück der Vorderseite eines Dreifußbeines. Unten gerade abgeschnitten. Vielleicht ist dies das ursprüngliche untere Ende. Gesamtbreite nur 97 mm. Hier sind die zwei Reihen der Stiftlöcher, für die beiden Nebenseiten bestimmt, erhalten. In einem der Löcher (dem rechten unten) steckt noch der Stift, dessen Oberseite platt gehämmert ist, so daß er, obwohl er das Ornament unterbricht, doch kaum bemerkt wird. Auf der Rückseite ist an dem Stifte sogar noch ein Stückchen des seitlichen Blechstreifens, mit welchem er also einst verbunden war, erhalten. Die Löcher befinden sich je ca. 26 mm vom Rande entfernt.

**590** (Taf. XXXI. Westlich Buleuterion (Inv. 13005). Fragment gleicher Art, unten und oben abgeschnitten, offenbar nach der behufs anderer Verwendung stattgefundenen Zerstörung des Dreifußes. Von diesem rühren die großen plumpen, von der Oberseite hergestellten, Nagellöcher her, welche oben, unten und an den Seiten zu sehen sind. Ursprünglich sind nur die beiden runden Stiftlöcher für die Nebenseiten, welche sich, eines links, eines rechts, weiter unten befinden. Dieselben sind beide je 36 mm von den seitlichen Rändern entfernt. Die Breite des Stückes beträgt 0.148.

Von einem völlig gleich verzierten und genau nach denselben Maßen gearbeiteten Dreifußbeine stammt Inv. 12619 (nördlich Prytaneion), mit zwei alten Stiftlöchern im Abstande von 36 mm vom Rande. — Wiederum von einem genau übereinstimmenden Stücke ist Inv. 12928 (westlich Buleuterion), ein Fragment; mit zwei Stiftlöchern für die Nebenseiten. Dies kann, da der Fundort übereinstimmt, zu demselben Dreifuß gehört haben wie 590, doch war 590 später verwendet, dies Stück aber nicht.

Es kann indeſs ebenſogut einem anderen übereinſtimmenden Dreifuſse angehört haben.

**591** (Taf. XXXI). Etwas öſtlich von dem Praxiteles-Bathron im Südoſten des Zeustempels, in höherer Schicht, nur wenig tiefer als die ſogenannte »Slavenſchicht« gefunden (Inv. 3929). Stück der Vorderſeite eines Dreifuſsbeines. Breite nur 9 cm. Ein Stiftloch für die linke Nebenſeite iſt erhalten, 18 mm entfernt vom Rande. Das entſprechende der anderen Nebenſeite iſt mit dem ausgebrochenen Stücke rechts verloren gegangen. Nur je zwei konzentriſche Kreiſe ſtatt der üblichen drei. Das Randornament iſt nicht der gewöhnliche »laufende Hund«, ſondern iſt aus den flachen kleinen Halbkreiſen hergeſtellt, die ſo verwendet ſind, daſs der Eindruck eines geflochtenen Randes entſteht. — Nach Zerſtörung des Dreifuſses wurde ein gröſseres Stück einer Beinvorderſeite, von welchem das vorliegende der Reſt iſt, zur Aufnahme einer Urkunde verwendet, die auf der Rückſeite aufgezeichnet wurde. Dieſelbe nimmt Rückſicht auf das vorhandene Stiftloch.[1]) Dies geſchah wahrſcheinlich im 6. Jahrhundert. Wiederum ſpäter wurde die Urkunde an den beiden Enden abgeſchnitten und verkürzt.

Ein anderes kleines Fragment derſelben hat ſich auf dem weſtlichen Stadionwalle gefunden; es iſt ein kleiner Streif, in der Spätzeit zu irgend einer Verwendung zurechtgeſchnitten. — Vergl. Arch. Ztg. 1879, S 47, No. 223; 1880, S. 63, No. 354.

Noch ſind drei andere Fragmente von Beinvorderſeiten zu nennen, welche ebenfalls auf der Rückſeite zur Aufzeichnung von Urkunden benutzt worden ſind.

Die Inſchrift Arch. Ztg. 1877, Taf. 4, 2; S. 48, No. 56 ſteht auf der rechten Hälfte einer Vorderſeite mit der gewöhnlichen Dekoration wie **586** ff. Das Stück enthält kein Stiftloch, nur ein grofses plumpes, von der Ornamentſeite eingeſchlagenes Loch, welches die Inſchrift verletzt und der Spätzeit angehört.

Die Inſchrift Arch. Ztg. 1878, Taf. 18, 8; S. 141, No. 183 ſteht auf einem Stück, das aus einer breiten Vorderſeite des gewöhnlichen Typus ausgeſchnitten war. Ein Rand iſt erhalten, 35 mm von demſelben befindet ſich ein rundes Stiftloch für die eine Nebenſeite. Die Inſchrift nimmt Rückſicht auf daſſelbe.

Die Inſchrift Arch. Ztg. 1879, S. 150, No. 307 iſt auf ein Stück geſchrieben, das mitten aus einer Dreifuſsbein-Vorderſeite herausgeſchnitten worden war; es iſt alſo nirgends der urſprüngliche Rand, wohl aber der Reſt eines alten Stiftloches erhalten.[*)

**592** (Taf. XXXII). Öſtlich Zeustempel (Inv. 8400). Streif vom linken Rande einer breiten Dreifuſsbein-Vorderſeite. Unten an das abgebildete Stück ſchlieſst ein

---

[1]) Die entgegenſtehende Angabe (Br.-Funde S. 12) iſt unrichtig, wie ich mich 1881 in Olympia überzeugt habe.

[*] Erſt nach Abſchluſs des Manuſkriptes erhielt ich den Auffatz von Undſet in der Ethnolog. Zeitſchr. 1889, S. 311 ff., wo derſelbe ausführlich und vollkommen richtig das gegenſeitige Verhältnis von Schrift und Ornament an den oben angeführten Stücken beſpricht und ſich dabei mit Recht gegen meine früheren Angaben Br.-Funde S. 12 wendet, deren Ungenauigkeit ich indeſs bei meinem zweiten Aufenthalt in Olympia 1886, wie ſchon erwähnt, bereits erkannt hatte.

zweites längeres Fragment an, das nach unten hin vollſtändig ſcheint. Beide zuſammen haben eine Länge von etwas über einem Meter. Da ſicher nach oben noch etwas folgte, war das Bein alſo weſentlich länger als ein Meter. Unten bricht das Ornament ohne allen Abſchluſs einfach ab. Zuerſt glaubt man eine Nebenſeite vor ſich zu haben. Genauere Betrachtung zeigt aber, daſs rechts nicht antiker Rand, ſondern Schnittfläche iſt. Auch fehlen die für die Nebenſeiten charakteriſtiſchen Stifte und ſtatt ihrer ſehen wir die runden Löcher der Vorderſeiten, welche die Stifte der Nebenſeiten aufnehmen ſollten; in einem Loche ſteckt noch der abgebrochene Stift. Es kann nicht zweifelhaft ſein, daſs dieſer lange Streif nach Zerſtörung des Dreifuſses von der Vorderſeite eines der Beine abgeſchnitten ward. Da die Breite des vorhandenen Streifs 5 cm beträgt, ſo war die Breite des Ganzen, das ohne Zweifel nach dem gewöhnlichen Typus (ſ. **589. 590**) mit vier Kreisreihen zu ergänzen iſt, wenigſtens 15 cm. Die Stiftlöcher ſtehen 45 mm vom Rande entfernt und folgen ſich in Diſtanzen von je 11½ cm.

Inv. 4003 (ſüdöſtlich Zeustempel). Wahrſcheinlich rechte untere Ecke einer breiten Vorderſeite. Unten gerade abgeſchnitten, vergl. **589**. Die Kreisreihen enden mit Kreiſen, ohne anſetzende Tangente. Ein Zickzackſtreifchen geht um die Ecke unten herum als Abſchluſs.

Kleinere Fragmente, aus breiten Bein-Vorderſeiten des beſprochenen Typus ausgeſchnitten und ausgebrochen, ſind: Inv. 12503 und 12543, nördlich Prytaneion, 13254 ſüdlich byzantiniſcher Kirche, 12444 Südoſtbau.

**593a** (Taf. XXXII). Südweſtlich Pelopion (Inv. 11736). 6 cm breit, 21 cm lang. Rand an der einen Seite; das Randornament beſteht aus runden Häkchen, vergl. **586. 591** in der Mitte. Zwei Kreisreihen. Nicht etwa eine Nebenſeite, wie es ſcheinen könnte, ſondern aus einer Breitſeite zurecht geſchnitten; mit Stiftloch.

Inv. 12063 (ſüdlich Paläſtra), ein abgebrochener Zapfen der einen Nebenſeite ſteckt noch in ſeinem Loch; aufſerdem ein grofser Nagelloch von ſpäterer Verwendung.

Bemerkenswert iſt Inv. 778 (weſtlich Zeustempel), da es zeigt, daſs die betreffende Vorderſeite aus mehreren Stücken zuſammengenagelt, nicht aus einem Stück gearbeitet war.

Es gab aber auch kleinere Exemplare des Typus. So iſt Inv. 12126 (ſüdlich Paläſtra) das Stück einer Bein Vorderſeite von nur 83 mm Breite und mit nur zwei vertikalen Streifen konzentriſcher Kreiſe. Die zwei Reihen der runden Stiftlöcher für die beiden Nebenſeiten ſind erhalten; ſie ſtehen in je 2 cm Abſtand vom Rande.

Nur halb ſo grofs war

**593** (Taf. XXXII). Südlich Metroon (Inv. 6979). Fragment einer nur 43 mm breiten Vorderſeite mit Reſt der zwei Reihen runder Stiftlöcher für die beiden Nebenſeiten. Die Dekoration beſteht nur aus einem Streiſen von Kreiſen.

Eine Variante des betrachteten Typus der Bein-Vorderſeiten wird dadurch charakteriſiert, daſs die Löcher für die Stifte der Nebenſeiten nicht kreisrund, ſondern länglich rechteckig ſind; ſowie dadurch, daſs die konzen

trifchen Kreife des Zentralpunktes entbehren; auch werden
ftatt der fonft üblichen drei konzentrifchen Kreife hier
nur zwei angewendet. Endlich wird das »laufende
Hunde«-Ornament hier deutlicher als Flechtband charakterifiert und gern zweimal neben einander wiederholt.
Die eingefchlagenen Linien find durchweg fchmäler und
weniger tief als bei den gewöhnlichen Sorte. Diefe
Gattung ift fchwerlich die ältere, eher die fpätere.

**594** (Taf. XXXII). Nördlich Prytaneion (Inv. 12493).
Stück einer Vorderfeite, oben und unten gebrochen.
Breite 0,105. Die Mitte bildet ein Zickzackornament.
Je zwei konzentrifche Kreisreihen find zu einem breiteren
Bande vereinigt, das rechts und links von der Mitte
herabgeht. Auf der einen Seite ift ein rechteckiges Stiftloch 3 cm vom Rande erhalten. — Es ift noch ein an-
paffendes Fragment dazu gefunden worden, welches noch
ein Stiftloch mit darin fteckendem abgebrochenen, länglichen Stift enthält.

**595** (Taf. XXXII). Öftlich Zeustempel (Inv. 5076;
Berlin, Dubl.). Stück einer Vorderfeite; von dem Erhaltenen, das ftark verbogen und ca. 32 cm lang ift, ift
hier nur ein Stück wiedergegeben. Die rechteckigen
Stiftlöcher der beiden Nebenfeiten find erhalten. Die
Stifte der beiden Seiten ftehen nicht auf gleicher Höhe,
fondern alternieren. Sie find je 25 mm vom Rande
entfernt. Die Dekoration der nur 88 mm breiten Vorderfeite befteht nur aus drei Streifen von Kreifen und Tangenten, die durch das Flechtornament eingerahmt find.

**596** (Taf. XXXII). Nach Beendigung der deutfchen
Ausgrabungen gefunden (Inv. 14158). Stück einer 138mm
breiten Bein-Vorderfeite. Von den rechteckigen Stiftlöchern der beiden Nebenfeiten ift je 4 cm vom
Rande abftehend, erhalten. Die Mitte der Dekoration bildet
ein vertikaler Zickzackftreif. Die vier Kreisreihen find
ungefähr difponiert wie beim gewöhnlichen Typus. Den
Rand bildet das Flechtband, das hier durch Zufügung
der kleinen Kreife in der Mitte ganz die Geftalt des
»Guilloche« genannten Flechtornamentes erhalten hat,
welches fonft diefer geometrifchen Dekoration fremd ift.
Ein gleichartiges, vielleicht von demfelben Dreifufse ftammendes Fragment, das nur minimal in den Abftänden
des Ornaments variiert und deffen Stiftloch 3½ cm vom
Rande entfernt ift, notierte ich im Magazin.

Über zu diefem Vorderfeitentypus gehörige Neben-
feitenfragmente f. **600. 605. 606.**

Wir betrachten nun die erhaltenen Fragmente der
Nebenfeiten.

Diefe mußten nach oben, da wo fie an den gewölbten Keffelbauch anftießen, einen folgenden
runden Ausfchnitt haben. Stücke mit einem folchen
Ausfchnitt haben fich in der That gefunden.

Diefe Ausfchnitte find immer erft gemacht, nachdem
der Streif bereits verziert war, durchfchneiden alfo das
Ornament, was auch durchaus natürlich ift; denn wenn
das Bein einmal zufammengefügt und an den Keffel angebracht war, konnte die Dekoration nicht mehr hergeftellt werden; fie mußte alfo fchon vorher da fein.
Die Thatfache der vielfachen fpäteren Verwendung diefer
Streifen würde zwar im einzelnen Falle immer erlauben,

jene Ausfchnitte für fpäter gemacht anzufehen; aber die
Häufigkeit des Vorkommens, die völlige Regelmäßigkeit
und die zutreffende Erklärung, welche fie durch unfere
Annahme gewinnen, machen letztere zur einzig wahr-
fcheinlichen. Beftätigt wird fie endlich dadurch, daß
die Stifte zur Verbindung mit der Vorderfeite nur an
der den Ausfchnitte gegenüberliegenden Seite vorkommen, wie dies eben bei unferer Annahme der Fall
fein muß.

**597** Taf. XXXII). Südlich Palaftra (Inv. 12140). Breite
6 cm, erhaltene Länge 35 cm. Unten abgefchnitten, was
von fpäterer Verwendung herrühren muß, da das Bein
nicht fo kurz fein konnte. Oben Ausfchnitt für den
Keffelbauch. An der ausgebrochenen Stelle links fafs
gewiß der Zapfen, der in die Vorderfeite eingriff. Beim
Auseinanderreißen des Dreifußes brach mit dem Zapfen
ein Stück des Randes aus.

**598** (Taf. XXXII). Südweftlich Pelopion (Inv. 11842).
Breite 4½ cm. Unten Bruch; oben Ausfchnitt für den
Keffelbauch. Links einer der Stifte zur Befeftigung an
die Vorderfeite.

Diefe beiden Stücke waren rechte Nebenfeiten (für
den Befchauer von außen). Von einer linken Nebenfeite und zwar von einem ausnahmsweife kleinen Exemplare ftammt

**599** Taf. XXXII). Weftlich Pelopion (Inv. 11487).
Nur 18 mm breit. Unten Bruch, oben Keffelausfchnitt.
Rechts ein Stift zur Befeftigung an die Vorderfeite (vergl.
die kleinen Vorderfeiten oben 593). Die Dekoration
ift der Kleinheit des Stückes entfprechend vereinfacht.

Andere Exemplare mit Keffelausfchnitt: Inv. 4736
(Südweftecke Zeustempel; Berlin, Dubl.). Stück von
6 cm Breite und zwei Reihen Kreife (wie 601); der
Ausfchnitt fchön erhalten. — Inv. 8499 (gefunden im
antiken Boden im Inneren des kleinen Gebäudes zwifchen
Exedra und Schatzhaus der Sikyonier). Fragment, mit
einem Loche von fpäterer Verwendung, die aber der
Fundftelle wegen fchon in relativ früher Zeit ftatt-
gefunden haben muß. — Inv. 7622 (bei der byzantinifchen
Kirche), mit Stift. — 4040 (füdlich Zeustempel). — Kleinere Fragmente: Inv. 4198. 13573 (in der Erde zwifchen
den Fundamenten des Metroons). 12427 (nördlich Prytaneion). — Eine Ausnahme ift:

**600** (Taf. XXXII). Gegend des Zeusaltars (Inv. 9248;
Berlin, Dubl.). Oberftes Stück einer linken Nebenfeite
mit Keffelausfchnitt; war getrennt gearbeitet und ange-
nagelt an den übrigen Teil des Nebenfeitenftreifens.
Vergl. dazu die oben erwähnte Thatfache, daß auch
Oberteile von Vorderfeiten befonders angefetzt wurden.
— Der Stil der Dekoration ift der jener befonderen
Gattung 594 ff.

Wir befprechen nun die zahlreichen Fragmente von
Nebenfeiten, denen das obere Ende mit dem Keffelausfchnitt fehlt:

Die folgenden Stücke haben als Dekoration alle nur
einen Streifen konzentrifcher Kreife, mit Tangenten in der
Mitte, umgeben von einem gleichmäßigen Rande (laufender Hund, Zickzack oder Häkchen) auf beiden Seiten:
Inv. 10296 (füdlich Heraion; zufammen gefunden mit
einem Blechhenkelfragment und den Reften eines großen

Keffels; Berlin, Dubl.\, Breite 45 mm; sechs Stifte erhalten bei 73 cm Länge. — 3039 (östlich Zeustempel), ein noch 57 cm lang erhaltenes Stück von 47 mm Breite, mit sechs an den Enden breitgehämmerten Stiften an der einen Seite; dieselben folgen sich in Distanz von 10½—12 cm. — 5900 (Echohalle), 44 mm breit; drei Stifte erhalten bei 37 cm Länge. — 2736 (östlich Zeustempel), 44 mm breit; drei Stifte erhalten bei 32 cm Länge. Wahrscheinlich gehörten 5900 und 2736 zu demselben Dreifuß, da sie genau übereinstimmen; nur die Distanzen der Stifte sind nicht ganz gleich; Ungleichheiten dieser Distanzen kommen aber auch an einem und demselben Stücke vor. — 8039 (westlich Echohalle), 43 mm breit; vier Stifte bei 43 cm Länge. — 10545 (südlich Heraion), 4 cm breit; zwei Stifte bei 19 cm Länge. — 12049 (nördlich der Thesauren), 4½ cm breit; zwei Stifte bei 17 cm Länge. — 9785 (nordwestlich Pelopion; Berlin, Dubl.\ 43 mm breit; mit zwei Stiften bei 23 cm Länge. — 9120 (westlich Echohalle), 37 mm breit; zwei Stifte bei 14 cm Länge. — Kleinere Stücke, wo nur je ein Stift erhalten ist: 2010. 1817. 3535. 2958. — Andere kleinere Stücke, an welchen sich keine Stifte mehr erhalten haben, indem sie entweder ausgebrochen sind oder nur die Stelle zwischen zwei Stiften sich erhalten hat, sind: Inv. 5393. 1808. 10299. 81. 13668. 13900. 13135. 7325. 5561. 4041. 5141. 2077. 675. 679. 714. 4027. 14028. 2705. 6896. 8938. 1217. 9303. 9100.

Nur selten besteht die Dekoration aus zwei Reihen von Kreisen, welche durch einen schmalen Mittelstreif getrennt werden. So das oben erwähnte Inv. 4736, mit Keffelausschnitt; Inv. 2379 (südlich Heraion). Ferner:

601 (Taf. XXXII). Beim Nordwesteck des Zeustempels (Inv. 2060). Unteres Ende erhalten. Oben gebrochen. Drei Stifte rechts in Distanz von 11—12 cm. Breite 55 mm.

Andere seltene Varianten der Dekoration:

602 (Taf. XXXII). Südlich Zeustempel, unter dessen Bauschutt (Inv. 4634). Breite 56 mm. Die großen Tangenten werden gekreuzt von kleinen Tangenten, welche kleinere konzentrische Kreise verbinden. Rechts ist ein Stift erhalten. Durch die Mitte durch geht ein dicker eiserner Nagel. — Zwei andere an ganz verschiedenen Orten gefundene Fragmente, Inv. 9613 (südlich Heraion) und 8422 (westlich Stadionwall), stimmen genau in den Maßen und dem Ornamente mit 602 überein, so daß sie als wahrscheinlich zu demselben Dreifuße gehörig zu betrachten sind. Diese beiden Stücke zeigen nun in der Mitte des Streifens, in Distanz von ca. 18 cm, je zwei plumpe Löcher, waren also wie 602 von einem wahrscheinlich ebenfalls eisernen Stifte durchbohrt. Die Wiederkehr dieser Erscheinung an den drei so weit zerstreut gefundenen Stücken macht Zufall unwahrscheinlich. Es scheint vielmehr, daß man behufs weiterer Festigung die zwei Nebenseiten großer Blechdreifußbeine in gewissen Distanzen durch quer durchgeschlagene eiserne Stäbe unter sich verband. — Löcher, die von solchen Eisenstiften herrühren können, finden sich noch an folgenden Fragmenten: Inv. 7622. 3524. 9938.

Weitere Anomalien des Ornaments:

603 (Taf. XXXII). Prytaneion (Inv. 4829). Breite 42 mm. Zwei sich kreuzende Tangenten verbinden die Kreise. Rechts ein Zapfen.

604 (Taf. XXXII). Westlich Pelopion (Inv. 11046). Breite 55 mm. Zwischen den Kreisen sind in horizontaler Linie einige der runden Häkchen angebracht. Rechts unten Zapfen. Am Bruche oben Lochrest. — Wahrscheinlich zu demselben Dreifuße gehörte das ganz übereinstimmende Fragment Inv. 13056 (westlich Buleuterion); auch hier geht ein Loch mitten hindurch, vielleicht von einem verbindenden Eisenstab.

Von Nebenseiten, die zu derselben besonderen Gruppe gehören wie die Vorderseiten 594—596, rühren außer 600 noch folgende Fragmente her:

605 (Taf. XXXII). Südöstlich Zeustempel (Inv. 4047). Breite 45 mm. Zwei Reihen Kreise, die ohne einen trennenden Streif, wie er in der gewöhnlichen Gattung nicht fehlen würde, aneinanderstoßen. Nur je zwei konzentrische Kreise ohne Mittelpunkt. Randornament flechtbandartig. An dem ausgebrochenen Stücke rechts faß wahrscheinlich ein Zapfen zur Verbindung mit der Vorderseite.

606 Taf. XXXII). Prytaneion (Inv. 14108). Breite 35 mm, erhaltene Länge 19 cm; verbogen. Die Fortsetzung nach oben war besonders gearbeitet und angenagelt. Hier ist ein breiter Zapfen von eben der Form erhalten, wie er in die rechteckigen Löcher paßt, welche den Vorderseiten dieses Typus eigentümlich sind.

Inv. 11161 (südwestlich Philippeion). In Breite von 43 mm und Länge von 62 cm erhalten, mit nur einer Kreisreihe; ungewöhnlich flüchtige rohe Ausführung; das Ornament ohne trennende Grenzlinie. Die Kreise bestehen nur aus einer Kreislinie. Breite Stifte an der einen Seite.

Häufig sind die Spuren späterer Verwendung, namentlich deutlich an kleineren Ausschnitten, welche man aus den langen Streifen machte, um sie irgendwo als Beschlag zu benutzen und aufzunageln, wovon dann rohe Löcher zeugen. Derart find Inv. 9148 (Pelopion), schmaler Streif, 7628 (westlich Stadionwall), mit großen Löchern, 9081 (ebenda), am einen Ende rund ausgeschnitten und etwas breit gehämmert; ein Zapfen erhalten. Es ist indessen oft nicht zu entscheiden, ob die Stücke von einer Vorder- oder einer Nebenseite stammen; dahin gehören: Inv. 2721. 8470 (wie das oben S. 84 genannte 8409 in dem antiken Fußboden des kleinen Baues zwischen Exedra und Sikyonier-Thesauros). 7748. 8122. 12672. 12008.

Die großen Ringhenkel, die zu den besprochenen Beinen gehören, bestehen wie diese aus 1—3 mm dickem Blech und sind auf beiden Seiten mit denselben Ornamenten wie jene verziert. Der innere Rand pflegt etwas dicker zu sein als der äußere, wo das Blech flacher gehämmert ist. Die Verbindung mit dem Keffel ist leider in keinem Falle erhalten.

607 (Taf. XXXIII). Südlich Heraion (Inv. 9694). Schöne grüne Patina. Am äußeren Rande 1½, am inneren 3 mm dick. Äußerer Durchmesser 31 cm, innerer 19½ cm, die Breite des Ringes 58 mm. Unten ist eine

Fuge; die beiden Enden des Blechftreifs find übercin-
andergefchlagen und am oberen wie unteren Rande feftgenietet. Die Anficht der Tafel zeigt den Henkel von
der nach außen gewendeten Seite. Die Verzierung der
beiden Seiten des Ringes ift völlig gleich. Doch die
äußere Seite zeigt unten den Anfatz des Keffelhenkels,
welcher einiger Erläuterung bedarf. Nur je die mittlere
der drei oben und unten fichtbaren Nieten dient der
Zufammenfügung der beiden Enden des Ringes. Auf
die unteren der Nieten nimmt die Dekoration Rückficht,
die alfo wohl erft nach der Zufammenfügung des Ringes
angebracht wurde; ftatt der drei konzentrifchen Kreife
fehen wir an diefer Stelle nur zwei, welche für die
Süße Platz laffen. Die vier anderen Niete gehen durch
das einfache Ringblech und dienten alfo anderen Zwecken.
Das die drei oberen verbindende Stück unverzierten
Blechs, das etwas dünner ift als der Ring, ift nach oben
gebrochen: es ift offenbar das umgefchlagene Ende des
nach unten zum Keffelbauch herabgebogenen Keffelhenkels, der nicht fehlen durfte und ja ficherlich auch
von Blech beftand. Er war danach gerade fo breit wie
der Ring. Er ift durch die drei oberen Nieten an den
Ringhenkel befeftigt; fein unteres Ende war an den
Keffelbauch genagelt. Es bleiben die beiden äußeren
unteren Nieten zu erklären: diefe dienten ohne Zweifel
zur Befeftigung des Ringes an den Keffelrand. — Am
äußeren Rande des Ringes befindet fich jederfeits etwas
unterhalb der Mitte ein kleines, fauber gebohrtes Loch,
das offenbar, nach Analogie der gegoffenen Henkel mit
ihren Vertikalftützen, eine Ring und Keffel verbindende
vertikale Stütze befeftigte; vergl. unten zu 616. — Oben
ift ein gegoffenes Pferdchen aufgenagelt, das von außen
gefehen nach rechts blickt. Daffelbe gehört der letzten
Entwickelung des geometrifchen Stiles an, wo derfelbe,
die Härte der Formen mildernd, im Übergang zum
archaifchen Stile ift. Das Haar an Schwanz und Mähne
ift durch gravierte Linien wiedergegeben. — Vergl. Purgold in den Annali d. Inft. 1885, S. 174.

Ein mit 607 ganz übereinftimmendes, noch etwas
größeres Exemplar wurde vor Beginn der deutfchen
Ausgrabungen in Olympia gefunden und befindet fich
im Mufeum der archäologifchen Gefellfchaft zu Athen.
Es ift von mir in den Annali d. Inft. 1880. tav. F, 2 nach
einer ungenauen Zeichnung veröffentlicht worden. Eine
wefentlich beffere bieten wir hier auf Taf. XXXIII, a. b.
Der äußere Durchmeffer beträgt 35 cm und die Breite des
Ringes 69 mm. Die Abbildung a zeigt die nach dem
Inneren des Keffels zugewendete Seite; das Pferdchen blickt
alfo hier nach links, während es von außen gefehen wie
bei 607 rechtshin fchaut. b giebt den unteren Teil des
Ringes von der anderen Seite wieder, wo der Anfatz des
Keffelhenkels ganz wie an 607 erhalten ift. Die Einrichtung
ift genau wie an letzterem Stück. Es ift das obere mit
den drei Nieten befeftigte Ende des Blechftreifs erhalten,
welcher, wieder ungefähr ebenfo breit als der Ring, fich
zunächft empor, dann herunter biegend, den Keffelhenkel
bildete und mit feinem unteren Ende an den Keffelbauch
befeftigt war. Auch hier findet fich ferner im Rande des
Ringes an zwei gegenüberliegenden Stellen etwas unterhalb der Mitte je ein fauberes kleines Bohrloch. Das

gegoffene Pferdchen oben zeigt noch die härteren Formen
des geometrifchen Stiles.

**608. 608a** (Taf. XXXIII. Südlich byzantinifcher
Kirche Inv. 13422; Berlin, Dubl.). Innen- und Außen-
anficht des Fragmentes eines großen Ringes von 7 cm
Breite. Es ift nur die untere Mitte des Ringes erhalten;
feine beiden Enden greifen hier übereinander und find
durch zwei Nieten verbunden. Die vier übrigen Nieten
halten ein glattes Blech feft, das diefelbe Breite hat wie
der Ring. Daffelbe ift oben gebrochen, nach unten aber
vollftändig, doch ift das überftehende Ende nach oben
verbogen, was offenbar nicht urfprünglich ift. In den
beiden unteren Ecken des Bleches befinden fich die
Refte größerer Nagellöcher. Diefer Thatbeftand ift nur
folgendermafsen zu erklären: die abgebrochene Fortfetzung des Bleches nach oben war der nach unten herabgebogene Keffelhenkel, welcher den jetzt zu fehenden
glatten unteren Teil verdeckte und auf der Aufsenfeite
ohne Zweifel ebenfo wie der gleich breite Ringhenkel
verziert war. Die erhaltene kurze untere Fortfetzung
des Bleches aber diente als Keffelanfatz und war mit
zwei Nägeln an den Keffel befeftigt. Auf der dem
Inneren des Keffels zugewandten Seite fah man nur die
Nieten und die Fuge des Ringes. — Während alfo an
den zwei bisher betrachteten vollftändigen Exemplaren
der Ring felbft mit Nieten in feinem unteren Rande an
den Keffelrand und der Keffelhenkel nur am oberen
Ringrande befeftigt war, fo diente hier das weit herab-
reichende Ende des Keffelhenkels zur Verbindung des
Reifs mit dem Keffel. Der untere Rand des Ringes
konnte auf diefe Weife unverdeckt über dem Rande des
Keffels fich erheben.

**609** (Taf. XXXIII. Öftlich Zeustempel Inv. 29555;
Berlin, Dubl.). Vollftändiger Ring, kleiner und dünner
als die vorigen. Etwas verbogen. Durchmeffer 0,245,
Breite des Rings 48 mm. Das Blech ift gegen den fon-
ftigen Brauch am inneren Rande etwas dünner als am
äußeren. Die Dekoration, nur eine Reihe von Kreifen
enthaltend, ift fehr flüchtig; auch find es nur je zwei konzentrifche Kreife an Stelle der üblichen drei. Der Ring
ift ohne Fuge ganz gefchloffen, aus einem Stücke Blech
ausgefchnitten. Unten, faft in der Mitte des Ringes,
ftecken zwei Bronzeftifte, von denen einer doppelt ift.
Es mufs der Keffelhenkel befeftigt gewefen fein,
welcher zugleich die Verbindung mit dem Keffel gab.
Im Rande des Ringes fieht man beiderfeits Stifte, welche
zur Befeftigung vertikaler Stützen gedient haben müffen,
welche die Verbindung mit dem Keffel feftigten. Es
find links drei Bronzeftifte, rechts nur einer und ein
Loch für einen zweiten.

Inv. 10459 (füdlich Heraion). Kleinerer vollftändiger
Ring von 0,16 äußerem Durchmeffer, am inneren Rande
4 mm dick. Nur eine Kreisreihe.

**610** (Taf. XXXIII. Zwifchen Herfion und Pelopion
Inv. 10861; Berlin, Dubl.). Fragment eines fehr großen
Ringes von 69 mm Breite. Dem erhaltenen Stücke nach
mufs der äußere Durchmeffer hier ca. 48 cm betragen
haben. Dafs ein fo großer Ring nicht wie die vorige
ohne Fuge gearbeitet ward, ift natürlich. Das erhaltene
Stück 26 cm lang; die Abbildung giebt nur einen Teil

zeigt eine Fuge, die auf beiden Seiten durch je einen mit sechs Bronzenägeln befestigten schmalen Blechstreifen geschlossen wird. Diese Streifen sind aus größeren Stücken mit etwas verschiedener Dekoration ausgeschnitten. Da sonst keinerlei Spuren, etwa vom Ansatze des Kesselhenkels, vorhanden sind, so wird diese Fuge an einer beliebigen Stelle des großen Ringes sich befunden haben und unten, da wo der Kesselhenkel ansetzte, wird wohl noch eine Fuge zu denken sein wie bei 607, 608.

Ähnliche kleine rechteckige Ausschnitte wie die hier zur Verdeckung und Verbindung der Fuge verwendeten kommen zuweilen einzeln vor; sie sind danach nicht »späterer«, sondern ursprünglicher Verwendung an den Dreifüßen zuzuschreiben. Derart ist Inv. 12596 mit zwei Nägeln. Im Magazin notierte ich ein Stück, das noch auf ein Ringhenkelfragment schief aufgenagelt war. Hier sind auch ganz kleine Ausschnitte mit einem Nagelloch zu erwähnen, wie

611 (Taf. XXXIII). Südwestlich Pelopion (Inv. 9780). — Ähnlich Inv. 773. 9774. Andere Stücke der Art, mit einem großen Nagelloch, sind von polygoner oder runder Form: Inv. 2124. 4872. 9529. 5084. Diese sind alle aus größeren Streifen, welche die üblichen Ornamente trugen, ausgeschnitten. Dagegen ist bei Inv. 2985 (Gegend des Pelopions), der Hälfte eines Sechseckes (von 5 cm Durchmesser) mit großem Nagelloche, die Dekoration für das kleine Sechseck gemacht; der Rand ist der übliche »laufende Hund«, in der Mitte Kreise. Hier ist die Ursprünglichkeit des Stückes in seiner jetzigen Gestalt zweifellos, wodurch die der vorigen Exemplare bestätigt wird.

Außer den angeführten Stücken sind nur noch wenige und kleine Fragmente von Ringhenkeln erhalten. Zuweilen scheint es, daß bei kleineren Exemplaren der Blechring ganz glatt war; so Inv. 13740; das Blech ist dann stärker als sonst.

Was die zu den großen Ringhenkeln gehörigen Kesselhenkel betrifft, so haben wir deren Spuren schon an den Ringen konstatiert. Es sind aber auch Fragmente erhalten, welche offenbar von Kesselhenkeln herrühren und bestätigen, was vorauszusetzen war, daß dieselben auf der Außenseite ebenso verziert waren wie die Beine und Ringhenkel.

Die Kesselhenkel waren mit ihrem unteren Ende an den Kesselbauch genagelt; ich glaube danach eine Reihe von Fragmenten erkennen zu können. — Wie wir bereits beobachtet haben, scheint die Breite des Kesselhenkels der des Ringhenkels entsprochen zu haben.

Der untere Abschnitt ist einfach wagrecht bei folgenden Stücken:

612 (Taf. XXXIII). Südlich Palästra (Inv. 12564). Breite 53 mm. Oben gebrochen, unten vollständig. In den beiden unteren Ecken je ein großes Nagelloch zur Befestigung am Kessel. Zwei Reihen von Kreisen. Das Stück ist zwar etwas verbogen, doch scheint die Hauptbiegung im Wesentlichen alt.

Inv. 6695. Ein Fragment mit derselben Dekoration wie 612; unteres Ende erhalten; ein großes Nagelloch in der Mitte.

Inv. 8531 (östlich Exedra; Berlin, Dubl.). 53 mm breit. Unteres Ende erhalten. Unten in den Ecken zwei und rechts etwas oberhalb noch ein antikes rundes Nagelloch. Nur eine Reihe Kreise.

Inv. 4577 (südlich Zeustempel). Unteres Endstück; nur 33 mm breit und ½ mm dick. In der Mitte unten ein Loch.

613 (Taf. XXXIII). Nördlich Prytaneion (Inv. 12824). 6 cm breit. Oben gebrochen. Unten in der Mitte ein eiserner Nagel. Der Rand ist hier an den drei Seiten, wo er erhalten ist, ein wenig nach hinten umgebogen. Der Henkel hob sich dadurch etwas mehr ab vom Kessel. Jedenfalls spricht dieser, sonst übrigens nie beobachtete, Umstand nicht gegen unsere Erklärung als Fragment eines Kesselhenkels.

Der untere Abschluß ist zugespitzt in folgenden Fällen:

614 (Taf. XXXIII). Gegend des Zeusaltars (Inv. 8830). Breite 6 cm; Dicke 1 mm; mit zwei Kreisreihen geziert. Oben gebrochen. Das Ganze verbogen. Unten der, wie das Ornament zeigt, zweifellos ursprünglich zugespitzte Abschluß und ein Nagelloch in der Mitte. Auch weiter oben ist noch ein antikes Nagelloch.

Inv. 2372 (westlich Zeustempel; Berlin, Dubl.). Sehr ähnliches unteres Ende eines Kesselhenkels. Unten spitzer Abschluß und ein großes Nagelloch. Breite 53 mm; erhaltene Länge 12 cm; sehr verbogen. Das Blech ist dünner als sonst.

615 (Taf. XXXIII). Südlich Meiroon (Inv. 6785). Wieder ein nach unten zugespitztes Ende; oben gebrochen. Unten ist ein Nagelrest erhalten. Breite 4 cm. Ebenfalls dünnes Blech. Wir haben bereits bei den Spuren an den Ringhenkeln konstatiert, daß die Kesselhenkel zuweilen von dünnerem Bleche waren.

Es bleiben noch die vertikalen Stützen zu erörtern, deren einstiges Vorhandensein wir aus Spuren an den großen Ringhenkeln erschlossen. Man könnte zunächst an gewisse gegossene Stäbe denken, welche sicher einst als Verbindungsstützen gedient haben und zum Teil auch die Tangentenkreisdekoration zeigen (vergl. unten 673); aber die Ansätze derselben passen durchaus nicht zu jener Stelle an den Dreifußhenkeln und ihre derben Nieten nicht zu den Nietspuren an den Ringhenkeln. Dagegen hat eine Vermutung von Purgold große Wahrscheinlichkeit, daß jene vertikalen Stützen durch gegossene menschliche Figuren gebildet wurden (Annali d. Inst. 1885, p. 171). Er wurde darauf geführt durch die Gestalt der Basis der Statuette 616. Dieselbe deutet darauf hin, daß sie auf dem Rande eines großen Kessels auffaß. Und die Stiftreste in den Händen der Figur passen vortrefflich zu den entsprechenden Löchern in den Rändern der Ringhenkel. Die Purgoldsche Vermutung trifft daher gewiß das Richtige.

616 (Taf. XXVII). Westlich Pelopion (Inv. 11401). Vollgegossene Statuette eines Jünglings von 0,15 Höhe ohne die Basis. Die letztere ist mitgegossen; sie ist ein wenig gerundet, faß also auf dem Rande eines runden Gegenstandes, offenbar eines Kessels. Die starke Ausbiegung des unteren Teiles der Basis ist nicht ursprünglich,

fondern ift eine Verbiegung (vergl. z. B. die analoge Verbiegung von 874).[1] Die Geftalt der Bafis ift im Einzelnen nicht leicht zu deuten. Der hintere Teil hat an der Unterfeite einen Einfchnitt. In der Mitte diefes hinteren Teiles befindet fich ein Nagelloch. Der untere Teil zeigt zwei Nieten. Purgold nahm an, dafs die Bafis nur mit jenem hinteren fchmalen Einfchnitte auf dem Keffelrande aufgefeffen habe, während fie mit dem Hauptteile ein von ihm aufsen unmittelbar unter den Rand des Keffels ergänztes horizontales Anfatzftück umfafst habe. Diefe Annahme ift fehr unwahrfcheinlich. Ein folcher horizontaler Keffelanfatz, den Purgold beide Stützfiguren verbindend und auch zur Befeftigung des Ringhenkels verwendet denkt (vergl. feine Rekonftruktion Annali 1885, tav. B. G), wäre ganz unnütz und unfchön. Wie der Ringhenkel lediglich durch den Keffelhenkel mit dem Keffel verbunden ward, lehrte uns 608. Die Bafis glaube ich vielmehr fo erklären zu müffen wie es die beiftehende Skizze veranfchaulicht. Diefelbe zeigt den Durchfchnitt derfelben und dazu eine Ergänzung derjenigen Teile, an welche fie fich einft meiner Anficht nach anfchlofs. Der Hauptteil der Bafis mufs natürlich den Keffelrand felbft umfpannt haben. Auf unferer Skizze

ift die dunkelchrafierte Partie der Durchfchnitt des Keffelrandes, der in der üblichen Weife fich nach oben verdickt; bei der beträchtlichen Gröfse der Keffel diefes Dreifufstypus ift die Dicke des oberen Randes nicht auffallend. Ich nehme ferner an, dafs an der Innenfeite des Keffelrandes hinter jede der Figuren ein ftarker Streif von Bronze befeftigt war, der nicht wefentlich breiter war als die Bafis. Für diefes Stück

(1 : 1)

war der Einfchnitt im hinteren Teil der Bafis beftimmt; ein Nagel deffen Loch erhalten ift) verband letzteren mit jenem. Die zwei Niete im unteren Teile der Bafis gingen durch das Keffelblech und jenes Verftärkungsftück. Wie finnreich und nützlich das letztere war, leuchtet ohne Weiteres ein: es beugt der Gefahr des Abbrechens der fchweren gegoffenen Figuren in wirkfamfter Weife vor und macht aus diefen erft wirkliche fichere Stützen des Blechhenkels.

Auf der horizontalen Fläche der Bafis fteht nun die Figur mit gehobenen Armen; die linke Hand ift ftark verbogen; in ihr ift ein Stiftloch zu fehen, während in der Rechten ein kleine Bronzeftift felbft noch drinfteckt. Diefer Stift entfpricht in der Gröfse ganz den Löchern, die

[1]. Die entfprechende gleich zu erwähnende Parifer Figur hat hierin das Richtigere erhalten. Wäre übrigens jene Ausbiegung, wie Purgold annimmt, urfprünglich, was fie aber augenfcheinlich nicht ift, fo müfse feine Vermutung fallen gelaffen werden; denn es würde eine Geftalt des Keffels mit ftarker oberer Einziehung des Randes daraus folgen; wie die erhaltenen Oberteile der Blechbeine aber lehren, kann der Keffel diefes Dreifufstypus nur eine kaum merkliche Einziehung gehabt haben.

im Rande der Ringhenkel vorkommen (vergl. 607). Indem man die Hände auf diefe Art mit den Ringhenkeln verbunden denkt, erklärt fich ihre Bewegung vollkommen. Die Figur giebt nun eine treffliche Stütze und zugleich eine fchöne Verzierung des Henkels ab. Auch die Wendung des Kopfes findet bei diefer Purgoldfchen Vermutung ihre zureichende Erklärung: der Jüngling blickt nach aufsen den Befchauer an. Die ganze Haltung der Figur erklärt fich alfo vollkommen und ausfchliefslich aus der angenommenen dekorativen Verwendung derfelben. — Was nun den Stil betrifft, fo pafst auch diefer vortrefflich zu jener Annahme. Denn derfelbe entfpricht durchaus dem der noch mit jenen Ringhenkeln feft verbundenen Pferdefiguren. Auch hier fehen wir die letzte reiffte Entwickelung des geometrifchen Stiles, die letzte Vorftufe vor dem eigentlichen archaifchen Stile[1]. Zumeift entfprechend ift die oben bei den primitiven Statuetten als 244 behandelte Figur. Der Rumpf erfcheint zwar noch wie Bronze den Keffelhenkel, ohne alles Detail, aber die Beine zeigen das Wefentliche der natürlichen Formen fchon recht deutlich. Bei der Kniefcheibe find gravierte Linien zu Hülfe genommen. Am Kopfe ift der Schädel fchon gewachfen und die gefamten Verhältniffe natürlicher als an den vorangehenden Stufen des primitiven Stiles. Aber die Augenhöhlen find noch völlig flach. Die Haare find graviert ähnlich wie Mähne und Schwanz am Pferde von 607.

Die Statuette ift früher abgebildet in Ausgr. V, Taf. 27, 1; S. 17 (Treu). Annali d. Inft. 1885, tav. d'agg. B, 2; p. 167 ff. (Purgold).

Diefelbe Form der Bafis wie an 616 bemerkte Purgold dann an einer Bronze des Louvre, die auch ich bereits 1881 als ein Gegenftück zu der olympifchen Figur notiert hatte. Er veröffentlichte diefelbe in den Annali d. Inft. 1885, tav. d'agg. B, 1; p. 167 ff. Diefelbe entfpricht in jeder Beziehung auch in den Mafsen 616, nur dafs die Figur nach der anderen Seite gewendet ift, alfo von der rechten Seite eines Ringhenkels ftammt, und dafs fie ftatt eines menfchlichen einen Stierkopf trägt. Die Statuette kam mit der Sammlung Campana in den Louvre, wird alfo fchwerlich griechifcher, doch wahrfcheinlich grofsgriechifcher Herkunft fein. Vielleicht ftammt fie aus Sicilien, wo wenigftens das Vorkommen der Dreifüfse des dritten Typus (vergl. unten) konftatiert ift. In jedem Falle mufs fie zu einem Dreifufs von genau demfelben Mafsen gehört haben wie 616 und aus derfelben Werkftatt hervorgegangen fein wie diefe.

Purgold hat angenommen, dafs die Figur im Louvre Minotaur und der zu ihr als Gegenftück paffende olympifche Thefeus zu benennen fei, und dafs man zu erkennen habe »Tefeo combattente e vincitore del Minotauro« (a. a. O. p. 170; auch denkt er fich an dem zweiten Henkel eine Wiederholung derfelben Figuren. Dem entgegen ift aber zu bemerken, dafs die mythifche Deutung fo rein dekorativer Figuren überhaupt mifslich ift. Die Bewegungen beider Geftalten find, wie fchon

[1] Purgold datiert fie ins 6. Jahrhundert a. a. O. p. 186 und zieht daraus weitere Schlüffe. Doch ift diefe Datierung eine willkürliche.

gefagt, ausfchließlich durch ihren dekorativen Zweck motiviert. Von einer Handlung, von Kampf und Sieg, ift nicht die Spur einer Andeutung zu finden. Unter diefen Umftänden ift es fogar fehr zweifelhaft, ob wir ohne Weiteres annehmen dürfen, daß Jüngling und Stiermann fich an demfelben Henkel entfprachen. Zu der rein dekorativen Abficht der Figuren und der ftrengen Symmetrie im geometrifchen Stile würde es viel beffer paffen, wenn dem Jüngling ein Jüngling und — an dem anderen Henkel oder an einem anderen Dreifuße gleichen Maßes - dem Stiermanne ein Stiermann entfprach. Dazu kommt ferner, daß mythifche Darftellungen diefem geometrifchen Stile in den verfchiedenen Arten feines Auftretens überhaupt fremd find. Dagegen finden fich gewiffe phantaftifch-dämonifche Bildungen, namentlich Vögel wie auch Menfchen mit Stierköpfen, gerade in primitiven Bronzen nicht felten. Ich will nicht leugnen, daß jener Stiermann mit dem Minotaur in Beziehung ftehe; aber ich vermute, daß der Minotaur die mythifche Fixierung und Individualifierung einer älteren allgemeineren Dämonengattung ift, von der wir in jener dekorativen Figur einen künftlerifchen Ausdruck befitzen.

In Olympia wurde noch eine faft vollftändige Figur diefer Gattung, aber wieder eine ganz menfchliche, leider ohne die Bafis, aufgefunden.

617 (Taf. XXVII. Öftlich vom Südoftbau, tief (Inv. 1400u; Berlin, Dubl.). Die rechte Hand verbogen; die punktierten Linien deuten die urfprüngliche Haltung an. Der linke Arm war auch vorgeftreckt, doch etwas weniger gehoben. In den beiden Füßen find Stiftlöcher zum Befeftigen auf der in diefem Falle befonders gearbeiteten Bafis. Die erhaltene rechte Hand zeigt das Stiftloch wie 616. Hier ift das rechte Bein etwas vorgefetzt; der Kopf ift wieder ganz im rechten Winkel gedreht, fo daß die Figur, wenn fie auf dem Keffelrande befeftigt war und den rechten Rand eines der Ringhenkel anfaßte, doch den Befchauer voll anfah. Die Statuette ift etwas größer als 616 und hat 17¹⁄₂ cm Höhe. Die Ausführung ift weniger vollkommen und der Stil fichtlich älterer Art als an 616. Der Rumpf ift länger geftreckt und noch außerordentlich fchematifch, wie ganz flach geklammert, gebildet. Der Hintern fetzt fehr hart ab, die Beine find geftreckter und weniger voll als dort. Am Kopfe ift der Schädel noch fehr klein und das Geficht vom Kinn zum Scheitel noch eine gerade Fläche, das Kinn fehr fpitz und die Nafe nur wenig vortretend. Die Gravierung der Haare ift einfach. Trotz diefer Unterfchiede trennt die beiden Figuren nur ein kleiner Schritt: auch 617 gehört zu der letzten Entwickelung der primitiven Kunftart.

Vielleicht gehört hierher auch Inv. 4061 füdöftlich Zeustempel). Plinthe mit den Füßen einer etwas größeren Statuette; der linke Fuß vorgefetzt. Fußlänge 4 cm. Die fchmale Plinthe (26 mm breit) ift aufgenagelt auf einen Blechrand, der, wie es fcheint, von einem fehr großen Keffel ftammt.

Auch einige Pferde find erhalten, die, nach den Spuren der Befeftigung zu fchließen, die Krönung großer Ringhenkel des befprochenen Typus gebildet haben. Das Charakteriftifche ift, daß die Füße nicht angegeben und daß ftatt deffen die Beinenden etwas breit gehämmert

und von Stiftlöchern durchbohrt find. Ein fehr gutes Beifpiel ift

618 (Taf. XXVII). Öftlich Zeustempel (Inv. 2979). Der geometrifche Stil ift deutlich in dem kurzen cylindrifchen Rauch, den breiten unterhöhlten Oberfchenkeln, dem breiten Halfe und cylindrifchen Kopfe. Doch find diefe Eigentümlichkeiten, wie bei dem Pferdchen von 607, nicht mehr hart und übertrieben, fondern natürlicher Formgebung genähert. Das Auge, die Mähne und die Andeutung eines Zaumes find durch Gravierung gegeben. Im unmittelbaren Anfchluffe an diefen Stil ftehen die Pferde des entwickelten archaifchen Stiles, die wir fpäter befprechen werden.

Zur Verdeutlichung geben wir auf Taf. XXXIV, c die Skizze eines normalen Dreifußes diefes Typus, wie er nach den Fragmenten fich ergänzen läßt.

Die Befeftigung der Ringhenkel ift fo angenommen wie fie 608 lehrt, die der Stützfiguren fo wie wir fie oben vermutet haben.

Eine geringe Variante diefes Typus ergiebt fich durch die Stücke 594 ff. 600. 605. 606, wie oben bemerkt ward. Abgefehen von diefer Variante, welche eine etwas fpätere Fortentwickelung des Urfprünglichen zu fein fcheint, ift der Typus völlig konftant. Er tritt in Olympia fertig auf, ohne Vorftufen und — außer jener geringen Modifikation — auch ohne Weiterentwickelung.

Die zeitliche Stellung diefes Typus läßt fich innerhalb der olympifchen Denkmäler wenigftens relativ abgrenzen. Es ift einerfeits ficher, daß derfelbe keineswegs der älteften Zeit angehört, fondern daß er erft am Ende jener langen Entwickelung fteht, welche den geometrifchen Stil hervorbrachte, und daß er deffen höchfte und reiffte Ausbildung repräfentiert. Er ift demnach fpäter als unfer erfter Dreifußtypus mit den maffiven gegoffenen Beinen und Henkeln; nur die letzten Stufen deffelben werden mit dem Auffommen des neuen zweiten Typus gleichzeitig fein. Andererfeits ift ficher, daß fpäteftens im Anfang des 5. Jahrhunderts, fehr wahrfcheinlich aber fchon im fechften oder gar fiebenten, Dreifüße diefes Typus bereits zerftört waren, fo daß ihre Teile, zerfchnitten, zur Aufzeichnung von Urkunden verwendet werden konnten.

Das Auffommen diefes Dreifußtypus mit Beinen und Henkeln von Blech fteht offenbar in Zufammenhang mit jener ftarken Tendenz nach einem Blechftile, welche wir bei der Bildung der Votivtiere mit dem Auftreten des geometrifchen Stiles beobachtet haben.

Die diefer Dreifußgattung fo charakteriftifche Dekoration mit Kreifen und Tangenten erfcheint in Olympia fonft nur fehr fpärlich, und ganz gleich wie an diefen überhaupt nicht. Indem es uns gelungen ift, die fämtlichen einzelnen in der Altis gefundenen Blechftreifen mit jener fo eigenartigen Dekuration, dem Tangentenkreifen, dem laufenden Hund, dem Zickzack und den Häkchen zur Rekonftruktion jenes Dreifußtypus zu verwenden, es bleiben uns nur ganz wenige Stücke übrig, die eine verwandte, nicht aber dieselbe Dekoration zeigen, und die nicht an Dreifüßen unterzubringen sind. Es sei verstattet, dieselben hier als Anhang vorzuführen.

**619** (Taf. XXXII). Philippeion (Inv. 2511). Rechts und links gebrochen, oben und unten vollständiges Fragment eines geraden, nicht gebogenen, 57 mm hohen Streifs aus starkem Bronzeblech (1½,—2 mm dick), mit einem umgebogenen Rande, wie der Durchschnitt verdeutlicht. In diesem Rande befinden sich, im Abstande von 105 mm, Stifte. Um als Bekleidung zu dienen, scheint das Stück zu stark; eher mag es eine Krönung gewesen sein, und der umgeschlagene Rand befand sich unten. Dies ist auch deshalb wahrscheinlich, weil der Teil nahe dem umgeschlagenen Rande unverziert ist. Die Dekoration wird als krönendes Band fungiert haben. — Die Kreise sind in der Art jener Variante der Dreifußdekoration wie 594 ff. gehalten, d. h. es sind nur je zwei konzentrische Kreise, welche des Mittelpunktes entbehren. Die Linien sind ziemlich dünn eingeschlagen. Das Ornament, das darüber erscheint, kommt sonst in Olympia nicht vor. Ein Fragment dieses selben Streifens, 15 cm lang, befindet sich unter den Dubletten in Berlin; derselbe ist beim Pelopion gefunden (Inv. 9671).

Inv. 8022 (südlich Zanes) ein gleichartiges Fragment, ebenfalls mit unten umgebogenem Rand und Stiftlöchern; von einem etwas kleineren und dünneren Streifen. Die Tangentenkreise wie an 619; nur das obere Ornamentband differiert etwas, indem hier Zickzack aus Doppellinien angebracht ist.

**620** (Taf. XXXII). Südostbau (Inv. 6925). Stück eines 1 mm dicken Streifens. Am unteren Rande Stiftlöcher. Die Tangentenkreise wieder wie bei jener Gruppe 594 ff.; wie dort zwei Reihen Kreise ohne trennenden Streif dazwischen. Oben ein Randornament eigener Art. Bei Prisse d'Avennes, hist. d. l'art égypt. p. 402 kommt dasselbe an ägyptischem Pferdegeschirr der achtzehnten Dynastie vor.

In zwei Reihen übereinander kommt dies Ornament am Rande eines Blechfragmentes in Olympia (ohne Nummer) vor. — Ein 620 sehr ähnlicher Streif ist Inv. 1364 (westlich Zeustempel).

**621** (Taf. XXXII). Nordwestecke Zeustempel Inv. 2130). Ein Streif nicht sehr starken Bronzeblechs, links gerade abgeschnitten, rechts gebrochen; der obere und untere Rand etwas verletzt. Der Streif ist oben und unten eingefaßt von zwei getriebenen konvexen Rille. Im glatten Rande oben und unten Reste von Bronzestiften. Dies Band diente also wirklich irgendwo zur Verkleidung. Die Dekoration steht durch das Randornament des »laufenden Hundes«, die Häkchen und den Zickzack in nächster Beziehung zu der des besprochenen Dreifußtypus, und zwar, wegen der dünn eingeschlagenen Linien und der flechtbandartigen Zeichnung des »laufenden Hundes«, besonders zu jener relativ späteren Abart wie 594 ff. Auch die sich kreuzenden Tangenten, welche die großen Kreise verbinden, sind offenbar der Dreifußdekoration entnommen. Aber das Innere dieser Kreise hat einen ganz verschiedenen reicheren Schmuck, indem es Blattrosetten enthält. Diese sind der geometrischen

Dekoration eigentlich fremd und aus der »orientalischen« herübergenommen. Das Stück bezeichnet also einen Übergang zwischen beiden.

### Dritte Gattung. Henkel und Beine gegossen.

Während die zweite Gattung nur aus einem einzigen festen Typus bestand, der »fertig« auftritt, ohne sich wesentlich weiter zu entwickeln, so begegnen uns in der dritten Gattung wieder mannigfaltige Typen, welche jene Entwickelung fortsetzen, die wir in der ersten Gattung beobachtet haben. Das Neue und Charakteristische der Gattung ist, daß die gegossenen Henkel, und besonders die Beine, sich durch die in Blech gehämmerten Formen sowohl als durch die reiche Ornamentik der zweiten Gattung beeinflußt zeigen. Die Beine nehmen jene Gliederung in eine breite Vorder- und zwei schmale Nebenseiten an, welche dort durch die Technik der aus Blechstreifen zusammengenieteten Teile gefordert war, während sie hier in lediglich dekorativer Absicht nachgeahmt wird. Wir fanden in der ersten Gruppe eine durchaus stilvolle konsequente Entwickelung aus der Plumpheit der polygonalen Formen der Beine zur Eleganz mannigfaltiger Kannelierung. Diese Entwickelung wird nun unterbrochen durch die Nachahmung der Formen einer fremden Technik. Auch die Henkel suchen dem Blechstil näherzukommen. Sie bestehen nicht mehr aus einem massiven Reif von rundem Durchschnitte, sondern aus einem breiten und ganz flachen Ringe, welcher häufig wie ausgeschnitten und mit durchbrochenen Verzierungen versehen ist. Endlich wird auch die Ornamentik der Blechstreifußse nachgeahmt; nur tritt in der Gußtechnik an Stelle der eingeschlagenen Arbeit das Relief. So finden wir denn hier sehr häufig in Relief die durch Tangenten verbundenen Kreise und die Zickzackmotive jener Gattung. Die »Häkchen« kehren hier als plumpe kleine Halbkreise wieder. Dagegen fällt der »laufende Hund«, offenbar als ungeeignet zur Wiedergabe in Relief, weg. Dagegen erfahren die Ansätze zur Ornamentierung, welche wir in der ersten Gruppe fanden, hier keine Weiterbildung mehr, insbesondere wird die Spiralverzierung ganz aufgegeben.

Wir lassen eine Gruppe vorangehen, welche sich der Ornamente noch enthält und die Flächen nur durch Schichtung oder Riefelung belebt.

Die Beine dieses Typus zeigen zahlreiche vertikale abgeschrägte Streifen von oben bis unten und erscheinen wie aus vielen Schichten bestehend. Der Durchschnitt ist immer der in der dritten Gattung überhaupt typische. Die Zahl der Streifen an den Nebenseiten beträgt immer einen weniger als die Hälfte der Zahl derer an der Vorderseite. Ein gutes Fragment als Beispiel:

**622** (Taf. XXVIII). Berlin, Dubl. Mit zwölf Streifen an der Vorder- und je fünf an den Nebenseiten. Der Durchschnitt verdeutlicht die Zeichnung.

Inv. 13039 ist das Fragment eines sehr breiten Exemplares (0,115 breit) mit 14 Streifen vorn.

Häufiger sind die Stücke mit acht Streifen an der Vorder- und je dreien an den Nebenseiten. Auch zehn an der Vorder- und je vier an den Nebenseiten

kommen vor (z. B. Inv. 5177, ein Stück von 53 cm Länge).
Ein einfacheres kleineres Exemplar ist Inv. 12114, sechs
Streifen vorn und je zwei an den Seiten.

Wahrscheinlich gehören zu diesen Beinen die Henkel,
welche ebenfalls durch Schichten oder durch Riefeln gegliedert sind. Sie stehen in enger Beziehung zu der
späteren Gruppe der ersten Gattung und sind mit dieser
durch manche Übergänge verknüpft.

Am meisten blechartigen Charakter haben die Stücke,
welche ganz dünn sind, in Schichten nach dem äußeren
Rande zu abnehmen und an der inneren Peripherie einen
umgebogenen breiten Rand haben.

**623** (Taf. XXX). Westlicher Stadionwall (Inv. 4314).
Ein Fragment mit vier Schichten. Breite 5¹₂ cm.

> **623a** (beistehend). Östlich Zeustempel
> (Inv. 5684; Berlin, Dubl.). Durchschnitt
> eines Fragmentes mit vier Schichten.
>
> Inv. 4311 (Stadionwall). Fragment von
> drei Schichten. Nagellöcher von der Be-
> festigung.
>
> Inv. 9628 (südlich Heraion). Fragment
> mit drei Schichten.

Zahlreicher sind die Ringhenkel, welche,
statt in Schichten gegliedert zu sein, mit
erhobenen Riefeln geziert sind.

**624** (Taf. XXX). **624a** (beistehend).
Südlich Zanes (Inv. 8613). Durchmesser
22 cm, im Lichten 14 cm. Der Ring, ca.
5 mm dick, hat sieben Rillen, der Kesselhenkel sechs. Eiserne Nägel unten. Oben
ein von Oxydmasse bedecktes Pferdchen
geometrischen Stiles; dasselbe ist nicht aufgenagelt, sondern mit dem Ganzen zusammengegossen. **624a** zeigt den Durchschnitt des Ringes.

Inv. 6100 (südlich Metroon; Berlin, Dubl.). Sehr
ähnliches Exemplar; Ring mit sechs Riefeln. Oben
wieder ein mit dem Ringe in einem Stücke gegossenes
Pferdchen. Durchmesser 23 cm. — Es ist noch ein
Exemplar mit Pferdchen (mit sehr langen Beinen) erhalten; mit fünf Riefeln. — Zumeist sind es fünf oder
sechs Riefeln an dem Ringe; vergl. Inv. 11528. 10527.
11695. 1131. 9238. 3514. 12104. — Ein Exemplar mit
sechs Riefeln am Ringhenkel hat ausnahmsweise einen mit
Zickzack in Relief geschmückten Kesselhenkel Inv. 6985.

Einige sind etwas schwerer und dicker und stehen
dadurch dem Typen der ersten Gattung etwas näher. So:

**625** (Taf. XXX). Westlich Heraion (Inv. 2671; Berlin,
Dubl.). Vollständig erhalten, mit Kesselansatz und dem
Kesselhenkel; letzterer ist glatt und hat nur erhobene
Ränder. Die Abbildung giebt nur ein Stück des Ringes
nebst Durchschnitt.

Ähnlich sind: Inv. 9127 mit dem Rest eines Pferdchens
oben. 13281. 11515.

Auf Taf. XXXIV geben wir unter d die Rekonstruktion eines Dreifußes des besprochenen Typus. Ungewiß blieb dabei die Gestalt des oberen Endes der
Beine, weil dies Stück zufällig in keinem Fragmente
erhalten ist. Unsere Zeichnung giebt es daher in punktierten Linien.

Wir gehen zu der Hauptgruppe dieser Gattung über,
derjenigen, welche Beine und Henkel mit Ornamenten
bedeckt. Wir betrachten zunächst die Beine.

**626. 626a** (Taf. XXVIII). Vorderseite nebst Durchschnitt und (626a) Seitenansicht eines Dreifußbeinfrag-
mentes. Das Ornament der Mitte der Vorderseite sind
horizontale Zickzacklinien, die an dieser Stelle besonders
beliebt sind. Dies breite Band wird eingefaßt durch
zwei schmale Streifen mit vertikaler Zickzacklinie und
mit Tangentenkreisen. An
den Nebenseiten laufen
zwei Bänder, eines mit
vertikalem und eines mit
horizontalem Zickzack ne-
ben einander her. Die
beiden Streifen tauschen
ihr Ornament an einer
Stelle; es wiederholte
sich dieser Wechsel wahr-
scheinlich in gewissen Ab-
ständen.

**627. 627a** (Taf. XXVIII).
Vorderseite nebst Durch-
schnitt und die eine Nebenseite eines fragmentierten
Beines. Der Durchschnitt
zeigt, daß die Mitte der
Vorderseite durch eine erhobene Rippe auf der
Rückseite verstärkt ist; dieselbe ist natürlich unverziert und dient ledig-
lich der Verstärkung; sie
kommt in gleicher Weise
öfter vor. Die Dekoration
beschränkt sich auf breitere
horizontale und schmale
vertikale Zickzackstreifen.
— Ebenso Inv. 1580. 4293.
Ein oberes Ende mit
Kesselansatz ist Inv. 11556
Berlin, Dubl.).

Ein vor den deutschen
Ausgrabungen in Olympia
gefundenes größeres Frag-
ment eines mit **627** fast
ganz genau übereinstim-
menden Beines befindet
sich im Museum der ar-
chäologischen Gesellschaft
zu Athen. Wir geben
beistehend Vorder- und
Seitenansicht nebst Durchschnitt; letzterer zeigt, daß
die Mittelrippe der Rück-
seite hier mehr her-
springt als bei **627**.

**628. 628a. b** (Taf. XXVIII). Vorderseite nebst
Durchschnitt und eine Nebenseite eines Beinfragmentes.
Hier zeigt die Vorderseite denselben Wechsel von hori-

zontalem und vertikalem Zickzack in demselben Streifen,
den wir an 626a bemerkt haben. Die Nebenseiten sind
mit Halbkreisen geziert. Die Mitte des Beines ist hier
ziemlich dick, indem man sich nicht bemüht hat, wie
sonst, die Dünne der Blechbeine zu imitieren. — Ebenso
Inv. 5400. 1641.

**629. 629a. b** Taf. XXVIII). Unter einer späten
Mauer gefunden, welche den Weg im Westen der Weih-
abiasmauer ca. 12 Schritt nördlich des Südwestthores durchschnitt (Inv. 13261). Vorzüglich erhaltenes und reich verziertes vollständiges Dreifußbein. Vorder-, Seitenansicht
und Durchschnitt. Länge 0,96. Am Kesselansatze sitzt,
mit großen Nägeln befestigt, noch ein Stück des Keil-
bleches fest. Der Rand des Kessels ist einfach verdickt
und springt nicht nach außen, sondern nur nach innen
etwas vor; vergl. 638. 573. Eine Querstütze geht vom
Bein zum Kesselansatz; darunter der uns wohl bekannte
dekorative Dorn. Der Durchschnitt zeigt, daß die Nebenseiten hier etwas schräg zur Vorderseite stehen. Die
Dekoration, aus Tangentenkreisen mit vertikalem Zick-
zacksaum bestehend, hört 3½ cm über dem unteren
Ende des Beines auf. Wir haben dies bereits an anderen
vollständig erhaltenen Beinen bemerkt; es war gewiß
typisch, denn das Ende war bestimmt, in die Erde -
ursprünglich die Asche des Herdes — gerammt zu werden
(vergl. oben S. 74).

Inv. 3895 und 2096 (Berlin, Dubl.). Beinfragmente;
an der Vorderseite nur eine Reihe Tangentenkreise, umgeben von vertikalem Zickzack. Die Nebenseiten etwas
schräg wie an 629.

Ein Fragment mit der Dekoration wie 627 zeigt
antike Restauration: es war gebrochen und um die
Bruchstelle ward ein dickes grobes Band von Blech
herum genagelt.

Eine Modifikation in der Bildung der Nebenseiten zeigt
**630** (Taf. XXVIII). Vorderansicht nebst Durchschnitt
eines Beinfragmentes. Die etwas schrägen Nebenseiten
sind glatt und unverziert, doch springt von ihnen je eine
kleinere, der Vorderseite parallele Seitenwand heraus. Die Vorderseite zeigt zwei Reihen von Tangentenkreisen. — Inv. 1747 (Berlin, Dubl.) ebenso;
doch ist an der Vorderseite ein leerer Zwischenraum zwischen den beiden Tangentenkreisreihen.

Vereinzelt kommt auch eine massivere Bildung
des Beines in Annäherung an die Typen der ersten
Gattung vor:

**631** (Taf. XXVIII. Westlicher Stadionwall Inv. 4414).
Ein 6 cm breites Fragment mit horizontalem Zickzack
und Tangentenkreisen. Die Nebenseiten unverziert.

Auch kleinere Dreifüße hatten zuweilen verzierte
Beine dieser Gattung; Beweis dafür sind:

**632. 632a** (Taf. XXVIII). Südöstlich Zeustempel
(Inv. 4064). Vorderansicht und Durchschnitt, 632a Seiten-
ansicht eines kleineren Beines. Die Vorderseite hat 3 cm
Breite. Unten gebrochen. Nur ein Nagel verband das
Bein mit dem Kessel. Zwei Querstützen und ein Dorn.
Die Nebenseiten mit Tangentenkreisen verziert.

**633. 633a. b** (beistehend). Nordwestlich Zeustempel
(Inv. 2115). Vorderseite, Durchschnitt und Seitenansicht
eines kleinen Beines. Die Vorderseite hat 2 cm Breite.

Oben und unten gebrochen; 10 cm lang erhalten. Merkwürdig ist die asymmetrische Dekoration der Vorderseite,
die viel mehr für eine Nebenseite passen würde.

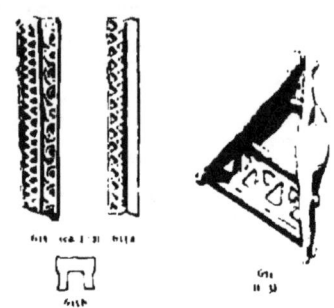

Vereinzelt ist

**634** (beistehend). Südwestlich Philippeion Inv. 10298).
Besonders gegossenes Zwischenloch zwischen Kessel und
Bein, zum Annageln. Mit durchbrochener Verzierung.

Die zu den besprochenen Beinen gehörigen verzierten Henkel sind nur ausnahmsweise massiv, wie
**635** (Taf. XXX). Pelopion Inv. 8339), ein 3 cm
breites Fragment mit Riefeln und außerdem mit einem
Streif von Tangentenkreisen in Relief.

In der Regel sind sie durchbrochen gebildet.

Am meisten blechartigen Charakter haben einige
dünne Ringe mit großem Zickzack:
**636** Taf. XXX. Östlich Zeustempel Inv. 1119).
**636a** beistehend. Osten der Altis (Inv. 11498; Berlin,

Dubl.). Zwei Fragmente von demselben Henkel oder
dem Henkelpaar desselben Dreifußes. Die Technik ist
sehr merkwürdig und zeigt deutlich, wie sehr man bemüht war, den Schein des Blechstiles zu erreichen. Der
Henkel ist als ein dünner, nur knapp 3 mm dicker und
54 mm breiter Reif gegossen, welcher innen einen 1 cm,
außen einen ½ cm dicken, mit Strickornament verzierten Rand hat. Aus der glatten Fläche dazwischen
ist nach dem Gusse mit der Hand ein Zickzackband ausgeschnitten worden. An dem Fragment 636a ist ein
Stück stehen gelassen; dasselbe zeigt auf der einen Seite
die Aufzeichnung zum Ausschneiden des Zickzacks; das-

felbe unterblieb offenbar, weil diefe Stelle nahe dem Anfatze an den Keffel fich befand, wo die durchbrochene Ornamentik der Henkel in der Regel, der Festigkeit wegen, aufhört.

**637** (Taf. XXX). Zanes (Inv. 3666). Fragment eines ähnlichen Henkels, 17 mm breit; ganz gegoffen. Strickornament nicht nur an den Rändern, fondern auch auf dem Zickzack. Unter demfelben, auf dem dicken unteren Rande, ein eingefchlagener Zickzackftreif. — Ebenfo Inv. 3187 (öftlich Palaftra).

Inv. 4752 (Krypte). Fragment mit 2½ cm breitem, ausgefchnittenem Zickzack und dem Refte einer zweiten inneren Reihe. Ähnlich Inv. 1177; jede Zacke hat einen gravierten Rand von zwei Strichen.

Gewöhnlich find die Zackenftreifen fchmäler, und die Herftellung des durchbrochenen Ornaments erfolgt lediglich durch den Gufs. Das Hauptmotiv bilden die Zickzackftreifen, die ein-, zwei- und dreifach auftreten; ganz felten kommen die Tangentenkreife vor (643). Die trennenden Ränder oder Riefeln find jetzt nur felten noch mit dem alten Strickornament verziert.

**638** (Taf. XXIX). Nordweftliche Ecke des Zeustempels (Inv. 2582; Berlin, Dubl.). Ein wohlerhaltenes Exemplar, von einem nach dem Keffelinneren blickenden, aus einem Stücke mitgegoffenen Vogel bekrönt. Der Ring hat 19 cm äufseren Durchmeffer. Der innere Rand deffelben ift 1½ cm, der äufsere ½ cm dick. Strickornament an beiden Rändern. Gegen den Keffelanfatz zu hört das durchbrochene Ornament auf (vergl. 636a). Der Keffelhenkel hat nach der alten gewöhnlichen Weife nur drei Rippen mit Strickverzierung. Drei Niete ftellen die Verbindung mit dem Keffel her, von dem noch ein Stück erhalten ift. Der Keffelrand ift einfach verdickt, nach innen etwas vorfpringend (vergl. den Durchfchnitt). Die Nietfpuren links rühren von der Befeftigung eines der Beine her.

**639** (Taf. XXX). Südweftlich Metroon (Inv. 6986). Grofser, vollftändiger Henkel; der Ring hat 28 cm äufseren Durchmeffer und drei Reihen von durchbrochenem Zickzackornament. Der Keffelhenkel ift in Relief mit horizontalem Zickzack gefchmückt. Kein Strickornament mehr.

**640** (Taf. XXX). Südweftecke Zeustempel (Inv. 2001). Fragment mit Pferdchen oben, das mitgegoffen ift; der Kopf fragmentiert.

Ebenfalls mit zwei Reihen durchbrochenen Zickzackornaments: Inv. 3033, 2858, 4043, 11852 nebft Keffelhenkel mit drei Rippen, 3626 (Berlin, Dubl.).

Nur eine Reihe Zickzack zeigt Inv. 1579; fehr fchweres Stück mit dickem inneren Rande, 45 mm breit.

Eine Variante zeigt Inv. 11526: eine äufsere Reihe wird von dem durchbrochenen Zickzackband gebildet, eine innere Reihe geftellten parallelen Stäben, die oben in der Mitte zufammentreffen. Schweres Exemplar; faft vollftändig; 23 cm im Durchmeffer. Intereffanter ift die folgende Variante:

**641** (Taf. XXX). Weftlich Pelopion (Inv. 11340). Die äufsere Reihe zeigt wieder den Zickzack, die innere aber Kreife mit Tangenten (nicht Spiralen, wie es fcheinen könnte; die Tangenten fteigen auf und ab und bilden

fo wieder eine Zickzacklinie; auch diefer Streif ift durchbrochen gearbeitet. — Inv. 6019 (füdlich der Echohalle) ift das Fragment eines ganz gleich verzierten Henkels. — Das Stück 641 hat aber eine ganz vereinzelte Befonderheit, einen liegenden Löwen ftatt des fonft üblichen Pferdchens auf der Spitze; derfelbe ift zwar fehr fummarifch in der »primitiven« Weife, aber doch völlig kenntlich gebildet. Die Wahl des Tieres beftätigt, dafs wir uns in der letzten Entwickelung des geometrifchen Stiles befinden, wo darfelbe bereit beginnt, ihm urfprünglich fremde Tierbildungen aufzunehmen.

Aufser den genannten Stücken find noch eine Reihe kleiner Fragmente durchbrochener Henkel da, wie Inv. 10817, 1002, 4155, 4640, 13313.

Zur Veranfchaulichung des Typus, wie er aus den Fragmenten fich wiederherftellen läfst, geben wir die Zeichnung auf Taf. XXXIV, e.

## 6. Refte anderer Gefäfse und Geräte.

### Von grofsen Keffeln.

**642** (Taf. XXXV). Öftlich Zeustempel (Inv. 2884). Gegoffener Anfatz an den Rand eines grofsen Keffels; Länge des Stückes 25 cm; war mit drei eifernen Nägeln an denfelben befeftigt. Ein Ring von plumper primitiver Bildung blickt nach dem Inneren des Gefäfses. Unter demfelben durch geht der beiderfeits gebrochene Reft eines Henkels.

**643** (Taf. XXXVII). Südlich Prytaneion (Inv. 5101). Gegoffner Anfatz an einen grofsen Keffel (Länge 0,20, Höhe 0,125); war mit zwei Nägeln befeftigt. Zwei Ochfenköpfe, welche nach dem Inneren des Keffels fchauen, verzieren den Rand. Diefelben find im primitiven Stil gehalten. Die Augen find nur als Löcher gebildet wie die Nüftern auch, das Maul als ein gerader Einfchnitt.

**644** (Taf. XXXV). Weftlich Pelopion (Inv. 11204). Griff von einem grofsen Gefäfs. Der Anfatz an letztere ift faft ganz abgebrochen. Die überftehenden Enden des Griffs find mit Ochfenköpfen geziert.

**645** (Taf. XXXVII). Nördlich Zeustempel (Inv. 8700). Gegoffener Ringhenkel von 8 cm Durchmeffer mit breitem, 24 cm lang erhaltenem Anfatze an einen Keffel. Refte dreier grofser Bronzenieten. Der Ring ift durch fchräge Stäbe mit dem Anfatze verbunden. Die Stelle, wo der Ring letzteren berührt, ift durch Spiralen in Relief geziert (vergl. die Verwendung der Spiralen an den Dreifufshenkeln 570, 574 f.). An feiner Oberfeite trägt der Ring das Strickornament.

Inv. 3554 (vor dem Thefauros der Megareer) wie 645, doch ohne Spiralen; 0,20 lang; zwei eiferne Nägel. Inv. 11437 (weftlich Echohalle; Berlin, Dubl.) desgl.; 0,19 lang; zwei Bronzenägel. Inv. 11854 (öftlich Zeustempel), 11468 (weftlich Pelopion), 4059 (füdlich Zeustempel), 11317 (weftlich Echohalle), Fragmente gleichartiger Stücke; teils mit Bronze-, teils mit Eifennägeln. Diefe den Ringhenkeln der Dreifüfse nahe verwandten

Stücke stammen von relativ kleineren Kesseln, wo sie mehr zur Verzierung als zu praktischem Zwecke dienten.

Ringhenkel mit kleinem schmalen Ansatze an das Gefäls: Inv. 2672 (Westfront Heraion), Ring von 9 cm Durchmeiser. Inv. 2089 desgl. von knapp 8 cm Durchmeiser.

### Verschiedene Gefäse von Bronzeblech.

**646** (Taf. XXXV). Westlich Echohalle (Inv. 11486). Ein henkelloses Becken von 20 cm Durchmesser. Der Rand ist nach außen umgebogen und mit einer Reihe von der Rückseite herausgetriebener Buckeln verziert.

Inv. 8971 (westlich Zeustempel; Berlin, Dubl.). Gleiches Exemplar von ca. 20 cm Durchmeiser und 5", cm Höhe. 12448, Fragment eines gleichen, doch etwas größeren Gefäses.

Ganz gleiche Becken sind auch anderwärts in älteren Fundschichten nicht selten: im Museum von Corfu befindet sich der Rand eines Gefäses wie 646; er soll aus dem Grabe des Menekrates stammen. Damit stimmt überein, daß in einer anderen korinthischen Kolonie, in Syrakus eben diese Becken in der Nekropolis des 7. Jahrhunderts (del Fusco) als Behälter der Asche des verbrannten Leichnams vorkommen (im Museum zu Syrakus; vergl. Annali d. Inst. 1877, tav. AB, 25; S. 41 f., 55). Dieselben Gefäse, wiederum als Aschenbehälter, sind in Megara Hyblaea in der Nekropole des 7. bis 6. Jahrhunderts gefunden worden (Museum zu Syrakus). Auch in Italien sind sie in den Gräbern des 7. Jahrhunderts nicht selten, wenn sie auch hier nicht als Aschenbehälter dienen. Sie sind wahrscheinlich ein chalkidischer oder korinthischer Importartikel gewesen. Mehrere Exemplare fanden sich in Suessula (Samml. Spinelli bei Cancello); andere wohlerhaltene wurden in der tomba del guerriero zu Corneto (Mon. d. Inst. X, 10a, 12), in einem anderen ungefähr gleichzeitigen Cornetaner Grabe (Mon. d. Inst. XII, 3, 1), in der tomba d'Iside zu Vulci (Micali, mon. in. 8, 4) und in der tomba del duce zu Vetulonia (Museum zu Florenz; nicht abgebildet auf den Tafeln in den Notizie d. scavi 1887) gefunden. Mehrere gleiche Exemplare aus Funden in den Abruzzen (Corropoli) befinden sich im Museo nazionale zu Rom. An eines im Museum zu Karlsruhe (Inv. F 541) hat man fälschlich Henkel angesetzt. Diese Becken sind immer henkellos. Es kommt auch vor, daß statt einer Reihe Buckeln deren zwei und drei den Rand schmücken (ein Exemplar mit drei Reihen im Museum zu Karlsruhe; Rand mit zwei Reihen Mus. Greg. 1, 2, 4).

**647** (Taf. XXXVI. Westlich Pelopion (Inv. 11838). Rand eines großen Gefäses aus dünnem Bronzeblech. Zur Verstärkung des Randes ist derselbe um einen Bronzedraht aufgerollt. Dies ist ein Verfahren, das an den breiten Rändern der altitalischen Gefäse aus dünnem Blech regelmäßig zu beobachten ist. Der Rand ist mit größeren Buckeln und vier Reihen kleiner getriebener Punkte verziert. Vergl. oben.

**648** (Taf. XXXV. Nördlich vom Südwestbau (Inv. 12020). Napf mit umgebogenem Rande, von 16 cm Durchmesser. Mit einem Fuße, der ebenfalls aus Bronzeblech besteht.

**649** (Taf. XXXV). Altarfunde südwestlich Metroon (Inv. 6895). Fuß nebst unterem Teil des Bauches eines Bechers aus Bronzeblech. Der Fuß ist an das Gefäs genietet. Er trägt auf der unteren Fläche getriebene Punkte und auf dem ansteigenden Teile eingeschlagene einfache Ornamente. Das Stück hat das Gepräge hoher Altertümlichkeit.

**650** (Taf. XXXV). Westlich des Nikebathrons (Inv. Met. 215). Schale aus Silberblech[1]) mit zwei angenieteten Henkeln, welche mit eingeschlagenen Punkten verziert sind. Der Bauch ist etwas eingedrückt.

**651** (Taf. XXXVI). Westfront Heraion (Inv. 2677). Breiter Streif aus dünnem Blech. Die Ränder sind um Bronzedraht aufgerollt. Unten und oben gebrochen. Das obere unverzierte Stück ist in der punktierten Linie umgeknickt; hier befinden sich zwei Nagellöcher. Wahrscheinlich Henkel eines größeren Gefäses, einst mit dem oberen Ende an das Gefäs genagelt. Das Ornament ist von hinten getrieben.

**652** (Taf. XXXVI). Südlich Prytaneion (Inv. 5225). Breiter Blechgriff eines Gefäses? Oben und unten gebrochen. Eingeschlagene Linien und getriebene Buckeln.

**653** (Taf. XXXVI. Osten des Altis (Inv. 5593). Blechhenkel: war angenietet. Das eingeschlagene Randornament wie 649. An der schraffierten Stelle geknickt.

**654** (Taf. XXXVI). Tiefgrabungen in der Cella des Metroons (Inv. 13585). Unterer Teil eines Henkels aus starkem Blech mit Nagelloch. 37 mm breit. Eingeschlagene Zickzacklinien und Punkte dazwischen.

**655** (Taf. XXXVI. Ende eines Henkels (?) von starkem Blech, 33 mm breit. Mit eingeschlagener Spiralverzierung.

**656** (Taf. XXXVI. Buleuterion (Inv. 5709). Gebogener Henkel von Blech mit getriebenen Riefeln. Zum Annieten.

Ähnlich Inv. 5603 (mit Nietloch). 13201. 5127. 7084. 1391. Ein Exemplar dieser Art erweitert sich etwas nach unten und zeigt hier eingeschlagene Würfelaugen.

Einfachere Blechhenkel von kleineren Gefäsen, Näpfen oder Bechern, mit eingeschlagener Randlinie, sind Inv. 11433. 1270 (mit einem Stück des angenieteten kleinen Blechgefäses). — Eine getriebene Linie in der Mitte und den Rändern entlang: Inv. 11744 (mit den Nieten). — Ganz einfach und schmucklos: Inv. 8647. 8649 verbogen). 12444. 998.

Vergl. dazu die gleichartigen Henkel von Gefäsen aus Ungarn, Hampel, Altert. d. Brzezt., Taf. 65, 1. 2. 64, 2.

**657** (Taf. XXXVI. Prytaneion (Inv. 4759; Berlin, Dubl). Gegossener Henkel eines größeren Gefäses, strickartig, mit spiralförmig gewundenen Riefeln. Durch die Enden sind schräg von außen Nägel getrieben, welche in der Mitte der Ansatzfläche herauskommen und den Henkel an das Gefäs zu befestigen bestimmt waren.

**658** (Taf. XXXVI). Buleuterion (Inv. 5489; Berlin, Dubl). Henkel, aus einem starken Blechstreifen zusammengerollt und mit gravierten Linien versehen. Die

---

[1]) Es ist leider versäumt worden, das Material auf der Tafel anzugeben.

herausstehenden Blechenden sind gebrochen. Der Henkel war gewiß zum Annageln bestimmt.

Sehr zahlreich sind die aus gehämmertem Drahte gebogenen Henkel kleiner Gefäße, welche mit denselben durch Niete verbunden waren. Ihre Einfachheit, ja Primitivität und zum Teil auch die Fundumstände sprechen für hohes Alter. Es gehören dahin

**659** (beistehend). Aus den tiefen Altarfunden südwestlich Metroon (Inv. 6860). Emporstehender Henkel mit Bronzenieten.

Mit 659 übereinstimmende Exemplare von ca. 4 bis 5 cm Höhe kamen in der tiefen Schicht unter dem Heraion vor; s. ferner Inv. 205. 7362. 8928. 9052. 11037. 1180. 10856 (verbogen), 13803. 14075. — 1003 aus sehr dünnem Draht. — Dickere Exemplare: 5033. 1445. — Aus gegen 1 cm breiten starken Blechstreifen geschnitten: Inv. 4933. 12. 7356. 8741. 9855. — 10280 mit Eisennift.

Ebenso, doch mit umgebogenem, horizontalem Ansatze an das Gefäß:

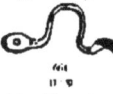

**660** (beistehend). Südwestecke des Zeustempels (Inv. 4678). Henkel von Draht, 3 cm hoch, 4 cm breit. Mit Nieten. Ebenso: Inv. 918. 1231. 456. 916. 5637. 5588. 5539. 1834. 6777. 11218. 13804. 14140.

Etwas dicker 834. 2137. 1141. Aus Blechstreif geschnitten: 12203.

**661** (beistehend). Südlich Philippeion (Inv. 9278). Emporstehender Henkel von Draht, 3 cm hoch, mit horizontalen breitgehämmerten Enden für die Süße. — Gleicher Henkel z. B. in der tomba del guerriero von Corneto, Mon. d. Inst. X, 10b, 23.

**662** (beistehend). Kronionabhang (Inv. 1893). Nicht rund, sondern eckig gebogener, emporstehender Henkel

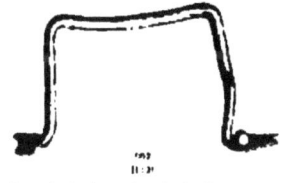

aus Draht mit horizontalen breitgehämmerten Enden. Nagel mit zugespitztem Knopfe.

Gleichartige Henkel, mit spitzköpfigen Nägeln befestigt, sind an den altitalischen Blechgefäßen der Periode der tomba del guerriero und der verwandten Funde sehr häufig.

Mehrfach kommen kleine Drahthenkel vor, welche nicht zum Annageln, sondern nur zum Hereinstecken, wahrscheinlich direkt in das Blechgerät bestimmt sind:

**663** (beistehend). Westlich Zeustempel (Inv. 190). Ein 3 cm hoher, 4 cm breiter

Griff aus Draht. Die Enden dünn, spitz und emporgebogen.

Ebenso: Inv. 11564. 578. 1732. 7520. 1772.

Eine Anzahl der in der Alus sehr häufigen Bügelhenkel mit aufgebogenen Enden hat den gleichen altertümlichen einfachen Charakter wie die bisher erwähnten Henkel, weshalb wir sie hier anführen. Sie bestehen aus rundem oder kantigem gehämmertem Draht. Die größeren sind 7—9 cm hoch. Sie werden zu kleineren Blechkesseln gehört haben in der Art wie die aus Ungarn, bei Hampel, Altert. d. Bronzez. Taf. 65, 5. 4; 64, 1.

**664** (beistehend). Buleuterion (Inv. 5838). Ein 9 cm hoher, 18 cm breiter Bügelhenkel, vierkantig.

Gleicher Art sind: Inv. 12268. 5317. 8003. 13259. 1546. — Kleinere Exemplare, 4—6 cm hoch: Inv. 7259. 8383. 12656. 13172 (sehr dünn). 6059. 8734. 13829. 6803. 12819. 4689. 13265. 3544. Diese Stücke können auch späteren Zeiten angehören.

Selten sind derartige Henkel gewunden:

**665** (beistehend). Südöstlich Zeustempel (Inv. 4615). An dem erhaltenen Ende hängt noch ein kleiner Blechhenkel der Art wie 659 mit Nieten zur Befestigung an das Gefäß. — Gewunden ist auch Inv. 7988, fragmentiert.

Von dieser Art sind häufig die Henkel der bekannten in Mitteleuropa und Italien verbreiteten gerippten Cisten (ciste a cordoni); vergl. z. B. die Exemplare aus Ungarn, Hampel, Altert. d. Bronzez. Taf. 105. 106.

Eine eigentümliche häufig vorkommende Art von Griffen ist folgende:

**666** (Taf. XXXV). Buleuterion Inv. 5706). Aus Bronze gehämmert. Oben in der knopfartigen Erweiterung ein Rest von Eisen. Die Enden spitz.

Ebenso, oben meist der Rest eines eisernen Knopfes oder einer eisernen Scheibe: Inv. 5594. 5874. 12927. 14036. 7557. 7630. 7683. 7110. 12195. 7797. 13451. 13151. 5904. 7733. 12814. 7543.

**667** (Taf. XXXV). Westlich Pelopion (Inv. 11202). Ähnlicher Griff, gegossen. Der Griff ist gebogen und kanneliert.

Ein gleiches Stück, doch ohne Kannelierung, in Berlin unter den Dubletten. Ein anderes, ebenfalls ohne Kannelur, wurde unter dem Opisthodom des Heraions bei den Tiefgrabungen zwischen den Fundamenten desselben gefunden (Inv. 8524; vergl. Treu, Tageb. V, S. 118).

Diese Griffe, deren hohes Alter namentlich durch das letztgenannte Stück erwiesen wird, wurden wahrscheinlich mit ihren zugespitzten horizontalen Enden in das vielleicht aus Blech gefertigte Gerät hereingesteckt.

Ein den olympischen sehr ähnliches Stück befindet sich im Museum von Perugia und wurde in einem Grabe mit einer geometrisch verzierten Kahntibel gefunden.

Eine Serie ganz einfacher runder Schalen von 14 bis 19 cm Durchmesser und ca. 5—6 cm Höhe gehört sehr alter Zeit an. Ihr Umriß beschreibt etwa einen Drittelkreis. Sie sind ganz ohne Spuren von Griffen oder Henkeln; nur zuweilen findet sich ein kleines Loch nahe dem Rande, das wahrscheinlich nur zum Aufhängen des Gefäßes gedient hat. Sie sind aus dünnem Blech gerieben und nur der Rand ist dicker (meist 2—3 mm); derselbe ist aber weder ein- noch auswärts gebogen. Gefunden wurden diese Schalen besonders in den tiefen Schichten um die Altäre, namentlich beim Heraion und der Gegend des Zeusaltars. Gleichartige Gefäße kommen in den altitalischen Funden (so in der Cornetaner tomba del guerriero, Mon. d. Inst. X, 10a, 4) und häufig auf Cypern in den Gräbern der Bronzezeit vor.

**668** (Taf. XXXV). Gegend des Zeusaltars (Inv. 8552; Berlin, Dubl.). Exemplar mit einem Loche nahe dem Rande. Durchmesser 14½ cm. Dicke des Randes oben 2—3 mm.

Die anderen hierher gehörigen Stücke (ihr Boden ist meistens eingedrückt) sind: Inv. 7045 gefunden 1,10 unter dem Heraionsstylobat, an der Südwestecke des Heraions'. 9797. 9479. 9600 und 10546 wurden in den Altarschichten zwischen Heraion und Pelopion gefunden. 7235. 7236 und 9507 aus dem Pelopion. 3176 beim Altar östlich vom Heraion. 6797 südöstlich Heraion. 6791 Altarfunde beim Metroon. Aus der Gegend des Zeusaltars stammen: 8708. 8552. 8553. 8556. 9114. 8776. 8774. 9075. 9035. 8073. Nördlich und nordwestlich vom Zeustempel: 1616. 1416. 8816. — Ein etwas kleineres Exemplar (Durchmesser 0,115; aus stärkerem Blech ist 5972 (nördlich Zeustempel). Noch kleiner (Durchmesser 9 cm) 11824. — Ausnahmsweise hat 8714 Durchmesser 14 cm am Rande eine Reihe getriebener Punkte.

Flachere Schalen von 19—20 cm Durchmesser: Inv. 7087. 2044. — Von einigen besonders dünnen Exemplaren, wo das Blech kaum papierdick ist, haben sich nur die Ränder erhalten: Inv. 1470a. 1372.

Die besprochenen Schalen sind gewiß die älteste Gattung der zum Spenden in der Altis verwendeten Gefäße und wurden deshalb so häufig geweiht.

Es kommen auch ganz kleine Schälchen derselben Form vor, welche als zu Votivzwecken hergestellte kleine Nachbildungen der wirklichen Trinkschalen betrachtet werden dürfen. Derart ist Inv. 8511, ein unter dem Opisthodom des Heraions in der tiefen Schicht gefundenes Schälchen von 55 mm Durchmesser und 5 mm Tiefe. Es zeigt fünf von außen eingedrückte kreisrunde Vertiefungen als Verzierung. Ferner gehört hierher:

**669** (Taf. XXXVI). Südwestbau (Inv. 13060). Mit getriebenen Kreislinien verziert. Unten ist von roher späterer Hand ein Loch eingeschlagen worden.

Ähnlich, doch ohne Verzierung: Inv. 8646 (nordwestlich Zeustempel). 6550 (südwestlich Metroon; 7 cm Durchmesser). 1566 (nördlich Zeustempel). 13586 (Cella des Metroons), ebenfalls mit einem Loch im Boden. 8589 (nordwestlich Zeustempel) und 1072 (nördlich Zeustempel) sind ganz flach.

Andere sind gegossen: 7207 (Pelopion). 8959 (nördlich Zeustempel). 12560 (südlich Palästra'. 13187 und 13256 südlich byzantinischer Kirche.

**670** (Taf. XXXV). Nördlich Zeustempel (Inv. 4081; Berlin, Dubl.). Aus dünnem Blech getriebener Becher. Ein herausgetriebener schmaler Wulst, innerhalb dessen der Boden etwas eingezogen ist, dient als Fuß. Die Henkel, aus stärkerem Blech bestehend, sind angenietet. Sehr altertümlicher Charakter.

**671** (Taf. XXXV). Nordwestecke des Zeustempels (Inv. 2050). Becher, im Wesentlichen derselben Form, doch wegen Henkel und Fuß und wegen der Technik wesentlich späterer Zeit als **670**. Die gegossenen Henkel sowie der Fuß sind nämlich angelötet, nicht genietet. Die Henkel zeigen als Schmuck nach dem Inneren des Gefäßes schauende Pferde, welche zwar noch die Grundlage des geometrischen Stiles erkennen lassen, bereits aber zu natürlicher Bildung fortgeschritten und schon dem archaischen Stile zuzurechnen sind. Das Bronzeblech des Gefäßes ist tiefdunkel und stark glänzend, so wie an den Bronzen der besten archaischen Zeit. Das Gefäß wird nicht älter sein als das 6. Jahrhundert.

Inv. 12508 (südlich Palästra), ähnlicher Napf; Henkel und Fuß fehlen.

## Teile von Geräten.

**Verbindende Stäbe.** Es fand sich eine Anzahl von gegossenen Rundstäben, deren Enden in schräger Richtung und beide nach der entgegengesetzten Seite umgebogen sind und die Spuren starker Niete tragen. Einige Exemplare sind mit eingeschlagenen Kreisen mit Centralpunkt und verbindenden Tangenten verziert. Es kommt vor, daß die beiden Enden durch rohe, fingerartige Einschnitte das Ansehen einer Hand bekommen.

**672** (Taf. XXXVI). Westlich Pelopion (Inv. 11197; Berlin, Dubl.). Gegossener Rundstab von 27 cm Länge und 14 mm Durchmesser. In der Mitte und vor den breiten Enden je ein Wulst. Dazwischen Streifen von Tangentenkreisen. Es sind vier Streifen, welche rundum gehen. Das eine der breiten Enden ist als Hand gestaltet. Es stecken dicke Niete drin.

Inv. 10538 (südlich Heraion). Genau übereinstimmendes Exemplar von derselben Größe und Verzierung. Auch hier ist das eine Ende handförmig, aus Versehen aber sechsfingerig.

Den übrigen Exemplaren fehlt das Kreisornament; sie haben nur den Wulst in der Mitte und vor den Enden. Bei Inv. 6632 hat das eine Ende Handform; Inv. 6303 (Berlin, Dubl.) ein halbes Exemplar mit Handform. Die übrigen entbehren dieses Details. Die Größe schwankt zwischen ca. 17 und 28 cm; manche sind fragmentiert: Inv. 8704. 5253. 3029. 8773. 5732. 7176. 6370. 6012. 3281. 7804. 1523. 3525. 7818. 1093. 4543. 2589. (Berlin, Dubl.). Die Wülste fehlen bei 5699 (22 cm lang).

Vierkantig, ganz unverziert ist

**673** (Taf. XXXVI). Südlich Zeustempel Inv. 4073). Länge 0.315.

Häufig sind ferner gleichartige Rundstäbe, welche gedreht sind.

**674** Taf. XXXVI. Nördlich Prytaneion (Inv. 12812). Länge 0.27. Nur das eine Ende ist seitwärts gebogen, das andere nicht.

Andere gedrehte Exemplare: Inv. 9850, 28 cm lang. Beide Enden schräg gebogen. — Häufig sind die beiden Enden mit den Nieten nicht schräg gebogen, sondern gerade; viele Exemplare sind fragmentiert. Sie wurden besonders häufig in der Gegend zwischen Prytaneion, Heraion und Philippeion gefunden. Inv. 806. 2050. 2839. 4145. 4116. 4193. 4177. 4249. 4253. 4264. 4775. 9341. 12813. 13271. 12173. 13294. 13358. 4249 (Berlin, Dubl.).

Ein solcher gedrehter Stab mit Nieten in den schräg gebogenen Enden, aus Dodona stammend, ist abgebildet bei Carapanos, Dodone pl. 53. 13.

Leider hat sich in Olympia nie ein Rest der ursprünglichen Verwendung erhalten. Dafür treten andere Funde ein. Vor Allem nenne ich ein merkwürdiges Bronzegefäß aus Sizilien, in Privatbesitz, ein Becken auf hohem, unten breitem Fuß. Letzterer ist mit dem Rande des Beckens durch drei jener gedrehten Stäbe mit schrägen Enden, die ganz den olympischen gleichen, verbunden; dieselben bestehen aus Eisen. Becken und Fuß sind mit erhabenen Riefeln und der Stamm des Fußes mit Schuppen verziert. Ferner kommen jene gewundenen Stützen an Funden aus Italien und Mitteleuropa vor. Ich verweise insbesondere auf zwei Gefäßuntersätze von Hallstadt v. Sacken. Taf. 22. 3; 24. 2, auf den bekannten Wagen von Strettweg bei Judenburg und einen Thronsessel von Chiusi (Annali d. Inst. 1858, tav. Q. 1, Grabfund mit importierten Gefäßen der protokorinthischen Gattung); es erscheinen hier überall dieselben gedrehten Stäbe wie in Olympia und Dodona, und zwar als verbindende Stützen, meist schräg und sich kreuzend, mit den schrägen Enden angenietet. Vermutlich stammen auch die olympischen Stäbe, die gedrehten wie die glatten, von altertümlichen Blechgefäßen und Unterstützen, wo sie als Stützen dienten. An den bekannten Dreifußtypen lassen sie sich nicht anbringen. Die Stücke mit der Ornamentik wie 672 sind aber jedenfalls den Dreifüßen der zweiten Gattung gleichzeitig.

Eine sehr verwandte Art von gegossenen Verbindungsstäben ist in der Regel rechteckig im Durchschnitt und meist ein wenig gebogen, selten ganz gerade; an den Enden befinden sich kleine Zapfen, die offenbar als Niete fungierten, in derselben Weise wie die Zapfen an den Nebenseiten der Blechdreifußbeine; sie wurden irgendwo hereingesteckt und das Ende dann breit gehämmert. Einmal 677 ist noch ein Rest von Blech erhalten, in welches der Zapfen eingefügt war. Die Stäbe haben eine Länge von ca. 7—17 cm und sind an den

beiden Breitseiten meist mit eingeschlagenem Ornamente verziert: es sind immer runde Häkchen oder Zickzack, ganz der Ornamentik der Blechdreifüße entsprechend.

**675** Taf. XXXVI. Südlich Metroon (Inv. 6249, Berlin, Dubl.). Die Breitseiten zeigen Zickzack. — Zugleich mit diesem wurde ein zweites identisches Exemplar (Inv. 6248) gefunden.

**676** (Taf. XXXVI). Südlich Heraion (Inv. 10645). Ausnahmsweise quadratisch im Durchschnitt, doch aber nur auf zwei Seiten verziert, mit runden Häkchen.

Einmal Inv. 9076 sind drei Seiten verziert. Selten sind die Exemplare ohne alle Verzierung wie:

**677** (Taf. XXXVI). Buleuterion (Inv. 5366). Der eine Zapfen steckt in einem Reste von Blech.

Inv. 8629 ist eine Ausnahme, indem der Stab rund ist und flache Kanneluren zeigt.

Exemplare des gewöhnlichen Typus: Inv. 9265. 6833. 5023. 5051. 5865. 915. 10549. 4165. 13693.

**678** (beistehend). Westlich Pelopion (Inv. 11212). Verbindungsstab aus 2 mm starkem Blech mit je zwei

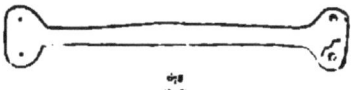

678
(1 : 2)

Nieten an den breiten Enden; an einem noch Reste des Blechs, an welches der Stab genietet war.

Folgende runde Stücke sind vielleicht Deckel von kleinen Gefäßen gewesen. Doch sind auch verschiedene andere Verwendungen denkbar; sie können zur Zierde irgendwie aufgesetzt gewesen sein.

**679** (Taf. XXXVI). Pelopion (Inv. 7204). Flach gewölbtes dünnes Blech mit getriebenen Punkten und einem Loch in der Mitte, durch welches vielleicht ein Griff gesteckt war.

**680** (Taf. XXXVI). Südostbau (Inv. 6026). Runde Scheibe aus zwei Stücken von 2 mm starkem Bleche, welche mittelst eines Nagels zusammengehalten werden. Eingeschlagene Dekoration, aus zwei Streifen jener runden S-förmigen Haken bestehend, aus welchen, wenn sie statt in vertikalem, in horizontalem Sinne nebeneinander gestellt werden, der „laufende Hund" entsteht, den wir von den Dreifüßen der zweiten Gattung kennen.[1] Die Dekoration ist, wie die gleichmäßige Verteilung auf das Ganze zeigt, für dieses gemacht, und ist nicht dieses etwa früher.

**681** (Taf. XXXVI). Südlich Heraion (Inv. 10348). In der Mitte (bei den punktierten Linien) geknicktes kreisrundes Blech, mit zwei Löchern; auf der einen Seite mit Tremolierstich verziert.

**682** Taf. XXXVI). Westfront Zeustempel (Inv. 1218). Kleiner hohler Knopf, vollständig, doch ohne Spur der Verwendung. Inv. 3927 ein gleiches Exemplar.

[1] Ebenso wie auf 680 gereiht erscheinen die S-Haken, z. B. an Urnen der alten Bologneser Nekropole, in den Thon gepreßt, Gozzadini, scavi Arnoaldi-Veli, 1877, tav. II, 1.

Ein faſt ganz gleiches Stück iſt in Dodona (Carapanos pl. 52, 10) und ein anderes in Hallſtadt gefunden
(v. Sacken, Taf. 18, 16); nur ſind hier die Öffnungen
viereckig ſtatt rund. Sehr verwandt ſind andere Stücke
aus dieſen beiden Fundſtätten (Carapanos pl. 52, 18;
v. Sacken, Taf. 18, 14); entfernter verwandt ſolche aus
Corneto (tomba del guerriero, Mon. d. Inſt. X, 10ᵇ, 18;
vergl. Undſet in den Annall d. Inſt. 1885, S. 91). Ein von
dem Urnenfelde von Stillfried in Niederöſterreich ſtam-
mendes Exemplar dieſes Typus ward mit Beſtandteilen
eines Pferdezaumes gefunden (Much, prähiſt. Atlas d.
Central-Kommiſſ. Taf. 38, 16—23) und läſſt dadurch die
wahrſcheinliche Bedeutung auch von 682 erkennen.

Schließlich betrachten wir noch einige mit Menſch-
oder Tierfigur verzierte Gerätfragmente.
**683** (Taf. XXXV). Weſtlich Echohalle (Inv. 10856).
Fragment eines vollgegoſſenen, ein wenig gekrümmten Rundſtabes, daran eine menſchliche Figur, wie es
ſcheint, im Begriffe hinaufzuklettern, wobei man freilich
gehobene Arme erwarten würde. Dieſelbe iſt von ſehr
primitiver Bildung und ſcheint einen Helm auf dem
Kopfe und einen Gurt um den Leib zu haben. Auf dem
Rücken eine fragmentierte Öfe (?). Mehrere Bronzeiſtiſe
gehen durch den Rundſtab durch; es ſind noch die
Spuren von ſieben nachweisbar. Vielleicht waren mittelſt
derſelben andere Figuren aufgeſtiſtet.
**684** (Taf. XXXV). Nördlich Zeustempel (Inv. 1720).
Gegoſſener Rundſtab, rechts gebrochen, links ein Ring,
oben ein ſehr primitiver Vogel.
**685** (Taf. XXXV). Oſtfront Zeustempel, tief (Inv.
791). Reſt eines größeren Gerätes. Ein kantiger Stab
iſt mit einem dicken Blechſtreifen verbunden, auf welchem
vier primitive Waſſervögel ſeſtgenietet ſind. Der Kopf
einer Ziege, deren Hörner als breite Blechſtreifen gebildet ſind, bildet zugleich den Kopf der Stab und
Streifen verbindenden Niete. — Vergleichen laſſen ſich
wegen des Blechſtreifens mit den Waſſervögeln Geräte
wie das von Hallſtadt, v. Sacken Taf. 22, 3; und die
Fibel, Montelius, civil. en Europe, Italie, pl. 5, 35.
**686** (Taf. XXXVI). Nordoſtecke Zeustempel, tief
(Inv. 977). Protome eines Pferdes, gegoſſen, zum Aufnageln auf eine etwas konvexe Fläche, alſo vielleicht auf
einen Gefäßdeckel. Unter den Ohren, deren Spitze fehlt,
ein durchgehendes Loch (zum Durchziehen eines Bandes
als Griff?). Eingeſchlagene Würfelaugen. Baſis mit drei
Vorſprüngen und drei Nagellöchern.
**687** (Taf. XXXVI). Weſtlich Buleuterion (Inv. 13015).
Sehr ähnliches Stück. Loch in dem Vorderteil des Kam-
mes zwiſchen den Ohren. — Der Stil beider Stücke,
**686. 687,** iſt der entwickelte »geometriſche«.

----

## II. Zweite Gruppe.
## Der orientaliſch-griechiſche Stil.

### 1. Bleche verſchiedener dekorativer Beſtimmung.

##### a. Mit figürlicher Darſtellung.

Wir führen zunächſt ein Fragment auf, deſſen Stil
noch in näher Beziehung zu dem der vorigen Gruppe
ſteht.
**688** (Taf. XXXVII). Südweſtlich Metroon, tief
(Inv. 7001). Links gebrochen, rechts vollſtändig. Der
obere und untere Rand iſt etwas nach hinten umgebogen.
Links oben ein kleines Stiſtloch; das Blech diente alſo
irgendwo zur Verkleidung. Es iſt oben und unten mit
demſelben »laufenden Hund«-Ornament geſäumt, das
wir von den Blechdreifußteilen der vorigen Gruppe
kennen. Ebenſo wie das Ornament ſind die Figuren
nur durch von der Oberſeite eingeſchlagene Umriſſe
hergeſtellt. Erhalten iſt ein Tier, das dem langen gehobenen Schwanze, dem Kopfe mit den kurzen Ohren
und den Tatzen nach wahrſcheinlich einen Löwen darſtellen ſoll. Gegen einen Hund, zu dem Kopf und
Füße auch paſſen würden, ſpricht der Schwanz, der beim
Hunde in dieſem Stile etwa horizontal geſtreckt", aber
nicht ſo geringeln gehoben wäre wie hier. Das Tier
vor dem Löwen war ein Huftier mit herabhängendem
dicken Schwanze, wahrſcheinlich ein Widder. Die Tiere
ſind ohne Grundlinie gezeichnet und machen einen
äußerſt ungeſchickten Eindruck. Die Art, wie der Hals
des Löwen durch Zickzack verziert iſt, entſpricht indeſ
noch ganz der Manier des geometriſchen Stiles der vorigen
Gruppe. Auch die geſamte ungeſchickte Bildung des
Löwen mit einer herausſhängenden Zunge findet ſich ſehr
ähnlich auf Denkmälern der ausgehenden geometriſchen
Stiles, welche zuerſt verſuchten, die Löwen der orientaliſierenden Denkmäler nachzuahmen; vergl. die Vaſe, Jahrb.
d. Inſt. II, Taf. 5, das gravierte Bronzeblech, Annali d.
Inſt. 1880, tav. G, 2, die Fibel, Jahrb. III, S. 362, d; doch
mit dem Unterſchiede, daſs die letztgenannten gravierten
Bronzen das ganze Tier noch mehr in der geometriſchen
Manier ſtiliſieren. — Vergl. auch Annali 1880, p. 129 f.

Einen ſehr altertümlichen Charakter haben die folgenden in Bronzeblech getriebenen, einſt dekorativ verwendeten menſchlichen Köpfe.
**689** (Taf. XLI). Südlich Metroon (Inv. 3725). Rohe
menſchliche Maske zum Aufnageln auf eine gerade Fläche.
Oben iſt quer herüber ein Streif mit getriebenen Kreiſen
befeſtigt; er iſt von der Rückſeite mittelſt eines ſchmalen
Blechſtückes aufgenagelt. Die getriebenen Punkte rechts
unten ſollen wohl die Haare andeuten. Oben ſind keine
Haare angegeben. Die Augen ſind überaus groſs und
wie Kugeln gebildet, die Naſe ſchmal und kurz, der
Mund ſehr ſtarr, ganz horizontal und von der Naſe

----

¹ Vergl. die Hunde, Annali d. Inſt. 1880, tav. G, 1; Jahrb.
d. Inſt. II, S. 48, 6.

weit getrennt; das Geficht läuft nach unten fpitz zu, das
Kinn ift fehr lang. Die wefentlichen Züge diefes Typus
finden fich z. B. an rhodifchen Terrakotten des 7. Jahrhunderts. Mit den mykenifchen Masken ift dagegen keine
wefentliche Ähnlichkeit vorhanden.

**690** (Taf. XLI.). Oftfront des Heraions (Inv. 3202).
Ein fchmaler Blechftreif, der an jeder feiner Schmalfeiten
die Refte dreier Stifte zeigt, welche das Band auf eine
gerade Fläche befeftigten. Jedes Ende ift mit einem
nach der entgegengefetzten Seite gewendeten menfchlichen Kopfe verziert; der eine ift faft völlig zerftört,
doch fcheint er mit dem erhaltenen übereinzuftimmen zu
haben. Die Köpfe waren vermutlich in einer Form gehämmert. Der Streif war wohl beftimmt, von oben
gefehen zu werden, alfo horizontal angebracht. Der
Kopf mit herabfallenden Haaren gehört einem bekannten
altarchaifchen Typus an, der uns namentlich in Terrakotten, von Marmorftatuen aber in der Nikandre von
Delos erhalten ift. Die zwei runden Buckel, welche
jederfeits die Ecken markieren, find gewifs nur dekorativ
und gehören nicht etwa als Brüfte zum Kopfe.

**691** (Taf. XXXVII). Weibliche Maske, wie es fcheint
in einer Form getrieben. Schmales, langgezogenes, fpitzes
Geficht; Diadem über der Stirne und, darüber emporftehend, ein Schmuck wie von drei Federn (vergl. dazu
die Figuren der melifchen Vafe, Conze, mel. Th. Taf. 4).
— Abg. Ausgr. IV. Taf. 24. 3. Vergl. Bronzefunde S. 71,
A. 8. Abgufs in Berlin Friederichs-Wolters No. 375).

Wir laffen zwei Fragmente von ftark orientalifierendem
Charakter folgen.

**692** (Taf. XXXVII). Offen des Aftis (Inv. 5487). Ein
ftark konvexes Bronzeblechfragment (vergl. das daneben
gezeichnete Profil). Die Figuren find nur ganz flach erhoben; ihre inneren und äufseren Umrifse find von oben
eingefchlagen. Dargeftellt find, in wappenartig ftrenger
Entfprechung, zwei Sphingen mit umgelehntem Kopf,
einer gehobenen Vorderlatze und emporftehenden Flügeln.
Aufser einem Halsbande tragen fie darunter auf der Bruft
ein breites mit Zickzack verziertes Band. Die langen
Haare find unten aufgerollt. Eigentümlich häfslich ift
das Gefichtsprofil. Die Flügel find zwar emporftehend,
aber noch nicht mit jener fchönen Rundung wie in der
entwickelten archaifch-griechifchen Kunft gebildet. Die
ganzen Figuren find kaum weniger plump und ungefchickt als der Löwe von 688. Eine Grundlinie ift auch
hier nicht angegeben. Zwifchen den Sphingen fteht ein
flammenartiges Ornament in der Krone wie von fünf
fpitzen ägyptifchen Lotosblättern. Der Stamm verlängert
fich nach unten über den horizontalen Streif weg. Das
Ornament des letzteren ift offenbar von einem bekannten
ägyptifchen (vergl. z. B. Perrot-Chipiez, hift. de l'art I,
fig. 532 oben) entlehnt, das auch auf einer Vafenfcherbe
von Naukratis vorkommt (Naukr. I, pl. 5, 3'. — Die Haartracht der Sphingen ift, wie es fcheint, eine eigentümlich fyrifche; fie findet fich häufig an den fogenannten
hethitifchen Denkmälern (vergl. die Reliefs von Sendfchirli
in Berlin; ferner Perrot-Chipiez, hift. de l'art IV, p. 551,
fig. 278; vergl. auch die gefangenen fyrifchen Weiber auf
Reliefs von Kujundfchik, Layard, 2. ser., pl. 19). Eine
griechifche Umbildung derfelben Tracht f. an den Sphingen

der beiden Panzer, Taf. LVIII. LIX. Auch die unorga-
nifche Art, wie die Flügel angefügt find, und die ganze
Geftalt derfelben ift den fyrifchen Denkmälern verwandt. —
Vergl. Bronzefunde S. 57. Abgufs in Berlin (f. Friederichs-
Wolters, Gipsabg. No. 339.)

**693** (Taf. XXXVII). Südlich vor der Exedra (Inv.
Met. 207) Fragment eines geflanzten Silberblechs von
1 mm Dicke. Oben und unten von Flechtband umfäumt,
rechts und links gebrochen. Vielleicht war es ein Diadem
und der fragmentierte Kreis von Rofetten bildete einft
die Mitte; zu beiden Seiten folgten dann Buckel von
konzentrifchen Kreifen, wie der eine erhaltene. Die
Zwifchenräume find mit einzelnen Tieren und Ornamenten gefüllt, die aus fünf Stempeln geprefst find:
a) kleiner fchreitender Löwe nach links, mit gehobenem
Schwanz; b) gröfserer gelagerter Löwe nach rechts mit
emporgeringeltem Schwanz und heraushängender Zunge
(vergl. oben zu **688**.; c) gröfseres nach rechts fchreitendes geflügeltes Wefen mit undeutlichem, dickem Kopfe
und hängendem Schwanz; die Flügel find emporgebogen;
es kann eine Sphinx fein, doch ift der Kopf zu unbeftimmt, um dies ficher zu behaupten; er fieht eher wie
ein Löwenkopf aus; d) palmettenartiges Ornament (obere
Reihe); e) die fogenannte phönizifche Palmette (untere
Reihe). — Die nächften Analogien bieten die bekannten
Goldfachen der tomba Regulini-Galafsi (Mus. Gregor.
I, 83—85) und des Praeneftiner Grabes (Mon. d. Inft. X,
31. 31a). — Abg. Curtius, arch. Bronzerelief S. 12. Vergl.
Br.-Funde S. 57. Abgufs in Berlin (Friederichs-Wolters,
Gipsabg. No. 340.)

Rein griechifchen, derb altertümlichen Charakter trägt
**694** (Taf. XXXVII). Südöftlich Zeustempel (Inv. 3850).
Zwei Fragmente eines Blechftreifs, welcher eine Bogen-
linie bildete. Flach getriebenes Relief. Die Umrifse find
von oben eingefchlagen. Der Reliefftreif ift oben und
unten von einem Wulfte eingefafst. Ein drittes, bei der
Auffindung von mir notiertes (vergl. Inventar) Stück, das
oben anpafste, kam mir fpäter, da es gefondert aufbewahrt wurde, aus der Erinnerung: erft jetzt nachträglich
finde ich, dafs es das oben als 33t abgebildete Fragment fein mufs. Kleine Stiftlöcher im oberen Runde
diefes Stücks zeigen, dafs das Relief, das jetzt ftark
verbogen ift, auf eine Fläche genagelt war. Es ift kein
Gefäfsrand.

Eine Ochfenheerde vor einem Manne, der, wie es
fcheint, fitzt, und zwar vor einem Baume. Der Mann
fafst mit der Linken das eine Horn der vorderften
Ochfen, der auf die Vorderbeine gefallen ift, in der
Rechten erhebt er ein Meffer. Es kann fich hier offenbar
nur um ein feierliches Opfer handeln. Hinter diefem
Stiere kommen zwei andere zum Vorfchein, der eine mit
dem Kopfe nach rechts, der andere nach links, doch
fcheint auch des letzteren Körper nach rechts gewendet
gedacht. Die Beine der Tiere anzugeben, hat der Künftler verfäumt. Diefelbe gedrängte Gruppierung dreier
Stiere fehen wir auf der bekannten chalkidifchen Vafe
mit Herakles und Geryones, Gerhard, Auserl. Vas. 105/106;
nur hat der Maler dort mit Sorgfalt das Gewirr der
Beine gezeichnet. — Auf dem nicht anpaffenden zweiten
Fragmente ift der Hinterteil eines Ochfen mit gedrehtem

Schwanze und der Vorderkörper eines anderen, ebenfalls nach rechts schreitenden Stieres zu sehen.

Es ist gewiß wahrscheinlich, daß dies Opfer kein alltägliches, beliebiges sein soll. Man darf wohl vermuten, daß der Künstler damit jenes erste Opfer gemeint hat, welches Herakles in der von ihm abgemessenen Altis darbrachte, als er die Festspiele zuerst einrichtete. Dann würde auch der Baum hinter dem Opfernden eine Bedeutung gewinnen: es wäre jene wilde Olive, die Herakles nach alympischer Tradition von den Hyperboreern gebracht und in der Altis gepflanzt hatte, der Baum, der dann als *καλλιστέφανος* die Kränze für die Sieger lieferte.

Abg. Curtius, d arch. Bronzerelief S. 11. Vergl. Bronzefunde S. 90. Abguß in Berlin Friederichs-Wolters, Gipsabg. No. 347).

**695** (Taf. XXXIX). Vor der Westfront des Zeustempels (Inv. 1325). Oberer Teil eines Blechstreifens von 0,135 Breite; erhaltene Höhe 0,15. Oben ist ein zweiter Blechstreif angenagelt, von dem aber nur der untere Rand erhalten ist. Die seitlichen Ränder zeigen einen getriebenen Wulst. In ziemlich starkem Relief ist ein Löwe herausgetrieben, der aufrecht auf den Hinterbeinen stehend zu denken ist; erhalten sind seine vorgestreckten Vorderatzen. Sein Rachen ist weit geöffnet. Vor ihm sieht man das obere Ende eines aufrecht stehenden Ornamentes, dessen Herkunft aus der ägyptischen Ornamentik, namentlich durch die aus den unteren Ecken der Voluten heraus kommenden Zipfel deutlich ist; vergl. v. Sybel, Kritik des ägyptischen Ornaments, Taf. III. »Volutenkelch« D). Das Ornament ist in der phönizischen Kunst viel verwendet worden. Es erscheint hier in sehr derber plumper Form. Das Relief zeigt reiche, von oben eingeschlagene Innenzeichnung. Die Mähne des Löwen ist wie geschuppt. An der Schnauze sind sogar die Haare angedeutet. Die Stilisierung des Tieres ist der auf assyrischen Kunstdenkmälern nahe verwandt. Vergl. zur Darstellung namentlich Mus. Gregor. 1, 15, 3. 4; Br.-Funde S. 69 f.

Abg. Ausgr. II, Taf. XXXI.

**696** (Taf. XXXVIII). Gefunden den 12. November 1877, ca. 18 m westnordwestlich der Südwestecke des Zeustempels, 3,05 unter dem Niveau der Tempelstylobates, in der Höhe der antiken Basen im Südwesten. Länge 0,86, Breite unten 0,35, oben ursprünglich 0,25. Große Platte von Bronzeblech mit getriebenem Relief. Sie ward horizontal liegend gefunden. Eine einzelne Rosette, die auf unserer Tafel rechts oben abgebildet ist, lag bei der Auffindung auf dem oberen Streifen des Reliefs links zwischen den Adlern. Sie gehörte jedenfalls nicht dahin, wohl aber wahrscheinlich zu dem Geräte, welches die große Platte einst schmückte. Es wurden keinerlei Spuren von demselben beobachtet. Der Schutt unmittelbar über und um das Relief herum enthielt Knochenreste und Scherben, darunter den Henkel eines altkorinthischen Aryballos der gewöhnlichen kugeligen Form. — Die Platte ist unten und oben nur durch schmale Wülste abgeschlossen, welche wie die auch die einzelnen Felder der Darstellung trennen. An den Seiten fehlt jeder Rand, es ist hier nur die Grundfläche ein wenig aufgebogen. Nirgends sieht man Nagellöcher. Vermutlich war die

Platte in einen festen Rahmen von Holz eingelassen. Die nach oben sich verjüngende Gestalt derselben läßt es als das wahrscheinlichte erscheinen, daß das Gerät, dem sie angehörte, ein Untersatz war, wahrscheinlich der eines Thymiaterions.

Unter den antiken Denkmälern nachweisbaren Typen von Untersätzen ist nämlich einer, zu dessen ständigen Merkmalen es gehört, daß sein unterer Teil aus drei nach oben schmäler werdenden und konvergierenden Platten besteht, über welchen sich dann ein vielfach gegliederter Stamm erhebt, welcher ein kleineres Gefäß, das wahrscheinlich zum Räuchern diente, trägt. Das Ganze ruht auf drei Füßen. Die erhaltenen etruskischen Bronze Exemplare[1]) sind zwar kaum älter als das 5. Jahrhundert, doch weisen sie auf ältere griechische, wahrscheinlich ionische Vorbilder zurück. An diesen war der untere Teil gewiß nicht immer in einem Stück gegossen, wie bei jenen etruskischen, die von bescheidenen Dimensionen sind, sondern sie werden aus Teilen zusammengefügt worden sein. Dann aber war es ganz im Sinne der älteren Kunst, jene trapezförmigen Flächen aus getriebenen Blechplatten herzustellen, welche durch starke, übergreifende Ränder festgehalten wurden, welche, von den Löwenklauen ausgehend, die Flächen umschlossen.[1]

Dieser Typus von Untersätzen ist bekanntlich der Ausgangspunkt für die Marmorkandelaber der späteren Zeit geworden (vergl. Häuser, neust. Reliefs, S. 123 ff.), welche am trapezförmigen Teil in der Regel auch starke Ränder und eingetiefte Relieffläche zeigen.

Die Verzierung der Platte ist in den Hauptformen in flachem Relief getrieben; alle Einzelheiten aber, alle Innenzeichnung und selbst die präzisen Umrisse sind von oben mit feinen Punzen eingeschlagen. Die kleinen Kreise der die Zwischenräume füllenden Punktrosetten sind mit entsprechenden kreisförmigen Stempeln geschlagen. Da alle Einzelheiten auf unserer Tafel völlig deutlich sind, kann die Beschreibung eine kurze sein.

Das größte untere Feld, das 2/3 der ganzen Plattenhöhe einnimmt, zeigt das Bild der Artemis mit vier mächtigen Flügeln, von denen zwei nach oben und zwei nach unten gehen, alle mit rund aufgebogenen Enden.

---

[1] Ein schönes Exemplar in der Glyptothek zu München, No. 301. Mehrere im Gregorianum, die aber alle stark ergänzt sind; f. Mus. Greg. I, 48, 5, viel ergänzt, war gewiß höher; das Schälchen oben stammt von einem der gewöhnlichen späteren Kandelaber; 49. 3; 50, 4 ganz ohne Gewähr, sehr stark ergänzt, ebenso 51, 3. Ein besser erhaltenes kleineres Exemplar im Museo Nazionale zu Rom. Vergl. auch Micali, storia 2/3, 7—9.

[1] Zwei prächtige gegossene Füße, wohl ionisch-griechischer Arbeit vom Anfang des 5. Jahrhunderts, oder gute etruskische Nachbildungen solcher, befinden sich im Museo etrusco zu Florenz Gori, mus. etr. I, 144. 145); ein Teil der starken emporsteigenden Ränder ist erhalten, in welche wahrscheinlich die trapezförmigen Blechplatten eingefangen wurden. Der eine Fuß ist mit der Gruppe des nach ionischem Typus unbärtigen Perseus verziert, welcher der ihm übers Knie fallenden nach ionischer Art lang bekleideten Gorgone den Kopf abschneidet; an dem anderen Fuße ist Peleus und Thetis im Ringen gebildet.

Die Göttin wird von vorne gesehen, doch Kopf und
Füße hat der Künstler der Grundfläche parallel, also von
der Seite gebildet. Sie hält mit jeder Hand einen Löwen
am Hinterbeine gefaßt; die beiden Tiere sind genau
symmetrisch gebildet. Die Gewandung der Göttin besteht
aus einem langen ionischen Chiton mit Oberärmeln. Ein
Streifen, der quer über die Brust geht, ist nicht der
Saum eines zweiten Gewandes, von dem keinerlei Spur
zu sehen ist (der Saum am Halse ist offenbar die Fortsetzung des Saumes auf der rechten Achsel, also zu demselben Gewande gehörig); ist es ein Köcherband, so
fehlt freilich der zugehörige Köcher. Der Chiton wird
durch einen breiten Gürtel zusammengehalten, dessen
reiche Verzierung der Künstler angedeutet hat. Die Haare,
mit einer Binde geziert, fallen in langen, dicken Locken
herab. Das Haar über der Stirn ist hier wie bei den
beiden anderen menschlichen Köpfen des Reliefs empor-
gerollt (vergl. auch den Panzer Taf. LIX).

Das zweite Feld zeigt Herakles, der knieend den
Bogen auf einen fliehend sich umwendenden Kentauren
abschießt. Er trägt nur den kurzen Chiton, der mit
Punktrosetten und einem breiten Saume verziert ist;
außerdem sind die unteren Ränder desselben gefranst
(vergl. dazu die mykenische Kriegervase, Furtwängler und
Löschcke, myk. Vasen Taf. 42, 43 und manche älter
schwarzfigurige Vasen; Studniczka, *Kypros* 1886, S. 127,
begrenzt das Vorkommen zu eng). An zwei über der
Brust sich kreuzenden Bändern trägt der Held das
Schwert und den Köcher, aus dem die Enden der
Pfeile hervorsehen. Er hat einen kurzen Vollbart (der
Schnurrbart ist nur durch einen kleinen Strich angedeutet) und Haare, welche auf den oberen Rand der
Schultern fallen, aber hier enden. Vergl. über den hier
vorliegenden Typus des Herakles meine Bemerkungen
in Roschers Lexikon d. Myth. I, Sp. 2140, Z. 63; 2147,
Z. 25. — Der Kentaur, ganz menschlich, mit Pferde-
hinterkörper, hat längeren Bart und lange Haarlocken;
die Haut seines menschlichen Leibes ist als zottig behaart
bezeichnet durch die kleinen Strichelchen, welche sie
bedecken; vergl. dazu einige der Kentauren des auch
sonst unserem Relief in der Typik sehr nahestehenden
Vasenbildes, Arch. Zeitg. 1883, Taf. 10. Der Kentaur ist
von zwei Pfeilen getroffen und blutet aus beiden Wunden.
Indem er sich umwendet und den Arm gegen den Ver-
folger ausstreckt, scheint er um Gnade zu flehen. Der
Ort der Handlung, die Pholoe mit ihren Eichwäldern,
ist durch einen Baumstamm gekennzeichnet, dessen dicke,
schwere Form wohl eben die Eiche charakterisieren soll.
Er ist mit denselben kleinen Strichelchen bedeckt, welche
an den Löwen und den Kentauren die rauhe Behaarung
andeuteten; sie sollen hier gewiß die knorrige Rinde
bedeuten, welche die Eiche von den glatten Rinden
anderer Bäume unterscheidet. Dagegen sind Äste und
Laub nur in sehr primitiver Weise angedeutet. — Das
Bild ist nur eine abgekürzte Darstellung aus dem zu
Grunde liegenden Typus, wo eine Reihe von Kentauren
durch Herakles verfolgt wird; unser Künstler mußte
sich des Raumes wegen mit einem Vertreter derselben
begnügen. Vergl. in Roschers Lexikon d. Myth. I,
Sp. 2193 f.

Der dritte Streif enthält die genau symmetrisch
gegenüberstehenden Gestalten zweier Greife des archaisch-
hellenischen Typus. Sie erscheinen, wie durchweg in
der altgriechischen Kunst, in der Auffassung als gewal-
tige Wächter, als die ἔφοροι Ζηνὸς ἀκραγεῖς κύνες;
vergl. in Roschers Lexikon I, Sp. 1759 ff., 1768.

Den obersten Streifen füllen drei Adler mit umge-
wandten Köpfen. Es sind die heiligen Tiere des Zeus,
dem das Gerät geweiht war. Der Typus des Adlers
mit umgewendetem Kopfe war der archaischen Kunst
übrigens geläufig, wie die altkorinthischen Vasen zeigen,
wo er häufig neben anderen Tieren erscheint.

Abg. Ausgr. III. Taf. 23, S. 14 (Treu). E. Curtius,
d. archaische Bronzerelief aus Olympia (Abh. der Berliner Akademie 1879) Taf. 1, 2. Abguß in Berlin
Friederichs-Wolters, Gipsabg. 337).

**697** (Taf. XXXVII). Gefunden 23. Januar 1879 an
der Südfront des Zeustempels in tiefer Schicht (Inv. 4590).
Zwei anpassende Fragmente von einem gerundeten Streif,
mit mehreren kleinen Stiftlöchern am oberen und linken
Rande. Nach unten und rechts gebrochen. Sehr dünnes
Blech. Die Figuren sind ganz flach getrieben und die
Umrisse eingeschlagen. An dem Flechtbande unten sind
nur jeweils die Augen des Ornaments als kleine Buckel
von hinten getrieben, alles übrige von oben eingeschlagen
und zwar hier recht flüchtig. — Fries nach rechts schreitender Tiere, anscheinend nur Löwen. Dieselben sind
aber aus freier Hand getrieben, nicht etwa Wieder-
holungen eines Stempels.

**698** (Taf. XXXVII). Vor dem vierten Thesaur (Inv.
356?). Fragment von stärkerem Blech, wohl von einem
Rüstungsstück. Oben und rechts antiker Rand. Oben griff
etwas Anderes über, das mit Nägeln, deren Löcher erhalten
sind, befestigt war. — Die Darstellung ist flach getrieben,
die Umrisse und die Innenzeichnung eingeschlagen. Das
prachtvoll stilisierte Tier nach links ist dem Kopfe nach
ein Hund, Wolf oder Schakal, der Schweif ist mehr
nach Löwenart gebildet. Senkrecht zur Richtung dieses
Tieres lief dem rechten Rande entlang eine zweite Darstellung, von der noch ein unklarer Rest erhalten ist; es
scheint der gehobene Schwanz und das Hinterteil eines
Tieres zu sein. Nicht minder unklar ist, was dazwischen
zu sehen ist; vielleicht gehörte es nur zu einer ornamentalen Gliederung. Doch erinnert an das Ende einer
flachen ägyptischen Nilhorke. Wenn das gemeint ist,
bedeutet das Tier gewiß einen Schakal und das Ganze
ist durch ägyptische Darstellungen angeregt. — War es
ein von einem Griechen in Afrika für Karthager ge-
fertigtes Rüstungsstück, das Gelons Beute bei Himera
wurde? Das Fragment ist unmittelbar bei dem Schatz-
hause gefunden, das Gelon nach dem Siege über die
Karthager errichtete und darinnen er einen Teil der
erbeuteten Waffen dem Zeus weihte.

**699. 699a** (Taf. XXXIX). Südöstlich vom Zeustempel
(Inv. 4014). Zwei Fragmente eines Streifens von dünnem
Bronzeblech mit tiefdunkler, glänzender Oberfläche. Die
zwei Stücke lagen übereinander und waren durch Oxydation fest verbunden; der untere Teil derselben war
umgeknickt. Ich habe die Stücke entfaltet und gereinigt
im Sommer 1879. Die jetzige Anordnung derselben

nebeneinander ist willkürlich. Wahrscheinlich standen alle vier Felder in einer Reihe übereinander, nicht nebeneinander. Bei allen verwandten Reliefs sind nur vertikal über-, nicht horizontal nebeneinander angeordnete Felder zu konstatieren. Der Streif, von ursprünglich 7 cm Breite, ist an beiden Seiten mit einem sorgfältig gestanzten Flechtbande eingefaßt. Die Trennung der einzelnen Felder geschieht durch ein triglyphonartiges Band. Die Darstellungen sind flach getrieben und Einzelheiten sind eingeschlagen.

1) Geflügelter Dämon im Knielauf nach rechts; kurzer, rautenförmig gemusterter Chiton; Flügel an den Füßen; von den Rückenflügeln ist das Ende eines nach oben umgebogenen und eines nach unten gerade verlaufenden erhalten. Man erwartete, daß es vier Flügel waren, von denen zwei aufgebogen und zwei gerade waren; doch ist da, wo das Ende des zweiten abwärts gerichteten Flügels sein müßte, keine Spur davon. Es waren also nur zwei Flügel, einer nach oben und einer nach unten. Dies kommt, wenn auch selten, doch auch sonst vor. Vergl. das Bronzerelief verwandter Art in Karlsruhe F. 583 (ant. Bronzen d. gr. bad. Altert.-Samml. Taf. 31, b), wo eine Gorgone so erscheint. Vom Kopfe ist ein Rest erhalten, der dickes, horizontal geschnürtes Haar zu bedeuten scheint. Man denkt zunächst, daß der Kopf von vorne dargestellt war und die Züge des Gorgoneions trug, das Ganze also eine Gorgone wäre, die als Einzelfigur zur Füllung viereckiger Felder in der archaischen Kunst beliebt war (so faßte ich die Gestalt früher auf; vergl. auch in Roschers Lexikon d. Myth. I, Sp. 1711, Z. 19 ff., 55); doch ist dies keineswegs sicher, denn der Rest des Kopfes paßt nicht ganz zur Annahme eines Gorgoneions.

2 Herakles und Halios Geron. Herakles, bärtig, ganz nackt, dringt von links weit ausschreitend auf den Seegreis ein und umschlingt dessen Hals mit dem linken Arme; ob sein rechter Arm den linken Arm des Dämons faßte, um ihn festzuhalten, oder sich mit der Linken vereinigte, um jenen zu würgen, und wie die Arme des Greises bewegt waren, dies ist nicht mehr festzustellen. Auf dem Rücken trägt Herakles den Köcher, dessen Deckel geöffnet ist, so daß die Pfeile herausliehen. Die daneben sichtbaren Linien können nur den Bogen bedeuten, der neben dem Köcher auf dem Rücken hängt. Die Keule hat er abgelegt; sie steht links unten schräg angelehnt. Der Seedämon hat den Unterkörper eines Fisches. Der Tierleib scheint erst unterhalb der Hüften begonnen zu haben. Sein Kopf ist als der eines Greifes charakterisiert; er hat eine Glatze und nur am Hinterkopfe zeigen sich Haare. Was über und neben dem Kopfe erscheint, kann zu diesem nicht gehören: es ist offenbar eine Andeutung von Verwandlungen des Seegreises. Man erkennt etwas, das nur eine emporsteigende Flamme sein kann, und eine Schlange, deren Kopfende links und deren Schwanz rechts zum Vorschein kommt. Die Darstellung ist durch zwei emporsteigende Inschriften erläutert, die ebenfalls getrieben sind: über Herakles ist noch zu lesen: ꓕꓱ·ꓯꓵꓳ ᒄᒷᔑᓬᔑᓰᕞᒷ. In der rechten unteren Ecke, dem Winkel derselbend folgend, steht: ꓘꓳꓱꓵꓵ ᙏꓳᑎᖻᒷ ᵹᒋᔑᓬ ᔦᓰᖷᑕ. Die Schrift ist diejenige, welche mit

Sicherheit bis jetzt nur für Argos nachgewiesen ist, und zwar gehört sie zur ältesten Stufe derselben, da sie ꓴ für Sigma gebraucht; die Aspiration, die leider nicht erhalten ist, hatte, nach C. I. Ant. 30 zu urteilen, wahrscheinlich die Gestalt ꓐ. — Vergl. zum Kunsttypus in Roschers Lexikon I, Sp. 2192 f. Studniczka, Min. d. Intl. Athen XI, S. 73 ff. Die Andeutung der Verwandlungen bei dieser Scene ist durchaus neu und war bisher nur bei der Darstellung des ganz menschlich gebildeten Nereus auf attischen Vasen (s. in Roschers Lexikon Sp. 2193) beobachtet worden. Die Sage, die in der attischen Kunst in zwei Spaltungen vorliegt, die als Herakles-Triton und als Herakles-Nereus erscheinen, ist hier in der Fassung als Herakles-Halios-Geron nachgewiesen.

3. An der Erde sitzende, nackte Gestalt, an Händen und Füßen gefesselt. Die Hände sind auf dem Rücken zusammengebunden. Die Fesseln sind hier wie an den Füßen über den Gelenken angebracht. Rechts davon stand keine menschliche Figur mehr, für die der Platz zu knapp ist; auch müßte von deren Füßen eine Spur erhalten sein. Die richtige Deutung dieser Scene hat schon nach der früheren unvollständigen Abbildung (wo die Fesseln fehlten) Mikhhöfer gegeben (Anfänge d. Kunst S. 185 f.), indem er auf eine Gemme von Kreta hinwies, wo das Motiv ganz übereinstimmend erscheint, und vor dem Manne ein Adler schwebt: es ist Prometheus, der nicht wie sonst gefesselt (vergl. Arch. Ztg. 1885, S. 225), sondern nur gefesselt hockend dargestellt ist. Rechts von ihm muß nun der Adler ergänzt werden; er kann unten ruhig gestanden haben, da hierfür der Platz ausreicht und auch die vorhandenen Reste dazu passen könnten. Lieber würde man sich ihn aber rechts oben schwebend denken, um die Lücke zu füllen, die sonst hier entstehen mußte.

4) Herakles, nackt, bärtig, schreitet nach rechts aus und schwingt in der erhobenen Rechten die Keule; auf dem Rücken Köcher und Bogen wie bei 2. Seine vorgestreckte Linke verschwindet im Rücken einer fliehenden Gestalt, die er offenbar packt und mit der Keule bedroht. Diese Figur, im bekannten Laufschema bewegt, hat einen sehr sorgfältig charakterisierten Kopf, krumme Nase, großen Mund und flammenartig gesträubtes Haar. Ich glaubte zu erkennen, daß die Figur einen kurzen Chiton mit Schuppenmuster trage, doch ist dies nicht ganz sicher.

Eine jedenfalls nahe verwandte Scene kommt auf attischen Vasen des späteren schwarzfigurigen und älteren rotfigurigen Stiles vor (s. Löschcke in Arch. Ztg. 1881, S. 40; Furtwängler in Roschers Lexikon I, Sp. 2215, 2231; vergl. auch v. Wilamowitz, Herakles II, 174). Da verfolgt Herakles eine als Geras bezeichnete nackte männliche Gestalt mit krummer Nase, Krückstock und anderen Zeichen des häßlichen Greisenalters. Bei unserer Figur paßt freilich das borstige Haar wenig zu Geras, und die Bartlosigkeit und Bekleidung macht sogar möglich, daß es sich um einen weiblichen Dämon handelt; vergl. die kurzen Chitone der rennenden Gorgonen der peloponnesischen und attischen Kunst. In der Gesichtsbildung ist unserer Figur, wie ich früher (Br.-Funde S. 95) hervorhob, die »Adikia« einer älteren attischen Vase verwandt.

Frühere Abbildung: Ausgr. 4. Taf. 25 B, S. 18 Furt-
wängler!, Curtius, d. arch. Bronzerel. S. 13. Abgufs in
Berlin (Friederichs-Wolters, Gipsabg. No. 341). Vergl.
Köhl, C. I. Ant. 34.

700. 700a Taf. XXXIX. 700b, c (beistehend).
Gegen Nordwestecke des Zeustempels (Inv 2138). Fragmente eines ähnlichen Streifens. Die feitliche Einfaffung
wie bei 699; hier dient daffelbe Flechtband aber auch
zur Trennung der Felder. Ein Stiftloch befindet fich
im Rande rechts. Von den Darstellungen ist erhalten:

1) Teil eines nackten Dämons, der im Knielauf
nach rechts dargestellt war; ein nach unten gerichteter,
mit dem Ende aufgebogener Flügel ist erhalten. Die
linke Hand hält einen Bogen gefafst.

2) Zwei Männer, welche auf einander losgehen. Als
ich das Stück 1879 fah und skizzierte, war der bärtige
Kopf des Mannes rechts noch erhalten; die Haare waren
perlfchnurartig. Vor ihm der linke Arm des zweiten
Mannes; die Hand, damals noch erhalten, war ohne
Waffe und befand fich in geringer Entfernung vor der
Stirn des Gegners. Vergl. 703.

3) 700a. Unterbein mit anfetzendem Flügel; daneben das Ende einer Inschrift, die von oben nach unten
lief; es ist ein liegendes Sigma  wie bei 699.

4–6) Drei Fragmente, die 1879
noch erhalten waren, jetzt zerbröckelt
find: das eine, 700b, beistehend nach
meiner damals genommenen Skizze,
scheint ein Unterbein darzustellen, daneben der Inschriftrest ΡΙΜ .. ρ. Das
andere zeigte das Stück eines Beines
und daneben von oben herab, dem
Rande folgend, die Buchstaben ΜΑΛ..,
die wohl Αλ̓Φα zu ergänzen find. Die
Buchstaben find getrieben, ganz wie bei
699. — Das dritte, 700c, beistehend
nach meiner Skizze, enthielt einen
fchneckenartiges Rell, fchwerlich Orna-
ment, vielleicht von einer fchlangenleibigen Figur; darunter Spur des Flechtbandtreibens.

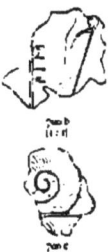

701. 701a (Taf. XXXIX). Weftfront Zeustempel
(Inv. 2048). Fragment. Links das Flechtband als Rand
wie bei 699 und 700. Oben Reft deffelben Ornaments
wie das die Felder trennende wie bei 699. Die Deutung
der Figuren ergiebt fich aus einer vollständigeren Wiederholung, die einen Spiegel fchmückt (Furtwängler,
Hektors Löfung, in Hiftor. u. philol. Auffätze
an E. Curtius, 1884, mit Tafel; das Original jetzt im
Berliner Museum). Links fteht Achill, unbärtig, nackt,
das linke Bein vorgefetzt; die Linke ftützt fich auf einen
Speer, deffen Spitze in einem von mir noch 1879 ge-
fehenen Fragmente erhalten war. Unten liegt der tote
Hektor; nur ein angezogenes Bein ift zu fehen (das
andere ift von demfelben verdeckt gedacht) und die linke
Hand. Priamos fteht Achill an, indem er mit der Rechten
deffen Kinn umfafst; feine Linke ftützt fich auf einen
Stock, deffen horizontal abgefchloffenes Ende etwas über
der Hand erfcheint, wo es fich nahe berührt mit dem
Saume eines gerupften Streifengewandes, das ihm von
der rechten Schulter herabhängt. Nach unten hin find

die Falten feines langen Chitones angedeutet. Rechts
Hand einft jedenfalls noch eine Figur, da der Raum dazu
reichlich vorhanden ist: jener Wiederholung nach folgte
hier Hermes, der Priamos geleitet hatte. — Die erwähnte
Wiederholung differiert nur in unwefentlichen Punkten:
das Relief ist weniger flach als das olympifche und macht
gegenüber der Eleganz deffelben einen etwas derberen,
frifcheren und urfprünglicheren, und etwas altertümlicheren Eindruck; letzteres erhellt namentlich aus einem
Vergleich des Achilleuskopfes hier und dort. Ferner
find die Figuren auf jener Wiederholung weniger eng
zufammengefchoben als hier: das Knie des Achill, das
hier zwifchen den Beinen Achills fteht, befindet fich
dort zwifchen Achill und Priamos, und die linke Hand
des letzteren ist dort wefentlich weiter entfernt von der
Rechten als hier. Endlich ist dort die Gewandung des
Priamos etwas anders, indem ein unverziertes Mäntelchen ihm über rechte Schulter und linken Unterarm fällt.

Abg. Ausgr. 4. Taf. 25 b, 2; S. 18 (Furtw.). E. Curtius, d. arch. Bronzerel. S. 13. Abgufs in Berlin (Friederichs-Wolters No. 342). Vergl. Br.-Funde S. 94.
Milchhöfer, Anfänge d. Kunst S. 188 und meinen oben
genannten Auffatz in den Hiftor. u. phil. Auff. E. Curtius gew. 1884.

702 (Taf. XXXIX). Oftfront Zeustempel (Inv. 960).
Reft eines Reliefs gleicher Art. Flechtband als horizontaler Abfchlufs wie an 700; feines Stiftloch in dem
Flechtbande. Unterteil eines Reiters nach links, wegen
der kurzen Beine wohl eines Knaben.

699—702 ftimmen untereinander in Bezug auf Gröfse,
Technik,[1] Stil und Ornamentik und, foweit vorhanden,
in der Schrift fo fehr überein, dafs fie einem Orte, ja
wahrfcheinlich einer Werkftatt zugeteilt werden müffen;
und an diefem Orte fchrieb man wie in Argos. Ganz
gleicher Art ist ein auf der Akropolis von Athen
gefundener Streif mit vier über einander angeordneten
Feldern (zwei Sphingen, Herakles und der Löwe,
Aias Selbstmord und zwei Kämpfer; vergl. Mitt. d. Infl.,
Athen. XII. S. 123, 3); fogar die Breite (7 cm) ftimmt
genau mit 699, auch der Stil ist der von 699; im feitlichen Flechtbandrande kleine Nagellöcher. — Die gleiche
Flechtbandumrahmung und Feldereilung, doch etwas
fpäteren und flaueren Stil zeigen die Fragmente von
Dodona, Carapanos, Dod. pl. 16, 2, 3.

Sehr verwandt find die folgenden Refte einiger
Reliefstreifen, 703—705. die ebenfalls in Felder eingeteilt
find, und zwar durch eben das horizontale Ornament wie
an 699, nur dafs daffelbe hier eine etwas fpätere flauere
Geftalt angenommen hat. Die feitliche Umrahmung befteht nicht aus dem Flechtbande, fondern nur aus zwei
einfachen Wülftchen. Aus 703 geht hervor, dafs diefe
Streifen oben mit einer grofsen Palmette bekrönt waren.
Der Stil ist von dem der vorigen Gruppe deutlich unterfchieden. Vor Allem wird die Sorgfalt und der Reich-
tum an Detail vermifst. Es wird viel weniger mehr von
oben eingefchlagen, fondern faft Alles getrieben. Die

---

[1] Zu bemerken ist in diefer Hinficht auch die tiefdunkle
Farbe und der Glanz der Metalloberfläche.

Figuren find fchlanker; das Ganze weniger altertümlich. Die Bildfelder find quadratifch, während fie dort etwas breiter als hoch waren. Diefe Streifen find durchaus gleichartig denen, welche zwar keine Reliefs tragen, aber von einer Palmette bekrönt find, und welche wir fpäter unter Nummer 762—764 befchreiben. Beide Gattungen find auch zuweilen mit Vertilberung verfehen. Dagegen ift die Oberfläche der Bronze weniger fchön und glänzend als in der vorigen Gruppe. Sie dienten wohl auch zur Bekleidung von Holzpfoften kleinerer Geräte.

**703** (Taf. XXXIX). Südlich Zeustempel, und zwar füdlich vom grofsen Weg (Inv. 4500). Vom oberen Ende eines Streifens, den wir uns von beträchtlicher Länge und in Felder geteilt zu denken haben. Das getriebene Relief ftellt zwei nackte bärtige Männer dar, welche auf einander losgehen (vergl. 700, 2); der rechts zückt das Schwert in der Rechten und ftreckt die Linke ohne Waffe und wie es fcheint ohne feindliche Abficht vor; der andere ftreckt jenem ebenfalls die eine Hand entgegen und zwar fo vor das Geficht gegen das Kinn, als ob er ihn anflehen wolle; in der verlorenen anderen Hand fchwang auch er wohl eine Waffe. Es fcheint, dafs hier zwei Kämpfer gemeint find, die feindlich auf einander losgehen wollten, da aber plötzlich fich erkennen und freundfchaftlich fich die eine Hand entgegenftrecken: vielleicht die Begegnung von Glaukos und Diomedes, frei nach der Ilias. — Den oberen Abfchlufs bildet zunächft das triglyphonartige Ornament, das hier enger geftellt ift als an 699; auch find die metopenartigen Felder etwas rund herausgetrieben. Daffelbe Ornament wird noch unten dies Feld vom nächften gefchieden haben, vergl. 704. 705. Das Ganze krönte eine Palmette, die auf grofsen Voluten ruhte, vergl. 762—764.

**704. 704a** (Taf. XXXIX). Südweftlich Pelopion (Inv. 9784). Fragment eines Streifens mit Vertilberung, unten und oben gebrochen; links fehlt nur der Rand. Auch die Innenzeichnung ift getrieben und nur weniges ift flüchtig eingefchlagen. Das ganz erhaltene Feld ftellt Herakles als Räuber des Dreifufses dar. Herakles, nackt und bärtig, hält den Dreifufs horizontal mit beiden Händen gefafst. Er fchreitet nach rechts weg, indem er beide Sohlen hebt. Wenn man dagegen den fchreitenden Herakles von 699. 4 vergleicht, wird man den ganzen Stilabftand der Reliefgattung von jener befonders deutlich gewahr. Aus einem Vorbilde wie diefem läfst fich leicht das auf den Zehen Schreiten der fpäteren archaiftifchen Reliefs begreifen. Apollon, nackt, unbärtig, aber mit fpitzem Kinn, mit langem Haare, verfolgt Herakles und fafst mit beiden Fäuften da an wo die Henkel des Dreifufses fein müfsten, die aber nicht mehr zu erkennen find. Die Körper find beide fehr fchlank und mager, doch find Herakles Waden merklich dicker als die Apolls. Der hier erfcheinende Typus der Darftellung des Dreifufsraubes ift derfelbe, den wir auf den fpäteren fchwarzfigurigen und den ftreng rotfigurigen attifchen Vafen häufig finden, vergl. in Rofchers Lexikon d. Myth. I. Sp. 2214. — Von dem Felde darüber find nur die nackten Beine dreier Männer erhalten. — Das trennende Ornament ift oben fehr nachläffig behandelt, indem nur die metopenartigen Felder rund herausge-

trieben find; nur unten ift dazu auch die Triglyphen-Gliederung eingefchlagen.

Abgufs in Berlin (Friederichs-Wolters, Gipsabg. 344).

**705. 705a** (XXXIX). Fragment eines gleichartigen Streifens. Das Relief ift nur getrieben und entbehrt ganz des eingefchlagenen Details. So zeigen denn auch die die Felder trennenden Streifen nur die rundlichen getriebenen, urfprünglich metopenartigen Glieder ohne die triglyphenartigen Einfchnitte. So hat fich der Charakter des Ornaments ganz wefentlich verändert. — Ein Feld ift faft ganz erhalten. Der lokrifche Aias, in Panzer und Helm, dringt von rechts mit in der Rechten gezücktem, doch nicht mehr kenntlichem Schwerte auf Kaffandra ein, welche, völlig nackt, zu Athena geflohen ift; fie umfchlingt diefelbe mit dem rechten Arme; ihr linker Arm, mit welchem fie fich gegen Aias ftraubt, wird von diefem am Ellenbogen gefafst. Die Proportionen der Kaffandra find fehr verunglückt; ihr Oberkörper ift viel zu klein gegen den Unterkörper, offenbar weil die ganze Figur unter dem Schilde der Athena Platz finden follte. Übrigens ift die Kleinheit der Kaffandra bekanntlich typifch in den archaifchen Darftellungen diefer Scene und hat keinen anderen Grund als den eben genannten (vergl. Klein in Annali d. Inft. 1877, p. 256). Athena ift, wie es der archaifche Typus des Vorgangs immer zeigt, nicht als Bild auf Stufen, fondern wie die lebendige Göttin geftaltet. Wie der eine gehobene Fufs zeigt, fchreitet fie nach rechts; der Oberkörper ift von vorn gefehen; fie trägt nur den langen gegürteten Chiton, der ohne Falten gebildet ift und hält den Schild vor fich und über Kaffandra; von ihrem rechten Arm, der wohl mit der Lanze gehoben war, ift nichts mehr erhalten. Von einem zweiten Felde darunter find nur noch undeutliche Refte von Köpfen zu fehen.

Abgufs in Berlin (Friederichs-Wolters, Gipsabg. 345).

Zu den zwei hier in Olympia nachgewiefenen Arten vertikaler Blechftreifen mit Bildfeldern (699—702 und 703—705) läfst fich noch ein anderwärts gefundenes (fchon oben S. 102 genanntes) Stück als verwandt zitieren. Ein Reliefftreif mit vier Feldern, aus Italien ftammend, befindet fich im Mufeum zu Karlsruhe (ant. Bronzen d. gr. Altert. Samml. Taf. 31, b); das Randornament befteht nur aus getriebenen Punkten; der Stil ift fehr altertümlich; eingefchlagenes Detail fehlt; es wird eine Arbeit der grofsgriechifchen Kolonien fein — Bronzereliefs diefer Art haben in Süditalien zum Vorbilde für die Dekoration von kleinernen Grabthüren in Relief gedient; man entlehnte ihnen die Feldereinteilung, fowie die Einfaffung derfelben durch das Flechtband und die Motive, wenigftens einfachere, wie den rennenden geflügelten Dämon, den Greif u. dergl. (Gutes Exemplar in mufeo etr. zu Florenz; andere in Corneto.)

Wir fügen jetzt einige Fragmente von Streifen an, die wefentlich mehr Ausdehnung in die Breite als in die Höhe hatten, im Stile aber der Gattung 699—702 nahe verwandt find.

**706** (Taf. XXXIX). Nach Beendigung der deutfchen Ausgrabungen gefunden (Inv. 14300). Mehrfach geknicktes Fragment eines fonen, getriebenen Reliefs mit eingefchlagenem Detail. Glänzende Oberfläche. Viergefpann von vorne; auf dem Wagen stehen zwei Krieger in sogenannten korinthischen Helmen, welche die ganzen Wangen bedecken und die Augen nur durch einen Schlitz sehen lassen. Die Helmbüsche sind, nach einem auch auf Vasen häufigen Verfahren, wie quer über den Helm weg, statt von vorne nach hinten laufend gebildet, weil letzteres im flachen Relief sich nicht deutlich machen ließ (vergl. Helbig, homer. Epos [1], S. 300). Beide Krieger haben langes Haar. Der vom Beschauer links stehende hält die Zügel, der andere hat am linken Arme den Schild. Zwischen den beiden mittleren Pferden ist das Deichselende und das Joch sichtbar. Die Pferdeköpfe sind außerordentlich lebendig; der fehlende Kopf links war natürlich dem am anderen Ende genau entsprechend gebildet. — Von der Beliebtheit des Typus geben sowohl die bekannte selinuntische Metope als zahlreiche schwarzfigurige (chalkidische und attische) Vasenbilder Zeugnis. Vergl. auch Carapanos, Dodone pl. 19, 1.

707 (Taf. XXXIX). 707a (beistehend). Westlich vor der Echohalle (Inv. 5063). Schöne Patina, glänzende Oberfläche. Ein Knabe zu Pferde nach rechts, mit kurzem Stock in der Rechten, Haarschopf im Nacken. Das Ornament oben ist dasselbe wie an 699. Darüber befindet sich ein Reif, den ich früher fälschlich für einen giebelartigen Abschluß ansah. Es ist vielmehr das Blatt einer halben Rosette oder Palmette, und rechts ist die Spur eines ähnlichen nach der anderen Seite gewendeten erhalten. Das Fragment gehörte wahrscheinlich zu einem friesartigen Streifen.

707 a
(1:1)

Abg. Ausgr. 4, Taf. 25, B. 1, S. 18 (Furtwängler). E. Curtius, d. arch. Bronzerel. S. 12. Abguß in Berlin Friederichs-Wolters, Gipsabg. 343.

708 (Taf. XXXIX). Nordwestlich Zeustempel (Inv. 8597). Zusammengebogen gefunden, jetzt entfaltet. Oben einfacher Rand. Fliegender Adler nach rechts, in einem der archaischen Kunst geläufigen und besonders in Chalkis beliebten Typus, über welchen vergl. Furtwängler, Goldfund v. Vettersfelde S. 24; Studniczka im Jahrb. d. Inst. I, S. 93.

Es bleibt nur noch ein Fragment mit einigermaßen erhaltener archaischer Reliefdarstellung übrig; es ist stilistisch das jüngste der Reihe und schließt sich keiner der bereits betrachteten Arten an:

709 (Taf. XXXVII). Südostbau (Inv. 13426). Oben und rechts ist der antike Rand erhalten; derselbe bildet hier einen spitzen Winkel. Das Bronzeblech ist stärker und die Relieferhebung höher als an den bisher betrachteten Stücken. Die Oberfläche ist durch Oxydwucherungen ganz entstellt und manche Einzelheit ist völlig unkenntlich geworden. Kampf zweier Krieger. Der zur Rechten ist unbärtig; den Schild, auf welchem

ein medusenartiger, nicht ganz deutlicher[1]) Kopf angebracht ist, vor sich haltend, stürmt er im Laufschritte mit hoch in die Luft gehobenem rechten Unterbeine auf den Gegner ein und bedroht ihn durch das in der Rechten gezückte Schwert. Um seinen Leib erscheint ein Streif, der wohl ein um die Hüften geschlungenes Gewandstück bedeutet, wie wir es zuweilen auf streng rotfigurigen Vasen sehen. Jener ist bärtig, hält den Schild mit der Linken hoch und erhebt den rechten Arm, der gewiß mit der Lanze zu ergänzen ist. Er scheint nackt zu sein; an der linken Seite hängt ihm das Schwert. Beide tragen Helme jener späteren Art mit beweglichen und emporgeschlagenen Backenklappen.

Abguß in Berlin Friederichs-Wolters, Gipsabg. No. 350.

Ganz anderer Art als das bisherige, nämlich in Stanzen gepreßt, ist das folgende Relief.

710 (Taf. XXXIX). Nordwestlich vom Zeustempel (Inv. Met. 205). Fragment eines schmalen Streifens von Silberblech, vielleicht von einem Diademe. Der Rand ist oben und unten etwas nach hinten umgebogen. Zwei Tierstreifen, zu denen dieselben Stanzen gebraucht sind: ein rennender Eber, eine Eule, ähnlich stilisiert wie auf den attischen Münzen des 5. Jahrhunderts, und ein laufender Panther, von dem nur der Vorderteil erhalten ist. Zur Füllung des Raumes sind kleine Buckeln verwendet. Das Relief wird schwerlich älter sein als das 5. Jahrhundert und ist vielleicht attischer Arbeit.

Zu erwähnen sind noch einige Bruchstücke, die nur kleine Teile von Figuren enthalten.

711 (Taf. XXXVII). Krepis des Zeustempels (Inv. 6711). Stück einer größeren altertümlichen getriebenen Figur mit eingeschlagenem Detail. Rechter Glutäus und Teil des Oberschenkels eines Mannes, der nach rechts ausschreitet. Kurzer, reich verzierter Chiton. Links verzierter Rundwulst und weiter links kleines rundes Stiftloch.

712 (Taf. XXXVII). Westlich Buleuterion (Inv. 12899). Stück eines galoppierenden Pferdes nach rechts; Spur eines Reiters darauf. Unten zur Füllung eine große Rosette. Getrieben; eingeschlagene Umrisse.

713 (Taf. XLI). Nordfront des Zeustempels (Inv. 1697). Rings gebrochen. Stück einer größeren Figur; Haarlocken? Sehr altertümlich. Hellgrüne Patina.

Inv. 4391 (südlich Zeustempel). Hinterkörper eines Pferdes nach rechts in seinem strengen Stil getrieben. Als Rand dient das schöne Flechtband wie an 699 ff.; das Relief gehörte offenbar zu derselben Gattung wie diese. Das eine erhalten gewesene Vorderbein des Tieres hatte nach meiner Notiz und Skizze von 1879 die Gestalt eines menschlichen Beines: also war es ein menschenbeiniger Kentaur.

Inv. 9262 (westlich Echohalle). Bruchstück mit mehreren Punktrosetten wie die von 696 und dem kleinen Reste eines unbestimmten Tieres. Von den getriebenen Punktkreisen des geometrischen Stiles unterscheiden sich diese Punktrosetten genannten Ornamente namentlich dadurch, daß die Konturen von oben eingeschlagen sind.

[1] Er ist nach unten auffallend zugespitzt. Der Mund scheint indeß verzerrt wie beim Gorgonion.

14

Schließlich ist ein figürliches Blech hier anzufügen, das nicht archaischen, sondern freien Stil zeigt; es ist das einzige, das gefunden ward.

**712 a** (Taf. XXXVII). Südöstlich Heraion Inv. 7061?. Rechteckiges dünnes Blech; Stiftlöcher in den erhaltenen Ecken. In flüchtiger Weise ist durch eingeschlagene Linien die Figur des Zeus hergestellt, der in der Rechten den Blitz und auf der Linken den Adler trägt, der freilich einem Schwane ähnlicher sieht. Er hat den Mantel um, der die rechte Brust freiläßt. Bemerkenswert sind die kurzen Haare des Zeus. Die Arbeit ist sehr nachlässig, aber sicher in ihrer Art und weist keineswegs auf späte, sondern noch auf gute griechische Zeit hin.

Abguß in Berlin (Friederichs-Wolters, Gipsabg. 346).

**714** Taf. XLI. Südostbau (Inv. 14053). Bruchstück eines lebensgroßen menschlichen Gesichtes von etwas stärkerem, getriebenem Bronzeblech. Die Augen waren in die erhaltene flache Vertiefung eingesetzt; Bronzestifte der des einen Auges ist erhalten) hielten die Masse teil, aus welchen die Augen bestanden. Die Lidränder sind getrieben und mit eingeschlagenen Kerben versehen, um dadurch ihre Behaarung anzudeuten. An beiden Seiten scheinen noch Spuren des nur durch plastische Erhebung der Fläche angedeuteten Backenbartes erhalten. Ob das Fragment zu einem vollständigen Kopfe, oder nur zu einer Maske gehörte, bleibt zweifelhaft.

**713** (Taf. XLI). Westlich Pelopion Inv. 11331). Ganz flaches und dünnes Bronzeblech. Wie es scheint, der Rest der flachen Maske eines Tieres, etwa eines Panthers. Das Auge ist wie an 714 behandelt; die durch den Stift einst festgehaltene Füllung fehlt jetzt.

**713 a** (beistehend). Rest der großen Maske eines Löwen. Der Rand, von dem ein Stückchen erhalten ist, war kreisrund und zeigt Stiftlöcher; ein größeres Stiftloch in der Mitte der Maske. Man erkennt das linke Auge, das linke Ohr, den Umriß von Nase und Schnauze und die flammenartigen Mähnenbüschel vom linken Ohre abwärts. Dünnes Blech mit einem Knick.

Inv. 3094 (Thesauren), oberer Teil einer runden Panthermaske, 6 cm Durchmesser, Stift im linken Auge; Stiftlöcher im Rande.

Inv. 3550 (Palästra), Randfragment einer Löwenmaske; Stiftchen im Rande.

**716** Taf. XXXVII. Flaches, dünnes, getriebenes Blech, Maske eines Panthers. Links oben ist ein Stück des antiken Randes erhalten, der zeigt, daß die Maske wohl ringsum ausgeschnitten war. Die Rundung links oben soll wohl das Ohr, in einer gewissen dekorativen Ausgestaltung, bedeuten.

Zu den Stücken 714 ff., der menschlichen Maske und den Panther- und Löwenmasken, vergleiche man den häufigen Gebrauch eben dieser Motive in den etruskischen Buccherogefäßen der nördlichen Gruppe, die unter dem Einfluße altgriechischer Kunst stehen.

Die Löwen- oder Panthermasken könnte man sich als einstige Zierde der Mitte von Schilden denken. Herausspringende Löwenköpfe kommen als Schildbuckel in vorderasiatischer Kunst etwa des 8. Jahrhunderts mehrfach vor; vergl. den, wie die übrigen, wohl phönikischen Schild aus Kreta, Mus. ital. II, tav. 9; vergl. ferner das Relief bei Humann und Puchstein, Reisen in Kleinasien und Nordsyrien Taf. 46; das Relief mit dem armenischen Tempel, Perrot, hist. de l'art II, p. 410, Fig. 190?.

Wir haben nun den Übergang gewonnen zu den in Blech ausgeschnittenen figürlichen Darstellungen. Das hervorragendste Stück dieser Art ist

**717** (Taf. XL). Gefunden den 3. März 1879, nahe der Südaltismauer, 1 m südlich von dem großen halbkreisförmigen Bathron, ca. 10—15 cm unter der Unterkante der dortigen, von Westen kommenden Wasserleitung, also tief im antiken Boden. Das Stück lag horizontal, die Rückseite nach oben gekehrt. Unmittelbar daneben lag ein Helm; in der Nähe ward ein wohlerhaltener Eimer gefunden. Höhe 0,53, Breite 0,39. Das Blech ist von einer dicken körnigen Oxydation bedeckt und ist sehr morsch und brock. Der Rand rechts hängt nicht mit der Figur zusammen, doch ward er ungefähr an der Stelle, wo er in der Zeichnung sitzt, gefunden. Er kann hier indes nicht gesessen haben, wie die rechte untere Ecke zeigt; er muß ein Stück weiter nach rechts hinaus gerückt werden, trat also nicht unmittelbar an die Figur heran, sondern ließ noch einen Zwischenraum, der indes nicht weiter gewesen zu sein braucht als es das rechte Ende des unteren Randes verlangt. Der Rahmen um die Figur besteht zunächst aus einem kleinen Rundstab und dann einer eingesenkten schmalen Fläche. Rechts folgte darauf nun ein breiter hochgewölbter Rundstab, links und unten eine emporgehobene Fläche. Es geht hieraus hervor, daß links noch ein zweites Feld oder mehrere Felder folgten. Der große Rundstab wird dann links als Gesamtabschluß sich wiederholt haben. Der ganz gerade Bruch links läßt vermuten, daß unmittelbar nach links der eingesenkte Rand des nächsten Bildes folgte. In dem unteren Stücke, das als Sockel dient, befinden sich in gewissen Intervallen runde Ausschnitte: erhalten ist der Rand eines solchen Ausschnittes unten etwas links von der Mitte (in unserer Zeichnung ward er leider deutlich zu machen versäumt). Noch ist zu erwähnen, daß ein kleines (nicht abgebildetes) Stück des großen Rundstabes Rundung zeigt und etwa auf einen gerundeten oberen Abschluß hinweist.

Die Figur ist ausgeschnitten; die Umrisse sind durch Treiben etwas plastisch gerundet. Alle Einzelheiten sind auf die erhobene Fläche des Bildes graviert. Dargestellt ist ein Bogenschütze, der sich auf das linke Knie niedergelassen hat und, die Sehne des Bogens anziehend, im Begriffe ist zu schießen. Indem er die Sehne mit Kraft anzieht, legt sich sein Oberkörper zurück und das ganze Gewicht seines Körpers ruht auf dem knieenden linken Beine. Sein Bart ist durch Gravierung wiedergegeben. Er trägt einen kurzen Chiton, der faltenlos gebildet, aber rautenförmig gemustert ist und unterhalb der Achsel wie unten einen verzierten Saum hat. Die palmettenartig stilisierte Verzierung in der Mitte des Chitons, in der Gegend der Beintrennung, wird auf dem Chiton selbst zu denken sein; wäre es etwa die Quaste eines Bandes, so müßte sie gerade herabfallen. An der linken Seite trägt der Schütze den großen Köcher nach Skythenart, den Goryt an einem Bande, das durch zwei große Ringe mit dem Köcher verbunden ist. An den Füßen sieht man die Spuren großer Stiefel, die oben mit runden Scheiben verziert sind. — Offenbar sind hier Elemente derjenigen Tracht aufgenommen, durch welche die ältere Kunst sonst die Barbaren charakterisiert. Wir sehen zwar nicht enge Ärmel und Hosen, aber das Rautenmuster des Chitons und sein faltenloses Anliegen sind jenen Barbarengewändern der archaischen Kunst charakteristisch (vergl. z. B. den sogenannten Paris des aeginetischen Giebels, die archaische Reiterfigur von der Akropolis und altattische Vasen). Denn die Faltenlosigkeit scheint an unserem Relief nicht mehr Altertümlichkeit des Stils (wie z. B. an 696), sondern Absicht; der Stil erscheint so reif und vorgeschritten, daß Faltengebung gewiß nicht mehr außerhalb seiner Grenzen lag. Ferner sind der skythische Goryt und die hohen Stiefel hierher zu rechnen.

Der Bogenschütze ist mit großer Wahrscheinlichkeit Herakles zu nennen; denn wer sollte es anders sein? und eine namenlose, nur dekorative Figur darf in einem so großen Denkmal kaum angenommen werden. Innerhalb der Heraklestypen nimmt sie freilich eine vereinzelte Stellung ein: die Tracht ohne Löwenfell, nur mit kurzem Chiton, ist die der alten peloponnesischen Kunst, die in Olympia auch noch am Zeustempel festgehalten wurde. Aber es fehlt das Schwert und es treten jene Elemente der Barbarentracht, namentlich der Skythenköcher auf.

Innerhalb der attischen Vasen dringt dieser Köcher auf der Stufe des späteren schwarzfigurigen Stiles in den Heraklestypus ein (vergl. in Roschers Lexikon 1, Sp. 2154). Derselben Periode, dem Ausgang des 6. Jahrhunderts, werden wir auch unsere Blechfigur zuschreiben.

**718** (Taf. XLI). Vor der Südwestecke des Zeustempels, bei der dort befindlichen Wasserleitung, 2,65 m unter dem Tempelstylobat (Inv. 2178). Aus dünnem Blech ausgeschnittenes, im Knie gebogenes Bein, in mehreren anpassenden Fragmenten erhalten. Höhe 0,255. Ganz flach, ohne Relieferhebung. Nur am Knöchel ist das Blech ein wenig herausgetrieben. In einem kleinen Fragment glaubte Treu bei der Auffindung einen Rest der gekrümmten Zehen des anderen Beines zu erkennen (Tageb. III, 11. Dezember 1877). Der Charakter des Ganzen ist sehr altertümlich. Es ist indeß keineswegs nötig anzunehmen, daß das Bein zu einer vollständigen Figur gehört habe. Wahrscheinlicher dünkt mich, daß es auf einem Schilde als Wappen befestigt war. Eines der häufigsten Zeichen auf den Rundschilden der archaischen Vasenbilder ist bekanntlich gerade ein solches im Knie gebogenes, rennend gedachtes Bein wie das olympische. Auch seine Größe (es hatte vollständig ca. 35 cm Höhe) paßt sehr gut zu dieser Annahme.

**719** (Taf. XXXVII). Westlich Echohalle (Inv. 9155). Oberschenkel eines nach rechts weit ausschreitenden Mannes, in Blech ausgeschnitten. Die Innenzeichnung ist auf das Sauberste graviert. Nur die gerade Linie auf dem linken Oberschenkel ist eingeschlagen. Der Mann trägt ein kurzes Gewandstück um die Hüften und hat ein Stück Zeug zwischen den Beinen durchgezogen, so daß es die Scham verdeckt (vergl. die kretische Bronze, Annali d. Inst. 1880, tav. S). Darüber trägt er Etwas mit einem reich verzierten Rande, und darein wieder scheint ein Gürtel einzuschneiden. Soll es ein Panzer sein? Am Saume des Hüftengewandes ebenso wie am Rande der Oberschenkel entlang laufen kleine Häkchen. Ganz dieselbe Besonderheit finden wir an den beiden Panzern (Taf. LVIII, LIX), denen dies Fragment nach Zeit und Herkunft nahe stehen wird.

7m 11 :1

**720** beistehend. Nordwestlich vom Zeustempel, sehr tief (Inv. 8419). Aus dünnem Blech ausgeschnitten;

rechts oben und links unten, nahe dem Rande, je ein kleines Stiftloch. Teil eines Flügelwesens, das ich mir aber nicht zu ergänzen vermag. Die Federn find ganz glatt. Die Schuppen find flach getrieben und die Umriffe eingeschlagen.

**721** Taf. XLI'. Südweftlich Pelopion (Inv. 9781'. Aus Blech ausgeschnitten. Teil eines Flügeltieres. Rundes Stiftloch.

Inv. 7227, 8365, 11041 find ebenfalls Fragmente von in Blech ausgeschnittenen Flügelwefen 'Greife'.

**722** (Taf. XLI). Weftlich Pelopion Inv. 11039'. Aus fehr dünnem Blech ausgeschnittene Maske eines Rindes. Augen und Schnauze derb getrieben. Auch die Behaarung der Brauen und der Schnauze ist angedeutet. Sehr altertümlich. Rechts oben Stiftloch.

**723** (Taf. XLI'. Nordöftlich Zeustempel Inv. 2748'. Ausgeschnittener Rindskopf im Profil. Links Stiftloch. Der Augapfel ist vertieft zur Aufnahme einer anderen Maffe. Die Schnauze eingeschlagen.

**724** (Taf. XLI'. Nordweftlich Zeustempel Inv. 2198'. Ausgeschnittenes Vorderbein eines löwenartigen Tieres'.' Mit zwei kleinen Stiftlöchern. Dünnes Blech. Innenzeichnung eingeschlagen.

**725** (Taf. XLI'. Kopf eines Hahns nach rechts; mit Stiftlöchern nahe dem Rande. Auch durch den Schnabel ging ein folches, weshalb die Spitze abgebrochen ist. Innenzeichnung eingeschlagen. Altertümliche Stilifierung.

**726** (Taf. XLI'. Nordweftlich Zeustempel Inv. 8987'. Fufs eines Hahns. Ausgeschnittenes Blech mit Stiftlöchern.

**725** und **726** können von Schildzeichen herrühren, vergl. unten.

**727** Taf. XLI'. Nördlich Zeustempel (Inv. 1748'. Unten und oben Bruch. Sonst ist der ausgeschnittene Rand erhalten. Unklares Bruchftück.

**728** (Taf. XLI'. Weftlich Stadionwall Inv. 4433'. Fifch. Stiftlöcher im Rande. Auge, Mund und Kieme flach getrieben; fonft ohne alle Innenzeichnung.

Inv. 1148. Ein ganz verbogener, ca. 18 cm langer Fifch, aus Blech ausgeschnitten.

Inv. 5138 (füdlich Prytaneion). Ein 16 cm langer und 45 mm breiter Reil einer gewundenen Schlange mit getriebenen Schuppen, deren Umriffe eingeschlagen find. — Inv. 2856 (öftlich Zeustempel'. Kleines ähnliches Fragment.

Die bisher befprochenen Stücke waren zum Befeftigen auf einem Hintergrunde beftimmt, von welchem fie fich abhuben. Es giebt nun auch noch einige in Blech ausgeschnittene Stücke, die keinen Hintergrund hatten.

**729** (Taf. XLI'. Pelopion 'Inv. 8976'. Schwanz eines Hahnes. Das Blech ist nicht ganz dünn und auf beiden Seiten in forgfältigfter Weife graviert. [*]

**730** (Taf. XLI'. Weftlich Buleuterion (Inv. 12651). Sitzende Sphinx mit einem gehobenen und einem aufgeftützten Vorderfufs. 2 mm dickes Blech. Auf beiden Seiten überaus fein graviert. Die Oxydation hat die Gravierung gröstenteils zerftört.

---

[*] Ein Hahn, in Blech ausgeschnitten und fchön graviert, befindet fich auch unter den Funden auf der Akropolis.

---

Hierher gehören auch einige in Blech roh ausgeschnittene Pferde und Rinder, die offenbar felbftändige Votive waren, von den früher behandelten ganz primitiven Blechfiguren aber durch den entwickelt archaischen Stil unterfchieden find. Immerhin gehören aber auch fie recht alter Zeit an.

**731** (Taf. XLI. Pronaos des Metroon (Inv. 3628'. Pferd. Der Schwanz abgebrochen; er ging bis ganz herab.

**732** (Taf. XLI'. Südlich Zeustempel vor der vierten Säule von Weften, unter dem Baufchutt deffelben (Inv. 4809: Dubl., Berlin'. Pferd. Die Stilifierung erinnert an die auf altkorinthifchen Vafen.

Ähnlich ist Inv. 7838 gefunden ca. 50 cm unter dem Heraionftylobat im Pronaos deffelben, vereinzelt, im gelben Sande, nicht zu jener tiefen Altertchicht gehörig; offenbar ein zufällig nach Erbauung des Tempels hereingekommenes Stück.

**733** (Taf. XLI'. Weftfront des Heraions (Inv. 2675'. Stier. Ungefchickt, recht altertümlich.

Reste der befprochenen Technik, in Metallblech ausgefchnittene Figuren, find aufser Olympia recht felten Ein bekanntes Hauptftück ist das in den Annali J. Inft. 1880, tav. T publizierte aus Kreta jetzt im Louvre; vergl. in Rofchers Lexikon d. Myth. I Sp. 2200, Z. 35 ff.'. Dazu kommt die neuerdings auf der Akropolis ausgegrabene grofse ausgefchnittene Blechfigur einer Gorgone, welche Schmuck von etwas Schildartigem war (im Typus ähnlich Journ. of hell. stud. 1885, pl. 59; Innenzeichnung eingefchlagen, nur wenige Details getrieben; Stiftlöcher'. Ein Hahn von der Akropolis ward fchon erwähnt. Ein archaifcher Eber diefer Art, 14 cm lang, wurde in Metapont gefunden (Bull. d. Inft. 1881 p. 201). Eine flachgetriebene, ringsum ausgefchnittene Figur eines Jünglings mit langem Haar nach links, gut etruskifch-archaifch, befindet fich im Mufeo etrusco zu Florenz. Die etruskifche Nachahmung einer folchen Blechfigur in Bronzegufs ist der welt ausfchreitende Herakles mit hochgefchwungener Keule im Mufeo nazionale zu Rom (mit Stiftlöchern'; der Stil ist reif archaifch und zwar ionifch-etruskifcher Art (vergl. in Rofchers Lexikon I, Sp. 2150, Z. 46, wo ich das Stück irrtümlich als getrieben und altgriechifch bezeichnet habe'. Auch in der Zeit des freien Stiles findet fich die Technik noch zuweilen (z. B. Samml. Sabouroff Taf. 148; ferner an griechifchen Spiegelkapfeldekorationen'.

#### b. Mit Ornamenten.

Wir betrachten zunächft eine Serie von dünnen Blechftreifen mit meift geflanzten Ornamenten. Diefelben find leider fo fragmentiert, dafs ihre Beftimmung meift zweifelhaft bleiben mufs. Ein Teil derfelben, namentlich diejenigen welche Stiftlöcher zeigen und nicht rundgebogen find, werden von Inkruftationen kleinerer, wahrfcheinlich hölzerner Geräte herrühren. Von einem grofsen Teile aber darf man vermuten, dafs er zu Diademen gehörte; einige mögen auch von Gürteln ftammen. Die Deutung auf Diademe wird namentlich durch Funde in den alten Gräbern bei Theben unterftützt. Hier fanden

fich nämlich einige vollftändige oder faft vollftändige
Streifen derfelben Art wie die zu befprechenden olympifchen (jetzt in Berlin); fie haben 3 bis gegen 7 cm
Breite und find ficher Diademe; das Enden find zufammengebogen und einfach übereinandergenietet. Der
Durchmeffer des fo entftehenden Rundes ift gerade der
eines menfchlichen Kopfes (ca. 18 cm). Zuweilen find
in gewiffen Diftanzen grofse Rofetten von Blech aufgenagelt, welche die Deutung als Diademe völlig ficher
machen. Die olympifchen Stücke find leider fehr fragmentiert. Die Ornamente find zumeift geftanzt; die Umriffe find häufig von oben eingefchlagen, um eine prä-
zifere Zeichnung zu erhalten.

**734** (Taf. XLII). Südöftlich Pelopion (Inv. 8397).
Eine Art von Spirale (ebenfo auf einer Vafe von Mykenä,
f. Furtwängler und Löfchcke, myken. Thongef., Taf. 1, 6).
Buckeln dienen zur Füllung. — Die Säumung durch
ein fchmales Streifchen mit getriebenen Punkten, wie
hier, ift auf jenen thebanifchen Diademen die Regel.

Inv. 595 (öftlich Zeustempel), ein 55 mm breites
Fragment mit Spiralband.

**735** (Taf. XLII). Nördlich Zeustempel (Inv. 1681).
Einfaches, breites Flechtband. Nach unten war mehr
Grundfläche frei als nach oben. — Auf jenen thebanifchen
Diademen kommt es mehrfach vor, dafs das Ornament-
band nur den oberen Teil des fonft glatten Streifens füllt.

Inv. 5172 (füdlich Prytaneion). 2¹⁄₂ cm breiter Streif
mit einfachem Flechtband von 12 mm Breite, von glattem
Rande umgeben. Das 9 cm lang erhaltene Stück ift etwas
gerundet.

Das einfache Flechtbandornament kommt bekanntlich fchon auf mykenifchen Vafen vor (Furtwängler und
Löfchcke, myken. Vafen, Atlas No. 338, 339). Es ward
wahrfcheinlich aus der altfyrifchen Kunft entlehnt, die
es fehr liebt.

**736** (Taf. XLII). Im antiken Fufsboden des kleinen
Baues zwifchen Exedra und Sikyonierthefauros (Inv.8300).
Die beiden Enden eines noch 23¹⁄₂ cm lang erhaltenen
Bandes. Auf der Rückfeite find, der ganzen Länge nach,
zwei fchmale Blechftreifen (zur Verftärkung?) aufgenietet.
Rechts fcheint es vollftändig zu fein. Dreifaches Flecht-
band.

Die Vervielfachung des Flechtbandes ift etwas lediglich
griechifches. Der mykenifchen Kunft ift fie indefs noch
fremd. Sie erfcheint innerhalb der Vafenmalerei zuerft
auf den an die mykenifche Tradition allenthalben an-
knüpfenden früh ionifchen Vafen; vergl. Naukratis I,
pl. 5, 28. II, pl. 5, 7. Urlichs, zwei Vafen älteften Stils,
Taf. 2 a; vergl. ferner die »protokorinthifche« Lekythos,
Arch. Ztg. 1883, Taf. 10 und die grofse von mir in der
Berl. phil. Wochenfchr. 1888, Sp. 1483 erwähnte alt-
attifche Amphora im Mufeum der arch. Gefellfch. zu
Athen (Hahn am Hals innerhalb dreifachen Flechtbandes).
— Eine Analogie und vielleicht Vorftufe zu dem dreifachen Flechtbande findet fich in der mykenifchen Kunft
in dem noch ägyptifchen Vorbildern geftalteten dreifachen
Spiralenband, wie es auch als Randornament in Metall
getrieben vorkommt (Εφημ. αρχ. 1888, Taf. 9, 27a).

Fragmente mit geftanztem Flechtband find in der
Altis überaus zahlreich gefunden worden aufser den

vielen im Inventar verzeichneten auch noch viele im
Magazin). Eine befonders wichtige und die zahlreichfte
Klaffe derfelben werden wir bei Befprechung der Schilde
kennen lernen. Eine gute Anzahl gehörte aber auch wie
735 und 736 wahrfcheinlich zu Diademen, oder auch
fonft zu geraden Einfaffungen von Blechinkruftationen.
Fragmente von einfachem Flechtband, das dann grofs
und derb erfcheint, in der Art wie 735 find: Inv. 650
(füdlich Zeustempel), 43 mm breit. 9783 (füdweftlich
Pelopion). 9230 Pelopion). 8398 (füdöftlich Pelopion),
3 cm breit. 3942 (Berlin, Dubl.) 3 cm breit. — Ein Fragment mit zweifachem Flechtbande:

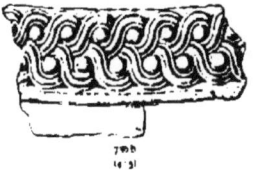

736 b

736 b (beiftehend). Weftlich Pelopion (Inv. 11646).
Etwas gekrümmt. Unten gebrochen.

Fragmente mit dreifachem Flechtband, in der Art
wie 736: Inv. 650 (Südoftbau). 3 cm breit, verfilbert;
mit kleinen Stiftlöchern; oben und unten die Einfaffung
von getriebenen Punkten (vergl. 734). Ferner Inv. 2205,
2¹⁄₂ cm breit, durch aufgelegte Goldplättchen vergoldet;
mit Stiftlöchern. 541, fein, 28 mm breit. — Mit fünf-
fachem Flechtbande: Inv. 6580 (füdlich Metroon), grob,
mit Stiftlöchern. 5092 (füdlich Zeustempel), 3 cm breit,
Unter jenen thebanifchen Diademen ift ein faft vollftändiges mit vierfachem Flechtband; Breite 35 mm; oben
und unten mit getriebenen Punkten gefäumt. An einem
anderen jener Diademe, von 6¹⁄₂ cm Breite, befindet
fich oben ein vierfaches Flechtband und weiter unten
folgen Rofetten nebft einem fie verbindenden Ornament.

Inv. 10893 ift ein Fragment, das oben zweifaches
Flechtband und darunter einen Reft von konzentrifchen
Kreifen zeigt. Auch Inv. 11646 ift der Reft eines Bandes,
wo das zweifache Flechtband nur die obere Borte war.

Im Magazin notierte ich das Fragment eines fchmalen
Diadems mit in gewiffen Diftanzen fich wiederholenden
einfachen Rofetten mit eingefchlagenen Konturen.

Eine befonders wichtige Ornamentferie ift die
folgende:

**736 a** (Taf. XLII). Südöftlich Pelopion (Inv. 8229).
Volutenornament. Urfprünglich in einander gefteckte
Blätter bedeutend.

**737** (Taf. XLII). Nordfeite Heraion (Inv. 3452).
Ähnlich.

Dies Ornament fchliefst fich direkt an den Formen-
fchatz der mykenifchen Epoche an und ift aus diefem
zu erklären. Hier, in der mykenifchen Kunft, ift es
noch ganz deutlich, dafs es eigentlich in einander gefteckte Blätter bedeuten. Diefe werden dann immer mehr
volutenartig geftaltet, bis ihre Bedeutung vergeffen wird,
wie dies in der vorliegenden Stufe ohne Zweifel der Fall
ift, wo die Voluten allein dominieren. In der mykeni-

fchen Kunft wird die Blattreihe in der Regel als horizontales Band verwendet, wie denn auch die olympifchen Fragmente wahrfcheinlich von horizontalen Diademftreifen herrühren. Man vergleiche die befonders einfache Form des Ornaments in den Wandmalereien von Tiryns, Schliemann Taf. IX, b. X, g. h. i. Ferner die mykenifchen Vafen, Furtwängler und Löfchcke, myken. Thongef., Taf. 12, 66. Myken. Vafen, Atlas No. 219. 365. 366. 367. 368. Hier ift die Entwickelung zu der Volutenform deutlich. Ferner die Glasornamente, myken. Vafen, Hilfstaf. A 9 (Jalyfos); Bull. de corr. hell. 1878, pl. 15, 3 (Spata); die Gufsform, myken. Vafen, Text S. 34. Befonders nahe den olympifchen Tänien kommt Kuppelgrab von Menidi Taf. 4, 20. Im Wefentlichen noch ganz mykenifch ift das Ornament auch auf dem Goldrelief von Eleusis, Έφημ. άρχ. 1885, Taf. 9, t. 2.

**738** (Taf. XLII). Vor dem Schatzhaufe der Byzantier gefunden 'Inv. 3322'. Dünner Blechftreif mit einer Rundung, wie fie für ein Diadem pafst. Daffelbe Ornament wie das vorige, nur dafs die Blätter weniger eng auf einander gefchoben und die Zwifchenräume mit kurzen Palmettenblättern gefüllt find. — Vergl. Br.-Funde S. 44, Taf. No. 8.

Fragmente von ebenfo verzierten Streifen find: Inv. 7146 und 7128, beide aus dem öftlichen Teil des Pelopions, tief; 7688 (Stadionwall) und ein mit dem Panzer Taf. LVIII zufammengefundenes Stück, Inv. 11541.

Schon die zitierten mykenifchen Formen zeigen verfchiedene Arten von Füllungen innerhalb der Blattumriffe. Diefelbe Füllung mit Palmettenblättern wie hier, finden wir auf einer melifchen Vafe (Conze, mel. Thongef. Taf. 1), wo die Streifen indefs entgegen dem älteren Brauch in vertikaler Richtung verwendet find. Einzelne aufrechtftehende Blätter mit oder ohne Palmettenblattfüllung kommen als Füllmotive auf den fogenannten früh attifchen Vafen vor (Jahrb. d. Inft. II, Taf. 3—5; vergl. Böhlau, S. 38). Einzeln kommt das Motiv aber auch fchon im fpätmykenifchen Stile aufrechtftehend vor (myken Vaf. No. 368).

**739** (Taf. XLII). Weftlich Echohalle 'Inv. 11591'. Stücke eines breiten Randes von dünnem Blech mit glänzender Oberfläche und fchöner Patina. In punktierten Linien ergänzt zur Verdeutlichung des Schemas. Unten läuft daffelbe Ornament wie 738; nur find die Voluten, wie auch fchon auf der zitierten melifchen Vafe, durch ein Band zufammengefchnürt und die Palmettenblätter find länger geworden. — Das obere Ornament ift im Wefentlichen daffelbe wie das von 740. Seinem Urfprunge nach hängt daffelbe wahrfcheinlich zufammen mit einem auf phönikifchen Denkmälern häufig erfcheinenden und aus ägyptifcher Dekoration entlehnten Motive (vergl. z. B. Perrot-Chipiez, hift. de l'art III, p. 129', welches die Palmettenblätter immer nach aufsen kehrt, wie es auch hier in der griechifchen Geftalt gefchieht. Ein verwandtes Ornament mykenifcher Goldknöpfe, auf das Böhlau Jahrb. II, S. 39 hinweift, fteht ferner, und ift fchwerlich in Zufammenhang mit diefer Serie zu fetzen. Auf einer in Italien gefundenen, unter phönikifchem Einfluffe ftehenden Vafengattung (vergl. Berliner Vafen-Samml. No. 1158. 1172-74. 1252; Lau, griech. Vafen,

Taf. 5, 3) hat das Ornament Blättchen nach aufsen wie innen; die Herkunft von dem phönikifch-ägyptifchen Motiv wird hier namentlich durch die aus dem Innern der Voluten herauskommenden Blattzipfel aufser Zweifel gefetzt. In den felbftändiger griechifchen Denkmälern werden die Voluten die Hauptfache, und die Blattfüllung tritt mehr zurück. Blättchen nach innen und aufsen zeigt die melifche Vafe, Conze, mel. Thongef. I, 1 unten; ferner die von Naukratis, Naukr. II, pl. 8, 2. Auf einer »frühattifchen« Vafe, Jahrb. d. Inft. II, Taf. 5 und anderen Denkmälern (fo auch auf einer archaifchen Elektronmünze Num. Chron. n. s. XV, pl. 8, 14, p. 267) erfcheinen nur nach innen gewendete Blättchen. An unferem olympifchen Stücke ift das Motiv, in rein griechifcher Weife, durch Bänder, welche eine Wiederholung mit der anderen zufammenfchnüren, zu einer horizontalen Reihe verbunden. Die Zwifchenräume nach oben find durch fpitze Lotosblumenblätter gefüllt.

**740** (Taf. XLII). Schlafbau 'Inv. 6034'. Wohl von einem breiten Diadem. Nach unten, wo kein Ornament ift, wird nicht viel fehlen. Das Ornament wie in der oberen Reihe von 739, nur dafs die Bogen unten auch wirklich ganz rund find, was zweifellos das Urfprünglichere ift, während wir an 739 eine etwas fpitzbogige Form fehen. Als Einfaffung dienen oben getriebene Punkte, unten ein tropfenartiges Motiv. Ungenau abgeb. Br.-Funde, Taf. No. 9; vergl. S. 44ff.

Es ward noch ein gleichartiges Fragment von 65 mm Breite gefunden beim Heraion'. Ähnlich war ferner

**741** (Taf. XLII). Nordweftlich Zeustempel 'Inv. 8060'. Kleines, rings gebrochenes Stück. Es ift zweifelhaft, ob Palmetten zwifchen den Voluten folgten. Über der oberen Einfaffung von getriebenen Punkten fcheint der Reft eines anderen Ornaments erhalten.

Anderer, doch verwandter Art ift:

**742** (Taf. XLII). Pelopion 'Inv. 8330'. Fragment von etwas ftärkerem Blech. Das Ornament befteht nur aus eingefchlagenen Linien und ift nicht getrieben. Es fcheint demfelben das letzt befprochene Motiv zu Grunde zu liegen; nur ift hier ein fortlaufendes Band gebildet an Stelle der einzeln in Voluten fich aufrollenden Teile. Die Palmettenblätter find unter fich gleich lang; fie haben an den Enden eine Art Augen (vergl. die Augen in den Palmettenblättern der »frühattifchen« Vafe, Jahrb. d. Inft. II, Taf. 4, unter dem einen Löwen'; die in der Zeichnung fchraffierten kleinen runden Punkte find in aufserft fauberer, forgfältiger Weife aus einem anderen dunkleren Materiale in die Bronze eingefetzt; fie heben fich jetzt fchwarz vom grünen Bronzegrunde ab.

Wahrfcheinlich in vertikaler Richtung find die folgenden Streifen 743—745 verwendet zu denken. Diefelben ftammen ficher nicht von Diademen; fie zeigen keinerlei Rundung; häufig find Stiftlöcher vorhanden und die feitlichen Ränder pflegen etwas nach hinten umgebogen zu fein.

**743** (Taf. XLII). Gefunden 1,20 m unter der Oberkante des Weftlaufes des 7. Thefauros der Sybariten', unter dem Kiesfundamente des Baues und alfo ficher älter wie diefer, der zu den älteften Thefauren gehört 'Inv. 13665'. Sehr dünnes, mehrfach gebrochenes Blech.

Volutenornament mit Palmettenblättern; eines über dem anderen angeordnet; jedes ist nach unten durch einen Wulst abgeschlossen. Die Enden der Palmettenblätter sind rund und kugelig; die Blätter sind nicht durch eingeschlagene Umrisse verdeutlicht. Randeinfassung von getriebenen Punkten.

Dieses Ornament war sehr beliebt in Olympia. Eine Reihe von fragmentierten Streifen zeigt dasselbe: Inv. 237 b, c (westlich Zeustempel), 5 cm breit. 1298t (nördlich Thesaurenterrasse), 5 cm breit; Stiftloch. 2970 (Westfront Zeustempel). 1630 (Nordwestecke des Zeustempels). 1382 und 781 von der Westfront des Zeustempels. 8979 (nordwestlich Zeustempel; Berlin, Dubl.), mit zwei Stiftlöchern. Die gewöhnliche Breite ist 5 cm; ungewöhnlich groß ist 12474 (nördlich Prytaneion) mit einer Breite von 85 mm, noch 14 cm lang erhalten.

744 (Taf. XLII). Im 3. Thesauros gefunden (Inv. 3737). Dasselbe Ornament, nur mit längerem Stamm, der nicht mit einem Wulst abschließt, sondern direkt auf der Palmette der unten folgenden Wiederholung aufsteht. Stiftlöcher. Die Umrahmung besteht aus dem nach den Rändern zugewandten Tropfenmotiv (vergl. 740). Der rechte Rand ist etwas nach hinten umgebogen und gekerbt.

745 (Taf. XLII). Südlich Heraion (Inv. 9787). Dasselbe Ornament. Die Palmettenblätter sind hier größer und zahlreicher. Die Umrisse sind alle sorgfältig eingeschlagen. — 744 und 745 sind frei getrieben, nicht gestanzt.

Das Motiv von 743—745 ist auch ein in der mykenischen Kunst heimisches, das von hier in die früharchaische Dekoration überging. Vergl. die mykenischen Denkmäler, Schliemann Mykenä Fig. 470. 278. 303 (Gold). Kuppelgrab von Menidi Taf. 3, 10. 13. 14 (Glas). Die Vasen, Furtwängler und Löschcke, myken. Vasen Taf. V, 28; Text S. 58, Fig. 34. Sowohl die Voluten als die Palmettenblätter werden dann in der früharchaischen Dekoration reicher ausgebildet, so wie wir sie auf den olympischen Streifen und entsprechend auf den melischen Thongefäßen (Conze, mel. Thongef. I), den »frühantischen« (Jahrb. d. Inst. II, Taf. 4) und anderen frühen Vasenarten (z. B. Mon. d. Inst. X, 4. 5 korinthisch; Naukratis II, pl. 12 u. a.) finden. Mit geringen Voluten, aber langem gebogenem Stamm erscheint das Ornament auf dem Elfenbeinzahn von Chiusi, den Sarautseneiern von Vulci und verwandten Werken (vergl. in Roschers Lexikon der Mythol. I, Sp. 1761 oben); mit Einmischung von Lotosmotiven auf rhodischen Vasen (Salzmann, Camirus pl. 32).

746 (Taf. XLII). Nach Schluß der Ausgrabung gefunden (Inv. 14335). Wahrscheinlich Fragment eines Diadems. Dünnes gestanztes Blech, doppeltes Bandgeschling mit alternierenden Lotosblüten und Palmetten. In etwas älterer Gestalt erscheint dies Ornament auf einem der Diademe aus den Gräbern bei Theben (in Berlin). Nachtverwandt ist das Halsornament zweier »protokorinthischen« Lekythen (Arch. Ztg. 1883. Taf. 10, 1. Jahrb. d. Inst. III, S. 247. Etwas vereinzelt ist dies Ornament als das »alternierende Palmetten-Lotosband« in der korinthischen (Samml. Sabouroff Taf. 47, 5; Naukratis II, pl. 7, 4) und altantischen Vasenmalerei sehr ge-

wöhnlich; vergl. auch die Sima des felsuntischen Tempels mit den alten Metopen (Dörpfeld, Borrmann, Graeber, Verwend. d. Terrakotten, Taf. 3).

Ganz vereinzelt stehen die folgenden beiden gewiß sehr altertümlichen Ornamentstreifen:

747 (Taf. XLII). In der Cella des Metroons, tief Inv. 13592). Schmaler Streif, wohl von einem Diadem. Ganz flach getrieben, nicht gestanzt. Das Erhaltene ist in punktierter Zeichnung ergänzt; dabei bleibt ungewiß, ob, wie hier angenommen, die beiden Voluten durch ein Band verschlungen waren, doch ist dies sehr wahrscheinlich. Die Zwischenräume der Voluten waren vielleicht mit kleinen Blättern, wie sie an dem erhaltenen Teile erscheinen, gefüllt.

748 (Taf. XLII). Südlich Metroon (Inv. 6341). Stärkeres Blech: flach getrieben, nicht gestanzt; die Umrisse eingeschlagen. Rechts vollständig. Vielleicht von einem Gürtel. Die Dekoration sieht ganz aus, als ob sie aus einer Vorlage geometrischen Stiles umgebildet wäre, indem man dem rautenförmigen Ornamente vegetabilische Zipfel anfügte. Einer der Gürtel von Hallstatt (v. Sacken, Hallst. Taf. 9, 8, kann uns lehren, wie ein solches Vorbild ausgesehen haben wird: statt der acht Blumen sehen wir dort acht kreisrunde, von Punkten umgebene Buckel an den Enden der ähnlichen rautenförmigen Ornamente (zu welchem vergl. Schliemann, Mykenä S. 298). Die einfache dreiteilige Blume, die wir hier sehen, werden wir in plastischer Ausführung an einigen sehr alten Henkeln wiederfinden.

An den Schluß stellen wir zwei kleine, wahrscheinlich von Diademen herrührende Fragmente weniger alten Stiles:

749 (Taf. XLII). Cella des Metroons, tief (Inv. 13570). Palmetten-Lotosband von gewöhnlichem, später archaischem Typus. Durch getriebene Punktreihen eingefaßt.

750 (Taf. XLII). Westlich vom Sikyonierschatzhaus (Inv. 3182). Schmaler Streif mit überaus schönem und reichem gestanztem Ornament. Voluten und Palmetten. Den Raum je in der Mitte von vier Voluten nimmt ein Stern ein. Einfassung von getriebenen Punkten. Das Stück gehört wohl in die Zeit des ersten schönen Stiles gegen Mitte des 5. Jahrhunderts.

Wir lassen eine kleine Serie altertümlicher Stirnbinden folgen, welche dieselbe gestreckte Rautenform wie die in der Gruppe des geometrischen Stiles betrachteten (338) haben, doch durch ihre Ornamente hierher gehören. Diese sind teils nur eingeschlagen, teils getrieben mit eingeschlagenem Umrissen.

751 (Taf. XLIII). Inv. von 1884, No. 131. Vollständig erhalten. An den Enden je ein Loch zum Befestigen auf der Stoffunterlage oder zum Durchziehen eines dünnen Bandes. Rosette. Randsaum von getriebenen Punkten.

Ganz übereinstimmend, auch in den Maßen, ist Inv. 275 (westlich Zeustempel).

752 (Taf. XLIII). Westlich Pelopion (Inv. 10863). Ähnlich. Inv. 8220 (südöstlich Pelopion ähnliche fragmentierte Rosette von 5 cm Durchmesser.

**753** (Taf. XLIII) aus dem Magazin. Links Bruch-, rechts Schnittfläche. Außer der Rosette in der Mitte waren hier zur Dekoration in den Ecken Blätter wie die der Rosette verwendet. Ein kleines Loch zur Befestigung auf der Unterlage.

**754** (Taf. XLIII). Aus zwei Fragmenten bestehend, von denen das linke auf dem westlichen Stadionwall gefunden ward (Inv. 8547); über das andere fehlt leider die Fundnotiz. Etwas stärkeres Blech. Das Ornament nur eingeschlagen. Palmettenkreuz.

Die folgenden Fragmente hatten ganz verschiedene Verwendung, doch läßt sich genaueres über dieselben nirgend feststellen.

**755** (Taf. XLIII). Südlich Zeustempel, aus der tiefsten Schicht unter dem Bauschutt (Inv. 4524). Das Stück war fünffach zusammengefaltet und in diesem Zustande von vier groben viereckigen Nägeln durchbohrt. Diese rohe spätere Verwendung muß schon vor Erbauung des Zeustempels fallen. Sehr flach getriebenes Ornament. Nur die Punkte haben etwas höheres Relief. Die Umrisse sind eingeschlagen. Lotosblüten- und knospenband. Die Blüte hat zwischen den zwei großen seitlichen Blättern drei Spitzen. Der Streif war der verzierte Saum einer größeren glatten Blechinkrustation, von der ein Stück erhalten ist. — Dieses Lotosband (wo die Blüte nur spitze, keine runden Palmettenblätter hat und wo Blüte und Knospe einfach, nicht verschränkt verbunden sind) tritt bekanntlich erst in der späteren assyrischen Kunst (vom Ende des 8. Jahrhunderts an) auf (vergl. Perrot et Chipiez, hist. de l'art II, p. 251. 316. 319) und innerhalb der griechischen Vasen erscheint es zunächst auf dem altionischen Art von Rhodos (Salzmann, Cam. pl. 32) und Naukratis (Naukr. I, pl. 7. 1. 8. 9).

**756** (Taf. XLIII). Östlich Buleuterion (Inv. 13344). Oben und unten ist der Rand erhalten, der etwas nach hinten umbiegt. Das Ornament ist derb in ziemlich starkem Relief getrieben und entbehrt ganz der Innenzeichnung. Band von Knospe und Frucht, die wohl der Granatapfel sein soll. Randverzierung irgend einer größeren Blechinkrustation.

**757** (Taf. XLIII). Westlich Echohalle (Inv. 11481). Stück des verzierten Randes einer Blechinkrustation. Der Rand ist etwas nach hinten umgebogen. Stiftlöcher im Rande. Rechts ist das Ornament durch einen Schlag flachgedrückt und zerstört. Unten die Spur eines groben Eisennagels von späterer Verwendung. Zum Ornament vergl. die Reliefs 703. 704.

**758** (beistehend). Westlich von Echohalle (Inv. 11603). Ringsgebrochen. Metalloberfläche von tiefem, schönem Glanze. Technik der argivischen Reliefs 699 ff. Dreifaches geflanztes Randornament, durchschnitten von einem Keil unklarer Bedeutung.

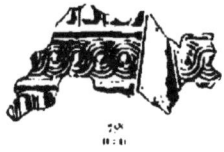

**759** (Taf. XLIII). Aus dem Magazin. Dünnes gebogenes Rändchen mit gravierten Palmetten mit Punktierung.

**760** (beistehend). Südlich Zeustempel, mit einem Helmfragment zusammen gefunden (Inv. 4930, a). Vielleicht von einem Rüstungsstück. Gravierte Verzierung.

**761** (Taf. XLIII). Aus dem Magazin. Ein, wie die Seitenansicht veranschaulicht, dünnes gebogenes Stück mit zwei Süßten zum Aufsetzen auf eine gerundete Fläche. Die Oberfläche ist versilbert und fein graviert. Zur Dekoration der Mitte vergl. den Schild des Euphorbos auf dem bekannten Teller von Rhodos Salzmann, Cam. 53.

Wir gehen zu der Klasse der einzelnen, in Blech ausgeschnittenen Ornamente über, wobei wir einige gegossene Stücke, ihrer Gleichartigkeit wegen, zugleich mit besprechen.

Zunächst die Palmetten. Diese waren offenbar sehr beliebt als Krönung der Metallinkrustationen. Es wurde eine ganze Anzahl von, meist kleineren, ausgeschnittenen und geflanzten Palmetten von Bronzeblech gefunden. Die besser erhaltenen Stücke lehren, daß sie die Krönung von mit Blech inkrustierten kleinen Pfeilern waren.

**762** (Taf. XLIII). Westlich Zeustempel (Inv. 208). Pilasterverkleidung von dünnem Blech; mit einem Rahmen von zwei getriebenen Rundstäben. Unten gebrochen. Oben mit einer Palmette bekrönt, deren Blätter fast ganz abgebrochen sind. In den seitlichen Rändern Stiftlöcher. Die großen Voluten der Palmette sind durch ein breites Band verbunden, das ebenso wie die Bodenlinie, auf der die Palmette aufsteht, jenes triglyphonartige Ornament zeigt, das wir früher schon beobachtet haben (vergl. oben S. 102). Der Raum nach unten zwischen den Voluten ist durch eine kleine abwärts gerichtete Palmette gefüllt. Dieser Streif, ebenso wie die folgenden 763. 764, ist völlig gleichartig den mit Reliefs verzierten 703—705; diese einfachen glatten, wie jene größeren, bildlich geschmückten Exemplare werden aus einer und derselben Werkstatt hervorgegangen sein.

**763** (Taf. XLIII). Westfront Zeustempel (Inv. 255). Ähnliches Stück. Das dünne Bronzeblech ist versilbert (vergl. 704). Über den Voluten erhebt sich zunächst eine kleine Palmette und dann erst die große. Oben an der Spitze, sowie an der rechten Pfeilerecke, sind Stiftlöcher erhalten.

**764** (Taf. XLIII). Südostbau (Inv. 13487). Ähnliches Stück. Die Palmette etwas schlanker. Zwei Stiftlöcher sind im rechten Rande erhalten.

Die Palmetten von 762—764 zeigen, wie die Reliefs 703—705, den reif archaischen Stil der zweiten Hälfte des 6. Jahrhunderts.

Reste ähnlicher, ausgeschnittener, dünner, geflanzter Blechpalmetten sind mehrfach erhalten. Hervorzuheben wegen der schönen archaischen Stilisierung ist

765 (Taf. XLIII. Südwestlich Pelopion Inv. 11821).
Überaus dünn und fein. Die Voluten find von einem
Band umſchnürt.

766 (Taf. XLIII. Südweſtlich Zeustempel Inv. 2047).
Ein kleines Exemplar; ſchlanker, weniger ſtreng.

Inv. 5505 (Olten), wie 764, nur daß der Keil
zwiſchen den Voluten, da wo die Blüter entſpringen,
fehlt und ein Stiftloch an der Stelle angebracht iſt.
Ferner: Inv. 5075 (Olten). 7741 (Stadionwall). 13715,
verſilbert.

Anderer Art iſt

767 (beiſtehend). Südweſt (Inv. 5417). Fragment
einer größeren Blechverkleidung. Oben befand ſich eine

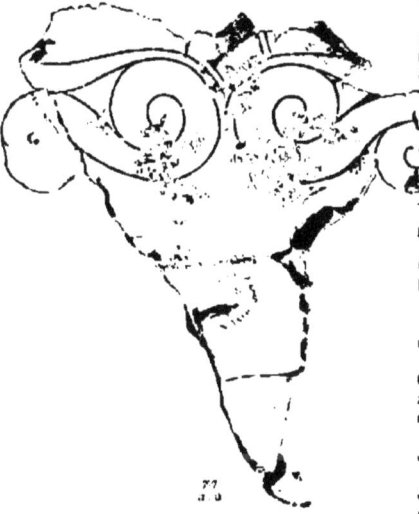

77
a. b

große Palmette mit ausgeſchnittenem Rande. Die Innenzeichnung nur graviert, nicht getlanzt. Die Palmettenblätter, von denen nur kleine Reſte erhalten find, ruhen
auf zwei großen horizontalen Doppelvoluten. Rechts
und links je ein dicker Stift. Von dem glatten unverzierten Blech unter der Palmette iſt nur ein formloſer
Reſt erhalten.

768 (Taf. XLIII. nach dem Tagebuch im 5., nach
dem Inventar (3144) im 6. Theſauros gefunden. Stärkeres
Blech (2 mm dick). Die Innenzeichnung nur graviert.
Die Doppelſpiralen find hier vertikal angeordnet, oben
durch ein Band verbunden. In den vier Augen der
Voluten ſitzt oder ſaß je ein Nagel: auf dieſe Art
dienten die Nägel nicht nur zur Befeſtigung, ſondern
auch zum Schmucke. Bei der Auffindung ſah man noch
Reſte aufgelegten dünnen Goldblechs.

Im Folgenden ſchließen wir einige gegoſſene Palmetten an, die den beſprochenen von Blech weſentlich
gleichartig find.

769 (Taf. XLIII. Kladeosbett Inv. 14211), 4 mm
dick gegoſſen. Rückſeite flach. Unten gebrochen. Keine
Spur der Befeſtigung erhalten. Die Palmette zeigt die
den aſſyriſchen Denkmälern beſonders charakteriſtiſche
Form, wo ſich das Mittelblatt, das dort freilich rund,
hier ſpitz iſt, von den ſeitlichen Blättern iſoliert.

Freieren, ſpäteren Stiles find:

770 (beiſtehend).
Weſtlich Echohalle (Inv.
9261). 5 mm dick ge-
goſſen. Stifte in den
Augen der Voluten.

771 (Taf. XLIII).
Nördlich Prytaneion Inv.
12876. 2—3 mm dick
gegoſſen. Das die Vo-
luten verbindende Band
iſt vergoldet. Das Orna-
ment ſetzte ſich
nach beiden Seiten
hin fort. Schön-
ſter Stil des 5. Jahr-
hunderts. Vergl.
die durchbrochene
Terrakottaſima, Aus-
grab. IV, Taf. 28, 2.

770
a. b

772 (Taf. XLIII). Weſtlich Buleuterion (Inv. 12966).
Gegoſſen. Palmette ſpäteren Stiles. In der Mitte unten
Bruchfläche.

Vergl. ferner Inv. 12233. 12850. 2086.

Auch ausgeſchnittene Blüten von Blech kommen vor:

773 (Taf. XLIII. Öſtlich Zeustempel Inv. 1071).
Große Lotosblüte ſehr altertümlicher Art. Die Innenzeichnung iſt ſtumpf eingeſchlagen auf dem flachen dünnen Blech.

774 (Taf. XLIII. Fragmentierte Blüte. Geflanztes
dünnes Blech.

775 (Taf. XLIII. Beim Buleuterion Inv. 5187.
dickeres Blech; gravierte Innenzeichnung. Blüte; unten
am Stengel gebrochen. Wohl von einer größeren Dekoration in ausgeſchnittenem Blech.

776 (Taf. XLIII. Öſtlich Zeustempel (Inv. 329. Stärkeres Blech, ganz glatt; Innenzeichnung graviert. Blüte
mit Blattfüllung. Unten Bruchfläche. Drei Nagellöcher.

Häufig find in Blech geflanzte, zum Teil auch ausgeſchnittene Roſetten, die in verſchiedenſter Weiſe bei
den Blechinkruſtationen verwendet werden konnten.
Eine mit dem großen Relief 696 gefunden ward oben
ſchon erwähnt und abgebildet.

777 (Taf. XLIII. Südoſtecke Zeustempel Inv. 4705).
In ſehr dünnem Blech geflanzt, die Umriſſe überdies
eingeſchlagen. Ohne Anſatzſpur. Rings gebrochen.

778 (Taf. XLIII. Weſtlich Echohalle Inv. 11480.
Fein und dünn. Schöne Patina. Im Rande kleine Stiftlöcher, in der Mitte zwei größere Löcher.

Inv. 2009). Fragment ähnlicher größerer Roſette;
Stiftloch im Rande. 2812. Klein, fragmentiert. 5203,
etwas dickeres Blech. 7337, papierdünn, ohne Befeſti-
gungsſpur.

**779** (beistehend). Westlich Buleuterion (Inv. 13077). Rosette, aus starkem Blech ausgeschnitten. In der Mitte ein Loch. Hier waren wohl einst mittelst eines Nagels kleinere Blätter aufgesetzt.

Inv. 11573. (Westlich Pelopion.) Rosette, aus 1½ mm dickem Blech ausgeschnitten; Loch in der Mitte.

Schließlich noch einige ausgeschnittene Blechornamente verschiedener Formen:

**780** (beistehend). Südlich Heraion (Inv. 10746). Wellenornament, rechts und links gebrochen. Flaches dünnes Blech.

Inv. 12286. Fragment ähnlichen Wellenornaments, flach getrieben und ausgeschnitten.

**781** (beistehend). Westlich Pelopion (Inv. 10841). Starkes Blech. Prächtig dunkle glänzende Oberfläche. Rest eines Volutenornaments. Ausgeschnittene Umrisse; ohne Innenzeichnung. Drei Stiftlöcher. Nur unten gebrochen.

derherstellung des Ganzen, welchem die olympischen Stücke einst angehörten, sind zwei Funde von der größten Bedeutung. Zunächst der in einem reich ausgestatteten Grabe bei Prämetto gefundene Kessel, jetzt im museo nazionale zu Rom. Mon. d. Inst. XI, tav. 9, 10, vergl. Annali 1879, p. 12 f. (Helbig). An diesem befinden sich noch zwei Flügelfiguren derselben Art wie die unter 783 ff. zu beschreibenden olympischen, sowie ferner die unteren Ansätze zweier in Blech getriebener Greifenköpfe wie die von Olympia 792 ff.; von den Köpfen selbst sind fünf gefunden worden, doch waren es ursprünglich gewiß sechs, je drei auf jeder Seite zwischen den beiden Flügelfiguren. Zwei davon hat man modern auf jene Ansätze befestigt, aber in der falschen Richtung, vergl. unten S. 119. Der zweite bedeutende Fund ist der eines Kessels mit Untersatz in dem Grabtumulus von La Garenne bei Châtillon-sur-Seine

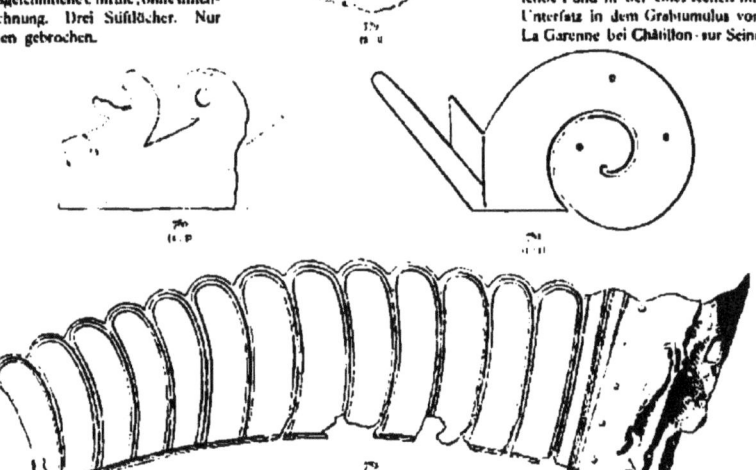

780
(1. p

781
(1:1)

782
(1:1)

**782** (beistehend). Westlich Echohalle (Inv. 9029). Ein Stück von unklarer Bedeutung, 33 cm lang. Aus 1 mm dickem Blech geschnitten; mit sauber und flach getriebenen Linien. Rechts war ein anderes Blech darüber genagelt.

## 2. Die figürlich verzierten Kessel.

Der zu besprechende figürliche Kesselschmuck aus Olympia ist in keinem einzigen Falle in der ursprünglichen Verbindung mit dem Kessel oder auch nur mit Fragmenten desselben gefunden worden. Für die Wieder-

in Burgund, publiziert von Ed. Flouest im Bulletin de la Société des Sciences historiques et naturelles de Semur (Côte-d'Or), année 1875, les tumulus de Mauvelois près Châtillon-sur-Seine (Côte-d'Or), pl. I und Matériaux pour servir à l'histoire de l'homme, 2. sér., t. VIII. 1877, p. 274 (vergl. Villefosse im Bull. de la Société des Antiquaires de France 1884, p. 98 ff.; Archäol. Gesellsch., März 1887, Arch. Anz. 1889, S. 43; Undset in Westd. Zeitschr. V, S. 237. Er befindet sich jetzt im Museum zu St. Germain. Hier sind vier gegossene Greifenköpfe von der Art wie die olympischen 803 ff. in ursprünglicher Verbindung mit dem Kessel erhalten. Außerdem ist der Untersatz erhalten, der ebenfalls für mehrere olympische

Fundstücke von Wichtigkeit ift. Wir bezeichnen im Folgenden den erfteren Fund kurz als den Keffel von Praneste, den letzteren, den wir beistehend nach einer Photographie gezeichnet wiedergeben, welche wir der Gefälligkeit des Herrn Salomon Reinach verdanken, als den Keffel aus La Garenne.

(783 a) zeigt, legt der Mann feine beiden Arme mit geöffneter Hand flach an den breiten Keffelanfatz, welcher die Geftalt von zwei grofsen Flügeln hat, gegen deren Ende jederfeits eine zur Verbindung mit dem Keffel dienende Niete zu fehen ift. Nach unten ift Bruchfläche; hier fehlt der Vogelfchwanz, der wie an 784 zu ergänzen

a a

### a. Anfätze in Form von Flügelfiguren.

**783. 783 a** (Taf. XLIV, **783 b** umstehend). Vor der Südfront des Prytaneions im antiken Fufsboden (Inv. 3066). Bruftbild eines bärtigen Mannes, das fich über den Rand des zu ergänzenden Keffels erhob und nach dem Innern desfelben blickte. Wie die Rückanficht

ist und in welchem die dritte Niete fich befand. Die Flügel und der Schwanz ftehen in keinerlei organifcher Verbindung mit dem menfchlichen Bruftbilde, welches feine Arme nur auf die Flügel legt, mit diefen aber weiter nichts zu thun hat. Jene Vogelteile gehen vielmehr von einem halbkreisförmigen breiten Ringe aus; an diefem, nicht an dem menfchlichen Bruftbilde fitzen fie feft.

Die gravierte Verzierung des Ringes fiehe beiftehend 783b. Zwifchen diefem und dem Bruftbilde befindet fich in der Mitte eine ringförmige plumpe Öfe. Diefe Öfe kann entweder dazu gedient haben, einen beweg-

783b

lichen Ringhenkel aufzunehmen, oder man konnte einen Strick, eine Kette oder dergleichen durch diefelbe ziehen und den Keffel daran aufhängen. — Das Gefieder der Flügel ift in derber Weife graviert. Sorgfältiger ift die Gewandung des Mannes durch Gravierung charakteri-fiert. Er trägt einen Chiton, der nur vorn an der Bruft zum Vorfchein kommt; die Gravierung deutet wohl den dünnen Linnenftoff an. Darüber, über beide Schultern gehängt, trägt er einen Mantel, der rautenförmig verziert ift; innerhalb jeder Raute ift eine Rofette aus Punkten angebracht. Haar und Bart find durch Längslinien und einige gerade Querlinien gegliedert, dazwifchen kleine fchräge Querlinien. Ein Schnurrbart ift nicht angedeutet. Die Augen find von dicken wulftigen Rändern um-geben. Die Nafenfpitze ift etwas abgerieben.

Abg. Ausgr. IV, Taf. 22, 4; 23, 7; S. 17. Abgufs in Berlin (Friederichs-Wolters 362). Vergl. Br.-Funde S. 62 f.

784. 784a (Taf. XLIV). 784b beiftehend. Beim Buleuterion (Inv. 5445). Eine Figur gleicher Art. Die Gliederung des Ganzen ift hier noch klarer. Die Ver-zierung des Ringes (784b) befteht aus Kreifen ohne

784b

Mittelpunkt, welche durch Tangenten verbunden werden. Der Ring, an welchen die Flügel und der Schweif an-fetzen, befchreibt hier etwa einen Dreiviertelkreis, wo-durch das Bruftbild höher emporgehoben wird. Auch hier gehen zwei Niete durch die Flügel, eine dritte durch den Schwanz. Die Öfe im Rücken ift etwas kleiner als an 783. Auch diefes Bruftbild ift bekleidet gedacht, wie der Saum am Halfe zeigt. Es ift unbärtig. Die Haare fallen nicht rund auf die Schultern wie bei 783, fondern find unten gerade abgefchnitten und ftehen von Nacken und Schultern ab; fie find mit horizontalen Linien und dazwifchen angebrachten kleinen Querftrichen graviert. Eine Binde umfchnürt die Haare in der Gegend über den Ohren. Auch die Brauenhaare find durch Gravierung angedeutet. Der Kopf ift etwas zurück-

geworfen und die Nafe fpringt weit heraus; ihr Ende hat dicke knollige Form.

Abg. Ausgr. IV. Taf. 22, 6; 23, 8; S. 17. Abgufs in Berlin (Friederichs-Wolters No. 363).

Inv. 9525 (Pelopion', 3647 (Palaitra', 3077 (füdlich Prytaneion' find Fragmente von ähnlichen Figuren wie 783 und 784, nämlich Teile von Flügel oder Schwanz. Ein etwas abweichendes Flügelfragment ift 784c beiftehend. Südoften Inv. 5409'. Stück eines rechten Flügels. Der Rand biegt oben und an der Seite

784c

um. Ein Stück des flach halbkreisförmigen Ringes ift erhalten (nur auf der Abbildung undeutlich), aber keine Spur von einem Arm. Oben auf dem Rande liegt das geringelte Ende einer Schlange. Vielleicht hielt der Mann mit jeder Hand eine Schlange gefafst. Ein langer Stift geht durch den Flügel.

785. 785a (Taf. XLIV). Beim Buleuterion (Berlin, Dubl.) Kleinere geringere Figur gleicher Art. Das Bruft-bild befchränkt fich in der Vorderanficht nur auf den Anfatz der Schultern. Im Rücken (785a) fehlt die Öfe. Der Vogelfchweif ift in ganz ungebührlicher Weife ver-breitert; der Verfertiger war offenbar nur bemüht, einen breiten feften Anfatz an den Keffel zu gewinnen und kümmerte fich nicht um die Bedeutung der überlieferten Grundform. Er hat auch weder die Flügel noch den Schwanz durch Gefieder charakterifiert. Der Ring, von dem beide ausgehen, ift da und zeigt gravierte Querlinien. Der Zwifchenraum zwifchen Ring und Bruftbild ift nicht ausgefchnitten. Der Kopf ift bartlos und, wie das Ganze, äußerft nachläffig behandelt, von dumpfen rundlichen Formen. Drei Niete dienten zur Befeftigung an den Keffel.

Abg. Ausgr. IV. Taf. 23, 5 mit Weglaffung des unteren Teiles.

786. 786a Taf. XLIV (öftlich byzantinifcher Kirche (Inv. 11857). Der urfprüngliche Typus ift in diefem kleinen, fehr nachläffig ausgeführten Exemplare ftark entftellt. Die Flügel find als folche kaum mehr zu er-kennen; der Vogelfchweif (f. die Rückfeite 786a) ift fehr breit, doch wenigftens mit einer Andeutung von Gefieder graviert. Der Ring, von dem Flügel und Schwanz aus-gehen follten, ift ganz unterdrückt. Die Öfe im Rücken ift vorhanden und ift fehr dick und plump. Das bart-lofe dickbackige Geficht hat wieder fehr ftumpfe rund-liche Formen, ähnlich 785. Die Bruft ift ganz wegge-laffen. Drei Nietlöcher.

787 Taf. XLIV. Weftlich der Echohalle Inv. 6877. Kleiner Keffelanfatz von demfelben Grundtypus wie die bisher betrachteten Stücke. Statt eines menfchlichen

Kopfes blickt ein fehr roh und allgemein gehaltener Tierkopf in das Innere des Keffels; es fcheint ein Greifenkopf mit fpitzen Ohren gemeint. Im Rücken die Öfe. Vogelflügel und Schwanz find nur im Hauptumrifs gegeben. Die üblichen drei Niete.

**788** Taf. XLIV). Nordrand der Thefaurenterraffe (Inv. 13073). Bruftbild eines Adlers, nach dem Keffelinneren blickend. Die Öfe fehlt im Rücken. Die Flügel und der Schwanz flüchtig graviert. Nietlöcher in den Flügeln.

Sehr ähnlich 788 ift Inv. 9591 (Pelopion), roher Adlerkopf, Breite 5 cm; ferner 4443 (füdöftlich Zeustempel; Berlin, Dubl.), roher Vogelkopf, ohne alle Gravierung, Breite 4½ cm. Ganz roh ift 9354 (weftlich Echohalle), unkenntlicher Tierkopf mit Ohren, die 789 ähnlich, nur noch roher find; Flügel und Schwanz nicht mehr gefchieden.

**789** (beiftehend). Prytaneion (Inv. 4789). Höhe 0,12, Breite desgleichen. Stierkopf und Hals, nach dem Inneren des Keffels blickend. Hörner kurz und dick. Auge mit ftarker Braue. Die ganze Bildung erfcheint zwar verwandt der des geometrifchen Stils, doch ift fie voller und natürlicher. Im Rücken die ringförmige Öfe. Der Keffelanfatz hat die Form von zwei Flügeln durch welche die Niete gehen und Vogelfchweif, wie es der Grundtypus verlangt.

Ebenfo, nur viel kleiner ift Inv. 11536 (Stadion; Berlin. Dubl.). Höhe 4, Breite 5 cm; in der Öfe fteckt der Reft eines eifernen Ringes.

**790** (beiftehend). Weftlich Pelopion (Inv. 11035; Berlin. Dubl.). Stierkopf, nach dem Inneren des Keffels blickend. Der Keffelanfatz ift flügelförmig, doch fehlt der Schwanz, der auch nie da war. Da das Stück vollftändig ift. Im Rücken die übliche Öfe. Keinerlei Gravierung. Die Augen als tiefe Löcher gebildet. Die Schnauze ladt fehr weit aus und ift ohne alles Detail. Der Kopf ift von unten her etwas unterhöhlt gegoffen. Die gefamte Kopfbildung ift die des entwickelten geometrifchen Stiles, der auch in 789, wenn auch weniger deutlich, zu bemerken ift. Da das Stück

typifch von den oben betrachteten nicht zu trennen, fondern von der Erfindung jenes geflügelten Keffelanfatztypus abhängig ift, fo ergiebt fich hieraus eine intereffante Berührung des geometrifchen mit dem orientalifirenden Stil.

Schliefslich haben wir noch zu erwähnen, dafs eine im Stile zumeift mit 783 übereinftimmende, doch bartlofe Figur vor Beginn der deutfchen Ausgrabungen in Olympia gefunden ward und durch den Kunfthandel nach Berlin gekommen ift. Ich habe diefelbe in der Arch. Ztg. 1879, Taf. 15, S. 180 ff. veröffentlicht und laffe umftehend der Vollftändigkeit wegen die Abbildungen der Vorder-, Rück- und Seitenanficht folgen. Es ift ein grofses Exemplar (Breite 0.22, Höhe 0,18; in den Flügeln und dem Schwanz die üblichen drei Nietlifte. Das Loch im linken Hinterkopfe ift ein Gufsfehler.

Figuren, die mit dem eben erwähnten Stück fowie mit 783 und 784 in allem Wefentlichen genau übereinftimmen, find aufser Olympia noch an verfchiedenen Orten gefunden worden. Dagegen kann ich jene geringere kleinere Sorte, wie 785 ff., bis jetzt nirgends anders nachweifen. Was nun die Figuren der erfteren Art betrifft, fo find hier die beiden noch an dem Keffel feftfitzenden Exemplare des Präneftiner Fundes von der gröfsten Wichtigkeit. Diefelben befinden fich an zwei gerade gegenüber liegenden Stellen des Keffelrandes und zwifchen beiden find die Refte der Greifenprotomen erhalten. Es erhellt hieraus, dafs zu einem vollftändigen Keffel zwei folche Anfätze gehören. In Typus und Stil entfprechen diefe beiden Exemplare zumeift dem zuletzt erwähnten Berliner aus Olympia. Wiederum diefem felben ift überaus ähnlich ein im Bull. de corr. hell. 1888, XII, pl. 12 veröffentlichtes Exemplar aus dem Heiligtum des ptoifchen Apollon, das zufammen mit einem zweiten ganz gleichen an zwei gegenüber liegenden Stellen eines fragmentierten Keffels von Bronzeblech befeftigt gefunden wurde (Holleaux a. a. O. S. 380; die Stücke find jetzt im Centralmufeum zu Athen); Refte von Greifenköpfen werden hier nicht erwähnt; doch fehlt das Keffelblech gerade da, wo die Greifen zu erwarten wären; nur ca. 12 cm rechts von dem einen der Anfätze ift ein Nagelloch erhalten, das von einem Greifenkopfe herrühren kann; indeffen ift es wenig wahrfcheinlich, dafs gerade hier die Greifen fpurlos verfchwunden fein follten, und es wird diefer Keffel wohl derfelben entbehrt haben. Ferner wurden drei Exemplare jener Flügelfiguren auf der Akropolis gefunden, zum Teil bei den Grabungen in der Nähe des Erechtheions: fie find von verfchiedenen Dimenfionen und von zumeift geringer Arbeit, alle drei Köpfe unbärtig und durch die vorfpringende, vorn dicke Nafe zumeift unferem 784 ähnlich (vergl. auch Holleaux a. a. O. S. 382, g). Mehrere Exemplare endlich wurden am Vanfee in Armenien gefunden; zwei von diefen befinden fich im Mufeum zu Conftantinopel, ein fehr grofses und ein kleineres (als 21 43 und 42 bezeichnet; abg. im Bull. de l'acad. des fc. à St. Petersbourg 1871, p. 462 = Longpérier, oeuvres 1, p. 275; eines auch bei Perrot, hift. de l'art. II, p. 584, fig. 281; beide find unbärtig und haben nicht die vorfpringende Nafe wie

784. fondern die etwas gekrümmte wie 783; bei dem einen find die Haare in fechs kurze dicke gerade Locken gegliedert, über welche Tracht vergl. Arch. Ztg. 1879, S. 181, Anm. 6. Ein anderes Exemplar von ebenda Perrot, hifl. de l'art. II, p. 733, fig. 397' ift dadurch merkwürdig, dafs es auf einem Körper zwei Köpfe zeigt, beide mit der letzt erwähnten Haartracht.

Es bleibt uns noch ein hierher gehöriger Typus übrig, der in eigentümlicher Weife das Schema jener An-

Mitte erhebt fich ohne weiteren Übergang ein nach aufsen blickender Greifenkopf auf kurzem Halfe. Der Kopf zeigt einen fehr derben, unfchönen Typus. Der Schnabel ift ungewöhnlich grofs und weit geöffnet, der Schädel felbft ganz klein; zwifchen den Augen eine plumpe Warze; die Ohren find kurz und breit, nicht fchlank. Diefe Eigentümlichkeiten weifen den Kopf zu den älteften griechifchen Greifentypen. Die ringförmige Öfe, welche beim gewöhnlichen Typus der geflügelten Anfätze im Rücken der Figur angebracht war,

In Berlin. (S. 117)

fätze mit zwei Flügeln und Vogelfchwanz mit der apotropaifch nach aufsen gewendeten Greifenprotome verbindet.

791 Taf. XLIV. Öftlicher Teil des Pelopions Inv. 7400. Ein Keffelanfatz in Geftalt von zwei Flügeln und Vogelfchwanz, mit den üblichen drei Nieten. Das Gefieder ift in der gewöhnlichen flüchtigen Manier angedeutet. Auf der Rückfeite ift oben der Einfchnitt für den Keffelrand zu fehen; der Rand des Anfatzes greift etwas über. In der

mufste hier natürlich an eine andere Stelle verfetzt werden; es bot fich dazu einzig paffend der Kopf des Greifen, wo wir die Öfe denn auch angebracht fehen. Sie diente gewifs nur zum Aufhängen des Keffels oder zur Aufnahme eines Bügelhenkels, denn das Einfügen eines Ringhenkels an diefer Stelle wäre ganz unpaffend.

Eine etwas gröfsere, aus drei getrennt beim Pelopion gefundenen Stücken Inv. 11034, 9222, 11227' beftehende Replik ift unter den Dubletten in Berlin.

**b. Protomen von Greifen.**

*a. Getrieben.*

Die getriebenen Greifenköpfe von Olympia sind über einem festen Modell, das wahrscheinlich aus Holz bestand, gehämmert. Darauf wurde ihr Inneres mit einer Mischung von Harz und Erde ausgegossen und dann erst wurden die Einzelheiten, wie namentlich die Schuppen, mit scharfen Punzen eingeschlagen. Die Hälse enden nach unten meist ziemlich gerade ohne stärkere Biegung; von einem Ansatze an den Kessel ist meist nichts zu sehen. Dies kommt daher, daß derselbe in der Regel besonders gearbeitet war und abgebrochen ist. In dieser Beziehung ist 796 wichtig, indem hier der Ansatz mit dem Übrigen aus einem Stücke besteht und ganz erhalten ist. Diese Ansatzstücke enthalten zugleich die untere Biegung des Halses nach dem Kessel zu, doch sind sie von dem eigentlichen Halse durch ein Wülstchen getrennt und ohne Verzierung glatt gelassen. Man pflegte die Ansatzstücke offenbar deshalb besonders zu arbeiten, weil sie auf diese Art bequemer und solider herzustellen waren, als wenn man das Ganze aus einem Stücke trieb. Die kleinen Stiftlöcher am unteren Rande der Hälse beziehen sich auf die einstige Befestigung der Ansatzstücke. Bei dem Pränestiner Funde wurden offenbar zwei der Ansätze noch am Kessel festgenagelt gefunden, die Greifenhälse aber waren gelöst und ihr unteres Ende gebrochen; der Restaurator hat sie dann in verkehrter Richtung nach innen statt nach außen blickend aufgesetzt. Von diesem Sachverhalte, den ich früher nur vermutete (vergl. Br.-Funde S. 62) habe ich mich vor dem Originale selbst überzeugt (vergl. in Roschers Lexikon d. Mythol. I, Sp. 1765, Z. 25 ff.).

Die Füllung des Inneren ist öfter herausgefallen und nur in Resten zu konstatieren, öfter aber noch sehr gut erhalten. Selbst die Ohren finden sich bis in die Spitze hinein von der Masse angefüllt. Zuweilen ist das Blech stellenweise abgebröckelt und die Füllung allein erhalten; dann sieht man an derselben alle Einzelheiten, die in das Blech eingeschlagen waren, vollkommen deutlich abgeprägt, weil jenes Einschlagen eben erst geschah, nachdem das Innere mit der nachgiebigen Masse gefüllt war. Die letztere sieht dunkelbraun aus. Die Untersuchung einer Probe im Laboratorium von v. Hofmann ergab, daß sie halb erdig, halb harzig ist; sie brennt mit rußiger Flamme, eine erdige Substanz zurücklassend. Auch die fünf Greifenköpfe des Pränestiner Kessels sind, wie ich mich überzeugt habe, mit einer Masse gefüllt, die genau so aussieht, wie die der olympischen. Eine gleichartige Füllung scheinen auch die getriebenen Kalbsköpfe des von Layard gefundenen Thrones zu haben (Layard, discoveries in Nin. and Bab. 1853, p. 199), nennt es »clay and bitumen«.

Die bei allen im Folgenden zu besprechenden Greifenprotomen, den getriebenen wie den gegossenen, teilkehrenden Grundzüge der Bildung sind ein geschuppter Hals, ein Adlerkopf mit aufgerissenem Schnabel, Ohren, ein cylindrischer oder knopfartiger Aufsatz auf der Stirn und eine oder zwei Locken, die vom Oberkopfe aus an den Seiten des Halses herabfallen. Über Entstehung, Herkunft und Verbreitung dieses Typus vergl. meine ausführliche Abhandlung in Roschers Lexikon d. Mythol. I, Sp. 1742 ff., 1758 ff.

Im Einzelnen weisen die getriebenen Greifenprotomen ohne Zweifel die altertümlichsten Typen auf, so daß sie offenbar in einer früheren Zeit als die gegossenen die gebräuchlicheren waren.

Der älteste Typus zeigt noch ganz niedere und stumpfe Ohren; diese haben einfach kegelartige Gestalt, ohne Aushöhlung der Ohrmuschel. Der Aufsatz auf der Stirn ist niedrig, plump und einfach cylindrisch. Zwischen den Augen befindet sich meist eine Reihe von spitzen Warzen. Die Augen quellen vor. Der Schädel selbst ist sehr klein. Der Hals ist plump und breit und entbehrt allen Schwunges (vergl. in Roschers Lexikon I, Sp. 1765).

**792** Taf. XLVI. Westlich Echohalle. Inv. 8767. Höhe 0,22. Durchmesser unten 0,11. Sehr rohe Bildung. Der Hals ganz cylindrisch. Die Augen weit vorquellend; zwischen denselben fünf Warzen. Die Locke an der Seite ist auf der Abbildung nicht ganz deutlich, im Original aber vorhanden. Die Erdfüllung fehlt.

Inv. 5322 Buleuterion, nur der Oberkopf erhalten. Die Ohren wie an 792, wie abgestumpfte Kegel gebildet. Zwischen den weit vorquellenden Augen ein erhöhter Querstreif. — Letzteres Detail erscheint ebenso an Inv. 10457 Pelopion: nur Oberkopf erhalten.

**793** Taf. XLVI. Östlich der Echohalle Inv. 11550. Höhe 0,24; unterer Durchmesser 0,105. Hier ist der Typus schon etwas vollkommener gestaltet. Der Hals hat eine schwache Biegung. Zwischen den Augen fünf Warzen. Der Stirnaufsatz ist oben als Knopf gestaltet. Die Füllung von dunkelbrauner Erdmasse ist wohl erhalten.

Die folgenden Stücke zeigen eine vervollkommnete Bildung namentlich darin, daß die Ohren nicht mehr ganz glatt sind, sondern die Ohrmuschel mehr oder weniger ausgetieft zeigen. Zwischen den Augen erscheinen nur noch zwei Warzen. Der Ausdruck der Köpfe ist energischer und lebendiger; er spricht wilde zornige Gereiztheit des Untieres aus.

**794** Taf. XLV. Südwestlich Pelopion Inv. 11773; Berlin, Dubl. Der untere Teil fehlt; auch ist die Füllmasse herausgefallen und nur in Resten erhalten. Die Augen sind vertieft, um eine Füllung aufzunehmen, die verschwunden ist. Die Ohrmuschel ist nicht kaum ausgetieft, aber doch durch eingeschlagene Linien angedeutet. Der Stirnaufsatz ist noch ganz niedrig. Der Ausdruck des Kopfes mit dem mächtig geöffneten Schnabel ist hier besonders packend.

**795** Taf. XLVI. Westlich Pelopion Inv. 11324. Nur der Anfang des Halses, an dem jederseits zwei Locken herabfielen, ist erhalten. Die Ohren und der Aufsatz sind etwas länger als es sonst gewöhnlich ist. Die Augapfel sind vertieft zur Aufnahme einer Füllung, die verschwunden ist. Die braunschwarze, harzige Erdfüllung des Innern ist erhalten. Der Ausdruck ist außerordentlich lebendig, das Tier ist offenbar schreiend gedacht.

**796** (Taf. XLV). Weftlich Echohalle (Inv. 9345; Berlin, Dubl.). Höhe 0,28. Hier ift der untere Anfatz mit dem Halfe aus einem Stück und vollftändig erhalten. In dem umgebogenen unteren Rande, der auf dem Ketfel auflag, befinden fich fünf Nagellöcher. Die harzig-erdige Füllung ift vollftändig erhalten. Ohren und Kopfauffatz, die ebenfalls gefüllt waren, find abgebrochen; die Augäpfel find vertieft, um Füllung aufzunehmen. Die Warzen fehlen hier bereits ganz. Der Ausdruck ift ein gemäfsigter.

Andere Exemplare, die hierher gehören (Ohren und Auffatz niedrig, zwei Warzen zwifchen den Augen), find: Inv. 8347 (Pelopion), Höhe 0,21, Augäpfel vertieft zur Füllung. — 5074 (Südoften), Höhe 0,16; am Oberkiefer befindet fich hier eine völlig deutliche Reihe von Zähnen (vergl. dazu die François-Vafe und die goldenen Greifenköpfe, Arch. Ztg. 1884, Taf. 9, 9). — 1323 (Weftfront Zeustempel), Höhe 0,22; die fchwärzliche Erdfüllung teilweife erhalten. — 1324 (Weftfront Zeustempel), Höhe 0,16. — 8526 (Gegend des Zeusaltars, Höhe 0,16; der untere Rand des Halfes umgefchlagen, aber nicht urfprünglich. — 1221 (Weftfront Zeustempel, Höhe 0,165, die Augäpfel vertieft. — 3553 (im 1. Thefauros, nur der Oberkopf teilweife erhalten. — 3573 (vor dem 1. Thefauros). — 5485 Buleuterion, ganz verdrückt, 0,20 lang.

Ein gutes Exemplar wurde innerhalb eines Dreifufskelfels, neben welchem Dreifufsbeine lagen, zufammen mit Reften anderer Ketfel im Prytaneion gefunden, an einer Stelle unter der fpätrömifchen Schicht, wo man fchon im Altertum alte Ketfel zufammengeworfen hatte (vergl. oben S. 6, Anm.). Es ift nur der Kopf gut erhalten, von dem unteren Teil nur unklare Refte; das Auge ift aus Horn eingefetzt mittelft eines Bronzeftifts. — Zwei Exemplare wurden ca. 70 cm unter der Oberkante der Wafferrinne am Pelopion, alfo in recht tiefer Schicht gefunden (Treu, Tageb. V, S. 205).

Eine noch vollkommnere Bildung, wie fie fonft nur bei den gegotfenen Exemplaren zu finden ift, namentlich längere Ohren, gegliederten Stirnauffatz und Fortfall der Warzen zwifchen den Augen, zeigt das folgende Stück, die gröfste von allen Greifenprotomen.

**797** (Taf. XLV). 2,20 m nordweftlich von der Nordweftecke des Altars vor der Oftfront des Heraions, zufammen mit einem kleineren, ftark fragmentierten Exemplare Inv. 3177. Gefamthöhe 0,63. Der untere Anfatz an den Ketfel fehlt; die kleinen Löcher im unteren Rande dienten zur Befeftigung an das Anfatzftück. — Die Ohren find hier länger, und der Stirnauffatz ift gegliedert, fo wie bei den gegotfenen Exemplaren. Zwei Locken gehen an den Seiten herab, die nicht herausgetrieben, fondern nur durch eingefchlagene Linien hergeftellt find. Auch hinter den Augen rollt fich hier jederfeits eine Locke auf (vergl. den Greif der François-Vafe). Der Stirnauffatz ift fchön profiliert und verziert. Diefe Eigentümlichkeiten Stirnauffatz, Augenlocke, Geftalt der flachen Halslocken ftimmen fo überein mit 806, dafs diefe getriebene Protome jener fchönen gegotfenen gewifs gleichzeitig ift. Es geht daraus hervor, dafs, wenn auch die getriebenen Exemplare meift ältere Typen zeigen als die gegotfenen, doch beide Techniken auch nebeneinander

noch im Gebrauche waren. Das Auge ift mit, jetzt grünlich gewordenem, weifsem Knochen (Elfenbein?) gefüllt, der durch einen Bronzeftift in der Mitte feft gehalten wird. Die erdige Füllung des Inneren ift gröfstenteils erhalten, fie ift hier weniger dunkel und mehr gelblich als fonft; wo das Blech abgebröckelt ift, bewahrt fie die Zeichnung delfelben im Abdruck.

Von einem anderen ungefähr ebenfo grofsen Exemplar ift nur der Hals ohne Kopf erhalten; an den Seiten nur je eine Locke.

Zahlreich find die Fragmente von getriebenen Greifenprotomen, wie dies bei der leichten Zerbrechlichkeit der letzteren natürlich ift. Folgendes find Stücke von den gefchuppten Hälfen, zuweilen ift der untere Rand mit kleinen Stiftlöchern erhalten, die zur Befeftigung an die Anfatzftücke dienten: Inv. 509. 559. 1244. 2165. 2212. 2685) unteres Ende mit den Locken, kleine Bronzeftiftchen im Rande). 3071. 3821. 4001. 4332. 4793. 5284. 5462. 5855. 5979. 6040. 8858. 8967. 9169 (fehr grofse, 2 cm lange, eingefchlagene Schuppen). 11353. 11626. 12087. 12225. — Ein Fragment vom Kopfe 3071. — Ein Auge 8846 (zur Füllung ausgehöhlt. — Eine Zunge 11616). — Ein Stirnauffatz, hoch und oben knopfartig profiliert wie bei den gegotfenen: 1413. — Ohren, der ftumpfen, niederen Art: Inv. 795. 1383. 3680. 9343. 12228. Lange fpitzere Ohren, wie bei **797**: Inv. 1912, weite Ohrmufchel; das Stück ift fragmentiert, war jedoch wohl 20 cm lang. 11679 mit der erdigen Füllung). Abweichender Art, doch wahrfcheinlich auch hierher gehörig, ift:

**798** beiftehend). Oftfront Zeustempel (Inv. 937). Länge 0,22. Das Ohr ift befonders gearbeitet und war angenägelt. Die Ohrmufchel befteht aus zwei Schichten getriebenen Blechs, von denen die innere vertikal gerippt ift.

Hier ift auch ein 9 cm langes gegotfenes Ohr von fpitzer Form zu erwähnen (wefttich Pelopion, Inv. 11407; Berlin, Dubl.), das unten eine runde Anfatzfläche und darin drei kleine Nagellöcher hat, in deren einem noch ein Bronzeftift fitzt; es war wohl an einen getriebenen Kopf des ganz entwickelten fpäteren Typus angenägelt. Die fpitze Form der Ohren war in getriebener Arbeit nicht fo leicht herzuftellen; deshalb griff man wohl zu diefem paffenden Auskunftsmittel.

Den befprochenen getriebenen Greifenköpfen Olympias gleichartige andere Funde find: vor Allem die fünf urfprünglich fechs) Stück des Prænefliner Ketfels. Sie gehören der älteren Serie mit glatten, ftumpfen Ohren und niederem Auffatz ohne Knopf an. Sie ftimmen in Stil und Arbeit vollkommen mit den entfprechenden olympifchen Stücken überein. Ein gutes Exemplar diefer älteren Art ift das aus dem Piräus gekaufte, im Mufeum zu Karlsruhe befindliche, das Br.-Funde S. 61 erwähnt ist. Ein anderes gutes Stück dieser selben Art, mit den niederen stumpfen Ohren und dem kurzen Aufsatz, ganz den olympischen entsprechend, befindet sich im Louvre (Longpérier, notice des bronces antiques No. 421; wahrscheinlich aus Italien, 1874 erworben). Ein getriebener »prachtvoller« Greifenkopf aus Privatbesitz des Fürsten Chigi wird Bull. d. Inst. 1883, p. 68 erwähnt. Zum Typus ist zu vergleichen der vorzügliche Terrakottakopf von einer Vase des 7. Jahrhunderts, Monum. d. Inst. IX, 5, 1 (im British Museum), mit ganz kurzen Ohren und niederem Aufsatz. Mehr Verwandtschaft mit den älteren getriebenen als den gegossenen Typen hat auch ein ca. 8 cm langer Greifenkopf von Terrakotta, der bei den Ausgrabungen auf der Akropolis zu Athen gefunden ward (in der Mitte des Halses gebrochen; Ohren und Aufsatz abgebrochen; spitze Warze).

### Anhang: Andere getriebene Tierprotomen.

**799** (Taf. XLVI. Buleuterion (Inv. 5824). Zerdrückte Protome eines Löwen, in zwei anpassenden Fragmenten. Unterer Durchmesser ca. 0,14. Im Rande unten kleine Bronzestifte. Die Augäpfel vertieft zur Aufnahme einer Füllung. Aus dünnem Bronzeblech getrieben; die Einzelheiten eingeschlagen. Sehr altertümlicher Stil.

**800** (Taf. XLVI). Südlich Metroon, tief (Inv. 6195). Vorderteil eines getriebenen Löwenkopfes von trefflicher archaischer Arbeit. Der Unterkiefer abgebrochen. Die Augäpfel vertieft für die verlorene Füllung. Neben den Augenbrauen nach der Nase zu jederseits eine warzenartige Erhöhung. Zurückgelegtes Ohr.

Vielleicht war an 799 unten noch ein Ansatzstück genietet, mit welchem der Löwenkopf nach Art der Greifen an einen Kessel befestigt war. Löwenprotomen, die ganz wie die Greife an Kesseln sitzen und nach aussen blicken, fanden sich bekanntlich im grossen Grabe Regulini-Galassi in Caere (Mus. Gregor. I, 15, 1). Es sind zwei gleiche Exemplare gefunden worden, Kessel von mässigen Dimensionen, jeder mit fünf Löwenprotomen geschmückt, welche ganz wie die meisten Greife aus je zwei aneinandergenieteten Teilen, einem glatten unteren Ansatzstück und dem eigentlichen Hals und Kopf mit eingeschlagenen Mähnenhaaren bestehen; auch hier dient, wie ich an einem abgebrochenen Stücke konstatieren konnte, eine braune Erdmasse zur Füllung. Aus demselben Grabe stammt auch ein etwas kleinerer Krater mit sechs nach innen blickenden Löwenköpfen (Mus. Gregor. I, 16, 1), und zwar liegt hier nicht, wie beim Pränestinerfund, ein Irrtum des Restaurators vor; aber die Arbeit ist zweifellos ungriechisch und lokal; die Ohren der Löwen sind zu Hörnern umgebildet; so ist auch das nach innen Blicken der Tiere eine Abweichung vom griechischen Typus. — Zwei treffliche getriebene Löwenprotomen, im Stile sehr ähnlich 800, auch mit den Warzen auf der Stirn, fanden sich mit einem Greifenkopfe zusammen an einem grossen Kessel in einem dem Regulini-Galassischen gleichartigen Grabe zu Präneste; sie blickten nach aussen (Archaeologia vol. 41. I. p. 200 No. 1). Endlich befindet sich ein vortrefflicher, den

olympischen verwandter Löwenkopf aus Bronzeblech in Athen (von mir im Kultusministerium notiert).

Wegen der Verwendung der Löwenprotomen kann auch an den Thronsessel des Zeus auf der attischen Vase, Gerhard, aus. Vas. 1, und an die Schilde mit vorspringenden Tiervorderteilen auf archaischen Vasen erinnert werden.

**Inv. 3110** (im Sikyonier-Thesauros). In sehr dünnem Blech getriebener Schlangenkopf; 66 mm lang; sehr altertümlich. In dem einen Auge ist noch ein dünnes Plättchen Bernstein erhalten.

**Inv. 13555** (Südostbau). Vordere Hälfte eines Schlangenkopfes mit geschlossenem Maule, in dünnem Blech getrieben (ca. 1½ cm Höhe und 3 cm Länge), mit harziger Erdmasse ausgefüllt wie die Greifenköpfe.

Endlich sei hier genannt Inv. 9128 (südlich Philippeion; ein Teil des Stücks befindet sich unter den Dubletten in Berlin). Gebogener, glatter Cylinder von dünnem Blech, mit harziger Erdmasse gefüllt, an beiden Enden gebrochen; erhaltene Länge 0,15; Durchmesser 3 cm; Treu im Tageb. V, S. 153 vermutet einen Schlangenleib, was freilich bei dem völligen Fehlen von Schuppen nicht sehr wahrscheinlich ist; doch habe ich keine andere Vermutung.

Vergl. die Schlangenprotomen des silbernen Kraters, Mon. d. Inst. X, 33 und unten 816a auch die Schlangenhälse an dem Dreifusse der ältesten Münzen von Kroton (Head, guide pl. 8, 19).

**801** (Taf. XLVI). Vor Nordostecke des Zeustempels (Inv. 1171). Grosse Protome eines Kalbes aus dünn getriebenem Blech. Der untere Rand gebrochen. Hinten kürzer als vorn. Wird wahrscheinlich auch an einem grossen Kessel gesessen haben. Der Kopf ist durch einen Knick im Nacken auf den Hals herabgesunken, während er ursprünglich gewiss geradeaus gerichtet war. Die Augen hatten eine Füllung, die durch je einen Bronzestift festgehalten ward. Die Behaarung der Stirn ist durch kleine gravierte Längslinien angedeutet. Auch die Haare der Schnauze sind angegeben. Trotz des Charakters hoher Altertümlichkeit sind die Hauptformen des Kopfes, namentlich Augen und Schnauze gut getroffen. Das Fell des Körpers ist in eigentümlicher Weise gefleckt wiedergegeben. — Ein Fragment mit dem Ohr, 12 cm lang und 7 cm breit, bei der Inventarisierung vorhanden, war später leider nicht wieder aufzufinden.

Abg. Ausgr. II. Taf. 31, S. 12 (Hirschfeld).

**802** (Taf. XLVI). Westlich der Echohalle (Inv. 10891). Aus Blech getriebenes Ohr, etwa eines Rindes. Der unten umgeschlagene Rand zeigt Stiftlöcher, er war also einzeln gearbeitet und aufgesetzt.

**Inv. 13719** ein breites, flaches Ohr von Blech, 8 cm lang, wahrscheinlich von einem Rind.

### 5. Gegossen.

Die von Kesseln stammenden gegossenen Greifenprotomen haben unten einen breiten, nach aussen umgebogenen Rand, in welchem regelmässig drei Bronzeniete stecken. Die Unterseite dieses Randes, welche etwas Rundung hat, bildet die Ansatzfläche an den Kessel.

16

Wenn die Protome gerade aufrecht gestellt wird, so erkennt man, daß die Kessel eine bedeutende Einziehung nach dem oberen Rande zu hatten. Dies wird denn auch durch den Fund von La Garenne bestätigt. Die Köpfe sind hohl und aus einem Stück gegossen. Der alte Typus mit den stumpfen, niederen Ohren und dem kleinen, einfach cylindrischen Aufsatz kommt in der Gußtechnik nicht mehr vor. Die Ohren sind immer lang und spitz, der Aufsatz knopfartig profiliert. Die Warzen zwischen den Augen erscheinen in der Mehrzahl nur noch bei wenigen Exemplaren, und zwar nur denen, die sich auch sonst als die ältesten kundgeben. Die Augen hatten meist eine Füllung aus anderer Masse; entweder ist ihr Grund vertieft, um letztere aufzunehmen, oder sie sind völlig hohl.

**803** (Taf. XLVII). 13 m südlich der zweiten Säule von Westen an der Südfront des Zeustempels, unter dem Bauschutt des Tempels (Inv. 4701; Berlin, Dubl.). Höhe 0,24. Der untere umgebogene Rand ist fast ganz abgebrochen; auch fehlt die Spitze des Hornes. Dick gegossen (die Wandungen sind am unteren Rande 5 mm dick). Das Innere ist mit einer schwärzlichen Erdmasse gefüllt, die ganz so aussieht wie die in den getriebenen Exemplaren. Es ist offenbar der Gußkern, den man stehen ließ (vergl. zu 1). Diese Eigentümlichkeit kommt nur an diesem Exemplare vor. Dasselbe bekundet sich durch seinen Stil als das älteste in der Reihe. Zwischen den Augen befinden sich zwei spitze Warzen. Die Gestalt des Schnabels ist ähnlich 794. Die Seitenlocke ist unschön, plump in Relief gebildet, ohne Verzierung. Die Schuppen sind aus einem Stempel eingeschlagen. Zu der schwungvollen Eleganz von Stücken wie 805 und 806 steht die Derbheit hier im rechten Gegensatze. Dagegen kommt der Kopf den getriebenen Typen wie 794 näher.

Auch ein anderes Exemplar (ohne Nummer), mit vorquellenden Augen, schwunglosem Hals und Schnabel ähnlich 803, steht den getriebenen Typen nahe.

**804** (Taf. XLVII). Westlich Pelopion (Inv. 11059). Ein mittelgroßes Exemplar. Auch dieses gehört zu den älteren. Es zeigt noch drei dicke Warzen zwischen den Augen. Letztere sind groß und kreisrund. Sie sind mit Bernstein gefüllt. Ohren und Aufsatz sind noch etwas niedrig.

**805** (Taf. XLVII). Nordbau des Buleuterions (Inv. 3884). Ein prächtiges, wohlerhaltenes, größeres Exemplar. Durchmesser des Ansatzes unten 0,135. Die Zungenspitze und das rechte Ohr fehlen. Auch geht ein Riß vom rechten Ohre zum Halse. Die Augen sind ganz hohl, nicht mehr kreisrund, sondern oval. Die Seitenlocken sind in Relief gebildet. Unten, da wo der Rand umbiegt, eine Linie in Tremolierstich. Abg. Ausgr. IV, Taf. 20 b, S. 37. Abguß in Berlin (Friederichs-Wolters 365). Vergl. in Roscher, Lexikon d. Myth. I, Sp. 1766.

Inv. 5598 (östlich Zeustempel; Berlin, Dubl.). Unterteil einer mit 805 fast ganz genau übereinstimmenden Protome; 0,125 hoch erhalten; unterer Durchmesser 130 bis 135 mm. Die Schuppen sind bis ganz zum Rande herabgeführt. Möglicherweise von demselben Kratér wie 805.

**806** (Taf. XLVII). Gegen 30 m in nordöstlicher Richtung von der Nordostecke des Zeustempels, zusammen mit vielen zerstörten Blechstücken, die wahrscheinlich von dem Kessel herrühren, zu welchem der Greif gehörte; auf einem dieser Blechfragmente das Inschriftfragment: EMOΣOΠΣ Röhl, inscr. ant. 568, vielleicht von der Weihung eben dieses Kessels Inv. 2550). Nur der obere Teil des rechten Ohres fehlt. An den Augen ist der Grund vertieft zur Aufnahme der jetzt fehlenden Füllung. Zwischen den Augen eine spitze Warze. Hinter den Augen je eine kleinere Locke wie an 797; an den Seiten je zwei große Spirallocken, die wie die Schuppen nur durch eingeschlagene Linien angegeben sind. — Hier ist die höchste Eleganz des alten Greifentypus erreicht. Diesem Stücke gegenüber erscheint auch 805 noch etwas älterer, plumperer Art. Der Hals ist hier weniger dick und viel schöner geschwungen als dort. Diesem Schwunge folgen die Locken mit den großen Spiralen. Auch die Ohren und der Stirnaufsatz sind noch schlanker und eleganter; letzterer ist verziert wie an 797. Die Ciselierung ist vorzüglich und die Oberfläche viel glatter und schöner als bei 805.

Sehr verwandt, nur kleiner und nur mit je einer Seitenlocke ausgestattet, ist Inv. 7200 (Pelopion; Berlin, Dubl.): schöne graue Patina. — Verwandt ist auch Inv. 5986 (Echohalle; Berlin, Dubl.), nur der Kopf erhalten, in der Größe wie 806; Augen ganz hohl.

**807** (Taf. XLVII). Westfront Zeustempel (Inv. 1172). Ein kleineres Exemplar. Die Augen sind nicht aus anderer Masse eingesetzt, aber sehr vorgequollen gebildet. Zwischen den Augen ist eine spitze Warze zu sehen. Die Ohren sind abgebrochen; sie waren, den Ansätzen nach zu urteilen, sehr schlank und spitz wie bei 806. Der Stirnaufsatz ist hoch und seine Spitze hat, was sonst nie vorkommt, die Gestalt eines Granatapfels. Die Oberfläche ist sehr glatt und glänzend.

**808** (beistehend). Südostbau (Inv. 14002). Nur der Kopf ist erhalten; unter dem Unterkiefer abgebrochen.

Hier ist ein Band von Blech umgelegt, wohl von einer antiken Restauration? Der hohe Aufsatz zeigt eingeschlagene Punkte. Die Mitte der Augen hat konvexe Grundfläche, welche mitunter zum Zwecke der Befestigung der Füllung etwas ausgehöhlt ist.

Die übrigen gegossenen Exemplare sind:

Inv. 8445 (im Heroon, an der Nordseite, in 35—40 cm dicker Aschenschicht, dicht an der Mauer), Länge 0,22; schlecht erhalten. — 2575 (nordöstlich Zeustempel), Länge 0,16; Ohren und Horn fehlen, geringer Schwung im Halse. — 4159 (nördlich Prytaneion), Länge 0,13, unten gebrochen; die Augen mit weißer sandiger Masse gefüllt, auf welcher sich noch Reste hellblauer Farbe erhalten haben; die Augen waren also bemalt. — 5099 (südlich Prytaneion), Länge 0,14, unten gebrochen. — 6300 (südlich Metroon), Länge 0,16; Augen ganz hohl. — 4372 (südlich Zeustempel), nur der Kopf erhalten, von einem kleineren Exemplar, Höhe 0,06; der Kopf ist massiv gegossen. — 12693 (nördlich Prytaneion), nur der Kopf erhalten, 0,08 lang; Augen hohl.

Ein ungewöhnlich kleines Exemplar, das aber seinem Ansatze nach ebenfalls von einem Kessel, wenn auch einem kleinen, herrührt, ist Inv. 8217 (Buleuterion), Höhe 4 cm; massiv; mit zwei Nägeln in dem gerundeten Kesselansatz.

Die langen spitzen Ohren, auch die spitzen Enden der Zungen konnten leicht abbrechen; deshalb sind eine ganze Anzahl solcher Teile einzeln gefunden worden. Ohren: Inv. 1147. 1597. 1795. 1991. 2805. 3694. 3822. 4333. 4492. 4646. 7010. 8400. 8574. 9600. 9856. 9992. 11338. 11440. 11495. 13985 u. a. Zungenspitzen: Inv. 610. 1414. 8372. 8573. 13951. Abgebrochene Knöpfe von Stirnaufsätzen: 7639. 445. 13808 (mit Punktierung wie an 808).

Den olympischen gegossenen Greifenköpfen ganz gleichartige Stücke, die aus denselben Werkstätten herzurühren scheinen wie diese, und, vollständig erhalten, mit denselben Ansätzen für Kessel versehen sind, haben sich mehrfach anderwärts gefunden. Zunächst auf der Akropolis zu Athen bei den neuen Ausgrabungen, wo ein vorzüglicher großer, von der Spitze des Aufsatzes bis zum Schnabelende 21 cm messender Kopf gefunden wurde (südöstlich vom Parthenon); er war also größer als 805 und 806. Er war aus Stücken gearbeitet, Kopf und Hals besonders gegossen und durch Nietstifte aneinander befestigt; erhalten ist nur der Kopf, an dessen unterem Rande die Stiftlöcher zu sehen sind. Zwischen den hohlen Augen drei Warzen; lange spitze Ohren. — Ein anderer sehr kleiner Kopf, ohne Aufsatz (6 cm hoch), befindet sich im Museum der arch. Gesellsch. zu Athen (prov. 475), leider unbekannter Provenienz. Ohren und Aufsatz sind abgebrochen. Die Augen wie gewöhnlich hohl. — Ein prächtiges Stück, wahrscheinlich aus Rhodos oder Kleinasien, zumeist 806 verwandt, kam durch Biliotti in das Britische Museum. — Nicht selten sind diese Greifenköpfe in Italien, namentlich Etrurien. Ein treffliches kleineres Exemplar aus Corneto ist im Berliner Museum (Friederichs, kl. Kunst 1442 a). Vier offenbar hierher-

gehörige Exemplare beschreibt Helbig im Bull. d. Inst. 1874, p. 238 als in einem Grabe bei Corneto gefunden, welches italisch geometrische u. a. O. p. 236 ff., No. 1, 2) und korinthische (No. 4—8) Thongefäße enthielt, also in das siebente Jahrhundert gehört. Sie sind offenbar identisch mit den vier Exemplaren, welche ich mir in der Sammlung Bruschi zu Corneto notiert habe; es sind gute rein griechische Stücke; sie sollen (nach Angabe des Custode) mit Fragmenten eines Bronzekessels gefunden sein. Ferner erwähne ich zwei Exemplare im Museum zu Perugia, drei in Broglio gefunden im Museo etrusco zu Florenz (Suppl. 598. 599. 662), zwei im Antiquarium zu München (No. 531. 532) und zwei im Museum zu Kopenhagen. Endlich ist der Fund von La Garenne anzuführen, welcher vier noch am Kessel befindliche Exemplare zeigt; es sind kleinere Stücke geringer Ausführung; sie sind nicht aus einer, sondern jedes aus einer anderen Form gegossen, also auch in Kleinigkeiten verschieden. — Alle die genannten Funde sind rein griechische und keineswegs etruskische Exemplare, den olympischen in Stil und Arbeit völlig gleichartig. Es giebt indeß auch rohe italische Nachahmungen, wenigstens in Thon; so fanden sich in einem Grabe von Falerii, mit Sachen des 7. Jahrhunderts, auch rohe Greifen und Löwenprotomen aus schwarzem Thon (Rom, Museo Papa Giulio).

Über Greifenprotomen anderer Verwendung vergl. unten 813. 815. 816.

### c. Die Kessel.

Da fast alle Kessel der Altis in ganz zerstörtem Zustande, zerdrückt und zerbröckelt, gefunden wurden, und da die besprochenen Kesselansätze und Greifenprotomen alle von den Kesseln völlig gelöst zu Tage kamen, also erst von denselben abgerissen in die Erde gelangt waren, so ist es nicht zu verwundern, daß wir nur wenig über die einst mit den Greifen geschmückten Kessel konstatieren können.

Ein großer zerdrückter Kessel (Inv. 7497, im Prytaneion gefunden, Höhe 30, größter Durchmesser 60, oberer Durchmesser 44 cm) mit starker Einziehung nach oben und breitem, horizontalem Rande von beistehendem Durchschnitt zeigt unterhalb des Randes an sechs Stellen ringsherum je drei Nietlöcher, immer das dritte in der Mitte unter den beiden anderen. Ohne Zweifel war der Kessel einst mit sechs  Greifenhälsen geschmückt, die eben in dieser Weise mit drei Nieten befestigt zu werden pflegten. Die Maße dieses Exemplares stimmen mit denen des Kessels von La Garenne ziemlich überein (größter Durchmesser ca. 0,64, oberer Durchmesser 0,45, Randbreite 33 mm).

809 (umstehend). Circa 26 m östlich von der Nordostecke der Säulenhalle des griechischen Südostbaues (Inv. 13540). Ein ungewöhnlich großer Kessel, der bei der Auffindung ziemlich vollständig war, beim Herausnehmen aber zerbröckelte. Er hatte eine Höhe von 60 cm und einen größten Durchmesser von 1,25. Nach

16*

dem Rande zog er fich ftark ein; der Durchmeffer des fchweren dicken Randes ift 85 cm. In dem Keffel lagen eine flache Bronzefchale, die Kanne 885 und die Lanzenfpitze mit der Infchrift Arch. Ztg. 1881, S 181, No 403, Röhl, inscr. ant. 3650; vergl. unten; eine Dublette diefer Lanzenfpitze (Arch. Ztg. No. 414) ward im Norden des Prytaneions, alfo in der entgegengefetzten Ecke der Altis gefunden, und doch waren beide urfprünglich gewifs an demfelben Orte aufbewahrt. So wird auch der Keffel verfchleppt gewefen fein. Er war einft mit acht Greifenköpfen gefchmückt, von denen fich nichts in der Umgebung vorgefunden hat. Ich fchliefse auf diefelben aus folgendem Umftande. Unfere Abbildung zeigt die Innen-

Auch an dem Keffel des Präneftiner Fundes bemerkte ich an einer Stelle der Innenfeite, wo auffen ein Greif auffitzt, ein rundes Blech, das hier zur Verftärkung aufgenagelt war.

Was die Form der Keffel betrifft, fo ift ihnen immer eine Einziehung nach oben und ein horizontal gehämmerter Rand charakteriftifch. Doch fcheinen die älteren, die mit den getriebenen Protomen, einen fchmäleren Rand und geringere Einziehung gehabt zu haben; dies lehren der Präneftiner Keffel und der vom Ploion mit den geflügelten Anfätzen, der einen recht fchmalen Rand hat. Viel eleganter ift die Form der Keffel mit den gegoffenen Greifenköpfen, wo die Einziehung nach der Mündung

809
(1:8)

anficht des jetzt allein erhaltenen Randes, von unten nach oben gefehen. An vier Stellen find hier, mehr oder weniger gut erhalten, breite Ringe von Blech zu erkennen, durch welche je drei Niete gehen, die dritte in der Mitte unter den beiden anderen. Urfprünglich müffen, den Diftanzen nach, acht folcher Blechringe fich an der Innenfeite unterhalb des Randes befunden haben. Die Bedeutung diefer Ringe kann nur die gewefen fein, dafs das Keffelblech an jenen Stellen verftärkt werden follte, um an der Auffenfeite je einen fchwereren, mit kreisrunder Anfatzfläche verfehenen und mit drei Nieten befeftigten Gegenftand zu tragen. Ein folcher waren aber gerade die Greifenprotomen, die wir nun ohne Zweifel an der Auffenfeite des Keffels unterhalb des Randes fitzend ergänzen dürfen.

ftärker und der horizontale Rand zum Teil fehr breit ift; vergl. auch den Fund von La Garenne. Nach diefen Kennzeichen laffen fich manche unter den Keffelfragmenten Olympias diefer Gattung zuweifen. Die Randfragmente mit der Weihinfchrift der Spartiaten (Arch. Ztg. 1880, S. 64, 119 = Inscr. antiquiss. 63) gehörten hiernach wahrfcheinlich einem Keffel mit gegoffenen Greifenköpfen an.

Was das Verhältnis der Gröfse der Greifenköpfe zu dem der Keffel betrifft, fo giebt uns dafür der Fund von La Garenne einen Anhalt; hier beträgt die Höhe der Greifen ohne Auffatz und Ohren ungefähr den vierten Teil des gröfsten Keffeldurchmeffers, bei dem Präneftiner Funde dagegen, wie es fcheint, den dritten Teil. Bei dem Keffel 809 laffen die erhaltenen Verftärkungsringe auf einen unteren Durchmesser von ca. 16 cm für die Greifenhälfte schließen; nach den mittleren normalen Verhältnissen der gegossenen Greife dürfen wir danach auf eine Höhe derselben (ohne Ohren) von ca. 30—32 cm schließen; dies wäre wieder eben ein Viertel des größten Durchmessers des Kessels. Indessen können die Greife auch noch schlanker gewesen sein. Es wird das Verhältnis im Allgemeinen sich zwischen einem Viertel und einem Drittel des Durchmessers bewegt haben.

### d. Die Untersätze.

Die oben unter a besprochenen Ansätze haben, wie wir sahen, in der Regel eine Öse, welche das Aufhängen des Kessels ermöglichte. Nur an einem der kleinen geringen Exemplare fanden wir den Rest eines Ringhenkels in der Öse. Wenn jene Kessel aber auch die Einrichtung zum Aufhängen hatten, so waren sie doch wahrscheinlich in der Regel auf Untersätze gestellt. Das Praenestiner Exemplar gehört sehr wahrscheinlich mit dem in demselben Grabe gefundenen Untersatze (vergl. unten) zusammen. Sicher war aber die große Mehrzahl der Kessel mit Greifenköpfen, welche jener Ansätze entbehrten, für das Aufstellen auf Untersätzen bestimmt. Das Aufhängen ist allenthalben in der Entwickelung der Gefäße das Altertümlichere. Es paßt dazu, daß wir eine Rücksichtnahme auf diese Sitte nur in der altertümlichsten Art jener Kessel, der mit den geflügelten Ansätzen, finden.

Die Reste der Kesseluntersätze in Olympia sind leider überaus gering, wahrscheinlich weil das Eisen eine bedeutende Rolle bei denselben spielte. Andere Funde müssen uns zur Ergänzung des wenigen Erhaltenen helfen.

Zwei Haupttypen sind zu unterscheiden, volle Untersätze und solche, die nur aus Stabwerk bestehen.

#### a. Die vollen Untersätze.

**810** Taf. XLVIII². Weststront Zeustempel. vor der zweiten Säule von Norden Inv. 1268. Höhe 0.31, größter Durchmesser ca. 0.33. Capitell eines Krateruntersatzes. Aus einem Stücke Blech ziemlich dünn getrieben. Oben nur ein kleiner aufgebogener Rand, im unteren Rande kleine Löcher zur Anfügung der Fortsetzung nach unten.

Der untere Teil dieses Capitells, der glatte runde Wulst, ist noch in einem anderen Exemplare erhalten; derselbe hat wie bei 810 12 cm Durchmesser, ist nach oben gebrochen, nach unten aber sitzt noch der obere Rand der Fortsetzung, ein glatter Blechstreif angenagelt fest. Indessen ist es nicht sicher, daß dieser Wulst gerade zu einem solchen Capitell gehörte wie 810. Ein gleicher Wulst kommt als Teil des Fußes bei jenem aus Sizilien stammenden in Privatbesitz befindlichen oben S. 97 erwähnten merkwürdigen Bronzegefäße und an einem Becken aus Hallstadt (Wien, naturhist. Museum) vor.

Wie die Fortsetzung von 810 nach unten zu denken ist, lehrt der Praenestiner Fund. Zu letzterem gehört nämlich Mon. d. Inst. XI. 2. 7¹ ein vollständiger Untersatz von 90 cm Höhe, welcher von einem Capitell be-

krönt wird, das mit 810 in allem Wesentlichen genau übereinstimmt, nur von viel größerer, offenbar lokal italischer Arbeit ist. Die Blätter sind an dem olympischen Exemplar ungleich besser und naturwahrer dargestellt. Da wir aber an der völligen Übereinstimmung aller Hauptformen einen Maßstab haben für die Genauigkeit, mit welcher die italische Nachbildung gearbeitet ist, so dürfen wir auch annehmen, daß die Grundform des in Praeneste erhaltenen, in Olympia verlorenen, unteren Teiles an beiden Orten dieselbe war, also das olympische Stück nach der Gestalt des Praenestiner Untersatzes vervollständigen. Es ist dies ein einfacher, nach unten sich erweiternder Blechcylinder, der mit Reliefs geschmückt ist, welche den Stil zeigen, den ich als lokalen italisch-orientalisierenden ansehe. Der obere Rand des Praenestiner Capitells ist einfach etwas aufgebogen wie der des Olympischen und durchaus geeignet, einen Kessel aufzunehmen. Nach Helbig (Annali d. Inst. 1879, p. 9, No. 7) lag oben eine etwas konkave runde Blechplatte auf; in der jetzigen Aufstellung im Museum ist nichts derart zu sehen; wenn sie vorhanden war, so läßt sie sich mit der Bestimmung des Ganzen, einen Kessel zu tragen, jedenfalls sehr gut vereinigen, indem sie dessen Auflager bildete; nötig war sie aber nicht. Der Herausgeber des Praenestiner Fundes, Helbig, hat in diesem Stücke freilich einen Kandelaber erkannt.¹) Es ist indeß, wie ich glaube, kaum zu bezweifeln, daß es der Untersatz zu dem in demselben Grabe gefundenen Kessel mit den geflügelten Ansätzen und den Greifenköpfen ist, und hierdurch wird es wahrscheinlich, daß das olympische Exemplar ebenfalls mit den Kesseln der letzteren Art in Verbindung zu bringen ist. Die Rekonstruktion auf Taf. XLIX b sucht diese Verbindung zu veranschaulichen.

In Etrurien fand sich ein verwandter Untersatz von Metallblech im Grabe Regulini Galassi (Mus. Greg. I, 11, 1); er ist ohne Blättercapitell, hat aber zwei große Rundwülste; er ist 1.05 hoch und mit Tierfriesen jenes italisch orientalisierenden Stiles geschmückt. Wahrscheinlich war der im Stile ganz identische oben S. 121 erwähnte Krater mit den nach innen blickenden Löwenköpfen Mus. Greg. I, 16. 1, obwohl er an einer anderen Stelle des Grabes gefunden wurde, und etwas klein im Verhältnis ist, doch mit diesem Untersatze zusammengehörig. In Etrurien kommen ferner, in Gräbern derselben Periode wie das Regulini-Galassi'sche, Nachbildungen der Metallblechuntersätze dieses Typus in Terrakotta vor. Auch hier fehlt indeß das Blättercapitell, und der ebene Abschluß unter dem Auflager des Kraters bestimmten Teile wird durch den großen runden Wulst gebildet, der zuweilen in der oder mehrmals über einander wiederholt wird. Der untere cylindrische Teil pflegt durch Aus-

---

¹ Die »Kelche« der hebräischen Kandelaber, auf welche Helbig a. a. O. p. 10 verweist, und die Form der letzteren überhaupt kennen wir durch phönikische Denkmäler genau; vergl. die Bronzekandelaber wie der bei Perrot, hist. de l'art III, p. 867, fig. 610, welche in Cypern und ebenso in Sidon, ferner auch auf der Akropolis in Athen und in Etrurien Mus. Greg. I, 48, 2 verkehrt abgebildet vorkommen; ferner die abgebildeten Kandelaber Perrot, a. a. O. p. 133, fig. 81; 134, 82, 83. Sie sind von unserem Untersatze wesentlich verschieden.

ſchnitte verziert zu ſein. Vergl. die in meinem Berliner Vaſenkataloge No. 1633—1635 beſchriebenen Exemplare und Micali, ſtoria tav. 27, 7. Beſonders häufig waren derartige Unterſätze in den Nekropolen von Caere (Exemplare in Rom, Conſervat. Pal.) und Falerii (Rom, Muſ. Papa Giulio). — Dieſe altertümliche Form des weiten cylindriſchen Unterſatzes geht ſpäter in ſchlankere pfeiler-artige Formen über, deren Zuſammenhang mit jener älteren namentlich durch die großen runden Wülſte ge-wahrt bleibt. Vergl. den altkorinthiſchen Unterſatz nebſt Krater, Muſ. Greg. 2, 90, und als Probe ſpäterer Art den auf einer attiſch ſchwarzfigurigen Vaſe abgebildeten bei Lau, griech. Vaſen, Taf. 20, 2.

### 8. Unterſätze aus Stabwerk.

Die Grundform iſt folgende: Der Unterſatz hat drei Stützpunkte, welche die Form von Tierklauen haben. Aus dieſen ſteigen Stäbe empor, welche oben einen Ring tragen, auf welchen der Keſſel geſetzt wurde. Die in Olympia vorgefundenen Reſte dieſes Typus ſind deshalb ſo gering, weil das Stabwerk regelmäßig aus Eiſen war.

**811** (beiſtehend). Bu-leuterion (Inv. 5828). Un-geſpaltener Huf von ein-facher Form, ohne alles Detail. Hohl in Bronze gegoſſen. Darin ſteckt ein eiſerner Stab. Das Ganze ſchräg anſteigend; doch iſt der Eiſenſtab nach hinten verborgen und hat das Tier-bein auseinander geſprengt.

Ein anderes Stück unterſcheidet ſich nur da-durch von 811, daß der Huf geſpalten iſt.

Der Eiſenſtab, der aus dem Hufe kommt, iſt in dieſen Fällen in einfacher und trennt ſich nicht in drei Teile, wie dies beim folgenden Typus der Fall iſt. Wir haben uns das Geſtell aus einfachen dicken Eiſenſtäben zu denken, welche oben einen Ring trugen und wohl auch im unteren Teile unter ein-ander verbunden waren.

Den Stücken von Olympia ſehr ähnlich ſind die Huftierfüße mit Eiſen-ſtabreſten, welche Layard im Nordweſtpalaſte von Niniveh im Zimmer mit den vielen Bronzeſchalen fand und richtig als von den Unterſätzen für die darüber gefundenen Keſſel herrührend erkannte (Niscov. in Nin. and Bab. 1853, p. 178); auch ſie ſind einfach, ohne Detail, von derber Arbeit; dicke Eiſenſtäbe kommen aus

MN 12, 11

den Bronzefüßen heraus. Auch auf Cypern fanden ſich ganz gleichartige Stücke (f. den Huftierfuß mit dickem Eiſenſtab bei Cefnola, Salaminia pl. 3, 4 und den bei Perrot III p. 805 Fig. 632).

**812. 812a** (Taf. XLVIII). Südlich Zanes (Inv. 8062). Höhe 0,13, Breite 0,07, Dicke oben 0,04. Löwenfuß, Bronzeguß. Oben die Reſte von drei emporſteigenden Eiſenſtäben, von denen der mittlere durch eine kleine runde Bronzebaſis bevorzugt iſt. Der letztere ſtieg ganz gerade empor, die beiden anderen ſchräg. 812a Seiten-anſicht.

Inv. 13525 (Südoſtbau) ſtimmt ſo genau mit 812 überein; nur ſind die Stabanſätze oben weniger gut er-halten, daß anzunehmen iſt, daß beide einſt zu dem-ſelben Stabdreifuß gehörten.

Andere Löwenfüße dieſer Art ſind Inv. 3021 (weſt-lich vom Zeustempel; Berlin, Dubl.), Höhe 0,10; obere Breite 0,065. Die Formen des Löwenfußes ſehr einfach und altertümlich. Oben die Reſte der drei Eiſenſtäbe. In der Nähe wurden mehrere große Keſſel gefunden (f. Tageb. 4. März 1878. — 12639 (nördlich Prytaneion), Höhe 0,15, obere Breite 0,09; das Eiſen iſt ſtark oxydiert und herausgequollen; die Form der Stäbe iſt nicht mehr zu konſtatieren. — 11690 (ſüdweſtlich Pelopion) kleiner, 9 cm hoch.

**813. 813a** (Taf. XLVIII). Weſtlich der großen Baſis vor der Echohalle, ca. 0,30 über dem Niveau des antiken Fußbodens. Prachtvoll gearbeitete große Löwen-klaue mit ſchönſter hellgrüner, glänzender Patina, wo dieſelbe nicht von Oxyd überwuchert iſt. Die Zehen mit den Krallen ſind aufs ſorgfältigſte modelliert und von großer Wahrheit und Kraft des Ausdrucks. Un-mittelbar unter dem oberen Rande jederſeits eine ver-ſteckte kleine Kralle. Nach hinten ſetzt in ſchräger Rich-tung ein doppelter Rundſtab an, welcher nach den Seiten zu in zwei Greifenhälſe ausläuft. Die Greife haben den-ſelben Typus wie die gegoſſenen Protomen der Keſſel. Dieſer nach hinten laufende Stab findet ſeine Erklärung in den ganz erhaltenen Stabdreifüßen des reicheren Typus, wo regelmäßig von den drei Löwenklauen ein Stab nach hinten läuft, um den unteren kleinen Ring zu tragen. Auf der oberen Fläche der hohl gegoſſenen Klaue finden ſich zwei größere rechteckige Löcher. Da kein Eiſenroſt vorhanden iſt und dieſe Löcher auch für Eiſen nicht paſſen, ſo müſſen hier die emporſteigenden Stäbe aus einem anderen Materiale beſtanden haben. Vielleicht folgte aber zunächſt noch ein Übergangsglied, aus welchem erſt die drei Stäbe emporſtiegen. Hierauf weiſt auch die Zweizahl der Löcher, wo wir die Dreizahl zu erwarten haben, und ihre Geſtalt, die für das Stab-werk gar nicht paßt. Und doch muß dieſer Fuß, wie ſchon der nach hinten laufende Stabanſatz zeigt, zu einem Dreifußgeſtell desjenigen Typus gehört haben, wo je drei Stäbe aus den Klauen herauskommen. Auch die große obere Breite derſelben weiſt ja darauf hin. Durch die Ergänzung eines oberen Auffatzes gewinnt übrigens die Klaue auch erſt die richtige Höhe im Verhältnis zu ihrer Breite; vergl. 812.

Plumpe Löwenfüße mit dicken Eisenstabresten befanden sich auch in Layards Funde in Ninivch (Discoveries, 1853, p. 179). Ebenda auch einfache Bronzewülste mit Resten durchgehender Eisenstabe (im British Museum) in der Art der um Funde von La Garenne zur Verbindung der Eisenstabe benutzten. — Auf Cypern fanden sich sowohl Löwenfüße mit Eisenresten (Cesnola, Salaminia pl. 3, 3; Cesnola-Stern, Cypern, S. 277) als mit Ochsenköpfen verzierte Bronzestücke mit durchgehenden Eisenstaben (Cesnola, Salaminia pl. 3, 1, 2, 3; Cesnola-Stern, Cypern Taf. 71); dieselben stammen offenbar von dem oberen Ringe, und zwar von den Stellen, wo die Eisenstabe, deren je drei aus jedem Fuße kommend zu denken find, mit dem Ringe zusammentrafen. — Ein vollständig erhaltener Stabdreifuß dieser Art, der jedoch ganz von Bronze besteht, fand sich im Grabe Regulini-Galassi zu Caere, Mus. Gregor. I, 57, 5. Aus den ziemlich roh gearbeiteten Löwenklauen erheben sich je fünf Stabe, alle von Bronze, doch besonders gearbeitet und hereingesteckt; die zwei hinteren biegen sich je nach hinten und bilden den kleinen unteren Ring; der mittelste Stab, der gerade emporsteigt, endet in einen Schwanenkopf; über der bogenförmigen Verbindung der seitlichen Stabe erhebt sich je ein Ochsenkopf, genau so wie dies die cyprischen Fragmente zeigen. Ochsenköpfe und Schwanenköpfe find durch seitliche Ansätze an einen breiten und flach profilierten Ring von Blech genietet, welcher den Kessel aufnahm. — Ein ganz gleichartiger Stabdreifuß befindet sich im Museo Faina zu Orvieto, nur teilweise falsch ergänzt; die Stelle der Ochsenköpfe vertreten hier Löwenköpfe. — Sehr wichtig ist ferner der Fund von La Garenne, indem er einen Stabdreifuß in Verbindung mit einem Greifenkessel zeigt. Die Löwenklauen desselben stimmen im Wesentlichen ganz mit den olympischen 812 und die dazu genannten überein. Sie find natürlich von Bronze. Aus ihnen steigen direkt je drei Eisenstabe empor, welche oben einen eisernen Ring tragen. Unten wird ein kleiner Ring von Stäben getragen, welche von der Rückseite der Löwenklauen ausgehen (vergl. 813). An den Stellen, wo die Eisenstabe zusammenstoßen, find sie durch Bronzewülste verbunden, welche wie Umschnürrungen gebildet find und sichtlich auch solche vertreten sollen. An den drei Stellen, wo der mittlere gerade Stab an den oberen Ring stößt, springt ein ziemlich roh gebildeter Schwanenkopf heraus (der ähnlich verwendet unterhalb der Ochsenköpfe an dem oben aus dem Grabe Regulini-Galassi genannten Dreifuß, Mus. Gregor. 1, 57, 5 und dem gleichartigen des Museo Faina erscheint). Der Unterfatztypus, wie ihn der Fund von La Garenne zeigt, ist ohne Zweifel eine überaus finnreiche Erfindung, um aus Stäben mit den einfachsten Mitteln ein festes Gestell zum Tragen eines Kessels zu bilden. Mit Ausnahme der Schwanenköpfe ist nichts bloße Dekoration, sondern alles rein tektonisch notwendig. — In Dodona deutet eine bei Carapanos, Dod. pl. 41, 5, abgebildete Löwenklaue mit anfetzenden Stäben auf das Vorhandenfein des Typus. — Ein vollständiger kleiner Dreifuß dieser Art fand sich in der tomba d'Ilide bei Vulci (Micali, mon. in. 8, 7; im British Museum); der untere Ring fehlt; er ist nicht nötig, weil die Stabe fast vertikal anfteigen;

jeweils der mittlere der aus den Löwenklauen kommenden Stabe ist von Eisen, die anderen von Bronze. — Interessant ist der im großen Pränestiner Grabe gefundene Dreifuß dieser Art (ganz ungenügend abgebildet, Mon. d. Inst. X, 312, 2; Annali d. Inst. 1879, tav. C, 8), denn er ist offenbar eine italische Nachahmung des ionisch-griechischen Typus, mit primitiven Figuren des altitalischen Stiles geschmückt. Er besteht aus Eisenstaben mit bronzenen Verbindungsstücken, auf welch letzteren Zickzackornamente und Würfelaugen eingeschlagen find; nur der Mittelstab ist nebst feinem Anfatze an den oberen Ring ganz von Eisen. Interessant ist, daß hier schon die Figuren über den Ring emporragen und an fie der Kessel genagelt ist, der also nicht auf dem Ringe ruht. — Ein Fragment von schwarzem Thon aus Naukratis (im British Museum', wahrscheinlich lesbisches Fabrikat, stellt die kleine Thonnachbildung eines einfachen Stabdreifußes dar; die Füße fehlen; an den Stellen, wo die Stabe an den breiten oberen Ring stoßen, find die Verbindungen durch kleine Kugeln angedeutet.

Die dreifüßigen Unterfätze Olympias, die zu der Löwenklaue 812 und den dabei genannten Exemplaren gehören, haben wir uns nach Art der aufgeführten einfachen Exemplare anderer Funde zu denken. Dagegen wird ein so reicher Fuß wie 813 gewiß zu einem auch sonst figürlich verzierten Unterfatze gehört haben. Auch hier können uns andere Funde wenigstens eine annähernde Vorstellung geben.

Figürlich reich verzierte Stabdreifüße find uns vollständig nur in Bronze und nur aus Italien erhalten. Sie gehören, wie dies in der Natur der Sache liegt, etwas späterer Zeit an als die oben aufgeführten einfachen. Die erste Stelle unter ihnen nimmt der Dreifuß von Metapont im Berliner Museum ein (Panofka, cubin. Pourtalès pl. 13, fehr ungenügende Abbildung), eine vorzügliche echt griechisch archaische Arbeit, ganz in Bronzeguß ausgeführt. Die den unteren Ring tragenden Stabe, der von der Rückfeite der Löwenklauen ausgehen, find als Schlangen gebildet. Auf dem kleinen unteren Ringe liegen drei Löwen, die Köpfe nach außen gewendet. Die drei mittleren Stabe find von großen Palmetten bekrönt; zwischen den feitlichen find an allen drei Seiten verbindende horizontale Stege angebracht, die von Schlangen gestützt werden. Auf ihnen schreitet je ein Rind (zweimal eine Kuh, einmal ein Stier), die Köpfe nach außen gedreht. Auf dem oberen Ringe erheben fich drei Pferdeprotomen, und dazwischen liegen drei Löwen, die wenden die Köpfe nach außen. Der Kessel konnte nicht direkt auf dem Ringe liegen; es bedurfte eines vermittelnden Einfatzes. — Der hier in griechischer Arbeit des 6. Jahrhunderts vorliegende Typus ward dann von der etruskischen Bronzeindustrie aufgegriffen und noch im 5. Jahrhundert eifrig gepflegt; eine Reihe der zahlreich erhaltenen etruskischen Exemplare führt Undset, Westdeutsche Zeitschrift V. S. 886, S. 235, an. — Daß der Typus auch auf der Akropolis in Athen vertreten war, schließe ich aus zwei Fragmenten einer bewegten Gruppe (Krieger nach rechts entwichend), die, wie die anfetzende gerundete Teil vermuten läßt, die Querleisten zwischen den Seitenstaben füllte. Die

Arbeit ift fehr altertümlich griechifch. Aber auch ein echt etruskifcher Stabdreifufs des reichften Typus befand fich einft auf der Akropolis Athens, wie eine dort gefundene Gruppe von vier Figuren lehrt, welche offenbar den Bogen krönten, den die Seitenftabe bildeten; der Keffel war an die Figuren felbft genagelt. Der Stil ift unverkennbar etruskifch.

Aufser den fchon aufgeführten Klauen laffen fich in Olympia noch einige Stücke vermutungsweife auf diefen Typus ftabförmiger Unterfätze zurückführen.

Zunächft eine Anzahl eiferner Stäbe (im Magazin), namentlich einige die am einen Ende in eine Bogenkrümmung übergehen. Einige Fragmente zeigen, dafs man Eifenftäbe mit verfchiedener Krümmung einfach durch Schweifsen unter einander verband. Sie lehren uns wohl die Erfindung des Glaukos von Chios auf ihrem urfprünglichen Gebiete, dem der Konftruktion eiferner Krater-Unterfätze, kennen.

Aus der Bevorzugung diefer Technik mag es fich erklären, dafs die Bronzewülfte, welche am Dreifufse von La Garenne die Eifenftäbe zufammenhalten, fich in Olympia nicht haben konftatieren laffen. Denfelben ift charakteriftifch, dafs fie durchgehende Löcher für je zwei Stäbe haben. In Olympia fanden fich derartige Bronzewülfte mit Umfchnürungen nur mit einem durchgehenden Loch für einen Stab (f. unten).

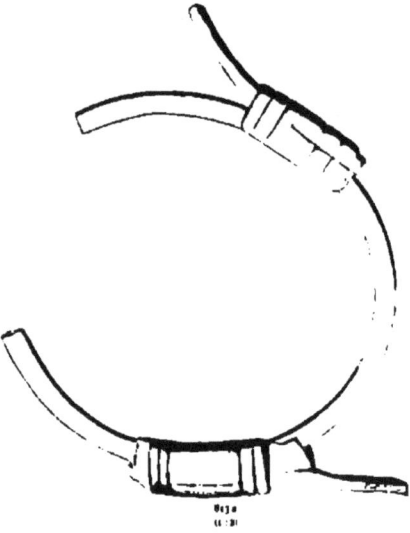

Nur aus dem Inventar kenne ich das indefs offenbar hierher gehörige Stück Inv. 141, Fragment zweier nach entgegengefetzter Richtung gebogener Eifenftäbe, welche durch eine Bronzehülfe verbunden find.

Ferner fand fich ein Fragment, das auf einen Dreifufs des Typus La Garenne weift, an welchem aber nicht nur die verbindenden Wülfte, fondern auch die Stäbe felbft aus Bronze waren:

**813a** (beiftehend). Nordfront Zeustempel (Inv. 905). Das Stück fcheint mir den kleinen unteren Ring eines Stabdreifufses gebildet zu haben. An der Stelle, wo der Ring gebrochen ift, war offenbar der dritte Wulft. In den zwei erhaltenen Wülften ftecken noch die Stäbe, welche nach der Rückfeite der Löwenfüfse hinliefen, vergl. oben die Abbildung des Fundes von La Garenne. Die Bronzeftäbe find gefchmiedet, nicht gegoffen; fie find flach gehämmert, von rechteckigem, nicht rundem Durchfchnitt. Der Ring zeigt keinerlei Spuren von Verzierung durch etwaige aufgefetzte Figuren. Er gehörte einem einfachen Exemplare wie das von La Garenne an. Die Wülfte find plump und breit.

**813b** (beiftehend). Weftfront Zeustempel (Inv. 785). Eifenftab von rechteckigem Durchfchnitt, an beiden Enden gebrochen. An einem Ende wird er umfafst von einem

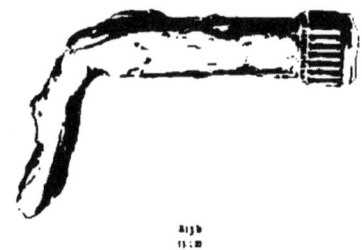

813b
(1:10)

geriefelten Bronzering. Vielleicht der mittlere Teil des Verbindungsftabes, welcher von der Rückfeite des Löwenfufses nach dem kleinen unteren Ringe führt. Rechts von dem Bronzering konnte fich der Stab in zwei Hälften fpalten, und der Ring mochte eben bezwecken, diefelben an der Wurzel fymbolifch feftzuhalten. Die Biegung, welche der Stab macht, fpricht gewifs fehr für die Annahme, indem gerade diefe Biegung nach dem Löwenfufse zu typifch ift.

Möglicherweife gehört auch hierher:

**814** (beiftehend). Nördlich Philippeion (Inv. 4153a). Länge 0,20; Breite des Streifens 0,018. Fragment eines

814
(1:5)

flachen Ringes mit Nägeln. Daran ein hohler Wulft mit Umfchnürungen, für einen Rundftab; kleine Spuren von Eifenroft in dem Wulft. Vielleicht vom oberen Ringe eines ftabförmigen Unterfatzes. — Ähnlich Inv. 12605.

Sicherer laffen fich wieder folgende beide Stücke hierherziehen:

814 a (beiliegend). Südlich Zeustempel (Inv. 4538). Ein 0,92 langer, oben und unten gebrochener, hohl gegoßener Bronzestab, in welchem ein Eisenstab steckt, wie an den Enden und auch an einer Stelle in der Mitte, wo die Bronze geplatzt ist, zu sehen ist. Er verjüngt sich nach oben; unterer Durchmesser 20, oberer 15 mm. Der Rest an 812 führt mich zur Vermutung, daß dieser Stab, für den ich sonst keinerlei Erklärung wüßte, der mittlere der drei aus einer Löwenklaue aufsteigenden Stäbe eines Untersatzes war, welcher durch die mit Umschnürungen verzierte Bronzehülle ausgezeichnet war.

814 b (beiliegend). Westfront Zeustempel (Inv. 1233; Berlin, Dubl.). Bronzenes oberes Ende eines eisernen Rundstabes. Letzterer, der hier abgebrochen und nur in einem Reste erhalten ist, endet zunächst in einen Bronzeknopf; auf diesen folgt ein flaches hohes Glied von nur 8 mm Tiefe. Auf diesem befindet sich oben der Länge nach eine flache Ausziehung und in der Mitte Eisenrost. — Ein anderes gleichartiges Stück, Inv. 5071, südlich Zeustempel, ist etwas besser erhalten, indem noch ein Stück des Eisenstabes vorhanden ist; gesamte Länge 0,18; Breite des oberen Gliedes 32 mm; der untere Teil desselben ist nicht ausgeschweift wie 814 b, sondern geht gerade herab. Auch hier Eisenrost in der Mitte oben. — Inv. 2046, ebenso, etwas größer; der Eisenstab abgebrochen. — Ich halte diese Stücke für die Endigungen von mittleren Stäben an Stabdreifüßen. Dem an 812 sichtbaren unteren Bronzeknopfe des Eisenstabes entspricht hier der obere. Als Abschluß und Auflager für den Eisenring folgt dann das obere Glied, dessen obere Fläche eben darauf weist, daß etwas Gerundetes auflag, das in der Mitte mit Eisenstift befestigt gewesen zu sein scheint.

Das Interessanteste an den letzt erwähnten Endigungen ist, daß ihr oberes Glied offenbar als ein Volutenstück gedacht ist. Die geringe, rohe Ausführung der erhaltenen Exemplare zeigt zwar keinerlei Innenzeichnung, aber die Grundform ist klar und unzweifelhaft. Wir haben also die ionische Volute als Endigung der Mittelstütze, wie wir sie bei 823, 824 noch einmal finden werden.

814 c (beiliegend). Nordwestecke Zeustempel (Inv. 1506). Bronzehülse in Form einer vierblättrigen Blume. In der Mitte Rest eines durchgehenden Rundstabes von Eisen. Es ist sehr möglich, daß dieses Glied sich einst als Zierrat an einem eisernen Stabdreifuß befand.

814 d (beiliegend). Pelopion (Inv. 9294). Bronzehülse für einen eisernen Rundstab, von welchem noch ein Stück erhalten ist. Wahrscheinlich von einem Stabdreifuß.

Ferner gehören hierher: Inv. 9301, ein glatter, hohler Bronzestab, der einen Eisenstab umhüllt; 38 cm lang erhalten; 2 cm Durchmesser. — Inv. 7016, Fragment eines Bronzecylinders mit durchgehendem Eisenstab; 11 cm lang erhalten; Durchmesser 2 cm. Die Bronzehülle ist mit ganz flachen Umschnürungen geziert.

Stäbe mit den Umschnürungen wie 814 a kommen auch sonst in Bronze gegoßen vor; sie stammen wie 813 von Dreifüßen, die von Eisenstäben keine Anwendung machten (vergl. auch den Metapontiner Dreifuß): Inv. 12345 (nördlich byzantinischer Kirche), ein Fragment von 20½ cm Länge und 24 mm Durchmesser, mit den Umschnürungen und wulstigen Knoten ganz wie 814 a. — Inv. 12743 (nördlich Prytaneion), fünf, zusammen circa 70 cm lange Fragmente eines gleichen, aber gebogenen Stabes (von 12 mm Durchmesser), also von den seitlichen Stäben eines Dreifußes unseres Typus; wegen der geringen Dicke von einem kleineren Exemplar.

Die Verwendung der Greife an 813 läßt vermuten, daß auch die folgenden Stücke hierher gehören:

815 (Taf. XLVIII). Nordwestecke Zeustempel (Inv. 1663). Kleine massiv gegoßene Greifenprotome an einem gebrochenen Bronzecylinder.

Inv. 8839 (westlich Stadionwall; Berlin, Dubl.). Ein mit 815 genau übereinstimmendes Exemplar, wohl von demselben Gerät. In dem (fragmentierten) Cylinder fand Purgold bei der Auffindung Spuren eines Eisenkernes.

Wenn diese Protomen richtig gestellt werden, d. h. so wie die der Kessel, ihren Ansätzen und dem Funde von La Garenne nach, gestellt waren und wie die von 813 stehen, so muß der Cylinder eine schräge Richtung gehabt haben. Es ist daher zu vermuten, daß er einst den schräg ansteigenden Eisenstab eines stabförmigen Dreifußes umfaßte und schmückte.

816 (Taf. XLVIII). Stadionwall Inv. 11552). Greifenprotome, abgebrochen von einem Rundstab, an den sie wahrscheinlich angelötet festgesessen hat, wie ihr Ausschnitt unten zeigt. Der Stirnaufsatz abgebrochen. Der untere Teil ist hohl. Eisenrost läßt vermuten, daß auch dies Stück einen Eisenstab zierte.

Inv. 5843 (Buleuterion; Berlin, Dubl.) ein ganz übereinstimmendes, nur mehr zerstörtes Exemplar, wohl aus derselben Form gegoßen und von demselben Gerät.

Gleichartige kleine Greifenprotomen, welche von Stäben oder deren cylindrischer Umhüllung abgebrochen sind, daran sie anscheinend angelötet waren: Inv. 7873 (Südwest; Länge 0,10). 3963 (Prytaneion; Höhe 0,10; in den Augen eine weiße Maße). 12254 (nördlich Thesauren; Höhe 0,05). 5242 (östlich Prytaneion; Höhe 0,06).

816 a (Taf. XLVIII). Vor dem 8. Thesauros (Inv. 3497; Berlin, Dubl.). Massiv gegoßene Protome einer Schlange. In Größe, Haltung, Stil den zuletzt genannten kleinen

Greifenprotomen völlig analog. Auch dies Stück ist von einem Rundstab abgebrochen, daran es, wie es scheint, gelötet war. Die Augen sind hohl, indem die Füllung ausgefallen ist. — Vergl. auch zu 907.

Ganz gleich wie **816a**, auch in der Größe (Höhe 65 mm), und wohl von demselben Gerät stammend ist Inv. 13269 (nördlich byzantinischer Kirche). — Ähnlich, doch größer ist Inv. 2071 (nordwestlich Heraion). Länge 85 mm.

Es sei hier noch bemerkt, daß Greifenprotomen mit vierkantigem horizontalem Ansatze, wie sie, von griechischer Arbeit, im British Museum (ein Paar aus Chiusi), im Louvre (ebenfalls ein Paar, bronces No. 7303, 7304 und Marseille (ein Stück, Sammlung Traband) sich befinden, in Olympia nicht vorkommen.

**817** (Taf. XLVIII). Pronaos des Metroon, bei Freilegung der Fundamente in tiefer Schicht gefunden (Inv. 3635). Kleiner vollständiger Greif, massiv gegossen, nach links schreitend, den Kopf nach der Seite umwendend. Der Schwanz ist abgebrochen, ebenso die Ohren und der Stirnaufsatz. Die Füße waren durch Stifte auf ihre Unterlage befestigt. Ich vermute, daß dieses Stück von einem Querleisten zwischen den Stäben eines Dreifußes wie der von Metapont herrührt. Die Haltung der Figur gleicht völlig der der Rinder an jenem Stück.

**818** (Taf. XLVIII). Gegen Nordwestecke Zeustempel (Inv. 1639). Ähnliche Figur, vollgegossen; der Kopf nicht umgewendet. Die Augen hohl, die Füllung fehlt, die Flügelenden abgebrochen. Die vier Füße befinden sich fast in einer geraden Linie. Unter ihnen kleine Wölkchen. Sie waren nicht mit Stiften befestigt, sondern offenbar aufgelötet und zwar auf einen ganz schmalen Streifen. — Es ist hier dieselbe Verwendung zu vermuten wie bei 817.

Aus derselben Form stammen die völlig übereinstimmenden Exemplare Inv. 3653 (Nordwestecke Heraion). 5336 (Buleuterion). 11497a (westlich Echohalle). 12983 bis (nördlich Prytaneion; Berlin, Dubl.) 13202 (Nordwestecke, Heraion).

Diesen Greifen ganz gleichartig ist

**819** (Taf. XLVIII). Südwestlecke der Stadionschrankenmauer neben der Wasserleitung, in sehr tiefer Lage (Inv. 5854). Sphinx mit doppeltem Gesichte. Das linke Hinterbein ist erhalten, nur in der Abbildung versäumt worden anzufügen. Das Schwanzende fehlt, doch sieht man, wo es aufsaß. Sehr altertümlicher Stil. Im Kopfe einerseits noch Reste der Traditionen des primitiven Stiles und andererseits Verwandtschaft mit den sogenannten Eumeniden-Statuetten von lakonischem Marmor (vergl. Bd. III). Die Augen völlig flach, nur durch Gravierung angegeben; der Mund überaus knapp. Der verzierte Kopfaufsatz, der wohl ein metallenes Diadem bezeichnet, ist bei archaischen Sphinxgestalten nicht selten (vergl. die Sphinx von Spata). Graviertes Halsband. — Der Kopf ist nach der Seite gewandt wie bei 817; damit die Figur von beiden Seiten einen vollständigen Eindruck mache, ist das Gesicht auf der anderen Seite wiederholt. Die Füße sind, ganz wie bei 818, einer vor den anderen gestellt. Auch haben sie dieselben Wölkchen unter der Sohle und müssen ebenfalls aufgelötet gewesen sein; ich vermute, ebenfalls auf der Querleiste eines Stabdrei-

fußes. — Abg. Ausgr. IV, Taf. 22, 1, S. 17. Vergl. Br.-Funde S. 67. Abguß in Berlin (Friederichs-Wolters, Gipsabg. 368).

**820** (Taf. XLVIII). Südlich Zeustempel (Inv. 2). Kleiner liegender Löwe. Das Gesicht ist doppelt wie bei der Sphinx 819 und er schaut nach beiden Seiten. Unter ihm zwei Schlangen. Auch der Schweif, dessen Ende fehlt, hatte die Gestalt einer Schlange. Unten eine gerundete Rille. War auf einem Ring aufgesetzt; vergl. den Metapontiner Dreifuß. — Abg. Ausgr. I, Taf. 21, 1.

Auch kleine Löwenstatuetten mit einfachem Kopfe sind gefunden worden, welche die wesentlichen Bedingungen zeigen, um einem Stabdreifuß in der Art des Metapontiner zugeschrieben werden zu können, d. h. sie sassen auf gerundeter Fläche und blicken nach aussen, nicht nach dem Innern des Kreises. Indels können solche Figuren auch vom Rande von Becken herstammen, wo ebenfalls nach aussen blickende liegende Löwen vorkommen (z. B. eines im Louvre, wo eine ganze Reihe von Löwen auf dem Rande sitzt); bei einem kleinen olympischen Exemplare (Inv. 14058, Südostbau; Berlin, Dubl., nur 27 mm hoch) ist letzteres sogar wahrscheinlich. Etwas größer, wohl von einem Stabdreifuß, Inv. 7637 (auf dem westlichen Stadionwall; ganz nahebei fand sich 824, vergl. Tageb. V, S. 38). Andere Löwenstatuetten s. unten 964 ff.

**821** Taf. XLVIII. Echohalle (Inv. 4767). Pferdeprotome. Unten ein runder Falz. War wohl ähnlich verwendet wie die Pferdeprotomen am Metapontiner Unterfatz.

**822** (Taf. XLVIII). Östlich der Dromoshalle (Inv. 12213). Gerundete Bronzehülse, durch welche ein Eisenstab geht. Oben Pferdeprotome sehr altertümlichen Stiles mit Angabe der Zäumung. Sicherlich vom oberen Reif eines Stabdreifußes von Eisen mit angesetzten Bronzeverzierungen. Hinter der Protome geht ein Loch durch den Stab.

Es ist möglich, daß auch die oben 74-75 besprochenen Statuetten zu Stabdreifüßen gehörten.

Zu einem etwas anderen Typus des stabförmigen Unterfatzes scheinen die folgenden Stücke zu gehören:

**823** (beistehend).
Südlich byzantinische
Kirche (Inv. 13190).
Länge 0,12. Gegossen.
In der Mitte ein Loch für
einen runden Stab.
Nach den Seiten

ionische Voluten, deren Augen besonders eingesetzt waren.

**824** (Taf. XLVIII). Westlicher Stadionwall (Inv. 7674; Berlin, Dubl.). Oberansicht eines ganz gleichen Exemplares. Länge 0,12. Durchmesser der Voluten 0,04. Die Oxydation macht das Detail unkenntlich. Oben in der Breite der Voluten eine gerade Fläche als Auflager für etwas; seitlich davon ist der Ring etwas höher. Inv. 4863 (Prytaneion). Fragment eines gleichen Exemplares. Eisenrest in dem Loch.

Im Museum der archäologischen Gesellschaft zu Athen wird der beistehend skizzierte, ganz in Bronze gegoffene Dreifufs aufbewahrt (a^3, 1010, bei Athen gefunden), und ein gleicher, an welchem auch die Klauen unten — es find die eines Huftieres — erhalten find, ftammt aus Cypern (bei Cesnola-Stern, Cypern Taf. 70, 1

abgebildet). An letzterem fieht man auf dem oberen Ringe jtatt der Spiralen einen archaifch ftilifierten Tierfries. Ich vermute, dafs die olympifchen Stücke 823, 824 von gröfseren Dreifüfsen diefer Art ftammen, wo die Stäbe von Eifen waren. In dem Loche fteckte das Ende des je von den drei Klauen gerade auffteigenden Stabes; die Voluten rollten feitlich herab. Obenauf lag der obere Ring, welcher den Keffel aufzunehmen hatte. Vergl. 814 b.

Man wird den Urfprung diefer Form am wahrfcheinlichften in der Heimat des ionifchen Capitells zu fuchen haben. Indem uns hier das oblonge Tierftück, der eine integrierende Teil des ionifchen Capitells, ohne die anderen Teile, den Abakus und das Kymation, entgegentritt, wird die urfprüngliche Unabhängigkeit und Selbftändigkeit, die das ionifche Capitell, Berl. Winckelm. progr. 1887 dem Volutenftück vindiziert hat, beftätigt.

Auf Taf. XLIX c habe ich verfucht, durch eine Zeichnung, welche M. Lübke nach meinem Entwurfe fertigte, ein Bild von einem etwas reicher verzierten Stabdreifufse zu geben. Ich habe mich dabei namentlich durch den Metapontiner Dreifufs leiten laffen, doch lediglich olympifche Fundftücke benutzt und nicht zugezogen, was nicht aus Olympia felbft zu belegen war. Nur das Motiv der kleinen Palmettenfüllung zwifchen dem oberen Ring und den feitlichen Stäben fehlt in Olympia und ift vom Metapontiner Dreifufs genommen. Frei, ohne direkte Vorlage, mufste nur das Zwifchenftück ergänzt werden, das Keffel und Unterfatz verbindet. Bei dem urfprünglichen einfachen Typus, wie ihn der Fund von La Garenne zeigt, ruht der Keffel unmittelbar auf dem zu feiner Aufnahme beftimmten Ringe. Das Streben nach reicherem Schmucke führte dazu, auf dem Ringe noch Figürliches anzubringen, wie das Metapontiner Exemplar zeigt. Dies machte ein Zwifchenglied zur Aufnahme des Keffels nötig. Ich habe dasfelbe hier frei ergänzt. Die in Etrurien gefundenen reich verzierten Stab-

dreifüfse gehen aber noch weiter und laffen den Ring, der zwecklos geworden, ganz fallen; der Keffel wird hier direkt an die krönenden Figuren genagelt (auch bei Muf. Gregor. 1, 56 war dies fo; der ganze Auffatz dort ift modern). — Die Einzelheiten meiner Ergänzung erläutern fich dem aufmerkfamen Beobachter von felbft.

### 3. Keffel und Becken mit beweglichen Henkeln.

Wir befprechen zunächft eine Gattung gröfserer Keffel, welche nicht nur durch ihre Henkel, fondern auch ihre gefammte Form fich von den letzt betrachteten Greifenkeffeln und ebenfo von den alten Dreifufskeffeln fcharf unterfcheiden. Ihre feitlichen Wandungen fteigen gerade an. Der Rand ift nach innen umgebogen. Sie fcheinen dem 6. und 5. Jahrhundert anzugehören und nicht in ältere Zeit hinaufzugehen.

825 (Taf. L). Südöftlich der Südweftecke der byzantinifchen Kirche, nur 30 cm jenfeits der an jener Stelle befindlichen Wafferleitung, mit dem oberen Rande etwas tiefer als die Oberkante diefer (Inv. 13436). Höhe 0,33. Durchmeffer 0,60. Keffel aus ftarkem Bronzeblech, das fich am Rande verdickt; letzterer befteht aus einer einfachen horizontalen Umbiegung nach innen. An zwei gegenüberliegenden Stellen fitzen noch die Henkel feft, jeder mit drei Nieten befeftigt. Genaueres über diefelben f. zu 827 ff.

Noch ein zweiter derartiger Keffel ift vollftändig erhalten bis auf den einen Henkelanfatz, der abgebrochen ift; er wurde in der Krypte beim Tiefgraben gefunden (Tageb. V, S. 332); in Berlin, Dubl. Er ift kleiner als 825, nur 0,19 hoch, Durchmeffer 0,45, Randbreite 15 mm. Der Henkelanfatz ift fchlecht gearbeitet; der bewegliche Henkel felbft fehlt; er war dem erhaltenen Refte nach von Eifen.

Ein anderes gleiches, aber fehr zerdrücktes Exemplar wurde vor dem 10. und 11. Thefauros gefunden Inv. 3517).

Der obere Teil eines gleichen Keffels, an welchem der eine Henkel noch feftfitzt, während der andere fich fpäter dazu fand, weftlich Buleuterion; Inv. 12146, 12098, ift dadurch wichtig, dafs auf dem horizontalen Rande ein Reft der Weihinfchrift erhalten ift (Röhl, infcr. ant. 1202); fie nennt die Einwohner der elifchen Landfchaft Amphidolia, die Amphidoloi; offenbar waren fie die Weihenden. Die Zeit wird das 5. Jahrhundert fein. Die Palmette des Henkelanfatzes ift mittelmäfsig gearbeitet. Der Henkel ift rund wie 829. Der Keffel war grofs und hatte ca. 1 m Durchmeffer. Der Rand ift 13 mm breit.

Zwei vollftändig erhaltene Keffel mit den palmettengefchmückten Henkeln, genau mit dem olympifchen Typus übereinftimmend, doch geringe Exemplare, befinden fich in Neapel, aus Unteritalien ftammend (Inv. 74745, 74740); Höhe ca. 18, Durchmeffer ca. 34 cm. Sie find dadurch wichtig, dafs bei ihnen auch die zugehörigen ringförmigen Unterfätze mit drei Löwenklauen (Typus wie 853) erhalten find.

Einzelne Henkel, zu Keffeln diefes Typus gehörig, find in grofser Zahl in Olympia gefunden worden. Die-

felben müllen alfo — im 6.—5. Jahrhundert — ein fehr
beliebtes Weihgefchenk gewefen fein.

Ein von dem gewöhnlichen Typus abweichendes,
aber wahrfcheinlich älteres Exemplar ift

**826. 826a** Taf. L'. Südweftlich Pelopion Inv. 10207'.
Wie die Seitenanficht zeigt, ift der untere Teil des Anfatzes flach, maffiv. Nur der obere horizontale Teil ift
hohl. Der Henkel fehlt. Die Voluten der Palmette
gehen fchon von dem oberen Teile aus, welcher dafür
der Umfchnürungen entbehrt. Die Palmette ift flach und
ift von befonders ftrenger Zeichnung.

Der gewöhnliche Typus, wie er auch an den oben
genannten ganz oder grofsenteils erhaltenen Keffeln fich
findet, ift folgender: Die Anfätze find in hohem Relief
gegoffen und innen hohl. An manchen Exemplaren ift
die Bleifüllung des Inneren erhalten. Sie waren jedoch
nicht angelötet, fondern immer angenietet; immer, an
grofsen wie kleinen Exemplaren, find es drei Nieten,
welche die Verbindung mit dem Keffel herftellen: zwei
im oberen horizontalen Teil und eine durch die Palmette
gehende. Wie die Anfätze oben über den Ketfelrand
griffen, zeigt 825. Die Mitte des Oberteils ift regelmäfsig
durch Umfchnürungen gegliedert. Die beweglichen
Henkel find mit ihren Enden nur in die Löcher an
den Seiten der Anfätze hereingefteckt und nicht weiter
befeftigt. Die Henkel find bei den guten Stücken meift
viereckig und mit Knöpfen verfehen; die geringeren und
kleineren Exemplare haben gewöhnlich runde Henkel.

**827** Taf. L. Südlich Prytaneion Inv. 5129'. Ein
fchönes grofses Exemplar. Die über der Palmette gravierte Lotosblüte kommt fonft nicht vor. Die Nieten
find nur in der Zeichnung zuzufügen vergeffen, in
Wirklichkeit aber vorhanden. Der Henkel ift viereckig.

a. 31

**828** (beiftehend). Südoftbau Inv. 14060'. Breite
des Henkels 0.005, gefamte
Höhe 0.12. Ein wenig ver-
fchiedenes, etwas zierlicheres
Exemplar. — Ganz gleich
ift Inv. 14026 Südoftbau',
offenbar von demfelben
Keffel.

Bei den fchlechteren
Exemplaren ift die Palmette
nur im Umrifs gegeben.
Auch ift dann meift die
Rückfeite nicht hohl, fondern voll gegoffen und
flach. So:

**829** (Taf. L'). Südlich Zeustempel Inv. 4648; Berlin,
Dubl.). Mit rundem Henkel.

Die anderen Exemplare diefes Typus find:
Mit viereckigem Henkel, Inv. 3481 mit der Bleifüllung). 13765. 14026. 1062 Berlin, Dubl.'.
Mit rundem Henkel wie **829**: Inv. 12059. 13543. beide
mit roher Palmette wie **829**.

Nur der Anfatz ift erhalten, der Henkel verloren:
Gute Exemplare wie **827** und **828**: Inv. 2576, leicht gegoffen. 3434, fehr dünn und leicht. 3838. 3666 (mit Bleifüllung). 3748. 5768. 7059. 11525 (nur die Palmette er-

halten'. 12413. 13473. 13476. 13826. 2833 Berlin, Dubl.'.
Mit roher Palmette ohne Innenzeichnung, wie **829**: Inv.
8626. 4362. 10276. 4028 Berlin, Dubl.'.

Kleinere Exemplare ohne die Umfchnürungen am
oberen Teile und ftatt deren mit einer Erhöhung in
der Mitte: Inv. 13016 mit erhaltenem rundem Henkel,
5966 u. a.

Eine Reihe von fchlechten rohen Exemplaren hat
nur den allgemeinen Umrifs der Palmette beibehalten,
giebt aber gar keine Andeutung von Blättern mehr;
meift ift das Ganze, immer aber der untere Teil maffiv,
hinten flach, nicht ausgehöhlt. Exemplare mit erhaltenem
rundem Henkel: Inv. 5855. 4295a. 7781. — Mit erhaltenem
eckigem Henkel: Inv. 12887, grofs. 12069. — Ohne
Henkel: Inv. 5178. 5826, klein. 9217. 13825, mit einem
Stück des Keffels. 13376. 12559. 13464. 12747. 10276. 2972.
Hieran fchliefst fich ein ungewöhnliches Stück:

**830** Taf. L. Weftlich Pelopion Inv. 11195'. Der
untere Teil ift ganz glatt und hat nur im Allgemeinen
die Palmettenform, ähnlich wie bei den letzt erwähnten
Stücken. Der obere Teil aber ift ungewöhnlich reich
und fchön gegliedert. Glatter runder Henkel, ohne die
fonft üblichen Knöpfe.

Von einem ungewöhnlich verzierten Exemplare
ftammt ferner:

**831** Taf. L). Weftlich Buleuterion Inv. 13044'.
Fragment. Die über den Rand greifenden Wülfte ließen
hier in Löwenvorderteile aus. Die Einzelheiten an dem
Löwenkopfe find fchön in archaifchem Stile cifeliert.
Das Nagelloch oben an der gewöhnlichen Stelle. Seitlich das Loch zum Einfügen des Henkels. — Ein vollftändiger Keffel mit vollftändigem Henkeln von genau
diefem Typus, mit den Löwenvorderteilen und mit der
Palmette unten, die wie an **827** gebildet ift, fand fich
in der Zeusgrotte auf Kreta, f. Muf. ital. di ant. class. II,
p. 725 ff., bronzi cretesi atl. tav. XII, 4

Einzelne Henkel gleich den an den befprochenen
Anfätzen erhaltenen find in grofser Zahl gefunden
worden. Doch brauchen nicht alle, namentlich nicht
alle die vielen runden, zu folchen Anfätzen gehört zu
haben; befonders die runden werden zum Teil auch
von den einfachen Wülften flammen, die wir unten 841 ff.
befprechen. Wir führen die Henkel indefs hier alle zufammen auf.

Viereckige Henkel mit zwei Knoten wie **827. 828**:
Inv. 2619. 2733. 3224. 3839. 3840. 4457. 5008. 5115.
5147. 5833. 6844. 6921. 7229. 8007. 12036. 12611. 12482.
13474. 13751. 13949. 13920.

Von gefchwungener Form
ift ausnahmsweife

**832** beiftehend'. Stadion
Inv. 4636'. Höhe 0.065. Breite
0.08.

Viereckig, mit einem Knoten
in der Mitte: Inv. 2987, klein,
fchlecht.

a. 31

Glatt, ohne alle Knoten: Inv. 9043.

Runde Henkel mit zwei Knoten, wie **829**, die
Knoten meift fehr flüchtig und das Ganze von geringer
Arbeit: Inv. 1981. 2183. 5302. 5519. 5298. 6096. 7513.

8503. 7904. 4006. 5113. 4945. 5007. 8581. 2535. 7464.
5857. 5941. 3663. 5935. 4998. 12943. 13438. 12376. 13241.
13786. 12475. 12807. 11952. 12529. 12770. 12718. 12051.
13324. 13790. 13010. 11745. 12831. 13375. 13030. 11565.
12808. 12668. 11553. 10655. 12013. 12015. 13523. —
Beffer als diefe ift 6963.

Mit gut ausgeführten gerippten Knoten:

**833** (beiftehend). Südlich Zeustempel (Inv. 4360).
Gröfster Durchmeffer 0.095.

Mit Knoten, welche durch fieben dicke Kugeln
verziert find:

**834** beiftehend). Südoftbau (Inv. 13703). Durchmeffer 0.085. — Ebenfo Inv. 4623 (Berlin, Dubl.).

Von gefchwungener Form:

**835** (Taf. L). Buleuterion (Inv. 5302).

Mit nur einem Knoten, klein:

**836** (beiftehend). Weftlich
Echohalle (Inv. 9154). Durchmeffer 0.005.

Ganz glatt, ohne Knöpfe: Inv.
5720. 5294. 12060. 846. 122f0.
13068. 12669.

Dünne Exemplare diefer Art,
ganz glatt: Inv. 5126. 8969. 889.
2206. 4163. 10886. 9959. 11732.
11747. 5502, klein.

Wie fchon bemerkt, wurde ein Exemplar der hier
befprochenen Keffelgattung auf Kreta gefunden. Für
Dodona wird diefelbe bezeugt durch den Anfatz Carapanos, Dod. pl. 47, 6, eines der fchlechten Exemplare.
Ein Paar von Anfätzen diefes Typus, welche da wo
831 Löwenvorderteile zeigt, Schlangenköpfe aufweifen,
welche nach dem Keffelinneren blicken, befitzt das Berliner Mufeum, unbekannten Fundorts (Friederichs, kl.
Kunft No. 1450; die Palmette ift roh, ein Stück des
Keffels ift erhalten); ebenda ein anderes Paar diefer Anfätze, von der einfachen Art, aus Unteritalien Friederichs
1456. 1460a; mit Bleifüllung, durch welche die Bronzeniete durchgehen).

Wir laffen nun eine Reihe von Keffelanfätzen für
bewegliche Henkel folgen, zu welchen die zugehörigen
Gefäfse fich in Olympia in keinem Falle nachweifen liefsen.
Wir beginnen mit zwei altertümlicheren Stücken:

**837** (beiftehend). Im Metroon (Inv. 3633). Breite
0.11. Sehr einfacher Anfatz mit einem Ringhenkel in
einer Öfe.

Inv. 6989 (füdweftlich Metroon; Berlin, Dubl.) ebenfo:
der Anfatz ganz erhalten, mit zwei Nieten, 0.11 breit:
vom Ringe, der aus Eifen war, nur Refte.

**838** (beiftehend). Oftfront Zeustempel (Inv. 14123).
Breite 0.075. Die Form des Anfatzes fcheint angeregt
durch die Anfätze mit den Flügelfiguren 783 ff.

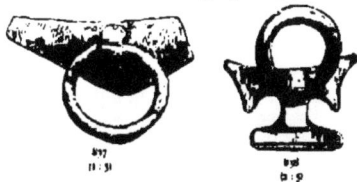

Diefer Typus kommt mehrfach vor: Inv. 13108, Breite
6 cm; 13472, der Ringhenkel fehlt; 13516, unteres Ende
fragmentiert; 5208 (Berlin, Dubl.), der Ringhenkel fehlt;
Breite 48 mm; drei Nieten.

Im Mufeum von Palermo (Inv. 1503) befindet fich
ein aus Gela ftammender Bronzekeffel von 42 cm Durchmeffer, welcher zwei Henkel diefes Typus zeigt. Die
Seitenflügel der wieder mit drei Nieten befeftigten Anfätze find mehr herabgezogen; auch hier ift die Verwandtfchaft mit jenen geflügelten Anfätzen deutlich. Der
Keffel hat ftarke Einziehung nach der Mündung; auf dem
eingezogenen Schulterteil fitzen die Henkel. Er diente
als Afchengefäfs in einem Grabe. Bei zwei Keffeln von
gleicher Form in Neapel (Inv. 74743. 74745) find die
Anfätze, welche die Ringhenkel aufnehmen, einfacher
(etwa wie ein byzantinifches Kreuz ohne Oberteil) gebildet; bei ihnen find auch die niederen ringförmigen
Unterfätze des Typus 853 erhalten. Vergl. ferner einen
Keffel aus Orvieto, aus einem Grabe des 6. Jahrhunderts,
abg. im Supplement zu den Monum. ed Annali d. Inft. 1890.

Etwas jünger find folgende, wohl in das 5. Jahrhundert gehörige Stücke:

**839** (Taf. L). Südlich Palästra (Inv. 12120). Anfatz
in Form einer Löwenhaut. Zum Anlöten beftimmt.
Beweglicher Rundhenkel mit Knopf. — Inv. 13109
(weftlich Philippeion). Ebenfo, doch geringer.

Ein gleiches Exemplar aus Athen in Berlin (Misc.
Inv. 7491).

**840** (Taf. L). Südlich Palästra (Inv. 12131). Der
bewegliche Henkel fehlt. Der Anfatz ift ebenfalls zum
Anlöten beftimmt. Die Palmettenblätter find fo wie fie
find durch Gufs hergeftellt. Die Linien der Voluten find
eingefchlagen.

Sehr zahlreich find in der Altis kleine Bronzewülfte
mit Umfchnürungen gefunden worden. Obwohl nicht
alle beftimmt waren, bewegliche Henkel aufzunehmen,
befprechen wir hier doch die ganze Serie.

Die finnvollfte und gewifs urfprünglichfte Verwendung folcher Wülfte fanden wir an dem Stabdreifufs
von La Garenne, wo fie je zwei Stäbe gleichfam zufammenbinden und die Umfchnürungen durch diefe
Funktion ihre volle Erklärung finden Wir bemerkten
fchon, dafs gleiche Stücke in Olympia nicht nachweisbar
find. Hier kommen diefelben dagegen fehr häufig als
Gefäfsanfatz vor; die Umfchnürungen find dann rein
ornamentales Motiv.

Ganz analog den oben besprochenen Kesselansätzen mit Palmetten 826 ff. sind die folgenden Stücke; sie sind wie jene zum **Annageln**, nicht Anlöten, sind hohl und haben Löcher für die, ganz wie dort einzusetzenden, beweglichen Henkel.

**841** (beistehend). Südwestecke Zeustempel (Inv. 2022). Länge 0,115, Breite 0,04. Eine Niete erhalten. Der Rand des Gefäßes war gerundet. Der Henkel fehlt.

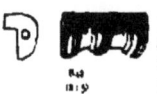

**842** (beistehend). Thesauren (Inv. 9252). Länge 0,033. Mit zwei Nieten. Der Ansatz griff oben über den Rand des Gefäßes, wie die Seitenansicht zeigt. Der Henkel fehlt.

**843** (Taf. I.). Südostbau (Inv. 13657; Berlin, Dubl.). Gutes Stück, mit zwei Nieten. Der runde Henkel erhalten. — Vergl. Mus. ital. di ant. class. II, Atl. tav. XII. 15; p. 738 aus der Zeusgrotte von Kreta.

Fragmente ähnlicher Ansätze: Inv. 2026. 7018. 7109. 7551. 11405. 12188.

Einige solcher Wülste mit Löchern für bewegliche Henkel sitzen oben auf kleinen Streifen, mit welchen sie aus einem Stücke gegossen sind. Diese Streifen zeigen Nagellöcher und waren offenbar an den inneren Rand von Gefäßen genagelt, über den jene Wülste emporragten. So Inv. 4153a. 12605.

Nicht oben auf dem Rande, sondern an der Außenseite des Streifens, der also außen an den Kessel genagelt war, sitzt der Wulst bei

**843a** (beistehend). Nordöstlich Zeustempel (Inv. 1097). Länge 0,115. Höhe 0,038. Plumpes schweres Stück.

Die meisten dieser Ansätze sind indeß zum Anlöten bestimmt.

Solche einst angelötete Ansätze, mit Löchern an den Seiten zum Einfügen beweglicher Henkel, sind:

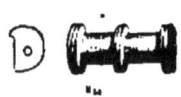

**844** (beistehend). Echohalle (Inv. 6000). Greift etwas über den Gefäßrand. Der Henkel fehlt.

Ähnlich Inv. 5387. 5308 (der Henkel war von Eisen). 9974.

Während bei diesen Stücken die Rückseite gerade abgeschnitten ist als Ansatzfläche an das Gefäß, ist bei den folgenden nur eine flache Abplattung an der Rückseite zu bemerken:

**845** beistehend). Südost (Inv. 5087). Länge 0,095. Von guter scharfer Arbeit.

Gleichartige Stücke, bei welchen ebenfalls der Henkel erhalten ist: Inv. 4900. 9042. 12113. 13205. 6873. 3730 (Berlin, Dubl.). 7329 (Berlin, Dubl.; sehr klein, nur 4 cm im größten Durchmesser).

Andere, bei welchen der Henkel verloren ist: Inv. 8985. 9279. 690. 4756. 9596. 1689. 11436. 4053 (klein). 3697 (Berlin, Dubl.). 4469 mit Blei gefüllt, die Henkellöcher sind in das Blei gebohrt.

Einzelne Henkel, die von solchen Ansätzen herrühren und mit 845 übereinstimmen: Inv. 1403. 5135. 4843. 12029. 12567. 11889. 12881.

Unter den vollständig erhaltenen Denkmälern anderer Funde sind namentlich zwei Gefäßtypen zu unterscheiden, welche angelötete Wülste, gleich den hier zu **844. 845** besprochenen, mit beweglichen Henkeln zeigen und für die Rekonstruktion der olympischen Gefäße von Wichtigkeit sind: a hohe bauchige Kessel von beistehender Form,

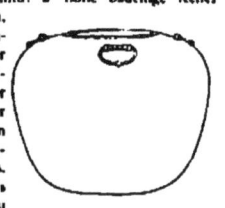

mit gerade emporragenden Wänden und starker Einziehung nach der Mündung; auf der Schulter sitzen zwei oder vier jener Ansätze mit beweglichen Henkeln. Die Kessel bedurften eines Untersatzes. Ein gutes Exemplar aus Chiusi im Museum zu Leyden No. 864. Eines aus Athen im Louvre trägt eine interessante punktierte Inschrift des 5. Jahrhunderts auf dem Rande. Dieselbe, soviel ich weiß, nicht publiziert, lautet: ΑΘΕΝΑΙΟΙΑΘΛΕΠΙΤΟΙΣΕΝΤΟΙΠΟΛΕΜΟΙ 'Aθηναῖοι ἆθλα ἐπὶ τοῖς ἐν τῷ πολέμῳ. Der Kessel war also als Staatspreis an Festspielen gegeben worden, welche die Athener zu Ehren von im Kriege Gefallenen veranstaltet hatten; dem Empfänger hatte man das Ehrenzeichen wohl ins Grab mitgegeben. Es war gewiß ein heimisches Fabrikat. Ein gleichartiger Kessel, nur ohne die Henkel, ebenfalls aus einem Grabe bei Athen, befindet sich in Berlin Friederichs, kl. Kunst No. 1308. Ein anderer, mit zwei Henkeln wie die der beistehenden Skizze und mit einem flach gewölbten Blechdeckel, ist im Museum der archäologischen Gesellschaft zu Athen (χχαλ. 642); er enthält die Asche eines Verstorbenen. Flachere Kessel dieser Art, ohne Henkel, fanden sich als Aschenvasen in den Nekropolen Megara Hybläa und Syrakus (Museum zu Syrakus). Hierher scheint auch der henkellose Kessel aus Cuma zu gehören, der die chalkidische Inschrift

---

¹ Das Stück stammt aus der Gegend von Ambelokipo, also gewiß aus einem Grabe; es ward 1875 erworben. Die Inschrift hatte ich mir im Louvre wegen der Aufstellung der Vase nur unvollständig notieren können; Herr Héron de Villefosse hatte die Gefälligkeit, mir dieselbe vollständig, sowie die Notiz über die Herkunft freundlichst mitzuteilen.

{εὶ τοῦ Ὀνομάστου τοῦ Φιλλλου πῶλον ἰώνων} trägt (Annali d. Inſt. 1880, p. 343 f.; Inscr. ant. 525), alſo auch ein Preis bei Leichenſpielen war. Die bekannten capuaniſchen Bronzeurnen ſind nur eine lokale Abart eben dieſer Gattung; ſie entbehren immer der Henkel. Der Grundtypus wird ſich von Chalkis nach Athen und dem Weſten verbreitet haben. Dieſe Keſſel ſind immer ohne Fuſs und bedürfen eines Unterſatzes. — b) Flache Becken ohne Fuſs. Dieſe wurden namentlich in Grofsgriechenland, doch auch in Etrurien (beſonders Orvieto) häufig gefunden. Eine ganze Anzahl aus Unteritalien beſitzt das Muſeum in Karlsruhe (F 333 ff.; die Anſätze ſind meiſt ſchlechterer Arbeit und modern und oft falſch an die Gefäſse angeſetzt'; eines in Berlin (Friederichs, kl. Kunſt 596; der Fuſs iſt modern).

Endlich iſt zu bemerken, dafs eine altkorinthiſche, fälſchlich »Kothon« genannte, Gefäfsform in Terrakotta, die aber offenbar Metall nachahmt, zuweilen durchbohrte Anſätze jener Art zeigt (ſ. Berliner Vaſenkat. 1108—1111. Form No. 112'. Dergleichen Anſätze kommen öfter auch an Bucchero-Vaſen (vergl. Inghirami, museo Chiuſino tav. 12) vor.

Haben die bis jetzt beſprochenen Anſätze einen praktiſchen Zweck, nämlich den einen Henkel aufzunehmen, ſo iſt dies nicht der Fall bei den nun folgenden, welche lediglich dekorativ ſind.

Bronzewülſte zum Anlöten an den Seiten, alſo nicht für Henkel beſtimmt und blos dekorativ, ſind:

**846** (beiſtehend). Oſten (Inv. 5016). Das Stück griff oben über den Rand des Gefäſses etwas über. Nach unten ein glattes Anſatzſtück, das ſonſt nicht vorkommt.

**847** (beiſtehend). Weſtlich Pelopion (Inv. 11583). Länge 6 cm. Innen mit Blei gefüllt. Hinten gerade Anſchlufsfläche.

Ebenſo Inv. 5391. — An der Rückſeite nur wenig abgeflacht ſind: Inv. 8836. 3973. 14048. 3092. 3488. 14090. 1622. 2928. 6736. 5780. 5153 (Berlin, Dubl.) 12166 und 13746, ſehr klein, 10890 grofs, 6 cm lang, hohl.

Zumeiſt iſt eine leichte Rundung deutlich, welche zeigt, dafs die Stücke an gerundete Flächen gelötet waren. Nur zuweilen iſt dies nicht der Fall. So bei **846** und **847** nicht und nicht bei Inv. 9852 (Berlin, Dubl.). Dieſe Stücke können von grofsen Gefäſsen ſtammen, da es bei dieſen nicht nötig war, den kleinen Anſätzen auch eine Rundung zu geben.

Statt der Abflachung der Rückſeite ſehen wir bei folgenden einen Einſchnitt, welcher zeigt, dafs ſie an Ründer angeſetzt waren:

**848** (beiſtehend). Südfront Zeustempel (Inv. 4994). Länge 0,11. Durchmeſser 0,043. Grofses gutes Stück. Mit drei eierſtabartig verzierten Wülſten, ohne Rundung.

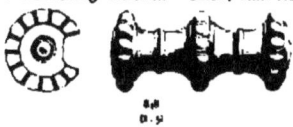

**848**
(1 : 3)

Die in der Mitte der Nebenſeite befindliche runde Fläche iſt mit einer gelbweifsen, jetzt zerſtörten glaſartigen Maſse gefüllt.

Einfacher, mit einer ſchmalen Rille, alſo von einem ſcharfen Rande: Inv. 3052 (Berlin, Dubl.). 9770. — Vereinzelt iſt:

**849** (beiſtehend). Weſtlich Prytaneion (Inv. 12463). Länge 0,113. Breite 0,06. Dicke 7 mm. Der Wulſt ſitzt auf einer rechteckigen Platte, mit welcher er zuſammengegoſsen iſt. Die Platte iſt unten in der Mitte etwas konkav. Ein eiſerner Nagel ſcheint durch die Platte zu gehen. War vielleicht unter ein Gerät als Fuſs genagelt, vergl. zu **860**.

**849**
(1 : 3)

Vereinzelt iſt auch Inv. 14073, ein ganz runder Wulſt ohne Löcher, ohne Anſatzſpur, aber von einem Nagel durchbohrt.

Einige andere Stücke, welche nur eine kaum merkliche Abplattung haben, zeigen ein der ganzen Länge nach durchgehendes Loch:

**850** (beiſtehend). Südoſtbau (Inv. 13511). Länge 0,06. Durchmeſser 0,028. Grofses ſchweres Stück; ohne merkliche Rundung. Durchgehendes Loch.

**850**
(1 : 3)

**851** (beiſtehend). Öſtlich byzantiniſcher Kirche (Inv. 13223). Länge 7 cm. Nur die beiden Enden ſind an einer Seite ein wenig abgeplattet. Mitten hindurch geht ein Nagel; das Stück war alſo nicht angelötet. Durchgehendes Loch.

Ähnlich Inv. 12174 (einfach, ohne Umſchnürungen), 11810 (Berlin, Dubl.).

Dafs ſolche Anſätze rein dekorativer Art ſchon in recht früher Zeit an Metallgefäſsen üblich geweſen ſind, dafür ſind uns zunächſt italiſche Thongeräte mit von Metallvorbildern entlehnten Motiven Zeugnis. Vergl. z. B. Muſ. Gregor. II, 100, 5, einen grofsen rothonigen Pithos von jener alten Gattung, die Löſchcke Arch. Ztg. 1881 S. 40 ff. beſpricht; an ſeiner Schulter ſitzen geſchweifte Wülſte eben der beſprochenen Art, lediglich als Verzierung. Ferner vergl. einen Stamnos von Bucchero in Bologna mit zwei geprefsten Frieſen in Flachrelief; er hat vier Wülfte auf der Schulter. An einer altertümlichen Buccherovafe aus Chiufi (Micali, mon. ined. tav. 30, 1) find die Wülfte am Rande des Gefäßes zwifchen menfchlichen Köpfen angebracht. Aber auch originale Metallgefäße find zu nennen; vor Allem ein Keffel der Form S. 134 im Mufeum der Arch. Gefellfchaft zu Athen (χωλ. 1176), der zwei bewegliche Henkel mit Anfätzen in Wulftform und unten anfchliefsender Palmette hat und aufserdem durch zwei ungefähr wie 848 ausfehende lediglich dekorative undurchbohrte Wülfte verziert ift. Ein flaches Becken mit einer Reihe von jenen Wülften, die oben am Rande feftfitzen, ift uns aus Cypern erhalten: Cesnola-Stern, Cypern Taf. 71 r. oben. Ferner hat Olympia felbft das Fragment der Terrakottanachbildung eines grofsen Metallgeräts mit derartigem Wulfte geliefert (unten 1301) und ein gleichartiges fand fich in Naukratis (Flinders Petrie, Naukratis I pl. 4, 7). Im Mufeum zu Palermo befindet fich ein aus Sizilien flammender, ganz erhaltener Terrakotta-«deinos» mit vier folchen Wülften am Rande. Noch unteritalifchgriechifche Thonvafen aus Lucanien, vom fpäteren 5. und 4. Jahrhundert, wenden dies den Metallgefäfsen entlehnte Motiv an den Henkeln an (vergl. z. B. Mus. Borbon. VIII, 58).

Von einer interessanten dekorativen Verwendung der Bronzewülfte in vertikaler Richtung find folgende Refte erhalten:

852 (beiftehend). Höhe des Wulftes 4 cm. Hinten hohl. Spur eines Nagels inmitten des Wulftes, alfo nicht

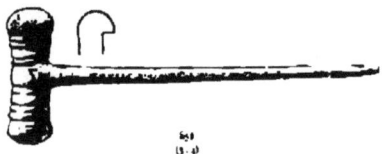

851
(3 : 4)

gelötet, fondern genietet. Das Ganze gerundet. Der Wulft griff oben etwas über den Gefäfsrand. Am rechten Ende ift das Stück gebrochen.

Inv. 7612 (Berlin, Dubl), ganz gleiches Stück (Stadionwall). Inv. 12386, Fragment gleicher Art, mit Nagel im Wulft.

Aufklärung über die Verwendung giebt ein Stück aus der tomba d'Ifide von Vulci im Britifh Mufeum (ungenügend abgebildet bei Micali, mon. ined. 8, 2). Es ift eine prachtvolle Schüffel mit zwei grofsen feften Henkeln. Um den ganzen Rand herum läuft ein angenieteter Streif mit in kurzen Abftänden fich wiederholenden vertikalen Wülften, die oben etwas über den Rand des Gefäfses greifen; die Form derfelben durch die Wülfte. Alfo völlige Übereinftimmung mit 852, wo nach rechts hin die Fortfetzung zu ergänzen ift. Nur ift das Volcenter Stück von viel feinerer Arbeit als die olympifchen. — Ein ganz gleich verziertes flaches Becken, das fich nur dadurch unterfcheidet, dafs feine Henkel beweglich find, fand fich auf Cypern, f. Cesnola-Stern, Cypern Taf. 71 l. oben.

Alle die Keffel und Becken mit beweglichen Henkeln, welche wir bisher in diefem Abfchnitte teils befchrieben, teils rekonftruirt haben, entbehren der Füfse. Sie mufsten alfo auf Unterfätze geftellt werden. Dies waren aber nicht hohe Geftelle, wie für die greifengefchmückten Kratere, fondern meift niedere Ringe die auf drei Löwenfüfsen ruhten. Und zwar gilt dies fowohl für die bauchigen Keffel, als für die flachen Becken, die wir rekonftruirt haben. Für erftere darf dies als antiker Brauch durch die oben S. 131 erwähnten Keffel in Neapel und auch durch die Bronzeurnen von Capua als bewiefen gelten, die der Gattung tiefer Keffel in Olympia, wie bereits bemerkt, nahe verwandt find; jene Urnen find mehrfach ficher auf niederen löwenfüfsigen Ringen ftehend gefunden worden (vergl. z. B. Monum. d. Inft. XI, Taf. 6, 2). Für die flachen Becken wird jener Brauch fowohl durch erhaltene Stücke, wie das aus Unteritalien ftammende in Neapel, Muf. Borbon. VI, 62, 2, als durch antifche ftreng rotfigurige Vafen der Zeit um 500 erwiefen, wo folche Becken auf niederen Ringen mit drei Löwenfüfsen öfter abgebildet find (z. B. als Fufswafchbecken beim Skironsabenteuer, Schale des Euphronios; als Becken, darein fich ein Mann übergiebt, Schale in Brygos Stil, Berlin 2309 innen; vergl. ferner den unfignierten Napf deffelben Brygos, Mon. d. Inft. VIII, 27); auch ein etruskifches Relief ftrengen Stiles, Monum. d. Inft. 4, 32) zeigt ein folches neben der Kline beim Gelage. Die oben zu 852 erwähnte prächtige Schüffel der tomba d'Ifide ift jetzt im Britifh Mufeum auf einen folchen Ring mit Löwenklauen gefetzt; Micali erwähnt nichts von demfelben; doch fcheint die Zugehörigkeit fehr wahrfcheinlich. — Offenbar waren die in einem Eleufinifchen Tempelinventar erwähnten λαντοδάτροι (Έφημ. άρχ. 1888, S. 43, Z. 64) nichts anderes als Unterfätze diefer Art.

Die in Olympia erhaltenen Refte find:

853 (Taf. LI). Südoftbau (Inv. 6589). Oberer Durchmeffer 0.19, unterer 0.23. Ring mit drei Löwenklauen. Stabverzierung am äufseren Rande. Die Klauen ruhen auf einem getrennt gearbeiteten, doch zufammen gefundenen, unverzierten unteren Ringe mit drei Höckern.

Inv. 5121 Buleuterion: ift ein unterer Ring wie der unten an 853; Durchmeffer 0.09.

Inv. 14014 (Südoftbau), kleines vollftändiges Exemplar.

Fragmentiert: Inv. 12591, graviertes Stabornament auf dem Rande. 4336 (Stadionwall, Löwenklaue und Stück des Rings; letzterer 4 cm breit; Höhe 9 cm. — 13407; 13878, klein. 13611 (Berlin, Dubl.), klein.

In Berlin befindet fich auch ein in Olympia vor Beginn der Ausgrabung gefundenes Fragment diefer Art, Klaue mit einem Stück Ring (Misc. Inv. 7033).

854 (Taf. LI) 854a (beiftehend). Südoftbau (Inv. 13530). Fragment vom Rande eines gröfseren Exemplares. Glatte obere Fläche; der äufsere Rand mit Stabornament. Durchfchnitt 854a. — Inv. 7615 ähnliches Randfragment. 14417 (füdlich Metroon) ein anderes, 6 cm breites.

854a

Löwenklauen die von folchen Unterfützen ftammten, find: Inv. 1581, 3218, 7209, 5526, 5412.

Von etwas abweichendem Typus ift der folgende kleine Unterfatz:

**855** (Taf. I.I). Pelopion (Inv. 3765). Das dritte Bein ift abgebrochen, der Ring verbogen. Die drei Beine waren durch untere Querftäbe untereinander verbunden, nach Art der grofsen Stabdreifüfse.

**856** (Taf. I.I). Südoftbau (Inv. 13661). Löwenfuls von einem ringförmigen Unterfatze oder einem runden Geräte. Oben ein dünnes Anfatzftück mit einem Nagel, welcher hinter den Ring oder das Gerät griff. Die Klaue ift nach oben mit ionifchen Voluten abgefchloffen. Die Zehen find von fehr guter Arbeit. Der Typus ift dem Stile nach etwas fpäter als der von 853.

Ein vollftändiger Ringunterfatz mit Klauen diefer Art, der in Dodona gefunden wurde, trägt die Weihinfchrift eines ionifchen Rhapfoden an den dodonäifchen Zeus (Carapanos, Dodona pl. 23, 2. Röhl, inscr. ant. 502) und gehört dem 5. Jahrhundert an. In Dodona wurde auch der ältere Typus wie 853 gefunden; f. Carapanos pl. 41, 1. 2; klein 41.7. Auch in der Zeusgrotte auf Kreta kamen entfprechende Stücke vor, f. Mus. it. di ant. class. II, Atlas tav. XII.

Der Typus der Klauen mit den Voluten wie 856 war im 5. Jahrhundert und fpäter überhaupt fehr beliebt, und hat fich in der Bronzeinduftrie für die Füfse verfchiedenartiger Geräte lange erhalten. Vergl. z. B. Mus. Borbon. V, 14. 2. 3.

Vereinzelte intereffante Stücke, die fich hier paffend anfchliefsen, find:

**857** (Taf. LI). Zwifchen den Fundamenten der Echohalle (Inv. 10881). Eines der drei Beine eines kleinen flachen Beckens, an welches der gerundete hintere Anfatz angelötet war. Ein breiter profilierter Stab läuft unten in eine Löwenklaue aus. Oben fitzt, ohne jede organifche Vermittelung, eine unbärtige Maske, die im Stile auffallend verwandt ift jenen Flügelfiguren der grofsen Keffel 783 ff. Die unorganifche Verbindung des Menfchlichen und Tektonifchen ift letzteren ebenfalls verwandt. Auch ein Ornament auf dem Pfeiler darunter, die Dreiecke welche mit Pünktchen gefüllt find, ift ganz ebenfo an jenen Figuren, befonders an den Gewändern beliebt. Dies Stück wird alfo mit letzteren gleicher Herkunft fein. — Zu dem nach hinten gehenden Anfatze vergl. Carapanos, Dodona pl. 41, 3. — Abg. Ausgr. V, Taf. 29a, 1. Abgufs in Berlin (f. Friederichs-Wolters 369).

**858** (Taf. LI). Nordoftecke des Schatzhaufes der Kyrenäer (Inv. 12047). Über einem Löwenfufse (der unten hohl ift) erhebt fich der Oberkörper einer Gorgone in ionifchem Chiton mit aufgebogenen Flügeln. Die Rückfeite derfelben ift flach. Oben am Kopfe Bruch. Die Figur diente als Stütze eines Gerätes, wahrfcheinlich eines Beckens, deffen Rand oben auf dem Kopfe und den Flügelfpitzen auflag.

Analog gebildet ift ein Stück von Kreta (Mus. it. di ant. class. II, Atlas tav. XII), der Oberkörper einer Sphinx, der aus der Löwenklaue herauswächft, und ein

anderes von demfelben Typus aus Capua, Annali dell' Inft. 1880, tav. V, 2. Der Louvre befitzt ein vollftändiges Becken (No. 6770) mit drei Füfsen diefes Typus: Oberkörper der Sphinx mit emporgefchlagenen Flügeln; unten Löwenklaue; auf dem Rande fitzen kleine Löwenftatuetten. Unter den Funden der Akropolis von Athen befindet fich auch eine Löwenklaue, über welcher fich der Oberkörper einer vierflügeligen Sirene erhebt, auf deren Kopf und Flügelfpitzen Voluten und Palmette ruhen, welche fich an das Gerät anfchloffen.

Was aber die fpezielle Verwendung der Gorgone als Stütze anlangt, fo fei zunächft an die Statuetten oben 78. 79 und dann an ein prachtvolles ahionifches Stück aus Halikarnafs im Louvre erinnert (vergl. in Rofchers Lexikon d. Myth. I. Sp. 1710, Z. 29 ff.), wo die knieende vollftändige Figur der Gorgone die Stütze ift, auf deren Kopf fich der Löwenfufs erhebt. Die knieenden Figuren, welche den greifengefchmückten Krater der Samier ftützten (Herod. 4, 152), dürfen wir uns ähnlich denken. — Vergl. auch die vierflügelige laufende Gorgone als Stütze eines Prachtkefsels, Gaz. arch. 1888, pl. 13, ein ahionifches Stück aus Südrufsland.

Im Anfchluffe an das Befprochene feien hier noch die einzeln gefundenen Löwenklauen aufgezählt, deren Beftimmung fich nicht mehr genau angeben läfst und welche an ganz verfchiedenen Geräten als Füfse verwendet fein konnten: Inv. 3160 ift eine fehr grofse 23 cm breite und 18 cm tiefe Löwenklaue, aus bis zu 3 mm dickem Bronzeblech getrieben, fehr zerftört vorgefunden, von fehr einfacher primitiver Form. Im Inneren derfelben lagen Goldblattrefte. — 2667 (nordöftlich Zeustempel) ift ebenfalls eine zerdrückte Löwenklaue, in Bronzeblech getrieben. — Einige gegoffene Löwenklauen find hohl, ohne Spuren von Nägeln oder Eifenroft (fo Inv. 8512, 0,16 hoch; 5580, Berlin, Dubl., 0,06 hoch); es waren wohl Holzpflöcke in diefelben hineingefteckt. Eine Vermutung über ihre Verwendung f. unten zu 935—938.

Einige Löwenklauen beftehen nur aus vier, meift befonders niedrig gebildeten Zehen ohne Ferfe; fie waren einft vorne an einem gerade emporfteigenden Pfoften angenagelt.

**859** (Taf. I.I). Südfront Prytaneion (Inv. 5229). Vorderteil eines Löwenfufses. Die Ränder biegen nach hinten um. War mit vier Nägeln befeftigt. — Eine genaue Replik ift das ebenda, an der Südfront des Prytaneions, gefundene Stück Inv. 5125; ein drittes Exemplar ift Inv. 4839 und ein fragmentiertes viertes 5230, alle vom Prytaneion. Wahrfcheinlich gehörten fie einft zu den Tifchen des Prytaneions. Diefe Löwenklauen finden nämlich eine vortreffliche Erklärung, wenn man annimmt, dafs fie unten vor die breiten Füfse von Speifetifchen genagelt waren, welche, wie die Denkmäler zeigen (vergl. Blümner, in Arch. Ztg. 1884, S. 182), ebenfolche Löwenklauen befafsen. Noch andere Exemplare diefes Typus find: Inv. 3731, 12095. Ein Exemplar unter den Dubletten in Berlin.

Auch in Dodona ward diefer Typus gefunden (Carapanos, Dod. pl. 41, 8, 10) und neuerdings auch bei den franzöſiſchen Ausgrabungen in Thespiä (groſse Exemplare, geringer als die olympiſchen, im Centralmuſeum zu Athen).

Es iſt hier der paſſendſte Ort, ein Stück zu erwähnen, das als Fuſs eines Beckens oder Keſſels gedient hat und ſeiner Form nach an jene geſchweiſten Wülſte erinnert, die wir oben betrachtet haben.

**860** (Taf. LI). Öſtlich Palaſtra (Inv. 11766). Herzförmiges Stück, darauf ein ſtark ausgeſchweifter Wulſt oder eine Art Rolle. In einem Stück gegoſſen.

Die Bedeutung des Objektes wird klar durch einige vollſtändig erhaltene Bronzegefäſse. Ein Becken aus Unteritalien in Berlin (Friederichs, kl. Kunſt 595) mit zwei angenieteten horizontalen Henkeln zeigt unten am Boden einen flachen Ring, der hier feſtgenietet (nicht gelötet) iſt, und auf welchem an drei Stellen, mit dem Ringe aus einem Stück gegoſſen, eben ſolche Rollen ſich befinden wie ſie **860** zeigt. Das Becken bewegt ſich auſserordentlich leicht auf dieſem Fuſse. Es gehört ſeinem ganzen Charakter nach etwa ins 5. Jahrhundert. Im Muſeum zu Neapel befindet ſich ein bauchiger Keſſel etwa der Form S. 134, an deſſen Unterſeite ein gleicher Ring mit drei Rollen befeſtigt iſt. Einzelne ſolche Ringe mit Rollen ſind mehrere im Neapler Muſeum. Im Muſeum der archäologiſchen Geſellſchaft zu Athen (χαλκ. 721) befindet ſich ein Bronzebecken aus Galaxidi mit Bügelhenkeln und mit demſelben Fuſse mit drei Rollen. Ein anderes gleiches Exemplar ward auf der Akropolis gefunden.[1] Ein Eimer mit demſelben Fuſse auf drei Rollen iſt in Neapel (Muſ. Borbon. IV, 12, 2), nach der Palmette des Henkelanſatzes ebenfalls etwa aus dem 5. Jahrhundert. Ein von dem Gefäſse gelöſter fragmentierter Ring mit dieſen Rollen iſt, aus Dodona ſtammend, bei Carapanos, Dod. pl. 48, 4 abgebildet. — Das olympiſche Stück iſt indeſs nicht der Teil eines Ringes; die Rolle ſitzt hier auf einem beſonderen herzförmigen Anſatze. Doch iſt nach jenen Analogien nicht zu bezweifeln, daſs urſprünglich drei ſolche Rollen unter dem Boden eines Beckens befeſtigt waren. Auch in Dodona fand ſich ein ähnliches einzelnes Stück, ſ. Carapanos pl. 47, 2. Eine kleine einzelne derartige Rolle in Berlin (Friederichs 1523), die offenbar, am unteren Rande eines Gefäſses angelöthet, als Fuſs diente, trägt über ſich ein in der Weiſe des 5. Jahrhunderts prächtig ſtiliſiertes Palmetten-Volutenornament, das ſich vorn an den Rand des Gefäſses anlegte. — Als Baſis von ſtützenden Figuren kommen Rollen dieſer Art an einem intereſſanten Kandelaber der Glyptothek in München vor (den Brunn im Katalog No. 296 mit Unrecht für modern erklärt); die Plinthen der hier über einander verwendeten Stützfiguren ruhen auf je zwei jener Rollen. — Ein Gefäſs aus Troia (Schliemann, Ilios S. 603 No. 1108) ſcheint darauf zu deuten, daſs jene drei Rollen unter dem Gefäſse im nördlichen Kleinaſien alt-einheimiſcher Brauch waren, der dann hier auf die Griechen überging. Bei dem τάλαρον ὑπόκυκλον der Odyſſee (4, 131) darf man wohl auch an jene Rollen erinnern.

Sehr zahlreich müſſen einſt in der Altis flache Becken und Schalen von mäſsigem und kleinem Umfange geweſen ſein, welche an einer Seite einen in einer einfachen Öſe ſich bewegenden Henkel trugen. Kein derartiges Gefäſs iſt erhalten; wir können nur aus den Henkeln auf ſie zurückſchlieſsen.

Wir ſtellen eine Reihe von meiſt kleinen dünnen Henkeln voran, welche, nach Art der oben beſprochenen groſsen, mit den Enden in die Löcher eines feſten Anſatzes geſteckt waren. Sie ſcheinen meiſt nicht gegoſſen, ſondern aus Draht gehämmert, und ſind teils rund teils kantig.

861
1 : 2

**861** (beiſtehend). Südlich Palaſtra (Inv. 11905). Höhe 3½ cm, vierkantig. — Inv. 9069, ebenſo, doch rund. 13670, flacher Draht. — Die anderen Exemplare ſind: Inv. 12115. 12344. 12271. 12471. 12439. 11763. 1631. 13745. 5015. 14131. 6068. 11989. 7687. 1517 (Berlin, Dubl.; 4½ cm hoch).

Ein ſolcher Henkel mit ſeinem Anſatz, einem einfach profilierten Cylinder, befindet ſich, aus Griechenland ſtammend, in Berlin (Misc. Inv. 8054, 190).

Mit einem beſonderen Dorn zum Eingreifen in den Anſatz:

862
1 : 2

**862** (beiſtehend). Weſtfront Zeustempel (Inv. 1944). Höhe 55 mm. — Ebenſo Inv. 7885. — Faſt ganz gleich iſt Carapanos, Dodone pl. 46, 10.

Zahlreicher ſind die Henkel, deren aufgebogene Enden in Ringe griffen, die am Gefäſse angebracht waren.

Ganz einfache, ſtreifenförmige gegoſſene Anſätze mit zwei Ringen, welche für ſolche Henkel beſtimmt waren, ſind mehrfach gefunden worden; ſie waren an die Gefäſse genietet. So Inv. 12023. 8480. 3700. 4154; Berlin, Dubl.). — Ein gleiches Stück ward bei den Ausgrabungen von Sindſchirli in Nord-Syrien gefunden (in Berlin).

Ein ausnahmsweiſe verziertes Exemplar dieſer Art iſt

**863** (Taf. LI). Öſtlich Zeustempel (Inv. 2720). Ein Löwenkopf erhebt ſich über den Anſatz und blickt nach dem Inneren des Gefäſses. Der Stil iſt ſehr altertümlich und dem der im Folgenden unter **943** ff. behandelten Tiere ähnlich. — Verwandt Inv. 8446.

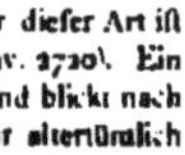
864
1 : 2

Die erwähnten Henkel ſind:

**864** (beiſtehend). Südöſtlich Zeustempel (Inv. 4048). Höhe 3 cm.

Zumeiſt ſind die Enden mit einem profilierten Knoten verſehen. Doch werden dieſe zierlichen Stücke ſchwerlich viel über das 5. Jahrhundert hinausgehen und manche mögen viel ſpäter ſein.

865
1 : 2

**865** (beiſtehend). Nordweſtecke Zeustempel (Inv. 1373). Breite 65 mm.

Ebenſolche kleine Stücke Inv. 5734. 7202. 11907. 13552. 11839. 5712. 5632. Gröſser: 12844. 1387. 13507. — Mittelgroſse Stücke, von welchen nur die Enden erhalten ſind: 11598. 13276. 11949. 201. 11790. 5396. 12538. 13888. — Nur der Knopf iſt erhalten:

[1] Die letzteren beiden Notizen verdanke ich Herrn Dr. Paul Herrmann.

**866** (beiſtehend). Nordweſtecke Zeustempel (Inv. 799). Prachtvolle, tiefdunkle, glänzende Oberfläche.

**867** (beiſtehend). Weſtfront Heraion (Inv. 2202). Nur durch die obere Spitze von dem vorigen Stück verſchieden.

Profilierte Knöpfe deſſelben Typus ſind: Inv. 18. 333. 832. 12913. 12758. 12938. 9256. 7223. 13393. 13229. 11776. 2004. 1418. 685. 21. 328. 748. 1273. 4199. 11783. 13895. 11647. 488. 12648. — Von größeren gröberen Stücken, die Knöpfe jedoch ebenſo profiliert wie die vorigen: 3624. 7478. 11823. 12531. 692. 5019. 12332. 11983. 12394. 13754. 12720. 7847. 3128. 4505. 4908. 12104. 3016. 11596. 12187. 5098. 1402. 2506. 13048. Noch größer 4589. 5116.

Gefäße mit Henkeln von der Gattung wie die eben beſprochenen ſind anderwärts nicht ſelten vollſtändig gefunden worden. Es ſind, wie ſchon zu Anfang angedeutet, flache Becken oder Schalen mit einem derartigen Henkel an einer Seite. Der Typus kommt bereits unter den Funden in dem Bronzezimmer von Niniveh vor (Brit. Muſ.); er war häufig in der Zeuggroste auf Kreta (Muſ. ital. di ant. class. II, p. 724 ff.; tav. XII, 10) und erſcheint

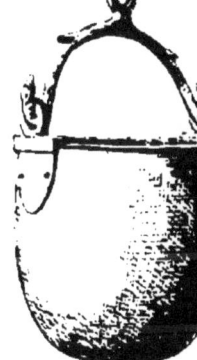

vielfach in Italien (z. B. Muſ. Gregor. I, 2, 9); viele Exemplare von ſolchen Henkeln, mit ihren Anſätzen, aus Unteritalien ſtammend, befinden ſich im Museum zu Karlsruhe. Indeſs ſind die Enden ſelten ſo ſchön profiliert wie in Olympia. Die profilierten Knöpfe finden ſich ſonſt oft an zierlichen Bügelhenkeln eimerartiger Gefäße des Typus mit zwei Henkeln im freien Stile.

### 4. Eimer.

Die Henkel der Eimer gehören im Allgemeinen zu derſelben Gattung wie die letzt beſprochenen, d. h. es ſind ebenfalls in Ringen bewegliche Henkel mit aufgebogenen Enden. Nur ſind dieſelben hier vertikal zum Gefäße angebracht und, der Natur der letzteren entſprechend, bedeutend derber als jene, ferner auch im

Einzelnen weſentlich verſchieden. Wir ſind hier in der ſeltenen Lage, ein vollſtändiges Gefäß zu beſitzen.

**868** (beiſtehend). 1 m weſtlich vom halbkreisförmigen Bathron an der Südaltismauer, circa 3 cm unter der Unterkante der von Weſten kommenden Waſſerleitung, alſo ſehr tief (Inv. 4077). Vollſtändiger Eimer aus ſtarkem Bronzeblech mit angenieteten gegoſſenen Anſätzen nebſt dem Henkel. Höhe des Eimers 0,245. Oberer Durchmeſſer 0,25. Geſammthöhe mit Henkel 0,41. Die Anſätze ſind ganz ſchmucklos. Die Ringe, in welchen der Henkel ſich bewegt, haben auf ihren beiden entgegengeſetzten Seiten einen nach innen vorſpringenden Dorn, welcher beim Umklappen des Henkels verhindern, daß derſelbe ganz auf den Eimer herabſinkt. Die Enden des Henkels ſind als ſpitze Knöpfe geſtaltet. Derſelbe hat auf etwa ⅓ Höhe jederſeits einen Vorſprung, wohl um die Stelle zu verſtärken, wo man hauptſächlich zufaſste. Oben iſt ein Ring, um den Eimer daran in den Brunnen herablaſſen und heraufziehen zu können. Die ganze Einrichtung iſt überaus einfach und praktiſch, fern von allem Streben nach bloßen Zierformen. Schon die Fundumſtände ſprechen für relativ hohes Alter des Stückes.

Inv. 7515 (Prytaneion), Fragment eines ebenſolchen Henkels.

**869** (beiſtehend). Nördlich Prytaneion (Inv. 7436). In der Abbildung

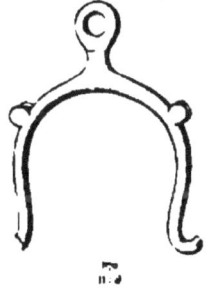

iſt das zwar auch erhaltene, aber abgebrochene linke Ende anzufügen verſäumt worden. Höhe 0,19. Breite 0,22. Henkel wie der von **868**, nur daß hier auf ⅓ Höhe an Stelle der Vorſprünge Knoten treten.

Fragmente gleicher Exemplare: Inv. 378. 6648. 13512. 11903. 12751.

**870** (beiſtehend). Berlin, Dubl.; Höhe 0,22. An Stelle der Knöpfe ſehen wir hier die uns ſchon in anderer Verwendung bekannt gewordenen geſchweiften rollenförmigen Wülſte. Die Enden ſind abgebrochen.

Fragmente gleicher Exemplare: Inv. 7015. 5021. 1280. 13397.

Ganz gleiche Henkel, offenbar aus Großgriechenland, befinden ſich in Neapel. Ein Eimerhenkel dieſes Typus, von ſorgfältiger archaiſcher Arbeit, aus Corneto ſtammend, iſt in Berlin, Friederichs, kl. Kunſt 1443); er

ist etwas reicher behandelt; die Enden laufen in Schwanenköpfe aus; auf ¹, Höhe ein Reif von kleinen Perlen.
Ansätze und Henkel von dem hier besprochenen Typus
sind an einem Eimer in Neapel erhalten, Mus. Borbon.
IV, 12, 1; der Eimer selbst gehört aber wahrscheinlich
nicht dazu, da er von anderer Art ist, als nach dem olympischen Stück zu erwarten wäre. Die Ansätze haben den
Dorn am Ring und die emporstehenden Enden, sind aber
dadurch von den olympischen ausgezeichnet, daß sie
eine auf Voluten ruhende gravierte Palmette in strengem
Stile zeigen. Der Henkel hat Knoten auf ¹/₃ Höhe.

Die Ansätze, welche die Henkel der hier besprochenen altertümlichen Eimer aufnahmen, waren immer angenietet, nicht gelötet. Dieselben sind derb und grob gearbeitet. Verzierung kommt nur in spärlichster Weise vor.

Die folgenden zeigen je an einer Seite des Ringes,
auf halber Höhe desselben, jenen Dorn, den wir schon
an 868 hervorgehoben haben und welcher das volle
Herabfallen des Henkels aufhalten soll.

**871** beistehend. Vor der westlichen Altismauer Inv. 7960. Höhe
0,125. Mit zwei Ausschnitten in der
Ansatzfläche, welche dieselbe etwas
weniger plump erscheinen lassen als
an **868**.

Ganz übereinstimmende Stücke
sind: Inv. 12997 westlich Buleuterion;
das zugehörige zweite Exemplar dazu
scheint 12560 südlich Palästra zu sein;
es stimmt wenigstens genau in den
Maßen und hat den Dorn nach der
anderen Seite. — Ferner Inv. 5080
südöstlich Zeustempel, 75 mm lang;
der Ring oben ist abgebrochen; das
Stück ist dadurch interessant, daß auf seiner Rückseite ein
Alpha archaischer Form eingraviert ist (A). — Inv. 3864
südöstlich Zeustempel; Berlin Dubl.), Höhe 0,11.

**872** beistehend. Kladeosbett (Inv. 14278). Höhe 0,12.
Die Ausschnitte sind hier anders, und zwar in der Art der
»böotischen« Schilde. Dazu zwei gravierte Zickzacklinien.

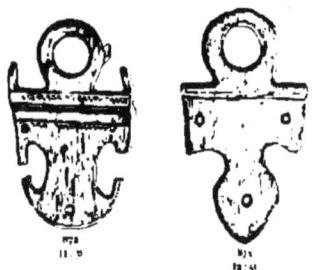

Ohne den Dorn am Ringe sind folgende Exemplare:
**873** beistehend. Nördlich Prytaneion (Inv. 12255).
Höhe ca. 0,12. Der Ansatz ist nach unten so ausgeschnitten, daß die Umrißform der Palmette entsteht.

Ferner mehrere ganz einfache Stücke, wo der Ansatz dieselbe Form hat wie an **868** so Inv. 12590, oder
kurz und unten gerade abgeschnitten ist so Inv. 12031.
5842. 4196. 7798. 6593. 12413.

Abweichend, mit gravierter Palmette, ist folgendes
kleinere Stück:
**874** (Taf. LI). Nördlich Philippeion Inv. 4170.
Der Ansatz ist nach außen verbogen. Zwei eiserne
Nägel hielten ihn fest. Eine gewöhnliche archaische
Palmette mit Voluten ist flüchtig graviert.

Wir lassen noch zwei vereinzelte, figürlich verzierte,
reiche Stücke folgen, die auf einen anderen, in der
späteren Zeit ganz gewöhnlichen Eimertypus, den mit
doppeltem Bügelhenkel, weisen.

**875** (Taf. LI). Westlich Echohalle Inv. 11514).
Die Rückseite ist glatt und gerade, ohne Rundung.
Keine Spur von Nägeln. Zwei Vorderkörper von
Pferden sehr altertümlichen Stiles springen nach der
entgegengesetzten Richtung empor; es ist nur je ein
Vorderbein dargestellt. In der Mitte eine cylindrische
Röhre, die als Ausguß fungiert haben wird. Auf den
Köpfen der Rosse je ein Ring, offenbar zum Einfügen
des doppelten Bügelhenkels des Eimers, zu welchem
dieser Ansatz gehört haben muß. Zwischen den Pferde-
hälften ist der Raum durch Palmettenblätter gefüllt. Der
abschließende untere Leisten ist mit sechs Tropfen verziert. Die Elemente des Ganzen sind dieselben, die wir
an Eimeransätzen des entwickelten schönen Stiles häufig
finden: zwei Ringe für die doppelten Bügelhenkel und
ein Ausguß, der in späterer Zeit zumeist durch den
Mund eines Silens oder eines Löwen gelegt wird (vergl.
z. B. Mus. Gregor. I, 8, 3). Ein dem unserigen verwandtes archaisches Stück ist mir nicht bekannt. Das
Motiv zweier nach den entgegengesetzten Seiten ge-
wandter Pferdehälfte war dagegen in der altertümlichen
Metallindustrie beliebt; sie kommen schon auf Chiusiner
Buccherogefäßen vor vergl. Micali, monum. ined. 29, 1;
30, 2 und sind nicht selten an den altgriechischen, wahrscheinlich chalkidischen Bronzevasen aus Italien am
oberen oder unteren Henkelansatze (z. B. ein trefflicher
Henkel in der Ermitage zu St. Petersburg, oben die
Pferdehälfte, unten Tritone; ein Henkel in Neapel, Mus.
Borb. IX, 30; eine Amphora im Kircherianum u. a.).
Auch oben am Ringe eines etruskischen Stabdreifußes
finden wir dies Motiv Monum. d. Inst. 2, 42.

**876** (Taf. LI). Nördlich Prytaneion Inv. 12706).
Dasselbe Motiv, nur einfacher. Die Ansatzfläche ist hier
etwas gerundet. Spur eines durch das Pferd rechts
gehenden Nagels. Zwei Pferdevorderteile, durch Oxydation sehr entstellt, wie bei **875**; über ihren Köpfen die
zwei Ringe. Der Ausguß fehlt hier. Der untere Abschluß wird durch den an den Metallgeräten reif archaischen Stiles so beliebten Volutenstreif gebildet (vergl. S.15).

Zwei Gefäßansätze mit Tierköpfen, die zwar nicht
von Eimern herrühren, lassen sich doch hier am
passendsten anfügen.

**877** (Taf. LI). Südlich Heraion Inv. 9614. Ochsenkopf von gut archaischem Stile; war mit drei Stiften

an den Rand eines Gefäßes befestigt und blickte nach außen.

**878** (Taf. LII). Ollfront Zeustempel, beim Philelios (Inv. 8560). Pferdekopf von kaum mehr altertümlicher Bildung; auf herzförmigem, etwas gerundetem Ansatz, zu dessen Gestalt vergl. **860**. Von einem Gefäß.

## 5. Phiale.

Voranzustellen ist eine vor Beginn der Ausgrabungen im Alpheios etwas unterhalb Olympia (beim Dorfe Makrysia) gefundene Schale, die sich jetzt im Museum der archäologischen Gesellschaft zu Athen befindet und die wir auf Taf. LII links und in der Mitte unten nach sorgfältigen Zeichnungen in zwei Ansichten wiedergeben. Die eine, größere, im Maßstab von 3:4 stellt die Innenseite dar; die Bilder sind hier auf die Fläche aufgerollt, wodurch die Lücke in der Zeichnung rechts entstand. Die andere kleinere Ansicht giebt die Außenseite.[1]

Sie trägt eine gravierte aramäische Inschrift, welche im C. I. Sem. rzv̄ Nagid filii Mépha' gelesen und ins 7. oder 6. Jahrhundert datiert wird. Die Bilder sind getrieben, die Umrisse eingeschlagen. Die Schale ist gleichartig den in Niniveh gefundenen (vergl. in Roschers Lexikon d. Myth. I, Sp. 1757 oben). Ägyptische und syrische Elemente sind gemengt. Die Mitte füllt ein großer Stern. Der Streif ringsum ist durch vier Ädikulen mit je zwei Säulen und einem Götterbild in der Mitte in vier Bildfelder geteilt. Je die zwei in der Diagonale stehenden Idole sind sich gleich. Es ist zweimal das bekannte Idol der nackten Göttin, welche die Brüste mit beiden Händen faßt, und zweimal eine männliche bärtige und langbekleidete Gottheit dargestellt. Auf den Köpfen der Figuren ruht die ägyptische Sonnenscheibe, deren Flügelenden auf den Capitellen der Säulen liegen. Der Hintergrund ist wie etwa von einem Teppich verhängt gebildet. Zu den Ädikulen vergl. Puchstein, das ionische Capitell S. 59. Von den vier breiteren Bildern entsprechen sich zwei sich gegenüber befindliche, indem je links eine Gottheit thront und vor ihr ein Opferlich und eine priesterliche oder königliche Figur mit dem ägyptischen Henkelkreuz in der Linken steht. Von den Gottheiten ist die eine mit dem Kinde nach dem Vorbilde von Isis und Horus gestaltet. Die eine der beiden noch übrigen Darstellungen paßt zu diesen Kultusscenen, indem sie drei anscheinend weibliche Musikanten zeigt, welche die Musik zu der religiösen Handlung machen. Es werden Leier, Tympanon und Doppelflöte gespielt. Die Tympanonschlägerin tanzt zugleich. Das andere Bild zeigt die beliebte Szene des einen Greif des ägyptischen Typus tötenden Mannes

[1] Der oben angegebene Fundort ist völlig sicher, indem ich ihn aus dem Munde des Finders selbst kenne. Vergl. Br.-Funde S. 54. Die Schale ist ungenügend abgebildet bei Euting, punische Steine, in Mém. de l'acad. de St. Petersbourg, 7. sér., tome. VII, 1871, pl. 40, p. 33. Ferner bei Perrot, hist. de l'art III, p. 783, Fig. 550. Eine Figur daraus bei Puchlein, das ion. Capitell S. 61, Fig. 32. Eine wenig gelungene, in den Einzelheiten undeutliche photographische Abbildung ist neuerdings im Corpus inscr. semit., pars II, tom. I, p. 105 No. 112 tab. VIII erschienen.

(vergl. hierüber in Roschers Lexikon I, Sp. 1757), dem ein Anderer mit der Lanze assistiert. An letzterem ist das lang herabhängende Ende seiner in eine Spitze auslaufenden Kopfbedeckung besonders bemerkenswert.

Die charakteristische Form der rein griechischen Opferschale in der hier zu behandelnden Stilreihe ist die Phiale mit dem Omphalos in der Mitte.

**879** (Taf. LII). Gegend des Zeusaltars (Inv. 8537). Durchmesser 0,16. Dicke des Randes 3 mm. Gut erhaltenes Exemplar aus ziemlich starkem Blech. Ganz unverziert.

Ebensolche unverzierte, doch weniger gut erhaltene Stücke: Inv. 2173, Durchmesser 0,23; im Rande an einer Stelle zwei kleine unter einander befindliche Löcher mit Stiftchen. — 13145, starkes Blech. 4015, dünnes Blech. 2141, klein.

Ganz kleine Exemplare, die nicht wirklich gebraucht werden konnten, sondern nur Votive waren, aus dünnem Blech, von flacher Form: Inv. 4651 (südlich Zeustempel; Durchmesser 9 cm). 8808. 10860. 5866, mit umgebogenem Ründchen. 5281 mit feinen Rillen.

Interessanter sind die fein gearbeiteten verzierten Stücke, die immer aus ganz dünn getriebenem Bleche bestehen, das nur am Rande dicker ist. Besonders beliebt ist eine strahlenartige Verzierung. Die Dekoration ist immer von der Außenseite her eingeschlagen, so daß die Linien auf der Innenseite erhaben sind. Die Hauptseite ist aber jedenfalls die Außenseite, wo die Linien vertieft erscheinen.

**880** (Taf. LII). Durchmesser 19½ cm; der Omphalos hat 4½ cm Durchmesser. Im Rande befindet sich ein kleines Loch. Die Linien sind von außen eingeschlagen. Die Zeichnung giebt das hintere der Schale wieder.

Inv. 12000 (westlich Buleuterion), ebenso verzierte Schale. Durchmesser ca. 0,20 bei ca. 35 mm Höhe. Mehrere nicht zugehörige Fragmente, wie ein Stück verzierten Schildrands, sind durch Oxydation mit der Schale verbunden. — Inv. 1913 Fragment ähnlicher Schale.

Phialen dieses Typus fanden sich auch bei den Ausgrabungen in Sindschirli in Syrien (in Berlin).

**881** (Taf. LII). Südlich Zeustempel (Inv. 4875). Fragment. Ansicht der Innenseite. Um den Omphalos zunächst eine Reihe von außen getriebener Buckeln und Punkte. Dann folgt das Strahlenornament mit von außen eingeschlagenen Linien. Das verlorene obere Ende desselben ist wohl dem erhaltenen unteren gleich zu denken.

Inv. 1406 von einer ähnlichen Schale aus etwas dickerem Blech; sie hat 0,185 Durchmesser. Inv. 5068 Rand einer anderen ähnlichen.

**882** (Taf. LIII). Gegend des Zeusaltars (Inv. 10889). Zerdrückte Schale. Innenansicht. Von außen eingeschlagene Linien und Punkte. Sehr dünnes Blech. Schöne grüne Patina.

Doch auch figürliche Dekoration kommt vor:

**883. 883a. b** (Taf. LII). Nordwestlich Zeustempel (Inv. 9040; Berlin, Dubl.). Zusammen mit einem zweiten ganz gleichen Exemplare (Inv. 9038) gefunden. Gesamtansicht von außen (**883**), besondere Ansicht der Zeichnung von außen **883a** und Durchschnitt **883b**. Durchmesser 0,19. Die Zeichnung ist von außen in das sehr dünne Blech eingeschlagen; auf der Innenseite sind alle Linien, bis auf die ganz dünnen, in Relief sichtbar; doch ist die Außenseite ohne Zweifel die Hauptseite. Der Omphalos ist zunächst von einigen Kreisen umgeben. Dann folgt ein Streif mit fünf Greifenhälsen, und da der Raum für einen sechsten nicht ausreichte, noch einem Dreieck. Darauf folgen drei verzierte Randstreifen. Die Greifenhälse werden nach unten sehr breit; sie sind wie üblich geschuppt. Locken sind keine angegeben. Die Köpfe machen einen sehr altertümlichen Eindruck. Sie stehen dem Typus der ältesten getriebenen Kesselgreifen am nächsten. Auch der breite Hals ist jenen gerade eigen. Der Stirnaufsatz fehlt ganz, die Ohren sind kurz. Der Schnabel ist stark gekrümmt; der Oberkiefer springt weit vor und der Unterkiefer tritt sehr zurück; die Zunge kehrt wie gewöhnlich ihre scharfe Spitze nach oben.

Für die weitere Verbreitung des Motivs der um das Centrum herum aufsetzenden Greifenhälse als Dekoration von Schalen zeugen folgende Denkmäler: das Fragment eines bemalten Tellers von Naukratis (im British Mus.). Die Greifenhälse stimmen mit dem entwickelten Typus der gegossenen Kesselgreife; sie sind alle nach links gewandt; die Malerei befindet sich auf der Innenseite des flachen Tellers. — Ferner ist eine Bronzeschale im Besitze des Herrn Grafen M. Tyszkiewicz zu nennen, die aus der Nekropole von Sovana bei Canino stammt. Die Darstellung ist auf der Innenseite der Schale in vortrefflichem archaischem Stile graviert. Um die als Stern behandelte Mitte herum sind sechs Greifenhälse nach links angeordnet, die dem entwickelten Typus angehören. Es folgt ringsherum ein Tierfries, der zunächst verwandt ist denen der altionischen Vasen von Rhodos und Naukratis. Die Schale ist sicherlich ein ionisches Werk. — Ein drittes Denkmal zeigt dies Motiv zur Verzierung des Schildes der Athena verwendet: es ist eine Schale von der Akropolis in Athen, eine attische von strengem schwarzfigurigem Stil. Das Centrum des Schildes bildet das Gorgoneion, ringsum setzen abwechselnd die Protomen von Pferd und von Greif an; es sind die ganzen Oberkörper gebildet mit gehobenen Vorderfüßen.

Von anderer Art als die bisher betrachteten Schalen ist die folgende. Sie entbehrt leider des Bodens: wir wissen also nicht, ob sie einen Omphalos hatte. Die Darstellung ist nicht von außen in Linie eingeschlagen, sondern sie ist von außen getrieben, so daß das Bild innen erscheint; die Einzelheiten sind dann von der Innenseite aus eingeschlagen.

**884. 884a** (Taf. LII). Beim Zeusaltar Inv. 6555). Durchmesser 0,16, Randstärke 3 mm, sonst ganz dünn. Der Boden der Schale fehlt. Der auf der Innenseite erscheinende Bildstreif stellt fünf nach links schreitende Rinder dar. **884a** giebt den Streif aufgerollt; das Hinterteil links gehört noch zu dem Ochsen rechts. Nach einer bekannten archaischen Weise (vergl. z. B. den Panzer Taf. LIX, die Münzen von Sybaris und die chalkidische Geryonesvase, Gerhard, auserl. Vas. Taf. 104, 106) ist immer nur ein Horn dargestellt, indem das andere durch dasselbe verdeckt gedacht wird. Diese Manier kam wahrscheinlich

durch assyrischen Einfluß in die griechische Kunst, der sie in ihren älteren Stadien (Mykenä) noch fremd war. — Den gleichen Gegenstand, eine Reihe von Ochsen, in stilistisch verwandter Behandlung sehen wir auf einem der Schilde von Kreta (mus. ital. di ant. class., Atl. tav. IX), auf einer Schale von ebenda (tav. VII) und einer der Schalen von Niniveh (Layard, mon. II, 60 = Perrot, hist. de l'art II, p. 743).

Mehrere kleine flache Schälchen ohne Omphalos können als zu Votivzwecken gemachte Nachbildungen von Opferschalen betrachtet werden. Sie sind ganz flach und haben einen umgebogenen Rand von gegen 1 cm Breite. So Inv. 9030 (westlich Zeustempel; Durchmesser 0,18), 13416 (Durchmesser 0,13), 9280 (Durchmesser 0,055). Wegen der Verzierung ist hervorzuheben

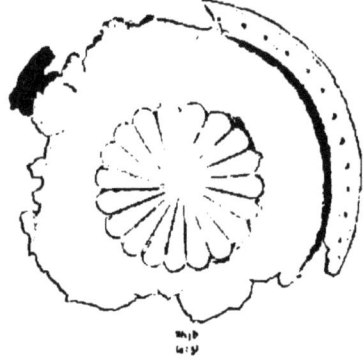

**884b** (beistehend). Flach getriebene Rosette altertümlicher Bildung. Vergl. die Mitte der Schale aus Kreta, Mus. ital. di ant. class. II, Atlas tav. VII. — Ähnlich ist Inv. 8290.

### 6. Andere vollständiger erhaltene Gefäße.

Da die aus Blech getriebenen Gefäße der Altis leider fast alle zerstört waren und meist nur die gegossenen Henkel und Ansätze erhalten sind, so haben wir hier nur noch ganz wenige einigermaßen erhaltene getriebene Gefäße zu nennen.

**885** (Taf. LIII) in dem großen Kessel **809** gefunden (Inv. 13541). Ein eigentümliches humpenartiges Gefäß. Der Henkel, mit gravierter Palmette an den Ansätzen, ist angenietet. Unten ist um das getriebene Gefäß ein solider gegossener Reif mit drei plumpen Füßen genagelt. An der Unterseite des Reifs geht zur Festigung des Ganzen von jedem der Füße aus ein Leisten nach der Mitte zu (s. die Unteransicht **885a**).

**886** (nebenstehend). Südostbau (Inv. 13466). Weinkelle der üblichen Form, mit Schwanenkopf am oberen Ende. Vergl. Mus. Gregor. I, 1, 1. 3. Mus. Borbon. IV, 12, 7, 8. Ant. du Bosph. pl. 30, 1. 2. 44, 9.

**887** (Taf. LIII). Öfllich Zeustempel (Inv. 4578). Ein Kännchen aus dünnem Blech; fehr dünn und fein ge-arbeitet. Der Henkel, aus drei Wülften beftehend, unten mit palmettengeziertem, ftark oxydiertem Anfatze, ift gegoffen und angenietet. Der Henkel flieg über den Mündungsrand empor. 5. Jahrhundert. — Kännchen diefer Form wurden im 5. Jahrhundert in Athen auch in Thon nachgebildet (vergl. Berliner Vafenkat. 2410ff...

Inv. 13823 und ein an-deres Stück ohne Nummer find Oberteile gleicher Känn-chen. Bei 13823 ift ein Stück des emporfteigenden Henkels erhalten. — Inv. 4683 wahrfcheinlich Unter-teil eines folchen Gefäfses.

Inv. 8548 ift die Mün-dung eines kugeligen Ary-ballos der altkorinthifchen Form (Berliner Vafenkat, Form No. 108) aus dünnem Blech.

Inv. 13054. Hals und Mündung einer Kanne; die Mündung von der gewöhn-lichen dreiteiligen Kleeblatt-form (wie 889).

Es gehören ferner hier-her einige gegoffene Ge-fäfse.

**888** (Taf. LIII). Nord-wefteckeHeraion(Inv.3702). Prachtvolle tiefdunkle glän-zende Oberfläche. Ohne Henkel, die, wie vermut-lich auch der Fuß, an-gelötet waren (dem Inventar nach fcheint ein Henkel mitgefunden, doch war er nicht mehr zu identifizieren).

**889** Taf. LIII. Südoftbau (Inv. 13501). Dick ge-goffene kleine Kanne. Der Hen-kel fteigt empor. Es fehlt der Boden. Vielleicht war dies Stück nur der Auffatz auf ein Ge-fäfs aus anderem Materiale, wie 890.

**890** Taf. LIII. Stadionwall (Inv. 8843). Hals, Mün-dung und Henkel einer Kanne gegoffen, offenbar zum Auffetzen auf ein Gefäß von anderem Stoffe.

**891** (Taf. LIII.) Altarfunde weftlich Metroon (Inv. 6578). Kleine dick gegoffene Kanne, offenbar nur eine kleine Nachbildung einer Gebrauchskanne. — Ebenfo Inv. 4732 (füdlich Zeustempel) noch kleiner, nur 23 mm hoch.

Vielleicht waren diefe kleinen Kannen Anhängfel zum Schmuck, vergl. oben S. 62.

Inv. 4716 (füdweftlich Zeustempel). Oberteil eines gegoffenen Alabaftrons der gewöhnlichen Form (Berliner Vafenkat. Form No. 239).

**892** (Taf. LIII). Südoftbau (Inv. 14013). Gegoffene Lampe, von einer älteren, auf Cypern während der vor-helleniftifchen Periode in Thon häufigen Form. Mit drei Löchern zum Aufhängen.

Hierbei fei erwähnt Inv. 13419 (füdlich byzantinifcher Kirche), flache offene kreisrunde Lampe von 75 mm Durchmeffer und ca. 2 cm Höhe, aus ftarkem Bronze-blech. An einer dafür ausgefchnittenen Stelle des Randes ift eine Röhre befeftigt, welche als Dochthalter diente. — Inv. 9235 (füdlich Philippeion), flache offene Lampe aus dünnem Blech, mit einem wie ein fchmaler Ausguß geftalteten Dochthalter. Durchmeffer 11 cm. Höhe 2 cm.

**893** (Taf. LIII). Nördlich Prytaneion Inv. 12638). Dick gegoffenes dreibeiniges Gefäß von eigentümlicher Form. Mittell eines Scharnieres war ein jetzt verlorener beweglicher Deckel darauf befeftigt. Seinem ganzen Charakter nach fcheint es aus älterer Zeit zu ftammen.

Schließlich ift hier zu erwähnen, daß fich in Cam-bridge ein 2½ englifche Zoll hohes Gefäß aus Bronze-blech befindet, welches die Geftalt eines menfchlichen behelmten Kopfes zeigt und welches, einft von Leake in Pyrgos bei Olympia erworben, zwar aus Kalaffa flammen follte, doch aber, wie fchon Leake vermutete, wahrfcheinlich in Olympia gefunden wurde. Der Helm ift in archaifchem Stile mit Gravierung geziert und zeigt die Infchrift des Verfertigers ΜΑΣΡΟΠΑΜΟΟΙΟΟ kein oder Κίϊ' u' ?. Das Original habe ich nicht gefehen. Abbildung des Gefäßes bei Greenwell im Journal of hellen. stud. II. 1881, p. 69; zur Infchrift vergl. Röhl, inscr. antiqu. 557.

## 7. Henkel und Füße.

Die folgenden Henkel find alle gegoffen. Wir fchicken diejenigen voraus, die angenietet waren. Zunächft betrachten wir die vertikalen Henkel, von Hydrien und Kannen flammend.

Eine eigentümliche Gattung derfelben ift folgende: Es find große fchwere Henkel von geringer Biegung, oben und unten mit breiten horizontalen Anfätzen verfehen, durch welche die Nägel gehen. Der obere Anfatz griff unter den Mündungsrand des Gefäßes und war von unten an daffelbe angenagelt, das demnach eine weit auslandende Mündung hatte. Der untere Anfatz muß auf der Schulter der Vafe aufgefeffen haben. Hals und Schulter müffen hiernach fcharf abgefetzt, der Hals niedrig und die Schulter fehr herausfpringend, das ganze Gefäß alfo fehr bauchig gewefen fein. Alle diefe Eigentümlichkeiten weifen darauf hin, daß diefe Henkel 894—896 von großen Hydrien fchwerfälliger altertümlicher Form flammen, wo fie die hinteren vertikalen Henkel waren. Nur zu Hydrien, nicht zu Amphoren paßt das weite Ausladen der Mündung und ftarke Herausfpringen der Schulter. Beftätigend kommt hinzu, daß wir in **897** einen jenen vertikalen Henkeln völlig entfprechenden horizontalen nachweifen können; vertikale und horizontale Henkel gehören aber eben an der Hydria zufammen.

**894. 894a** (Taf. LIV). Weftlich Buleuterion (Inv. 12096). Vertikaler Henkel einer Hydria. Seitenanficht **894a.** Die Enden des oberen horizontalen Anfatzes find nach aufsen gebogen und haben die Form von Schlangenköpfen; der rechte ift abgebrochen. Der Kopf ift vortrefflich ftilifiert, die Einzelheiten find eingegraben. Zu den punktierten Dreiecken auf dem Henkel oben vergl. **857** und **783b**. Das linke Ende des unteren Anfatzes ift abgebrochen. Beide Anfätze find mit Blei gefüllt. Ein durchgehender Bronzenagel ift unten rechts noch erhalten.

**895** (Taf. LIV). Pelopion (Inv. 7226). Der untere breite Anfatz ift abgebrochen. Die Enden des oberen find mit prächtig gearbeiteten Löwenköpfen verziert; die kleinen Vorfprünge daneben zeigen je eine gravierte Knofpe. Die Löwenköpfe haben bei aller Strenge des Stiles eine grofse Naturwahrheit, ähnlich derjenigen welche die ägyptifche Kunft in der Löwenbildung auszeichnet. Es ift möglich, dafs ägyptifcher Einflufs hier vorliegt. Wir finden denfelben Stilcharakter auch an Löwenköpfen wahrfcheinlich chalkidifcher Kannenhenkel aus Italien. Eine Art plumpen Perlstabs ziert die Mitte des dicken Henkels. Schöne hellgrüne Patina.

**896** (Taf. LIV). Vor dem Megareer Schatzhaufe (Inv. 3569). Ohne figürliche Verzierung. Der untere Anfatz vollftändig erhalten, mit den Bronzenägeln, welche durch die Bleifüllung gehen. Der Anfatz ift hier wie an **894** durchaus fo behandelt wie an jenen Kefseln **825** ff. In der Mitte des runden Henkels unten ein eigentümlicher Knopf.

Faft genau ebenfo ift Inv. 5220 (Berlin, Dubl.). Ein Fragment des oberen Anfatzes eines folchen Henkels ift Inv. 13879.

Durchaus gleichartig den befprochenen vertikalen Henkeln ift einer, der horizontal angebracht gewefen fein mufs.

**897** (Taf. LIV). **897a** (beiftehend). Südlich Echohalle (Inv. 6021). Die beiden Enden find hier ganz gleich; fie find beide mit Schwanenköpfen geziert, die nur bei horizontaler Stellung des Ganzen verftändlich

897a
(1 : 2)

find. Die Ausbiegung des Henkels ift beträchtlich ftärker als die der vorigen (f. die Seitenanficht **897a**; der Henkel war an eine gleichmäfsig gerundete Fläche angefetzt. Auch dies weift entfchieden auf horizontale Anbringung an den Seiten einer Hydria. Das Detail an den Schwanenköpfen ift graviert. Die beiden Anfätze gleichen dem unteren von **894** und **896**.

Ganz gleiche Seitenhenkel mit Schwanenköpfen hat eine prachtvolle Bronzehydria aus Sizilien (in Privatbefitz in Meffina, ein ausgezeichnetes, gewifs chalkidifches Werk; der vertikale Henkel hat hier die bekannte Form des Jünglings, welcher zwei Löwen an den Schwänzen hält. Eine ficherlich ebenfalls chalkidifche grofse Bronzehydria aus Campanien (aus dem Befitze Hamburgers auf der Nürnberger Ausftellung von 1885) trägt Seitenhenkel deffelben Typus, deren breite Anfätze jedoch nicht figürlich verziert find (auf dem flachen Blechdeckel ift die Statuette eines pferdehufigen Silens angebracht, die aber nicht dahin gehörte). Ferner kommen die Henkel eben diefes Typus auch an Terrakotta-Hydrien ficher chalkidifcher Fabrik vor, welche die Bronzevorbilder nachahmen. So an einer Hydria in München, Jahn 125, an einer im British Mufeum (Kampffcene mit den Namen Ἡρακλῆς, Ἀντίοχος, Φάγων u. a.) und an einer in Orvieto (Mufen Faina, Herakles und Amazonen). Die breiten Anfätze haben hier im Wefentlichen diefelbe Form fchmaler Wülfte wie bei den Bronzehenkeln; doch verlängert fich der Henkel felbft über die Anfätze hinaus in eine Palmette; auch beftehen die Henkel aus drei Stäben (wie **900**). Unfere Bronzeoriginale machen diefen Thonnachbildungen gegenüber einen älteren Eindruck. Doch find auch fie nach den angeführten Thatfachen ficher als chalkidifcher Herkunft zu betrachten.

**898** (Taf. LIV). Südlich byzantinifcher Kirche (Inv. 13191). Oberer Teil des vertikalen Henkels einer Hydria oder einer grofsen Kanne. Der Henkel ftieg über die Mündung der Vafe empor, wodurch er fich fchon als minder altertümlich gegenüber **894—896** erweift. Man fieht deutlich, wo der Gefäfsrand in den Anfatz eingriff, welcher von unten mit zwei Nägeln befeftigt war. Der Henkel endet in einem Löwenkopf. Starke Oxydation hat die Formen unbeftimmt gemacht. Der Anfatz wird an den Seiten abgefchloffen durch zwei Scheiben, deren Aufsenfeite gravierte Rofetten trug. Diefe Scheiben find bekanntlich in den Thonnachbildungen der Metallgefäfse fehr häufig; die attifchen Hydrien des 6. Jahrhunderts haben fie durchgängig an den Enden des oberen Anfatzes des vertikalen Henkel (Berliner Vafenkat. 1890 ff.; Form No. 31).

**899** (Taf. LIV). Nördlich Paläftra (Inv. 11764). Unterer Teil eines grofsen vertikalen Henkels; der Gröfse wegen eher von einer Hydria als von einer Kanne; hinten etwas ausgehöhlt; mit Nägeln befeftigt. Eine prächtige archaifche Palmette mit Voluten bildet den unteren Abfchlufs.

Letzterer ift fehr ähnlich wie an dem bekannten Typus der fehr wahrfcheinlich chalkidifchen Kannenhenkel, die fo häufig in Italien, doch auch in der Peloponnes (Exemplar mit Weihinfchrift an den Pythaieus, Röhl, inscr. ant. 59, in Berlin) gefunden wurden; hier pflegen die Volutenenden in Schlangen auszugehn; der Henkel endet in der Mitte oben in einem Löwenkopf, zu den Seiten meift in Hunde- oder richtiger Paviansköpfe oder auch in andere Tiere; denn es kommen zahlreiche Varianten vor. Es ift bemerkenswert, dafs diefer in Italien fo häufige altgriechifche Henkeltypus in Olympia nicht gefunden wurde.

**900** (Taf. LIV). Südlich byzantinischer Kirche (Inv. 13380). Vertikaler Henkel einer Hydria oder Kanne. Aus drei Rundstäben bestehend (vergl. 887), eine Bildung, die, wie eine schöne archaische Kanne von Sidon lehrt (Jahrb. d. Inst. III, S. 250), ursprünglich in der Blechtechnik entstanden ist, wo man Röhren zusammenbog. Unten eine Palmette, deren Gravierung durch Oxydation unkenntlich geworden ist. Spuren zweier Nägel. Der Henkel steigt etwas über die Mündung empor. Oben breiter Ansatz, durch Scheiben beendet.

Eine archaische Palmette mit Nägeln in den Voluten, in Blech ausgeschnitten und graviert (Inv. 5246), stammt von einem aus Blech gearbeiteten Gefäßhenkel dieser Art.

Wir fügen hier die Erwähnung einiger grofsen gegossenen Füfse an, die durch Bleivergufs mit den Gefäfsen verbunden waren. Sie gehörten wahrscheinlich zu den Hydrien oder grofsen Kannen, deren Henkel wir eben besprochen haben.

**900a** (Taf. LIV). Südostbau (Inv. 14029). Unterer Durchmesser 0,145, oberer 0,115. Mit strengem Blättermotiv verziert. Mit Blei ausgegossen. Gewifs von einer der Hydrien, zu denen die Henkel 894 ff. gehören. Der Fufs der oben erwähnten chalkidischen Hydria aus Sizilien gleicht ganz **900a**.

Verwandt Inv. 13031. 23a. Kleiner, nur gerippt: Inv. 12741. 8508. 1605. 9485.

Einfache Füfse grofser Gefäfse ohne Verzierung: ganz einfache Schräge, Inv. 8530. 11093. 5168. 3577. Von kleineren Gefäfsen: 5712. 12579. 7723. 3492. Mit geschwungenem Profil: 13066; kleinere Exemplare 13545. 4805.

Einen weniger altertümlichen Charakter als die oben betrachteten Henkel zeigen die folgenden:

**901** (Taf. LIV). Zeusaltar (Inv. 8274). Henkel einer Kanne; oben gebrochen. Unten gravierte Palmette. Darüber ein Wulst, dann der Henkel mit aufgebogenen Rändern in Nachahmung des Blechstiles. Mit Nägeln befestigt.

**902** (Taf. LIV). Südlich Palästra (Inv. 12794). Unterer Teil des Henkels einer Kanne. Die gravierte Palmette hat hier schon stark zugespitzte Form. Mit vier Nägeln befestigt, welche in den Augen der Voluten angebracht sind.

Eine einfache derbe Art von vertikalen breiten bandförmigen Henkeln, die vielleicht von Amphoren herrühre, zeigt unten epheublattförmigen Ansatz, durch welchen ein Nagel geht.

**903** beistehend). Nördlich byzantinischer Kirche (Inv. 7773). Unterer Teil eines Henkels. — Ebenso Inv. 12664. 11777. 8463. 114. 23b. 12721.

903
II : 31

Der Schwan mit seinem langen gebogenen Halse und die Schlange mit ihrem beweglichen Körper eigneten sich beide besonders gut, um die Funktionen von Henkeln und Griffen zu erfüllen und organisches Leben an Stelle der toten Form zu setzen. Wir lassen eine Anzahl von Stücken altertümlichen Stiles folgen, welche diese Tiere in der angedeuteten Weise benutzt zeigen.

**904** (Taf. LIV). Westlich Echohalle (Inv. 11509). Höhe 0,135, unten 4 cm breites Auflager; der Schwan selbst ist nur 6 mm dick gegossen. Grofser gebogener Schwanenhals, ganz flach behandelt, als ob er von Blech ausgeschnitten wäre. An den Seiten des Kopfes sind an Stelle der Augen kleine fragmentierte Blechstückchen (Ohren?) aufgenagelt.

**905** (Taf. LIV). Östlich Zeustempel (Inv. 5666). Länge 0,105. Grofser Griff in Gestalt eines Schwanenhalses. Rundliche unbestimmte Formen. Mit dünnem Goldblech überzogen. Unten Ansatz mit Niete.

Von ähnlich einfacher altertümlicher Art ist ein gebogener Henkel in Form eines Schwanenhalses, Inv. 5018; mit Niete am Ansatz.

**906** (Taf. LIV). Südlich Prytaneion (Inv. 5165; die unsere Hälfte des Stückes kam aus Versehen mit den Dubletten nach Berlin). Aufgerichtete bärtige Schlange. Mit dem geringelten unteren Teil war sie irgendwo angenietet.

**907** (Taf. LIV). Westlich Echohalle (Inv. 5047). Aufgerichtete bärtige Schlange. War aufser mit dem unteren geringelten Teil auch mit einem besonderen seitlichen Ansatze angenietet. — Sehr ähnlich ist Inv. 1490 (byzantinische Kirche; Berlin, Dubl.), nach unten gebrochen, erhaltene Länge 17[1], cm; Durchmesser des Schlangenleibes ca. 12 mm; die Schlange ebenfalls bärtig; seitlicher Ansatz mit Nieten.

Diese Stücke werden schwerlich von Gefäfsen stammen. Eher könnte man sie sich nach Mafsgabe des Metapontiner Dreifufses, der Schlangen reichlich anwendet, an Stabdreifüfsen angebracht denken. Wir haben sie hierher gestellt, um sie von den anderen nicht zu trennen.

**908** (Taf. LIV). Südostbau (Inv. 13506). Bartlose Schlangenprotome, mit einem unten gebrochenen, etwas nach der Seite gebogenen röhrenförmigen Ansatze, der sich fortgesetzt und am anderen Ende eine gleiche Schlangenprotome getragen haben wird. Das Ganze war gewifs als Griff irgendwo angelötet. — Ähnlich ist Carapanos, Dodone pl. 21, 10. Ein ähnliches Stück ward auch auf der Akropolis gefunden.

**909** (Taf. LIV). Südlich Echohalle (Inv. 9846). Treffliche Schlangenprotome, die mittelst eines kleinen Ansatzes wohl als Henkel an ein Gefäfs genietet war. Sorgfältig graviertes Detail. Ohne Bart.

Fragmente von ähnlichen dekorativ verwendeten Schlangen sind: Inv. 8727 (Westfront Zeustempel), (sehr langes Stück 41 cm lang), ohne Kopf- und Schwanzende, ganz cylindrisch, doch als Schlange fein graviert; offenbar verbogen; ein Ende mit Spur eines durchgehenden Loches. — 6786 guter Schlangenkopf. — Sonst Inv. 2732. 2841. 2992. 4025. 7389. 12364. 13753. 13827. 3999. 10471.

Was die Verwendung der Schlange als Henkel betrifft, so sei hier an ein ganz vorzügliches archaisches, wohl chalkidisches Henkelpaar in Neapel erinnert (Mus. Borb. IX, 30, wo die Schlange eine grofse Fliege frifst).

Wir gehen zu den horizontalen Henkeln über, welche von Becken, Schüsseln, Kasten u. dergl. stammen, und betrachten zuerst die angenieteten.

910 (Taf. LV). Südlich byzantinischer Kirche (Inv. 13417). Grofser schwerer Henkel mit epheublattförmigen Anfätzen, darin je zwei Nieten. — Ein gleiches Exemplar unter den Dubletten in Berlin. Ferner Inv. 5114, ebenso.

Inv. 12044, noch einfacher, die Anfätze einfach rund, nicht blattförmig, 13 cm hoch, 14 cm breit; mit Eifennägeln.

911 (Taf. LV). Oftfront Zeustempel Inv. 2598). Rand eines Beckens von Blech, mit angenageltem, gegossenem Henkel, von 18 cm Höhe, der oben von einer Blume bekrönt ist. Der Rand des Beckens ist nicht umgebogen, sondern das Blech verdickt sich hier einfach.

Inv. 8076 nordwestlich Zeustempel, Berlin, Dubl.) ebenso, noch gröfser, 21 cm hoch, ohne die Anfätze, die abgebrochen sind. 8883 unterer Teil eines gleichen Henkels. 499 Hälfte eines gleichen. 6884 der Blütenknopf allein. 9339 Fragment des Blütenknopfes (die Blätter abgebrochen). Ein einzelner Blütenknopf, offenbar von einem sehr grofsen Henkel diefer Art, hat 9 cm Höhe. Noch gröfser ist Inv. 13590 (Cella des Metroons, tief), eine einzelne Blume von 12 cm Höhe, wahrscheinlich von einem Henkel; die Knofpe zwischen den zwei Blumen ist kugelig und mit Blei gefüllt.

Henkel gleicher Art, nur weniger grofs, fanden sich auf Cypern (Cesnola-Stern, Taf. 71, oben; ein fragmentiertes Becken mit solchen Henkeln befindet sich in einem alten Grabfunde aus Kurion in Berlin; ebenfo eine kleine Steinschale mit jenen Henkeln aus Cypern); ferner kam ein solches Paar in einem sehr alten Grabe a pozzo bei Vulci (jetzt in Berlin) vor, das noch keine importierten Thonvasen enthielt, es ist daffelbe, aus dem die Gefäfse 1353. 1356. 1357. 1383. 1394. 1397 des Berliner Vafenkataloges stammen). Ähnlich ist ein Henkel aus dem grofsen Praenestiner Grabe, der überdies noch mit zwei Ochfenköpfen geziert ist (Mon. dell' Inst. X, 32, 4). Das Motiv der Knofpe mit zwei Blütenblättern erscheint auch sonst an den Geräten, welche aus den stark orientalisierenden Gräbern Italiens stammen; vergl. den Wagen des Grabes Regulini-Galassi, Mus. Gregor. I, 15, 5 (= Perrot, hist. de l'art IV, 333). Es kommt das Motiv aber in Affyrien so ganz übereinstimmend als Krönung von Säulen vor (z. B. Perrot, hist. de l'art II, p. 202, fig. 68), dafs wir dort wohl feine Heimat zu fuchen haben.

Bei dem folgenden Typus ist an Stelle der Blüte ein einfacher Knopf getreten:

912 (Taf. LV). Nördlich Thefauren Inv. 12153, Berlin, Dubl.). Die runden Anfätze waren angenietet; der eine Stift war von Eifen, der andere von Bronze. — Ein gleiches Stück ohne Nummer. — Inv. 11629, nur die Hälfte erhalten.

Ähnliche Henkel in Unteritalien (Berlin, Friederichs 1398b).

913 (Taf. LV). Südlich Zeustempel (Inv. 4581). Hälfte eines Beckenhenkels, von oben gefehen; nach links ist die entsprechende Hälfte zu ergänzen. Der Henkel war an den zwei Endpunkten und an den zwei Beugungsstellen mit einem Knopfe geziert, auf deffen Oberfeite

eine Rofette graviert ist. Mit den Endstücken zwischen den Rofetten war er angenietet (zwei Stifte erhalten).

Nicht mehr aus archaischer, fondern aus der Zeit des schönen Stiles stammen folgende Stücke:

914 Taf. LV. Nordostecke Prytaneion Inv. 5219). Länge 0,26. Grofser Henkel von vorzüglicher Arbeit. Mit zwei Anfätzen an jeder Seite, welche Nietlöcher zeigen.

915 (beiliegend) Krypte (Inv. 4684). Länge 0,12, Höhe 0,01. Grofser Henkel mit zwei langen Anfätzen, die da, wo die Nietlöcher durchgingen, gebrochen find. Schwerlich von einem Gefäfs. Wohl der Griff eines kastenartigen Holzgerätes, vielleicht auch einer Thür.

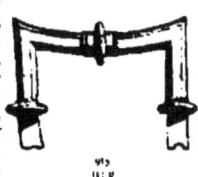

915
0:9

Daffelbe gilt für das folgende Stück:

916. 916a Taf. LV. Südoftbau Inv. 13477). Länge 0,165. Grofser Griff, wohl von einem Kasten. An den Stiftlöchern Durchschein dünnen Anfatzzapfen gebrochen. Kanneliert. Auf der Oberfeite f. die Oberansicht 916a. Epheublätter in Relief.

Grofse Griffe ähnlicher Art, auf langen Bronzeitreifen befeftigt, sieht man mehrere im Neapler Mufeum; fie rühren von Kasten aus Pompeji her.

Hier feien endlich die ringförmigen Griffe angeführt, die an Kasten und Thüren verwendet fein möchten. Inv. 7962 (vor der Weftflusmauer), kreisrunde gegoffene flachgewölbte Bronzescheibe von 19 cm Durchmeffer, mit vier Löchern im Rande in einem steckt ein Eifenstift; in der Mitte ein viereckiges gröfseres Loch mit Eifenroft; hier war offenbar der dabei gefundene geriefelte Bronzering von 10 cm Durchmeffer befeftigt. Wahrscheinlich von einer Thüre. — Ähnliche Scheiben, doch ohne die Ringgriffe, find Inv. 5801. 5866 Südoftbau). — Inv. 12830 (nördlich Prytaneion), kleiner beweglicher Ringgriff ('2', cm Durchmeffer), auf einem Blechstück befeftigt. — Kleine Ringgriffe, welche nur durch einen gebogenen Draht, der durch das Loch in der Mitte eines Blechs gesteckt und unten umgebogen ward, befeftigt waren, find mehrere erhalten: Inv. 7720. 727. 155. Vergl. unten 930. 931.

Wir betrachten nun diejenigen horizontalen Beckenhenkel, welche angelötet waren.

917 Taf. LV. Gegend des Pelopions Inv. 5733). Länge 0,135. Henkel aus zwei Rundstäben, welche Stricke nachzuahmen scheinen. Mit Gravierung verfehen. Ein anderes Exemplar (Inv. 13110; Länge 0,14) befteht aus drei folchen Rundstäben.

918 Taf. LVI. Südöftlich Buleuterion Inv. 5176). Reich verzierter Beckenhenkel. Den geschwungenen Hauptteil des Henkels bilden zwei vollftändige liegende Löwen; in der Mitte, zwischen ihren Hinterteilen, eine Blume. Die Anfätze an das Gefäfs find nach unten gebogen; unfere Abbildung zeigt ihre Innenfläche, mit der sie angelötet waren; sie enden in Schlangenköpfe, welche in das Becken schauten.

Das Neapler Museum befitzt ein vollständiges Becken mit zwei genau mit 918 übereinstimmenden Henkeln und überdies drei einzelne Exemplare diefes Henkeltypus. Zu dem Becken ist auch der niedrige ringförmige Unterfatz mit drei Löwentatzen (ähnlich 853 erhalten (abgebildet, mit völlig entstellender Modernifierung, im Muf. Borbon. VI, 62, 2; Photographie Sommer No. 11106). Nach der Befchreibung im Bull. d. Inst. 1881, 194 ist ein Becken, das in Ruvo gefunden ward, diefem gleich. Einen einzelnen wiederum ganz übereinstimmenden Henkel befitzt das British Mufeum und einen anderen gleichen von fehr feiner Ausführung die Louvre. — Nahe verwandt find die Henkel eines vollständig mit dem ringförmigen Unterfatze auf drei Löwenklauen (vergl. S. 136) erhaltenen Beckens im British Mufeum. Das Schema des Ganzen und die hereinblickenden Schlangen find diefelben; nur fehen wir an Stelle der Löwen zwei menfchliche Figuren, einen Mann und eine Frau, beide vollbekleidet, letztere in Schnabelfchuhen, beim Mahle gelagert. Der ausgefprochen ionifche Stilcharakter diefer archaifchen Gruppe ist wichtig, da er uns die Herkunft der ganzen Serie andeutet.

919 (Taf. LV). Südoftbau (Inv. 14056). Grofser Beckenhenkel. Die Anfätze (der rechte ist gebrochen, doch erhalten) rofettenartig verziert. In der Mitte grofser Knopf mit mehreren Höckern.

Sehr ähnlich Inv. 963 (nordöftl Zeustempel) Länge 0,19.

Ein aus Unteritalien ftammendes Henkelpaar in Berlin (Friederichs, kl. Kunst 1393. 1393a stimmt genau, auch in der Größe, mit 919 überein.

920 (beistehend). Südoftbau Inv. 6562). Länge 0,14. Höhe 0,08. Henkel in der Mitte mit einem hohen (verrofteten) Knopf von der Art wie 912.

921 921a (beistehend). Südweft (Inv. 3900). Länge 0,145. Höhe 0,045. Mit einfachem runden Knopfe. Die zum Anlöten bestimmten Anfätze herzförmig, f. deren Unteranficht 921a.

922 (beistehend). Südoftbau (Inv. 13628). Oben 6 cm lang und 1 1/2 cm breit. Beckenhenkel mit horizontaler Platte oben.

Diefer Typus ist in Unteritalien nicht felten; mehrere etwas reicher verzierte Exemplare daher, der Zeit des fchönen Stiles angehörig, find in Berlin (Friederichs 1304 bis 1306).

Von vertikalen Henkeln, die angelötet waren, ist hier nur ein Typus aufzuführen:

923 (Taf. LV). Nördlich Prytaneion (Inv. 12425; Berlin, Dubl.). Henkel einer kleineren Kanne; war oben und unten angelötet. Eine gut gearbeitete Löwenhaut firengen Stiles bildet den unteren Anfatz.

Wir fügen noch zwei Griffe kleinerer Gefäße hinzu:

924 924a (Taf. LV). Südoftbau (Inv. 14030). 924 Unteranficht; 924a fchräge Anficht der oberen Seite. Griff eines Gerätes von der Art wie 925, alfo wohl auch von einem Weinfieb oder pfannenartigen Gefäße. Der der Rauchung deffelben folgende, zum Anlöten bestimmte gerundete Anfatz ist außen mit der Kopfhaut eines Löwen oder Panthers verziert. Auf der Unterfeite befindet fich ein geborftener Ring, wohl zum Aufhängen des Ganzen. Das Ende fehlt.

Inv. 12866 ebenfo, doch ist der Anfatz mit der Löwenhaut abgebrochen.

925 (Taf. LV). Südoftbau (Inv. 13470). Griff eines Weinfiebes. Anficht der Unterfeite. Oben mit einem Schwanenkopf (Cheniskos) geziert, deffen Augen aus gelblich-weifser (Glas-?) Maffe eingefetzt find. Unten der zum Anlöten bestimmte Anfatz an das Gefäß, der deffen Rundung folgt und auf der Aufsenfeite (die in der Abbildung zu fehen) reich mit Voluten und Palmetten in gravierter Arbeit verziert ist, welche auf den Stiel des Griffes felbst übergreifen. Auch die andere Seite, die Oberfeite, ist mit Palmetten verziert, die oben am Griffe unter dem Schwanenhalfe fitzen; darunter die hier übliche langgezogene fchlauchartige Verzierung. — Ähnlich Inv. 7004.

Diefer Griff ist ein fchönes Exemplar einer in Italien fehr verbreiteten und auch in Dodona (Carapanos pl. 46, 1) konftatierten Gattung. Mehrere gute Exemplare in Berlin, Friederichs 651 ff., rein griechifche und zwar ionifche, fehr wahrfcheinlich chalkidifche Arbeiten. Dafür find drei vorzügliche Exemplare im British Mufeum und eins in Berlin wichtig, die figürliche Reliefs zeigen, welche rein ionifch archaifchen Charakter haben: tanzende Silene mit Pferdehufen, Gorgoneion des Typus der alten euböifchen Münzen u. a. An den Stücken im British Mufeum befindet fich am Ende des Henkels statt des Schwanen- ein Acheloöskopf. Häufig ist das Ende, statt umgebogen zu fein, ringförmig zum Aufhängen geftaltet. — Jene Exemplare mit archaifchen Reliefs find etwas älter als der Typus der vorliegenden olympifchen, welche der Zeit des firengfchönen Stiles angehören. — Exemplare ohne Ornamente (die vielleicht unter dem Oxyd verborgen find), doch mit dem Cheniskos wurden in Südrufsland gefunden, f. Stephani, Compte rendu 1876, pl. 4, 11, p. 157.

Henkel von Trinkfchalen archaifcher Art kamen in Olympia nur in einem Typus vor.

926 (Taf. LV). Südlich Prytaneion (Inv. 5199). Gegoffener Henkel, der an eine Schale gelötet war. Der

Henkel befteht aus zwei aufwärts gefchwungenen Hälften, die in einem Knopfe zufammentreffen.

Derfelben Art, zum Teil fragmentiert, find Inv. 5000 13185. 1325. 13031. 6932. 7507. 7607 Berlin, Dubl.).

Bronzehenkel diefer Art kommen auch auf Rhodos vor (in der 1884 verfteigerten Sammlung Biliotti) und eine ungemein grofse Anzahl fand fich auf der Akropolis im Perferfchutt; Schalen mit diefen Henkeln müffen im alten Athen ein fehr beliebtes Weihgefchenk gewefen fein. Der Typus fcheint die Verfeinerung eines ähnlichen an Bronzebecken mykenifcher Gräber vorkommenden roheren Geftalt zu fein. Auch den mykenifchen Thongefäfsen ift derfelbe fchon bekannt (f. myk. Vafen, Formen Tafel 94.

Nicht felten find Thonfchalen des älteren fchwarzfigurigen Stiles, welche derartige Metalltechnik nachgeahmte Henkel tragen. Voran ift eine tiefe napfartige Schale chalkidifcher Fabrik in Neapel S. A. 120; vergl. in Rofchers Lexikon I. Sp. 2213, Z. 15 ff.) und eine andere, ebenfalls chalkidifche in Kopenhagen (Arch. Ztg. 1866, Taf. 206) zu nennen. Dann eine korinthifche aus der Zeit, wo die korinthifche Töpferei durch chalkidifche Metallarbeit nachweislich ftark beeinflußt ift (Mon. d. Inft. X. 52, 5. 6), und eine verwandte attifche des Ergotimos (Wiener Vorlegebl. 1888, Taf. 4. 2) Und dann eine Serie von Schalen, die zum Teil chalkidifche, zum Teil attifche Arbeit unter chalkidifchem Einfluße find (ein Exemplar aus Kamiros in Berlin, Vafenkat. 1672, Form No. 169, von mir dort als chalkidifche aufgeführt, ift jedoch wahrfcheinlich attifch).

Zu jenen Henkeln in Olympia mögen einige hohe Schalenfüße gehören, die ebenfalls gegoffen und angelötet waren: Inv. 12461. 3788. 1959.

Von altertümlichen Kantharoi ftammen die Henkel des folgenden Typus:

**927** (Taf. LV). Prytaneion (Inv. 4909). Höhe 0.13. Unten ein runder Anfatz mit zwei Nagellöchern.

Inv. 13502 Berlin, Dubl.) ebenfo; der untere Anfatz fehlt. 12510 desgleichen; fragmentiert.

Der Auffatz auf der Höhe diefer Henkel, der offenbar dem Daumen beim Greifen einen Haltpunkt geben foll, gleicht dem Ohre eines Tieres.

### 8. Gefäfs- und Geräteteile ungewiffer Beftimmung.

**928** (Taf. LV). Nordweftecke Zeustempel (Inv. 1422). Altertümlicher knopfenartiger Knopf, dick gegoffen, zum Aufnageln. Wahrfcheinlich Knopf eines Deckels.

**929. 929a** (Taf. LV). Oftfront Henrion (Inv. 3201). Kleines Deckelchen von 36 mm Durchmeffer, mit knopfenartigem Knopf. Gegoffen. **929a** Profilanficht. Die Oberfeite **929** mit gravierter Rofette des archaifchen Stiles.

**930** (Taf. LV). Nordfeite Zeustempel (Inv. 1760). Von Blech. Getriebene Rofette. Durch zwei Eifenftifte wird oben ein kleiner Bügelhenkel von Bronzeblech feftgehalten. In diefem Bügel bewegte fich ohne Zweifel einft ein Ringgriff. Das Stück gehörte wohl zum Befchlag eines Käftchens.

Vollftändiger ift diefer Typus erhalten, nur ohne den Schmuck der Rofette:

**931** (Taf. LV). Südlich Metroon (Inv. 6793). Blechfcheibe mit Bügel und beweglichem Ringgriff. Gewiß von einem Käftchen.

Fragmente ähnlicher Stücke find mehrfach gefunden worden. Auch Rofetten wie 930, mit Bügelreften, kamen öfter vor. — Ein mit 930 faft genau übereinftimmendes Stück aus Dodona f. Carapanos, Dod. pl. 49. 9.

**932** (Taf. LV). Paleftra (Inv. 1950). Ein feltfames Stück. War mit zwei Stiften irgendwo aufgefetzt und mit der cylindrifchen Verlängerung hereingefteckt. Wohl ein Griffknopf.

Es feien hier noch die folgenden zwei ungewöhnlichen Stücke angefchloffen:

**933** (Taf. LV). Südweftlich Pelopion (Inv. 11832). Der Rand ringsum abgebrochen. War mit zwei Stiften befeftigt. In der Mitte ein Knopf. Der Rand war lippenförmig ausgefchnitten. Eingefchlagene Kreife. — Dies Stück hätte in die vorige Abteilung, die des europäifchgriechifchen Stiles, geftellt werden follen. Es findet feine allernächften Parallelen in Funden der Nekropole von Glafinac in Bosnien (f. Truhelka S. 17, Fig. 53; S. 19, Fig. 65). Vergl. zum ausgezackten Rande auch unten 1153. 1154.

934 heißend. Buleuterion Inv. 5003. Ausgefchnittenes Blech. War in der Mitte mit einem Stift befeftigt. Vielleicht Verzierung eines Deckels.

**935** Taf. LIII. Nordweftlich byzantinifcher Kirche (Inv. 8541). Fragment eines Ringes von ftarkem Blech 5 mm dick, an den Rändern 7 mm). Auf der einen Seite mit eingefchlagenen Rofetten verziert, die durch ein wellenförmig bewegtes Band verbunden find. Die Ränder auf der Rückfeite empurlehend.

**936** Taf. LIII. Berlin, Dubl. Fragment eines ähnlichen, doch breiteren Ringes. Mit einem runden antiken Stiftloch und einem großen Loch, das eine Verletzung ift. Der Rand nach hinten etwas übergreifend. Auf der Vorderfeite eingefchlagenes Lotos- und Palmettenband. Die Lotosblumen ohne Palmettenblattfüllung.

**937** Taf. LIII. Südoftbau Inv. 13788. Fragment eines anderen gleichartigen Ringes. Den nach hinten übergreifenden Rand zeigt der beigefügte Durchfchnitt. Auf der Oberfeite ift ein Band von Palmetten kleiner Reit links und Lotosblumen eingefchlagen. Antiker Bronzeftift mitten drin.

Inv. 2121 ift ein ähnliches Fragment (von 32 mm Breite).

**938** Taf. LIII. Südlich byzantinifcher Kirche (Inv. 13423). Fragment eines Ringes derfelben Art, 3—4 mm dick. Auf der Oberfeite eingefchlagenes Palmetten- und Blütenband im fchönen Stile des 5. Jahrhunderts. Zwei Bronzeftifte mitten drin. Nach rechts hin ift das Ornament beendet. In dem glatten Stücke rechts ftecken weitere zwei Nägel, die vermutlich die beiden Enden des Ringes übereinander befeftigten.

Inv. 2185 (füdweftlich Zeustempel) ift ein derartiger Ring ohne Verzierung; nur der nach hinten übergreifende Rand zeigt aufsen einfaches Stabornament. Breite des Ringes 7¼ cm, Durchmeffer ca. 33 cm.

Die Verwendung der Ringe 935—938, welche dem Stile nach dem 6.—5. Jahrhundert angehören, ift unklar. Sicher ift nur, dafs fie gar nichts mit jenen alten Dreifüfsen und ihren Ringhenkeln zu thun haben (für letztere hielten fie Treu und Purgold). Sie find nur für eine Anficht berechnet, die verziert ift; jene Dreifufsringhenkel zeigen aber immer beide Seiten ornamentiert. Und dann waren fie, wie die darin fteckenden Stifte zeigen, auf eine Unterlage aufgenagelt und ihre Ränder greifen immer etwas nach der Unterfeite über. Alles diefes fteht im Widerfpruch mit dem Typus jener Ringhenkel. Wahrfcheinlich war es ein blechverkleideter Holzkern, auf welchen diefe Ringe befeftigt waren. Nehmen wir dazu, dafs, wie oben bemerkt (S. 137), Löwenklauen gefunden find, die offenbar zur Aufnahme eines Holzkernes und zum Tragen eines Holzgerüftes beftimmt waren, fo ift die Vermutung zuläffig, dafs diefe Ringe mit jenen Löwenklauen zu ringförmigen Unterfätzen des Typus von 853 gehörten.

**939** (Taf. LIII). **939a** (beiftehend). Metroon, tief (Inv. 3698). Getriebenes Blech. Kleine Stiftlöcher am hinteren Rande. Das Ganze, mit fchwacher Rundung, gehörte alfo zu einem grofsen Kreife. Durchfchnitt 939a. — Ähnliche Stücke find Inv. 5231 (Breite 55 mm, erhaltene Länge 13 cm). 1168); flacher.

Diefe Fragmente find für Gefäfsränder wohl zu grofs. Sie gehörten wohl zu einem anderen gröfseren tektonifchen Ganzen.

Gleichartige grofse Wülfte wendete die altionifche Architektur an. Vergl. Naukratis I, pl. 3; entfprechende Stücke vom altephefifchen Tempel im Britifh Mufeum.

**940** (Taf. LIII). Nördlich vom Südweftbau (Inv. 1336?). Blechfcheibe von 15 cm Durchmeffer. Im Rande 4 Stiftlöcher. Auf die etwas gewölbte Fläche ift mit vier Nägeln ein gegoffenes dreiflufiges Rechteck befeftigt, mit in Palmetten auslaufenden gefchweiften Enden, in denen fich die Nägel befinden. Das Rechteck in der Mitte ift hohl. Auch in der Scheibe darunter ift hier ein entfprechendes Loch.

Ein gleiches Stück, doch ohne die Scheibe, die verloren ift, fand fich in Dodona (Carapanos pl. 47, 10). Auch in Olympia fanden fich folche Stücke einzeln ohne die zugehörigen Scheiben (Inv. 5612. 13045).

**941** (Taf. LIII). Weftfront Zeustempel Inv. 2563). Durchmeffer 0,21. Dicke des Randes 4 mm. Gleichartiges Exemplar. Das gelufte Rechteck ift hier kleiner.

Die Palmetten an den Ecken find auf die Scheibe felbft graviert. Sie zeigen den fchönen Stil des 5. Jahrhunderts. Die Bafis zeigt wieder das rechteckige Loch in der Mitte.

Unter den Dubletten in Berlin befindet fich noch ein hierher gehöriges Stück; das Rechteck ift wie an 940 befeftigt, doch haben die Enden, durch welche die Nägel gehen, Epheublattform. Durchmeffer der Scheibe 0,17. — Ein einzelnes Rechteck von der Form des eben erwähnten ift Inv. 6882.

Vielleicht gehörten diefe Stücke zu dem Metallbefchlage gröfserer Holzkaften. In das rechteckige Loch in der Mitte war dann etwa eine Vorrichtung zum Verfchlufs oder ein Ringgriff oder dergleichen eingefetzt.

Schliefslich fei hier noch ein kleines krönendes Fragment angefügt:

**942** (Taf. LIII). Im Schatzhaus von Epidamnos (Inv. 3643). Ring mit Palmette oben. Der Stift unten abgebrochen. Schöner Stil.

## 9. Tiere.

Wir vereinigen in diefem Abfchnitte die Rundfiguren von Tieren des archaifchen Stiles, foweit diefelben nicht fchon als Teile eines tektonifchen Ganzen befprochen worden find, alfo der älteren Tierbildungen, die fich durch ihre Kunftart von denen des primitiven und des geometrifchen Stiles wefentlich unterfcheiden. Da fich die dekorativ verwendeten und die felbftändigen Figuren hier nicht immer ficher trennen laffen, behandeln wir beide Arten vereinigt. Wir hätten diefen ganzen Abfchnitt auch an das Ende unferes erften Kapitels über die Statuetten ftellen können, doch fchienen fie uns hier beffer in den ganzen Zufammenhang zu paffen.

Wir laffen eine Gruppe vorangehen, die wir nur nach ftiliftifchen Merkmalen zufammengeftellt haben. Sie enthält die ohne Zweifel älteften Figuren der ganzen Reihe. Es find Geftalten von merkwürdig rundlichen flauen Formen, welche dem flüchtigen Betrachter dem primitiven Stile anzugehören fcheinen, während fie bei genauerem Zufehen einen völlig verfchiedenen Stil aufweifen. Diefe langgezogenen Körper mit ihrer weichlichen Unbeftimmtheit find jenem primitiven Stile durchaus fremd. Im fchärfften Gegenfatze aber ftehen fie zu dem aus dem primitiven herausgewachfenen geometrifchen Stile, indem fie in jeder Beziehung entgegengefetzten Prinzipien folgen. Es kommt dazu, dafs auch die Auswahl der Tiere eine völlig verfchiedene ift. Ochfen giebt es in diefer Gruppe nicht; Pferde kaum. Dagegen kommen Steinbock, Hirfch und Löwe vor. Und dazu ein Fabelwefen mit Menfchenkopf. Letzterer hat eine nahe Verwandfchaft mit den affyrifierenden Figuren 783 ff. und mit 857. So werden wir für die ganze Gruppe auf die frühionifche orientalifierende Kunft gewiefen.

Alle Figuren diefer Reihe fcheinen dekorativ verwendet gewefen zu fein und gehörten einft zu einem tektonifchen Ganzen.

Charakteriftifch ift diefen Tieren, dafs, wo die Füfse erhalten find, eine kleine Querbafis die Vorder-

und eine zweite die Hinterbeine verbindet. Durch diese Bafen gehen die Stifte, mit welchen fie irgendwo als Krönung aufgenagelt waren. Die Tiere ftellen Vorder- und Hinterbeine weit gefpreizt von einander, wodurch der rundliche wurftartige Körper lang geftreckt wird.

**943** (Taf. LVI). Vor dem fyrakutifchen Schatzhaus (Inv. 3276). Ein Bock. Der Schwanz, der emporgerichtet war und nach 945 zu ergänzen ift, ift abgebrochen. Die beiden Querbafen find erhalten, beide mit Nagellöchern. Die vordere ift nach vorn heruntergebogen; wenn diefe Biegung antik ift, fafs das Tier alfo am Rande des Gerätes auf.

**944** (Taf. LVI). Weftlich Pelopion (Inv. 11325). Ein Bock. Nur die hintere Bafis erhalten.

**945** (Taf. LVI). Weftlich Philippeion (Inv. 4283; Berlin, Dubl.). Hinterteil, wahrfcheinlich eines Bocks. Hintere Querbafis mit Stift erhalten. Diefelbe zeigt deutlich, dafs das Tier auf einer flach gerundeten Fläche auffafs, alfo etwa auf dem Deckel eines Gefäfses.

Andere Exemplare wie 943 und 944: Inv. 4825. Eins ohne Nummer. Ferner 14062, nur Vorderteil. 4586, ohne Kopf. 242, Kopf eines Bockes von befonderer Größe (Länge 4 cm).

**946** (Taf. LVII). Südöftlich Heraion (Inv. 6730). Hirfch. Die Füße mit den ficherlich zu ergänzenden Querbafen fehlen. Mit Gravierung verfehen, die völlig abweicht von der im primitiven und geometrifchen Stil vorkommenden.

949
u. y

**946a** (beiftehend; Berlin, Dubl.) Faft ganz genau mit der vorigen Figur übereinftimmend.

**947** (Taf. LVII). Südöftlich Zeustempel (Inv. 3972). Löwe mit gehobenem Schwanze, der abgebrochen ift. Von der vorderen Querbafis nur ein kleiner Reft am linken Fuße. Geöffneter plumper Rachen. Die Gravierung ift von derfelben Art wie die an den Hirfchen.

Ein fehr ähnliches Exemplar ift Inv. 4213 (Stadionwall; die Füße fehlen; Körper ohne Gravierung.

**948** (Taf. LVI). Nordweftecke Zeustempel (Inv 1375). Schreitender Löwe. Etwas abweichend vom gewöhnlichen Typus der Reihe, indem die Beine getrennt ausfchreiten. Auch der Kopf ift etwas anders behandelt. — Das Tier erinnert an die in geftanzten Friefen auf Schilden orientalifierender Art in Italien vorkommenden Löwen (vergl. Muf. Gregor. I, 18, 2; 19, 2; 20, 2).

**949** (Taf. LVI). Huleuterion (Inv. 5275). Ein Fabelwefen, eine Sphinx ohne Flügel. Menfchlicher Kopf auf einem Tierleib, deffen Vorderbeine aufgeftellt find, während der verlorene Hinterkörper wohl faß. Die Nafe ift abgerieben. Die Haartracht, die weit zurückliegende Stirn, die dicke rundliche große Nafe und das zurückweichende Untergeficht find Züge, welche ähnlich an den affyrifierenden Flügelfiguren 783 ff. und an dem Kopfe von 857 wiederkehren. Der gefamte Stil aber weift die Figur ohne Zweifel in die Reihe der hier befprochenen Tiere; den wurftartigen Körper und die ganzen weichlich rundlichen Formen finden wir hier wie dort. Die Füße fehlen. Die Figur war gewifs als Krönung irgendwo aufgefetzt. — Abg. Ausgr. IV, Taf. 21, 3.

Zwei fehr archaifche Bronzeftatuetten flügellofer Sphingen befinden fich im Louvre (No. 7305), doch ift ihr Stil von dem der olympifchen Figur ganz verfchieden. Eine rohe, aber alte Thonftatuette aus Theben (Mitt. d. Inft. Athen IV, S. 54; Jahrb. d. Inft. III, S. 235, Anm. 1; ftellt ebenfalls eine flügellofe Sphinx dar. Als Krönung des Deckels einer altetruskifchen Buccherovafe von Orvieto (im Mufeo etrusco zu Florenz) erfcheint eine der olympifchen verwandte, aufgerichtet fitzende ungeflügelte Sphinx, welche das rechte Vorderbein erhebt.

**950** Taf. LVI. Öftlich Zeustempel (Inv. 4411). Protome eines Steinbocks im Stile der befprochenen Tiere. Der Hals fitzt an einem viereckigen Reif, deffen eine Seite fehlt (Breite 1½ cm); er umfpannte einft einen eckigen Stab, vergl. die Greifenprotomen 815, die ähnlich angebracht waren, nur von entwickelterem Stile find.

**951** (Taf. LVI. Nordweftlich byzantinifcher Kirche Inv. 8577). Protome eines Pferdes in demfelben Stile wie 950. Hinten Fragment eines gleichen viereckigen Reifs für einen Stab wie an 950.

Wahrfcheinlich gehörten 950, 951 zu Stabdreifüßen von der Gattung wie Taf. XLIX, c, nur jedenfalls zu einem einfacheren älteren Typus diefer Art.

Endlich ift noch hier anzufügen

**952** Taf. LVII. Nördlich Metroon (Inv. 13645). Ende eines gebogenen Stabes, wohl eines Henkels, mit einem Tierkopf in eben dem befprochenen Stile. Kurze Hörner, lange Ohren. Es ift wohl ein Reh mit fprießenden Hörnern gemeint. Gravierung in der Art von 946 und 947. Durch den Vorderkopf geht ein Loch, wohl um etwas daran aufzuhängen.

Die hier vorgeführte Gattung von Tierfiguren ift auch außerhalb Olympias nachzuweifen. Doch ift eine gemeinfame Fabrik vorauszufetzen. Ein Bock, genau übereinftimmend mit den olympifchen Figuren, den wohl erhaltenen zwei durchbohrten Querbafen unter den Füßen, offenbar vom Deckel eines Gefäßes ftammend, befindet fich im Brüsh Mufeum unter den Funden von der Akropolis zu Kamiros. Ein Löwe, ganz analog 947, mit erhaltenen Vorderfüßen und Querbafis ift bei Caylus, recueil d'antiqu. I, pl. 13, 5 abgebildet, leider unbekannten Fundorts; dafs er von Olympia käme, ift jedenfalls äußerft unwahrfcheinlich. Auf der Akropolis zu Athen fand fich das Fragment, Kopf und Hals, einer mit 947 im Stile übereinftimmenden, doch etwas größeren Löwenftatuette (die Augen hohl; Rachen

offen). Vor allem interessant ist aber ein aus Kyzikos
stammender Bock eben dieses Stiles, in der Sammlung
des Herrn von Radowitz. Das Tier blickt um. Es
steht aufrecht auf einem dreiteiligen niederen Gestell,
die Vorderfüße durch einen mit ionischer Volute be-
krönten Stab gestützt. Die Hörner sind durch einen
Steg verbunden, durch welchen ein Stift geht. Offenbar
fungierte das Tier als Träger irgend eines Blechgerätes.

Wir gehen zu den Figuren des reiferen archaischen
Stiles über, die wir nach Tiergattungen betrachten.

## Pferde.

Die hier zu besprechenden Statuetten sind alle selbständig, d. h. nicht dekorativ, und sind entweder einzeln
oder mit anderen vereinigt als Weihgeschenke zu denken.
**953** (Taf. LVI). Nordostecke Zeustempel (Inv. 1695;
Berlin, Dubl.). Vortrefflich gearbeitetes Pferd. Das Ende
der Hinterbeine fehlt; das Schwanzende verbogen. Der
Schwanz ging wahrscheinlich bis zur Erde herab. Unter
den Vorderfüßen zwei unter sich verbundene, vorn
schmale Zapfen, welche in die Bronzebasis gesteckt
wurden, an deren Unterseite dann ein Nagel durch die
Zapfen getrieben ward, dessen Rest noch erhalten ist.
Vergl. zu dieser Befestigungsart oben zu 46.

Es sind mehrere ähnliche Pferde erhalten.

Hier ist recht deutlich, wie der archaische Stil in
Olympia in der Pferdebildung durchaus von der Grundlage des geometrischen Stiles ausgeht. Vergleichen wir
die vollendetsten Pferde des letzteren wie 221 f., so sehen
wir in 953 dieselben Grundzüge, nur sind die fehler-
haften Übertreibungen hier korrigiert und durch naturwahrere Behandlung ersetzt. So ist jener breite Ansatz
der Vorderbeine weggefallen und der Leib länger und
nicht mehr so dünn cylindrisch. Am Kopfe trennen
sich Kinnbacken und Schnauze. Der Hals ist zwar noch
sehr breit und ganz flächenhaft, aber doch nicht mehr
so übertrieben wie dort.

**954** (Taf. LVI). Nordostecke (Inv. 1695; Berlin,
Dubl.). Hinterbeine und Schwanzende fehlen. Einfacher
Zapfen mit Nagel unter den Füßen. Die Bildung ist
hier noch etwas naturwahrer als bei 953. namentlich am
Halse, wo die Mähne deutlich abgesetzt ist, und am Übergang des Halses in den Rücken. Die Augen länglich
flach, von gravierter Linie umgeben.

**955** (Taf. LVI). Südlich Palästra (Inv. 12100). Füße
und Schwanz abgebrochen. Die Beine ganz verbogen.
Ohren und Mähne sehr beschädigt. Der Kopf und Mähne
sind gebildet wie an 954. Der Kopf zeigt die Trennung
des knochigen Teiles des Kinnbackens und der weichen
Schnauze besonders absichtlich ausgeprägt. Das Auge
hat plastische Brauen. Dagegen ist der Körper wieder
mehr in der alten geometrischen Weise gebildet, fast
cylindrisch, ohne die natürliche Bauchschwellung.

Ein ebenda (südlich Palästra) gefundenes zweites
Pferd (Inv. 12567; Berlin, Dubl.) stimmt so sehr mit 955
überein, auch in dem äußerlichen Umstande, daß die
Beine ganz ebenso verbogen sind wie dort, daß wir die
beiden als einst zu einer Gruppe, vielleicht einem Vier-

gespann gehörig, betrachten müssen. An jener Replik
ist der Länge Schwanz erhalten, doch zwischen die Beine
geklemmt und mit ihnen verbogen. Auge und Maul
sind etwas roher gebildet als an 955.

**956** (Taf. LVI) in einer »Slavenmauer« vor der Südostecke des Zeustempels (Inv. 2127). Kopf eines Pferdes
von vortrefflicher Stilisierung. An Mähne, Augen und
Schnauze ist Gravierung zur Hülfe genommen. Namentlich an der Schnauze und am hinteren Teile des Kopfes
ist hier schon ziemliche Naturwahrheit erreicht, doch die
Partie dazwischen, die zu lang gezogen und fast cylindrisch
erscheint, zeigt, daß die alte »geometrische« Tradition
noch nicht überwunden ist.

Reste anderer größerer Pferdestatuetten archaischen
Stiles, die zum Teil auf eine Höhe von 40—60 cm für
die Tiere weisen, sind: Inv. 1403 und 5227, Vorderbeine
auf kleiner Basis mit Zapfen wie 953. Auch Hinterbeine
dieser Art kommen vor. Andere Reste sind Inv. 3735,
8080, 2929, 12818.

## Ochsen.

**957** (Taf. LVI). Buleuterion (Inv. 5775). Ochse von
archaischer Arbeit; mittelmäßig; kurze Hörner. Steht
auf geschweifter Basis.

Vergl. zu diesem Typus mit den kurzen Hörnern
und den Streifen längs des Halses die große Steinvase
von Amathus (Mus. Napol. III, pl. 33, 1. 2; Perrot,
hist. de l'art III, p. 282', die Stiere der cyprischen und
lykischen Münzen und die Statuette aus Dodona, Carapanos pl. 10, 4.

**958** (Taf. LVI). Westlich Zeustempel (Inv. 2560).
Schreitender Stier von archaischem Typus. Die kurzen
Hörner zum Stoße gesenkt. Die Basis hat vier, etwas
nach unten gebogene Ansätze, mit welchen sie auf einer
Unterlage befestigt war.

**959** (Taf. LVI). Halle des Gymnasions (Inv. 12033).
Kleiner Ochse mit ganz kurzen Hörnern.

**960** (Taf. LVI). Pelopion (Inv. 7377). Ochse von
ziemlich natürlicher, doch zu gestreckter Bildung, mit
kurzen Hörnern. Schwanz fehlt.

Die bisher aufgeführten Statuetten sind wohl als
selbständige Votive zu betrachten.

**961** (Taf. LVI). Südlich Heraion (Inv. 10275). Liegendes Kalb. War mittelst eines Bronzenagels, welcher
durch den Leib geht, auf einen gerundeten Gegenstand
so befestigt, daß es nach dem Inneren des Kreises blickte.
Der Stil ist vom primitiven wie geometrischen ganz verschieden, aber auch noch nicht entwickelt archaisch; doch
kann man ihn als affyrisierend bezeichnen. Die Auffassung ist von großer Frische.

**962** (Taf. LVI). Nördlich Zeustempel (Inv. 1880).
Liegender Ochse. Hohl gegossen; die Wandungen unten
4 mm dick. Im Rücken eine Öse. Zwei Bohrlöcher
auf dem Rücken. Die Beine sind gar nicht angegeben.
Die ganze Auffassung schematisch und gleichgültig. Das
Tier war wohl mittelst zweier Nägel auf eine Unterlage
befestigt und diente dekorativem Zwecke.

Der Typus der Ochsen 957—960, welchen die
kurzen Hörner besonders charakterisieren, ist vollständig

verfchieden von dem im primitiven und geometrifchen
Stile herrfchenden, fowohl in der ganzen ftiliftifchen Auffaffung als in der Raffe der Tiere; denn in jenem Stile
haben die Rinder lange Hörner. Offenbare Anknüpfung
an letzteren, den geometrifchen Stil, finden wir dagegen, ähnlich wie bei den Pferden, bei einem fchönen
archaifchen Kopfe:

**963** (Taf. LVI). Hohl gegoffen. Innen Refte von
Eifen. Die Augen waren eingefetzt. Lange Hörner.
Der lange flachenhafte Kopf, in welchem das Maul nur
einen flachen Einfchnitt bildet, die Straffheit der ganzen
Auffaffung und endlich die langen Hörner zeigen den
Zufammenhang mit dem geometrifchen Stile deutlich an.

### Löwe.

**964** (Taf. LVII). Südweftlich Philippeion (Inv. 11649).
Liegender Löwe. Der Schwanz fehlt. Unten mit Blei
ausgegoffen; war dekorativ verwendet. Scheint in der
ganzen Haltung und Auffaffung und in der Wiedergabe
der Mähne von ägyptifchen Vorbildern beeinflufst.

Die Verwendung ift etwa zu denken wie die der
Löwen an dem Becken aus Cypern, Cesnola, Salaminia
pl. 16, 26; oder die auf dem Herdchen Arch. Anz. 1890,
S. 6. Doch kann er auch von einem Stabdreifufse
flammen, f. oben S. 130.

**965** (Taf. LVII). Südoftbau (Inv. 13800). Liegender
Löwe. Der lange geringelte Schwanz, deffen Ende fehlt,
ift auf der Erde ausgeftreckt gedacht. Unten mit Blei
ausgegoffen. Treffliche archaifche Stilifierung. Ruhig
lauernde Haltung. Die Haare der Mähne und anderes
Detail graviert. War dekorativ verwendet und fcheint
auf einem gerundeten Rande gefeffen zu haben.

Ähnlich ein anderes Exemplar ohne Nummer.

**966** (Taf. LVII). Berlin, Dubl. Liegender Löwe mit
offenem Rachen. Der emporgeringelte Schwanz hat wie
bei der Chimära die Geftalt einer bärtigen Schlange.
Detail am Kopf und Mähne graviert. Unter den Vorder-
füfsen befinden fich Zapfen mit durchgehenden Löchern
(vergl. zu 953). Unter den Hinterbeinen zwei aufge-
krümmte Haken, in die wohl irgend etwas eingehängt
war. Der Unterteil des Bauches ift etwas ausgehöhlt;
hier fafs das Blei, welches die Figur auf eine Fläche
befeftigte. Das Ganze ift von trefflichem archaifchen
Stil; es war wohl dekorativ verwendet und zugleich
apotropäifch: vorne droht der offene Rachen des Löwen,
hinten die giftige Schlange, die fich emporrichtet.

Eine mit 966 genau übereinftimmende Figur, die
auf eine gerundete Fläche aufgefetzt war, befindet fich,
aus der »Peloponnes« flammend, im Mufeum zu Wien
(Inv. 2606). Ein zweites ähnliches Stück, archaifcher
Löwe mit Schlangenfchwanz, ift im Mufeum von Kopenhagen.

**967** (Taf. LVII). Südoftbau (Inv. 6843). Sitzender
Löwe, auf den Vorderbeinen aufgerichtet, ruhig beob-
achtend, von königlicher Haltung. Der Schwanz empor-
geringelt. Das Detail graviert. Vorzügliche Arbeit. Trotz
der Gröfse maffiv gegoffen. Durch jede Klaue geht ein
Bronzenagel, um die Figur auf einer Unterlage zu befeftigen.

**968** (Taf. LVII). Prytaneion Inv. 4790; Berlin, Dubl).
Löwe in derfelben Haltung. Bei der Auffindung noch
feftgelötet auf eine fchmale Plinthe, von der fie fich
erft nachher löfte. Die Unterfeite der Plinthe zeigt
keine Spur irgend welcher Befeftigung. Das Ende des
Schwanzes fehlt. Stilifierung der Beine fchematifcher,
härter als an 967.

**969** (Taf. LVII). Nördlich Philippeion. Die Figur
ift auf der Rückfeite flach und etwas gerundet; fie war
wohl auf einen Gefäfsbauch gefetzt. Der Löwe ift offenbar aufgerichtet gedacht und hatte gewifs ein ihm fym-
metrifch entfprechendes Gegenüber und zwifchen den
beiden ftand wohl entweder ein Ornament, ein tek-
tonifches Glied oder eine Figur. Zum Typus mit zurück-
gewandtem Kopfe vergl. den Panzer Taf. LIX. Ganz
übereinftimmend ift das Motiv des Löwen auf dem
archaifch-etruskifchen Cippus, Inghirami, mon. etr. VI,
tav. P., 5. Sculpt. v. Berlin No. 1220. — Abg. Ausgr. IV,
Taf. 24, 2. S. 17.

### Vögel.

**970** (Taf. LVII). Öftlich Zeustempel Inv. 500). Die
Füfse fowie der Kamm auf dem Kopfe find abgebrochen.
Ein vorzüglich ftilifierter Vogel der Reiherart. Das Ge-
fieder graviert. — Abg. Ausgr. I, Taf. 31, B, 10, S. 15.
Abgufs in Berlin, Friederichs-Wolters 371.

**971** (Taf. LVII). Südlich Palaftra (Inv. 12750). Hals
und Kopf eines Vogels ähnlicher Art. Der Kamm abgebrochen. Durch den ganzen Kopf geht ein Nagel,
deffen Zweck nicht erfichtlich ift.

**972** (Taf. LVII). Nördlich Prytaneion (Inv. 12632).
Stammt wohl von einem Deckel. Zwei Nägel in der
runden Bafis. Nicht feine Arbeit.

**973** Taf. LVII. Kladeosbett (Funde 1884, 197).
Kopf und Hals eines hühnerartigen Vogels. Vor-
geftreckter Kopf. Hohl gegoffen. Das Gefieder, ganz
durch Oxydation entftellt, war fein graviert. Die Lappen
an den Seiten des Kopfes find aus Silber eingelegt. Auf
dem Kopfe ein Loch, wo der Kamm befonders aufgefetzt war. Vortreffliche Arbeit. Konnte dekorativ
verwendet gewefen fein; vergl. den Schild von Kreta,
Muf. ital. di ant. class. II, Atl. tav. 4 = Americ. journ.
of arch. IV, pl. 17.

**974** Taf. LVII. Nordöftlich Heraion Inv. 1941).
Hübfcher ftehender Adler, wohl von einem Gefäfs oder
anderen Gerät, etwa einem Szepter abgebrochen.

**975** (Taf. LVII). Stadionwall (Inv. 8800). Gegoffener
Adlerkopf. Links mit einer kreisrunden Öffnung von
5¹, cm Durchmeffer. Der Kopf ift hohl gegoffen, doch
ift der Schnabel mit einer fchweren Maffe (Blei?) gefüllt. Bis zum Schnabel war einft ein runder Stab
hereingefteckt, welcher durch zwei Nagel oben und
unten, wo je ein Loch in der Bronze erhalten ift, befeftigt war. Der Stab mufs hiernach von Holz gewefen
fein. Dafs der Schnabel vollgegoffen ift, hatte natürlich
den Zweck, ihm gröfsere Widerftandskraft zu geben.
Die nächft liegende, fchon von Purgold geäufserte Vermutung ift, dafs wir den Schmuck einer Wagendeichfel
vor uns haben. Der ftreng ftilifierte Kopf ift vortrefflich

gearbeitet. Die Augen find vertieft, um eine Füllung aufzunehmen, die jetzt fehlt. Die Einzelheiten graviert. — Abguß in Berlin, Friederichs-Wolters 373.

Ein ganz entfprechendes Stück, ebenfalls griechifcher Arbeit, doch in Fiefole gefunden, ift bei Caylus, recueil d'antiqu. IV, pl. 35, 2 abgebildet. Im Mufeo Gregoriano befindet fich ein grofser etruskifcher Bronzewagen, deffen Deichfel in einen Adlerkopf endet; es ift eine gute archaifch-etruskifche Arbeit nach einem griechifchen Vorbild wie 975.

### Andere Tiere.

Inv. 4728 (Prytaneion). Ein 3 cm langer laufender Hafe, gut archaifch, verwandt den korinthifchen Gefäßfiguren wie Berliner Vafenkat. 1324 ff.

Inv. vom Jahre 1884 No. 56 (Kladeosbett), kleiner laufender Hund, fein archaifch. Ähnlich den am Rande der korinthifchen Standfpiegel ftrengen Stiles vorkommenden Hunden.

976 (beiftehend). Südlich Palaitra (Inv. 12234). Gegoffenes Geweih, wohl eines Steinbocks. Unten rings herum Bruchfläche.

977 (Taf. LVII). Prytaneion (Inv. 5010). Hörner eines bockartigen Tieres. Im unteren Teile zwei Stiftlöcher. An der Unterfeite etwas konkave Anfatzfläche; unten an den Seiten Bruch. Henkel eines Gefäßes?

978 (Taf. LVII). Gegoffener Fifch. Ift gefüllt mit jener graubraunen erdigen Maffe, dem Gußkerne, wie wir ihn fchon mehrmals an archaifchen Gußwerken konftatiert haben (vergl. zu 1).

### 10. Waffen.

Die im Folgenden befprochenen Waffen find, wo nicht ausdrücklich das Gegenteil angegeben ift, als Gebrauchswaffen zu betrachten, die geweiht worden find, aber nicht lediglich zu Votivzwecken angefertigt waren.[1] Nicht felten geben Stöße in den Rüftungsteilen, die von Angriffswaffen herrühren, eine Beftätigung hiefür.

Die Schutzwaffen find aus ftarkem gehämmerten Bronzeblech gearbeitet, das — mit Ausnahme der Schilde,

[1] Für durchaus falfch halte ich die häufig vergl. z. B. Greenwell im Journal of hell. ftud. II, 1881, p. 81 ausgefprochene entgegenftehende Anficht.

die dünner find — meift gegen 1 mm Dicke hat. Wo es nicht, wie leider in den meiften Fällen, durch Oxydation ganz zerfreffen und bröckelig geworden ift, zeigt das Metall eine grofse Zähigkeit und Elaftizität. So find diefe Waffen durch Vereinigung der beiden Eigenfchaften, der Leichtigkeit und der Feftigkeit, in ganz vorzüglicher Weife zum Gebrauche geeignet. Eine befondere relativ fpätere Gruppe, auf die in den einzelnen Fällen aufmerkfam gemacht werden wird, zeichnet fich dadurch aus, dafs die Metalloberfläche glänzend poliert ift und eine prachtvolle tiefdunkle Farbe und intenfiven Glanz hat.

### Panzer.

979 (Taf. LX). Pelopion (Inv. 5650). Höhe 0,13, Breite 0,38. Rückenteil eines Panzers aus ftarkem Blech. Unten ein fchräg abftehender Rand mit feinen getriebenen Streifchen in Relief. Die Rückgratlinie ift eingefenkt. Der Umrifs der Schulterblätter ift durch getriebene Relieflinien angedeutet. Ein weiteres Eingehen auf die einzelnen Körperformen findet nicht ftatt; vielmehr wölbt fich der Panzer ganz gleichmäfsig. Der Rand am Halfe ift umgebogen. Längs der Öffnung der Arme (nur auf einer Seite ein Stück erhalten) ift das Blech um einen Bronzedraht aufgerollt. Der Panzer ftimmt mit den folgenden beiden in jeder Beziehung überein, nur entbehrt er des gravierten Schmuckes ganz. Von den verfchiedenen Riffen und Löchern in dem Panzer fieht die längliche Verletzung in der rechten unteren Hälfte fo aus, als ob fie durch den Stofs einer Speer- oder Schwertfpitze von innen erzeugt wäre.

980 (Taf. LVIII). Gefunden vor der Echohalle, ca. 7 m vor dem Nordende der dort befindlichen langen Bafis, 1,10 m unter dem fpäteren antiken Fufsboden (Inv. 11540, 11541). Rückenteil eines Panzers. Er wurde in zahlreiche Fragmente zerbrochen gefunden, welche von einer dicken feften Oxydfchicht überwuchert waren, die von der Gravierung nichts fehen liefs. 1886 verfuchte ich es, die Fragmente zufammenzufetzen und zu reinigen; zu meiner Freude ergab fich das Refultat, welches unfere Tafel LVIII zeigt. Durch die Verbiegung, welche die einzelnen Fragmente erlitten haben, welche zum Teil flach gedrückt find und ihre frühere Rundung verloren haben, gefchah es, dafs nach vollendetem Aneinanderpaffen der Fugen der rechte obere Teil fchief fitzt und fchräg nach oben verfchoben erfcheint. Leider fehlt die Mitte. Da die Fragmente bei der Auffindung fo unfcheinbar ausfahen wie taufend andere, und fie dann auch ohne Sorgfalt aufbewahrt waren, fo ift es fehr möglich, dafs die Stücke einft vollftändig da waren und nur nicht alle gefammelt wurden; die Fragmente der Mitte könnten im Magazin gekommen fein. Indefs ift ein wefentlicher Verluft dadurch nicht entftanden, indem fich das Fehlende nach dem Vorhandenen faft ganz ergänzen läfst. Unter den Löchern find zwei, die durch Waffen hervorgerufen fcheinen. Beide find wiederum durch Stöfse von innen erzeugt, welche alfo den Leib des Kriegers vollftändig durchbohrt haben würden. Der fchmale Rifs auf dem linken Schulterblatt fieht aus, wie durch eine Schwertfpitze, und das gröfsere viereckige

154

Loch zwiſchen den Schultern, wie von einer vierkantigen Speerſpitze getloſen. Der Rand am Halſe iſt kragenförmig aufgeſchlagen. Der untere Rand ſteht ſchräg ab. In der rechten Hälfte betindet ſich auf demſelben eine ringförmige Oſe, die beim Feſtſchnallen des Panzers Verwendung gefunden haben wird. Vielleicht befand ſich einſt eine entſprechende links an der jetzt durch dicke Oxydwucherung unkenntlich gewordenen Stelle. Der Rand an den Armlöchern iſt um einen Bronzedraht aufgerollt. Die Mittellinie des Rückgrates war etwas vertieft. Die Schulterblätter ſind im Umriſſe durch flache Relieflinien angedeutet. All dies ſtimmt ebenſo mit 979 wie mit dem folgenden Stück überein.

Die reiche gravierte Verzierung beſteht in Folgendem: alle Randſäume ſind durch einen zwiſchen feinen Relieflinien gebetteten ſchmalen Streif mit gravirertem einfachem Flechtbande gebildet. So geſchieht es an den Armlöchern und dem Umriſſe der Schulterblätter entlang; an letzterer Stelle wird das Flechtband, jenem Umriſs folgend, immer ſchmäler, bis es ſich tot läuft. Am unteren Rande iſt das Motiv des Saumes zweimal wiederholt und umſchlieſst einen breiteren Streifen, der mit einem Zickzackbande verziert iſt, das auf dem ſchraffirten Grunde ausgeſpart erſcheint. Längs der Öffnungen für die Arme iſt innerhalb des Flechtbandſaumes noch ein nach innen gewendetes Band von Lotusblumen und Palmetten angebracht. Die Flächen der Schulterblätter ſind in geſchickter Weiſe mit je einer Figur gefüllt, einer Sphinx, die, auf den Hinterbeinen aufgerichtet ſtehend, den einen Vorderfuß auf eine Palmettenranke ſetzt und den anderen drohend erhebt. Ihre Flügel ſind emporgebogen, doch nicht ſo weit wie dies in der reif archaiſchen Kunſt zu geſchehen pflegt. Die Haare fallen in breiter Maſſe herunter. Das letzte Ende iſt aufgerollt. Es mag dies ein Reſt der Tradition ſein, die um in dem Relief 692 vorliegt; d. h. der Künſtler ſcheint jene orientaliſche, ſyriſche Haartracht ins Griechiſche umgebildet zu haben: er behält das aufgerollte Ende nur als nebenſächliches Motiv bei und giebt im Übrigen den vollen freien Haarwuchs griechiſcher Sitte. Die Sphinx zur Linken unterſcheidet ſich durch die größere Anzahl der Bänder, welche die Haare umfaſſen, und durch das Halsband vor der anderen. — Das Motiv der emporſteigenden Sphingen, welche die Vorderpfoten auf vegetabiliſches Ornament ſtützen, iſt namentlich von den orientaliſierenden Denkmälern Cyperns bekannt (z. B. Perrot, hiſt. d. l'art III, p. 217, Fig. 152, Capitell; ebenda p. 787, Fig. 552, Silberſchale).

Auf dem Raume zwiſchen den beiden Schulterblättern haben ſich keine Spuren von Dekoration gezeigt. Unterhalb derſelben jedoch ſind die Reſte von zwei Gruppen zu ſehen: unter der linken Schulter waren zwei Löwen gebildet, die auf den Hinterbeinen aufgerichtet ſtehen und die eine hintere Tatze höher aufſtützen auf eine nicht angedeutete aber hinzuzudenkende Unterlage. Ihre Vorderbeine werden denen der entſprechenden Gruppe geglichen haben, d. h. es war, wie auch bei den Sphingen, das eine Vorderbein aufgeſtellt, das andere erhoben. Von dem einen der Tiere iſt ein Teil der Mähne, das Ohr und Auge erhalten. Die

andere Gruppe, die unter der rechten Schulter, zeigt zwei Panther, die offenbar in der gleichen Weiſe eine ſymmetriſche Gruppe bildeten wie die Löwen. Auch hier iſt die Unterlage nicht angegeben, auf welche ſie das eine Vorder- und Hinterbein ſetzen. Ihre Köpfe ſind der bekannten Gewohnheit entſprechend nach vorne gewandt. Vergl. die ganz entſprechende vollſtändig erhaltene Gruppe auf Taf. LIX (unterer Mittelſtreif). Das gefleckte Fell des Panthers iſt durch kleine Kreiſe angedeutet, die ſich ſelbſt auf dem Schwanze finden. Die Tiere ſind hierdurch von den Löwen aufs Deutlichſte unterſchieden. Dieſelbe Bildung des Panthers erſcheint auf altioniſchen Vaſen, z. B. einer aus Naukratis (Bd. II, pl. 8, 1). Die Mitte zwiſchen beiden Gruppen hat ein Ornament eingenommen, von dem ein lotosartiger Reſt erhalten iſt; wahrſcheinlich war es ein kreuzförmig angeordnetes, durch Bänder verſchlungenes Lotos- und Palmettenornament.

Unter dieſen beiden Gruppen erſcheint ein abſchließender und trennender ſchmaler Streif, der mit dem »laufenden Hund«-Ornament verziert iſt. Zwiſchen dieſem Saume und dem unteren abſtehenden Rande iſt der Raum noch durch ein Bild gefüllt. Dem Raume entſprechend ſind zwei langgeſtreckte Tiere gewählt, ein Panther links, wieder mit geflecktem Fell und von vorn dargeſtelltem Kopfe, und ein Eber mit ſteilen Borſten auf dem Rücken. Beide Tiere ſcheinen im Begriffe, auf einander loszugehen.

Wir laſſen auf Taf. LIX noch einen Rückenteil eines Panzers folgen, der zwar nicht bei den Ausgrabungen in Olympia gefunden iſt, aber dennoch ſicher aus Olympia ſtammt. Er befindet ſich im Beſitze des engliſchen Konſuls auf Zante, Herrn Crow, und ward vor ungefähr 25 Jahren im Alpheios gefunden, ſtammt alſo, wie alle Bronzewaffen vom Alpheios, aus Olympia, und zwar wahrſcheinlich aus dem vom Fluſſe weggeriſſenen Teile des an Waffen ſo reichen Südwalles des Stadions. Der Panzer wurde von Herrn W. J. Stillman gereinigt und in photographiſcher Abbildung im Bulletin de correſp. helléniqué VII, 1883, pl. I—IV, p. 1 ff. veröffentlicht.[1] Die Reinigung hat durch Säuren ſtattgefunden, wodurch die antike Patina und hier und da auch feines Detail der gravierten Zeichnung (wie die fallenden kleinen Punkte an einigen Figuren) zerſtört wurde. Die Form des Panzers iſt genau dieſelbe wie die der beiden obigen Stücke. Der Rand an den Armausſchnitten iſt um einen eiſernen Draht aufgerollt. Der Halskragen iſt ſehr fragmentiert und der ſchräg vorſpringende untere Rand iſt hier ganz abgebrochen. Im Übrigen aber iſt der Panzer beſſer erhalten als die beiden anderen. Namentlich ſind die beiden ſeitlichen Ränder noch intakt und laſſen die Vorrichtung zum Anſchnallen erkennen. Am linken Rande befindet ſich oben unter

[1] Zu erwähnen iſt außerdem eine Abbildung und Beſprechung in den Mitt. d. Wiener anthropolog. Geſellſch., Band XV, 1885, S. [30] f. (Hörnes. Vergl. auch Helbig, homer. Epos[2] S. 175, Duruy, hiſt. grecque I[2], p. 136.

dem Achſelloch eine ringförmige Öſe von derſelben Art wie die auf dem unteren Rande von 980. Am rechten Rande ſieht man oben unter dem Armloch einen länglichen ſchmalen rechteckigen Ausſchnitt zum Durchziehen eines Riemens und unten (auf unſerer Tafel ſichtbar) eine längliche Öſe cylindriſcher Form. Endlich befindet ſich am oberen Ende des rechten Armausſchnitts ein rundes antikes Loch. Von den Verletzungen ſind vier nahe der Mitte befindliche, von außen eingeſchlagene viereckige Löcher zu bemerken (das vierte über dem Kopfe des Kitharaſpielers iſt auf unſerer Tafel anzugeben verſäumt worden) und ein fünftes gleichartiges, etwas größeres, ganz oben links. Der erſte Herausgeber, Herr Stillman, nimmt an, daß dieſe Löcher durch Pfeilſchüſſe hervorgerufen wurden, und es ſcheint dies nicht unmöglich, obwohl vierkantige Pfeilſpitzen ſehr ſelten ſind und in Olympia z. B. gar nicht vorkommen. Doch würden Pfeilſpitzen wie die im Kuppelgrabe von Menidi gefundenen (Kupp. v. Men. Taf. 9, 8. 9. 12; S. 32. 33) in der That die Löcher am beſten erklären. Der Träger ſcheint einen weniger rühmlichen Tod gefunden zu haben als die von 979 und 980. Das von Stillman auf einen Speerſtoß zurückgeführte Loch konnte ich nicht identificiren.

Die gravierte Verzierung iſt etwas anders diſponiert als an dem vorigen Stück. Sie will reicher ſein, erreicht dies Ziel aber auf Koſten der Klarheit und Schönheit der Raumfüllung. Die Schulterblätter ſind dort in ungemeſſener Weiſe durch die emporſteigenden Sphingen gefüllt; hier ſind ſie, um mehr darauf anbringen zu können, in horizontale Streifen gegliedert, was dem Weſen ihrer Form widerſpricht. Es ſind hier ferner auf dem ſchmalen Raume zwiſchen den Schulterblättern, der dort leer iſt, zwei Gruppen übereinander angebracht. Dieſe Figuren, durch den kleineren Maßſtab von den übrigen bedeutend verſchieden, ſtören trotz ihres ſtrengen Aufbaues die Klarheit des Ganzen. Auch der Wegfall des Flechbandes längs dem Umriß der Schulterblätter iſt keine günſtige Änderung; jenes Ornament trägt an 980 dazu bei, die organiſche Gliederung hervorzuheben; hier tritt dieſe zurück zu Gunſten eines reicheren Figurenſchmuckes. Den Raum unter den Schulterblättern hat der Künſtler zu einem Bilde mit menſchlichen Figuren benutzt und deren drei ſymmetriſch auf beide Rückenhälften verteilt. Dieſe Darſtellung iſt allerdings bedeutungsvoller, aber dekorativ weniger günſtig als die beiden wappenhaften Gruppen der anderen Panzer. Den Streifen unter den Figuren hat der Künſtler leer gelaſſen, in der richtigen Empfindung, daß weitere Darſtellungen hier nur die Bedeutung ſeines Hauptbildes abſchwächen würden.

Der Saum entlang den Armausſchnitten entſpricht genau dem von 980, nur mit dem Unterſchiede, daß das nach innen anſetzende Lotos-Palmettenband nicht zum vollſtändigen Ausdrucke kommt, ſondern durch die horizontalen Bildſtreifen der Schulterblätter zum großen Teile verdeckt erſcheint; d. h., der Künſtler hat erſt dieſe Bildſtreifen graviert und dann von dem Lotos-Palmettenbande hinzugefügt, was noch Platz hatte. Man ſieht, daß die Diſpoſition von 980 die urſprünglichere iſt, die

hier zwar beibehalten, aber durch das Streben nach größerem Reichtume gekreuzt wird.

Als unteren Abſchluß ſeiner horizontalen Figurenſtreifen verwendet der Künſtler hier nicht bloß, wie an 980, den ſchmalen Saum mit dem laufenden Hunds-Ornament, ſondern er fügt an den Hauptſtellen, alſo unter dem unteren Streif der Schulterblätter und unter dem großen Bilde, außerdem noch das Palmetten-Lotosband hinzu, und zwar an erſterer Stelle in derſelben Geſtalt wie an den Armausſchnitten, an letzterer etwas anders, indem nur eine größere Lotosblüte in der Mitte gebildet iſt und nach den Seiten zu lediglich Palmetten folgen.

Auf den Schulterblättern ſind oben zwei Löwen dargeſtellt, welche die Vorderbeine erheben, das eine hoch, das andere ſo als ob es auf eine erhöhte Unterlage geſtützt wäre, und welche die Köpfe umwenden. Es liegt hier offenbar das Schema des höher aufgerichteten, die Vorderbeine auf einen Unterſatz ſtellenden Löwen[1] zu Grunde, das hier, wie auch ſonſt (vergl. unten) des Raumes wegen gedrückter wiedergegeben iſt. Darunter ſchreitet je ein Stier mit geſenktem Kopfe, an dem nur ein Horn angegeben iſt (vergl. zu 884). Zwiſchen den Schulterblättern ſehen wir oben zwei aufgerichtete Sphingen in demſelben Schema wie auf 980; ihr eines Vorderbein iſt aufgeſtützt gedacht, doch die Unterlage nicht angedeutet. Die Haare haben dieſelbe kleine aufgerollte Locke wie die auf 980 bemerkte. Darunter ſind zwei Panther in demſelben Motive gebildet. Hier ſind das eine Hinterbein und das eine Vorderbein höher aufgeſtellt gedacht. Die Gruppe entſpricht genau der auf der rechten unteren Hälfte von 980. Das Fell der Panther iſt wieder durch kleine Ringe gekennzeichnet.

Das Hauptbild ſtellt jederſeits drei Figuren dar, die offenbar auf einander zuſchreitend gedacht ſind; denn ihre Beine ſind ziemlich weit getrennt, wenn auch die Sohlen nach archaiſcher Sitte nach einwärts ſtehen. Durch die Bekleidung unterſcheiden ſich ſofort zwei weibliche Geſtalten von den vier männlichen, indem jene lange Gewänder bis auf die Knöchel, dieſe nur etwas über die Knie reichende Röcke tragen. Daher ſind auch die Beine der Frauen weniger weit getrennt. Ihr Gewand iſt tief, aber eng gegürtet, ſo daß ſie eine ſchmale Taille und ſtark vortretenden Buſen zeigen. Die Männer ſind in weite Gewänder gehüllt. Faltengebung auch nur anzudeuten, lag unſerem Künſtler völlig fern.

Rechts voran ſchreitet ein Jüngling, welcher die Kithara ſpielt. Er überragt etwas an Größe die ſämtlichen übrigen Figuren. Seine Haltung, namentlich die des Kopfes und der Ausdruck des letzteren, zeigen das

[1] Vergl. das mykeniſche Löwenthor, wo die Kopfwendung freilich nicht ganz ſicher iſt, und den Stein mykeniſcher Epoche, Furtw. u. Löſchcke, myk. Vaſen, Taf. F, 11; beide Vorderfüße aufgeſtellt. Für das Motiv mit der einen gehobenen Tatze bietet das Relief eines archaiſchen Bronzeſpiegels aus Korinth, von der Gattung wie der mit Hektors Löſung in der Feſtſchrift für E. Curtius 1884 von mir herausgegebene, ein ſchönes Beiſpiel; er befindet ſich im Muſeum der arch. Geſellſchaft in Athen.

Streben des Künstlers, stolze, ernste Würde darzustellen. Der Kopf ist hoch aufgerichtet, der Mund fest geschlossen. Sein Rock ist gegürtet. Unter dem Gürtel sieht man eine Reihe unten abgerundeter Streifen; derselbe Gürtelschmuck kehrt bei der folgenden weiblichen Figur wieder. Mit großer Wahrscheinlichkeit hat Soudnizska, Beitr. z. Gesch. der altgriech. Tracht, S. 122, hierin die homerische mit Σπείρα besetzte ζώνη erkannt (vergl. auch Helbig, homer. Epos², S. 207. 209). Über dem Gürtel ist der Rock anders und reicher verziert als darunter. Den Mantel hat er nicht wie die anderen Männer umgeschlagen, was ihn beim Spiele hindern würde, sondern über beide Schultern gelegt, so daß die Enden auf die Brust herabfallen. Das lange Haar fällt frei herab, nur durch ein Band unterhalb der Ohren zusammengehalten und mit einer Tänie geschmückt. Die Füße zeigen Sandalen mit verzierten Schnallen. An der Kithara mit sieben Saiten ist sowohl das große Tragband zu sehen, welches um den linken Arm geschlungen ist, als das Band, an welchem das Plektron befestigt ist. — Es folgen die zwei weiblichen Gestalten. Ihre langen Gewänder haben Oberärmel. Es ist offenbar nicht der dorische, mit Nadeln zusammengesteckte Peplos, sondern der Chiton der Ionier dargestellt. Vergl. die Frauen auf den altionischen Scherben von Tell Defenneh im British Museum (ein Beispiel, Tanis II, pl. 29, 1) oder die der wahrscheinlich kymäischen Vase, Gerhard, auserl. Vas. 185. Der Gürtel der vorderen ist in der schon angegebenen Weise mit herabhängenden Streifen geschmückt. Oberhalb desselben ist das Gewand bei beiden anders und reicher verziert als unterhalb. Die vordere der Frauen zieht die folgende, sie an der Handwurzel fassend, mit sich. Dies Motiv paßt nicht zu der sonst nahe liegenden Annahme, daß ein Frauenreigen dargestellt sei; denn dabei faßte man sich nicht so, vergl. die Françoisvase. Es ist vielmehr nur ein Herbeiführen im Gefolge des vorangehenden Kitharaspielers gemeint. - - Letzterem gegenüber sehen wir einen Mann mit großem Vollbart, welcher wie begrüßend und empfangend die Rechte vorstreckt. Seine Lippen sind geöffnet, wie zu einer Anrede an den feierlich Einherziehenden und sein Gefolge. Zu bemerken ist, daß kein Schnurrbart angegeben ist. Die Haare sind ganz wie bei dem Kitharaspieler angeordnet. Der Mann trägt einen Rock mit kurzen Oberärmeln; derselbe ist unten glatt und nur gestäumt, oben aber, also wohl wieder oberhalb des Gürtels, punktiert. Den Mantel hat er in der allgemein üblichen Weise so umgeworfen, daß er die rechte Brust freiläßt. Die Linke ist unter dem Mantel vorgestreckt. Der Mantel ist sehr reich verziert. Er trägt hohe Schuhe an den Füßen, deren Spitzen etwas aufwärts gebogen sind, und deren oberes Ende verziert ist. Ihm folgen zwei Jünglinge, welche beide ganz in ihren kurzen Mantel gehüllt haben, so daß auch die rechte Brust und der rechte Arm verdeckt sind; sie strecken, wie der bärtige Mann, etwas die Linke unter dem Mantel hervor. Sie tragen kein Schuhwerk. Die doppelte Linie an ihrem Halse soll gewiß den Saum ihres Leibrocks und nicht etwa einen Schmuck bedeuten. Ihre Haare fallen einfach nach hinten, ohne daß sich Partien nach vorne absonderten. Einmal ist

das Motiv des aufgerollten Endes angewandt (vergl. oben S. 154). In der Kopfhaltung und dem Ausdrucke dieser eingehüllten Figuren scheint der Künstler Stummes Erstaunen haben ausdrücken zu wollen. Jedenfalls hat er es vermocht, die Köpfe seiner Gestalten in unzweifelhafter Weise zu individualisieren.

Die beiden der Mitte zunächst stehenden Personen sind offenbar als die Hauptfiguren charakterisiert, während die beiden Frauen rechts und die beiden Jünglinge links nur wie das beiderseitige Gefolge aussehen. Es ist ferner, wie wir sahen, eine Begegnung, eine Begrüßung des feierlichen, schlanken und jugendlichen Kitharaspielers durch den bärtigen Mann dargestellt. Eine Deutung aus dem menschlichen Leben, etwa Heimkehr eines siegreichen Kitharisten, wäre schon an sich sehr unwahrscheinlich, da der Gegenstand zu unbedeutend erschiene; und was sollten dann die Frauen im Geleite des Künstlers? Stillman erkannte einen vornehmen Sterblichen mit seinen Dienern, welcher Apollon konsultiert, dem Leto und Artemis folgen. Doch wenn wir Apollon in dem Kitharaspieler sehen, dann muß der Bärtige auch ein Gott sein; denn so tritt niemals ein Sterblicher dem Gotte gegenüber, vollends nicht in archaischer Kunst. Der Bärtige muß seinem ganzen Auftreten und seiner Tracht nach mindestens gleich vornehm sein wie der Kitharaspieler. Seine Geberde drückt Willkomm und Begrüßung aus, die er dem Jüngeren beut, keineswegs Verehrung und Anbetung.

Ich glaube, es ist Zeus, der seinen herrlichen Sohn begrüßt, wie er zum ersten Male nach seiner Geburt auf Delos den Olymp betritt, feierlich, die Kithara spielend, gefolgt von Leto, der Mutter, und Themis, der Pflegerin (vergl. hymn. in Ap. Del. 124); denn diese scheint mir hier wahrscheinlicher als Artemis. Die Gestalten hinter Zeus aber müssen dann auch Götter sein, jugendliche, andere Söhne des Vaters, etwa Hermes und Ares, die über den neu auftretenden Bruder erstaunen. Der völlige Mangel näherer Charakterisierung kann gegen die Deutung des Ganzen nicht den Ausschlag geben. Er läßt sich erklären durch die hohe Altertümlichkeit des Bildes, der eine feste Individualisierung der Gottheiten noch fremd ist, und durch die Situation, die eine solche nicht forderte; die im Olymp unter sich befindlichen Götter mochte sich der Künstler ohne einfach in ihre Gewänder gehüllt denken und keinen Anlaß sehen, ihnen Attribute zu geben; wie ja auch späterhin selbst Ares, wenn er mit den Anderen im Olympe beim Mahle erscheint, in gewöhnlicher Gewandung ohne jedes besondere Abzeichen dargestellt ward.

Das Bild, wie wir es sahen, enthält ein Motiv, das allem Anschein nach in der alten Hymnenpoesie, die ja eben in der Zeit besonders blühte, welcher unser Panzer angehören wird, sehr beliebt war, die Schilderung des ersten Auftretens des neuen Gottes, sein Eintritt in den Olymp unter dem Staunen der übrigen Götter, oder auch ohne Beziehung auf die Geburt nur das Auftreten des Gottes in der Versammlung der anderen. Was Apollon betrifft, so enthalten die Eingänge der beiden erhaltenen homerischen Apollohymnen derartige Schilderungen. Nicht minder beliebt aber war dies Thema

157

in der archaischen Kunst, welche den Einzug oder die festliche Auffahrt[1] einer Gottheit im Geleite anderer überaus liebt. Ich erinnere vor Allem an jene alte Vase von Melos (Conze, mel. Thongef. Taf. 4), wo Apollon von zwei Frauen, die wohl wie auf unserem Panzer Leto und Themis zu nennen sind, begleitet auf einem Wagen einherfährt, dem Artemis begegnet. Dann an die bekannten attischen schwarzfigurigen Vasen mit der Auffahrt des Apollon (Gerhard, auserl. Vasenb. 20. 21) oder der Demeter (ebenda 40), des Dionysos (ebenda 54), der Athena und des Herakles (vergl. in Roschers Lexikon 1, Sp. 2218 f.) u. A.

Nachdem wir die beiden Panzer einzeln betrachtet haben, erübrigt uns das Gemeinsame beider ins Auge zu fassen. Nicht nur die Form ist bei beiden, soweit die Erhaltung die Vergleichung zuläßt, durchaus dieselbe. Auch der Stil der Zeichnung ist bis in alle Einzelheiten der gleiche hier wie dort. Dies geht soweit, daß es mir kaum zweifelhaft erscheint, daß wir Werke einer und derselben Hand oder zum wenigsten derselben Werkstätte vor uns haben. Da unsere beiden Tafeln Jedem die Kontrole dieser Ansicht erlauben, wäre es müßig, auf alle Einzelheiten hinzuweisen. Es seien nur die Hauptpunkte hervorgehoben. Die Ornamente sind genau dieselben. Man beachte namentlich eine Spezialität, die Manier, wie die zwischen den grossen befindlichen kleinen Spitzen der Lotosblumen schlingenförmig gezeichnet sind. Hier besteht nur ein kleiner Unterschied: an 980 sind es nur die zwei kleinsten Spitzen, die so gemacht sind, an Taf. LIX ist es auch die mittlere. Von Ornamenten vergleiche man ferner die Streifen mit dem »laufenden Hund« und ihre Verwendung als unterer Abschluss. Das Zickzackband, das durch Aussparung des schraffierten Grundes entsteht und das wir am unteren Rande von 980 fanden, kehrt auf Taf. LIX am Mantel des Zeus wieder. Vor Allem aber vergleiche man die Zeichnung der Köpfe, in welchen sich die Individualität des Künstlers zumeist ausspricht. Nicht nur äußerlich, wie in der Behandlung und Anordnung der Haare, sondern in der gesamten Stilisierung sind die Köpfe der Sphingen von 980 den menschlichen Köpfen von Taf. LIX gleich. Auch die Köpfe der Panther, die Behandlung der Mähne an den Löwen und die Wiedergabe der Rippen der Tiere möge man vergleichen. Grössere Teile der Tierfelle werden hier wie dort (s. den grossen Panther 980, den Stier rechts auf Taf. LIX) durch feine Pünktchen bezeichnet. Dagegen die Manier, daß fast alle Hauptumrisse mit Ausnahme der Köpfe mit doppelten Linien gezogen sind, sowie daß vielfach längs der Hauptkontur eine nach innen oder außen gewendete Reihe von kleinen runden Zäckchen läuft, diese Manier, die wir an beiden Panzern finden, wird nicht dem einzelnen Künstler, sondern der ganzen Schule von Metallgraveuren, welcher derselbe angehörte, eigen gewesen

sein. Die Häkchen fanden wir schon auf dem Fragmente 719 und werden ihnen nochmals bei 982b begegnen.

981 (Taf. LX). Westfront Zeustempel (Inv. 238). Stück vom Rande eines ähnlichen Panzers wie die beiden vorhergehenden und zwar vom Armausschnitte. Der Rand ist wieder um einen Draht (von Bronze) aufgerollt. Die gravierte Ornamentierung ist noch feiner als an jenen Stücken; sie besteht erst aus einem Flechtband und dann einem Spiralenstreif. — Als nächste Parallelen zu diesem Auftreten des Spiralbandes verweise ich auf die oberen Ränder zweier prachtvollen altionischen Bronzeamphoren, wo dasselbe in genau derselben Zeichnung wie hier graviert auftritt. Die eine dieser Amphoren, vollständig erhalten, ist im Besitze von Ashley G. Ponsonby und war im S. Kensington-Museum ausgestellt; die Volutenhenkel ruhen auf Oberkörpern von Gorgonen, die in Schlangen auslaufen. Von der anderen, einst ganz gleichartigen Amphora[2] ist nur der Oberteil erhalten (aus Süditalien; im Museum zu Odessa). Das Spiralband erscheint beide Male am oberen Rande unterhalb eines Blätterkymas. Die Übereinstimmung läßt auf nahe Beziehung der Fabrik der Panzer und dieser Amphoren schließen.

982. 982a (Taf. LX). Westfront Zeustempel (Inv. 1497). Zwei Fragmente eines noch reicher verzierten und sehr fein gearbeiteten Panzers. Das Blech ist etwas dünner als an den bisherigen. 982 ist das obere Ende des einen Armausschnitts nebst der noch dem Halse zu laufenden horizontalen oberen Begrenzung, welche jenes durch Aussparung auf schraffiertem Grunde erzeugte Zickzackband, welches wir als unteren Rand an 980 und als Gewandverzierung an Taf. LIX bemerkt haben. Am Armausschnitte befindet sich das Spiralband, das gezeichnet ist wie an 981, hier dem Rande zunächst; es ist an 982a abgebrochen; dann folgt das gewöhnliche Flechtband. Und dann, durch die plastischen Streifchen getrennt, ein sehr sauber graviertes, reiches, alternierendes Palmetten-Lotosband von sehr altertümlicher Zeichnung. Vergl. dazu oben 746. An 982 ist es durch Oxyd größtenteils verdeckt.

982b (Taf. LX). Pelopion (Inv. 7328). Ein diesem Panzerfragmente gleichartiges Stück, an allen Seiten gebrochen. Sauber gravierte Zeichnung: Unterkörper eines Mannes nach links, von überaus schlanken Proportionen. Kurzer verzierter Chiton. Kleiner Rundschild mit Stern. Er scheint eine Lanze aufzustützen. Am Rande der Oberschenkel entlang laufen die Häkchen wie an 719. 980 und Taf. LIX. Auch die Saume mit dem »laufenden Hund«-Ornament finden wir hier wie an jenen Panzern. Rechts einfaches Flechtband; darin zwei kleine Stiftlöcher.

Wir fügen noch ein Stück an, das zwar schwerlich zu einem Panzer gehört hat, aber gewisse Analogien mit den gravierten Panzerfragmenten hat.

[1] Die alten Hymnen werden auch solche Auffahrten geschildert haben. Daher wird wohl Kallimachos im Hymnus auf Artemis v. 140 ff. das Motiv der einfahrenden Artemis entlehnen.

[2] Eine dritte gleichartige, doch weniger reiche, vollständig erhaltene Amphora befindet sich im British Museum, aus Locri in Unteritalien stammend, und zeigt die gravierten Buchstaben A T Θ (im C. I. G. 8522 falsch wiedergegeben); es stand niemals mehr da als dieser Anfang eines Namens θεα ..

**983** (Taf. LX). Gegend des Pelopions (Inv. 5669).
Links gerundeter Rand mit Flechtband; sonst rings gebrochen. Eine große Schlange, wie mich ein naturkundiger Freund belehrt, coluber natrix, eine Natter, verfolgt einen Frosch, der ihr zu entschlüpfen trachtet. Sehr fein und lebendig, doch noch in altertümlicher Weise graviert. Nach Versicherung jenes Freundes ist der Vorgang mit großer Naturwahrheit geschildert. Man mag sich der Szene in der Batrachomyomachie v. 82 ff. erinnern, die beginnt Τόρος δ' Ἐμύρινε ἀπόκινιντα, heißt ἄρμιαι, worauf der erschrockene Physignathos, die Maus fallen lassend, δὶ δὶ θαύνιε λίμνηι καὶ ἀλλοσσετη ἀέρα αἱ ἀνεσν. Das Fragment zeigt Spuren von Gravierung auch auf der Rückseite.

Bei Pouqueville, voyage dans la Grèce IV, 301, wird ein in Olympia gefundener Panzer erwähnt, von dem nichts weiter bekannt scheint.

Auch Fragmente eines Schuppenpanzers sind in der Altis gefunden worden:

**984** (Taf. LX). Östlich Zeustempel (Inv. 13873). Es wurden sechs kleine Klumpen von Schuppen gefunden, von denen unsere Abbildung eine Probe zeigt. Sie bestehen aus kleinen Schuppen von dünnem Bronzeblech, dessen Oberseite versilbert ist. Jede Schuppe hat an ihrem oberen, durch die nächste verdeckten Teile zwei kleine Löcher, an welchen sie auf die Stoff- oder Lederunterlage aufgenäht war. Von letzterer sind keinerlei Reste mehr erhalten. Der Panzer muß ein sehr feines Stück gewesen sein. — Reste von meist viel größer gearbeiteten Schuppenpanzern fanden sich sehr zahlreich in Gräbern der Krim, s. Antiqu. du Bosph. pl. 27, 4—6. Stephani, compte rendu 1876, pl. 2, 19 (von Eisen); vergl. 1874, S. 183 ff. Fragmente aus Südrußland in Berlin (aus Samml. Becker). An einem in Oxford befindlichen Fragmente aus der Krim ist noch die Lederunterlage erhalten (Journ. of hell. stud. 1884, pl. 46, 3).

Wir fügen noch einige Rüstungsstücke an, die auch zur Panzerung des Rumpfes dienten, deren genauere Bedeutung jedoch zum Teil zweifelhaft bleibt.

**985** (Taf. LX). Nördlich Zeustempel (Inv. 8907). Obere Länge 0,26; Höhe 0,17. Starkes Blech, 1 mm dick. Vollständig erhalten. Die Platte zeigt schwache Wölbung. In den Ecken oben je ein Ring. Der Rand von getriebenen Streichen umsäumt. Die ganze Art der Arbeit ist der der Panzer sehr ähnlich. Wahrscheinlich eine Schutzplatte für den Unterleib; der obere Rand griff vermutlich unter den vorspringenden Rand des Panzers und war hier an den Gürtel des Chitons mittelst der Ringe angehakt. Die Form und Größe des Stückes paßt vortrefflich zu dieser Annahme. Die Rundung nach unten schließt sich genau dem Unterleibe an und läßt den Bewegungen der Oberschenkel ungehinderten Raum. Der horizontale obere Rand aber folgt dem geraden Rande des Panzers.

Inv. 8990 (westlich Echohalle) ist ein ähnliches Stück, nur etwas schmäler (obere Länge 19 statt 26 cm, die

Höhe 17 cm wie bei **985**); es besteht aus weniger starkem Blech und hat rings am Rande kleine Löcher, war also auf Leder befestigt.

Inv. 13653 ist ein einfaches rechteckiges Blechstück von 25 cm Länge und 13 cm Höhe; rings um den Rand sind kleine Stiftlöcher angebracht, welche das Blech als Rüstungsstück erkennen lassen. Es könnte nach Form und Größe recht wohl auch ein Bauchschutz gewesen sein.

**986** (Taf. LXI). Südfront Zeustempel (Inv. 881). Die Bedeutung dieses Rüstungsstückes ist mir nicht klar geworden. Vielleicht von einem aus Platten zusammengesetzten Panzer? Starkes Blech. Unten und an den Seiten gebrochen; oben ist der Rand erhalten. Daran links eine cylindrische Öse. Rechts sieht man die an Rüstungsstücken gewöhnlichen kleinen Löcher im Rande und links davon zwei größere Löcher. Ein ursprünglich emporsteigender Zipfel, ebenfalls mit zwei größeren Löchern, ist jetzt heruntergebogen; in punktierter Linie habe ich seine ursprüngliche Stellung angeben lassen. Als einzige Verzierung befindet sich auf der linken Hälfte ein flach getriebenes stilisiertes vegetabilisches Ornament, das auf einem jetzt flach gedrückten, doch noch kenntlichen geraden langen Stiele sitzt, welcher gewiß vertikal gedacht ist und damit die Richtung des ganzen Stückes angiebt, wie sie auf unserer Tafel angenommen ist.

Der Stamm ist völlig deutlich auf dem Gegenstück zu **986**, das an der Nordseite des Tempels zusammen mit einer Beinschiene gefunden ward (Inv. 1130). Dasselbe ist 0,32 lang, 0,15 breit und zeigt an der linken Seite einen runden Ausschnitt wie **986** an der rechten; das Ornament befindet sich dementsprechend gegen das rechte Ende hin. An demselben ist der lange gerade Stamm wohl erhalten. Im Übrigen ist das Stück aber schlechter erhalten als **986** und giebt auch keinen näheren Aufschluß über die Verwendung. Es wird aber einst mit **986** zu einer Rüstung gehört haben.

Das Ornament ist dem von 743—745 verwandt und geht auf dieselbe mykenische Wurzel zurück wie jenes, ist jedoch außerdem noch durch den Einfluß einer anderen mykenischen Ornamentform bestimmt, nämlich durch den Palmbaum, von welchem die Krone mit den drei Spitzen stammt (vergl. Furtw. u. Löschke, myk. Vasen S. 29, 46, 81, Taf. XIX, 134; XXI, 293, 293; Hülfstaf. E. 5; auch der lange gerade Stamm, auf welkem das Ornament sitzt, weist darauf hin, daß dem Künstler der Palmbaum vorschwebte. Dagegen find die Volutenblüten dem mykenischen Palmbaum durchaus fremd, wo die entsprechenden Blätter immer nach außen geschweift sind. Sie sind von jenem erst erwähnten Volutenornament entlehnt.

**987** (Taf. LXI). Etwas gewölbtes Blech mit sehr kleinen Löchern am Rande zum Aufnähen auf das Stoff- oder Lederfutter. Offenbar ein Rüstungsstück. In der Mitte zwei augenartige Ausschnitte. Vielleicht von einer Pferderüstung. Die Grundform entspricht ungefähr den schönen archaischen Pferdebrustschildern aus Unteritalien in den Museen von Neapel (Fiorelli, catal. d. armi. ant. No. 52, 53) und Karlsruhe (Bronzen v. K., Taf. 26, 27), nur daß diese viel breiter und auch länger sind.

## Beinfchienen.

Beinfchienen find in beträchtlicher Anzahl gefunden worden. Die Regel ift, daß fie an den Rändern ganz rings herum mit kleinen Löchern verfehen find, welche dazu dienten, das Futter von Leder zu befeftigen. In der Mitte vorne haben fie dem Schienbein entlang eine fcharfe Kante. Die meiften Exemplare find hier durchgebrochen. An der Innenfeite ift regelmäßig der Wadenmuskel zum Ausdruck gebracht. Der mittlere Teil fteigt empor und bedeckte das Knie. Die Proportionen weifen meift auf kurze, aber fehr kräftige Beine. Die Länge der Schienen, vom oberften, an das Ende der Kniefcheibe reichenden Rande gemeffen, fchwankt zwifchen 33 und 43 cm, doch fteht die Mehrzahl der niedrigeren Grenze näher als der höheren; die Breite am Wadenmuskel beträgt meift zwifchen 15 und 17 cm. Ein fehr kurzes, aber weites Exemplar ift Inv. 9054, bei kaum mehr als 30 cm Länge und 17 cm Breite. Zwei Exemplare von ausnahmsweifer Kleinheit haben das eine 26, das andere (Inv. 11571) nur 19 cm Länge.

Ein Exemplar gewöhnlicher Art (Inv. 2195) mit einem Helm zufammen vor der Weftfront des Zeustempels gefunden; Länge 39, Breite 18 cm) zeigt vorn neben der Wade ein 12 mm langes, vertikal ftehendes, von außen hereingeftoßenes Loch, das offenbar von einer Waffe und zwar entweder einem Schwerte oder einer blattförmigen Lanzenfpitze herrührt.

Selten find Exemplare ohne die Löcher am Rande. Ein Beifpiel älterer Art ift

988 (Taf. LX). Länge nur 34 cm bei gegen 17 cm Breite. Schiene eines linken Beines mit ftarker Wade. Das Blech ift hier etwas ftärker als es bei denen mit Löchern zu fein pflegt.

Ein anderes Exemplar ohne Löcher (Inv. 1434) Weftfront Zeustempel; Länge 37, Breite 15 cm) zeigt eine Verftärkung des Randes durch Umfchlagen des Bleches.

Etwas fpäterer Zeit gehört ein Exemplar ohne Löcher an (Inv. 2034. Oftfront Zeustempel), welches jene fchöne tiefdunkle, glänzend polierte Oberfläche zeigt. Hier find die Ränder durch zwei erhabene Streichen profiliert. Das Stück ift auch fchlanker als die älteren (Länge 46, Breite 15 cm).

Außer der Andeutung des Wadenmuskels geben diefe Beinfchienen kein weiteres anatomifches Detail. Es ift eine Ausnahme, wenn ein, wohl relativ fpäteres Exemplar von dünnem Blech (Inv. 11340, weftlich Echohalle; Länge 31, unten gebrochen) außer der Wade auch die Kniefcheibe nach der Natur modelliert.

Dagegen ift der obere, das Knie bedeckende Teil nicht felten Sitz reicher getriebener Verzierung.

989 (Taf. LXI). Pelopion (Inv. 9606). Von der Beinfchiene ift nur diefer obere Teil erhalten. Aus der Verlängerung der fcharfen, das Schienbein bezeichnenden Mittelkante fteigt ein fich erbreiterndes Ornament empor, deffen Gefamtform fich der Kniefcheibe vortrefflich anpaßt, ohne diefelbe direkt zum Ausdruck zu bringen. Die Verbreiterung nach oben wird durch die zwei

einzelnen feitlichen Voluten fehr gut mit der unteren fchmalen Kante vermittelt, und das Hauptornament felbft ruht auf drei nach oben divergierenden Linien, die nach unten fich in jener Mittellinie vereinigen. Oben lagern fich zwei Wölbe als Abfchluß des Ganzen, dem Rande folgend; fie erinnern an die Muskelwölfte, die über der Kniefcheibe liegen, ebenfo wie das Hauptornament an die Kniefcheibe und ihren Übergang in den fcharfen Grat des Schienbeines erinnert. Es ift dies ein vortreffliches Beifpiel dafür, wie es die Griechen verftanden, ftrenges Ornament zum Symbole des Organifchen zu erheben. — Der Hauptteil des Ornamentes hat blütenartige Form und hängt fehr wahrfcheinlich mit dem in der mykenifchen Ornamentik überaus beliebten und viel variierten Blütenmufter zufammen, welchem es in allen wefentlichen Teilen entfpricht (vergl. Furtw. u. Löfchcke, myken. Vafen Taf. XXX. XI., 423. XX, 142. XVIII, 124. XIII, 81. III, 19. 20). — Das am linken Rande erhaltene Volutenende flammt ohne Zweifel von der Verlängerung der den Wadenmuskel hervorhebenden Linie, welche alfo hier in einen volutenartigen Knopf auslief. Es war eine linke Beinfchiene.

Es find noch einige Refte von Beinfchienen mit derfelben Verzierung gefunden worden: Inv. 11548 (füdweftlich Pelopion, Höhe 0,11), ein Fragment, ebenfalls von linker Schiene, mit 989 ganz übereinftimmend. — Ein Fragment ohne Nummer zeigt daffelbe Ornament, nur in etwas derberer, gröberer Ausführung.

Eine Beinfchiene mit im wefentlichen demfelben Ornamente befindet fich, aus Ruvo flammend, im Mufeum zu Neapel (Fiorelli, catalogo del muf. naz. di Napoli, armi antiche, No. 28). Ein ähnliches fragmentiertes Stück unbekannter Herkunft in Konftantinopel (No. 49). Das Gefamtfchema der Verzierung findet fich auch an der Beinfchiene des fchönen archaifchen Bronzebeines im Britifh Mufeum, Journ. of hellen. ftud. 1886, pl. 69; nur ift hier das Blütenornament durch ein Gorgoneion erfetzt. Ebenfo an der Beinfchiene aus Südrußland, Antiqu. du Bosph., pl. 28, 7. Derartige Beinfchienen trägt Menelaos auf der Vafe des Hieron und Makron, Gazette arch. 1880, pl. 7. Der Typus war alfo in Athen um 500 bekannt. Die feitlichen Voluten allein find an den Beinfchienen der attifchen Vafen des ftrengen rotfigurigen Stiles ein fehr gewöhnliches Detail.

Ein verwandter, leider abgebrochener Schmuck befand fich am Oberteil von

990 (Taf. LXI) füdlich Zeustempel, 5 m von demfelben (Inv. 4553). Leider ift der Kniefcheibenteil diefer linken Beinfchiene ftark befchädigt, und zeigt nur noch den Reft ähnlicher Dekoration wie 989. Dafür ift das Übrige um fo beffer erhalten. Die Linien, welche den Wadenmuskel bezeichnen, enden hier in Schlangenhälfe. Zum Zwecke feinerer Ausführung der Schlangen tritt Gravierung zur getriebenen Arbeit hinzu. Die Augen find jetzt nur ein Loch, das einft mit etwas von Bernftein oder dergleichen gefüllt war. Die Schlangen haben einen kurzen Bart und reißen zifchend die Mäuler auf. Die andere, äußere Seite der Beinfchiene ift wie gewöhnlich unverziert. Etwas unterhalb des Waden-

muskels befindet sich am Rande der Innenseite die eingeschlagene Inschrift: Ζεὺς Ὀλύμπιος. Vergl. Arch. Ztg.
1879. S. 160, No. 309. Röhl, inscr. antiqu. 559.

**991** (Taf. LXII). Südfront Zeustempel (Inv. 4874).
Fragment einer gleichartigen Beinschiene mit einer
Schlange von vortrefflicher archaisch stilisierter Bildung.
Wahrscheinlich von einer rechten Beinschiene, wo die
Wadenmuskellinie ebenfalls in eine Schlange ausläuft.

Dies Motiv mit den Schlangen findet sich auch an
der schon genannten archaischen Beinschiene aus Südrußland, Antiqu. du Bosph. pl. 28, 7, wo es sich an
beiden Seiten wiederholt, indem auch die Muskulatur
der äußeren Beinseite angegeben ist. Dasselbe ist der Fall
an einem im British Museum befindlichen Paare prachtvoller archaischer Beinschienen aus Ruvo. Die Muskulatur
beider Beinseiten läuft in Schlangen aus. An der Kniescheibe ist je eine vollständige, im Knielauf begriffene
Gorgone mit Rücken- und Fußflügeln in Relief gebildet;
in den Händen hält sie Schlangen aus. — Das Gorgoneion an
allen hier verglichenen Beinschienen gehört zu dem
Typus, welcher, den Denkmälern zufolge, von der
ionischen Kunst ausgeht und von der korinthischen
und auch attischen vielfach acceptiert ward (vergl. in
Roschers Lexikon I, Sp. 1713 ff.). Die olympischen verzierten Beinschienen werden wir danach als wahrscheinlich ionischer oder auch korinthischer Herkunft zu betrachten haben.

**992** (Taf. LX). Westlich Echohalle (Inv. 9164).
Länge 0,35, Breite 0,15. In der Mitte durchgebrochen.
Rechte Beinschiene. Das Ornament der Kniescheibe ist
leider verletzt. Die von der geraden Schienbeinmittel-
linie nach oben divergierenden Streifen rollen sich nach
oben zur Volute; der Zwischenraum war durch Palmettenblätter gefüllt, von denen Reste erhalten sind. Das Ornament ist also nahe verwandt dem von **738**; vergl. dazu
S. 110.

Ebenso ist ein Stück der Funde nach 1881 (Inv.
von 1884, No. 180) verziert.

**993** (Taf. LXII). Westfront Zeustempel (Inv. 277).
Rechte Beinschiene (Länge 34, Breite 15 cm). Das Ornament am Knie ist in der Mitte verletzt. Dasselbe ist genau
symmetrisch, und die auf der Abbildung nicht sichtbare
Hälfte ist nach der sichtbaren zu ergänzen. Zwei nach
unten sich nähernde, nach oben sich entfernende gerundete Streifen laufen in einfache Voluten aus. Palmettenblätter füllen die Zwischenräume und sind gewiß
auch in der Mitte oben zu ergänzen, wo die Lücke ist.
— Sehr ähnlich ist

**994** (Taf. LX). Inv. 11479. Länge 0,20. In der
Mitte gebrochen, doch passen die beiden Hälften an. Das
Ornament ist von **993** wenig verschieden.

Inv. 2075 (nordwestlich Zeustempel). Fragment einer
ähnlich verzierten Schiene.

**995** (Taf. LX). Westlich Echohalle (Inv. 9079).
Länge 0,34; oben und unten gebrochen. Diese für ein
rechtes Bein bestimmte Schiene steht ganz vereinzelt da,
indem hier die vordere Kante zugleich verstärkt und
verziert ist, indem ein ausgeschnittener Blechstreif aufgesetzt wurde, welcher die Form einer emporsteigenden
Pflanze mit vielen Blättern und mit einer Blüte an der

Spitze hat. Dieser Streif ist von glänzend poliertem
Metall und hebt sich dadurch von der matteren Oberfläche der Schiene ab.

Das Gewicht einer vollständig erhaltenen normalen
Beinschiene beträgt, soviel ich konstatieren konnte, ca.
0,80 kg.

## Oberschenkelschiene.

**996** (Taf. LX). Westlich Echohalle (Inv. 9097).
Länge 0,24; oberer Umfang 0,30. Der Rand oben und an
den beiden Seiten ist mit kleinen Löchern besetzt. Links
unten eine größere Niete. Die in derber altertümlicher,
aber deutlicher Weise ausgeprägte Muskelangabe läßt
an der Bedeutung dieses Stückes keinen Zweifel. Es
sollte den Oberschenkel oder wenigstens den größeren
unteren Teil desselben beschützen. Unten in der Mitte
ist noch der obere Teil der Kniescheibe ausgeprägt.
Dieser untere Teil muß bei aufrechter Stellung von dem
oberen Ende der Beinschiene bedeckt gewesen sein. —
Das Stück ist vereinzelt.

Eine Oberschenkelschiene von glattem Blech, ohne
getriebene Arbeit, oben und unten gerundet, aus der
Sammlung Millingen stammend, befindet sich im British
Museum.

An den Kriegern, welche auf den altkorinthischen
Pinakes gemalt sind, sieht man zuweilen Oberschenkel-
schienen angegeben (s. Beschr. der Vasen in Berlin
No. 595, 796 B). Spuren des Gebrauches solcher kommen
auch auf attischen schwarzfigurigen Vasen vor, wo die
häufigen Spiralen auf den Oberschenkeln wenigstens auf
Vorbilder hinzuweisen scheinen, welche an dieser Stelle
deutlich Schienen angaben.

## Knöchelschienen.

Diese wurden in ziemlicher Anzahl in Olympia gefunden, allerdings fast immer in der Mitte in zwei Hälften
entzweigebrochen. Sie sind ganz so gearbeitet wie die
Beinschienen. Der Rand ist ringsum mit Löchern besetzt.
Sie decken die ganze Ferse und die beiden Knöchel; die
beiden Hälften schließen vorne auf den Spannen zusammen. Sowohl die Ferse, als namentlich die Knöchel
sind in ihrem getriebenen Bleche angedeutet. Vorn an
den beiden Enden pflegt je ein größeres Loch im Rande
zu sein, dasselbe diente wohl dazu, mittelst eines Bandes
die Schiene fester zu schnüren, welche indes durch die
Elastizität der Bronze schon einen ziemlichen Halt hatte.

**997** (Taf. LXI). Westlich Echohalle (Inv. 11676).
Hinten an der Ferse 0,13 hoch. Die eine Hälfte und
die Ferse fragmentiren. Der Knöchel schön ausgeprägt.

**998** (Taf. LX). Nur die rechte Hälfte erhalten.

**999** (Taf. LX). Desgleichen; der Knöchel ist mit
getriebenen Linien umsäumt, in derselben Art wie der
Wadenmuskel an den Beinschienen angedeutet wird.

Ferner Inv. 7802 (Südpteron des Heraions), 7953 und
8569 (Umgegend des Zeusaltars). 7160 (Pelopion).

Das Gewicht einer Knöchelschiene beträgt ca. 0,140 kg.

Knöchelschienen gleich den olympischen kann ich
sonst namentlich in Funden aus Unteritalien konstatieren.
Ein großes Paar, wahrscheinlich zu einem Paare Bein-

fchienen gehörig, befitzt die Sammlung Jatta in Ruvo. Sie find hinten höher als die olympifchen, indem fie über dem Ferfenftück nach oben noch eine fchmale Verlängerung haben. Die heraustretende Innenfeite des Knöchels ift modelliert wie an 997. Sie haben keine Randlöcher, fondern nur vorn zwei Löcher zum Zufammenbinden. Ein in Karlsruhe befindliches, aus Apulien ftammendes Paar (Inv. F 441. 442) ftimmt mit dem in Ruvo völlig überein, nur dafs oben und unten zwei getriebene Buckeln zu fehen find; f. beiftehende Skizze. Ganz gleicher Art find auch zwei fchön er-

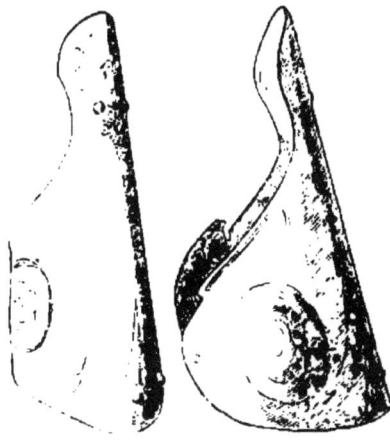

haltene grofse Paare, welche fich auf Burg Rheinftein bei Bingen befinden (oben kleine Buckeln) und die die meiften anderen dort aufbewahrten antiken Waffen offenbar aus Unteritalien ftammen. Eine wohlerhaltene Knöchelfchiene aus der Sammlung de Luynes liegt ferner in Paris im Cabinet des médailles. Auch hier befinden fich oben und unten getriebene Buckeln, und zwar etwas gröfsere, von getriebenen Punkten umgebene. Die Ränder zeigen aber hier die kleinen Löcher für das Futter. Im Louvre befindet fich ein anderes Paar (Waffen, No. 80. 81), welches der Löcher am Rande entbehrt. Zwei Paare, ein hohes, wie jene aus Ruvo, und ein niedrigeres, wie die olympifchen, befitzt das Britifh Mufeum. Eines der Sammlung Ancona in Mailand ift fchlecht abgebildet in Catal. Descr. delle racc. egiz. prerom. ed etrusco-rom. di Am. Ancona, Milano 1880, tav. 16, 1. 3.

Ich vermute, dafs diefe Knöchelfchienen die ἐπισφύρια find, welche ein typifcher Vers der Ilias mit den Beinfchienen zufammen nennt (... κνήμας ... καλὰς, ἀργυρέοισιν ἐπισφυρίοις ἀραρυίας), und für welche man bisher noch keine irgend befriedigende Deutung gefunden hat.[1] Die

genaue Wortbedeutung von ἐπισφύρια ift Knöchelbedeckung, wie auch Vofs richtig überfetzt. Die Beinfchienen und die Knöchelfchienen mufsten aneinander anpaffen und feft aneinander anfchliefsen; dies will der homerifche Ausdruck befagen, und die erhaltenen Knöchelfchienen find, wie wir fehen, fo ausgefchnitten, dafs fie unmittelbar an den unteren Rand der Beinfchienen pafsten. Das Beiwort filbern, das den ἐπισφύρια in jenem Verfe gegeben wird, braucht natürlich keine wefentliche Eigenfchaft derfelben auszudrücken, fondern kann eine nur zufällige fchmückende bedeuten.

## Zehenfchiene.

1000 (Taf. LXI. Nördlich Zeustempel (Inv. 9125). Dies aus Blech getriebene Stück, das nach Gröfse und Form gerade an den Fufs eines kräftigen Mannes anpafst, kann kaum etwas anderes fein als eine fchützende Bedeckung der Zehen. In den beiden hinteren unteren Ecken ift je ein Loch, wohl zur Befeftigung durch ein Band. Durch ein Scharnier war das Stück mit einem anderen beweglich verbunden. Es folgte alfo wohl eine die Mitte des Fufses deckende Platte, an welche dann die Knöchelfchienen anfchloffen.[1]) Die Bildung der Zehen ift nicht eben fchön, fondern plump und altertümlich. Die über dem grofsen Zehen nach oben laufende, urfprünglich wohl auf der folgenden Platte fich fortfetzende doppelte getriebene Linie erinnert an die konventionelle Andeutung der Wadenmuskeln an den Beinfchienen.

## Armfchienen.

1001 (Taf. LXI auf der Terraffe vor dem 6. Thefaur zufammen mit einer Beinfchiene gefunden (Inv. 3213). Schiene für den rechten Oberarm. Die Öffnung der Schiene ift an der Unterfeite. Der Rand ift hier mit den üblichen kleinen Löchern zur Befeftigung des Futters befetzt. An den beiden Enden ift der Rand nicht erhalten, doch kann nur ganz wenig fehlen. Die Muskulatur ift der Natur entfprechend herausgetrieben, doch nicht durch Linien abgegrenzt. Die Schiene reichte bis zur Höhe der Achfel.

Ein beffer erhaltenes und überdies reich verziertes Exemplar, das vor Beginn der deutfchen Ausgrabungen in Olympia (wohl im Alpheios) gefunden ward, kam nach Berlin und ift auf Taf. LX, a—c in der Mitte abgebildet. Es ift ebenfalls eine Schiene für den rechten Oberarm. Für den linken Arm, der durch den Schild gedeckt war, dürften Schienen überhaupt nicht vorkommen. a giebt die Anficht von der nach aufsen gekehrten Hauptfeite; b ein Detail am Ellbogenende der inneren Seite, die Panthermaske, von aufsen gefehen; c ift die Anficht der inneren, dem Körper zugewendeten Seite. Die Länge beträgt 0,23, der gröfste Durchmeffer 0,11—12. Das Gewicht 0,253 kg. Das Stück ift fehr gut erhalten und noch völlig gebrauchstüchtig; das Metall

[1] Vergl. meine Rezenfion von Helbigs homer. Epos in der Berl. philol. Wochenfchr. 1884, S. 460.

[1] Herr Dr. P. Herrmann teilt mir mit, dafs fich im Britifchen Mufeum ein Paar vollftändiger Fufsfchienen befinde, an welchen der Zehenteil im Scharnier beweglich fei.

ist noch ganz elastisch. Der Verfuch hat gezeigt, dafs
die Schiene, wenn fie an der Öffnung der Unterseite
auseinander gebogen und an den Arm angezogen wird,
durch die federnde Kraft der elastischen Bronze noch
völlig feftfitzt. Sie hindert die Bewegung des Armes
nicht im geringften. Die Stelle des Deltamuskels ift
mit dem Gorgoneion geschmückt, welches bei gefenkter Armhaltung die Außenseite der Schulter schmückt,
fich aber, wenn der Arm gehoben wird, über die
Achfel emporschiebt, in der gleichen Weife wie dies
der Deltamuskel felbft thut, welchen es bedeckt. Es
ift ferner weit genug, um mit dem Panzer nicht in
Konflikt zu kommen, der die Schulter deckte. Die
Muskeln find herausgetrieben und außerdem durch
scharfe getriebene Linien abgegrenzt. Der Biceps ift fo
gebildet, wie er bei gebeugtem Arme erscheint, also ftark
angeschwellt. Die ihn umgebenden Furchen find durch
die getriebenen Linien hervorgehoben; außerdem ift der
runde Hügel des Biceps felbft durch eine feine Linie in
der Mitte geteilt (auf unferer Anficht e fichtbar), wodurch
die Trennung der beiden Köpfe, aus welchen der Muskel
befteht, in ftilifierend übertreibender Weife angedeutet
wird. Die Ränder der Schiene find ringsherum mit kleinen
Löchern befetzt. Das Gorgoneion mit feinen breiten
vollen Zügen und dem Mangel der Schlangen gehört
demfelben Typus ionifcher Herkunft an, auf den wir
oben hinwiesen (S. 160; vergl. in Roschers Lexikon I,
Sp. 1714, Z. 13).

Im Britifchen Mufeum befindet fich eine Oberarmfchiene unbekannten Fundorts, aus Caftellani's Sammlung, welche mit 1001 übereinftimmt. Die Muskeln find
getrieben, ja fogar Adern angedeutet; es ift aber keine
Verzierung angebracht. — An dem rechten Oberarm des
Achilleus der fchönen Amphora mit den breitspielenden
Helden von Exekias fcheint eine oben mit Pantherkopf
verzierte Schiene angeleutet.

Unterarmfchienen haben fich in Olympia nicht gefunden. Dafs fie aber in alter Zeit im Gebrauche waren,
ift gewifs. Eine archaisch-griechifche Bronzeftatuette in
Berlin[1]) zeigt fie am rechten Arme eines Kriegers im Gebrauche. Und noch erhalten find uns zwei prachtvolle
Unterarmfchienen aus Süditalien, im Mufeum zu Karlsruhe (Inv. F 443, 444), die man bisher fälschlich für Beinfchienen angefehen hat, indem man annahm, fie feien
verkehrt reftauriert (antike Bronzen d. bad. Altert.-Samml.
in Karlsruhe, Taf. 27, 3; Friederichs-Wolters, Gips-
abgüffe 166), was, wie ich mich an den Originalen überzeugt habe, keineswegs der Fall ift. Ihre Form und die
fehr deutliche Angabe der Muskulatur ift die des Unterarmes, nicht die des Beines. Beide Stücke find natürlich für rechte Arme beftimmt; Inv. F 443 ift von etwas
geringerer Arbeit als F 444. Ich hebe fie hier befonders
hervor, weil fie ganz analog verziert find wie die olympifche Oberarmfchiene in Berlin. Sie tragen nämlich
oben ein Gorgoneion, wieder von dem schon befprocho-
nen Typus. Dies Gorgoneion deckte einen Teil des

Oberarmes an der Außenfeite; es beginnt erft oberhalb
der Stelle, wo die eigentliche Unterarmfchiene (von
0,27 Länge aufhört, d. h. oberhalb des Ellbogengelenkes
und legte fich bei gerade ausgeftreckter Haltung des
Oberarmes an deffen Außenfeite an; bei der Beugung
des Ellbogens ftand es vom Oberarm ab. Daffelbe ift fo
weit gearbeitet, dafs es nicht hindere, überdies noch eine
Oberarmfchiene zu tragen, deren unterer Teil dann bei
gerader Armhaltung unter jenem Gorgoneion lag. Vielleicht erklärt fich der fonft auffallende Umftand, dafs an
der Berliner Oberarmfchiene von Olympia von den
beiden unteren Enden nur das innere verziert ift, das
äußere nicht, dadurch, dafs letzteres von dem übergreifenden Teil einer Unterarmfchiene bedeckt zu werden
beftimmt war. Endlich ift noch zu erwähnen, dafs die
Umrißlinie der äußeren der beiden großen Muskel-
partieen des Unterarms an jener Schiene wieder in
einen wie an den Beinfchienen gebildeten Schlangenhals
ausläuft.

## Schilde.

Wir beginnen mit einigen kleinen zu Votivzwecken
gemachten Nachbildungen wirklicher Schilde.

1002 (Taf. LXII). Südpteron des Heraions, aus der
tiefen Schicht von 60 cm — 1 m unter dem Stylobat.
Die älter ift als der Tempel (Inv. 7881). Kreisrundes
Votivfchildchen von dünnem Blech. Schwache Wölbung.
Der schmale Rand ift durch getriebene Punkte verziert.

Gleicher Art ift ein Schildchen von 8½ cm Durchmeffer mit 7 mm breitem Rand (im Magazin). Ferner
ein anderes von 5 cm Durchmeffer (Inv. 13137. Stadion)
ebenfalls von dünnem Blech, das aber mit einem Goldplättchen bedeckt ift. In der Mitte ein viereckiges Loch,
zum Einfetzen eines Schildzeichens.

Größer, doch von der gleichen Form wie 1002, ift
ein Stück der Funde von 1884. No. 1843; es hat 28½ cm
Durchmeffer und 22 mm Randbreite; die Wölbung ift
3 cm hoch. Im Rande befindet fich an zwei gegenüberliegenden Stellen je ein Loch, wohl zum Befeftigen des
Schildes an einer Rückwand.

Ganz ähnliche kleine kreisrunde Votivfchilde wie
die eben befprochenen wurden in der Zeusgrotte auf
dem Ida entdeckt (Muf. ital. di ant. class. II, p. 712 f.);
fie haben 7, 10 bis 26 cm Durchmeffer; ein derartiges
Stück auch in dem Heiligtum von Pfychro auf Kreta
(ebenda p. 906; tav. 13, 7).

1003 (Taf. LXII). Nordwestecke Zeustempel (Inv.
1376). Dünnes Blech. Graviertes Flechtband am oberen
und unteren Rande. Das Stück ift vollftändig
und kann nicht wohl etwas Anderes fein als ein Votiv-
fchild. Die Form entspricht genau denjenigen, welche
auf den fogenannten Dipylonvafen die gewöhnliche ift,
d. h. fie ift oval mit zwei großen runden Ausfchnitten
an den Seiten (Mon. d. Inft. 9, 39, 1. 40, 4. Arch. Ztg.
1885, Taf. 8, 1. 2). Auf diefen Vafen kommt auch die
Andeutung einer Verzierung am oberen und unteren
Rande vor (Arch. Ztg. 1885, Taf. 8, 2). An dem olympifchen Schildchen entspricht diefe nicht dem geometrifchen
Stile; es ift das vom Orient entnommene Flechtband,

---

[1]) Friederichs, kl. Kunft 2164; die Figur ift griechifch,
nicht etruskifch, wie Friederichs meinte, und zwar wahrfcheinlich großgriechifch.

das wir ja auch auf späteren Dipylonvasen, welche Orientalisierendes einmischen, finden (Jahrb. d. Inst. II, Taf. 3).

1004 (Taf. LXII). Vor dem Sikyonier-Thesaur (Inv. 3574. Wohl ein Votivschildchen, und zwar eines der sogenannten böotischen Form, welche nichts Anderes ist als die in späterer Zeit festgehaltene und umgebildete alte »Dipylon«-Form. Die Ausschnitte in der Mitte dienten vielleicht zum Einsetzen von Verzierungen.

Fast ebenso ist Inv. 9411 (Pelopion), nur dass der Rand nicht gezackt und die Mitte etwas konvex ist.

Wir fügen noch ein Stück an, das nicht ein selbständiges Votiv, sondern nur Teil eines größeren Ganzen gewesen zu sein scheint.

1005 (Taf. LXII). Südostbau (Inv. 13527). Ein kleiner Schild von Blech mit einer an den Nachbildungen archaischer Schilde auf schwarzfigurigen Vasen häufigen Verzierung (vergl. auch 982 b). Der Schild ist mit acht Nägeln, welche durch den Rand gehen, auf ein unteres Blech genagelt, von dem aber nur geringe rings gebrochene Reste vorhanden sind. Vielleicht von einer größeren getriebenen Figur, welche den Schild trug.

Wir gehen zu den größeren Schilden über, von welchen sich nur Fragmente erhalten haben.

1006 (Taf. LXII). Aus dem Magazin. Wahrscheinlich Fragment vom Rande eines Schildes. Ziemlich starkes Blech. Getriebene Randstreifen und zweimal ein eingeschlagenes Flechtband.

Dies Stück erinnert sehr an die Ränder der wahrscheinlich phönikischen Schilde aus der Zeusgrotte von Kreta; vergl. namentlich Mus. ital. di ant. class., Atl., tav. II. Dieselben sind wie hier aus wiederholten eingeschlagenen Flechtbandstreifen zwischen getriebenen Randlinien gebildet. Das Flechtband pflegt dort schlechter zu sein als es hier ist. Es ist wahrscheinlich, dass 1006 zu einem ähnlichen reich verzierten Schilde gehört hat. Vielleicht war seine Mitte einst mit einem vorspringenden Löwenkopfe (vergl. S. 106. 121) geschmückt.

Inv. 13589 (Cella des Metroons, tief). Kleineres Fragment von einem ähnlichen Rande; das Flechtband ist hier sehr nachlässig, in der Art wie an den kretischen Schilden gebildet.

1007 (Taf. LXII). Aus dem Magazin. Dies Fragment wird sehr wahrscheinlich von einem großen kreisförmigen, reich verzierten Schilde herrühren. Der obere Ornamentstreif enthält Bögen, deren unterer Zwickel mit Palmettenblättern gefüllt sind. Vergl. dazu oben 740. Der untere Streif zeigt nur sich überschneidende Bögen. — Dies Fragment ist nahe verwandt jenen Rundschilden, welche in Italien in den Gräbern der Zeit und Art des Regulini-Galassi'schen gefunden werden (vergl. Mus. ital. di ant. class. II, p. 102 ff.; Helbig, hom. Epos² S. 313, Anm. 4). Diese sind von dreierlei Art, solche von rein altitalischer geometrischer Dekoration, solche, wo dieselbe mit orientalisierenden Elementen gemischt ist, und solche, wo letztere allein herrschen. Unser Fragment ist der letzteren Gattung verwandt, in welcher die sich schneidenden Halbkreisbögen ein beliebtes Motiv sind; nur pflegen sie hier nach der anderen Seite, nach innen

gewandt und an den Enden durch Palmetten verziert zu sein (z. B. Antike Bronzen d. Altert.-Samml. zu Karlsruhe Taf. 24 und ein mit diesem in allem Wesentlichen übereinstimmender Schild aus Chiusi in Berlin, Inv. 6517); doch kommt das Motiv auch wie hier nach außen gewandt vor (an einem Schilde der Sammlung Ancona in Mailand, f. Catalogo descr. delle racc. egizie prerom. ed etrusco-rom. di Am. Ancona, Milano 1880, tav. 14).

Wir kommen nun zu derjenigen Gattung von Schilden, welche in Olympia einst durch sehr zahlreiche Exemplare vertreten war. Auch sind mehrere derselben vollständig aufgefunden worden, aber leider in so bröckeligem Zustande, dass es nicht möglich war, sie heil herauszunehmen und wir jetzt nur Fragmente besitzen. Diese Schilde waren kreisrund oder unmerklich elliptisch. Ihre Form ist dieselbe wie die der kleinen Votivschildchen 1002; sie sind flach gewölbt und haben einen abgesetzten, etwa 2 cm tiefer liegenden horizontalen Rand, welcher meist Verzierungen in Relief trägt, während die übrige Fläche des Schildes glatt gelassen ist. Die Randverzierung ist immer dieselbe, nämlich ein mehrfaches Flechtband, welchem meist am äußeren Rande noch ein oder mehrere Streifchen getriebener Punkte folgen. Die Arbeit ist durch Stanzen hergestellt. Es bestehen diese Schilde zwar nur aus dünnem Blech, sie waren aber mit anderem Materiale, mit Leder oder lederbezogenem Holze, gefüttert. Kleine Stiftlöcher, die sich in den Rändern finden, beweisen nämlich, dass das Blech auf eine Unterlage befestigt war. Am äußersten Rande ist dasselbe immer nach hinten umgeschlagen und griff über jene Unterlage. Wir sind durch nichts zur Annahme berechtigt, dass diese Schilde nicht zu wirklichem Gebrauch, sondern nur zu Votivzwecken bestimmt gewesen wären. Die Analogie der übrigen in Olympia geweihten Waffen spricht vielmehr entschieden für das Erstere; denn diese sind, wie oben S. 153 bemerkt, mit Ausnahme der sofort kenntlichen kleinen Nachbildungen nur wirkliche Waffen.

Am 1. Januar 1879 kam, da wo der auf dem Plane deutliche Versuchsgraben den südlichen Wall des Stadions in südöstlicher Richtung durchschneidet, unter der Stelle der höchsten Wallerhebung, 4,20 m unter der modernen Oberfläche, ein Schild dieses Typus in horizontaler Lage, die Außenseite nach oben, zu Tage, welcher, als er vollständig war, etwa 1 m Durchmesser hatte; es war indes nur etwa ein Drittel des Schildes erhalten und fanden sich in nächster Umgebung auch keine Fragmente davon; er war also offenbar schon als Bruchstück an die Stelle gekommen. Nur ein Helmfragment fand sich daneben und Streifen von Holzkohle waren darunter und darüber. Der Rand, 5 cm breit, war mit mehrfachem feinem Flechtbande geziert. Auf der gewölbten Schildfläche, 5 cm vom verzierten Rande entfernt, demselben in der Rundung folgend, stand der Rest einer eingeschlagenen Inschrift; die unteren Buchstabenenden waren dem Rande zugewandt. Die Inschrift f. Arch. Ztg. 1879, S. 148 f. No. 297, Röhl, Inscr. ant. 33. Sie lautet: Ταργίαι ἀφ Ἥρ... . Der Schild war also ein Weihgeschenk der Argiver. Ein im Alpheios gefundener

Helm, der alfo höchſt wahrſcheinlich ebenfalls aus dem Südwall des Stadions ſtammt, trägt die Inſchrift: Ταργᾱλιοι ἀνέϑεν τῷ Δαϝὶ τῷ Ϙαρυϰαῖω (vergl. unten S. 168). Die Buchſtaben beider Inſchriften ſind nur unweſentlich verſchieden;[1] wenn ſie nicht aus derſelben Zeit ſtammen, ſtehen ſie ſich zeitlich jedenfalls ſehr nahe. Es iſt nun nicht wahrſcheinlich, daß die Argiver im Laufe kurzer Zeit zweimal Gelegenheit hatten, aus einer Kriegsbeute Weihgeſchenke nach Olympia zu ſtiften, und es iſt daher naheliegend anzunehmen, daß der Schild ebenfalls aus der korinthiſchen Beute ſtammt und mit dem Helme zuſammen geweiht worden war. Die vielen gleichartigen Schilde in Olympia wären demnach wohl als korinthiſches Fabrikat anzuſehen, was auch an ſich Wahrſcheinlichkeit hat, da die Erzwaffen korinthiſcher Arbeit ſicherlich in der Peloponnes ſehr verbreitet waren. Hinzuzufügen iſt noch, daß jene Inſchrift zu unſerer Annahme, daß die Schilde dieſer Art Gebrauchswaffen waren, paßt, indem ſolche Inſchriften in Olympia ſonſt nur auf wirklichen erbeuteten Waffen vorkommen und namentlich auch jener Helm ein echter Helm iſt.

Am 3. Januar 1879 fand ſich 6 Schritte ſüdöſtlich von dieſem Schilde ein zweiter in derſelben Tiefe, ebenfalls mit der Innenſeite nach unten, etwas ſchräg gebettet. Er war vollſtändig und genau meßbar; er war leicht oval; der größte Durchmeſſer betrug 0,87, der kleinſte 0,81. Die Breite des Randes war 6 cm. Der Rand trug hier keine Verzierung, ſondern war wie der ganze übrige Schild glatt. Die Erde unmittelbar darunter war wie von Holzkohle ſehr geſchwärzt. An ſeiner Innenſeite, aber nicht mehr in Verbindung mit dem Schilde, fanden ſich zwei jener Bügel mit breiten Anſätzen wie 1011.

Am 16. Januar fanden ſich in demſelben Graben, etwas weiter ſüdlich und etwas tiefer als die beiden vorigen, drei weitere Schilde. Zwei derſelben lagen nahe bei einander, ſo daß der Rand des einen etwas über den anderen griff; beide ſchräg nach Oſten geneigt; unter beiden wieder eine kohlenartige ſchwarze Schicht. Etwa 5 m weiter ſüdöſtlich lag der dritte, der nur teilweiſe erhalten war. Alle lagen wieder mit der Außenfläche nach oben und alle zeigten den Rand mit ſeinem vierfachen Flechtbande geziert.

Am 5. Februar erſchienen in demſelben Graben noch zwei Schilde gleicher Art, von denen aber nur der eine vollſtändig war. Derſelbe hatte einen tiefen Knick in der Mitte und war deshalb nicht genau meßbar; auch er ſchien etwas oval; der größte Durchmeſſer war 97 cm, der kleinſte 90 cm; die Breite des verzierten Randes 5½ cm; die Erhebung der gewölbten Fläche 2 cm. Daneben und darunter fanden ſich wieder Streifen von Holzkohle mit Terrakottabrocken gemiſcht.

Auch im 5. Ausgrabungsjahre fand ſich in derſelben Gegend dieſes Grabens, 50 m ſüdöſtlich vom Walſerrog an den Stadionſchranken, ein vollſtändiger Schild von

---

[1] Der Querſtrich des Alpha iſt am Helme etwas ſchräger und der zweite Strich des Gamma etwas weiter heralgezogen. Auf den archaiſchen Münzen von Argos, die aus dem Anfang des 5. Jahrhunderts ſtammen, erſcheint ſelten A, meiſt A.

0,90 Durchmeſſer und 5 cm breitem Rand mit Flechtornamenti. Ferner kam nahe der Oſtaltismauer noch ein offenbar aus der Erde des Stadionſüdwalles ſtammender Schild gleicher Art zu Tage (Treu, Tageb. V. 224).

Leider waren alle dieſe Schilde von der Oxydation ſo zerfreſſen, daß ſie beim Herausnehmen in kleine Stücke zerfielen.

Ein zerbrochener Schild von 80—90 cm Durchmeſſer fand ſich ferner im Nordweſten der Altis (Inv. 7060); der 53 mm breite Rand hatte achtfaches Flechtband. Ein anderes zerbrochenes Exemplar kam ſüdlich von den Zanes (Inv. 8077) und ein größeres Fragment im Südoſten der Altis (Inv. 7999) zu Tage.

Ein anderes größeres Fragment mit unverziertem Rande ward vor der Oſtfront des Zeustempels in tiefer Schicht gefunden Inv. 2207; vergl. Tageb. 15. Dezember 1877).

Das Bruchſtück eines Rundſchildes aus dem Alpheios bei Olympia erwähnt Dodwell, a class. and topogr. journ. II p. 329.

Fragmente von Schildrändern, die ganz mit denen der genannten vollſtändigen Schilde übereinſtimmen, fanden ſich zahlreich in der ganzen Altis verſtreut; einige auch in der Schicht unter dem Bauſchutte des Zeustempels. Wir geben hier Proben:

**1008** (Taf. LXII). Südlich der Zanes (Inv. 8077). Das Flechtband iſt hier ſechsfach. Man ſieht, wie die äußere Rand nach hinten umgeſchlagen iſt. Längs der Innenſeite des ornamentierten Randes läuft eine Reihe kleiner Stifte, mit welchen das Blech auf die Unterlage befeſtigt war. — Zugleich mit dieſem Fragmente wurden noch Stücke anderer Schilde gleicher Art gefunden, eines mit neunfachem Flechtbande; eines auch mit glattem unverziertem Rande. Ferner fanden ſich in derſelben Gegend auch zwei jener von der Schild-Innenſeite herrührender Bügel, vergl. unten 1013.

**1009** (Taf. LXII). Weſtlich Echohalle (Inv. 10834). Ein Fragment mit achtfachem Flechtbande von ſehr feiner Arbeit; das Blech ſehr dünn.

**1010** (Taf. LXII). Weſtfront Zeustempel (Inv. 3435). Ein Stück von einfacherer Art; das Flechtband nur vierfach. Zwei Reihen getriebener Punkte nach außen. Ein Stift im Rande.

Die meiſten Fragmente haben ſieben- oder achtfaches Flechtwerk. Die Randbreite beträgt regelmäßig 5—5¼ cm. Die Umbiegung des Randes nach hinten pflegt 1¼—2 cm breit zu ſein; doch kommt ſie auch kleiner vor. Die anderen Fragmente ſind: Inv. 843. 4796. 2187. 4393. 2743. 7999. 1031. 308. 1412. 7060. 3532. 8715. 10109. 8899. 9298. 5235; es ſind dies lauter gute Stücke mit ſieben- oder achtfachem Flechtband; 8355 iſt jetzt achtfach, doch nach unten unvollſtändig. Kleinere Fragmente derſelben Art, bei denen aber meiſt nicht ſicher iſt, wie vielfach das Flechtband war, ſind: 494. 13709. 15605. 13593. 11333. 8535. 4876. 4861. 1166. 5024. 13876. 520. 30088. 1959. 4985. 5643. 2863. 4032. 292. 6597. 6423. 2160. 11537. 7882. 11329. 907. 984. 9105. 804. 8273. 13175. 3524. 2119. 7740. 4564. 7033. 707. 9033. 8845. 4902. 4713. 2793. 5210. 601. 8101. 9782. 10143. 2181. 11592. 9363. 14069. Alle dieſe Stücke, von denen natürlich mehrere urfprünglich zu einem und demfelben Schilde gehört haben können, deffen Fragmente zerftreut waren, find von der ftrengen fchönen Eleganz wie die abgebildeten Proben. Die Stilifierung ift durchaus diefelbe wie die an den einfachen Flechtbändern der wahrfcheinlich argivifchen Reliefs oben 699ff. Für die Schilde müffen wir jedenfalls ein Fabrikcentrum annehmen. Wir wurden oben auf Korinth gewiefen. Auch jene Reliefs deuteten zum Teil dahin. Wir werden die Metallarbeiten von Argos und Korinth im 6. Jahrhundert wohl recht gleichartig zu denken haben.

Etwas abweichend, größer und gröber ift das Flechtband an folgenden Stücken: Inv. 1157. 4686. 9110. 6974 (dreifach). 11469 und 3603 ungewöhnlich groß.

Den feinen olympifchen gleiche Fragmente wurden fowohl in Dodona (Carapanos pl. 49, 30), als auf der Akropolis in Athen (mehrere fchon vor 1882 gefundene Fragmente) konftatiert.

Außerdem kann ich zwei ganze oder zum großen Teil erhaltene Schilde nachweifen, welche dem olympifchen Typus angehören. Der eine, faft zur Hälfte erhalten, befindet fich im Mufeum von Palermo (aus dem Mufeo Salinriano) und ftammt wahrfcheinlich aus Sizilien. Er ftimmt mit den olympifchen vollkommen überein. Der größte Durchmeffer beträgt 90 cm, die Randbreite 5 cm; die Erhebung des gewölbten Teiles 2½—3 cm. Das Flechtband ift fünffach, nicht gerade von der feinften Art, doch mit vielen olympifchen übereinftimmend. Zwei kleine Löcher, beide nahe beifammen, ein eckiges von außen, ein rundes von innen gefchlagen, find antik; letzteres konnte zur Befeftigung des Schildzeichens dienen. — Der andere Schild wird im Mufeo etrusco zu Florenz aufbewahrt und ftammt aus dem großen von Coneftabile, pitture murali, publizierten Grabe von Orvieto, welches dem 4. Jahrh. v. Chr. anzugehören fcheint. Der Schild, der vergoldet ift (bei Coneftabile, pitt. mur. tav. 12, 7), hat zwar im Allgemeinen denfelben Typus wie die olympifchen, ift jedoch von wefentlich anderer, geringerer Arbeit und überhaupt im Detail verfchieden. Das Flechtband ift nur zweifach, groß und derb, und die Wölbung des Schildes ift ftärker als an den olympifchen Stücken. Der Durchmeffer beträgt 87—90 cm (da Vieles ergänzt ift, läßt er fich nicht genauer beftimmen). Es ift gewiß italifche Arbeit nach griechifchen Vorbildern. — Außerdem finden fich ganze Schilde der Art wie die olympifchen, aber mit unverzierten Rändern, die in Olympia ja auch vorkommen, mehrfach in Italien (z. B. Ant. Bronzen der Altert.-Samml. in Karlsruhe Taf. 25; Muf. Gregor. 1, 21, 5).

Zur Vergegenwärtigung der vollftändigen Geftalt der verzierten olympifchen Schilde möge die auf Taf. XLIX, a nach dem vorhandenen Material entworfene Ergänzung dienen. Um die Mitte nicht leer zu laffen, habe ich ein Schildzeichen ergänzen laffen, und zwar mit Benutzung von 725 und nach Analogie von Vafendarftellungen (wie z. B. der Geryonesfchale des Euphronios u. a.); daffelbe ift von ausgefchnittenem Blech und aufgeflüftet gedacht, wie 725 es war.

Die kleinen Bügel, deren in einem Falle noch zwei auf der Innenfeite eines der Schilde gefunden wurden (f. oben S. 164), beftehen aus dünnem Blech und waren mit Nieten befeftigt. Die breiten Anfätze find zum Teil einfach blattförmig:

1011 (beiftehend). Nordoftecke Zeustempel (Inv. 710). Mit je einem Stiftloch in den Anfätzen. — Ebenfo find

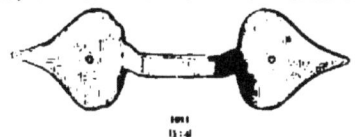

1011
D:4

Inv. 995. 746. 5033. 1080. 4431. 12552. 12854. Zuweilen ift der Anfatz nicht ausgefchweift und hat drei Stiftlöcher.

1012 (Taf. LXII). Exedra, tief unter derfelben (Inv. 8756). Die Anfätze find blütenförmig ausgefchnitten, der Bügel felbft ganz fchmal.

1013 (Taf. LXII). Südlich Zanes (Inv. 8029). Die Anfätze hatten Palmettengeftalt. Die Palmettenblätter find abgebrochen. In den Augen der Voluten find die kleinen Stifte angebracht. — Ebenfo Inv. 8072, in derfelben Gegend gefunden. Es gehörten beide Stücke wohl zu den zu 1008 erwähnten Schildreften.

Diefe Bügel find fo klein und fein, daß fie nur etwas ganz Leichtes zu tragen beftimmt fein konnten. An dem rein geometrifch verzierten Schilde aus der tomba del guerriero (Mon. d. Inft. X, Taf. 10, 1; Helbig, hom. Epos³ S. 322, fig. 123) befinden fich an der Innenfeite rings um den in der Mitte angebrachten Handgriff vier kleine dünne Bügel, welche jenen olympifchen im Wefentlichen entfprechen, nur daß fie, wie bei dem Stile des Schildes zu erwarten, ganz einfach und fchmucklos find. In den kleinen Nieten, mit denen fie befeftigt find, werden auf der Vorderfeite zwar fichtbar, find aber verfteckt und ganz flach. In diefen Bügeln hangen hier je zwei Anhängfel, welche, wenn der Schild bewegt wird, ein klapperndes Geräufch machen. Ein den olympifchen Bügeln noch ähnlicherer ift Muf. Gregor. 1, 21, 4 abgebildet; er hat breite Anfätze und ftammt von einem Rundfchilde aus Etrurien, von dem er aber losgelöft ift. Auf den älteren Vafen fieht man an der Innenfeite der Rundfchilde in der Regel ein Band aufgehängt und zwar an 4—8 Stellen, von denen noch Quaften herabzufallen pflegen. Zu ähnlichem Zwecke werden die kleinen Bügel an den olympifchen Schilden gedient haben.

1014 (beiftehend). Nordöftlich Prytaneion (Inv. 13972). Ein vollftändig erhaltener Armbug von einem Schilde aus Bronzeblech. Die Breite beträgt 14 cm; der Durchmeffer des Bogens circa 10 cm. Er war beweglich, zum Auf- und

1014
ca. 1:3

Zuklappen, mit einem zweigliedrigen Scharnier versehen. Im Rande sind feine Löcher, welche zeigen, daß die Innenseite gefüttert war.

Inv. 13004 (westlich Buleuterion). Ein gleichartiger Armbug, wieder 14 cm breit; der Durchmesser der Biegung beträgt 9 cm. — Inv. 4034 (südöstlich Zeustempel; Berlin, Dubl.), vollständiges Exemplar, wieder von denselben Maßen, ohne Scharnier. — Inv. 4299 (Stadion). Fragment eines gleichen.

Handgriffe sind nicht gefunden worden.

## Helme.

Es sind sechs Haupttypen von Helmen in den olympischen Bronzefunden nachweisbar. Unter ihnen dominiert jedoch einer bedeutend, der sogenannte korinthische Typus, mit großen festen Backenschirmen und Nasenschutz. Wir beginnen mit diesem.

Die mehr oder weniger vollständigen Exemplare wurden zumeist nicht bei den Ausgrabungen, sondern im Alpheios oder Kladeos gefunden und zum Teil für das Olympia-Museum erworben. Sie stammen wahrscheinlich meist aus dem Südwall des Stadions vergl. S. 6. Seit dem vorigen Jahrhundert sind solche aus dem Alpheios kommende Helme aber auch durch den Kunsthandel verbreitet worden und daher weit zerstreut. Die in der Altis gefundenen Stücke waren meist sehr fragmentiert.

Diejenige Gattung der sogenannten korinthischen Helme, welche den ältesten Eindruck macht, ist aus ziemlich dünnem, 1—1½ mm dickem und überall, auch an Backen- und Nasenschirmen, gleich starkem Bronzeblech gehämmert. Ihre Gestalt ist sehr weit und unförmlich. Von der Wölbung des Oberkopfes steigt sie in gerader Linie nach unten, ohne die Einsenkung des Nackens irgend auszudrücken. Nur eine kleine Einziehung im unteren Rande trennt die Nacken- von der Wangenpartie. Im ganzen Rande befinden sich kleine Bronzelöcher, welche das Blech an das Futter befestigten.

1015 (Taf. LXII). Ein sehr gut erhaltenes, 1877 im Kladeos gefundenes Exemplar. Höhe 0.25. Oben auf der Höhe des Scheitels befinden sich zwei flache Einsenkungen und einige kleine Stützlöcher. Letztere dienten offenbar dazu, eine Vorrichtung zum Tragen des Busches aufzunehmen. Da am Hinterkopfe keine Löcher vorhanden sind, war es kein anliegender Busch; sondern er erhob sich nur auf dem Oberkopfe eine hohe Röhre, welche den Busch trug. Wir wissen durch die alten Vasenbilder, daß hoher und anliegender Busch immer neben einander im Gebrauche waren. Jene Röhre konnte eine ganz dünne sein, da sie nichts als den Busch zu tragen hatte; daher die Befestigung mit kleinen Stützchen völlig genügte.

1016 (Taf. LXII). Pelopion (Inv. 9533). Höhe circa 0.24. Durchmesser von hinten nach vorn circa 0.76. Dicke 1½ mm. Die Wangenschirme verbogen. Stifte im ganzen Rand. Auf der Scheitelhöhe befinden sich zwei Zapfen, unten am Hinterkopfe in der Mitte

ein gleicher, welcher durchbohrt ist. Offenbar eine Vorrichtung zum Befestigen eines anliegenden Busches.

Etwas anders ist die Vorrichtung zu demselben Zwecke an einem 1882 an der Kladeosmündung gefundenen Stücke. Hier befindet sich sowohl oben auf der Scheitelhöhe als unten am Hinterkopfe je eine halbrunde Öse aus starkem Draht.

Die meisten Exemplare dieser Gattung zeigen indeß keinerlei Spuren von der Befestigung eines Busches. Es scheint aber in der Peloponnes überhaupt nicht üblich gewesen zu sein, den »korinthischen« Helm immer mit Busch zu tragen. Darauf lassen peloponnesische Münzbilder schließen, wo jener Helm häufig ohne Busch auftritt. Vor Allem ist der Helm der Athena auf den Stateren von Korinth immer buschlos.[1] Vergl. ferner British Mus. catalogue, Peloponnese pl. 27, 7; 8 Argos; 34, 20; 35, 1, 2 Mantineia; 37, 8 Tegea. Auch anderwärts findet sich der buschlose Helm auf Münzen, so in Skione, Berliner Mus. Katal. II S. 124 f. Dies ist nur dadurch zu erklären, daß man im Busche etwas Unwesentliches sah, das fortbleiben konnte. Daß die Vasenmaler aber den korinthischen Helm in der Regel[2] mit dem Busche darstellten, kann nicht beweisen, daß er auch im wirklichen Leben regelmäßig so getragen wurde; denn die Maler mochten gewiß jenes Element, das so sehr zur Stattlichkeit der Erscheinung beitrug, nicht missen, während in der Wirklichkeit praktische Gründe viel mehr zur Weglassung des Busches bestimmen mochten. Er war lediglich eine Zierde, die als lästig und unbequem empfunden werden konnte, und welche den Krieger dem Feinde nur auf weitere Entfernung hin sichtbar machte, also mehr bloßstellte.

Die Funde von Olympia lehren uns jedenfalls, daß man den korinthischen Helm in alter Zeit häufig ohne Busch trug; und ferner, daß die Röhre oder der Bügel, welche den Busch aufnahmen, von ganz leichter unsolider Konstruktion sein mußten, indem sie mit kleinen Stützchen oder in kleinen Ösen befestigt waren. Wahrscheinlich waren sie, wenigstens die anliegenden Bügel, nicht einmal von Metall, sondern von Holz oder Leder; die hohen Röhren mögen von dünnem Blech gewesen sein. Daher erklärt es sich auch, daß wir keinerlei Fragmente von Buschträgern gefunden haben.

Mit den olympischen Funden stimmen aber diejenigen anderer Orte, soweit ich sie kenne, durchaus überein. Es werden nämlich nicht selten jenen von Olympia genau entsprechende korinthische Helme in Großgriechenland, zuweilen auch in Etrurien[3] gefunden. Auch diese haben

---

[1] Gewöhnlich zeigt er auf der Spitze und an den Seiten je eine kleine Rolle, ähnlich den oben bei 886 besprochenen. Solche buschlosen Helme mit eben diesem Detail sind uns auch an einigen Marmorköpfen erhalten.

[2] Doch nicht immer, z. B. auf einer großen attischen Amphora des mittleren schwarzfigurigen Stiles im Museum von Syrakus erscheint der zum Auszug bereite Mann mit einem korinthischen Helme ohne Busch, an dessen Stelle nur ein kleiner Knopf zu sehen ist.

[3] Ein Helm wie 1015 fand sich zu Vetulonia in einem etwa dem 7. Jahrhundert angehörenden Grabe (Florenz, museo etrusco, 2. Grab delle Pellicce), dazu zwei Beinschienen;

entweder nur kleine Stiftlöcher auf der Scheitelhöhe und am Hinterkopf, oder fie find ganz ohne Spuren einer Bufchbefeftigung. [*] Auch befitzt meines Wiffens kein Mufeum Bügel, welche Helmen diefer Art zugefchrieben werden könnten.

Wir kehren zu den olympifchen Funden zurück. Ein Exemplar, das zwar noch jener alten unförmlichen Art angehört, ift doch bereits durch gravierte Augenbrauen in der Art wie 1017 ausgezeichnet. — Ein Exemplar jener Gattung aus dem Alpheios ift bei Dodwell, classical and topogr. journ. II p. 330, rechts abgebildet.

Eine etwas vorgefchrittenere Bildung, indem der Nacken eingefenkt und vom Hinterkopfe gefchieden ift, und der untere Rand im Nacken mehr herausfpringt, wird durch 1017 repräfentiert:

1017 (Taf. LXIII) aus dem Alpheios, von A. Demetriades dem Olympiamufeum gefchenkt. — Das Blech ift noch das allenthalben gleich dünne, nur etwa 1 mm ftarke. Die Bronzeftiftchen im Rande, welche das Futter fefthielten, find zum Teil erhalten. Der Rand ift mit eingefchlagener Verzierung ausgeftattet, und die Brauen find graviert. Auf den Wangenfchirmen jederfeits eine Rofette.

Ein ähnlicher aus dem Alpheios flammender Helm mit verziertem Rande befindet fich im Befitze des Bifchofs von Lincoln und ift abgebildet Journal of hell. ftud. 1881, pl. XI, p. 68 (Greenwell); er trägt auf dem einen Wangenfchirm die gravierte wahrfcheinlich achäifche Infchrift ΙΕΥΟΜΟΛΥΓ ΡΙΟ, vergl. Röhl, inscr. antiqu. 123. Im Nacken ein viereckiges Loch, vielleicht vom Stoß einer vierkantigen Lanzenfpitze.

Einzelne Nafenfchirme, zu Helmen der befprochenen älteren Art gehörig, find zahlreich in der Altis gefunden worden. Sie beftehen aus derfelben einfachen dünnen Blechfchicht wie der übrige Helm, find alfo 1—1½ mm dick; zuweilen ift der Rand nach hinten etwas umgebogen; fie haben immer Stiftchen im Rande und find relativ lang und breit; ihre Form ift einfach, ohne allen Schwung; die gerade herabfteigende Zunge ift unten meift abgerundet, zuweilen auch ein wenig fpitz. Es war wichtig für die Zeitbeftimmung diefer Helmgattung, wenn der über einen diefer abgebrochenen Nafenfchirme vorliegende Fundbericht nicht Zweifeln unterworfen wäre. Treu berichtet im Tagebuch von 15. Dezember 1877, daß im Heraion zwifchen dem Hauptbathron und der Cellawand, bei Unterfuchung der Fundamente, in der Tiefe von 1,40 bis 1,60 m. alfo in der vor Erbauung des Tempels fallenden Schicht, zufammen mit einem »Bronzegefäß« ein Stück gefunden fei, das er als Henkel bezeichnet und zu jenem »Gefäße« gehörig anficht. Daffelbe ift aber feiner Skizze nach zweifellos ein Nafenfchirm jener alten Art,

offenbar importierte Stücke; der lokale Helm jener Periode, wie er in gleichzeitigen anderen Gräbern zu Vetulonia gefunden wurde, gehört einem ganz anderen Typus an.

[*] Letzterer Art z. B. ein gutes Exemplar, das wahrfcheinlich auch aus Großgriechenland flammt, in Berlin, Friederichs, kl. Kunft 1015 ganz willkürlich ift die Benennung »altetruskisch«, welche Friederichs diefen Helmen giebt.

und das angeblich zugehörige Gefäß ift eins der gewöhnlichen, flach gedrückten kleinen Blechkeffelchen, deren Vorkommen in jener tiefen Schicht nicht auffallend ift. Nun giebt aber Weils Inventar von jenem felben Stücke, dem Nafenfchirme (Inv. 2203) mit der richtigen Bezeichnung als Helmfragment), an, daß es zu den an demfelben Tage gemachten Funden vor der Weftfront des Heraions gehörte. Mir ift in diefem Falle die Angabe des Inventars glaubwürdiger. Ferner verzeichnet das Inventar als 8439 einen »unter dem Opifthodom des Heraions« gefundenen Nafenfchirm, von dem aber das Tagebuch nichts weiß; auch ift die Tiefe nicht angegeben. Endlich ift Inv. 7903 ein unter dem Südpteron des Heraions gefundener Nafenfchirm; da jedoch Inv. 7905, ein Infchriftfragment, zugleich damit gefunden ward, fo flammt jener gewiß nicht aus der tiefen vor Erbauung des Tempels flammenden Schicht. Diefer letzteren kann alfo keines der genannten Fragmente mit Sicherheit zugefchrieben werden.

Für die weitere Entwickelung des korinthifchen Helmtypus find namentlich folgende Punkte charakteriftifch: man fucht die Nafen- und Wangenfchirme zu verftärken und bildet fie, befonders aber den Nafenfchirm, dicker als das Übrige. Zuweilen läßt fich erkennen, daß man an diefen Stellen zwei bis drei Blechfchichten übereinander gehämmert hat. Die Sitte, das Futter durch Stiftchen längs des Randes zu befeftigen, wird zunächft noch feftgehalten, fpäter aber aufgegeben, indem man den Rand felbft profilierte, wobei die Stifte dann geftört hätten. Die Ränder werden nun befonders dick gebildet. Der Nafenfchirm wird eleganter, kleiner, erfcheint oben fchmal, nach unten fich in fchönem Schwunge erweiternd. Das Futter diefer Helme, welche keine Stiftlöcher befitzen, befchränkte fich wahrfcheinlich auf die eigentliche Kopfhöhle fowie den Nacken und war nicht weiter befeftigt, fondern nur zum Einlegen beftimmt; der dicke Nafenfchirm und die jetzt ebenfalls dickeren Wangenfchirme bedurften einer Fütterung nicht mehr. Befonders wichtig war endlich die Neuerung, daß man den Oberkopf reichlich von der Stirn, den Seiten und dem Hinterkopfe trennte und dadurch die ganze Helmform wefentlich mehr zum Ausdruck der wirklichen Kopfform erhob. Endlich ift hier die Technik eine fehr vervollkommnete. Das Metall ift meift glänzend poliert und hat die fchönfte tiefdunkle Farbe; alle Details find überaus exakt und fein. — Alle diefe Fortfchritte erfolgten nicht zugleich und auf einen Schlag, fondern ganz allmählich. Die erhaltenen Helme und Fragmente zeigen allerlei Übergänge.

Einige der olympifchen Helme haben nur einen dicken Nafenfchirm, dagegen noch Wangenfchirme der gewöhnlichen Stärke und ringsum noch die kleinen Stifte. Der Nafenfchirm hat hier noch nicht die elegante Form, und der Oberkopf ift noch nicht abgefetzt. Von diefer Art ift auch ein vor den Ausgrabungen in Olympia gefundenes Exemplar zu Berlin, das einen noch fehr langen (10 cm [?]) und 8 mm dicken Nafenfchirm zeigt; die Wangenfchirme find wie das Übrige nur 1 mm dick; Stiftchen ringsum; auf der Scheitelhöhe zwei in der Querrichtung 4½ cm von einander entfernte Paare kleiner Stiftlöcher zur Befestigung des Busches. Der Hinterkopf fehlt.

Außerhalb Olympias ist dieselbe Entwickelungsstufe zu konstatieren. Ein schönes Exemplar mit verstärktem Nasen- und Wangenschirm, doch noch mit Randstiftlöchern versehen und im Allgemeinen von der älteren Form, aus Großgriechenland stammend, ist in Karlsruhe, ant. Bronzen d. Altertumssamml. in Karlsruhe Taf. 18, 1; auf der Scheitelhöhe in der Querrichtung vier Paare kleiner Stiftlöcher, im Nacken zwei größere Stiftlöcher; hier waren wohl zwei Büsche aufgesetzt.

Diejenigen Exemplare, welche die Stiftlöcher am Rande aufgegeben haben, verzieren nun den Rand häufiger, und zwar meist mit demselben Ornamente das wir an 1017 sehen. Eine Ausnahme ist ein Backenschirmfragment von doppelter Lage, welches einen Spiralstreif am Rande zeigt (Inv. 14408). Dieselben Spiralen zeigt ein Helm dieses Typus an den Brauen, während die Backenschirme den Rand wie 1017 haben (Inv. 4300 Stadionwall); an diesem Helme ist auch deutlich, wie die Hauptschicht an den vorderen Teilen durch je eine innen und außen aufgelegte Schicht verstärkt ist. — Auch die Nasenschirme werden nun öfter verziert.

Als Vertreter der Gattung, welche die oben geschilderten Neuerungen völlig durchgeführt hat, diene 1018 (Taf. LXIII). Osten der Altis (Inv. 7006). Fragmentierter Helm, welcher dicken Nasen- und Wangenschirm mit schräg abfallendem, einfach profiliertem Rande zeigt. Das Blech am Oberkopfe ist ganz dünn. Der Nasenschirm, 9 mm dick, zeigt die elegante geschwungene, unten spitze Form. Die Stiftlöcher am Rande sind verschwunden. Der Oberkopf ist plattlich abgesetzt.

Nasenschirme, welche von Helmen dieses Typus abgebrochen sind, wurden einzeln öfter in der Altis gefunden ?, z. B. Inv. 3506, 10888, 12355, 13514, und verzierte Exemplare wie

1019 (beistehend). Westlich Buleuterion, mit 1020 zusammen gefunden, doch nicht zugehörig (Inv. 12809b). Spitze eines eleganten Nasenschirmes, mit kleinen plattischen Pünktchen am Rande.

Fragmente von Wangenschirmen, von Helmen dieses Typus, zeigen zuweilen mehrere vertiefte Randlinien (so Inv. 9748, 8121).

Häufig sind die Augenbrauen plastisch hervorgehoben. Noch weiter geht folgendes Fragment: 1020 (Taf. LXIII. Westlich Buleuterion. (Inv. 12869). Hier sind über den Brauen die buckelförmigen Stirnlöckchen plastisch angegeben; sie waren auch fein graviert, doch läst die Oxydierung dies kaum mehr erkennen. Der Nasenschirm war sehr elegant. Die Oberfläche des Metalls stark glänzend und tiefdunkel.

Ein vollständiger Helm von dieser Art aus dem Alpheios ist bei Dodwell, classical journ. II, p. 330 links.

¹) Ein derartiger eleganter Nasenschirm kam auch auf der Akropolis zu Athen im Perserschutte zwischen der Südmauer und dem Museum zu Tage.

abgebildet. Ein anderer, 1795 bei Olympia gefundener Helm, der hierher gehört, kam mit der Payne-Knightschen Sammlung ins Britisch Museum. Wir wiederholen ihn beistehend nach der Abbildung bei Kemble, horae ferales pl. 12, 3; p. 169. Er trägt die schon oben erwähnte Inschrift Ταργήλιᾳ ἀνέθεν τῷ Διϝὶ τὴν Φεμνίδιμον (vergl. Röhl, inscr. ant. 32). Es ist also ein wirkliches korinthischer Helm, den die Argiver erbeuteten und dem Zeus weihten, ebenso wie den oben besprochenen Schild. ¹)

Ferner sah ich ein vorstzliches Exemplar dieses Typus, das aus Olympia stammen sollte, 1885 im Kunsthandel. Auf dem linken Wangenschirme waren in der Ecke die beistehenden Buchstaben graviert; es stand niemals mehr da; also wohl Μύρον, Genetiv des Besitzers oder Weihenden Myros. Im Nacken waren in der Mitte zwei kleine Stiftlöcher zu sehen. **MVPO**

Zu einem Helme dieses Typus gehörte auch das Fragment eines Wangenschirmes mit der ebenfalls vollständigen Inschrift ΙΡΗ (Arch. Ztg. 1881, S. 338, No. 417; von der Nordostecke des Zeustempels), welche Röhl ἱρ sc. κέρυξ zu lesen, also als ionische Weihung anzusehen vorschlägt.

Ein Helmfragment mit dem Rande wie 1017 (Inv. 1059; Nordwestecke des Zeustempels) trägt einen arkadischen Inschriftrest, siehe Röhl, inscr. antiquiss. 106.

Ich füge hier die Erwähnung zweier korinthischer Helme aus Olympia an, deren genaue Form ich nicht angeben kann, die aber Inschriften tragen: einen angeblich in England befindlichen, schon lange gefundenen. mit ΙΣΥΟΜ ΟΑΥΥΡΙΟ, welche Inschrift Röhl, inscr. ant. 123 als achäisch bestimmt; und einen von mir 1882 im Kunsthandel notierten, mit ΟϜΜΥΝΟΒΟΚΘΤ τοῦ Διὸς Ὀλυνπίου; die Inschrift enthält keine sehr charakteristischen Zeichen; sie mag Elis oder Arkadien angehören. Die Inschrift ἐπλωμέρος auf einem Helme von Olympia, die Pouqueville, voy. dans la Grèce IV, 301 erwähnt, scheint apokryph. — Zwei korinthische Helme aus Olympia, deren Form ich nicht genauer notiert habe, befinden sich im Museum zu Triest.

¹; Ein Helm eben dieser Art, mit abgesetztem Oberkopfe, erscheint als Münztypus auf strengen, dem Anfang des 5. Jahrhunderts angehörenden Silbermünzen von Argos, und zwar ohne Busch. British Museum, catalogue, Peloponnes, pl. 27, 7. 8; der Typus war also ebenso in Argos wie in Korinth zu Hause. Er erscheint indeß auch anderwärts auf Münzen, so in Nordgriechenland schon im 6. Jahrhundert, siehe den Revers der archaischen Münzen von Lete (Berliner Katal. II, Taf. 4, 35; vergl. 7, 67).

Alle die befprochenen Helme find für wirklichen Gebrauch beftimmt gewefen. Nicht das Geringfte weift auf das Gegenteil. Die verbreitete Annahme, es handle fich nur um Votivnachbildungen, ift ganz willkürlich und durch nichts zu ftützen. Eine wirkliche kleine Nachbildung zu Votivzwecken ift dagegen das folgende Stück:

1021 (beiftehend). Oftfront des Zeustempels (Inv. 1088). Miniaturhelm aus ganz kleinem Blech mit abgefetztem Oberkopf; der Nafenfchirm abgebrochen.

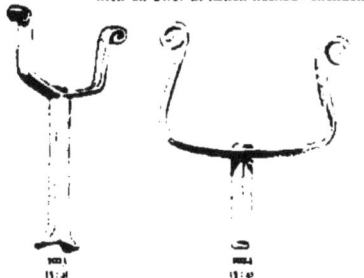

1021
(1:1)

Was das Gewicht der korinthifchen Helme Olympia's betrifft, fo habe ich bei einem wohlerhaltenen Stücke der älteren Art 1,225 kg und bei einem der eleganteren Gattung 1,648 kg ermittelt.

Die folgenden Stücke weifen auf das Vorhandenfein eines oder zweier Helmtypen, die fonft mit Sicherheit nur in Italien zu konftatieren find.

1022 (beiftehend). Südlich Prytaneion (Inv. 5162). Ein kannelierter Stab, der durch Oxydation fehr entftellt ift. Oben ift ein gabelförmiges Ende aufgenagelt, deffen Spitzen gebrochen find. An der Unterfeite des breiteren unteren Endes eine Rille.

1023 (beiftehend). Berlin, Dubl. Vierkantiger Stab. Oben ift wieder eine Gabel mit aufgerollten Enden aufgezapft. Unten eine Rille.

1024 (beiftehend). Südweftlich Stadion (Inv. 12757). Nach unten gebrochen, und zwar an einer Umfchnürung des kantigen Stabes. Oben die Gabel mit aufgerollten Enden.

An einem gleichen Stücke ift die Gabel verbogen.

Solche gabelförmige Auffätze kommen an zwei in Italien nachzuweifenden

Helmformen vor. Erftlich an einem pilosartigen Helm; die Gabel befindet fich auf der Spitze und zu beiden Seiten find lange gebogene Auffätze von Blech, welche

wohl ftilifierte Hörner fein follen. Diefe Gattung ift mir nur in zwei aus Großgriechenland flammenden Exemplaren, einem in Karlsruhe (Ant. Bronzen der Altertumsfamml. in Karlsruhe, Taf. 20, vielfach ergänzt) und einem in Neapel bekannt; an letzterem enden die Hörner in ftrenge Palmetten; auch die übrige Dekoration weift auf ältere Zeit.

Ungleich häufiger ift die zweite Helmform, an welcher jene Gabel einen charakteriftifchen Teil bildet.[1] Es ift eine Umgeftaltung des korinthifchen Helmes. Die Grundform des entwickelten Typus mit abgefetztem Oberkopfe ift bewahrt. Doch find die Augenausfchnitte ganz klein und die Wangenfchirme find, mit Ausnahme von einem, offenbar dem älteften Beifpiele, in eins zufammengewachfen; ja, es kommt auch vor, daß Augen und Nafe gar nicht mehr wirklich ausgefchnitten, fondern nur auf dem feften Blech angedeutet find. Die ganze Richtung des Helmes ift ftark fchräg nach hinten geneigt. Der Nackenfchirm fpringt in fcharfem Winkel horizontal heraus. Reiche Gravierung pflegt die Vorderfeite zu bedecken. Die gewöhnliche Annahme, diefe Helme feien zu wirklichem Gebrauche gefertigt, ift unhaltbar; wie follte man zu Votivzwecken etwas Unfinniges herftellen und überdies fo reich verziert haben, wo man mit derfelben Mühe das Richtige herftellen konnte? Diefe Helme waren zum Tragen beftimmt, aber fie wurden natürlich nicht über das Geficht herabgezogen, fondern man trug fie immer zurückgefchoben. Dies zeigt fchon ihre ganze fchräge Geftalt und der fcharfe Abfatz im Nacken. Die Form entwickelte fich durch die Sitte, den Vifierhelm zurückgefchoben zu tragen. Augen-

---

[1] Mir find folgende Exemplare genauer bekannt: Eines im Privatbefitz, aus Sizilien flammend, wohl das ältefte; denn die Wangenfchirme find noch getrennt, doch an ihrem unteren Ende durch ein fchmales angenietetes Blechftreifchen verbunden; oben find nur drei Nohrlöcher erhalten; die Gravierung fker. ift fehr archaifch. Ferner nenne ich ein Exemplar im Antiquarium zu Berlin, Friederichs kl. Kunft 1011; eines im Zeughaus zu Berlin; zwei in Karlsruhe (Ant. Bronzen d. Altertumsfamml. Taf. 17, 18, 2) aus Unteritalien; eines aus Ruvo im Britifh Mufeum; an zwei anderen, angeblich aus Etrurien flammenden Exemplaren des Britifh Mufeums, find Augenlöcher und Nafenfchirm nicht ausgefchnitten, fondern nur angedeutet, auf dem einen in flach getriebenen, auf dem anderen in gravierten Umriffen. In Frankfurt a. M., im Archivgebäude, befinden fich zwei Exemplare ohne Fundangabe; an dem einen find nur die Augen, nicht auch der Nafenfchirm ausgefchnitten. Ein normales Exemplar ift auf Burg Rheinftein bei Bingen. Eines, an welchem Augen und Nafenfchirm nicht ausgefchnitten, fondern nur in Umriffen graviert find, befitzt das Provinzialmufeum zu Bonn; es flammt aus Italien. Nur ein Exemplar des Herrn Dr. Jul. Naue in München foll in Athen gefunden fein; doch ift diefe Angabe natürlich nicht ficher, ja mir fehr zweifelhaft; es ftimmt genau mit den unteritalifchen überein, doch ift der Stil der gravierten Tiere (ein Eber) ift deutlich) altertümlicher als bei jenen; die Art der Gravierung mit doppelten Umrißlinien erinnert fogar an die beiden olympifchen Panzer. — Endlich eine einzelne Helmgabel im Berliner Antiquarium (Friederichs 1779) zu nennen, welche ausnahmsweife in Mitten der Gabel als Fortfetzung des Stabes einen fpitzen Zapfen hat.

ſchlitze und Naſenſchirm brauchten nun natürlich nur ſymboliſch angegeben zu werden. Eben dieſe Helme haben aber regelmäßig auf der Scheitelhöhe eine ſolche Gabel wie die beſprochenen Stücke von Olympia (wo ſie fehlt, ſind doch die Spuren davon erhalten) und zu beiden Seiten je einen einfachen Zapfen. Es kann keinem Zweifel unterliegen, daß die letzteren ſowohl wie die Gabeln dem Zwecke der Befeſtigung von Büſchen dienten, wenn wir auch nicht genau angeben können, wie dies gemacht wurde. Der Stil der Gravierungen, vom altertümlichen zum ſtrengen und freieren übergehend, weiſt auf das 6. und 5. Jahrhundert als Entſtehungszeit dieſer Helme. Wahrſcheinlich ſind ſie alle großgriechiſches Fabrikat.

Die Gabeln von Olympia können nun zu der einen oder der anderen der beiden nachgewieſenen Helmformen gehören; wahrſcheinlicher zu der letzteren, weil dieſe die häufigere iſt und weil ſie rein griechiſchen Charakter hat, während jene Piloi mit Hörnern durch die eingeborenen Bewohner Südnaliens beeinflußt ſein mögen.

Neben dem ſogenannten korinthiſchen Helme geht auf den älteren Vaſenbildern der ſogenannte attiſche. Derſelbe iſt im attarüſchen Vaſenſtile nur eine runde Kappe mit hohem Buſch, ohne Nacken- und ohne Wangenſchirm; er kommt hier faſt nur bei Athena oder Amazonen, ſelten bei anderen Figuren (bei dem Wagenlenker Baton, Berliner Vaſenf. 1712) vor. Im ſpäter ſchwarzfigurigen attiſchen Vaſenſtil und ebenſo auf den altattiſchen Münzen hat der Helm immer einen abgeſetzten Nackenſchirm, auf den Vaſen häufig auch einen feſten Wangenſchirm, der aber klein und ſo ausgeſchnitten iſt, daß er das Ohr frei läßt. Die altertümlichſten Beiſpiele dieſes Helmes mit Nackenſchirm und feſtem, das Ohr freilaſſenden Wangenſchutz liefern aber die chalkidiſchen Vaſen (ſ. Mon. d. Inſt. I, 26, 12; ein Kriegerkopf auf der Berliner Amphora aus der Fontana'ſchen Sammlung, Jahrb. d. Inſt. IV, Arch. Anzeig. S. 91, 3). Gerade dieſe chalkidiſche Form, wo der Wangenſchirm unten gerundet iſt und mit einer Spitze nach vorn vorſpringt, wird dann auf den älteſten attiſchen rotfigurigen Vaſen beliebt (vergl. z. B. Kachrylion, Wiener Vorlegebl. D, 7), auf denen indeß im Allgemeinen noch der korinthiſche Helm vorherrſcht. Erſt der entwickelte ſtreng rotfigurige Stil der großen Schalenmaler bringt den ſchönen Typus zur Herrſchaft, dem wir auch an den dieſen Vaſen gleichzeitigen äginetiſchen Giebelfiguren begegnen: die Wangenſchirme ſind vorn nicht nur eleganter geſtaltet, ſondern auch beweglich gemacht, zum Auf- und Abklappen. Dieſer ganz ſelbſtändig erwachſene Helmtypus berührt ſich nun mit dem ausgebildeten eleganten korinthiſchen Typus, wie wir ihn oben kennen gelernt haben. Von ihm entlehnt er den elegant geformten kleinen feſten Naſenſchirm. Der Ohrausſchnitt und die Backenklappen von geſchweifter und gerundeter Form bleiben aber ſeine weſentlichen Unterſchiede von jenem. Ein ſchöner Helm dieſer Art, mit unbeweglichen gerundeten Paragnathiden und kleinem Prorrhinidion, befindet ſich im Neapler Muſeum. An einem anderen prachtvollen Exemplare ebenda ſind getriebene Widderköpfe

ſtrengen Stiles auf die, ebenfalls unbeweglichen, Wangenſchirme gelötet.

Von dieſem in der Zeit der Perſerkriege ausgebildeten ſchönen Typus ſind nun auch in Olympia Reſte gefunden worden.

**1025** (Taf. LXIII). Fragmentierter Helm. Die bewegliche Backenklappe abgebrochen. Ohrausſchnitt und Nackenſchirm erhalten; ebenſo das überaus elegante kleine Prorrhinidion, deſſen Behandlung der von 1018 bis 1020 entſpricht, nur daß es noch kleiner iſt als jene.

Ein Helmfragment dieſes Typus, doch noch mit unbeweglichen Backenſchirmen, aus Olympia ſtammend, iſt vor Beginn der Ausgrabungen nach Berlin gekommen. Wir geben es auf Tafel LXIII, 1026. Erhalten iſt der kleine dicke Naſenſchirm, ein Teil des Oberkopfes, ein Reſt des Ohrausſchnittes und der Backenklappe, die aus einem Stücke mit dem Übrigen war. Sie war in getriebenem Relief ornamental verziert, wovon ein Volutenende erhalten iſt. Oben über ihrem Anſatze iſt eine roſettenartige Verzierung aufgeſetzt. Der Haaranſatz iſt in ſtiliſierender ornamentaler Weiſe angedeutet. Die Brauen in Relief. Das Metall iſt am Oberkopfe ganz dünn. Es iſt glänzend poliert und jetzt von prachtvoller dunkelgrüner Patina.

Auch einzelne abgebrochene Naſenſchirme dieſer ganz kleinen eleganten Art ſind gefunden worden (ſo Inv. 5746). Ferner einzelne bewegliche Backenklappen.

**1026a** (beiſtehend). Dicht neben dem Heroenaltar, im ſogenannten Theekoleon (Inv. 7754). Innenanſicht einer linken beweglichen Backenklappe mit Reſten des Scharniers; 3 mm dickes Blech. Die Form iſt noch etwas ſchwer und breit. Die Rundung unten und der Ausſchnitt an der Seite nach dem Geſicht ſind recht charakteriſtiſch

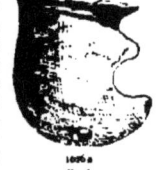

für die nicht korinthiſchen Helmformen.

Viel eleganter, doch mit der korinthiſchen, nach unten in einem ſpitzen Winkel vorſpringenden Form der Wangenſchirme beeinflußt, ſind Inv. 2829. 11503. 11625. 14055 und

**1027** (Taf. LXIII). Weſtlich Echohalle (Inv. 11343). Linke Backenklappe mit Scharnier; das ſtarke Blech iſt nicht gerade, ſondern elegant geſchwungen, nach dem Munde zu einwärts und dann wieder auswärts. Das Loch unten wird, wie andere ähnliche an Helmfragmenten zu beobachtende Löcher, von einem Waffenſtoße herrühren. Glänzende Politur.

Wahrſcheinlich von einer Backenklappe ſtammt das Fragment

**1028** (beiſtehend). Südlich Zeustempel (Inv. 3878). Wohl Ende einer Backenklappe. Mit getriebener, ſehr geſchmackvoller Ornamentik, etwa dem Ende des 5. Jahrhunderts angehörig. Links am Rande ein Stiftchen.

Von vollſtändig erhaltenen Helmen dieſes Typus aus anderen Fundorten hebe ich noch außer den ſchon oben genannten hervor den ſchönen Helm, Antiqu. du Boſph. pl. 28, 4, aus einem Grabe des 4. Jahrhunderts auf der Krim; der Helm felbft wird gewifs alter fein. Sicher wefentlich alter ift der aus Corneto flammende, Annali d. Inft. 1874, tav. K (jetzt in Florenz), der mit kleinen gegoffenen Figuren archaifchen Stiles verziert

ift; die Arbeit ift italifch und nicht fein. Zuweilen find die Backenklappen bei diefem Typus figürlich geftaltet, wie bei dem oben genannten fehr fchönen griechifchen Helme in Neapel mit den Widderköpfen. Vergl. auch den etwas fpäteren Helm mit Greifenköpfen aus Ruvo in Karlsruhe, ant. Br. d. Alterts. Taf. 19, 2; hier fehlt der Nafenfchirm. Die Vorrichtungen zur Aufnahme des Bufches entfprechen, wo fie erhalten find, auch an diefen Helmen ganz den an den korinthifchen beobachteten.

Es bleiben uns noch drei, von den bisherigen wefentlich verfchiedene Typen zu betrachten übrig. Wir beginnen mit einem Typus, der eine runde Kappe, felten Wangen-, aber keinen Nafenfchirm zeigt. **1029. 1029a** (Taf. LXII). Beim Altar füdlich vom Heraion, tief, 1 m unter der Wafferrinne am Pelopion; Berlin. Dubl. (Inv. 10859). Höhe und Tiefe 0.25. Der jetzt in zwei Stücke gebrochene Helm beftand urfprünglich aus zwei getrennt gearbeiteten Hälften. Die Scheitellinie ift die Fuge beider Teile. Die Fuge ift fo fcharf, dafs fie erft bei gründlicher Reinigung der Oberfläche und dann nur kaum fichtbar ward. Auf der Innenfeite ift fie natürlich deutlicher. Die eine Hälfte greift an der Fuge etwas über die andere über. Die Verbindung ift durch zahlreiche kleine Niete hergeftellt, welche nur an der Innenfeite fichtbar find. Sie ift fo feft, dafs der Helm nicht an der Fuge, fondern daneben, längs dem einen der erhobenen Längsfireifen, entzweibrach. Auf der Oberfeite laufen nämlich zwei aus je zwei getriebenen Riefeln beftehende parallele Streifchen entlang, welche hinten ungefähr in demfelben Abftande vom Rande enden, welchen ihr Anfang vorne zeigt. Zwifchen diefen beiden Streifen find vorne zwei Stiftchen zu bemerken, die vermutlich einen Bufch befeftigten. Der Rand wird durch ein erhobenes Streifchen gebildet, aufserhalb deffen noch ein Saum ftehen gelaffen ift, welcher die kleinen Löcher trägt, die zum Befeftigen der Fütterung des Helmes dienten. Das Blech ift ziemlich dünn (nicht über 1 mm); das Gewicht des Er-

haltenen beträgt 1,088 kg; viel ift, wie die Vorderanficht zeigt, nicht verloren.

Noch fechs andere fragmentierte Exemplare diefer Helmgattung befinden fich, teils aus dem Alpheios, teils aus der Altis flammend, in Olympia. Es find meift nur Hälften, welche längs der Fuge von der anderen Hälfte fich getrennt haben. Sie flimmen in Allem, auch in den Proportionen, wo fie mefsbar find (Höhe und Tiefe circa 25 cm) mit 1029 vollkommen überein. Zuweilen find die Stiftchen in den Löchern des Randes erhalten. — An einem weiteren Exemplare, einer linken Helmhälfte, befindet fich auf dem Scheitel oben, etwas feitlich von der Mitte, eine runde emporflehende Öfe von Draht, welcher eine gleiche auf der verlorenen rechten Helmhälfte entfprochen haben wird. Unten über dem Nacken befindet fich eine gleiche Öfe, aber gerade in der Mitte. Der Bufch, zu deffen Befeftigung die Öfen offenbar dienten, fcheint fich alfo nach vorne in zwei Teile gefpalten zu haben. — Ein achtes wohlerhaltenes vollftändiges Exemplar diefer Helmgattung, das nach Angabe des griechifchen Verkäufers aus Olympia flammt (wahrfcheinlich aus dem Alpheios, nach dem Erhaltungszuftand zu urteilen), befitzt Herr Zfchille in Grofsenhain (1890 ausgeftellt im Kunftgewerbemufeum zu Berlin). Es ift daffelbe aus einem Stück gefertigt; Höhe und Tiefe betragen 21 cm, die Breite circa 16. Keine Spur von der Befeftigung eines Bufches.[*)]

Ein Helm diefer Art, mit einer gleichen Öfe in der Mitte unten, ward auf der Akropolis in Athen gefunden; ob Spuren von zwei Öfen vorne erhalten find, habe ich zu notieren verfäumt. Ferner befindet fich die linke Hälfte eines Helmes, von genau der Form, wie 1029, im Mufeum der archäologifchen Gefellfchaft in Athen (χαλκ. No. 82).

Eine weitere Entwickelung deffelben Helmtypus ift in Olympia nur in einem Exemplare vertreten, das jedoch fehr wohl erhalten ift:

**1030** (Taf. LXII). Nördlich Prytaneion (Inv. 6935). Höhe 0,22; Tiefe 0,24. Das Blech ift etwas ftärker als an der vorigen Gattung. Der Helm befteht nicht aus zwei Hälften, fondern ift ganz aus einem Stücke gefertigt. Der Rand zeigt keine Löcher zur Befeftigung des Futters, fondern ift mit flachem Relief geprefsten kleinen Buckeln verziert. Die gefamte Form ift eleganter geworden. Das hintere Ende, das in der vorigen Gattung fo unförmlich war, ift zu einem befonderen abftehenden Nackenfchirme gegliedert, welcher von den Wangenfchirmen durch einen Einfchnitt getrennt ift. Die zwei erhobenen Streifen auf dem Oberkopfe zeigen hier viel ftärkeres Relief und find unter einander verbunden; das verbindende Stück zwifchen beiden ift ebenfalls flach erhoben. In der Mitte, da wo bei der vorigen Gattung die Fuge lief, fieht man hier drei gravierte Linien. Darunter vorn über der Stirn ein Loch, um etwas aufzufetzen, vielleicht eine Bufchzierde.

---

[*)] Ein goldener Eichenkranz, der um den Helm gelegt ift, ift natürlich nur eine Zuthat des Kunfthändlers.

22*

Drei gleiche Helme befinden fich im Mufeum der archäologifchen Gefellfchaft zu Athen (χαλκ. 1020–22); an den Rändern vorne kleine eingefchlagene Kreife. — Als eine Weiterbildung deffelben Grundtypus ift ein in Oxford befindlicher Helm aus einem Grabtumulus bei Kertfch anzufehen (Journal of hellen. ftud. 1884. pl. 46, 2). Der Oberkopf ftimmt mit 1030 ziemlich genau überein; auch er ift natürlich wie 1030 aus einem Stücke gearbeitet; felbft die drei gravierten Linien auf dem Scheitel in der Mitte des erhobenen Mittelftücks finden fich hier genau wie an 1030. Dagegen war der Nackenfchirm, der erhalten ift, befonders gearbeitet und angefetzt. Wangenfchirme fehlen; fie waren höchft wahrfcheinlich getrennt angefügt und beweglich. Die grofsen Löcher im unteren Rande dienten zur Befeftigung eines ftarken Futters mit grofsen dekorativ wirkenden Nägeln; wahrfcheinlich waren die Wangenfchirme an diefem Futter, nicht am Helme felbft, angebracht. Vorn zwei Löcher übereinander, wohl für den Bufch. Das Grab gehörte feinem übrigen Inhalte nach dem 5. Jahrhundert an.

In keinem direkten Zufammenhange mit diefem Typus fteht eine wefentlich verfchiedene Helmart, die in Italien und den Alpengegenden vorkommt (einige Exemplare zählt Helbig, das homer. Epos[1] S. 301 Anm. 6 ff. auf); es find Sturmhauben der etruskifchen Art, nur dafs zwei erhobene Streifen über den Scheitel laufen, worin die einzige Ähnlichkeit mit unferem Typus befteht.

Noch eine fehr merkwürdige Helmform ift in Olympia zu konftatieren:

1031 (Taf. LXIII). Gefunden vor der Weftfront des grofsen Altars im Süden des Heraions, zum Teil 1.15 m unter der Oberkante der Wafferrinne am Pelopion. In dem Helme lagen die Scherben der Vafe 1296 (Inv. 10533). Höhe 0,21; unterer Durchmeffer 0,23. Die Spitze ift abgebrochen. Der eine Wangenfchirm fehlt; das Ende des erhaltenen ift umgebogen, doch in der Zeichnung in urfprünglicher Form gegeben. Der Oberkopf diefes Helmes bildet nicht wie bei allen bisher betrachteten Gattungen eine runde Kuppe, fondern fteigt kegelförmig empor und endete in eine, leider abgebrochene, Spitze. Um den unteren Teil des Helmes herum ift ein 10 cm breiter Blechftreif aufgenietet, an welchem die feften unbeweglichen Wangenfchirme angebracht waren, deren einer erhalten ift. Der hintere Teil des Streifens zerfällt in zwei Hälften. Längs des Stirnrandes und des Randes der Wangenfchirme laufen die üblichen kleinen Löcher zur Befeftigung des Futters. Da diefe hinten fehlen, mag das Futter im Nacken lofe weiter herabgegangen haben.

Es find aufserdem noch zwei einzelne Wangenfchirme gefunden worden (Inv. 2722. 6244), die an Helmen diefes Typus angenietet waren, indem ihre Form ganz mit dem von 1031 übereinftimmt.

Von anderen Funden find mir nur zwei Helme bekannt, welche wefentliche Eigenfchaften mit diefem olympifchen gemein haben, nämlich die kegelförmige Geftalt und das Abfetzen des unteren Teiles. Beide ftammen aus Cypern. Der eine befindet fich im Mufeum zu Conftantinopel (Reinach, catalogue 601), noch mit dem zugehörigen Schädel; um den unteren Teil ift hier ein breites Band von Eifen herumgenietet; die Spitze ift langgezogen, oben gebrochen. Im unteren Rande kleine Löcher. Der andere ift in einem Grabe zu Tamaffos bei den 1889 vom Berliner Mufeum durch Ohnefalfch-Richter veranftalteten Ausgrabungen gefunden; die erhaltene Spitze ift oben abgerundet. Bei diefem ift auch der bewegliche grofse Wangen- und Nackenfchutz von komplizierter Geftalt erhalten. Derartige Helme mit Wangenfchirmen kommen zuweilen in flüchtiger Nachbildung an kleinen Terrakotten altertümlicher Art aus Cypern vor (vergl. die bei Heuzey, Gaz. arch. 1880, p. 154. E. F. H. abgebildeten Typen und einen trefflichen Kopf aus Dali in Berlin, Mifc. Inv. 6082, 51). Nach Cypern kam der Typus gewifs durch Kleinafien, indem wir den einfachen Kegelhelm in Affyrien fchon im 9. Jahrhundert heimifch finden. Derfelbe endet hier immer in eine gerundete Spitze, und in der Regel find um den unteren Teil ein oder zwei horizontale Streifen angedeutet. Auf den älteren Denkmälern (den Reliefs Affurnafirpals) erfcheint der Kegelhelm immer ohne Wangenfchirme, die, nach unten gerundet und meift nicht viel mehr als die Ohrengegend bedeckend, erft auf den fpäteren Reliefs erfcheinen. Durch den Kegelhelm find die affyrifchen Krieger immer fcharf gefchieden von den leichten Hilfstruppen mit den mit Büfchen ausgeftatteten runden Helmkappen. Wahrfcheinlich haben jedoch auch kleinafiatifche Griechen den Kegelhelm angenommen, und Weihgefchenke folcher werden die olympifchen Helme diefes Typus gewefen fein.

Als fechften und letzten der in Olympia gefundenen Helmtypen haben wir den von Hieron geweihten tyrrhenifchen Helm aufzuführen. Derfelbe wurde 1817 von Cartwright in Olympia gefunden und befindet fich jetzt im Britifh Mufeum. Wir geben beiftehend eine nach

Kemble, horae ferales pl. 12, 1 gemachte Zeichnung. Die Infchrift (vergl. Röhl, infcr. antiqu. 510) lautet: ᾽Ιαρο[ν] ᾽ Δινομ[ε]νεος και τοι Συρακοσιοι τωι Δι Τυραν᾽ απο Κυμας. Der Helm ift ein ganz gewöhnliches, jeder Verzierung entbehrendes Exemplar des bekannten fpeziell etruskifchen Helmtypus, welcher den im Mittelalter und neuerer Zeit fo überaus beliebten Sturmhauben fehr ähnlich fieht.

# Dritter Abſchnitt.

## Weihgeſchenke und Gebrauchsgegenſtände aus verſchiedenen Zeiten.

### 1. Waffen.

#### Lanzen.

Wir beginnen mit den Lanzenſpitzen.[¹]

Der gewöhnliche allenthalben in Griechenland, Italien, dem mittleren und nördlichen Europa verbreitete ältere Typus der blattförmigen Lanzenſpitze, wo der Schaft ſich in eine bis zur Spitze verlängerte Mittelrippe fortſetzt und die Flügel flach und breit, und zwar nach unten am breiteſten ſind, iſt auch in Olympia, ſowohl in Bronze als namentlich in Eiſen, vertreten. Leider haben die letzteren Exemplare das Schickſal der übrigen Eiſenſachen geteilt, und ihre Erhaltung geſtattet keine Detailunterſuchungen über die Geſtalt der Mittelrippe u. dgl. Die eiſernen Lanzenſpitzen ſind aber überhaupt in größerer Zahl gefunden worden als die bronzenen. Unter ihnen befinden ſich nur wenige des in Bronze ſehr häufigen vierkantigen Typus (ſ. unten); die ganze große Maſſe der eiſernen Lanzenſpitzen gehörte dem eben erwähnten gewöhnlichen blattförmigen Typus an. In wie alte Zeit derſelbe in Olympia zurückgeht, lehrt der Fund einer ſolchen eiſernen Lanzenſpitze unter dem Ophiſthodom des Heraions in der Schicht, welche älter iſt als der Tempel. Auch ſonſt, beim Zeusaltar, beim Pelopion, im Prytaneion und beim Zeustempel wurden blattförmige Lanzenſpitzen von Eiſen in den tiefſten Schichten gefunden. Ein ſehr großes Exemplar (58 cm lang) kam bei den Tiefgrabungen unter der Exedra zu Tage.

Die urſprüngliche Form der Mittelrippe iſt an dieſen eiſernen Spitzen jetzt meiſt unkenntlich geworden. Die Größe derſelben iſt ſehr verſchieden. Die Länge der Spitze ohne den Schaft beträgt bis zu 36 cm; gewöhnlich iſt eine Länge um 25 cm; doch kommen auch viel kleinere Spitzen, ſolche von nur 12, 10, ja 7 cm Länge vor. Der hohle Schaft erweitert ſich immer nach unten.

Ein leidlich erhaltenes Exemplar dieſer eiſernen Spitzen geben wir als Probe:

1032 (beiſtehend). Eiſerne Lanzenſpitze. Die Mittelrippe iſt kantig; die oberſten Schichten haben ſich indeſs abgelöſt.

In Bronze iſt der beſprochene einfache blattförmige Typus nicht häufig. An einem ziemlich gut erhaltenen

---

[¹] Vergl. Sophus Müller in Aarbøger for nord. Oldk. og Hiſtorie 1882, p. 323 ff., über die Lanzenſpitzen von Bronze in Olympia.

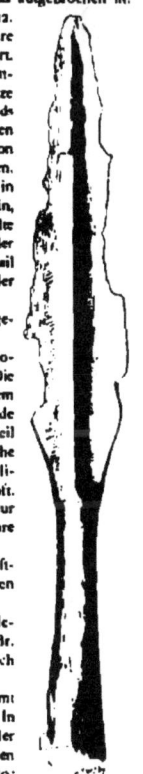

Exemplar beobachtete ich, daſs die Schaftröhre nicht gegoſſen, ſondern zuſammengeſchmiedet war; ſie hat der Länge nach eine Fuge, welche etwas aufgebrochen iſt.

1033 (Taf. LXIV). Länge ca. 0,22. Die runde geſchmiedete Schaftröhre ſetzt ſich in eine kantige Mittelrippe fort.

Die geſchmiedete Röhre der blattförmigen Lanzenſpitzen von Bronze findet ſich innerhalb Griechenlands ſicher in Gräbern der mykeniſchen Kulturperiode; ſo in den Gräbern von Ialyſos (Furtw. u. Löſchcke, myken. Vaſen, Taf. D, 10, 12. 14. 15) und in einem cypriſchen Grabfunde in Berlin, der eine große mit Ochſen bemalte mykeniſche Vaſe enthält. Sophus Müller (a. a. O. p. 290) bemerkte jenes Detail auch an einer der Lanzenſpitzen der mykeniſchen Schachtgräber.

Gewöhnlich aber iſt die Röhre gegoſſen.

1034 (Taf. LXIV). Weſtlich Echohalle (Inv. 8949; Berlin, Dubl.). Die gegoſſene Schaftröhre von 2 cm unterem Durchmeſſer ſetzt ſich in die runde Mittelrippe fort. In dem oberen Teil der Röhre befindet ſich das übliche durchgehende Nagelloch zur Befeſtigung an den hölzernen Lanzenſchaft.

Von der Form wie 1034 ſind nur noch wenige fragmentierte Exemplare erhalten.

Bei folgendem Stücke iſt die Schaftröhre achtkantig, und die Kanten ſetzen ſich auch auf die Mittelrippe fort:

1035 (Taf. LXIV). Südfront Heraion (Inv. 2214). Länge 0,25; gr. Br. 0,055; unterer Durchmeſſer 0,03. Loch im oberen Teil der Schaftröhre.

Dieſer achtkantige Schaft kommt nur an dieſem Exemplare vor. In Italien iſt er häufig (vergl. Soph. Müller a. a. O. S. 323), und zwar in ſehr alten Gräbern (vergl. z. B. aus Corneto: Monum. d. Inſt. XI, 60, 17; Notiz. d. scavi 1882, tav. 12, 2.).

Bei mehreren Fragmenten kann man zunächſt zweifelhaft ſein, ob ſie zu Schwertern oder zu Lanzen-

fpitzen gehörten (vergl. S. Müller a. a. O. S. 322. 323).
Da indefs keine anderen Fragmente gefunden worden
find, die ficher von folchen Schwertern herrühren wie jene
Stücke fie vorausfetzten, fo fpricht die gröfsere Wahr-
fcheinlichkeit entfchieden dafür, jene für Refte von
Lanzenfpitzen anzufehen. Es ift namentlich eine Reihe
von Stücken mit flacher, breiter,
rundlicher Mittelrippe zu nennen:

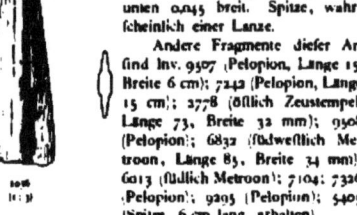

**1036** (beiftehend). Weftlich Pelopion (Inv. 11205). Länge 0,15;
unten 0,045 breit. Spitze, wahrfcheinlich einer Lanze.

Andere Fragmente diefer Art
find Inv. 9507 (Pelopion, Länge 15,
Breite 6 cm); 7242 (Pelopion, Länge
15 cm); 3778 (öftlich Zeustempel,
Länge 73, Breite 32 mm); 9508
(Pelopion); 6832 (füdweftlich Me-
troon, Länge 85, Breite 34 mm);
6013 (füdlich Metroon); 7104; 7326
(Pelopion); 9205 (Pelopion); 5405
(Spitze, 6 cm lang, erhalten).

Bei einigen Fragmenten ift die breite, flache Mittelrippe durch zwei auf ihrer Höhe eingetiefte Rillen verziert.
**1037** (Taf. LXIV). Vor dem Thefauros der Syra-
kufier (Inv. 3463). Die abfallenden Seiten der Mittelrippe
find hier ausnahmsweife durch gravierte Zickzacklinien
gefchmückt.
**1038** (Taf. LXIV). Südlich Zanes (Inv. 8305). Länge
0,18; Breite 0,05. Die Mittelrippe mit den zwei Rillen
verläuft allmählich in die flache glatte Spitze.
Fragmente gleicher Art find Inv. 7975 (Südoftbau;
Stück aus der Mitte, 4¼ cm breit); 8627 (Stadionwall;
Spitze; Länge 14 cm); 9153 (weftlich Echohalle; vom
vorderen Teil; Länge 6 cm); 11339 (weftlich Pelopion;
vom vorderen Teil; Länge 8 cm).

Die flache, breite Mittelrippe
ift ohne Rillen und fällt nach beiden
Seiten fchräg ab bei folgendem vereinzelten Stück:
**1039** (beiftehend). Länge ca.
0,15. Das Ende verbogen.

Es kommt auch vor, dafs aufser
der Mittelrippe noch zwei flache,
fchmale Rippen auf dem Blatte angebracht find, welche dem Kontur
der Schneide folgen.
**1040** (Taf. LXIV). Länge ca.
0,15. Die feitlichen Rippen find
doppelt; vergl. den Durchfchnitt. —
Auch abgebildet bei Soph. Müller
a. a. O., p. 325, Fig. 29.

Ein zweites gleichartiges Exemplar (Inv. 12072;
Länge 0,22) ift verbogen.

Diefe eigentümliche Form fand fich in einem befonders grofsen, fchönen Exemplare in der tomba del guerriero
zu Corneto (jetzt in Berlin); Mon. d. Inft. X, 10, 4.

Hier ift endlich eine kleine rohe Nachbildung einer
Lanzenfpitze des gewöhnlichen alten Typus in Terrakotta zu erwähnen.

**1041** (beiftehend). Südlich Metroon,
in der tiefen Altarfchicht mit primitiven
Tieren und Statuetten gefunden (Inv.
Tc. 1930). Länge 0,05). Thonnachbildung
einer Lanzenfpitze. Am Ende ein Loch,
wie zum Auffetzen auf einen Schaft.

Sehr ähnlich ift die Nachbildung
einer Lanzenfpitze in dünnem Blech,
welche auf Delos gefunden ward (Mufeum
zu Mykonos).

Die bisherigen Formen hatten immer
eine breite, und zwar nach unten am
breiteften werdende Schneide.

Der folgende Typus zeigt ein fchmales Blatt, das ungefähr in der Mitte
am breiteften wird und ganz allmählich
in den Schaft verläuft. Die Schaftröhre
fetzt fich auch als Mittelrippe in runder
röhrenförmiger Geftalt fort, d. h. die
Mittelrippe ift ftark erhoben, unten breit und halbrund,
und wird meift erft gegen die Spitze zu fchmal und
kantig. Sie pflegt von zwei feinen erhobenen Riefeln
begrenzt zu fein. Das hohe Alter auch diefes Typus
geht daraus hervor, dafs er fich in den Gräbern von
Ialyfos mit mykenifchen Vafen gefunden hat (Furtw.
u. Löfchcke, myken. Vafen, Taf. D, 4. 5). Der Typus
kommt nach Soph. Müller (a. a. O. p. 324) bis jetzt nur
in Griechenland vor.

Bei einem Exemplar ift, ganz wie bei einem aus
Ialyfos (a. a. O. Taf. D, 5), die Schaftröhre zufammen-
gefchmiedet.
**1042** (Taf. LXIV). Länge 0,34. Die Mittelrippe geht
hier fchon früher als gewöhnlich in kantige Geftalt über.
Die Schaftröhre ift gefchmiedet und in der Fuge etwas
aufgebrochen. Nagelloch in der Röhre.
**1043** (Taf. LXIV). Kleines vollftändiges Exemplar
von ca. 13 cm Länge; mit gegoffener Schaftröhre.
**1044** (Taf. LXIV), oben und unten gebrochen. —
Es fcheint daffelbe Stück zu fein, das Soph. Müller
a. a. O. p. 325, Fig. 28 abbildet.
**1045** (Taf. LXIV). Buleuterion (Inv. 5836). Länge 0,15.
Ein anderes fragmentiertes Exemplar.

Ebenfo mehrere Fragmente; Inv. 5224 (füdlich Prytaneion; Länge 19 cm; Schaftdurchmeffer 19 mm; gröfste
Breite der Schneide 3 cm; 82; 3319, Spitze, Länge 9 cm;
u. a. ohne Nummer).

Eine Variante diefes Typus ift es, wenn das Blatt
noch fchmaler und die Mittelrippe nicht rund, fondern
kantig ift:
**1046** (Taf. LXIV). Südlich Prytaneion (Inv. 5200),
Länge 0,21. Der unterfte abgefetzte Teil der Schaftröhre
ift flach polygon, der obere rund; diefelbe geht allmählich
in die kantige Mittelrippe über. — Auch bei Soph. Müller
a. a. O. p. 325, Fig. 25 abgebildet.

Es find noch einige Fragmente diefes Typus erhalten.
Ganz befonders fchmal ift das Blatt bei folgendem
Exemplar:
**1047** (Taf. LXIV). Prytaneion Inv. 4760; Berlin,
Dubl.). Kleine Lanzenfpitze (erhaltene Länge 11½ cm)

mit ſcharfer, ſtark vorſtehender Mittelrippe und ſehr ſchmalem Blatt. Es entſteht hierdurch eine vierkantige Form, die ſich aber durchaus normal aus der blattförmigen entwickelt hat und mit der eigentlichen vierſeitigen Form, die wir gleich zu beſprechen haben, nichts zu thun hat. Doch kann dieſelbe zu letzterer vielleicht die Anregung gegeben haben.

**1048** (beiſtehend). Südlich Zenstempel (Inv. 5050). Länge 0,15. Ein Exemplar von dieſem Typus, deſſen erhaltenes Schaftſtück maſſiv iſt; es iſt unten gebrochen und es folgte wohl die Höhlung der Röhre weiter unten. — Es iſt noch ein kleineres gleiches Exemplar erhalten.

Dagegen war das folgende Stück mit langem maſſivem Schafte wohl keine wirkliche Lanze, ſondern gehörte zu einer Statue: **1049** (beiſtehend). Südlich Zanes (Inv. ????). Länge 0,31. Lanze, unten gebrochen; maſſiver Schaft; blattförmige Spitze.

Ein Fragment gleicher Art iſt Inv. 1267 (weſtlich Buleuterion), mit 17 mm dickem maſſivem Schaft.

Vollſtändig verſchieden von den bisherigen Typen iſt die folgende Reihe der vierkantigen Lanzenſpitzen. Dieſe ſind in Bronze zahlreicher als die blattförmigen, aber in Eiſen nur in wenigen Exemplaren gefunden worden, während die blattförmigen, wie ſchon bemerkt, in Eiſen ſehr zahlreich ſind.

Wir lernten oben eine aus dem blattförmigen Typus entwickelte Form kennen (1047), deren Durchſchnitt in der Mitte der Spitze vier einander gleich weit entfernte Kanten zeigt. Wenn dieſe Form auch vielleicht die Anregung dazu gegeben haben mag, es einmal mit regelmäßig vierkantigen Spitzen zu verſuchen, ſo iſt der neue Typus doch vollkommen ſelbſtändig und ohne jeden Anſchluß an die herkömmlichen blattförmigen Typen geſchaffen worden. Während bei letzteren immer der Schaft mit der Spitze aufs engſte verbunden iſt, indem beide in einander übergehen und die Schaftröhre ſich als Mittelrippe fortſetzt, ſo ſind hier beide Teile durchaus getrennt. Vermittelt und verbunden aber werden ſie durch künſtleriſche Symbole, die jenen blattförmigen Typen vollſtändig fehlen. Der Schaft läuft in einen Kelch von vier Blättern aus, welche durch einen ſtarken Ring mit dem Schaft feſt verbunden ſind; der Ring verhindert zugleich ſymboliſch, daß die Blätter durch Druck von oben auseinander gerollt würden. Auf dem elaſtiſch gedachten Kelche ruht nun die einem Obelisk ähnliche vierkantige Spitze.

Schon dieſe künſtleriſche Idee zeigt, daß wir es mit einer griechiſchen Erfindung zu thun haben. In der

That kommen dieſe Lanzenſpitzen auſer Olympia überhaupt ſehr ſelten und nur aus dem Gebiete der klaſſiſchen Kultur vor.[1] Die Inſchriften auf mehreren Exemplaren von Olympia zeigen, daß ſie in Lakedämon, Sikyon, wahrſcheinlich auch Korinth und in Thurioi üblich waren, und zwar im fünften Jahrhundert oder auch in der zweiten Hälfte des ſechſten; viel höher wird ihre Erfindung ſicher nicht hinaufgehen. Wie lange ſie im Gebrauche waren, wiſſen wir nicht. Die Gleichmäßigkeit aller erhaltenen Stücke, welche nur leichte Variationen eines Typus ſind, ſpricht nicht für ſehr lange Zeit.

Was die Technik betrifft, ſo iſt nicht nur die Röhre ſondern auch die Spitze hohl gegoſſen, bis auf das letzte oberſte Viertel, das maſſiv iſt. Sehr häufig iſt gerade dieſe letzte maſſive Spitze abgebrochen. Die äuſerſten Spitzen ſind jetzt meiſt ſtumpf; an beſſer erhaltenen Stücken ſieht man, daß die vierkantige Geſtalt hier aufgegeben und das letzte Ende polygon zugeſpitzt war. In der Schaftröhre befindet ſich regelmäßig ein durchgehendes Nagelloch.

Die gewöhnliche Geſtalt der Schaftröhre iſt die, daß auf den unterſten runden Teil ein ſcharf abgeſetztes, abgeſchrägtes oder kanneliertes Stück folgt, welches dann mit dem oben erwähnten Ringe abgeſchloſſen iſt.

Im Übrigen ſind namentlich zwei Unterarten zu unterſcheiden, je nachdem die vier Seiten der Spitzen glatt und flach oder konkav ſind. Daß dieſelben beide neben einander im Gebrauche waren, beweiſen die Lanzenſpitzen der Thurier 1052 und 1058. Wir betrachten zunächſt erſtere Art.

**1050** (Taf. LXIV). Buleuterion (Inv. 5301). Länge 0,42. Durchmeſſer der Schaftröhre 25 mm; dieſelbe iſt unten ganz dünnwandig; nach unten gebrochen, doch kann nur wenig fehlen; das Nagelloch befand ſich in dem fehlenden Ende. Schöne Patina.

Ein ſchönes vollſtändiges, doch kleineres Exemplar iſt auch Inv. 10110 (ſüdlich Heraion; Berlin, Dubl.), von 29 cm Länge. Mit 1050 ſtimmen ferner genau überein: das Stück mit der Inſchrift Μεσ̣σ̣ανιος ανεθ????εν (Röhl, inscr. ant. 46). Dann Inv. 5163 (ſüdlich Prytaneion), 28 cm lang. - 11809 (nördlich Prytaneion), 0,165 lang, die Spitze fehlt; in der Schaftröhre noch Reſte des Holzſchaftes der Lanze. — 3655 (nordweſtlich Heraion), 32 cm lang, von weniger ſchöner Arbeit.

Ein beſonders großes Stück dieſes Typus war das folgende:

**1051** (Taf. LXIV). Nördlich der Theſauren (Inv. 13007). Länge 0,28; unterer Durchmeſſer 35 mm. Mit der fehlenden Spitze war das Stück einſt ca. 35 cm lang. Die Arbeit iſt nicht ſo fein wie ſonſt.

**1052** (Taf. LXIV). Nördlich Prytaneion (Inv. 13537). Länge 0,31. Eine Lanzenſpitze deſſelben Typus wie die bisher genannten; nur ein Stück des Schaftes mit ſauberer Kannelur iſt erhalten. Durch den Blätterkelch

---

[1]. Vergl. was Sophus Müller a. a. O. p. 326 anführt. Dazu kommt ein eiſernes Exemplar, deſſen Ring unten von Bronze iſt, im Muſeo etr. zu Florenz, No. 334 (unbekannte Herkunft).

geht ein Knick. Auf drei Seiten der Spitze ist die Weihinschrift der Tarentiner verteilt, welche das Stück von den Thuriern erbeutet hatten: ταυλα αει παρχαν Ταβαντίνοι ανέθεσαν αι Οιούραχη απαστων (Röhl, inscr. ant. 548a). — Es sind noch zwei Lanzenspitzen mit derselben Inschrift gefunden, welche aber etwas verschieden sind; siehe 1058.

Möglicherweise auch aus Olympia stammt eine wohlerhaltene Lanzenspitze dieses Typus, welche in den Kunsthandel kam mit der Angabe «aus der Peloponnes»; dieselbe trägt die Inschrift παρχαν ανέθεσαν Ταρανταῖ in altertümlichen Zügen (Journal of hellenic studies II, 1881, pl. XI; p. 77 ff.; Röhl, inscr. antiqu. 563). Kleine mehr oder weniger vereinzelte Varianten des Schaftansatzes sind folgende:

1053 (Taf. LXIV). An beiden Enden gebrochen. Die Ringe unter dem Blütterkelch sind verdoppelt.

1054 (Taf. LXIV). Westlich Buleuterion (Inv. 12916). Länge 0,21. Unten gebrochen. Der obere Teil des Schaftes unterhalb des Ringes war statt vertikal kanneliert, mit horizontalen Rietein versehen (vergl. den Rundstab von einem Stabdreifuss 844a).

Ebenso ein Exemplar mit der Inschrift Ὀλυναίον Δύς (Röhl, inscr. ant. 565a), das in dem grossen Kessel 809 gefunden ward (Inv. 13561); 0,21 lang. — Ferner Inv. 12600 (nördlich Prytaneion), fragmentiert; 0,16 lang.

1055 (Taf. LXIV). Prytaneion (Inv. 4812). Länge 0,22. Unten gebrochen. Hier ist der obere Teil des Schaftes mit gewundener Kannelierung versehen. — Dass gewundene Kannelur selbst in der grossen Architektur schon sehr früher Zeit angehört, haben bekanntlich die neuen Ausgrabungen auf der Akropolis zu Athen gelehrt.

Eine Variante am Ansatze der Spitze zeigt

1056 (Taf. LXIV). Nördlich Leonidaion (Inv. 11803). Länge 0,12. Nach unten und oben gebrochen. Über dem Blütterkelch sind am Ansatze der Spitze gravierte Linien angebracht; es ist eine Umrandung der Blätter und ein Füllmotiv zwischen denselben.

Zahlreich sind die Stücke, wo nur die pyramidale Spitze ohne den Schaft, oder nur ein kleines Stückchen desselben erhalten ist; der letztere zeigt dann die gewöhnliche Form wie an 1050. So Inv. 12775. 12623. 4802. 7279. 13842. 5346. 12624. 12600. 12538. 5347. 5668. 11718. 6500 (Berlin, Dubl.). 12857 (Berlin, Dubl.; mit der Inkschrift Röhl, inscr. ant. 565b). Nur ein Teil der Spitze ist erhalten bei Inv. 3511. 12539. 12772. 13915. 11853. 11996. 12811.

Die wenigen eisernen vierkantigen Lanzenspitzen gehören ebenfalls hierher. Bei ihnen ist der Ring unterhalb des Blütterkelches von Bronze (ein gutes Exemplar ist inventarisiert, Met. 272, Länge 0,30); vergl. den goldenen Ring an der Bronze-Lanzenspitze des Hektor in der Ilias 6, 319.

Bei der zweiten, ungleich selteneren Art der vierkantigen Lanzenspitzen sind die vier Seiten der Spitze konkav, die Kanten also schärfer, da sie nicht einen rechten, sondern einen spitzen Winkel bilden.

1057 (Taf. LXIV). Nordöstlich gegen das Stadion hin (Inv. 1713). Länge 0,21. Vollständig bis auf die äusserste

Spitze. Der Schaft stimmt ganz mit dem gewöhnlichen Typus 1050 überein.

1058 (Taf. LXIV). Südostbau (Inv. 14064). Länge 0,22. Lanzenspitze der Thurier, von den Tarentinern geweiht, zusammen mit 1052, mit derselben Inschrift wie jene (Röhl, inscr. ant. 548b). — Ganz gleich, also ebenfalls mit konkaven Seiten versehen, ist die dritte der in Olympia gefundenen Lanzenspitzen der Thurier (Inv. 7452; nördlich Prytaneion, Berlin, Dubl.; Länge 0,20).

Ausserdem ist nur noch ein anderes Exemplar mit konkaven Seiten gefunden (Inv. 12617; nördlich Prytaneion, Länge 0,17; Spitze abgebrochen).

Ganz vereinzelt ist ein Stück, das nur dreiseitig ist, doch auch den Blütterkelch am Ansatze, ganz wie der gewöhnliche vierkantige Typus, zeigt:

1059 (Taf. LXIV). Länge circa 15; Durchschnitt daneben. Die Seiten sind flach, nicht konkav.

Endlich ist noch ein von dem besprochenen Typus ganz abweichendes vereinzeltes Stück anzuführen, das einen massiven Schaft zeigt und wahrscheinlich nicht zum Gebrauche bestimmt war, sondern von einer Statue stammt. Es ist viel roher und geringer als das bisherige:

1060 (Taf. LXIV). Ganz massiv. Unten gebrochen. Über dem Ende des abgebrochenen runden Schaftes war ein Ring aus anderem Material herumgelegt, wie man an der Oberfläche des Metalles noch sieht. Darüber ist der Schaft flach abgeschrägt; ebenso die Spitze.

Wir gehen zu den Lanzenschuhen über.

Die zu den alten blattförmigen und die zu den vierseitigen Spitzen gehörigen Schuhe lassen sich durch ihren ganzen Charakter noch sehr deutlich trennen. Wie die blattförmigen Spitzen, so entbehren auch die zugehörigen Schuhe aller sogenannten Profilierungen, aller Übergänge durch symbolische Kunstmotive. Der runde Schaft ist hier ganz einfach in eine Spitze ausgezogen. Da, wo die Spitze anfängt und der Schaft aufhört, pflegt ein flacher Einschnitt zu sein, aber nie wird es versucht, diesen Übergang künstlerisch zu gestalten. Das einzige schmückende Element, das zur Anwendung kommt, sind die Kanneluren oder Abschrägungen, welche dem Schafte öfter gegeben sind.

1061 (Taf. LXIV). Länge circa 0,40. Die untere Spitze ist massiv, der Schaft ist hohl. Derselbe ist hier ganz einfach glatt; er verjüngt sich nach unten, bis er in die Spitze übergeht.

Inv. 12857 ist ein oben und unten gebrochenes Stück dieser Art von 45 cm Länge.

1062 (Taf. LXIV). Südlich Prytaneion (Inv. 5223); in zwei anpassenden Stücken erhalten, von denen das obere hier weggelassen ist. Länge 0,41; oberer Durchmesser 22 mm. Der Schaft ist hier kanneliert.

Inv. 5537 (Pelopion) wie 1062; Länge 0,225. Inv. 3503 (Berlin, Dubl.). Länge 0,21; der Übergang des kannelierten Schaftes in die Spitze ist ganz flach, nicht scharf abgesetzt.

Bei einem Exemplar, an dem die Spitze fehlt, ist der flach kannelierte Schaft nicht gegossen, sondern gehämmert und zusammengebogen; er wird oben durch einen Reif zufammengehalten. Starke Verjüngung zur Spitze, die fehlt.

Ganz einfache Lanzenfchuhe in der Art wie **1061** haben fich auch in Eifen gefunden.

Wie die blattförmigen Lanzenfpitzen meift mit den alten Typen in Italien und weiter nördlich zufammentreffen, fo auch die zugehörigen Lanzenfchuhe. Die in den ahitulifchen Gräbern gewöhnliche Form der letzteren ift fehr ähnlich der befprochenen olympifchen: der ganz flach kannelierte Schaft pflegt hier allmählich in die runde Spitze auszulaufen; fiehe die zu blattförmigen Spitzen gehörigen Schuhe aus Cornetaner Gräbern, Mon. d. Inft. XI, 60, 18; Notiz d. scavi 1882, tav. 12, 3; Mon. d. hift. X, 10, 5 (tomba del guerriero) und einen aus einem Pozzo-Grabfunde von Vulci in Berlin.

Die zu den vierkantigen Spitzen gehörigen Schuhe unterfcheiden fich fofort durch ihre Profilierung von den vorigen. In Eifen konnte ich keine Exemplare konftatieren. Die bei Weitem häufigfte Form ift folgende:

**1063** (Taf. LXIV). Der glatte, nach unten verjüngte Schaft zeigt einen profilierten Übergang zu der Spitze, deffen Sinn offenbar der ift, den Druck zu fymbolieren, welcher durch das Einflemmen der Lanze in die Erde auf den Schaft wirkt. Derfelbe ftaut fich gleichfam, wird herausgeprefst und zieht fich elaflifch wieder zufammen, um dann glatt und ruhig emporzufteigen. So einfach der Typus ift, fo fein ift er empfunden. Nur die unterfte Spitze ift maffiv gegoffen.

Es find circa 26 ziemlich gut erhaltene Exemplare diefes Typus von circa 15—20 cm Länge gefunden worden; auch einige kleinere Exemplare von circa 9 cm Länge und 16 mm oberem Durchmeffer. Zuweilen befindet fich im oberen Teile der Schaftröhre ein durchgehendes Nagelloch zur Befeftigung am Holzfchaft.

Diefem beliebteften Typus kommt keine der anderen Varianten an Schönheit gleich.

**1064** (Taf. LXIV). Nordoflecke Zeustempel (Inv. 8271. Länge 0,15. Oben gebrochen. Die Profilierung an der Stelle zwifchen Spitze und Schaft drückt in derberer Weife die Idee des Herausquellens des zufammengeprefsten Schaftes aus. Oben find zwei Nägel erhalten, welche den Holzfchaft feflhielten.

Ähnlich, doch kleiner find Inv. 12437 und 3976 (Berlin, Dubl.; Länge 12 cm). Ähnlich ift auch

**1065** (Taf. LXIV). Weftfront Zeustempel (Inv. 3007). Länge 0,135. Die unterfte Spitze war knopfartig.

Eine einfachere Variante ift

**1066** (Taf. LXIV). Südweftlich Zeustempel (Inv. 3806). Länge 0,135. Der Schaft wird durch den Druck von unten gleichfam in fich zufammengefchoben oder gerunzelt dargeftellt.

Andere Bildungen gehen darauf aus, die Spitze felbft möglichft felbftändig und widerftandsfähig zu geftalten.

**1067** (Taf. LXIV). Nördlich Prytaneion (Inv. 12736). Länge 0,24. Die Spitze ift dicker und kräftiger als der

Schaft, deffen erhaltener unterer, von zwei Ringen begrenzter Teil kanneliert ift.

Auch an kleineren Stücken läfst fich diefe Richtung beobachten:

**1068** (Taf. LXIV). Buleuterion (Inv. 5207). Länge 0,125. Die Spitze ift dick und fchwer, in ihrem oberen Teile vierkantig wie die Lanzenfpitzen. Der Schaft ift glatt.

Kurze vierkantige Spitzen kommen auch an einigen kleinen Exemplaren vor, wo der Schaft felbft verziert ift:

**1069** (Taf. LXIV). Südlich Palaftra (Inv. 12139). Länge 5 cm. Der Schaft ift durch horizontale Umfchnürungen geziert. Vergl. die Lanzenfpitze 1054. — Ähnlich ift Inv. 7564 (Berlin, Dubl.), Länge 5 cm.

**1070** (Taf. LXIV). Weftfront Zeustempel (Inv. 3007). Länge 0,135. Derfelbe Typus wie **1069**, nur einfacher. — Ähnlich Inv. 6023 (Berlin, Dubl.). Länge 7¼ cm; Inv. 5171 (füdlich Prytaneion).

**1071** (Taf. LXIV). Nordweftecke Zeustempel (Inv. 865). Länge 5 cm. Der Schaft hat gewundene Kannelur; vergl. die Lanzenfpitze **1055**. Die Spitze befteht nur in einem Kopfe. — Ähnlich Inv. 4935.

Schwerlich hierher gehörig ift

**1072** (Taf. LXIV). Oftfront Heraion (Inv. 3354). Ganz kleines, nur 3 cm langes Stück, bei welchem Schaft und Spitze nicht getrennt, vielmehr gemeinfam durch horizontale Riefeln verziert find. — Ähnlich Inv. 3384, 13713. — Diefe kleinen Stücke können natürlich nicht zu wirklichen Lanzen gehört haben; auch ift es zweifelhaft, ob fie überhaupt von Lanzen flammen; fie können die Enden fonftiger kleiner flützender Holzftäbe fein und vielleicht von Geräten herrühren.

Zwei ganz einfache kleine Stücke, die aber wohl von kleinen Lanzen flammen, find

**1073** (Taf. LXIV). Länge ca. 5 cm. Eine Verfeinfachung und Verkleinerung des Haupttypus **1063**.

**1074** (Taf. LXIV). Länge ca. 5 cm. Spitze und Schaft find unvermittelt.

Abweichend und von zweifelhafter Hergehörigkeit ift

**1075** (Taf. LXIV). Südlich Prytaneion (Inv. 5173). Länge 85 mm. In dem Schafte fteckt ausnahmsweife der Reft eines eifernen Stabes, was beweift, dafs das Stück jedenfalls nicht zu einer wirklichen Lanze gehörte. Vielleicht ift es das Ende irgend eines eifernen Stabes von einem Geräte.

Mehrere gleichartige Stücke fanden fich, zufammen mit geringem Gefchirr aus dem 4. Jahrhundert, in einem Grabe zu Falerii (Grab No. 84 im Mufeum der Villa di Papa Giulio zu Rom).

## Pfeilfpitzen.

Es ift eine grofse Anzahl (ca. 150) in der ganzen Altis zertftreut gefunden worden.

Wir beginnen mit der Form, welche dem alten blattförmigen Lanzenfpitzentypus genau entfpricht.

**1076** (Taf. LXIV). Beim 6. Thefauros (Inv. 3151). Der hohle Schaft fetzt fich als flachgerundete Mittelrippe fort. Das Blatt ift nach unten zu am breiteften.

23

Ebenſo ſind Inv. 9467. 2043. 4043. 1634. 5555. 5556. 4916. 12180.

**1077** (Taf. LXIV). Südlich Zeustempel (Inv. 5031). Derſelbe Typus, doch mit dem Zuſatze eines Widerhakens am unteren Teile des Schaftes.

**1078** (Taf. LXIV). Pelopion (Inv. 9121). Ebenſo, doch iſt das Blatt ſchmaler und zierlicher. Die Höhlung des Schaftes mündet nach außen unterhalb der Spitze.

Mit 1077 und 1078 ſtimmen überein Inv. 7212. 7232. 4810. 575. 7924. 9981. 5382. 3317. 7158. 1183. 9434. 4501. 7408. 4967. 1049. 1004.

**1079** (Taf. LXIV). Südlich Palaſtra (Inv. 12411). Die Mittelrippe iſt ſcharfkantig, nicht flach gerundet wie bei den bisherigen Stücken.

**1080** (Taf. LXIV). Öſtlich Heraion (Inv. 3350). Desgleichen; mit Widerhaken. — Ebenſo Inv. 7033.

Die zwei Schneiden ſind nach unten verlängert und laufen in zwei ſcharfe Spitzen aus:

**1081** (Taf. LXIV). Weſtlich Pelopion (Inv. 11631). In zwei Stücke gebrochen.

**1082** (Taf. LXIV). Palaſtra (Inv. 7841). Die Enden der unteren Spitzen abgebrochen.

Von dieſer Gattung ſind nur dieſe zwei Exemplare gefunden worden.

Von dem blattförmigen zweiſchneidigen Typus weſentlich verſchieden iſt der Typus mit drei ſcharfen Schneiden (welchen das homeriſche Beiwort τριγλώχιν veranſchaulicht).

**1083** (Taf. LXIV). Norden (Inv. 1309). Die drei Schneiden verlaufen nach unten allmählich in den hohlen Schaft.

Ebenſo Inv. 3505. 10119.

**1084** (Taf. LXIV). Weſtfront Zeustempel (Inv. 3452). Desgleichen; die Schneiden ſind ſchmaler.

Ebenſo Inv. 3095. 5359. 8607. 12430. 2588. 12229. 13162. 5756. 11500. 9483. 8571. 1245. 3619.

**1085** (Taf. LXIV). Altarfunde ſüdlich Meroon (Inv. 6007). Desgleichen; doch mit Widerhaken am Schafte.

Ebenſo Inv. 9020. 3981. 13186. 9083. 4291. 4339. 3349. 3508. 3171. 5078.

**1086** (Taf. LXIV). Pelopion (Inv. 9558). Die drei Schneiden verlaufen nicht allmählich zum Schaft, ſondern ſetzen mit ſcharfer Spitze unten ab.

Ebenſo Inv. 7113. 13780. 2831. 4273. 1988.

**1087** (Taf. LXIV). Südöſtlich Heraion (Inv. 7057). Derſelbe Typus, doch mit Widerhaken.

**1088** (Taf. LXIV). Südoſtecke Zeustempel (Inv. 3982). Die drei Schneiden verlängern ſich nach unten zu drei ſcharfen Spitzen, die als Widerhaken fungieren (vergl. 1081. 1082). Außerdem noch ein Widerhaken am Schafte.

**1089** (Taf. LXIV). Weſtlich Zeustempel (Inv. 3431). Die unteren Spitzen ſind ſehr langgezogen und ſcharf. Kurzer Schaft ohne Widerhaken.

**1090** (Taf. LXIV). Weſtlich Zeustempel (Inv. 8740). Desgleichen; die Schneiden breiter.

Der Typus 1089. 1090 iſt ſehr häufig. Ihm gehören an Inv. 59. 247. 767. 9410. 11815. 1425. 4347. 4917. 1368. 3126. 5749 12880. 5374. 9355. 7984. 2200. 7703.

9356. — Der Schaft iſt abgebrochen und nur die Spitze erhalten: Inv. 8852. 4458. 3348. 7137.

**1091** (Taf. LXIV). Südlich Philippeion (Inv. 8941). Die Spitze iſt einfach gebildet, glatt, dreiſeitig, pyramidal wie bei der Lanzenſpitze 1059. — Ebenſo Inv. 1543.

**1092** (Taf. LXIV). Nördlich Zeustempel (Inv. 8966). Desgleichen; mit Widerhaken am Schaft.

Weſentlich verſchieden von den bisherigen Typen iſt die folgende Reihe, wo die Spitzen keine hohle Schaftröhre, ſondern einen Stift haben, mit welchem ſie auf den Pfeil geſteckt wurden. Sie ſind durchweg viel größer als die bisherigen Spitzen. Sie ſind zweiſchneidig; die beiden Schneiden ſind nach unten verlängert zu ſcharfen Enden. Unten in der Mitte, da wo der Stift nach unten geht, befindet ſich immer eine Verdickung. Dieſe Reihe iſt ſicherlich ſpäter als die vorige. Für ihre Datierung iſt wichtig, daß Pfeilſpitzen dieſes Typus auf Münzen der Alexanderzeit als Beizeichen erſcheinen (Polyrrhenion auf Kreta, Britiſh Muſeum, catalogue, Creta, pl. 16, 13) und daß ſolche ſich in Gräbern bei Marion auf Cypern, die etwa in den Anfang des 4. Jahrhunderts gehören, gefunden haben.

**1093** (Taf. LXIV). Mit gerundeter Verdickung unten in der Mitte. — Ebenſo Inv. 13625. 12791. 5810. 8465. 3226. 13303. 2808. Mehrere ohne Nummer.

**1094** (Taf. LXIV). Südweſtlich Zeustempel Inv. 7646. Einfacher, plumper. — Vergl. Carapanos, Dodone pl. 58, 17. 18.

**1095** (Taf. LXIV). Nordoſtecke Zeustempel (Inv. 1028. Die Verdickung unten iſt verlängert; auch die unteren Spitzen ſind länger.

Ebenſo Inv. 7008. 6571. 2781. 9608. 652. 8064. 8410. 9769.

**1096** (Taf. LXIV). Die eigentümliche Geſtalt dieſer Spitze wird mit Hülfe des Durchſchnittes deutlicher als ſie ſich beſchreiben läßt. Auf beiden Seiten, aber auf den entgegengeſetzten Hälften der Spitze, iſt eine Rinne angebracht.

Ebenſo Inv. 12593. 5317. 8669. (Berlin, Dubl.).


## Schleudergeſchoſſe.

Es wurden drei Schleuderbleie der gewöhnlichen elliptiſchen Form gefunden, davon zwei ganz glatt ſind (Inv. Met. 291. 298. und eines die Buchſtaben ΦΑ faſbrue auf der einen und einen undeutlichen Blitz in Relief auf der anderen Seite zeigt.

Ferner fand ſich (Inv. Var. 105) ein Geſchoß aus hartem weißem Kreidekalkſtein, ganz von der Form der Schleuderbleie, nur größer als dieſe; der größere Durchmeſſer iſt 7 cm, der kleinere 3½ cm; ſehr ſorgfältig gearbeitet.


## Schwerter und Meſſer.

Unter den Eiſenreſten fand ich Fragmente, welche von Schwertern und Meſſern herrührten, zahlreich, doch in ſolchem Zuſtande, daß ſich ihre urſprüngliche Form nirgends mehr ſicher erkennen ließ. Der bei den ſonſt fo reichen Waffenfunden Olympias auffallende Mangel an Schwertern erklärt sich eben dadurch, daß sie regelmäßig von Eisen waren und nur in unkenntlichem Zustande aufgefunden wurden, weshalb die Reste bei der Ausgrabung unbeachtet blieben und weiterer Zerstörung anheimfielen.

In drei Exemplaren ist noch die folgende Form eines Schwertgriffes erhalten:

**1097** (beistehend). Es war wohl ein Schwert jener in alter Zeit in Griechenland verbreiteten Form, wo der Griff nach unten halbrund nach der Klinge verläuft. Vergl. die kleinen Votivschwerter oben **531. 532**. Sowohl der Griff als die Klinge ist bis auf den vierkantigen Kern herunter zerfallen, wodurch sie jetzt so unkenntlich sind. Durch punktierte Linie giebt unsere Abbildung den vermutlichen Verlauf der Klinge an.

Nur in einem Exemplare ist folgende Griffform erhalten:

**1098** (beistehend). Wohl der von Treu im Tageb. V. S. 314 erwähnte westlich vom Buleuterion gefundene »Dolch«? Auch hier ist die Klinge auf den vierkantigen Kern herab völlig zerfallen. Die kurzen Parierstangen sind erhalten. Vergl. etwa das Schwert aus Potidäa bei Undset, Ethnol. Ztschr. 1890, S. 23. Fig. 42.

Einschneidige eiserne Messerklingen ohne Griff sind mehrfach gefunden worden, und zwar sowohl solche, die leicht aufwärts, als solche, die abwärts gebogen sind. Von letzterer Art ein Beispiel:

**1099** (beistehend). Pelopion (Inv. von 1884. Met. 20). Eiserne Messerklinge.

Nur eine Nachahmung zu Votivzwecken ist die folgende Messerklinge von Bronzeblech.

**1100** (beistehend). Ostfront Zeustempel, tief (Inv. 817). Aufwärts gebogene Messerklinge aus 1 mm starkem Bronzeblech. Nirgends gebrochen. Mit Ausschnitten (das Schraffierte ist ausgeschnitten) und einigen gravierten Linien verziert. — Die Form mit emporgebogener Spitze ist die in der älteren Hallstadt-Kultur an Bronzemessern gewöhnliche (vergl. v. Sacken, Hallst. Taf. 19. 7. 8).

**1097**
(1 : 3)

**1098**
(1 : 3)

**1099**
(1 : 3)

**1100**
(1 : 3)

### 2. Gerät für Athleten und Reiter.

#### Athletisches Gerät.

Es sind mehrere Disken von Bronze gefunden worden. Darunter ist einer mit Inschrift und dem Datum der 255. Olympiade, also aus sehr später Zeit. Derselbe weicht von allen anderen völlig ab. Er ist viel größer als diese (Durchmesser 0,34; Dicke am Rande 5, nach innen circa 14 mm), ist gegossen, sorgfältig kreisrund und mit konzentrischen erhobenen Riefeln verziert. Vergl. die Abbildung Arch. Zeitg. 1880, Heil. zu S. 63.

Die anderen Disken, die wesentlich älteren Zeiten angehören werden, sind nicht gegossen, sondern gehämmert und deshalb von nicht ganz regelmäßiger Kreisform, einmal entschieden elliptisch. Ihre Oberfläche ist auf beiden Seiten rauh und ohne alle Verzierung. Ihr Durchmesser schwankt zwischen 17 und 22 cm. In der Regel, doch nicht immer, ist der Rand dünner gehämmert.

Es sind: Inv. 1289a (westlich Buleuterion), schweres Exemplar von 18 cm Durchmesser und 11—13 mm Dicke am Rande, in der Mitte ein wenig mehr. — 1289b (westlich Buleuterion), Durchmesser 17 cm, Dicke am Rande nur 4, nach der Mitte zu 12 mm. — 2859 (Ostfront Zeustempel), elliptisch, Durchmesser 19 × 22½ cm; am Rande knapp 3 mm dick, nach der Mitte etwas dicker. — 4257 (südwestlich Prytaneion), Fragment, mitten 12, außen 6 mm Dicke; Durchmesser war 22 cm. — Zwei Exemplare unter den Dubletten in Berlin, davon das eine (Inv. 2286, tief zwischen den Fundamentringen des Philippeions gefunden) 20½ cm Durchmesser und 4 mm Dicke am Rande, in der Mitte etwas mehr hat; das Gewicht beträgt 1,353 kg; da drei kleinere Stücke am Rande sch-

23*

len, fo war das volle Gewicht etwas mehr. Das andere Exemplar hat 27½ cm Durchmeffer und eine Dicke von 9—10 mm, die am Rande wie in der Mitte ziemlich gleich ist; das Gewicht beträgt 2,023 kg.[1])

Eine kleine runde Bronzefcheibe in der Art der Disken, auf beiden Seiten rauh, 5½ cm im Durchmeffer, 3 mm dick, ist vielleicht eine zu Votivzwecken gemachte Nachbildung, während die erftgenannten gewiß wirkliche Disken find und in der Größe den auf den Bildwerken dargestellten entfprechen.

Pouqueville, voy. dans la Grèce IV p. 301 erwähnt einen Diskos von Olympia und befchreibt ihn fo, wie die wirklich erhaltenen find (in der Mitte dicker als am Rande); er foll die Infchrift νίλος getragen haben (?).

1101 (beiftehend). Nordweftecke Heraions (Inv. Var. 74), ein vollständig erhaltenes Sprunggewicht (ἀλτήρ) von hartem grünlichem Steine, nach Böcking's Beftimmung

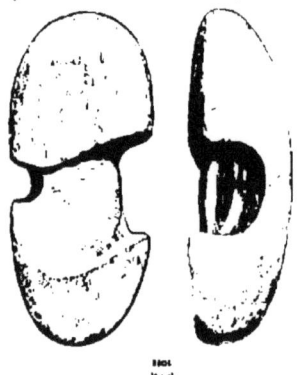

1101
¼ d

wahrfcheinlich Diorit, vielleicht vom Taygetos. Gewicht 4,629 kg. Es ift für die rechte Hand beftimmt. Die Anficht links zeigt die flache Oberfeite mit der Einarbeitung für die Hand. In die fchmälere Vertiefung links griff der Daumen, während die breitere rechts für die übrigen Finger beftimmt war. Letztere ift in der Anficht rechts befonders deutlich. Die flache Vertiefung, welche diefe beiden tiefen Einarbeitungen verbindet, nahm die untere Handfläche auf. Die Einrichtung ift für ein zugleich bequemes und feftes Zufaffen äußerft paffend. Die Unterfeite des Gewichtes ift einfach flach gerundet. Die Oberfläche des Steines ift nicht glatt poliert, fondern rauh gelaffen. — Abguß in Berlin.

Das Fragment des Mittelftücks eines Sprunggewichtes deffelben Typus, auch aus grünlichem Steine, der von Böcking als wahrfcheinlich Gneisfchiefer bezeichnet wurde, fand fich in der Südoftecke des Pelopions; es gehörte einem etwas kleineren Exemplare an. Auf der gerun-

———

[1] Das Gewicht des wohlerhaltenen Bronzediskus mit gravierter Zeichnung aus Ägina in Berlin beträgt 1,984 kg, das eines Diskus von Blei ebenda 1,721 kg.

deten Unterfeite fteht in altertümlichen Zügen die vollftändige) Infchrift, Röhl, infcr. ant. 360 k. u.w.

Ein Paar von Sprunggewichten eben diefes Typus fand fich in Korinth jetzt im Mufeum der archäologifchen Gefellfchaft zu Athen); fie find kleiner als 1101, etwa dem Fragmente mit der Infchrift gleich; das Gewicht jedes der beiden Stücke beträgt 2,018 kg (f. Ἐφημ. ἀζγ. 1883, p. 103 ff.). Mit Recht bemerkt Philios a. a. O., daß der hier vorliegende Typus der Sprunggewichte offenbar derfelbe ift, der bei Paufanias in den Händen der Statue des Agon aus dem Weihgefchenke des Mikythos befchrieben wird Pauf. 5, 26, 3).

Von anderer Geftalt, ungefähr in Form unferer Hanteln, nur daß die Enden nicht beide rund find, fondern das vordere unten gerade abgefchnitten ift, waren die in Athen gebräuchlichen Sprunggewichte, welche die Vafenbilder fo häufig zeigen. Ein aus Athen ftammendes Paar befitzt das Mufeum in Kopenhagen in wohlerhaltenem Originale; es befteht aus Blei; jedes der Gewichte ift geftempelt. Die Form ftimmt genau mit der auf den attifchen Vafen abgebildeten überein. Daß indeffen auch in Athen jene andere Form nicht ganz unbekannt war, lehrt eine große attifche Vafe (a colonnette) des ftrengen rotfigurigen Stiles aus Falerii Rom, Mufeo Papa Giulio), wo ein Athlet ein Sprunggewicht des olympifchen Typus trägt, während ein anderer daneben mit zweien der gewöhnlichen attifchen Art fpringt.

Es find ferner einige fragmentierte Striegeln von Bronze gefunden worden, die dem gewöhnlichen Typus angehören und nichts Befonderes bieten.

Sie tragen weder Stempel noch fonftige Verzierungen (fo Inv. 370, öftlich Zeustempel; 4726 Prytaneion). Das einzig Bemerkenswerte ift, daß auf den Griffen einiger Exemplare die punktierte Infchrift Διὸς Ὀλυμπίω in Zügen des 3. bis 2. Jahrhunderts v. Chr. fteht. So:

1101a Taf. LXV). Südweften Inv. 3789); Berlin, Dubl). Strigilis; der Hauptteil etwas befchädigt; der Griff ift vollftändig erhalten; nur ift der umgebogene Teil verbogen und das Ende, welches mit einem eifernen Stiftchen an die gewölbte Fläche des Schabeifens befeftigt war, hat fich getrennt. Auf der Oberfeite des Griffes die Infchrift.

Ein Fragment eines Griffes mit der Infchrift TV (Röhl, infcr. ant. 577a) ift das einzige, das ficher älterer Zeit angehört.

## Sporen.

Diefe find in zwei Typen gefunden worden:

1102 Taf. LXV). Weftlich Buleuterion (Inv. 12003). Das linke Ende fehlt. Das erhaltene, etwas auswärts gebogene Ende zeigt eine knopfartige Scheibe, in welche der Riemen eingeknöpft wurde (»Knopffporen«).

1103 (Taf. LXV). Weftlich Pelopion (Inv. 10450). Die Enden haben rechteckige Löcher, um den Riemen durchzuziehen (»Ofenfporn«). — Sehr ähnlich Carapanos, Dodone pl. 52, 2.

Mit 1103 ftimmen überein Inv. 11691. 5574.

1104 (Taf. LXV). Südlich Paläftra Inv. 11876). Desgleichen. Der Bügel hat erhöhte runde Mittelrippe. — Derfelbe Typus Carapanos, Dodone pl. 52, 3. 4. Vergl. auch Lindenfchmit, Altert. II, 1, 7, 3. 4.

Mit 1104 ſtimmen überein Inv. 10454. 13809. Rom.
7229. 5275 (Berlin, Dubl.).
Die Sporen waren wohl ſchwerlich als Weihgeſchenke
geſtiftet, ſondern aus wirklichem Gebrauch verloren und
werden der römiſchen Zeit angehören. Vergl. die ſorg-
fältige Arbeit über die antiken Sporen von Olshauſen,
Ethnol. Zeitſchr. 1890, Verh. S. (184 ff.), wo die olympiſchen
Typen S. (204) erwähnt werden.

### 3. Toiletten-, Schmuck- und Hausgerät.

#### Spiegel

Es ſind nur wenige Spiegel von Bronze gefunden
worden.

Inv. 3841 (im Südweſten gefunden) iſt ein kreisrunder Spiegel des gewöhnlichen griechiſchen Typus
der beſten Zeit; die Spiegelſeite iſt glatt poliert, nach
der Rückſeite iſt der Rand ein wenig umgebogen; die
Fläche der Rückſeite iſt mit konzentriſchen erhobenen
Ringen verziert. Der Griff, der einſt angelötet war,
fehlt. Durchmeſſer 0,126. Schöne Patina.
Glatte unverzierte Rückſeite zeigen die Spiegel Inv.
3656 (nordweſtlich Heraion), 8 cm Durchmeſſer. —
12761 (weſtlich Buleuterion), fragmentiert, der Durchmeſſer war 13—14 cm. — 13146 (im großen Gymnaſium),
8 cm Durchmeſſer. — 12921 (weſtlich Buleuterion).
Zwei Stücke, die man für Spiegel halten möchte,
haben ein antik ſcheinendes Loch in der Mitte, das zu
jener Annahme nicht paſſt. Inv. 13660, Rückſeite mit
erhobenen Ringen, Durchmeſſer war circa 8 cm. —
10293 (ſüdweſtlich Pelopion), dünnes Blech, beiderſeits
vergoldet, Durchmeſſer 6 cm.

#### Haarzwicken (Pincetten).

Die der alten Zeit haben wir ſchon oben (S. 68) behandelt. Hier folgen die aus der ſpäteren, und zwar
wohl erſt römiſchen Zeit. Sie ſind ſchwerlich Weihgeſchenke wie jene, ſondern aus dem Gebrauche verloren;
ſie fanden ſich auch nicht an den Altarplätzen der Altis,
ſondern meiſt außerhalb der letzteren.
1105 (Taf. LXV). Südlich Paläſtra (Inv. 11046).
Der Oberteil iſt dünner als der untere und von letzterem
deutlich abgeſetzt. Oben keine ſchleifenförmige Erweiterung wie bei den ſicher älteren Typen 493 ff.,
ſondern einfache Umbiegung.
Ebenſo Inv. 11068. 13716. — Eine Variante iſt:
1106 (Taf. LXV). Nördlich Prytaneion (Inv. 12464).
Der dünnere obere Teil, der hier ſehr lang iſt, er-
breitert ſich zugleich nach oben bis zu 21 mm Breite.
1107 (Taf. LXV). Im Südweſten gefunden (Inv.
6314). Der Typus wie 1105; der dünnere obere Teil
vom unteren abgeſetzt. Oben ein profilierter Aufſatz.
— Ähnlich Inv. 3425, Berlin, Dubl.
1108 (Taf. LXV). Paläſtra, obere Schicht (Inv. 2571).
Oberer Aufſatz einer großen Pincette.

#### Ohrlöffelchen.

Dieſe nur den ſpäteren römiſchen Zeiten angehörigen
Geräte haben ſich in großer Zahl — es ſind circa 125
Stück — gefunden; nicht an den tiefen Altarplätzen der

Altis, ſondern nur in den höheren Schichten, und zwar
beſonders außerhalb der eigentlichen Altis, in den
Wohnſtätten der römiſchen Zeit. Mehrere unverzierte
Exemplare fanden ſich in den Gräbern der byzantiniſchen
Periode und beweiſen, daß ihr Gebrauch ſich noch in
dieſer erhielt. Sie waren ſicherlich nicht Weihgeſchenke,
ſondern hatten dem Gebrauche gedient.
Sie ſind 12—15 cm (meiſt näher an 15 als an 12)
lang und unten immer ganz ſpitz wie eine Nadel. —
Die ſeltenere Art iſt die, wo der obere verzierte Teil
vierkantig iſt:
1109 (Taf. LXV). Römiſche Thermen nördlich Prytaneion (Inv. 207). Das Ornament iſt hier — und dies iſt
das gewöhnliche — nur auf drei Seiten graviert, indem
die Innenſeite, die der Löffelhöhlung, unverziert bleibt.
1110 (Taf. LXV). Nordweſtlich Leonidaion (Inv. 13198).
Ausnahmsweiſe ſind alle vier Seiten graviert. — Ebenſo
Inv. 7069.
Die gewöhnliche Art iſt diejenige, wo der Stiel bis
oben hin rund iſt.
Es giebt ſolche, die aller Verzierung entbehren und
ganz glatt ſind. Weitaus die Mehrzahl aber iſt am
oberen Teile mit einem einfachen Wulſtprofile verſehen.
Meiſt iſt die Rückſeite mit gravierten Linien verziert.
Vertreter dieſes gewöhnlichſten Typus ſind
1111 (Taf. LXV). Öſtlich byzantiniſcher Kirche (Inv.
11756).
1112 (Taf. LXV). Römiſcher Südoſtbau (Inv. 13675).
Seltener wird das Wulſtprofil zwei oder dreimal
wiederholt:
1113 (Taf. LXV). Im Südweſten außerhalb der Altis
(Inv. 6315). Ausnahmsweiſe an allen Seiten rings herum
graviert.
Auch aus Knochen fanden ſich einige einfache Ohrlöffelchen (eines derart in der oberſten byzantiniſchen
Schicht, f. Tageb. V, S. 5).
Ohrlöffelchen aus Bronze von der Art der olympiſchen finden ſich bekanntlich auch anderwärts vielfach;
ſie werden zuweilen für Schreibgriffel erklärt (ſo auch
bei Friederichs, kl. Kunſt S. 134 f., wo No. 553 ff. Ohrlöffelchen eben dieſes Typus ſind), was ſie aber gewiß nicht
waren.

#### Anderes Kleingerät der Spätzeit.

Für die folgenden Geräte gilt daſſelbe, was eben
bei den Ohrlöffelchen bemerkt ward; ſie ſind nicht
Weihgeſchenke, ſondern waren in Gebrauch geweſen,
als ſie verloren wurden, und ſtammen zumeiſt aus der
bewohnten Peripherie der Altis. Sie werden zum Teil
bis in die chriſtliche Zeit hereinreichen.
Sogenannte Sonden, d. h. ganz ſchmale längliche Löffelchen mit einem runden Kolben am Ende
des Stieles. Sie dienten wohl ebenſo mediziniſchen als
Toilettezwecken, nämlich für Salben und Pflaſter. Die
olympiſchen Exemplare ſtimmen mit denen anderer
Funde römiſcher Zeit, wie den am Rhein gemachten,[1]
durchaus überein.

---

[1] Vergl. z. B. das ſilberne Exemplar, das mit einem
Arzneikäſtchen gefunden wurde, Friederichs, kl. Kunſt 1216.

1114 (Taf. LXV). Im Leonidaion (Inv. 12640). In der Mitte einfach profiliert.

Gleicher Art sind Inv. 7809. 13243. 13340. 12272. 12960.

Eine Ausnahme ist

1115 (Taf. LXV). Östlich der Osthalle des grofsen Gymnasiums (Inv. 12288). Am einen Ende ein kleines Löffelchen wie an den Ohrlöffeln. — Ein gleiches Exemplar fand sich beim Bassin im Haufe des Nero.

Sogenannte Spateln. Auch diese sind Geräte für Salben und Pflaster. Die Typen sind ebenfalls aus anderen Funden römischer Zeit bekannt.

Das eine Ende ist lanzettförmig; Inv. 1441, ganz schmale kleine Lanzette am einen Ende, das andere gebrochen.

1116 (Taf. LXV). Pelopion (Inv. 740). Die Lanzette etwas breiter, unten vollständig, einfaches Ende ohne Kolben.

1117 (Taf. LXV). Breitere Lanzette; unten Kolben. Der obere Teil ganz dünn.

Der gewöhnliche Typus ist indefs der, wo die Lanzette ausgeschweift und das untere Ende als Kolben gestaltet ist.

1118 Taf. LXV. Nördlich vom Prytaneion (Inv. 12572). — Es sind mehrere gleiche Exemplare gefunden. — Diese Geräte fanden sich z. B. auch in den Gräbern von Myrina (Museum zu Conftantinopel; vergl. Pottier et Reinach, necr. de Myrina p. 579, No. 476 ff.) und in denen von Theben (Berlin).

Seltenere Typen sind:

1119 (Taf. LXV). Sehr langgezogene Lanzette.

1120 (Taf. LXV). Vom Südoften (Inv. 4331). Das Ende ist nicht spitzbogig, sondern meißelartig gerade abgeschnitten.

Vereinzelt und von fraglicher Bedeutung ist

1121 (Taf. LXV). Beim Philippeion (Inv. 2588). Ein Knöpfchen am lanzettförmigen Ende. Zwei Seiten des kantigen Stieles sind graviert. Unten gebrochen.

Vereinzelt ist auch

1122 (Taf. LXV). Südlich Heraion (Inv. 9478). Das untere Ende kolbenförmig, das obere stumpf, doch vollständig erhalten.

Schreibgriffel. Die folgenden, an der einen Seite spitzen, an der anderen meißelförmigen kleinen Geräte waren ziemlich sicher Stifte zum Schreiben auf Wachstafeln. Sie gehören der römischen Zeit an. Gleiche Exemplare f. Friederichs, kl. Kunst 548–552 a. Viele in Rom (im Konfervatorenpalaft). Der Typus ist indefs schon in der guten griechischen Zeit üblich gewesen, wie die Vafe bei Stephani, Schlangenfütterung Taf. 3 lehrt.

1123 (Taf. LXV). Südweftlich Metroon (Inv. 6839). Unten spitz, oben meißelförmig mit profiliertem Übergang in den Stiel.

Der Typus 1123 kommt auch in Knochen vor.

1124 (Taf. LXV). Im Südweften, aufserhalb der Altis (Inv. 3770). Ausnahmsweife ringsum verziert. Unten Spitze, oben Meißel.

1125 Taf. LXV. Nordweftlich Leonidaion (Inv. 13233). Ungewöhnlich grofses derbes Exemplar.

Inv. 12239 (füdlich Palaftra) unten Spitze, oben Meißel; der Stiel besteht aus zwei ineinandergeflochtenen Drähten; Länge 9½ cm; verbogen.

Abweichend ist Inv. 7561, oben meißelförmig, unten nicht spitz, sondern kolbenförmig wie an 1118 ff. Im Kolben der Reft eines eifernen Stiftchens. An anderen gleichen Exemplaren ist nur das Stiftloch erhalten. War hier ein eiferner Stift zum Schreiben eingefetzt, den man wenn er verbraucht war, erneuern konnte?

1125a (Taf. LXV). Gymnasium (Inv. 11791). Vielleicht Knopf eines Griffels. Das Ende ist gleichartig wie das den schönen Griffel von Orvieto krönende, Arch. Ztg. 1877, Taf. 11, 4. Wohl gut griechischer Zeit.

Auch cylindrische Blechbüchschen, wie sie zum Aufbewahren der eben aufgeführten Kleingeräte dienten, haben sich, wenigftens fragmentiert, gefunden (Inv. 12035; 1 cm Durchmesser, 6 cm lang erhalten; ferner 12790. 13737).

Löffelchen. Kleine Löffel mit unten spitzem Stiel, der wohl in einem Holz- oder Knochengriffe fteckte, kommen in zwei Arten vor.

Entweder ist der Löffel länglich:

1126 (Taf. LXV). Grofses Gymnasium (Inv. 11731). — Ebenso Inv. 8483.

Oder der Löffel ist kreisrund: Inv. 13061 (0,12 lang). 12090. 11054. 4575. 14070.

Ebensolche kreisrunde Löffelchen fanden sich auch in Knochen. Seltener sind ganz schmale Löffelchen aus Knochen:

1127 (Taf. LXV). Nordöftlich byzantinischer Kirche (Inv. Var. 103). Unten gebrochen.

Alle diese Löffelchen werden nicht zum Essen, sondern für Arzneien oder für Toilette, und zwar für Pulver u. dergl. gedient haben. Sie ftimmen wieder ganz überein mit den anderwärts aus römischen Funden bekannten.

Nähnadeln fanden sich mehrfach in Bronze wie in Knochen.

1128 (Taf. LXV). Südlich Philippeion (Inv. 9259). Nadel von Bronze, mit einem Öhr. Unten gebrochen. — Ebenso Inv. 7438. 8871. 13304. u. a. Kleiner Inv. 11600 (11 cm lang, dünn). 8033 u. a. Dieser Typus ist auch in Knochen häufig.

1129 (Taf. LXV). Öftlich byzantinischer Kirche (Inv. 13273). Nadel von Bronze, mit zwei Öhren. — Ebenso Inv. 13292.

Nadeln zum Netzeftricken fanden sich aus Bronze öfter:

1130 (Taf. LXV). Öftlich Palaftra (Inv. 7331). — Ebenso Inv. 12742 (nördlich Prytaneion; Länge 23 cm); 7440 (nördlich Prytaneion; Länge 14 cm); 1843. 13608. — Nur aus Blech zufammengebogen Inv. 12264. Sehr klein und fein Inv. 13301 (nördlich Leonidaion), 5½ cm lang; das eine Fähle fehlt.

Derfelbe Typus in Funden von Italien (z. B. in Falerii in einem Grabe mit Objekten des 5. Jahrhunderts, Rom, museo Papa Giulio, Grab 70), von Cypern (Cesnola-Stern Taf. 10), aus römischer Zeit vom Rhein (Friederichs, kl. Kunst 1213 ff.) u. a. Orten. Der Typus ist auch heute noch im Süden üblich.

## Haarnadeln.

Die Typen der alten Zeit haben wir fchon oben
kennen gelernt (S. 66 ff.).

**1131** (Taf. LXV). Stadionwall (Inv. 8851; Berlin,
Dubl.). Ende einer Nadel mit profiliertem Knopf,
welcher durch die kleine blütenartige Spitze an einen
Granatapfel erinnert. — Ein anderes ebenfolches
Stück (im Magazin) ist durch die Technik inter-
effant: Die Nadel war von Eifen, der Knopf
von Bronze; in die Blütenfpitze oben ist ein
Punkt von weißer Maße (Glas?) eingelegt. —
Inv. 5282 (Often). — Der Typus wird wohl
noch relativ älterer Zeit angehören.

**1132** (Taf. LXV). Südlich Heraion (Inv. 9771).
Nadel, oben von einem flüchtigen rohen Tier-
kopfe (Löwe?) bekrönt. Vielleicht alt.

**1133** (Taf. LXV). Wellen (Inv. 3284). Nadel
mit verbogener Spitze. Nach oben hübfch profiliert, in der Weife der fpäteren griechifchen
Zeit. — Ebenfo Inv. 7333, kleiner und feiner.

Von zweifelhafter Bedeutung ist

**1134** (Taf. LXV). Südwestecke Zeustempel
(Inv. 2932). Vollständig erhaltenes profiliertes
Stäbchen. Kann doch nur dem Schmucke gedient haben, da eine andere, praktifche Bestimmung nicht erfichtlich ist.

Auch aus Knochen find etliche einfache
Haarnadeln gefunden worden, auch eine mit
einem Knopfe, der flammen- oder thyrfosartig
ausficht (Inv. Var. 174).

Über Haarnadeln der byzantinifchen Epoche
f. unten.

Eine fehr einfache Art von Nadeln, deren
Beftimmung ich nicht anzugeben weiß, ist an
beiden Enden fpitz, in der Mitte dicker und
ohne jeden Schmuck, ohne alle Profilierung.
Sie find 10—19 cm lang. Vielleicht find es
Werkzeuge.

**1135** (beftehend). Nördlich Prytaneion (Inv.
12817). In der Mitte viereckig. — Ebenfo lang,
doch dünner Inv. 12714. 12835. 8284. Fragmentiert 12847. 1260. Kleiner 12607. 787. 13805.

Eine an beiden Enden fpitze Nadel ward
in einem Grabe zu Mykenä gefunden (Έφημ.
άρχ. 1888, S. 153 unten).

## Gewandfpangen.

Die Fibeltypen der alten Zeit f. oben S. 51 ff.

Wir befprechen hier die relativ wenigen fpäteren
Typen, die fich in Olympia fanden, von der Periode
an, wo man die Nadelfpirale nach beiden Seiten herum-
bog (Fibeln mit zweifeitiger Spirale). Die älteren Typen
diefer Art (eine Ausnahme ift das vereinzelte oben 370
behandelte Stück), insbefondere die Fibeln der fogen-
nannten La Tène-Gruppe, fehlen in Olympia.

**1136** (Taf. LXV). Nördlich Prytaneion (Inv. 7091 c).
Verbogen; Spitze der Nadel fehlt. Der Bügel ift ein

unverzierter Blechftreif, der in die Nadelfpirale ausgeht,
welche erft nach rechts, dann nach links gebogen ift;
die Sehne liegt unten am Bügel feft an.

**1137** (Taf. LXV). Südwestlich Zeustempel, in oberer
Schicht (Inv. 3749). Der Bügel hat unten an der Stelle,
wo er in die Nadel übergeht, einen Haken, welcher
dazu dient, die Sehne der nach beiden Seiten gebogenen
Nadelfpirale aufzunehmen und feftzuhaken.

Diefer wie die folgenden Typen gehören der Kaiferzeit an.

**1138** (Taf. LXVI). Bei der Paionios-Nike, obere
Schicht (Inv. 439). Derfelbe Typus, ebenfalls mit Haken
für die Sehne. Nur der Bügel und der Fuß find etwas
anders geftaltet.

Die folgenden Typen find nicht mehr wie die bisherigen aus einem Stück, fondern die Nadel ift befonders eingefetzt.

Die Nadel ift mit einem eifernen Stiftchen in einem
Scharnier befeftigt bei den folgenden vier Exemplaren,
welche Varianten eines weitverbreiteten Typus der
augufteifchen Zeit find (vergl. über denfelben Tifchler
in A. B. Meyer's Gurina S. 29 f.).

**1139** (Taf. LXV). Nördlich vom Südweftbau (Inv.
10848; Berlin, Dubl.). Exemplar mit hoher Fußplatte.

**1140** (Taf. LXV). Nördlich Prytaneion (Inv. 13116).
Niedere Fußplatte mit Knopf am Ende. Der Bügel
gleichmäßig, ziemlich fchmal, mit Längsrippen.

**1141** (Taf. LXV). Mit etwas breiterem Bügel; Fuß
fragmentiert.

**1142** (Taf. LXV). Mit breitem Bügel, der mit Würfelaugen, Längsrippen und zwei Diagonallinien verziert ift.

Diefe Fibeln wurden in den oberen Schichten häufig
gefunden; es gehören hierher noch: Inv. 3498. 12862.
12519. 13025. 11914. Der Bügel ift einfach glatt, ohne
jeden Schmuck: Inv. 13122. 13993. 5118.

Bei folgenden Fibeln ift die Nadel durch einen
Bronzeftift mit dem Bügelende verbunden; ihre beiden
verlängerten Enden bilden eine Zunge.

**1143** (Taf. LXV). Palästra (gefunden 1884, Inv. 38).
Zangenfibel mit großer Fußplatte, deren oberer Rand
verlängert und aufgebogen ift. — Inv. 9630 (füdlich Heraion) fragmentiertes Exemplar.

Vergl. zu diefem, noch vorrömifcher Zeit angehörigen Typus Notiz. d. scavi 1883, Tav. 17, 15 (Efte).
Fröhner, bronzes ant. de la coll. Gréau, p. 104, No. 521.
Montelius, Italie, pl. 13. 192 (Marzabotto). Der Typus
kam auch in Suefula vor (Samml. Spinelli bei Cancello),
wohl in den fpäteren, doch immer vorrömifchen Gräbern.
Schönes Exemplar in Wien (Inv. No. 9030), unbekannten Fundorts; andere in Neapel (Inv. 77160), im Mufeo
naz. zu Rom u. a.

Eine Armbruftfibel mit nach unten umgefchlagenem
Fuße ift:

**1144** (Taf. LXV). Palästra (Inv. 3450). Der Fuß ift
nach unten umgefchlagen und fein in Draht auslaufendes

---

[1] Die hier S. 30 erwähnte lateinifche Infchrift eines
Exemplares von Marzabotto heißt AVGISSA und fteht auch
auf einem ganz gleichen wohlerhaltenen Exemplare in Berlin
Friederichs, kl. Kunft No. 263 und vielen anderen Repliken.

Ende ist nach oben um den Bügel gewickelt. Durch das Loch am Ende des Bügels ging die Axe der nach beiden Seiten aufgerollten Spiralfeder, deren Sehne an der Unterseite des Bügels anlag. Der Bügel ist oben mit Tremolierstich und Würfelaugen geziert, ein Zeugnis für das späte Wiederauftreten dieser alten Verzierungsweise. — Über diesen Typus verdanke ich eingehende briefliche Belehrung Hrn. Dr. Tischler in Königsberg i. Pr. Derselbe setzt, auf Beobachtung zahlreicher Funde gestützt, das Auftreten des Typus ins dritte Jahrhundert n. Chr. und bemerkt über die Verbreitung desselben: »Der eigentliche Wohnsitz dieser Fibeln scheint im Südosten zu sein (ein Exemplar aus Dodona, f. Carapanos pl. 51, 8; viele aus Kroatien und Ungarn), von wo sie sich durch Schlesien und Posen nach Ostpreußen hinaufziehen, wo sie massenhaft gefunden sind; schon in Nordwestdeutschland sind sie seltener; nur wenige sind vom Rhein und Süddeutschland bekannt.« — Vergl. unten 1355.

**1145** (Taf. LXV). Südostbau (Inv. 6061). Armbrustfibel mit festem, gegossenem Querbalken; die Nadel ist unten eingeklemmt. — Im Gebiete des römischen Reiches weitverbreiteter Typus der Spätzeit, namentlich des 4. Jahrhunderts n. Chr. (vergl. Tischler in A. B. Meyers Gurina S. 33 ff. »Armbrust — Scharnierfibel mit Zwiebelknöpfen«).

Noch spätere Typen f. im Abschnitt »Byzantinisches«.

### Schnallen.

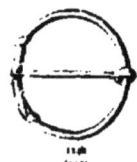

**1146** (beistehend). Im Südwesten, außerhalb der Altis (Inv. 7017). Sehr einfacher Typus; aus Draht zusammengebogener Ring mit beweglicher Nadel.

**1147** (beistehend). Nördlich Leonidaion (Inv. 13287). Gegossener kannelierter Ring mit beweglicher Nadel, deren Spitze abgebrochen ist.
Gleiche Ringe ohne die Nadel Inv. 5984. 8241.
Ähnlich Inv. 4083. 4144.

Der Ring mit der beweglichen Nadel ist nicht rund, sondern länglich bei Inv. 7331; geschweift länglich bei Inv. 6317.

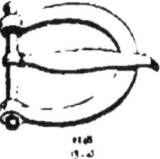

1147
(1. 2)

1148
(1. 2)

**1148** (beistehend). Westlich Pelopion (Inv. 11512). Die bewegliche Nadel sitzt an einem Bügel, der eingezapft ist. — Ebenso Inv. 5758. Fragmentiert Inv. 366. 13410. Rechteckig Inv. 12557. — Dieser Typus wird wohl später sein als die einfachere 1146. 1147.

Wohl von verzierten Schnallen der Spätzeit rühren folgende Stücke her:

**1149** (Taf. LXV). Nordwestlich Heraion (Inv. 3640). Ausgeschnittenes Blech. — Ähnlich Inv. 4472. — Eine sehr ähnliche römische Schnalle f. bei Lindenschmit, Altert. II, 6, Taf. 5, 2.

**1150** (Taf. LXV). Stadion (Inv. 3660). Ausgeschnittenes Blech mit eingeschlagenen Würfelaugen, vielleicht der byzantinischen Periode angehörig.

### Gürtelhaken und Ähnliches.

**1151** (Taf. LXVI). Südlich Heraion (Inv. 10273). Großer Gürtelhaken mit drei Krallen, deren eine abgebrochen. Auf zweien der runden knopfartigen Verzierungen (den beiden rechts) ist noch aufgelegtes geripptes Goldblech erhalten. Der Haken war mit vier Stiften an den Gürtel befestigt. Er mag noch guter Zeit angehören.

**1152** (Taf. LXVI). Prytaneion (Inv. 4289). Blech mit Zellen zur Füllung mit Em: il, welches herausgefallen sein wird. Der 5 mm breite Rand ist vergoldet; mit der einstigen Emailfüllung war es einst ein glänzendes Stück. Die Rückseite ist glatt. An drei Seiten war es angestiftet, ein Zapfen steckt noch in einer der drei runden Ösen. An der vierten Seite setzte etwas Anderes an. — Vielleicht von einem Gürtelschmuck. Jedenfalls aus der Spätzeit, wohl byzantinisch.

Wir schließen hier eine broschenartige Verzierung an:
**1153. 1154** (Taf. LXV). Östlich Zeustempel Inv. 13874). Ausgezacktes gegossenes Rund, auf der Rückseite (1154) mit zwei Querbalken zum Befestigen, wohl durch Aufnähen auf ein Gewand. — Dies Stück gehört indes wohl noch der alten Zeit und zwar dem europäischgriechischen Stile an. Zu dem ausgezackten Rande vergl. oben 933.

### Ohrringe.

Die folgenden Typen gehören alle guter griechischer Zeit an und werden Weihgeschenke gewesen sein.

**1155** (Taf. LXVI). Nördlich Prytaneion (Inv. 6139). Oben ist ein kleiner, wahrscheinlich mit einer Scheibe verziert gewesener Haken zu ergänzen, mit welchem der Schmuck ins Ohr gehängt wurde. Der hier in sehr einfacher Gestalt vorliegende Typus ist ein altgriechischer. Reiche verzierte Beispiele archaischer Kunst von Gold habe ich Arch. Zig. 1884, Taf. 9, 9. 10 veröffentlicht und S. 110 einige andere zitiert. Einfachere aus Silber und Bronze, 1155 ähnlich, kommen öfter in Griechenland vor; die Knöpfe auf den emporgebogenen Enden, die an 1155 besonders einfach sind, pflegen dachförmig gestaltet zu sein; Exemplare derart aus Silber, von Megara stammend, notierte ich im athenischen Kunsthandel; aus Bronze eins im Museum der archäologischen Gesellschaft zu Athen (741).

Inv. 8880 (westlich Echohalle) derselbe Typus wie 1155, die Knöpfe einfach dachförmig; das Ganze verbogen.

Auch ein Exemplar ähnlich den goldenen von Kamiros bei Salzmann pl. 1 ward gefunden; es ist jedoch nur 22 mm hoch (nordöstlich Zeustempel; Tagebuch 28. Febr. 1878).

1156 (Taf. LXVI). Dicker gegossener Ring mit auseinandergebogenen Enden, welche mit runden Knöpfen geziert sind.

Dieser Typus ist ziemlich häufig; der größte Durchmesser der Ringe ist il 2 cm im Lichten, der kleinste 1½ cm. Inv. 1958. 1328. 8534. 7303. 13828. 1474. 11652. 14034. 1524. 4922. 4599. 13455. 12307. 761 (klein). Eins Berlin, Dubl. Ich möchte in diesen Ringen Ohrschmuck vermuten; sie mußten natürlich mittelst eines Hakens eingehängt werden. Ganz entsprechende sichere Ohrringe anderer Fundorte weiß ich aber nicht anzugeben.

Sichere Ohrgehänge sind dagegen die folgenden Typen. Sie sind von der Art, wie sie an weiblichen Köpfen auf Münzen von circa 500 v. Chr. an besonders häufig abgebildet erscheinen. Wie eine weibliche Marmorstatue der Akropolis zeigt (die des älteren archaischen Stils mit dem Granatapfel auf der Linken), waren sie schon um Mitte des 6. Jahrhunderts üblich. Nach dem Zeugnis der Gemme des Aspasios trug die Parthenos des Phidias Ohrgehänge dieses Typus. Im Kunsthandel zu Athen sah ich zahlreiche Exemplare von Silber.[1]

1157 (Taf. LXVI). Osten der Altis (Inv. 5520). Oben eine viereckige Platte, auf welcher der Haken zu ergänzen ist, welcher ins Ohr griff. Der Hauptteil ist kegelförmig nach unten zugespitzt und horizontal gerippt. Unten eine Blütenglocke als Abschluß.

1158 (Taf. LXVI). Stadionwall (Inv. 4277). Der Haken auf der viereckigen Platte oben ist teilweise erhalten. Der Hauptteil ist nach unten pyramidal geformt und mit dicken Kugeln besetzt. — Ebenso Inv. 12193.

1159 (Taf. LXVI). Kladeosbett (Inv. 14197). Die obere Platte ist rund, der Haken teilweis erhalten. Der Hauptteil traubenförmig.

1160 (Taf. LXVI). Südlich Philippeion (Inv. 9313). Der Haken fast ganz erhalten. Unterer Abschluß in Form einer Blütenglocke.

Wir fügen hier noch ein zweifelhaftes Stück an:

1161 (beistehend). Westlich Philippeion (Inv. 11210). Länge 5½ cm. Wohl kaum von einem Ohrringe, da zu groß und plump; vielleicht von einem Halsband.

Endlich ist auch ein einziger goldener Ohrring gefunden worden; er zeigt einen sehr gewöhnlichen Typus des 5. bis 4. Jahrhunderts:

1164 Gold (3 : 4)

1162 (beistehend). Nördlich vom nordöstlichen Teile des Leonidaions (Inv. Met. 253). Der Hauptteil besteht aus gewundenem Golddraht. Das dünne Ende hat, in Goldblech getrieben, die ungefähre Gestalt eines kleinen Schlangenkopfes. Es kommt dieses Detail auch sonst an Ohrringen dieses Typus vor. Das dicke Ende zeigt einen in Goldblech getriebenen Löwenkopf im

Stile des 4. Jahrhunderts. Als Abschluß desselben ein Ring mit den daran sitzenden und an dieser Stelle immer üblichen Zacken.

Goldene Ohrringe dieses Typus sind auf griechischem Gebiete häufig gefunden worden; jede größere Sammlung besitzt Beispiele.

## Armringe.

Über die Typen der alten Zeit s. oben S. 56ff. Wohl auch noch in frühere Zeit gehört folgender Typus:

1163 (Taf. LXVI). Nördlich byzantinischer Kirche Inv. 7770). Aus starkem Blech getrieben; in der Mitte rund erhoben; die Enden flach gehämmert. — Ebenso Inv. 5329. Fragmentierte Exemplare Inv. 5888. 12716. 13641. 13302. 12085. 12325 mit eingeschlagenen Kreisen. — Schmäler, einfacher ist ein Exemplar ohne Nummer und Inv. 1304. ein Fragment.

Die Armbänder mit ausgeprägten Schlangenköpfen, die sich in Olympia fanden, scheinen nur den späteren Zeiten anzugehören.

1164 (Taf. LXVI). Westlich Pelopion (Inv. 11044). Der ganze Reif ist flach. Punktierte Gravierung in der Art wie bei den byzantinischen Sachen. — Inv. 11730. fragmentiertes dünnes Exemplar.

1165 (Taf. LXVI). Südlich Palästra (Inv. 12958). Der Reif ist rund, nur die Schlangenköpfe sind flach. — Ebenso Inv. 13499. 13461. 13408. 11778. 1291. 13130. 1819. 5189. 7036. 13479 auseinandergebogen. 5784 dünner. 2607 sehr klein (45 mm Durchmesser).

Nicht sicher hierher gehört:

1166 (Taf. LXVI). Vom Südwesten, außerhalb der Altis (Inv. 3814). Blechstreif, verbogen, hier gerade aufgerollt gezeichnet, mit gravierter Ranke. Vielleicht von einem Blecharmband (späterer Zeit, vielleicht von einer schmalen Tänie.

## Anhängsel.

Die alten Typen siehe oben S. 60ff. Hier ist nur weniges und nur solches späterer Zeiten anzuführen.

1167 (Taf. LXVI). Osten (Inv. 4094). Phallus, zum Anhängen. Ein bekanntes Amulet.

1168 Taf. LXVI. Im Nordwesten, in höherer Schicht 3. Mai 1879 gefunden. Kleines Medaillon zum Anhängen, mit dem gelungenen Reliefbilde eines Frosches auf der einen Seite. — Die Verwendung des Frosches in prophylaktischem Sinne ist durch zahlreiche Denkmäler bezeugt, welche Stephani, Compte rendu 1865, S. 197 f. und 1869, S. 130 gesammelt hat.

1169 Taf. LXVI. Westlich Buleuterion (Inv. 13032). Delphin, zum Anhängen. — Delphine kommen öfter an Halsbändern vor und mag ihnen auch eine prophylaktische Bedeutung beigemessen sein, vergl. Stephani im Compte rendu 1864, S. 215; 1865, S. 183.

Auch eine kleine Hand aus blaugrünem Smalt, sogenanntem ägyptischen Porzellan, mit Loch zum Anhängen, welche die obscöne Geberde der Fica macht, ward gefunden, auch dies ein bekanntes Amulet. — Eine Reihe ganz gleicher Stücke aus demselben Materiale

---

[1] Von Münzen älterer Zeit vergl. namentlich Statere von Korinth mit dem Athenakopfe in strengem Stile und ebensolche von Ambrakia British Museum, catalogue, Corinth, pl. 2, 6. 27, 1. Vgl. ferner den Frauenkopf eines sog. melischen Reliefs, O. Rossbach, griech. Antiken in Breslau, 1889, Taf. 1, 3.

besitzt die Ermitage aus Grabern der römischen Epoche in der Krim, f. Stephani, Compte rendu 1865, S. 203.

Hierher gehört auch die Erwähnung der kleinen Glocken, welche fich mehrfach gefunden haben. Sie find von Bronze; die Klöppel waren in der Regel von Eifen. Sie haben zum Teil runde Form, mit rundem Öhr oben; fo Inv. 12725 (nordwestlich Leonidaion); 13391 (füdlich byzantinifcher Kirche; 2609 bei der Nikebalis; 8428 (Südweften der Altis). Zum Teil ist die Form rechteckig mit eckigem Öhr; letztere Form ist der Spätzeit charakteriftifch.

1170 (Taf. LXVI). Weftlich byzantinifcher Kirche (Inv. 8405; Berlin, Dubl.). Glocke; innen Reft des eifernen Klöppels. — Diefelbe Form zeigen Inv. 3019 vor dem Südweftthor, obere Schicht; 3847 (Prytaneion); 8405 (weftlich byzantinifcher Kirche; 12836 (nördlich Prytaneion; 13200; 11868 und 11908 (füdlich Palaftra). — Eine Glocke diefer Form (Inv. 4171) fand fich noch in einem der byzantinifchen Gräber.

Vielleicht ftammen diefe Glocken zum Teil von Pferdegeschirr; doch find auch manche andere Verwendungen denkbar.[1] Man maß ihnen bekanntlich prophylaktifche Kraft bei. Vergl. Stephani, Compte rendu 1865, S. 173 ff. Kleine runde Glocken von Thon wurden im Kabirion bei Theben gefunden. Die in der Krim in Gräbern des 4. Jahrhunderts mit Pferdegeschirr gefundenen Exemplare (z. B. Compte rendu 1865, Taf. V, 7) haben die runde Form; die eckige kommt erst in fpäterer römifcher Zeit vor, und zwar in Funden aus Italien wie vom Rhein u. s. (Friederichs, kl. Kunft No. 956—970 zeigen diefen Typus).

### Kränze.

In großer Zahl find einzelne Blätter von Bronze in der Altis gefunden worden, welche wahrfcheinlich zu Kränzen gehörten, die als Weihgefchenke geftiftet waren. In bei weitem überwiegender Zahl find fchmale längliche Blätter vorhanden, welche, wenn fie auch meift größer find als in der Natur, doch gewiß als Olivenblätter anzufehen find. Es war wohl Sitte, den errungenen Siegerkranz in metallenem Abbilde zu weihen. Die Blätter find zum Teil aus Blech gefchnitten, zum Teil gegoffen.

Folgende find die Typen der Olivenblätter:

1171 (Taf. LXVI). Stadionwall (Inv. 7641). Aus dünnem Blech, ohne Mittelrippe.

1172 (Taf. LXVII). Nordweftecke Zeustempel (Inv. 1252). Gegoffenes Blatt. Die Anficht giebt die Unterfeite, wo die Mittelrippe erhoben ift. Die Oberfeite des Blattes ift ganz glatt.

Der Typus 1172 ift der bei weitem gewöhnlichfte und durch fehr zahlreiche Exemplare vertreten.

1173 (Taf. LXVI). Nördlich Prytaneion (Inv. 7282). Aus dünnerem Blech; die Mittelrippe eingefchlagen; der Stiel zufammengebogen. — Ebenfo Inv. 6976 u. a.

1174 (Taf. LXVI). Ähnliches Stück von befonderer Naturwahrheit.

[1] Vergl. z. B. die Glocken der Ketchen an einer Hermesbüfte, die als Gewicht diente, Babelon, cab. des Antiques pl. 39.

1175 (Taf. LXVI). Südweftlich Zeustempel (Inv. 2973). Zweig, an welchem ein vollftändiges und ein fragmentiertes Ölblatt von Blech mittelft Drahtes befeftigt ift.

1176 (Taf. LXVI). Weftfront Zeustempel (Inv. 2143). Stück eines gegoffenen Olivenzweiges, mit einer Frucht daran.

1176a Taf. LXVI. Südoften (Inv. 8017). Gegoffen. Wohl auch Stück eines Ölzweiges; oder etwa eine Blume? Unten gebrochen. Ebenfo Inv. 10452.

Kleine Zweiglocke mit dicken Blättern oder einzelne Blätter von folchen: Inv. 3419. 5386. 7646. 1409. 784. 8035. 12296.

Inv. 4160 füdlich Zeustempel ift ein gegoffenes Zweigftück mit Stielchen, durch welche Blätter von Blech angeheftet waren.

Es kommen indeß auch andere Arten von Blättern vor:

1177 (Taf. LXVI). Beim Pelopion (Inv. 5739). Ein buchenartiges Blatt von Blech mit eingefchlagenen Rippen. — Ebenfo Inv. 10594.

1178 (Taf. LXVI). Nördlich Zeustempel (Inv. 1698). Epheublatt von Blech mit eingefchlagener Mittelrippe. — Der Typus kommt öfter vor; fo Inv. 1374. 1595. 4231 u. a.

1179 (Taf. LXVI). Weftfront Zeustempel (Inv. 2120). Gegoffenes Epheublatt von naturwahrer Bildung. — Ebenfo Inv. 12070.

1180 (Taf. LXVI). Südlich Zeustempel (Inv. 4401). Eichenblatt von Blech, ausgefchnitten und getrieben. — Ähnlich Inv. 608.

1181 Taf. LXVI. Südoftbau (Inv. 13509). Wohl ein rohes Eichenblatt, aus dickerem Blech gefchnitten.

Auch einige gegoffene kleine Früchte feien hier erwähnt. Wohl von einem Ölkranze ftammt

1182 (Taf. LXVI). Weftlich Pelopion (Inv. 10515). Eine Olive. maffiv gegoffen, naturgetreu.

1183 Taf. LXVI. Pelopion (Inv. 9227). Ein kleiner Apfel mit Stiel. oder etwa gebrochen. — Inv. 12620 ift ein fchwerer, maffiver Apfel von 5 cm Durchmeffer und 4 cm Höhe; oben Anfatzfpur des Stieles, der fehlt.

1184 (Taf. LXVI). Südlich Zanes (Inv. 8023). Eine Frucht, welche ganz das Anfehen der Erdbeerbaumes hat (ummischer). Das Ende des Stieles gebrochen. — Der Erdbeerbaum ift ein häufiges Gewächs auf den Höhen um das heutige Olympia und war es wohl auch im Altertum.

### Fingerringe und andere gravierte Siegel

Fingerringe von Bronze find mehrfach gefunden worden, doch nur wenige tragen eine kenntliche gravierte Darftellung. Es find folgende:

1185. 1185a (beiftehend). Nordweftlich Zeustempel (Inv. 2134). Fragmentierter Bronzering. Die undeutlich und unbeftimmt gehaltene Gravierung, welche in unferer Abbildung fo wie im Abdrucke erfcheint, zeigt den fitzenden Zeus, welcher die Rechte gegen den Kopf erhebt, während über feiner

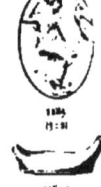

Linken Nike mit einem Kranze nach feinem Haupte zu-
fchwebt. Er hat den Mantel um den Unterkörper gefchlungen. Der Kopf ift ganz undeutlich; Bart und
Haar find jedenfalls nicht fehr lang. Stil etwa des
4. Jahrhunderts.

**1186. 1186a** (beiftehend). Nordfront Zeustempel (Inv.
1426). Fragmentierter Bronzering. Die Gravierung nach
dem Abdrucke gezeichnet. Ein Jüngling, wohl Hermes,
mit dem Petasos im Nacken, zieht fich den linken Stiefel
an, während das rechte Bein fchon einen gleichen hohen
Stiefel trägt. Vor ihm, wie es fcheint, ein Baum. Stil
des 4. Jahrhunderts.

**1187. 1187a** (beiftehend). Südweftlich Pelopion (Inv.
12041). Fragmentierter Bronzering. Die Gravierung ift
fehr abgerieben und undeutlich. Es fcheint Athena dargeftellt, vor ihr der Schild. Sie fteht mit ftark aus-
gebogener linker Hüfte und zurückgefetztem rechtem
Fufse da. Am Rande fieht man jederfeits einen kleinen
runden Goldftift, welcher auf der Unterfeite wieder her-
auskommt. Es ift dies ein Brauch, dem man öfter begegnet, Ringe geringeren Metalles mit kleinen Stiften
feinen Metalles zu zieren.[1]) In Olympia felbft find noch
mehr Beifpiele davon gefunden worden.

Ein anderer Bronzering mit fehr undeutlicher Gravierung, wie es fcheint eine ftehende Frau, hat auch
beiderfeits ein goldenes Stiftchen. Der Bronzering Inv.
4147 (nördlich Philippeion, Spur einer menfchlichen Geftalt) hat einen kleinen filbernen Stift an der einen Seite.
Vergl. ferner 1190.

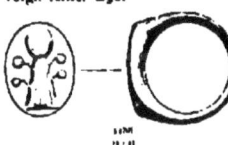

**1188** (beiftehend). Beim Zeustempel Inv.
132). Vollftändiger Bronzering. Die Gravierung ftellt offenbar die Silphionpflanze
dar, freilich etwas fummarifcher und
weniger natürlich als dies auf den bekannten Münzen
von Kyrene zu gefchehen pflegt.

Inv. 13291 (nördlich Thefauren) grofser fchwerer
Bronzering, undeutlicher Kopf nach links. — Inv. 1670
(nördlich Zeustempel) Ring mit un-
bärtigem, kaum kenntlichem Kopf
nach links.

**1189** (beiftehend). Weftfront
Zeustempel Inv. 3408). Vollftän-

---

[1] Vergl. z. B. zwei archaifche Silberringe im Britifh Mufeum (Sphinx und Adler auf rechteckiger Platte graviert),
welche je einen Goldftift in der Mitte zeigen.

---

diger Bronzering mit beweglichem rechteckigem Petfchaft,
auf deffen einer oberer Fläche ein grofses M graviert ift.

Von gravierten Ringen ift endlich noch ein filberner zu
nennen, welcher der ältefte von allen befprochenen ift:

**1190** (beiftehend). Beim Pelopion (Inv.
Met. 267). Vollftändiger filberner Ring. An
der linken Seite ift ein kleiner Goldfifh
durchgefchlagen. Die fehr faubere Gravierung ftrengen Stiles ftellt zwei kampfluftige
Hähne dar.

Inv. Met. 307 Kladeosbett) ift ein filberner Fingerring
der Spätzeit, aus einem flachen fchmalen Reif beftehend;
auf der Mitte find vier fich in einem Punkte fchneidende
kleine Linien graviert.

Inv. 5232. 5237 (füdlich Prytaneion) find Bronzeringe
der Form 1190, doch ohne Gravierung.

Endlich ift auch ein Petfchaft von Bronze gefunden
worden, welches die der älteren Zeit eigene fogenannte
Schieberform zeigt:

**1191. 1191a** (beiftehend). Südlich
Zeustempel, unter dem Baufchutt Inv.
4856). Bronzefchieber mit zwei flachen
und gravierten Seiten. Der Länge nach
durchbohrt. Die Gravierung zeigt auf der
einen Seite einen fchreitenden Löwen
mit gehobenem Schwanze und gezackter
Mähne. Das Tier der anderen Seite ift
nicht vollftändig erhalten. Es fcheint ein
fchreitendes Flügelpferd. Vor ihm ein
Zweig. Archaifcher Stil; wohl um Mitte
des 6. Jahrhunderts.

In Stein gravierte Siegel find nur
in ganz geringer Anzahl gefunden worden. Sie ftammen alle aus alter Zeit.

Voran ift ein affyrifcher Cylinder zu nennen, welcher
beim Prytaneion in tieffter Schicht gefunden ward. Er
befteht, nach Böckings Beftimmung, aus Malachit. Die
Gravierung ift, wie es fcheint, durch Feuer befchädigt,
doch ift zu erkennen, dafs fie einen bärtigen bekleideten
Mann mit vier Flügeln darftellt, welcher mit jeder Hand
einen aufgerichteten geflügelten und gehörnten Löwen
hält. Der Typus ift ein gewöhnlicher (vergl. meine Aus-
führungen in Rofchers Lexikon I, Sp. 1747 f., 1748,
Z. 28) und an dem Stücke eben nur fein Fundort Olympia
bemerkenswert, weshalb wir von einer
Abbildung derfelben, deffen Detail
auch nicht mehr ganz deutlich erhalten
find, abgefehen haben. Der Stil ift
weder der babylonifche noch etwa
der perfifche, fondern der gewöhnliche affyrifche des 9. bis 7. Jahrhunderts. — Abgufs in Berlin.

**1192** (beiftehend). Bei der Nordoftecke des Pelopions in tiefer Schicht,
60 cm unter der Oberkante der dort
befindlichen Wafferrinne (Inv. Var.
145). Schwarz violetter Stein, nach
Böcking vielleicht Serpentin. Petfchaft
mit Loch. Auf der runden unteren
Fläche ift das nur aus Linien be-

stehende Siegel graviert. — Das Stück gehört in sehr alte Zeit. Es ist verwandt den Petschaften des »hethitischen« Kulturkreises.

Ähnlicher Art ist das beistehende Stück, das aus dem Kunsthandel mit der Fundangabe Olympia nach Berlin kam (Gemmen-Inv. S. 4432); es ist dunkel violett rötlicher, mit dem Messer leicht ritzbarer undurchsichtiger Stein, durchbohrt zum Anhängen. Auf der geraden Fläche eingeschnittene Linien, wie es scheint ohne Sinn.

**1193. 1193 a** (beistehend). Öllich Pelopion, sehr tief. Sogenannter Scarabäoid, der Länge nach durchbohrt. Weiß, rot und gelb gestreifter, nicht sehr harter undurchsichtiger Stein. Die Gravierung (hier nach dem Abdruck gezeichnet) stellt einen sitzenden Greif dar, welcher den Kopf umwendet und die eine Tatze erhebt. Die Ohren

sind noch kurz, die Augen sehr vorquellend, ein Stirnaufsatz ist nicht angegeben. Der Typus entspricht ungefähr dem der ältesten getriebenen Blechgreifenköpfe Olympias.

Ein Scarabäoid von Bergkristall (Inv. Var. 2051, aus dem Kladeosbett), der Länge nach durchbohrt, trägt gar keine Gravierung.

Wir fügen hier noch ein merkwürdiges isoliertes Stück mit vertieft geschnittener Darstellung an.

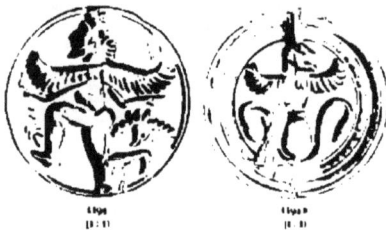

**1194. 1194 a. b** (beistehend). Nördlich außerhalb des 4. Thesauros, ein wenig höher als das Fundament desselben (Inv. Var. 88). In vier Stücke zerbrochene, doch bis auf Kleinigkeiten vollständig erhaltene Scheibe von Elfenbein, von 42 mm Durchmesser. Auf der einen Seite ist sie zu einem kleineren Runde abgestuft (vergl. den Durch-

schnitt 1194 b), welches die Gravierung 1194 a trägt; auf der anderen Seite stellt die eingeschnittene Darstellung den ganzen Kreis. In sehr altertümlichem Stile ist auf beiden Seiten ein geflügelter bärtiger männlicher Dämon gebildet. Der der größeren Seite (1194) ist ganz menschlich und im bekannten alten Laufschema dargestellt. Seine Rechte hält einen Zweig. Unter der Linken sieht man einen undeutlichen Gegenstand, der fast aussieht wie ein nach unten fliegender Vogel mit unverhältnismäßig großem Kopfe. Die Flügel des Dämons wachsen an den Schultern zusammen und sind an den Enden aufgebogen. Sie sind in der Weise gebildet wie es bei den archaischen Gravierungen in weicheren Steinsorten zu geschehen pflegte (vergl. auch 1193. — Der Dämon der anderen Seite zeigt sich von vorne, den Kopf nach rechts gewandt; er hat keine Arme, nur Flügel; sein Körper ist in der Mitte eingeschnürt und trennt sich nicht in Beine. Ohne sichtliche organische Verbindung kommen von unten zwei Endigungen hervor, welche offenbar die Beine vertreten sollen, doch die Gestalt von Löwenschwänzen haben; man würde Schlangen erwarten, aber die Formen sprechen deutlich dagegen. Diese merkwürdige Bildung ist mir sonther nicht bekannt.

Eine Scheibe derselben eigentümlichen Art wie diese, ebenso auf der einen Seite zu einem kleineren Kreise abgestuft und auf beiden Seiten mit hochaltertümlichem vertieft geschnittenem Bilde versehen, stammt aus Megara und befindet sich in Berlin (Gemmen, S. 4434). Sie ist aber kleiner als die olympische (größter Durchmesser 29 mm, der kleinere Kreis 25 mm Durchmesser, Dicke 8 mm und besteht nicht aus Elfenbein, sondern aus grünlichem Glimmerschiefer; auch ist sie der Länge nach durchbohr. Die eine Seite zeigt zwei, wie auf den Intellsteinen, in entgegengesetzter Richtung aneinander gewachsene Pferdevorderteile, die andere einen menschlichen Dämon mit großen Flügeln. Die Arbeit ist roh und sieht noch älter aus als 1194.

An die Rubrik der Gravierungen auf Stein schließen sich endlich die folgenden beiden Stücke an:

**1195** (beistehend). Umriß eines unbärtigen, offenbar männlichen Kopfes, von sicherer und geübter Hand eingehauen auf dem Fragmente eines Marmorziegels vom Dache des Zeustempels, und zwar eines der älteren Serie von parischem Marmor.[1] — Der Umriß ist offenbar nur ein Scherz seines Verfertigers nach der Art der »Graffiti« und soll wohl ein Porträt darstellen; doch ist die Zeichnung wichtig, indem sie deutlich die Gewohnheiten eines strengen, fast noch archaischen Stiles offenbart. Das Auge ist von vorne gebildet und so geschwungen wie dies auf Vasen des entwickelten streng rotfigurigen

---

[1] Ich habe das Stück nach einem Abklatsche zeichnen lassen, den ich 1878/79 genommen habe, der aber das hintere Stückchen mit dem Abschluß des Halses nicht enthielt; diese Vervollständigung unserer Abbildung verdanke ich Purgold, der das Fragment später zugefunden und abgeklatscht hatte. Purgold bestätigte mir auch, daß es ein parisches Ziegelfragment ist.

Stiles zu geschehen pflegt. Das Ohr sitzt hoch, der Oberkopf ist sehr niedrig. Sehr individuell ist die Nase gebildet; sie erinnern an die des altattischen Diskosträgers und die einer anderen altattischen Stele, Sammlung Sabouroff Taf. 2. Der Mund ist lebendig, etwas geöffnet.

1195
(1 : 3)

Wie ich früher einmal hervorzuheben Gelegenheit hatte (Berliner philol. Wochenschrift 1888, S. 1513), muß das parische Marmordach den Skulpturen des Tempels gleichzeitig, ja von derselben Künstlergruppe wie diese gefertigt sein. Das Vorhandensein einer Gravierung strengen Stiles auf einem Ziegel dieses Daches schließt sich nun den Beweisen für das Alter desselben an. Höchst wahrscheinlich ist dieselbe während der Herstellung der Ziegel von einem der dabei beschäftigten Arbeiter gefertigt worden.

1195a (beistehend). Umriß eines Fisches, in dünnen Linien eingeritzt auf einem Stücke weichen Mergelkalks, das am östlichen Ende der Schatzhäuserterrasse gefunden ward. Das Material ist an den späteren Thesauren vielfach

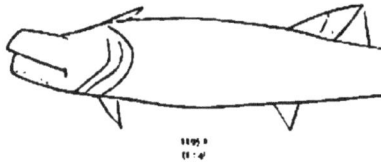

1195 a
(1 : 4)

zur Verwendung gekommen. Das Graffito ist gewiß sehr alt. Der Stein ist ganz verkratzt und die Zeichnung des Fisches deshalb sehr undeutlich; unsere Abbildung sucht in ¼ der Originalgröße das Ursprüngliche wiederzugeben; die punktierten Linien bedeuten, daß es mir zweifelhaft geblieben ist, ob sie zur ursprünglichen Zeichnung gehören oder nicht. Den der Abbildung zu

Grunde liegenden Abklatsch sowie die Notizen dazu verdanke ich freundlicher Mitteilung Purgolds.

Über griechische figürliche Graffiti vergl. Bull. de corr. hell. 1889, p. 377.

### Größere Geräte.

1196 (Taf. LXVII). Bukeuterion Inv. 5895. Feuerzange, aus einem starken Bronzeblechstreif zusammengebogen. Mit der Inschrift ..., offenbar aus guter, doch nicht genauer zu bestimmender Zeit.

1197 (Taf. LXVII). Eisen. Unten gebrochen, sonst vollständig, 0,26 lang. Offenbar ein Pempobolon, und zwar, genau der Bedeutung des Wortes entsprechend, mit fünf Zinken. Der Stiel ist gewunden. Das Gerät ist geschmiedet.

Ich fand 1886 noch zwei übereinstimmende, ziemlich wohl erhaltene Exemplare im Magazin vor. Es sind aber wahrscheinlich mehrere Stücke dieser Art gefunden worden, die nachher zerfallen sind. Es herrschte nämlich während der Ausgrabung das Vorurteil, daß diese Geräte der spätesten, der sogenannten Slavenzeit angehörten. Auch heißt es in dem Berichte über den großen Fund von Eisengeräten in einem Slavenhause im Tagebuche vom 20. Dezember 1877, daß in demselben auch einer dieser als »Kohlenhaken« erklärten Geräte sich befunden habe. Indeß, da diese Stelle jenes Berichtes erst abgefaßt ist, nachdem der Fund mehrere Tage im Museum untersucht und gereinigt worden war, da ferner ein Karren voll von der Erde unter dem zu einem Klumpen geballten Funde mit ausgehoben und durchsucht wurde, so ist es leicht möglich, daß das aus einer tieferen Schicht stammende Stück im Museum mit unter die jenes Fundes geraten ist.

Die Pempobola wurden bekanntlich beim Brandopfer gebraucht. Sie in Olympia zu finden, durfte also wohl erwartet werden. Sie sind auf attischen Vasen des strengen Stiles nachzuweisen, f. die Berliner Vase, Furtw., Katalog No. 2188, Helbig, homer. Epos², S. 356, in der Hand der Medeia; dazu ferner ein südlich vom Parthenon 1888 gefundenes Fragment, wo dasselbe Gerät im Vereine mit einer Opferschale und Kanne erscheint. Helbig hat das Pempobolon auch aus alten italischen Funden in Bronze nachgewiesen; die Zinken, hier statt fünf auch sieben, setzen immer an einen runden Reifen an; Helbig, homer. Epos², S. 353 ff., scheidet eine einfachere, ältere und eine kompliziertere spätere Form: zu den wenigen von ihm angeführten Exemplaren der ersteren Art kann ich noch zwei fügen (eines aus einem Grabe des 7. bis 6. Jahrhunderts von Vetulonia, i tombe delle Pellicce, Florenz, Mus. etr.; das andere aus einem Grabe derselben Periode von Chiusi, im Mus. naz. zu Rom). Dem italischen gegenüber erscheint der olympische Typus als besonders einfach und altertümlich.

Hieran schließen wir die Rolle von Terrakotta, welche sich in größerer Zahl, aber nur fragmentiert, in der Altis gefunden haben. Es sind Güter von runden, starken Stäben, deren Enden immer abgebrochen sind, an der einen Seite meist mit einem Handgriffe versehen; sie hatten, wenn vollständig, ca. 20—25 cm Breite. Diese

Geräte dienten offenbar, um darauf zu rollen. Sie gehören, wie schon die gute Technik zeigt, älterer Zeit an. Ein Fragment ward in der tiefen, an Bronzen reichen Schicht am Altar südlich vom Heraion (Tageb. V, S. 188), ein anderes beim Brunnen im Theekoleon (Tageb. V, S. 26) konstatiert.

1198 (beistehend). Inv. Tc. 4627. Fragmentierter Roll von gebranntem Thon.

### Waagen. Gewichte. Zirkel.

Es sind Reste mehrerer Schnellwaagen des gewöhnlichen Typus der römischen Zeit gefunden worden. Am besten erhalten sind zwei Waagebalken, die sich in den römischen Thermen, an Bronzen reichen Schicht am Kladeos fanden. Der eine größere (0,555 lang) hat drei Aufhängepunkte, doch nur eine gravierte Skala. Wir geben hier den zweiten:

1199 (Taf. LXVII). Thermen am Kladeos (Inv. 13865; Berlin, Dubl.). Waagebalken mit drei Aufhängepunkten und ihnen entsprechend drei Gewichtskalen. Der lange Hebelarm, auf welchem das Gewicht hin- und hergeschoben ward, ist vierkantig und zeigt auf drei, den drei zum Aufhängen bestimmten Ringen des kurzen Hebelarmes entsprechenden, Seiten gravierte Marken, welche unsere Abbildung alle angiebt; auf letzterer ist die dritte Seite unten hinzugefügt. Die vierte Seite ist natürlich ohne Marken. An das rechte Ende, in die Kerbe unmittelbar hinter dem abschließenden Knopfe, wurde die Kette gehängt, an welcher das zu wägende Objekt hing.

Eine solche Kette ward mit jenen beiden Waagebalken zusammen gefunden und gehört zu einem derselben:

1200 (Taf. LXVII). Mit 1199 zusammen gefunden (Inv. 13866). Der oberste Bügel ist ganz dünn und paßt sehr gut in jene Kerbe am Ende des Waagebalkens. Die zwei Ketten zeigen unten Haken, welche sich eigneten, Fleisch u. dgl. aufzunehmen.

Es sind noch einige fragmentierte Waagebalken der Art wie 1199 Inv. 3668. 13124, ein Waagebalken mit zwei Aufhängepunkten (Inv. 13392, nördlich Leonidaion) und einige Ketten wie 1200, auch einzelne Haken von solchen Ketten erhalten (Inv. 3913. 4345. 5013. 5786; mehrere von der Palästra). Ein solcher, von hübscher, etwas abweichender Form, ist

1201 (Taf. LXVII). Offen (Inv. 5341). Haken von einer Waage. — Ebenso ist Inv. 13867 ein mit jenen beiden Waagebalken und 1200 zusammen gefundener Haken.

Dieser Typus von Schnellwaagen ist in Funden römischer Zeit überhaupt sehr gewöhnlich; in der Regel haben sie allerdings nur zwei Aufhängepunkte; doch kommen auch solche mit drei Aufhängepunkten und drei Gewichtskalen öfter vor z. B. im Museum von Bologna; eine auch in der Sammlung Bourguignon zu Neapel; eine solche, die aus Chiusi stammt, aber von der gewöhnlichen römischen Art ist, ward neuerdings von Gamurrini in den Monum. ant. publl. dei Lincei I, 1, als etruskische Waage publiziert.

Mit Büsten verzierte Gewichte, wie sie sonst bei diesen Waagen vorkommen, haben sich in Olympia nicht gefunden. Nur einige unverzierte Hängegewichte sind zu nennen; zwei von Blei sind rund und haben eine eiserne Öse (Inv. Met. 260. 273); eines dieser Art wurde mit jenen Waagen in den Thermen am Kladeos gefunden (Tageb. VI, S. 75). Auch pyramidale Bleigewichte mit Loch zum Aufhängen fanden sich (Inv. Met. 245). Wohl hierher gehörig ist auch

1202 (beistehend). Südlich Philippeion (Inv. 9040). Bronzegewicht zum Aufhängen; wahrscheinlich mit Blei gefüllt. Höhe 65 mm, oberer Durchmesser 22 mm.

Über die sehr zahlreichen, für Waageschalen bestimmten Bronzegewichte mit der Inschrift des f. den Inschriftenband. Das metrologische Studium der Gewichte hat W. Dörpfeld übernommen.

Es sei hier die Bemerkung angefügt, daß auch Fragmente von Zirkeln sich gefunden haben (Inv. 13224, östlich byzantinischer Kirche; Tageb. 30. Jan. 1878, obere Schenkel eines Zirkels, dessen Spitzen von Eisen eingesetzt waren, in der Palästra, obere Schicht).

### Angelhaken.

Einfache unten aufgebogene Haken, welche öfter oben ein Loch zum Aufhängen haben und wahrscheinlich Angelhaken waren, sind mehrere gefunden: Inv. 3013 (klein, 3 cm lang, aus Blech geschnitten: 12161. Ohne Loch oben: Inv. 4227. 13728. 13996. Ferner solche mit Widerhaken: Inv. 11803. 4230. 4512. 7090.7831. 12951 u. a. Oben mit einer Öse 14061.

### Lampenhaken.

1203 (Taf. LXVII). Östlich byzantinischer Kirche (Inv. 11980). Aus Blech ausgeschnittener Haken von 8½ cm Länge. — Ebenso war Inv. 6057.

Die Bedeutung dieser Haken erhellt aus einem wohl pompejanischen Fundstück im Neapler Museum (Inv. 4903), wo ein solcher Haken durch ein Kettchen an eine Lampe angehängt ist, welche ein Knabe trägt. Der Haken diente dazu, den Docht in die richtige Lage zu bringen.

### Schlüssel.

Große Tempelschlüssel haben wir nicht gefunden. Nur eine Reihe von Schlüsseln für kleinere Thüren und namentlich für Kasten und Kassetten. Die vorkommenden Typen sind ganz dieselben die man anderwärts findet. Sie stammen wahrscheinlich alle erst aus der römischen Zeit. Folgende sind die Typen:

1204 (Taf. LXVII). Größerer Schlüssel von Eisen mit einem Kamme von vier Zinken. Vergl. dazu die Abbildung bei Marquardt, Privatleben der Römer, S. 229 und dazu S. 237 ff.

**1205** (Taf. LXVII). Öftlich Leonidaion Inv. 14011. Bronzefchlüffel.

**1206** (Taf. LXVII). Nördlich Thefauren Inv. 13065). Kleiner Schlüffel, der mittelft des Ringes am Finger getragen werden konnte. Bart mit neun Zinken. — Ähnlich Inv. 8044. 12090. 11961.

**1207** (Taf. LXVII. Im Südoften Inv. 4980). Ein Schlüffel anderer Art, mit einem für den Finger paffenden dünnen Ringe. Ähnlich Inv. 7545. 12367.

**1208** (Taf. LXVII). Nordweftlich Leonidaion (Inv. 12555). Wieder eine andere Art Schlüffel. — Von diefem Typus find auch Inv. 3288. 11798. 4862. 5514. Fragmentiert 2808. 3949. Mit einem Abfatze am glatten oberen Teile, fo wie an **1209**, doch mit denfelben runden Löchern wie **1208**: Inv. 6078. 12873. 11781.

**1209** (Taf. LXVII). Philippeion (Inv. 2225). Mit Abfatz am oberen Teile und mit drei rechteckigen Löchern.

Refte von Schlöffern fcheinen zu fein Inv. 12360, Querbalken eines Schloffes? mit eingefchlagenen Kreifen; fpät. Ähnlich 2712. — 12035 Vorlegeriegel eines Schloffes? Ebenfo 12089.

### Spielzeug u. a.

Es find mehrere Aftragalen gefunden worden. Einer von Bronze, maffiv, 3 cm lang, 1½ cm hoch (Inv. 11032), einer aus Blei mit einem ganz unkenntlichen menfchlichen Kopf als Stempel (Inv. Met. 311) und zwei aus grünlichem Glas.

Hier mag endlich auch ein eigentümliches kleines Stück angeführt werden, das ohne Analogie zu fein fcheint, ein in Bronze maffiv gegoffener menfchlicher Backenzahn, in natürlicher Größe (Höhe 14 mm), bei den halbkreisförmigen Bafen nordöftlich vom Zeustempel in tiefer Schicht gefunden (Inv. 3642), wohl das Weihgefchenk eines an Zahnweh Leidenden.

### 4 Fragmente von Geräten und andere Refte tektonifcher Art aus Bronze.

#### Nägel und Nageldeckel.

In Maffe haben fich nicht nur eiferne, fondern auch bronzene oder kupferne Nägel von kunftlofer Art mit runden Köpfen gefunden; fie haben verfchiedene Größen, meift 10—25 cm Länge, und flammen wohl größtenteils von Holzwerk. Die Zimmerleute fcheinen hiernach vielfachen Gebrauch von Bronzenägeln gemacht zu haben. Ferner find an den Enden breit gehämmerte Nieten ebenfalls in Maffe gefunden worden. Endlich fanden fich außer auch in Menge Nägel mit kunftvoller geftalteten Köpfen.

Die ältefte Art der letzteren ift diejenige, wo der Nageldeckel die Form eines flachen runden, in der Mitte fpitzen Daches hat. Diefe Stücke find gehämmert, nicht gegoffen. Der Nagel befteht mit dem Deckel aus einem Stücke Bronze oder Kupfer. Sie haben meift jene hellgrüne Patina der fteilen Bronzen. Ein Exemplar ift in der Schicht unter dem Heraion gefunden worden,

welche hier ift als der Bau (Tagebuch 15. Dezbr. 1877, 1.40—1.60 m tief unter dem Cellafufsboden). Eine Probe:

**1210** beiftehend). Weftlicher Stadionwall (Inv. 7747). Der Bronzenagel ift abgebrochen. — Die Nägel diefer Gattung find meift nur kurz. — Gleicher Art find Inv. 6862. 6974. 13936. 8343. 7468. 1674. 757. 7845. 927. 8239. 12935.

Größer, ganz flach, pilzartig ift der gehämmerte Nageldeckel bei **1211** (beiftehend). Vor Weftaltismauer (Inv. 7928). Durchmeffer des flach gehämmerten und mit Ringen verzierten Deckels 8 cm. Starker kurzer Bronzenagel. — Ebenfo Inv. 12689.

Offenbar fpäter find die gegoffenen bronzenen Nageldeckel, welche meiftens einen eifernen, feltener einen Bronzenagel krönen. Es find zwei Haupttypen zu unterfcheiden; der eine hat runden, der andere kegelförmigen Kopf.

**1212** beiftehend). Ganz einfacher runder Kopf. Bronzenagel. Länge ca. 0.08.

**1213** beiftehend). Südlich Palaftra (Inv. 12671). Runder Deckel, Durchmeffer 5½ cm, mit einem Knopfe in der Mitte. Bronzenagel von rechteckigem Durchfchnitt, verbogen.

Die Typen **1212** und **1213** find fehr häufig.

**1214** (Taf. LXVII). Buleuterion (Inv. 5045). Runder Kopf mit abgefetztem Rande, Durchmeffer 7½ cm. Eifennagel.

Auch diefer Typus ift fehr gewöhnlich. — Derfelbe fand fich auch in Dodona (Carapanos pl. 43, 8).

**1215** (Taf. LXVII. Südoftbau (Inv. 13473). Breiter plumper Deckel eines abgebrochenen eifernen Nagels. — Der Typus kam nur in diefem Exemplare vor.

Die entgegengefetzte Bildung, d. h. ein fchmaler, aber hoher runder Deckel ift häufiger:

**1216** beiftehend). Südöftlich Zeustempel (Inv. 3920). Länge 0.13. Bronzenagel.

**1217** beiftehend). Weftfront Zeustempel (Inv. 330). Durchmeffer 54 mm. Sehr fchön verzierter Knopf. — Vereinzelt.

Ein Bronzenagel mit demfelben Kopf wie **1217** befindet fich unter den der Zeit um und bald nach 500 angehörigen Gegenftänden eines Grabfundes von Chiufi im Mufeo etr. zu Florenz (vergl. Not. d. scavi 1882, p. 51).

Noch immer runde Deckelwölbung, doch einen höher emporgehobenen Knopf zeigen

**1218** (Taf. LXVII). Weſtlich Stadionwall (Inv. 7506; Berlin, Dubl). Profilanſicht eines ſolchen Deckels mit Eiſennagelreſt.

**1219** (beiſtehend). Weſtlich Buleuterion (Inv. 12860). Durchmeſſer 4 cm, 2 cm hoch. Oberanſicht eines ähnlichen Stückes mit Eiſennagel.

Dieſer Typus **1218** und **1219** iſt ſehr häufig und gehört offenbar der beſten Zeit an.

**1220** (beiſtehend). Prytaneion (Inv. 3072). Durchmeſſer 45 mm, Länge mit dem Bronzenagel 12 cm. Der Knopf iſt noch reicher profiliert. — Ebenſo Inv 1008; Berlin, Dubl. Dieſer Typus iſt ſeltener.

Bei dem zweiten Haupttypus dieſer gegoſſenen Nageldeckel iſt der über einem profilierten Rande ſich erhebende Hauptteil kegelförmig und oben mit einem zierlichen ſpitzen Knopfe beendet. Die ſaubere Arbeit und die ſchöne glänzende Metallfarbe weiſen die zahlreich gefundenen Exemplare dieſes Typus der beſten Zeit zu. Die Nägel ſind faſt immer von Eiſen geweſen. Es giebt mancherlei Varianten. Die gewöhnlichſte Art iſt

**1221** (Taf. LXVII). Weſtlich Echohalle (Inv. 10884). Graue Patina, glänzende Oberfläche.

Inv. 1911 größer, mit Spuren von Vergoldung. Andere kleine Varianten ſind Inv. 13142. 12688. 12787. 12853. Ein ungewöhnliches, leider fragmentiertes Stück iſt:

**1222** (Taf. LXVII). Weſtlich Buleuterion (Inv. 12521). Der volle untere Durchmeſſer betrug ungefähr 12 cm. Oben fehlt der krönende Knopf. Die kegelförmige Erhebung iſt mit herabfallenden ſtiliſierten Blättern verziert.

Exemplare des Typus in ſeiner einfacheren Geſtalt ähnlich **1221** wurden ſowohl in Dodona (Carapanos pl. 41, 9) als in Delos (Muſ. zu Mykonos) gefunden.

Wahrſcheinlich ſtammen alle die größeren der behandelten Nageldeckel von den Thüren der Gebäude, an welchen die Nagelköpfe bekanntlich ein typiſcher Schmuck waren. Die kleineren können auch von Kaſten herrühren. — Noch die Ziernägel der Thür des Pantheons in Rom (f. Caylus, rec. d'ant. III, pl. 80) hatten im Weſentlichen jenen kegelförmigen Typus wie **1221**, nur mit viel reicherer Verzierung.

Wir fügen hier zwei Stücke an, deren Bedeutung nicht klar iſt:

**1223** (Taf. LXVII). Nördlich Prytaneion (Inv. 12044). Ein Bronzeteil, der unten gebrochen iſt und eine kleine Öffnung hat, darin irgend etwas eingriff, iſt von einem Deckel bekrönt, deſſen Spitze nach der Seite umbiegt und hier eine Öffnung zeigt.

**1224** (Taf. LXVII). Nördlich Prytaneion (Inv. 12461). Gegoſſener Deckel mit durchgehender Öffnung von oben nach unten.

### Beſchläge.

Einfache Beſchlagſtücke von Bronze, welche künſtleriſcher Form entbehren, mit darin ſteckenden Nägeln, ſind in Menge gefunden worden. Sie mögen von Thüren, Kaſten und dergleichen herrühren.

Künſtleriſche Form zeigen dagegen einige derbe große Beſchlagſtücke, welche offenbar als Einfaſſung und Saum dienten. Sie wiederholen in plumper Weiſe jenes Randmotiv, das wir in zierlicher feiner Ausgeſtaltung an den Reliefs **699. 703** kennen gelernt haben. Sie gehören gewiß alter Zeit an.

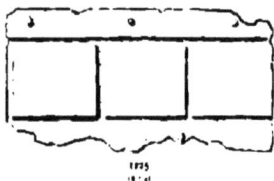

**1225** (beiſtehend). Nördlich byzantiniſcher Kirche (Inv. 12337; Berlin, Dubl). Breite 8½ cm. Beſchlag von ſtarkem Bronzeblech, nach rechts und links unvollſtändig. Im oberen und unteren Rande ſtecken Bronzenägel.

Gleicher Art ſind Inv. 325 (Oſtfront Zeustempel), Breite 0,10, erhaltene Länge 0,42. — 13281. — 5161), etwas kleiner.

Häufig ſind auch einfache Beſchläge von Kanten, wohl von Holzkaſten (z. B. Inv. 4166. 4127. 6934).

Eigentümlich iſt eine Reihe ſchmaler Bronzeſtreifen mit darin ſteckenden Nägeln von Silber.

**1226** (Taf. LXVII). Öſtlich Theſauren (Inv. 4690). Zu dem abgebildeten gehört ein gleiches mitgefundenes zweites Stück, das anpaßt (Inv. 4690). Beide zuſammen ſind 64 cm lang. Der 4 mm dicke, 12 mm breite Bronzeſtreif war in der Diſtanz von 13—15 cm mit größeren Bronzenägeln befeſtigt (auf dem abgebildeten Stück ſind drei Löcher davon zu ſehen). Dazwiſchen befinden ſich zwei Reihen von 17—20 mm langen, vollſtändig aus reinem Silber beſtehenden Nägeln, deren noch 54 erhalten ſind. Sie ſind oben nicht breit geſchlagen, ſondern ſtehen etwas über die Bronze empor. Sie ſitzen nicht ganz regelmäßig auf dem Bronzeſtreif, indem einige ganz an den Rand gerückt ſind. Sie konnten nur zu dekorativem Zwecke dienen, wobei es freilich ſehr luxuriös war, die ganzen langen Nägel und nicht bloß die Köpfe aus Silber zu machen.

Ein mit dieſem Stück genau übereinſtimmendes Fragment, das auch in derſelben Gegend, auf dem weſtlichen Stadionwall gefunden ward, iſt Inv. 9082 (Berlin, Dubl.); es gehörte mit **1226** gewiß zu demſelben Geräte. Auch noch vier andere, an verſchiedenen Orten gefundene Fragmente (Inv. 12467 nördlich Prytaneion, noch 48½ cm lang erhalten, die Bronzenägel in 18—19 cm Abſtand; verbogen; 13482, Südoſtbau, 19½ cm lang; 12323 öſtlich vom Gymnasium; 3833, Prytaneion, nur die Löcher erhalten) differiren nur ganz wenig in den Massen. Vielleicht gehörten sie einst alle zu einem größeren Weihgeschenk.

Im homerischen Epos ist ἀργύρεοι bekanntlich ein beliebtes Beiwort der großen Sessel, der Spawa. Die olympischen Streifen könnten leicht von solchen stammen, die einst in einem Thesauros geweiht waren.

Auch einige andere Reste von mit silbernen Nägeln beschlagenen Stücken mögen hier erwähnt werden: Inv. 7935 (östlich Metroon), ein kleines Fragment von stärkerem Blech mit dicken silbernen Nagelköpfen. Wie man auf der Rückseite erkennt, sind die kurzen Nägel massiv von Silber. — Ein 13 cm langes, 9 cm breites Randfragment wohl irgend eines Rüstungsstückes (Inv. vom Jahre 1884, No. 177) zeigt am Rande entlang Beschlag von silbernen Nägeln mit breiten Köpfen. Die Spitzen sind auf der Rückseite umgebogen. — Ein unklares, 3 mm dickes Blechfragment mit silbernen Nägeln am Rande ist Inv. 4089 (westlich Hersion; 55 mm lang).

Ein vereinzeltes seltsames Beschlagstück ist

1227 (Taf. LXVII). Westfront Zeustempel (Inv. 1115). Blech mit an drei Seiten gezacktem Rande und einem Einschnitt an der vierten Seite. Es war mit vier Nägeln, deren Löcher in der Mitte sichtbar sind, irgendwo befestigt und mit vielen in acht Reihen angeordneten kurzen spitzen Nägeln geziert, welche von der Rückseite her eingeschlagen sind. Vielleicht von einem Kasten.

Ebensolchen ausgezackten Rand haben die Wände eines Bronzeblechkästchens aus einem Grabe der Zeit um 500 aus Chiusi (im Mus. etr. zu Florenz).

1228 Taf. LXVII). Prytaneion (Inv. 12212). Ein eigentümlicher gegossener Beschlag. Rückseite flach; oben, hinter dem Knopfe in dem Kreise auf der Vorderseite, eine Öse. Unten gebrochen.

Endlich sei erwähnt, daß auch einige Blechbänder gefunden sind, welche vermutlich als Beschlag hölzerner Gefäße gedient haben. Am besten erhalten ist Inv. 2600 (1. Thesaur), Blechreif von 10½ cm Durchmesser; der eine (obere) Rand greift etwas über; hier oben Eisenrost. An einer Stelle ist das breitgeschlagene Ende eines schmalen Steges angenietet, welcher vermutlich diesen Reif mit dem nachfolgenden verband. Vergl. etwa den, allerdings aus später Zeit stammenden, Holzeimer mit Bronzereifen bei Lindenschmit, Centralmuseum zu Mainz, Taf. 15, 30.

### Aufgesetzte Perlstäbe.

1229 (beistehend). Aus dem Magazin. — Kleiner gegossener Perlstab mit darum gelegtem und teilgedrücktem

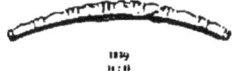

1229
1:1)

Goldplättchen, das noch zum Teil erhalten ist. War auf einen gerundeten Gegenstand gelötet.

1230 (Taf. LXVII). Östlich der Krypte (Inv. 3728). Gegossener Perlstab, aufgelötet auf einen schmalen Bronzestreif unbekannter Bestimmung, von dem zwei Fragmente erhalten sind. Schöne glatte Bronze; beste Zeit.

Inv. 838, ein Perlstab von ganz dünnem Blech, nur 1 mm breit; 15 cm lang erhalten. — Inv. 6345 ebenso.

1231
1:9

1231 (beistehend). Metroon (Inv. 3691). Gegossener Perlstab, ringsum rund. — Ebenso Inv. 8681.

Inv. 2003 ähnlicher Perlstab; sitzt auf einem Blechfragment.

Derartige Perlstäbe sind anderwärts zuweilen auf griechischen Panzern guter Zeit längs der Ränder aufgelötet gefunden worden. Vergl. ant. Bronzen der Altert. Samml. zu Karlsruhe Taf. 21 und Mus. Gregor. 1, 21. 9. Es ist möglich, daß einige der olympischen Stücke einst ähnlich verwendet waren.

### Blumen und Blätter tektonischer Verwendung.

1232 (Taf. LXVI). Nordfront Zeustempel (Inv. 992). Gegossene kleine Blume mit acht Blättern, welche mittelst ihres Zapfens irgendwo zur Verzierung hereingesteckt war.

1233 (Taf. LXVI). Westfront Zeustempel (Inv. 2499). Der Zapfen ist abgebrochen. Sechsblättrige Blume.

Ebensolche einst eingezapft gewesene Blüten (deren Zapfen teilweis abgebrochen ist) sind Inv. 4461. 4449. 3759. 5875. — Vergl. auch Carapanos, Dodone pl. 49, 15.

1234 (Taf. LXVI). Südlich Hersion (Inv. 9958). Lilienartige Blume. Der Zapfen unten ist abgebrochen. — Inv. 215.

1235 (Taf. LXVI). Westlich Pelopion (Inv. 11634). Noch reichere Blütenform. Der Zapfen abgebrochen.

1236 (Taf. LXVI). Südlich Zeustempel (Inv. 4617). Knospe. Unten gebrochener Zapfen.

Inv. 2029 (südöstlich Hersion). Rosettenartige Blume mit zwei kantigen längeren Zapfen nach unten.

1237 (Taf. LXVII). Südwestlich Prytaneion (Inv. 4252). Blattring für einen durchgehenden Stab. Die eine Hälfte ist weggeritten.

Ähnlich Inv. 13575. 2053. 12654.

1238 (Taf. LXVII). Einzelnes oben umgebogenes gegossenes Blatt. Unten zum Einzapfen hergerichtet. Die untere Fläche ist gerundet; wahrscheinlich waren einst vier solche Blätter im Kreise herumgestellt.

Zu 1237 und 1238 vergl. die an etruskischen Kandelabern und Thymiaterien nicht seltene Krönung mit vier großen, an der Spitze heruntergebogenen Blättern. (Ant. Bronzen d. Altertf. zu Karlsruhe Taf. 16, 2. Chabouillet, coll. Fould pl. 15.)

1239 (Taf. LXVII). Nördlich Leonidaion (Inv. 11808). Von einem großen Kreise gezackter Blätter. Bronzeguß. Vielleicht Rand eines Gefäßes.

### Andere tektonische Stücke.

**1240** (Taf. LXVII). Buleuterion Inv. 5301; Berlin, Dubl.). Sich nach oben erweiternde Röhre von dünnem Bronzeguß, mit breitem Rande oben.

Gleichartige Stücke, bald etwas größer, bald etwas kleiner als 1240 — die kleinste Art nur 4 cm hoch — sind Inv. 5196. 4429 (Prytaneion). 9037. 8632. 11601. 7497 (Berlin, Dubl.).

**1241** (Taf. LXVII). Prytaneion (Inv. 4907). Sich verengende Röhre mit einer gewölbten Scheibe, daran ein daumenförmiger Griff.

Das Motiv des menschlichen Fingers als Griff war bekanntlich in römischer Zeit sehr beliebt (namentlich oben an Henkeln von Gefäßen; zahlreiche Beispiele im Neapler Museum).

Diese Röhren konnten nur zum Hereinstecken eines runden Gegenstandes dienen, der durch die Verengerung unten festgehalten wurde. Ich vermute daher in diesen Geräten Kerzen- oder Fackelträger; die Vorkragung oben sollte die Hand schützen. Eine nach unten sich verengende Röhre und eine Vorrichtung zum Schutze der Hand zeigen derartige Geräte auf antiken Abbildungen in der Regel, wo sie freilich viel größer und reicher ausgestattet zu erscheinen pflegen. Die olympischen waren jedenfalls nur einfache, für gewöhnlichen Hausgebrauch bestimmte Stücke gewesen.

**1242** (Taf. LXVII). Östlich byzantinischer Kirche (Inv. 11761). Kurzer Cylinder, durch einen apfelförmigen Knopf abgeschlossen, mit einem Griff in Gestalt eines Fingers. Hohl gegossen. — Das Stück ist auf der Tafel in umgekehrter Richtung dargestellt. Der Knopf bildet natürlich die obere Krönung.

Ganz gleiche Stücke, und ferner auch solche mit zwei als Finger gestalteten Griffen, kommen in römischen Funden (mir speziell von solchen aus Ungarn im Museum zu Pesth bekannt) als Enden auf Eisenstäbe aufgesetzt vor, welche zu Wagen gehört haben. Zwei derartige Stücke, als Deichselbeschläge bezeichnet, befinden sich in Mainz, s. Lindenschmit, Central-museum zu Mainz, Taf. XX, 3. 4. Das olympische Stück wird also ähnlich verwendet gewesen sein.

**1243** (beistehend). Osten (Inv. 5245; Berlin, Dubl.). Thürangel. Der durch das Scharnier durchgehende Rundstab ist von Eisen. Die beiden starken Flügel waren mit je einem eisernen Nagel befestigt.

1243
II : 2

Derartige Stücke, von mittleren und kleineren Thüren herrührend, wurden mehrere gefunden. — Ganz gleiche befinden sich im Museo Gregoriano zu Rom.

**1244** (Taf. LXVII). Westlich Buleuterion (Inv. 13104). An einem gerundeten Ansatze, der mit drei Nägeln befestigt war, sitzt ein Pflock, an welchem, hin und her drehbar, ein langer Vorsprung sich befindet, welcher die ungefähre Gestalt eines Delphins hat. Vielleicht ein beweglicher Griff an einer Thür oder einem Kasten.

**1245** (Taf. LXVII). Südlich Palästra Inv. 12078). Ein seltsames Stück, von irgend einer maschinellen Vorrichtung, in Bronze gegossen. Zur Erläuterung der Abbildung ist nur hinzuzufügen, daß oben an den beiden Halbrunden Bruchfläche ist und daß durch diese beiden Halbrunde ein Pflock hindurchgesteckt ist.

Bei den Bauten kamen in älterer Zeit zuweilen große Bronzedübel zur Verwendung. Dergleichen, von schwalbenschwanzförmiger Gestalt, sind einige gefunden worden (Inv. 6586 südlich Heraion, Länge 44 cm; 11423 westlich Pelopion, Hälfte eines gleichen).

Bei den Wasserleitungen befanden zuweilen Rinnen und Röhren aus Bronzeblech. Offene flache Rinnen dieser Art sind mehrfach gefunden worden (Inv. 4966 südöstlich Zeustempel; Breite 23, Länge 53 cm. — 5908 Buleuterion; Breite 26, Länge 54 cm. — 7441 nördlich Prytaneion; Breite 20, Länge 37 cm. — Tageb. V, S. 8, Rinne von 25 cm Breite, 65 cm Länge, in der Nähe eines großen Kessels gefunden). Auch Röhren von Bronze kamen vor (Inv. 6871, nördlich Prytaneion; Länge 42 cm; Durchmesser 52 mm. — 11428, 5 cm Durchmesser. 29 cm lang erhalten, Dicke der Wände 5 mm. — 13282 Mündung einer Röhre von 10 cm Durchmesser, in Thon gehüllt). In den römischen Bauten waren die Röhren in der Regel von Blei; über die mit der Inschrift des Nero vergl. den Inschriftenband.

Die Verwendung großer Bronzekessel als Wasserreservoire ward durch einen am 13. Februar 1878 an der Südterrassenmauer (der alten Südaltismauer) gemachten Fund veranschaulicht; vergl. beistehende aus dem Tagebuche Treu's wiederholte Skizze. Ein Kessel von 92 cm Durchmesser an der Mündung und 1,23 Durchmesser am Bauche, 66—70 cm tief, ward an der nach Süden gewandten Seite jener Mauer, zum Teil in dieselbe eingelassen, gefunden. In der Mauer war über dem Kessel eine Öffnung, welche einst die Mündung der Röhre enthielt, welche das Wasser in den Kessel leitete. Die Stelle des Fundes lag zwischen der kleinen Treppe und der Wasserleitung vor dem Westende des dort auf dem Plane angegebenen Altars. Im Kessel lag das Thongefäß **1293**.

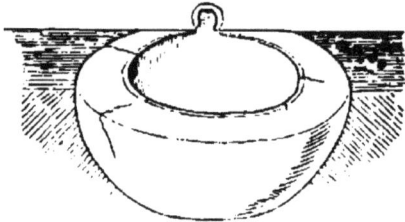

## Ringe unklarer Verwendung.

**1246** (Taf. LXVI). Berlin, Dubl. Ring, an welchem ein anderer fchräg auffitzt. — Solche Stücke find mehrfach gefunden: Inv. 12458. 4844. 4782. 7778.

**1247** (Taf. LXVI). Oftfront Zeustempel (Inv. Met. 175). Zwei verbundene Ringe, maffiv aus Silber gearbeitet.

Kleine Ringe, an welche feitlich ein Zapfen anfetzt: Inv. 102. 4781. 12697. 11990. 11953.

**1248** (Taf. LXVI). Öftlich byzantinifcher Kirche (Inv. 11856). Ring mit zwei langen Hörnern.

**1248a** (beiftehend). Südlich Palästra (Inv. 11970). Flacher Ring mit drei Zapfen. — Ebenfo Inv. 4639. 4887. 8070. — Mit vier folchen Zapfen: Inv. 13272. — Mit nur zweien: Inv. 12331. 10292. 6318. 12321. 13337.

**1249** (Taf. LXVI). Südweft (Inv. 3742). Fragmentierter Doppelring mit fünf Zapfen in der Mitte. — Ringe von diefem Typus find anderwärts bekanntlich häufig und kommen in den meiften Sammlungen und in mannichfachen Varianten vor. Man pflegt fie »Bogenfpanner« zu nennen. Nach der Anficht eines Sachverftändigen in Amerika, welche mir Edw. Robinfon zu vermitteln die Güte hatte, können diefelben indefs gar nichts mit dem Bogenfpannen zu thun haben.

**1250** (Taf. LXVI). Südlich Palästra (Inv. 12846). Hoher mit Stacheln bewehrter Ring. — Ebenfo Inv. 12737. 3944. 4850.

**1251** (Taf. LXVI). Südlich Palästra (Inv. 12217). Ring mit drei vorftehenden gezackten Reifen. — Diefer Typus ift häufig. Die Höhe fchwankt von 8 mm bis zu 3 cm. Der Durchmeffer im Lichten ift meift 17—20 mm. Ein Exemplar fand fich bei dem Metroonaltar in tiefer Schicht.

Ringe wie 1250 und 1251, die auch anderwärts fehr verbreitet find, werden gewöhnlich für »Streitkolben« erklärt, obwohl fie das ficherlich nicht find.

### Verfchiedene Stücke unficherer Bedeutung.

**1252** (Taf. LXVI). Nördlich Prytaneion (Inv. 7387). Länge 0,20, Höhe 0,12. Blech mit umgebogenem Rande, im Wefentlichen vollftändig erhalten. Das rechte Drittel, das umgeknickt ift, ift glatt, das Übrige gewellt.

Inv. 5730 (Berlin, Dubl.). Ein Stück von ungefähr derfelben Größe wie 1252. Wiederum ift der eine etwas kleinere umgeknickte Teil glatt und der andere gerunzelt. Auf dem glatten Teile eine offenbar antike herausgetriebene Spitze. — Inv. 8596. Fragment von dem gerunzelten Teil eines gleichen Bleches. Desgleichen Inv. 7387. 12472. — Die Bedeutung diefer Stücke ift mir unklar. Vielleicht von Pferdegefchirr?

Von einem größeren Geräte in Bronzeguß ftammt

**1253** Taf. LXVI. Südoftbau (Inv. 14051). Länge 0,38. Rankenförmig gebogner Stab, welcher fich nach beiden Seiten fortfetzte. Nur die Vorderfeite ift verziert, die Unter- und Rückfeite glatt. Der Durchfchnitt des Stabes

ift unter der Mitte zugefügt. — Ein ganz übereinftimmendes, nur etwas weniger gut erhaltenes Stück, das gewiß von demfelben Geräte ftammt, ift Inv. 10895 (weftlich Echohalle, Berlin, Dubl.; 0,365 lang erhalten).

**1254** (beiftehend). Südöftlich Zeustempel (Inv. 4063). Länge 0,14. Ende eines gegoffenen Bügels von fauberer fchöner Arbeit; links gebrochen; unten drei Ringe. Offenbar (vergl. Carapanos, Dodone pl. 52, 7) von einem Pferdegebiß.[1]

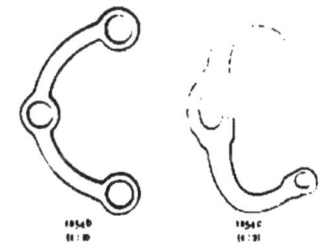

**1254a** (beiftehend). Nördlich Thefauren (Inv. 12157). Wohl auch von einem Pferdegebiß? Das eine läuft in einen Cheniskos aus. In dem großen Loche am anderen Ende fteckt Eifenroft.

**1254b** (beiftehend). Beim Buleuterion (Inv. 5318). In ftarkem Blech ausgefchnitten; mit drei Löchern. — Ebenfo ein Exemplar ohne Nummer.

**1254c** (beiftehend). Beim Buleuterion (Inv. 5330). Ähnlich; fragmentiert, die punktierte Hälfte ergänzt.

**1254b** und **c** fcheinen mir Seitenteile von Pferdegebiffen von altertümlicher einfacher Form. Durch das mittlere Loch ging das eigentliche Gebiß, Trenfe oder Kandare, durch die feitlichen Löcher liefen die Riemen, welche fich weiter oben in dem Kopfriemen vereinigten. Sie zeigen die wefentliche Form der in verfchiedenen Varianten in Afien wie Europa in alter Zeit verbreiteten Gebißtypen in befonders einfacher Geftalt (vergl. des Ormeaux in Revue arch. 1888, I, p. 52 ff.). Eine griechifche Verfeinerung ift 1254.

Trenfen und Kandaren habe ich unter den olympifchen Funden keine bemerkt.

[1] Vergl. auch die von Lechat im Bull. de corr. hell. 1891, p. 383 f. publizierten Gebiffe aus Griechenland.

1255 beistehend). Ostfront Heraion (Inv. 1987). Länge 0,13, größter Durchmesser 35 mm. Massiv gegossenes Stück, in der Mitte vierkantig, an den Enden gerundet. Wohl eine kleine Mörserkeule?

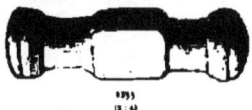

1255
(1:2)

1256 (Taf. LXVIII). Südwestecke der Altis Inv. 8426). Stück unklarer Bedeutung mit drei Löchern in der Mitte und, wie es scheint, mit zwei primitiven Tierköpfen. Wahrscheinlich recht alt.

1257 (Taf. LXVIII). Südostbau (Inv. 13537). Rechts gebrochener, links durch einen Astragalos abgeschlossener Stab von rechteckigem Durchschnitt. Vielleicht ein Griff.

1258 (Taf. LXVIII). Westlich Pelopion (Inv. 11424; Berlin, Dubl.). Die Abbildung zeigt nur ein Stück des Erhaltenen, dessen Länge 0,135 ist. Es ist an beiden Enden gebrochen. Stab in Form eines Baumzweiges.

1259 (Taf. LXVIII). Südöstlich Kronion (Inv. 14072; Berlin, Dubl.). Die Abbildung zeigt nur ein Stück des 0,26 lang erhaltenen Stabes, der an dem einen etwas dünneren Ende (von 11 mm Durchmesser) vollständig erhalten scheint, während das andere (von 15 mm Durchmesser) gebrochen ist.

Derselben Art sind Inv. 10899. 7346 (nördlich Prytaneion; Länge 31 cm), beide mit einem vollständig erhaltenen Ende. 5353. 4660. Wozu diese stabförmigen Stäbe dienten, geht aus keinem der erhaltenen Stücke hervor.

1260 (Taf. LXVIII). Nordöstlich Prytaneion (Inv. 13893). Ausgeschnittenes Blech mit einem Knopfe auf der einen Seite; die andere Seite ist glatt. Aus römischer Zeit. Die Verzierung war wohl zum Einknöpfen in Leder bestimmt, also etwa von einer Sandale?

Ähnlich Inv. 12015 (kleiner). 3832 (roher). — Mehrere gleichartige Stücke aus Funden in Rom im Konservatorenpalast zu Rom; ferner zahlreiche in allen Sammlungen rheinischer Altertümer der römischen Zeit. Vergleiche auch Lindenschmit, Altertüm. 1, 10, Taf. 6, 9.

1261 (Taf. LXVIII). Südlich Prytaneion (Inv. 5146). Eine Art Perle, in Bronze gegossen, mit einem durchgehenden Loch für einen sich verjüngenden Rundstab (einerseits 22, andererseits 19 mm Durchmesser). Vielleicht sehr alt; vergl. den Kryftallknopf an einer Silbernadel aus Mykenä, Schliemann, Myk. S. 232, Fig. 309.

## 5. Fragmente von Gefäßen.

Die Typen der alten Zeit sind schon früher von uns behandelt. So bleiben nur Stücke der späteren Zeiten übrig.

### Henkel

1262 (Taf. LXVIII). Westlich Buleuterion (Inv. 12515). Henkel in Gestalt einer Bandschleife. Die beiden Enden waren mit je einem Nagel an das Gefäß befestigt.

1263 beistehend). Nördlich Prytaneion (Inv. 13748). Gegossener Henkel einer Trinkschale des späteren, vom 4. Jahrhundert ab üblichen Typus. War angelötet.

1263
(ca. 1:1)

Ebenso Inv. 5440. 12201. 201. 12329. 7987. — Derselbe Typus in Dodona, Carapanos pl. 46, 11.

1264 (Taf. LXVIII). Echohalle (Inv. 4878). Henkel einer kleinen Kanne späterer Zeit, in eine Löwentatze auslaufend. War angelötet.

Geringe einfache Kannenhenkel späterer Zeit sind: Inv. 3552 (unten roh angedeutete Palmette. 13308. 9564. 11635. 13425. 13823. 4771. 8536.

1265 (Taf. LXVIII). Vor dem 11. Thesaur Inv. 3491). Epheublattförmiger Ansatz, der an einen Eimer gelötet war. Der obere Teil mit den beiden Ringen stand über den Rand desselben empor und nahm die beiden Bügelhenkel auf. Zierliche saubere Arbeit. — Ebenso, nur größer, ist Inv. 4637 (oberer Teil fehlt). — Ein kleineres Stück der Art ohne Verzierung im Magazin. Der Typus ist durch Funde von anderwärts, besonders aus Italien, sehr bekannt.

1266 (Taf. LXVIII). Südlich byzantinischer Kirche (Inv. 13264). Fragment eines großen Griffes, im Geschmacke der besten Zeit, mit Akanthos und Palmetten geziert. Rest punktierter Inschrift Καισα...; wahrscheinlich Anfang des Namens des Weihenden. Die der Inschrift entgegengesetzte vierte Seite ist glatt und unverziert.

1267. 1267a (Taf. LXVIII). Westlich Buleuterion (Inv. 12844). Henkel eines Weinsiebes (colum); endet mit einem Cheniskos. Reich mit punktierten und gravierten Linien verziert. Dieses Stück gehört noch älterer Zeit (etwa dem 5. Jahrhundert) an und hätte daher in den vorigen Abschnitt aufgenommen werden sollen. Seine Erklärung und Ergänzung findet es durch Funde aus Italien. Im museo etr. zu Florenz befinden sich drei Henkel der Form von 1267, und mit einem derselben ist auch das Gefäß vollständig erhalten. An der gerundeten unteren Gefäßwand ist ein gegossener offener Cylinder als Trichter angesetzt; in dem Inneren des Gefäßes befindet sich ein getrennt gearbeitetes Sieb, welches zum Emporschlagen eingerichtet ist; um letzteres thun zu können, dient ein oben auf dem Henkel an dessen an das Gefäß anschließendem Ende, liegendes Tier als Griff; dasselbe ist in einem Scharnier beweglich. Der Rest dieses Scharniers ist auch an dem olympischen Exemplare zu sehen. Das Tier ist an den florentiner Henkeln zweimal ein Löwe, einmal ein Frosch. Ein viertes Exemplar dieser Henkelart fand sich in Falerii in einem Grabe mit Gegenständen des 7. bis 6. Jahrhunderts (Rom, museo Papa Giulio, Grab 38), woraus für die Datierung nichts folgt, da in jenen Gräbern häufig Gegenstände ganz verschiedener Zeiten zusammen vorkamen. Jene ergiebt sich vielmehr aus dem noch durchaus strengen Stile der Tierfiguren.

1268 Taf. LXVIII). Südwesten (Inv. 3811). Griff mit daran sitzenden Rest einer Scheibe (von etwa ca. 5 cm Durchmesser), die auf der einen Seite konzentrifche Ringe zeigt, auf der anderen glatt ift. An letzterer hat fie einen emporftehenden gezackten Rand. In der Scheibe ein Bronzeftift.

Inv. 6735 (Südweften), ein gleiches fragmentiertes Exemplar; 6 cm Durchmeffer. Verwendung unklar.

### Füfse.

**1269** (Taf. LXVIII). Südlich Paläftra (Inv. 12667). Fragmentierter gegoffener Fufs, im Gefchmacke der beften Zeit verziert. Etwa von einer kleinen Hydria, da gerade an Bronzehydrien des 4. Jahrhunderts ähnliche verzierte Füfse vorkommen.

**1270** (Taf. LXVIII). Nördlich Leonidaion (Inv. 13285). Flaches gegoffenes Füfschen. War angelötet. — Ebenfo Inv. 3546. 11575. 12606. 13083. 12456.

**1271** (Taf. LXVIII). Nordöftlich Prytaneion (Inv. 12403). Füfschen gleicher Art; auf der einen Seite mit eingefchlagenen Würfelaugen geziert; mit der anderen war es angelötet.

Füfschen diefes Typus waren in römifcher Zeit unter flachen Tellern, Schüffeln u. dergl. üblich. Es wurde unter jede Ecke eines gelötet. Vergl. z. B. den Hildesheimer Silberfund.

Inv. von 1884 No. 26 (Kladeosbett) ein kleines 6 cm hohes Füfschen, im Typus der Marmortifchfüfse der fpäteren Zeit, mit Löwenkopf oben und Löwenklaue unten. War oben mit einem eifernen Stift an ein kleines Gerät befeftigt.

An die Gefäfsrefte läfst fich endlich anfchliefsen

1271
II : 1

**1272** (beiftehend). Gymnafion Inv. 7853). Fragment eines groben Siebes, 20 cm lang erhalten, 2 mm dick. Es find zahlreiche Fragmente fiebförmig durchlöcherter Bleche ohne alle beftimmte Form gefunden worden, manche mit fehr grofsen Löchern. Vielleicht waren es auch Reibeifen, dergleichen in Italien fchon in recht alten Gräbern gefunden werden.

### 6. Figürliche Verzierungen von Gefäfsen und Geräten fpäterer Zeit.

**1273** (Taf. LXVIII). Nördlich Thefauren (Inv. 13048). In Blech getriebener Athenakopf von vorn. War irgendwo zur Verzierung aufgefetzt. Attifcher Athenatypus. In der Mitte des Helms fcheint ein dritter Bufch abgebrochen. Wohl aus dem 4. Jahrhundert. — Ähnliche getriebene Athenaköpfe kommen öfter anderwärts vor. Vergl. z. B. aus Dodona, Carapanos pl. 17. 5. 7. Ein gröfseres fehr fchönes Exemplar in Berlin, ficher griechifche Arbeit befter Zeit, Friederichs, kl. Kunft 1832 (korinthifcher Helm, doch mit drei Büfchen); ein ganz gleiches war in der Sammlung Gréau, f. (Fröhner), coll. Gréau, bronzes ant., Paris 1885, No. 607. Auch gegoffen kommt der Typus vor, und zwar als Gerätunfatz (z. B. Berlin Inv. 6424 aus Griechenland).

**1274** (Taf. LXVIII). Weftlich byzantinifcher Kirche (Inv. 8058). Gegoffene Maske, hinten ausgehöhlt, zum Anlöten an eine gerade Fläche. Jugendliches männliches Geficht mit Stierhörnern und Ohren, alfo Acheloos in jugendlicher Geftalt. Die grofsen ftarren Augen und die kurze breite Nafe tragen zur Charakteriftik des Stiergottes bei. — Verwandt, doch unvergleichlich viel fchöner und ausdrucksvoller ift die bekannte kleine Bronzemaske in Wien (v. Sacken, ant. Bronzen Taf. 29, 12), in welcher Bruno den Flufsgott erkannt hat.

**1275** (Taf. LXVIII). Weftfront Heraion (Inv. 2767). Anfatz mit Ausgufs, von einem Eimer, in Geftalt einer Silensmaske mit weit offenem Munde. Oben die zwei Ringe für den doppelten Bügelhenkel. Gute Zeit. — Der Silenskopf ift an diefer Stelle und in diefer Verwendung nicht felten an Eimern anderer Fundorte.

**1276** (Taf. LXVIII). Weftlich Zeustempel (Inv. 717). Rohe Maske als Gefäfsanfatz. Oben ein Wulft mit durchgehendem Loch, um einen beweglichen Henkel aufzunehmen. — Verwandte Funde anderer Orte lehren, dafs ein Medufenkopf gemeint ift. Trotz der rohen Ausführung braucht das Stück nicht eben fpät zu fein. Über den zu Grunde liegenden Medufentypus vergl. in Rofchers Lexikon d. Mythol. I, Sp. 1722.

**1277** (Taf. LXVIII). Öftlich byzantinifcher Kirche (Inv. 13314). Dreifeitiges Kapitell, etwa eines Kandelabers. An den drei Ecken mit Ammonsköpfen geziert, die ein wenig altertümeln. Dazwifchen Palmetten. Geringe Arbeit. Sicherlich erft römifcher oder fpät helleniftifcher Zeit. — Ammonsköpfe find in der dekorativen Kunft der genannten Epoche bekanntlich befonders beliebt.

**1278** (beiftehend). Öftlich Leonidaion (Inv. 12600). In dünnem Blech getriebene Büfte mit Panzer, wie es fcheint, den Kaifer Titus darftellend.

**1279. 1279a** (Taf. LXVIII). Südlich Paläftra (Inv. 11972). Büfte eines Libyers mit in Staffeln abgeteiltem Haare. Bulla um den Hals. Die Augenfterne waren eingefetzt. Die Büfte wird

1278
13 : 4

aufser von dem viereckigen Fufse noch von zwei Säulchen geftützt, deren Blattkrone an den Palmbaum erinnert, und wohl mit der Helmat des Dargeftellten in Beziehung fteht. Die Verwandtfchaft der Säulen mit alten orientalifchen Typen ift wohl nur eine zufällige. Die Säulchen waren auch an der Rückfeite frei, während die Büfte mit ihrem Fufse hinten mit etwas gefüllt und irgendwo befeftigt war. Auch gehen zwei Löcher durch

die Bruſt und eines durch die Baſis. Im Nacken eine
Öſe (ſ. die Seitenanſicht 1279a). Dem Charakter der
Arbeit nach aus ſpäterer römiſcher Zeit. — Köpfe von
Lihyern waren in der ſpäteren dekorativen Kunſt, welche
ſich ſo vielfach an die alexandriniſche anſchloſs, ſehr
beliebt.
   **1280** (Taf. LXVIII). Prytaneion (Inv. 4370). Ende
eines kannelierten Griffes, in Geſtalt eines Schafskopfes,
durch deſſen Maul ein Ring von Draht geſteckt iſt, der
ſich in eine Kette fortſetzt; dieſelbe diente zum Aufhängen des Gefäſſes. Durch das hohle Griffende geht
ein Nagel von Eiſen, zum Feſthalten der aus Holz beſtehenden Fortſetzung des Griffes. — Der Typus dieſes
Griffes war in römiſcher Zeit ſehr beliebt für pfannen-
artige Gefäſse (viele im Neapler Muſeum).
   **1281** (Taf. LXVIII). Weſtlich Zeustempel (Inv. 89).
Trefflicher Hundekopf. Hinten hohl. Wohl das Ende
irgend eines Griffes.
   **1282** (Taf. LXVIII). Sehr oxydiertes Stück. Schwe-
bender Eros. Nach oben gehen zwei Stäbe, die wie
Gußkanäle ausſehen; vielleicht ein unfertiges Stück.
   Endlich ſeien hier noch erwähnt: Inv. 3140, ſchlech-
ter römiſcher Henkel mit undeutlicher Maske; 13210
Kinderbüſte als Gefäſsaufſatz, ſpät und ſchlecht; 12800,
Panskopf, von einem Henkel, ſehr gering.

## 7. Thongefäſſe.

Es ſcheint in Olympia, im Gegenſatze etwa zur
Akropolis in Athen, nur in ſehr beſchränktem Maſse
Sitte geweſen zu ſein, Thongefäſse in das Heiligtum zu
weihen. Wir dürfen dies aus der Geringfügigkeit der
Überreſte ſchlieſsen, welche auf jene Sitte deuten. Die
groſse Mehrzahl der in Olympia gefundenen Thonvaſen
und Scherben war zu wirklichem Gebrauche beſtimmt,
nicht zu Weihgeſchenken, und iſt deshalb ſchon ver-
hältnismäſsig unſcheinbar. An den groſsen Altarplätzen
mit den maſſenhaften Weihegaben von Bronze fanden
ſich Thonvaſen nur ganz vereinzelt. Die Plätze dagegen,
an welchen die Vaſenſcherben griechiſcher Zeit in Menge
auftraten, weiſen darauf hin, daſs dieſelben von Gebrauchs-
gefäſsen ſtammen. Unter dieſen Stellen ſind vor Allem
das Prytaneion und die nördlich an daſſelbe anſchlieſſen-
den Baulichkeiten zu nennen (vergl. S. 6). Hier ergaben
die griechiſchen Fundſchichten maſſenhafte Scherben, und
zwar vorwiegend von eigentlichem Speiſegeſchirr, von
Schüſſeln, Tellern und Napfen, auch Krateren. Es fand
hier bekanntlich die feſtliche Speiſung der olympiſchen
Sieger ſtatt. Ferner fanden ſich Mengen von Scherben
in dem Schutte unter den Fundamenten der von den
Architekten helleniſtiſcher Zeit zugeteilten geräumigen
Anlagen unter dem Hauſe des Nero öſtlich vom Südoſtbau (vergl. S. 6). Die Scherben waren hier mit Tier-
knochen untermiſcht; es waren beſonders viel Fragmente
von einfachen ſchwarzen Schalen und Napfen, auch
von Krateren. Alles deutet auch hier viel mehr auf
Gebrauchsgefäſse und Speiſungen als auf Weihgeſchenke.
Jene Schicht ſtellt offenbar den aus dem altgriechiſchen
Südoſtbau in ſeiner Rückſeite aufgehäuften Schutt dar,

und wir dürfen nach dieſen Funden vermuten, daſs in
den Gemächern jenes Baues einſt feſtliche Mahle ab-
gehalten wurden. Sehr viele Gefäſsſcherben wurden
ferner in den Gegenden weſtlich vom Buleuterion ſowie zwiſchen dem Leonidaion und der byzantiniſchen
Kirche bemerkt, wo ſie offenbar aus den umgebenden
bewohnten Räumen abgelagert ſind. Endlich wurden
die Brunnen im Südoſtbau, vor dem Buleuterion und bei
dem Heraion mit Scherben angefüllt gefunden; namentlich der erſtgenannte war voll von Scherben einer alten
Gattung einfacher Waſſerkannen, die gewiſs niemals
Weihgeſchenke waren. Viele Gefäſsſcherben enthielt
ſchlieſslich auch die Stadionwall, deſſen Schutt indeſs
aus den verſchiedenſten Gegenden zuſammengetragen zu
ſein ſcheint. Gefäſse und Scherben aus der Spätzeit,
wo die Altis ein Dorf war, ſind natürlich überall in den
oberen Schichten zu Tage gekommen. Wir behandeln
ſie in dem Abſchnitte über die byzantiniſche Zeit.

### Ältere, handgemachte Vaſen.

Die älteſte Periode, wo die Vaſen mit der Hand,
ohne Anwendung der noch unbekannten Drehſcheibe
gemacht wurden, iſt in Olympia vertreten durch
   **1283** (Taf. LXIX). Gefunden in einem anderen dick-
wandigen rohen groſsen Topfe von circa 55 cm Durchmeſſer, welcher »gleichſam eingemauert« war in
eine Steinmaſſe, die vom Fundamente jenes uralten
groſsen Altares im Süden des Heraions herrührt (Inv.
Te. 3059; Tageb. V, S. 168). Leider konnte ich jenen
anderen groſsen Topf nicht mehr identifizieren, da er
beim Herausnehmen wohl zerbrach und auch nicht in-
ventariſiert worden iſt. Der vorliegende Topf iſt mit
der Hand gemacht; der grobe Thon ſieht im Bruche
dunkel ziegelrot aus, an der Auſsenſeite iſt er geſchwärzt
und hat die Oberfläche ſogar einen matten Glanz, ähnlich
dem, welchen die alten troianiſchen und die älteſten
italiſchen ſchwarzen Vaſen haben. Der Henkel iſt abgebrochen, doch ſind die beiden Anſätze zu ſehen. Die
Form iſt eine im Kreiſe älterer Töpferei überhaupt und
beſonders in Troia oft begegnende (vergl. Schliemann,
Ilios S. 258, Fig. 571: 430, Fig. 357: 436, Fig. 370. 379;
437, Fig. 386; 440; 616, Fig. 1178).
   **1284** Taf. LXIX. Nordöſtlich Zeustempel (Inv. 744).
Kleiner Topf, von vorgeſchrittener Technik, doch
noch mit der Hand gemacht. Der Thon iſt durch und
durch grau, die Oberfläche matt, von etwas hellerem
Grau als das Übrige. Der kleine Henkel iſt abgebrochen,
doch ſieht man die Anſätze. Ringsum iſt fünfmal eine
gewiſſe Kombination von eingeritzten Linien wiederholt.
   Ferner fand ich 1886, bei der Durchſicht aller Vaſenſcherben, die man geſammelt und magaziniert hatte, noch
ein Fragment einer mit der Hand gemachten Vaſe, das
durch und durch grauſchwarz und auſsen glanzlos war.

### Ältere auf der Scheibe gearbeitete Gattungen.

Hier iſt zunächſt zu konſtatieren, daſs ſich gar keine
Scherben mykeniſcher Vaſengattungen gefunden haben.
Dann, daſs auch die ſogenannte Dipylongattung voll-

ständig fehlt, was besonders bemerkenswert ist, da der entsprechende Stil ja in den Bronzesachen so reichlich vertreten ist.

Die ältesten auf der Scheibe gearbeiteten Gefäße in Olympia stimmen im Wesentlichen der Technik durchaus mit jenen primitiven Menschen- und Tierfiguren von Terrakotta überein, welche wir schon besprochen haben. Sie bestehen aus demselben nicht sehr feinen blassen leicht rötlichen Thon, welcher an der Oberfläche nicht geglättet und glänzend, sondern stumpf ist. Sie sind wie jene zum Teil mit einer schlecht haftenden, meist sehr matten braunen oder rotbraunen Firnisfarbe bemalt. Ornamente werden nicht angewendet. Diese offenbar lokale Art scheint in Olympia lange Zeit Bestand gehabt zu haben. Wir beginnen mit den durch ihren Fundort in der tiefen Schicht unter dem Heraion als besonders alt gesicherten Stücken.

1285 (beistehend). Unter dem Westpteron des Heraions (Inv. Tc. 2466). Höhe 8 cm. Geriefter Fuß, wohl von einem Becher. Blaßrötlicher Thon.

1286 (Taf. LXIX). Hoher geriefter Fuß, wohl eines Bechers. Reste braunroter matter Firnisfarbe, welche das Ganze bedeckt zu haben scheint. — Gleicher Art, kleiner, Inv. Tc. 2586 (unter dem Opisthodom des Heraions).

Es sind ferner noch zwei ähnliche Stücke in tiefen Schichten unter dem Heraion, zusammen mit den primitiven Tieren und Menschen gefunden worden.

Diese Becherfüße sind nahe verwandt einer in Mykenä mehrfach vorkommenden Art hoher, ebenfalls horizontal geriefter Becherfüße; nur sind letztere in durch und durch grauem Thone gearbeitet (vergl. Furtw. u. Löschcke, myken. Vasen, S. 54). Auch anderwärts kommen ähnliche Becherfüße in sehr alter Zeit vor (z. B. in einem Pozzograb zu Corneto).

Von etwas anderer Gattung und vereinzelt ist das folgende, wegen seines Fundortes hier anzuschließende Stück:

1287 (Taf. LXIX). Unter dem Opisthodom des Heraions (Inv. Tc. 2600). Große Hydria von 37 cm Höhe und 1,03 Umfang. Der Thon ist, abweichend von den übrigen hier zu besprechenden Gefäßen, grünlich-gelblich und ziemlich glatt an der Oberfläche. Mit einer matten braunschwarzen, ins dunkelviolette gehenden Firnisfarbe, die auch abweicht von der jener anderen Gefäße, ist der größte Teil der Vase bedeckt, indem nur schmale Streifen des Thongrundes ausgespart sind. Auch dadurch unterscheidet sie sich von jenen, welche viel geringere Anwendung der Firnisfarbe machen und die untere Hälfte des Vasenbauches unbemalt zu lassen pflegen. Auf der Lippe sind elliptische Tupfen angebracht. Die Technik ist eine sehr gute, das große Gefäß sauber auf der Scheibe gedreht und dünnwandig. Es entstammt einer anderen Fabrik als 1285. 1286 und die im Folgenden zu besprechenden Vasen. — Die Form der bauchigen Hydria kommt auch unter den mykenischen mit Firnisfarbe bemalten Vasen vor, aber nur einfach mit Streifen und Schleifen, nicht mit reicheren Ornamenten geziert (Furtw. u. Löschcke, myken. Vasen, Taf. 44, 39; vergl. S. 63).

1288 (Taf. LXIX). In dem Porosbrunnen im Südostbau (Inv. Tc. 4644). Höhe 0,28. Kanne. Nur die Mündung (auch der innere Rand derselben), der Hals und der Henkel sind mit schlechter, sehr verblasster rötlich-bräunlicher Firnisfarbe bemalt, welche an zwei Stellen am Vasenbauche etwas herabgelaufen ist. Das Übrige zeigt den blassen gelblichen matten Thongrund. Die Kanne hat unten keinen Fußwulst, sondern nur eine Abplattung zum Aufstehen, welche aber etwas konkav ist.

1289 (Taf. LXIX). Östlich vor der byzantinischen Westmauer (Inv. Tc. 1053). Henkel einer gleichen Kanne. Höhe 0,18. Hier ist der doppelte Ansatz am oberen Ende des Henkels deutlich zu sehen, welcher sich auch an 1288 befindet. Er diente als Stützpunkt für den Daumen beim Ausgießen.

Außerdem sind noch sieben wohlerhaltene Henkel und sehr zahlreiche Scherben von Bauch und Mündung ganz gleicher Kannen vorhanden. Alle diese fanden sich mit 1288 in der Tiefe des Porosbrunnens beim Südostbau. Es wurden 540 gezählte Scherben aus diesem Brunnen heraufgeholt, welche alle von einer Technik und Fabrik sind und zum weitaus größten Teile eben von Kannen wie 1288 herrühren. Es war immer nur der Rand oder der obere Teil des Bauches mit der dünnen rötlich-braunen Firnisfarbe bemalt, welche sehr leicht abgeht, jetzt ganz glanzlos ist, doch ehemals einen matten Glanz gehabt haben wird. Sie ist oft am Bauche der Vase herabgeflossen. Unter diesen Scherben kommen nur wenige vor, die auf andere Formen weisen; so zwei Scherben von einer cylindrischen Mündung, wohl einer Amphora. Nur einmal kommt ein kleiner Fußwulst vor, sonst dient immer nur eine etwas konkav eingezogene Abplattung als Fuß. Nie erscheinen aufgemalte Streifen oder auch nur die Spur eines Ornamentes. Der Thon ist hellrötlich, selten etwas grünlich-weißlich. Auf der Oberfläche sind die Spuren der Drehscheibe geflissentlich vertilgt durch eine aufgestrichene glatte Schicht von etwas hellerer Farbe; doch ist die Oberfläche immer matt und stark porös und saugt Nasses sofort auf. Die Gefäße sind nur schwach gebrannt.

Die Form der Kanne mit ihrem hoch geschwungenen Henkel ist mir genau so von anderen Funden nicht bekannt. Die Henkel sind für ihren Zweck sehr passend erfunden, indem sie es ermöglichen, die bauchige Kanne leicht und bequem vollkommen auszugießen. Wahrscheinlich waren es Wasserkannen. Sowohl die Technik als die bauchige Form ohne Fuß deuten auf recht alte Zeit.

1290 (Taf. LXIX). Gegen 2 m unter dem Stereobat der späten Pfeilervorhalle des Buleuterions in der Nähe des Brunnens im Sande liegend gefunden (Inv. Tc. 1780). Höhe 0,325. Hydria mit nur einem Henkel. Der Thon ist hellrötlich. Mündung, Henkel und die obere Hälfte des Bauches sind mit Firnisfarbe bemalt. Diese ist ungleich besser als bei der eben besprochenen Gattung von Kannen; sie ist schwarzbraun, teilweis etwas rot gebrannt; fie hat einen matten Glanz. Es ift diefelbe Farbe wie die an den primitiven Tier- und Menfchenfiguren, und diefelbe auch, welche die älteften gefirniften Ziegel Olympias, die des Heraions, bedecken. Diefe Technik hat fich in Olympia aber offenbar lange gehalten, und die Vafe braucht deshalb nicht fo fehr alt zu fein. Ihre Form ift weniger fchwerfällig als 1287. Unten fchliefst ein kleiner Fufswulft ab.

Diefelbe Technik zeigen noch einige ganz erhaltene Gefäfse:

1291 (beiftehend). In dem Thonbrunnen nordöftlich vor dem Buleuterion gefunden (Inv. 1832). Höhe 75 mm. Kleiner Topf, an Mündung und Henkel mit rotbrauner Firnisfarbe bemalt.

In demfelben tiefen Thonbrunnen wurde noch ein ähnlicher Napf und eine Kanne der eigentümlichen, mit zwei Henkeln ausgeftatteten Form, Berliner Vafenkat. Taf. 5, 136, gefunden; fie ift von graugelblichem Thon und hat nur am Rande die Spur von rotbrauner Firnisfarbe; unten ift eingekratzt Ⱶ

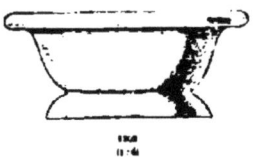

1292 (beiftehend). Öftlich Zeustempel (Inv. Tc. 1826). Höhe 0,115. Durchmeffer oben 0,34. Grofse Schüffel. Auf dem Rande ift in den noch weichen Thon graviert Ⱥ. Nur der Rand und der Fufs find braunfchwarz gefirnift. Der Thon blafsrötlich mit fchwarzen Steinchen untermengt.

1293 (Taf. LXIX). Aus dem grofsen Bronzekeffel, der füdweftlich vom Zeustempel an der Südterraffen-(alten Süd-Altis) Mauer gefunden ward, über den vergl. oben S. 194 (Inv. Tc. 677 b). Kleiner einhenkliger Napf. Blafsrötlicher Thon. Oben herum mit dem rotbraunen, leicht abgehenden Firnis bemalt.

Dergleichen Näpfe find häufig gefunden worden.

1294 (Taf. LXIX). Südlich Heraion bei den Altarfunden (Tagebuch V, S. 187). Miniatur-Hydria, Votivnachbildung. Mit fchwarzbrauner, leicht abgehender dünner Firnisfarbe bemalt.

Hierher gehören ferner eine ganze Reihe von Scherben derfelben Technik. Der Thon ift blafsgelblich oder rötlich und die Firnisfarbe rotbraun oder fchwarzbraun. Häufig fcheinen weite Näpfe mit horizontalen Henkeln gewefen zu fein. Die Füfse find nur durch ein einfaches Wülftchen ausgedrückt. Es pflegt die obere Partie des Gefäfses gefirnift zu fein. Seltener find Firnisftreifen, es kommen aber nur ganz breite vor. Eine Ausnahme bildet eine Scherbe vom Süden des Heraions, welche von einer gröfseren Vafe mit fchmalen Firnisftreifen ftammt. Vereinzelt ift ferner

1295 (beiftehend). Nördlich Thefauren (Inv. Tc. 3456). Höhe 71 cm.[1]) Wohl ein Salbgefäfs mit konzentrifchen Kreifen, in der Technik diefer älteren lokalen Gruppe; braunfchwarze Firnisfarbe auf hellem Thone.

Auch ein askosförmiges Gefäfs bei dem grofsen Bronzekeffelfund im Prytaneion, vergl. S. 6 Anm., in gleicher Tiefe gefunden, 31. Mai 1879 gehört zu diefer älteren Gruppe. Es ift unbemalt bis auf die Schlauchfpitze. Es ift fehr verwandt einem aus Rhodos ftammenden Stück in Berlin (Berliner Vafenf. 3980).

Ganz vereinzelt ift

1296 (Taf. LXIX). In dem Helme 1031, beim Altar füdlich vom Heraion, fehr tief (Tageb. V, S. 186). Zerbrochener Napf, der einft ficherlich zwei Henkel und einen kleinen Fufs hatte. Blafsrötlicher Thon. Schwarzbrauner, geringer, nicht ganz deckender Firnis, mit welchem der untere Teil der Vafe ganz bemalt ift. Ein Band unter den Henkeln fowie der abgefetzte Rand find mit je drei fchmalen Streifen geziert. Dazwifchen aber, auf der Schulter, ift beiderfeits ein Feld ausgefpart, auf welchem ein nach rechts fchreitender Hund gemalt ift. Von dem einen ift nur das Hinterteil erhalten, der andere ift faft vollftändig. Die Tiere find mit verdünnter hellbrauner Firnisfarbe in Umriffen auf den Thongrund gezeichnet und dann mit weifser Deckfarbe gefüllt, fo dafs fie fich weifs vom Thongrunde abheben. — Unter den bekannten Vafengattungen fteht das Gefäfs wenaus am nächften den fogenannten frühattifchen oder Phaleron-Vafen, d. h. den in Attika gefundenen unmittelbar an die rein geometrifche Dipylongattung fich anfchliefsenden Gefäfsen (Jahrb. d. Inft. II, Taf. 3—5, S. 33 ff.). Sowohl die Technik ift, was Thon und Firnisfarbe betrifft, diefen fehr ähnlich als namentlich die Zeichnung. Ruhig fchreitende Hunde finden wir gerade in diefer Gattung (vergl. a. a. O. S. 48, 49, 4 n) und fonft meines Wiffens nicht in archaifcher Malerei. Die Zeichnung, befonders des offenen Maules mit der heraushängenden Zunge und den Zähnen, ift hier durchaus wie dort. Die kurzen runden Ohren ebenfo an den Löwen a. a. O. Taf. 5. Auch das Sförmige Füllornament auf dem Bauche ift ein in jener Gattung befonders beliebtes. Als abweichende Elemente bleiben nur der Mangel an Füllornamenten im Grunde und die einfache Firnisdecke, welche das Gefäfs mit Ausnahme der Bildfelder umhüllt, während dort verzierte Streifen üblich find, und endlich die Füllung der Figuren mit weifser Farbe, indem dort nur aufgefetztes weifses Detail vorkommt. — Diefelbe Art, mit Umriffen zu zeichnen und weifs zu füllen, kommt an einem bisher auch vereinzelt daftehenden Gefäfse aus Böotien[2]) vor, welches einen fitzenden Löwen, auch mit heraushängender Zunge, darftellt; das Gefäfs ift im übrigen

---

[1]) Hier nach dem Inventar gezeichnet; ich fah 1886 nur Scherben des Gefäfses.

[2]) In Berlin, neue Erw., flafchenförmiges Salbgefäfs der korinthifchen Form, doch von der korinthifchen völlig verfchiedene Technik.

in Form und Ornamentation eine Nachahmung altkorin-
thischer Vorlagen, im Stile aber, namentlich des Kopfes,
den »frühattischen« und der olympischen Vase näher.

**1297** Taf. LXIX. In der Mitte des Prytaneions,
tief unter der Brandschicht, auf welcher die spätrömischen
Mauern stehen. Kleine Kanne aus hellem grünlich
gelbem Thone, welcher dem der korinthischen Vasen
verwandt, doch gröber ist. Ohne alle Farbreste, die
indeß abgeschabt sein könnten. Das Gefäßchen war ein
Weihgeschenk, wie die eingekratzte Inschrift lehrt: ΤΟΘΟΘ
Arch. Ztg. 1879, S. 149. Röhl, inscr. ant. 561.

Endlich find noch einige Fragmente von Gefäßen
anzuführen, welche eine im Wesentlichen plastische und
nicht gemalte Verzierung aufweisen.

**1298** Taf. LXIX. Byzantinische Westmauer (Inv.
Tc. 933). Emporgeschwungener Henkel eines Bechers
mit plastischen Rillen und einem spitzen Dorne auf der
inneren Hälfte. Keinerlei Farbüberzug. Der Thongrund
der Oberfläche ist gleichmäßig grauschwarz. Im Bruche
ist der Thon mitten dunkelziegelrot und wird nach
außen zu schwarz. — Die plastische Behandlung gehört
von Alters zum Stile der schwarzthonigen Vasengattung,
welche, wie wir durch die Ausgrabungen in Naukratis
und der Troas wissen, noch im 7. und 6. Jahrhundert
von den Aeolern Kleinasiens und besonders den Mity-
lenäern gepflegt wurde. Auch jener Henkel wird kaum
älter sein, und dasselbe gilt für das folgende Stück.

**1299** beiliehend. Inv.
Tc. 1002. Ende eines wohl
nach dem Inneren des Ge-
fäßes zu gebogenen Henkels
von durch und durch grauem
Thone. Oberfläche glatt grau
ohne jeden Farbüberzug. Die Einzelheiten sind ein-
geritzen und eingedrückt. Schwanenkopf.

**1300** beiliehend. Inv.
Tc. 3526. Ende eines Henkels
wie 1299. Das Stück ist sehr
verwandt dem Bronzehenkel-
fragment 952. Vielleicht auch
ein Rehkopf mit kurzem Horn.
Über die Beschaffenheit des
Thones fehlen mir leider Notizen.

**1301** Taf. LXIX. Nörd-
lich Prytaneion Inv. Tc. 3058).
Fragment vom Mündungs-
rande eines mächtigen Beckens
oder dergleichen. Ausgezeich-
nete Technik. Der ziemlich grobe rote Thon mit
schwärzlichen Punkten ist an den Außenseiten mit einer
feinen gelblich rötlichen Thonschicht überzogen. Am
äußeren Rande plastische, mit brauner glänzender und
matter roter Farbe bemalte Streifen, sowie einer jener
wulstförmigen, lediglich dekorativen Ansätze, die wir in
Bronze bereits kennen gelernt haben (Vergl. S. 135).
Das Gefäß ahmte also Metallformen nach. — Ein ähnliches Fragment aus Naukratis f. Naukr. 1. pl. 4. 7; ein
anderes, dem olympischen sehr ähnliches, ward auf der
Akropolis zu Athen 1887 gefunden 'ευρε Σελευε'.

**»Protokorinthische« Lekythos**
(Berliner Vasen-Katalog Form No. 102).

Ein Exemplar dieser, wahrscheinlich alt-chalkidischen,
Gattung hat ganz einfache Dekoration: an der Schulter
abwärts und unten aufwärts gerichtete Blättchen; dazwischen nur Streifen und alternierendes Punktband
(Inv. Tc. 2923, beim großen Altar südlich Heraion, tief).
Ein anderes, westlich vom Heraion gefundenes, ist ganz
abgerieben. Mehr Exemplare find von dieser Gattung
nicht gefunden worden.

**Altkorinthische Gefäße**

find mehrere kleine in tiefen Schichten und besonders
beim Pelopion zu Tage gekommen. Sie waren, ebenso
wie die eben genannten kleinen Lekythen, sicherlich
Weihgeschenke. Es find zunächst einige kugelförmige
Aryballen (Berliner Vasen-Katalog Form No. 108) zu
nennen. Einer, der nur mit Streifen geziert ist, wurde
in tiefer Schicht, wahrscheinlich unter dem Bauschutte
vor der Ostfront des Zeustempels gefunden (Inv. Tc. 303a).
Einer mit umlaufenden Streifen und Punktreihen (vergl.
Berliner Katalog, 2. Gruppe, S. 117) fand sich, zufammen mit einem korinthischen Helm des alten Typus,
einer Beinschiene und einer korinthischen Kannen-
mündung, auf einem Fleck vor der Mitte der Westfront
des Zeustempels in tiefer Schicht (14. Dezember 1877).
Ein gleicher lag zwischen den beiden Fundamentringen
des Philippeions (20. Dezember 1877; Inv. Tc. 520). Ein
fragmentiertes Exemplar lag auf dem großen Relief 696;
eines auf der Mitte der Thesaurenterraffe. Im Pelopion
fand sich ein Aryballos, der in der Mitte Palmetten-
und Lotosgeflecht, rechts und links einen Schwan
zeigt: hinten kehrt das Ornament nochmals wieder
(Inv. Tc. 2041). Ein anderes Gefäß dieser Gattung,
östlich vom Südosthau gefunden (Tagebuch VI, S. 87),
zeigt die nicht feltene Darstellung von vier tanzenden
Männern in kauernder Stellung; Füllung mit Rosetten
(vergl. dazu Berl. Katal. No. 1016). Auch das korinthische schlauchförmige Alabastron (Berl. Katal.
Form 109, S. 111 ff.) kam mehrmals vor. Ein sehr
zierliches gutes Exemplar aus dem Pelopion 'Inv. Tc. 2471)
zeigt gravierte und bemalte Schuppen; es steht den
»protokorinthischen« Sachen nahe. Ein einfaches, gewöhnliches, nur mit Streifen und alternierenden Punktreihen bemaltes Stück aus dem Pelopion trägt die
erst in das fertige Gefäß eingeritzte Weihinschrift des
Semonides (Röhl, inscr. ant. 1). Ein anderes Exemplar
aus dem Pelopion zeigt zwei Löwen, welche, auf die
Vorderbeine aufgerichtet, sich gegenübersitzen; zwischen
beiden eine Eule (Inv. Tc. 739). Noch eins aus dem
Pelopion Inv. Tc. 725) scheint einen geflügelten Panther
darzustellen. Ein weiteres, beim Altar westlich von dem
Heraion in tiefer Schicht gefundenes Exemplar (Inv.
Tc. 1051) hat auf der Vorderfeite eine Sirene, hinten
einen Vogel als Schmuck. — Auch fand sich ein alt-
korinthisches Gefäß in figürlicher Gestalt, eine Sphinx,
welche den Kopf nach vorn umdreht, mit Gefäß-

mündung, es war jedoch sehr zerstört. Endlich auch eine kleine weibliche Büste, welche auf einer korinthischen Vase auffaßt (vergl. Berl. Katal. No. 983. 984). — Schließlich ist auch ein fragmentierter Deckel mit Knopf von korinthischer Technik zu erwähnen (Inv. Tc. 1050, beim Altar westlich vor dem Heraion).

### Kyrenäische Gattung.

**1302. 1302a (beistehend).** Aus dem scherbenreichen Schutt östlich vom Südostbau (Tageb. VI, S. 101; Berlin, Dubl.). Fragment einer Schale, welche in der Mitte der Innenseite (1302) ein großes Gorgoneion, außen (1302a)

1302
(4:5)

1302a
(4:5)

einen Streifen Dekoration zeigt, und zwar die den kyrenäischen Vasen eigentümliche Art von Lotosknospen und das denselben ebenfalls eigene Band von kleinen Blättchen. Die Technik ist die der Gattung eigentümliche (vergl. über dieselbe namentlich Löschcke, Dorpater Programm 1879; Puchstein, Arch. Ztg. 1881, S. 215 ff., und Pottier in Dumont et Chaplain, céramiques de la Grèce pr. I, p. 293 ff.). Der Thon ist hellrötlich und hat auf beiden Seiten einen gelbweißen Überzug, darauf mit guter tiefbraun schwarzer Firnisfarbe gemalt ist. Die mit Rot aufgesetzten Einzelheiten sind in unserer Abbildung schraffiert. — Das Gorgoneion ist schon einmal als Innenbild einer Schale dieser Gattung nachgewiesen (Arch. Ztg. 1881, S. 218, No. 17 A; Pottier a. a. O. S. 302, No. 22; das Gorgoneion abgebildet bei Six, de Gorgone, Tab. I, III 2 e; vergl. in Roschers Lexikon I, Sp. 1718, Z. 30). Das Medusenhaupt ist dort ebenso wie hier nur mit Umrissen auf den Thongrund gezeichnet. Das von feinen Firnisstreifen umgebene rote Band, das an unserem Fragmente auf die schwarzen Haare der Gorgo folgt, ist offenbar bereits der Rahmen für das Bild und nicht etwa ein Haarband, wofür es viel zu groß ist. Das Gorgoneion war hier also nicht, wie es sonst auf den kyrenäischen Vasen der Fall ist (vergl. noch Arch. Ztg. 1881, Taf. 12, 2), von Schlangen umgeben.

Indem ich in diesem Fragmente die erste kyrenäische Vase auf griechischem Boden nachweise, füge ich gleich eine zweite hinzu, eine kleine, einfach und nur ornamental gezierte Schale aus Aralanti, jetzt im Berliner Museum.

### Ältere Schalen, wahrscheinlich ionischer Fabrik.

**1303 (beistehend).** Berlin, Dubl. Gelbrötlicher Thon, mit braunroter Firnisfarbe bemalt; Innenseite ganz ge-

firnißt. Fragment einer Schale mit ausgebogenem Rande. Auf dem Streifen zwischen den Henkeln sind kleine Blättchen gemalt.

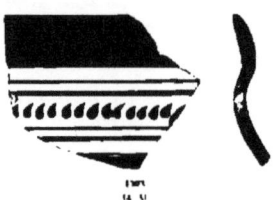

1303
(4:5)

**1304 Taf. LXIX.** Kleine vollständige Schale, einfach verziert. Rötlicher Thon.

Verwandt sind die zahlreichen Schalen aus dem milesischen Apolloheiligtum zu Naukratis (Naukr. I, pl. 10).

### Krater unbekannter Fabrik.

Inv. Tc. 3519 nördlich Prytaneion). Mündung und Henkel eines Kraters der sog. Amphora a colonnette-Form; die Henkelscheibe biegt nach unten um, wo sie auf den aufrechten Henkel trifft. Guter schwarzer Firnis bedeckt das Ganze. Diese an bildlich verzierten, sicher chalkidischen Vasen nachzuweisende Form des Henkels kommt auch an ganz schwarz gefirnißten Exemplaren aus Unteritalien mehrfach vor z. B. Berliner Vasensamml. S. 472, No. 2143 ff.), deren Fabrikort nicht zu bestimmen ist. Diesen ist das olympische Fragment anzureihen.

### Vasen attischer Fabrik.

Es ist eine sehr beachtenswerte Thatsache, daß die attischen Töpfereien sich auch in Olympia volle Geltung verschafft haben. Indeß ist dies erst etwa seit den Perserkriegen geschehen. Es sind Mengen von Scherben attischer Gefäße, namentlich beim Prytaneion und dem Südostbau gefunden worden, die aus dem 4. und 5. Jahrhundert, doch kaum aus älterer Zeit stammen. Man schätzte die attischen Vasen in Olympia indeß weniger der reichen Bemalung als der soliden Technik und des guten Firnisses wegen, weshalb man vorwiegend nur einfach schwarze Gefäße bezog. Es wurden namentlich viele Scherben von Schalen, Schüsseln, Tellern, Näpfen, Krateren und Salbgefäßen gefunden, die wahrscheinlich alle dem wirklichen Gebrauche dienten. Eine Ausnahme in verschiedener Beziehung bildet

**1305 (beistehend).** Beim Buleuterion (Inv. Tc. 2092). Rand eines schwarz gefirnißten Napfes attischer Technik. Darauf steht, rot aufgemalt, der Rest der linksläufigen Inschrift ΛΣ̣Λ̣. Die Buchstaben sind groß und dick aufgemalt, und zwar nicht mit dem Violetrot, welches gewöhnlich für das Detail der Bilder und die Inschriften verwendet wird, sondern mit jenem thonfarbenen Rot, mit welchem man zuweilen ganze Bilder aufmalte (vergl. z. B. Berlin 4029). Das Theta sollte offenbar ein Kreuz im Kreise erhalten, doch zog es der Maler vor, um nicht

das Ganze in einen Klecks zu verwandeln, den zweiten
Strich zu unterlaffen. Die Infchrift gehört gewifs noch
ins 6. Jahrhundert und das Gefäß war zum Weihgefchenk

fchon am Fabrikorte beftimmt, ein interessantes Beifpiel
dafür, dafs man felbft fo befcheidene Votive zuweilen
aus der Heimat mitbrachte.

Wir betrachten nun die bereits im Allgemeinen
charakterifierte Menge der Scherben. Nur ein Fragment einer älter fchwarzfigurigen Vafe, wahrfcheinlich einer Amphora (Strahlen vom Fuße ausgehend), ift mir begegnet. Von fpäter fchwarzfigurigen ift zu nennen: Hals und Schulteranfatz
eines Stamnos (Berl. Kat. Form 39) mit Reften eines
von fchwarzen Epheuzweigen umrahmten Bildfeldes jederfeits. — Mündung einer Kanne mit Schachbrettmufter
(wie Berl. Kat. No. 1921). — Kleine Lekythos (Inv. Tc.
3485, weftlich Buleuterion) mit Ornament auf dem Bauche
vorn (obere Hälfte der Palmetten-Lotoskette; ganz wie
Berl. Kat. No. 1968. 1969). — Fragmentierte Lekythos
mit Reften flüchtiger fchwarzer Figuren, 12. Dezbr. 1878
auf dem Stadionwall gefunden. — Inv. Tc. 1088 (Prytaneion). Kleine Lekythos mit einfachem Mäander oben, fonft
fchwarz. Ebenfo noch zwei Exemplare (Inv.Tc. 2681, nordweftlich byzantinifcher Kirche; 1706, Prytaneion). — Von
ftreng rotfigurigen Scherben ift nur eine zu nennen:
1306 (beiftehend). Nörd-
lich Prytaneion (Inv.Tc. 3495).
Scherbe eines größeren Gefäßes, im Stile des epikteti-
fchen Kreifes bemalt. Rechtes
Bein einer im alten Lauf-
motive die Luft durchfchnei-
denden geflügelten Figur;
ein kleiner Flügel ift am
Unterfchenkel und die Spitze
des einen Rückenflügels ift
weiter oben fichtbar. Auf
dem Beine die Spiralverzierung, die nur an bewaffneten
Figuren vorkomme. Ift es
das Eidolon des Patroklos,
unten der Tumulus?

Mehr ift von Gefäßen
des älteren fchönen rot-
figurigen Stiles des 5. Jahrhunderts erhalten. Zunächft
mehrere Scherben großer Kratere der Form der fog.
Amphora a colonnette Berlin, Kat. Form 48. Die
Dekoration von Hals und Mündung diefer Vafen pflegt

bekanntlich in der fchwarzfigurigen Art gehalten zu fein,
auch wenn die Bilder bereits den älteren fchönen Stil
zeigen (vergl. die zahlreichen Beifpiele aus Bologna bei
Zannoni, la Certofa). So zeigt ein Fragment von Hals
und Schulter den Reft einer rotfigurigen Geftalt und am
Halfe die üblichen fchwarzen Lotosknofpen. Inv. Tc. 843
(Thefauroterraffe) ift ein Fragment der Mündung mit
fchwarzaufgemalten Tieren (Hinterteil eines Panthers) und
fchwarzer Palmette auf der Henkelfcheibe. Inv. Tc. 732
(Südweftlich Zeustempel) Randfragment mit fchwarzen
Lotosknofpen. Inv. Tc. 1087 (Prytaneion) Mündungsrand mit fchwarzer Epheuranke. Inv. Tc. 3519 (Prytaneion), auf der Henkelfcheibe fchwarze Palmette. Inv.
Tc. 3513 (Paläftra) der Fuß wahrfcheinlich einer Vafe
diefer Form. Auch ein anderes Fragment von einem
hierher gehörigen Fuße ift da. — Ferner ift das Hals-
fragment von einem großen Krater der Form Berl.
Kat. Taf. 4, 40 erhalten, welcher dem älteren fchönen
Stile angehörte. — Inv. Tc. 683 (nahe dem Oktogon hinter
dem Südoftbau) Unterteil einer großen Hydria der
Form Berl. Kat. Taf. 4, 41, mit dem Mäander, welcher
das Bild unten begrenzte. — Inv. 1774 (Buleuterion)
flacher Fuß einer Hydria, welche entwickelten Stil gezeigt haben muß. — Endlich ift auch der Hals einer
größeren Pelike (Berl. Kat. Form 42) erhalten, mit
Lorbeerkranz als oberem Abfchluffe des Bildes, das dem
fchönen Stil angehörte. — So find denn, mit Ausnahme
der fchlanken Amphora, alle größeren Hauptformen der
attifchen Keramik des 5. Jahrhunderts in Olympia vertreten, freilich in höchft unfcheinbaren Reften, indem
von den bildlichen Darftellungen, die ficher da waren,
fo gut wie nichts erhalten ift und wir nur aus den Eigentümlichkeiten von Form, Ornament und Technik auf
deren Stil rückfchließen konnten. — Doch auch die
kleineren Formen find vertreten. Inv. 1099 (Buleuterion)
ift eine ziemlich erhaltene Lekythos (Höhe 0,14) mit
dem Bilde einer Frau mit Spiegel in der Linken; am
Boden ein Kiffen. Älterer fchöner Stil. — Auf dem Fragmente
eines Tellers, deffen Mittelbild von Kymationornament
umgeben war, fteht in der Weife der Vafen fchönen Stils
des 5. Jahrhunderts aufgemalt KAAH.

Dem fpäter attifchen Stile des 4. Jahrhunderts gehören von Fragmenten größerer Vafen an: die öftlich
vom Südoftbau gefundene Scherbe von der Rückfeite
eines großen Kraters mit jugendlichen fogenannten
Mantelfiguren, die ficher da waren; — Doch auch die
Lorbeerkranz und dem Refte einer Figur, deren Fleifch
weiß aufgefetzt ift, mit gelber Innenzeichnung.

Außerordentlich zahlreich find aber die Scherben
kleinerer unbemalter und nur fchwarz gefirnifster attifcher
Vafen des 5. und 4. Jahrhunderts. Am häufigften find
folgende Arten: kleine Aryballoi, zumeift der gedrückten
Form, mit Riefeln (Stephani, Vafenf. d. Ermit. Taf. 2.
121). Eine in Olympia befonders beliebte anderwärts
feltene Abart ift mit kleinen eingedrückten
Kreifen verziert, welche der glänzende Firnis
überdeckt. Als Proben folgende Skizzen:
1307 (beiftehend). Prytaneion (Inv.
1703). Höhe 0,05. Kleiner Aryballos. Eingedrückte Kreife.

**1308** (beiftehend). Prytaneion (Inv. 1701). Höhe 0,07. Fragment eines anderen etwas größeren Exemplares. — Der fchwarze Firnis pflegt an diefen Stücken befonders fchön und glänzend zu fein.

Diefe Form kommt auch mit feitlicher langer Ausgufsröhre vor (ähnlich Berl. Kat. Form 243).

Ein kleiner Aryballos ift ausnahmsweife nicht ganz fchwarz, fondern zeigt um den Bauch einen fchwarzen Lorberzweig mit weißen Punkten.

Befonders häufig find ferner kleine Näpfe ohne Henkel, die in verfchiedenen Varietäten vorkommen (ähnlich Berl. Kat. Formen 254—259). Auch Fragmente größerer Näpfe mit Henkeln fanden fich häufig.

Dann find die, häufig mit geprefsten Verzierungen verfehenen, fchwarzen Teller fehr zahlreich, von denen fehr mannigfaltige Varianten erfcheinen (ähnlich den Formen bei Stephani, Vafenf. d. Ermit. Taf. 1, 1 ff., befonders 8.

Ferner find Scherben von Trinkfchalen, befonders Henkel und Füße, in grofser Anzahl gefunden worden. Sie waren immer ganz fchwarz gefirnift; meift ift das Innere der Schale mit geprefsten Ornamenten verziert (vergl. Berl. Kat. 2765 ff.). Unter den Formen der Füße ift folgende befonders beliebt:

**1309** (beiftehend). Südlich Heraion Inv. 1877). Höhe 4 cm. Schalenfuß, fchwarz gefirnift.

Die zu diefen Füßen gehörigen Schalen hatten abgefetzten Rand, wie aus vollftändigeren Stücken hervorgeht. Einmal ift unter dem Fuße eingekratzt ϝ. Unter dem Fuße eines Napfes E.

Dann kommen häufiger ganz einfache fchwarze kleine Kännchen vor. Seltener folche mit den eingedrückten Kreifen wie

**1310** (beiftehend). Prytaneion (Inv. 1703). Höhe 0,115. Kännchen. Sehr fchöner Firnis.

Dekoration durch flüchtig eingeritzte Ranken kam an kleinen fchwarzen Gefäßen öfter vor. (Auch in Attika findet fich diefe Gattung nicht felten, befonders im Piräus). Und zu den gravierten Ranken tritt zuweilen aufgemaltes Ornament in thonfarbenem Rot und in Weiß. Ein fragmentierter Teller aus dem Prytaneion ift in diefer Art innen mit Rofette, dann grofsem Perlftab und dann zwei verfchiedenen Blattkränzen bemalt. Diefe Stücke gehören wahrfcheinlich ins 4. Jahrhundert.

Durch die Menge kleiner fchwarzer attifcher Näpfe und Teller find die olympifchen Funde fehr denen in der Nekropole von Marion auf Cypern verwandt, wohin im 4. Jahrhundert auch befonders viele Väfchen diefer Art von Athen importiert worden find (vergl. P. Herrmann, die Nekropole von Marion).

## Spätere Gattungen.

### Verfchiedene importierte Arten.

Unter den Scherben fchwarzgefirnifter Gefäße werden auch manche erft der helleniftifchen Zeit angehören, in deren Beginn wenigftens diefelben noch fehr üblich waren. In das Ende des 4. oder in das 3. Jahrhundert gehört eine fchwarze Scherbe mit dem gravierten Namensfragment ΣΑΡX, wohl von einer Weihinfchrift. Die Schenkel des Sigma nähern fich horizontaler Geftalt, find jedoch noch etwas fchräg.

Ziemlich häufig wurden Fragmente von jenen mit Reliefs gezierten halbkugligen Schalen gefunden, welche der hellenistischen Zeit fo eigentümlich find und namentlich der fpäteren Hälfte diefer Epoche angehören; vergl. über diefelben Samml. Sabouroff zu Taf. 73. Wir heben unter den zahlreichen Scherben folgende hervor:

**1311** (beiftehend). Thonbrunnen nordöftlich vor dem Buleuterion (Inv. Tc. 1829.). Die fragmentierte Außenfeite einer fchwarzgefirniften Relieffchale auf die Fläche projiziert. In der Mitte Gorgoneion des hellenistischen Typus, gemäßigt pathetifch, mit Flügeln an den Seiten; das Ganze innerhalb eines Blütenkelches. Es folgt ein fchmaler Streif mit einer Jagdfcene. Man erkennt einen galoppierenden Reiter mit Schild und Lanze. Dann einen Stier, der von zwei Hunden geftellt ift, von denen der eine ihm ins Hinterbein beißt, während der andere ihm von vorne gegenüberfteht. Die Stellung des Stieres ift ganz derart, als ob ihm ein Strick von hinten übergeworfen wäre, der ihn an Vorderbeinen und Kopf feftlehe. Die Figuren des Stieres und die einen vor ihm ftehenden Hundes find noch einmal wiederholt, und aufserdem ift noch eine unkenntliche Figur da. Um den Fries paffend zu füllen, find der Stier und der Reiter fehr klein, die Hunde fehr grofs gebildet. Die Figuren find wohl einer größeren Kompofition entlehnt. Die Darftellung einer Jagd auf Wildtiere in hellenistifcher Zeit ift etwas fehr Bemerkenswertes und fonft, fo viel ich weiß, noch nicht nachgewiefen. Die Jagd ift wohl in nordifchen Gegenden gedacht, denn in Thracien und Päonien gab es viele Wildtiere, die man beritten jagte (vergl. O. Keller, Tiere des klaff. Altert. S. 53 ff.). Der Schild des Reiters hat jene bei den Galliern herrfchende Form mit einem Buckel, der mit zwei Ausläufern die Peripherie berührt. — Der größere Streif, der nun folgt, ftellt Herakles dar, wie er mit gefchwungener Keule die vor ihm aufgerichtete Hydra, von der nur ein undeutlicher Reft erhalten ift, bekämpft. Zwifchen feinen Beinen der Skorpion, der ihn zu ftechen fucht. Die übrigen Figurenrefte find nicht zu deuten.

**1312** (Taf. LXX). Thonbrunnen nordöftlich Buleuterion (Inv. Tc. 1824). Fragment einer Relieffchale fchwarzgefirnift. Der nebenftehende Durchfchnitt giebt den Umrifs der Schale. Zwifchen Blättern und Ranken ftehen einzelne nicht zu deutende Figuren. Vergl. Samml. Sabouroff Taf. 74, 2, wo die Figur mit aufgeftütztem Fuße fehr ähnlich wiederkehrt; Benndorf, gr. u. fic. Vafenb. Taf. 61, 3.

**1313** (Taf. LXX). Thonbrunnen beim Buleuterion Inv. Tc. 1828). Schalenfragment. Der Firnis faft ganz abgerieben. Galoppierende jugendliche Reiter, (ehr lebendiges Motiv, aber flumpfer Abdruck.

Inv. Tc. 938 (im Südweßen gefunden). Erotifches Symplegma, darüber links ein kleiner Eros, rechts eine Taube. Sehr fchlecht erhaltenes Schalenfragment. — Diefelbe Darfellung auf dem Fragmente einer anderen Schale, doch ohne die Taube.

Inv. Tc. 1077. Fragment einer Reliefschale fpäterer römifcher Zeit; nicht halbkuglig, fondern mit gerade an-fleigender Wandung. Gleicher Art wie aus Italien fam-mende Stücke, z. B. Berlin Inv. Tc. 6084. Kenntlich find ein Satyr mit Pedum; trunken geflützter Herakles; fein Fell an einem Baume; ein Fruchtbaum wird ge-fchüttelt; Tifch mit Früchten; fitzende und flehende Nymphen mit nacktem Oberkörper. Kompofition und Motive denen der Sarkophagreliefs verwandt. Sehr fchlecht erhalten.

Von einem grünlich gelb glafierten zierlichen Ge-fäfse mit Reliefschmuck iß leider kaum mehr als der Henkel erhalten.

### Spätere Gefäfse lokaler Fabrik.

Für den gewöhnlichen Bedarf fcheinen auch lokale Fabriken immer in Thätigkeit gewefen zu fein. Die-felben ahmten vielfach die attifchen importierten Gefäfse nach, wenigftens die kleinen und geringen. So fanden fich zahlreiche kleine Näpfchen, welche in der Form ganz mit den attifchen übereinftimmen (f. oben S. 204), aber einen ganz fchlechten bräunlichen oder braunroten Firnis tragen, der fie mit Sicherheit lokaler Fabrikation zuweifen läßt. Auch Teller mit geprefsten Verzierungen machte man, die fich freilich fchon fehr deutlich von den attifchen Vorbildern unterfcheiden. So:

1314 Taf. LXX. Nördlich Prytaneion Inv. Tc. 3514). Fragment eines größeren Tellers, deffen Form im bei-gefügten Durchschnitt deutlich iß. Die Profilierung er-fcheint ähnlich auch an den Tellern der attifchen Technik. Auf dem Rande find grobe Palmetten gepreßt, die von den feinen attifchen fehr verfchieden find. Nach dem Inneren zu Kreife eingedrückter Striche, wie an den attifchen Vorbildern, nur in grober und derber Aus-führung. Das Ganze war mit fchlechtem rotbraunem Firnis bedeckt, der aber fchon faft völlig abgerieben iß.

Inv. Tc. 003 vom Halfe eines Pithos, mit groben geprefsten Palmetten.

Doch in einer Gattung in Olympia vielgebrauchter kleiner Gefäfse hat die lokale Fabrikation dem Importe gegenüber die Oberhand behalten, in der Gattung der Lampen. Kleine Thonlämpchen wurden nämlich in Menge allenthalben in Olympia gefunden. Darunter iß nur eine relativ geringere Anzahl von folchen attifcher Fabrik; diefelben find durch ihre flache Form und weite Mündung (Stephani, Vafenf. d. Erm. Taf. I, 10; Berliner Vafenf. 4072), fowie den vorzüglichen attifchen Firnis und Thon fofort kenntlich z. B. Inv. Tc. 3343). Die bei weitem größte Mehrzahl aber iß lokaler Fabrik, hat eine andere höhere Geßalt und gar keinen oder fchlechten fchwarzen oder braunroten Firnisüberzug. Die Form derfelben iß weit verbreitet und war auch in Rom in republikanifcher Zeit die gewöhnliche (vergl. die älteren Lampen vom Esquilin, z. B. Annali d. Inft. 1880, tav. P, 2 4); auch in Sizilien find den olympifchen fehr ähnliche Lampen häufig. Wir geben die Hauptvarianten in Ab-bildung.

1315 (Taf. LXX). Inv. Tc. 3310. Mit braunrotem fchlechtem Firnis. — Dies Exemplar repräfentiert den gewöhnlichen Typus, dem bei weitem die Maffe fämmt-licher vorrömifcher Lampen angehört. Die meißten haben den braunroten Lokalfirnis. An einigen iß der fchwarze attifche Firnis nachgeahmt worden, aber mit wenig Glück. Diefer Typus wurde auch in tiefen Schichten beobachtet, z. B. füdlich der Nord-Terraffen-mauer des Zeustempels (Tagebuch V, S. 174); er geht gewifs in ältere Zeit zurück. — Die folgenden Varianten find nur durch eine geringere Anzahl von Exemplaren vertreten und fcheinen weniger alt als der Haupttypus.

1316 (Taf. LXX). Inv. Tc. 3348. Matter fchwarz-licher Firnis. Hellgelber Thon. — Der Töpfer hat hier die attifche Lampenform und auch den attifchen Firnis nachahmen wollen. Von dem attifchen Typus ßammt die Geßalt des Henkels und die größere Flachheit des Ganzen. — Einmal kommt eine folche Lampe auf einem hohen Fufse vor, auch dies in Nachahmung attifcher Vorbilder.

1317 (Taf. LXX). Inv. Tc. 3347. Der gewöhnliche lokale braunrote Firnis. Statt des Henkels ein Anfatz zum Greifen.

Die alte lokale hohe Form wird mit einem Henkel verbunden:

1318 (Taf. LXX). Gelblich grünlicher Thon ohne allen Überzug.

1319 (Taf. LXX). Inv. Tc. 3330. Der gewöhnliche rötliche Firnis. Henkel abgebrochen, doch find die Anfätze da.

Wefentlich verfchieden find die beiden folgenden Typen, indem die lange Dochtülle aufgegeben iß und ein kurzer breiter Vorfprung an ihre Stelle tritt, und indem die Öffnung zum Eingiefsen des Öles nur aus einem kleinen Loche inmitten der eingefenkten oberen Fläche befteht.

1320 (Taf. LXX). Inv. Tc. 489. Der gewöhnliche lokale rötliche Firnis, der leicht abgeht.

1321 (Taf. LXX). Inv. Tc. 4024. Diefelbe Form mit gegliedertem Fufse. Ziegelroter Thon ohne Firnis.

Diefe beiden Typen bilden den Übergang zu der römifchen Form, die während der Kaiferzeit auch in Olympia wie überall herrfchte. Die Typen 1320, 1321 find vielleicht die Einführung des römifchen Typus gleichzeitig und ßellen lokale Verfuche dar, diefelbe felbßändig zu adaptieren. Es iß möglich, dafs fich die lokalen Typen noch längere Zeit neben dem römifchen erhielten.

### Römifche Gattungen.

Zunächß iß eine Reihe von Lampen der gewöhn-lichen römifchen Art mit geprefster Reliefverzierung auf der Oberfeite erhalten.

1322 Taf. LXX. Südweß Inv. Tc. 1804). Sehr ab-geriebene Darfellung. Eros, mit gefenkter Fackel in der

Rechten, vor einem brennenden Altar; was er in der Linken hält, ist nicht ganz deutlich; es scheint eine zweite erhobene Fackel zu sein. Am Rande in der Mitte Querstreifen, wozu vergl. Samml. Sabouroff zu Taf. 75, 4.

Inv. Tc. 2306. Eros reitet auf einem Löwen; rechts ein Satyr mit Pedum, links Dionysos mit dem Kantharos in der Rechten; rechts ein Baum.

Inv. Tc. 761. Zwei Gladiatoren. Unten auf dem Boden eingedrückt, wohl als Fabrikmarke, ein Zweig. — Inv. Tc. 3352. Gruppe der drei nackten Chariten; sehr abgerieben.

Inv. Tc. 3356. Tyche mit Steuerruder und Füllhorn. Unten ist der Name des Verfertigers eingedrückt: ΠΑΡΔΙΑ ΝΟΥ wohl Μαρδιανοῦ zu lesen.

Inv. Tc. 4078 einfach verziert, unten ΓΑΙΟΥ. Eine mit Rebengewinde verzierte Lampe trägt unten die Inschrift ΚΛΛΛΙΣ ΤΟΥ Καλλίστου. Eine andere mit ähnlicher Dekoration zeigt unten den Namen des als Lampenfabrikanten in Griechenland bereits bekannten[1] Primus: ΠΡΕΙΜΟΥ. Inv. Tc. 1803, eine hübsch verzierte Lampe, zeigt unten nur die zwei Buchstaben ΛΛ zu beiden Seiten des Zentralpunktes.

Auch eine Thonform für eine Lampe dieser römischen Art ist gefunden worden, was auf Herstellung am Orte weist (Inv. Tc. 3527).

Von einer reicher verzierten Lampe stammt ein Henkel in Gestalt eines Platanenblattes (Inv. Tc. 2064 Prytaneion; gefirnißt; grau verbrannt).

Inv. Tc. 856 (Palästra, obere Schicht) ist ein kannelierter Griff mit Widderkopf, 95 mm lang erhalten, eine Thonnachbildung des bekannten, eigentlich für Metall bestimmten Typus (s. 1280), wie sie auch anderwärts vorkommt.

Von Aretiner Thongeschirr ist nur wenig in Olympia gefunden worden, nämlich einige geringe Scherben mit bildlichen Resten (laufende Tiere u. dergl.) und einige mit Fabrikantenstempeln; über letztere vergl. den Inschriftenband.

Häufig fanden sich auch in Olympia in den oberen Schichten die sogenannten lagrimatoi, jene allenthalben in der Spätzeit üblichen schlanken Fläschchen aus grobem Thon (z. B. Inv. Tc. 935, 2148, 2475).

## 8. Kleines Thongerät.

**Thonperlen.** Die folgenden Stücke gehören der ältesten Zeit an.

1323 (Taf. LXX). Beim 1. Thesaur (Inv. Tc. 2736). Mit der Hand gemachter Wirtel oder Perle, von oben nach unten durchbohrt. Der Thon ist durch und durch grauschwarz und von weißen Pünktchen durchsetzt. Die Oberfläche ist graubraunschwarz.

1324 (Taf. LXX). Südlich Metroon, mit primitiven Figuren zusammen in tiefster Schicht (Inv. Tc. 1955). Durchbohrte rundliche Perle. Grober graurötlicher Thon mit weißen Pünktchen. Mit der Hand gemacht und ungleichmäßig.

Diesen sehr ähnliche Stücke pflegen auf Cypern in den ältesten Gräbern, welche nur handgemachte Vasen enthalten, und dann in denen, welche mykenischen Import aufweisen, häufig vorzukommen. Auch in Italien sind ähnliche Stücke in den ältesten Gräberschichten nicht selten.

1325 (Taf. LXX). Perle aus geringem rötlichen Thon, durchbohrt.

1326 (Taf. LXX). Nordöstlich byzantinischer Kirche (Inv. Tc. 2268). Perle von durch und durch grauem Thone. Die Oberfläche ist geglättet und dunkelschwarz, löst sich aber leicht ab.

Außer diesen genannten sind keine weiteren Exemplare dieser hochaltertümlichen Art plumper Schmuckgegenstände gefunden worden.

**Wirtel.** Häufig, und zwar auch in tiefen Schichten (vergl. Tageb. V, S. 102, 124, 188) kommen plumpe Wirtel unbekannter Bedeutung vor. Verwandte Stücke erscheinen in den altitalischen Gräbern bekanntlich sehr häufig; vergl. Notiz d. scavi 1882, tav. 13, 10; p. 162. Zannoni, la Certosa di Bol. tav. 75; Text p. 292 ff.

1327 (Taf. LXX). Pelopion (Inv. Tc. 2629). Schlanke Form.

1328 (Taf. LXX). Inv. Tc. 4087. Gedrückte Form.

1329 (beistehend). Südlich Palästra (Inv. Tc. 3411). Plumpe Gestalt. Seltene Form.

1330 (Taf. LXX). Inv. Tc. 4617. Oben der Abdruck eines Siegelsteines: Bockskopf über einem Kantharos, also bakchische Insignien. Aus guter griechischer Zeit.

**Sogenannte Webergewichte.** Sehr zahlreich sind die zum Aufhängen oben durchbohrten plumpen Terrakotta-Pyramiden oder Kegel gefunden worden, die allenthalben im Bereiche der antiken Kultur so häufig vorkommen und noch nicht sicher erklärt sind.[1] In Olympia fanden sie sich überall zerstreut, meist in den oberen, doch auch in den tieferen Schichten (vergl. Tageb. V, S. 174). Sie scheinen von älteren Zeiten bis in die byzantinische zu reichen.

Die Kegelform ist in Olympia die seltenere; die gewöhnliche ist die unverzierte Pyramide. Einmal kommen unten am Rande eingedrückte kleine Kreise vor. Einmal ein Stempel:

1331 (Taf. LXX). Inv. Tc. 4002. Mit dem Abdruck eines Siegelsteines: Hahn mit Palme, als Sieger.

Später Zeit gehören zwei Exemplare mit dem eingeritzten Namen Ἀγαθήμερ-ος an (Arch. Ztg. 1881, S. 188) und eines (Inv. Tc. 4023) mit ΟΛΥΠΙ.ΔΟΣ; endlich eines mit H am Boden (Tageb. VI, S. 53, aus der römischen Schicht beim Südostbau).

Ganz selten ist die Birnenform.

---

[1] Vergl. über dieselben namentlich Pottier et Reinach, necrop. de Myrina p. 246 ff.; Gozzadini, Notiz. d. scavi 1888, p. 164; Paris im Bull. de corr. hell. 1887, p. 416 ff.; 1888, p. 37 ff.

[1] Vergl. was ich über griechische Fabrikantennamen auf Lampen gesammelt habe in Sammlung Sabouroff zu Tc. 75, 4.

## 9. Glas.

Die in Olympia gefundenen Objekte aus Glas sind wenig bedeutend. Sie gehören mit geringen Ausnahmen nur den späteren Zeiten an und stammen dementsprechend fast nur aus den oberen Schichten, besonders aus der Gegend des Prytaneions, der Palästra und der byzantinischen Kirche.

Ganz vereinzelt und sehr alt wäre ein Fragment von unregelmäßig halbkugeliger Form, das nach Treu's Tagebuch (15. Dezember 1877) 2 m tief unter dem Cellafußboden des Heraions gefunden wurde: dasselbe ward nicht inventarisiert und konnte nicht mehr identifiziert werden; da keine Farbe angegeben wird, war es wahrscheinlich weiß. Durchsichtiges Glas in dieser Tiefe wäre aber ganz unerhört, und ich bin daher überzeugt, daß das Fragment beim Graben aus der oberen Schicht in das Loch hereingefallen ist, in dessen Tiefe es gefunden ward.

Von der im 6. und 5. Jahrhundert in Griechenland und Italien häufigen Gattung opaker blauer Glasgefäße mit gelben Streifen (Perrot, hist de l'art III, pl. 7. 8) sind in Olympia keinerlei Reste gefunden worden. Dagegen stammen einige andere kleine Objekte aus dieser älteren Periode.

**1332** (beistehend). Südwesten (Inv. Var. 111). Durchbohrter Cylinder von der Form der orientalischen gravierten Cylinder. Dunkelblauer opaker Grund, darauf drei strichförmige Ringe und mehrere Höcker aus gelbem und blauem opakem Glase aufgesetzt sind.

**1333** (beistehend). Westlich Pelopion (Inv. Var. 143). Perle mit drei stumpfen Spitzen, in der Mitte durchbohrt. Dunkelblauer, fast schwarzer opaker Grund und darin an den drei Ecken gelbe Streifen. — Es ist noch ein gleiches Paar gefunden worden (Inv. Var. 97, nordöstlich Heraion; Berlin, Dubl.). — Eine Menge ganz übereinstimmender Stücke kam im Kabirion bei Theben zu Tage (Centralmus. zu Athen). Gleichartige kommen als Krönung von durchgesteckten Bronzenadeln in Bologna vor, in der sogenannten dritten umbrischen Periode.

Ferner haben sich ziemlich viele kleine bunte opake Glasperlen gefunden, welche sogenannte Augen zeigen; meist ist der Grund dunkler, die Augen blau oder gelb und öfter weiß gerändelt. — Auch von diesen Perlen ist eine Masse im Kabirion bei Theben gefunden. In Italien kommen sie in den Gräberfunden guter Zeit vor.

Wohl späterer Zeit gehört eine Reihe von gerippten Perlen aus mattblauer oder grau-grünlicher opaker Glasmasse in der Art des sogenannten ägyptischen Porzellans an:

**1334** (beistehend). Westlich byzantinischer Kirche (Inv. Var. 129). Durchbohrte Perle aus der angegebenen Masse.

Ebenso Inv. Var. 130. 140. 168. 184. 199. 209. 210. 227. 228. 249).

Auch ein kleiner Scarabäus aus hellblauem sogenannten ägyptischen Porzellane mit glatter unverzierter Unterseite ward gefunden (Inv. Var. 45, Nordostecke Zeustempel, obere Schicht).

Perlen wie 1334 fanden sich auch aus dunkelblauem Glase.

Ziemlich zahlreich waren Scherben der guten sogenannten Millefiori-Technik der römischen Zeit. Wir geben ein besonders hübsches Stückchen:

**1335** (beistehend). Inv. Var. 138. Dicke 5 mm. In blauem Grunde sind Rosetten, Blumen und Zweige in der bekannten Weise aus gelben, weißen, grünen und roten Glasstiften eingeschmolzen. Oberfläche verwittert.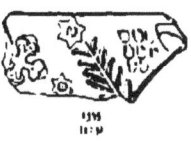

Andere Scherben sind: größeres Stück einer feinen Schale mit weißen Stiften auf hellblauem Grunde. — Inv. Var. 103. Scherben einer gerippten Schale, violett mit weißen Stiften. — Inv. Var. 162 (Prytaneion) desgl., violett mit weißen Streifen. — Inv. Var. 113 (nordöstlich byzantinischer Kirche) einer gerippten Schale, blau mit weißen Streifen. — Inv. Var. 146 (Palästra), weiß mit blauen Stiften. — Inv. Var. 147 (Palästra), ein feines gelb und grün gestreiftes Fragment.

Ein Miniaturväschen, eine geringe Nachahmung der berühmten Art der Diatreta ist:

**1336** (beistehend). Ostende der Krypte (Inv. Var. 78). Tiefblaues durchsichtiges Glas. Kleine Kanne mit durchbrochener äußerer Wandung.

Von weißem durchsichtigem Glase sind folgende Stücke hervorzuheben: Eine Reihe einfacher Becherfüße in der Art der Füße unserer Trinkgläser. — Zierliche Griffe großer Flaschen. — Inv. Var. 75 (Oktogon). Fragment einer Schale mit eiförmigen herausgeschliffenen Vertiefungen auf der Außenseite. — Inv. Var. 251. Scherbe mit unklarem Reste geschliffener Darstellung. — Inv. Var. 72 (Südosten). Rand eines Gefäßes mit in Relief geschliffenem Blatte; oben auf dem Rand der Rest eines Perlstabes scheint eher Bergkristall als Glas zu sein.

**1337** (beistehend). Palästra, obere Schicht (Inv. Var. 77). Scherbe von grünlich-weißem durchsichtigem Glase mit dem in Relief gepreßten lateinischen Inschriftreste DORA. An allen Seiten gebrochen.

**1338** (umstehend). Nordwestlich Zeustempel (Inv. 8594). Ohrring aus einfachem Bronzedraht mit daran hängender Perle, welche nach Treu's (Tagebuch V, S. 112) und meiner eigenen

Notiz aus weißem durchsichtigem Glase besteht, während Purgold (im Inventar) sie
als aus hellgelbem Bernstein bestehend anführt. Sie scheint in tiefer Schicht gefunden,
was, wenn es wirklich Bernstein ist, wohl
passen würde. Ist es aber Glas, so gehört
das Stück später Zeit an.

14:31     In größerer Zahl sind endlich runde
Knöpfe von Glas mit flacher Unterseite gefunden worden, derselben Art, wie sie anderwärts, z. B.
im Kabirion bei Theben, aber auch in den römischen
Ruinen am Rhein gefunden werden. Man pflegt sie als
Spielmarken zu erklären. In Olympia kamen sie besonders nördlich vom Prytaneion und in den Häuser-
ruinen bei der byzantinischen Kirche in den oberen
Schichten vor, und zwar aus durchsichtigem weißem,
aus opak weißem, aus grünem, blauem, braunem und
tiefdunklem opakem Glas, endlich auch in der Millefiori-
Technik; von letzterer Art ist Inv. Var. 94, grün mit
schwarzbraunen Stiften, die einen gelblichen Rand haben;
Inv. Var. 102, grün mit gelblichen Stiften. Sie pflegen
1—1½ cm im Durchmesser zu haben; ein ungewöhnlich
großes Stück (Inv. Var. 86) hat 2½ cm Durchmesser. Sie
sind flach; ungewöhnlich hoch ist Inv. Var. 239 mit 9 mm
Höhe zu 12 mm Durchmesser. Die Form pflegt nicht
ganz genau kreisrund zu sein; auch kommen entschieden
ovale Stücke vor.

## 10. Gegenstände aus anderen Materialien.

1339 (beistehend). Nordöstlich
byzantinischer Kirche (Inv. Var. 106).
Sogenannter Wirtel, Schmuckstück
von der Form derer aus Terrakotta
(oben 1326), durchbohrt. Aus Agal-
matolith (nach Böckings Bestim-
mung), einem schon in mykenischer
Periode viel verwendeten Steine.
Wahrscheinlich sehr alt. — Ebenso
Inv. Var. 126. Es sind noch einige Stücke derselben
Form aus graublauem Steine gefunden worden. —
Ähnliche kommen namentlich auf Cypern in früheren
Gräbern vor.

Aus Bernstein ist, abgesehen von den an Greifen
und einem Schlangenkopfe erhaltenen Bernsteinaugen
(vergl. S. 121 und 804), nur noch eine flache Scheibe von
3 cm Durchmesser zu nennen (Inv. Var. 133; erster Thesauros), die offenbar das Auge einer größeren Figur
bildete; der Bernstein ist ganz dunkelbraun. — Inv. Var. 142
(südliches Heraion) ist das Fragment einer dicken durchbohrten Perle dunklen Bernsteins (3½ cm lang, 2½ cm
breit). — Endlich ist noch ein formloses Fragment hellen
goldgelben Bernsteins gefunden.

Inv. Var. 223 ist die Spitze eines messerförmigen, jedoch stumpfen Instruments aus oliven graugrünem Horn-
stein (gefunden östlich vom Südostbau, vergl. Tagebuch VI, Seite 37). — Inv. Var. 110 nordöstlich byzantinischer Kirche, ein rechteckiger Wetzstein (6 × 4 cm)
von Kalkschiefer der olympischen Gegend (nach Böcking).

Eine technische Seltsamkeit sind einige ½ cm dicke
Rundstäbchen von Blei, die innen mit Silber ausgegossen
sind (Inv. Met. 250).

Hier sei auch erwähnt, daß einige Eberzähne gefunden wurden, die möglicherweise als Schmuck verwendet waren. Sie traten bekanntlich auch unter den
Resten der mykenischen Kultur nicht selten auf (z. B.
in der Tholos von Menidi, s. Kuppelgr. v. M. Taf. 9, 14).

Schließlich kann, obwohl es mehr in den Kreis der
Architektur gehört, angeführt werden, daß sich in der
Mitte des Leonidaions gut erhaltene Reste bemalter
Stuckdekoration gefunden haben, welche offenbar
dem Umbau der römischen Zeit angehörten; namentlich
blau, rot und weiß bemalte Streifen von Reliefornamenten,
die ganz mit denjenigen übereinstimmen, welche in
Pompeji den letzten, sogenannten vierten dekorativen
Stil charakterisieren.

## 11. Die Reste der byzantinischen Epoche.

Nach Aufhören der Festspiele und des heidnischen
Kultus überhaupt wurde Olympia ein christliches Dorf,
das eine stattliche Kirche besaß, die in einem der alten
Gebäude eingerichtet war. Die Funde aus dieser Spätzeit zerfallen in solche, die aus den Gräbern und solche,
die aus den Wohnungen stammen. Den sichersten Anhalt haben wir an den Gräberfunden, die wir zunächst
betrachten.

Die Altis und ihre Umgebung ist voll von rechteckigen ungefähr 2 m langen Plattengräbern gefunden
worden, die von zweierlei Art sind, je nachdem sie
aus Steinplatten oder aus Thonplatten zusammen-
gesetzt sind. Die Funde in beiden Gräbergattungen sind
gleichartig. Die Steingräber waren wohl die vornehmeren.
Sie waren besonders dicht gedrängt in und um die
byzantinische Kirche. Die Thongräber waren häufig
klein, für Kinder bestimmt. Vereinzelt waren ein Grab
in Form einer Thonkiste mit Kreuz auf zwei Seiten
(Tagebuch 25. November 1878 und ein aus Ziegeln ge-
mauertes Grab nordöstlich der Kirche; auf dem Kalk-
bewurfe des Innern war eine Inschrift aufgemalt; das
Grab enthielt nur eine kleine rote Kanne (Tageb. V,
S. 277). Wahrscheinlich diente auch ein 55 cm hohes
Thonfaß, welches vom Fußboden der spätesten Hütten
aus über der Palästra in den Sand eingegraben gefunden
ward und einige Knochen enthielt, als Kindergrab
(Tageb. V, S. 62). Die Gräber waren zuweilen mit
Leichen vollgepfropft; es wurden bis zu neun Skelette
in einem Steinplattengrabe gefunden. Sie pflegen mit
den gemauerten Keltern auf gleichem Niveau angelegt
zu sein. Öfter ließ sich beobachten, daß circa 40—50 cm
über dem Deckel des Grabes eine Steinplatte lag, welche
wahrscheinlich das Fußbodenniveau der Periode angibt,
welche das Grab anlegte, und als Bezeichnung des Grabes
diente. Einmal fand sich statt dessen eine Ziegelschicht
(Tageb. V, S. 68). Die Bewohner scheinen die Gräber
unmittelbar in und bei den Häusern angelegt zu haben.
Die spätesten schlechtesten Hausmauern gehen aber öfter
über die Gräber hinweg. Es wurde auch beobachtet,

daſs in drei Schichten übereinander Steinplattengrab, Thonplattengrab und ſchlechte Hausmauer folgten (Tagebuch 9. April 1879). Die Funde in den Gräbern ſind ſehr gering; ſie ſind durchaus gleichartig und chronologiſch nicht näher abzuſtufen. Bei weitem die meiſten Gräber enthielten indeſs gar keine Beigaben. Vielleicht ſind die Gräber mit Beigaben im Ganzen älter als die leeren, da jene ſich der heidniſchen Sitte noch direkt anſchlieſsen.

Die Funde in den Gräbern erſtrecken ſich auf folgende Gegenſtände:

Kleine rohe Thonkrüge, die in mehreren Fällen links neben dem Kopfe ſtehend gefunden wurden. Vergl. Tagebuch 10. April 1879; Bd. V, S. 165; 31. März 1876; Inv. Tc. 292.

Ohrringe von Bronze oder verſilberter Bronze.

Haarnadeln, zuweilen verſilbert.

Armbänder mit und ohne Verzierung.

Halsbänder von weiſsen oder blauen Glasperlen auf Bronzedraht, vergl. Tageb. V, S. 139. 154.

Ohrlöffelchen, ohne Verzierung, ſonſt wie 1109 ff.; ſie kommen auch von Silber vor. Vergl. Tageb. V, S. 165. 229. Inv. 3461.

Kreuze, kleine, zum Anhängen.

Schnallen einfacher Form.

Eiſernes Meſſerchen mit Bronzegriff (Inv. 10103 aus einem Grab in der Palaſtra), von einer ſchon in römiſcher Zeit ſehr beliebten Form; der Griff hat nämlich ein lanzenförmiges Ende. (Zahlreiche Meſſerchen genau deſſelben Typus ſind im Muſeum zu Neapel.)

Münzen, vergl. Tageb. 18. September 1875 (unkenntlich), 9. Januar 1877 (byzantiniſch, mit Kreuz), 8. Februar 1879 (gute römiſche Kaiſerzeit, wahrſcheinlich von oben mit der Erde hereingekommen).

Glocke: vergl. Tageb. 25. November 1878, wonach in einem Thonkiſtengrabe nichts anderes als eine Glocke (Inv. 4171) gefunden ward, welche die Form von 1170 hatte.

Kleine Krampe mit rotem Glasfluſs in Zellen (Tageb. V, S. 154).

Von dieſen Gegenſtänden waren meiſt nur der eine oder der andere, ſelten mehrere in einem Grabe vereinigt. Ungewöhnlich reiche Grabfunde waren folgende: Inv. 1791: ein Kreuzchen an kleiner Kette, zwei Ohrringe, ein Armband mit flachen Schlangenköpfen, Haarnadeln mit polygonen Köpfen. Oder Inv. 2113: Armband, drei Haarnadeln, zum Teil verſilbert, kleine verſilberte Nadel mit Häkchen oben. Beide Gräber gehörten offenbar Frauen an. Speziell männliche Beigaben kommen überhaupt nicht vor.

Teils durch dieſe Grabfunde, teils durch Fundumſtände oder ſonſt unverkennbaren Charakter laſſen ſich noch eine Reihe von in den oberſten Schichten auſserhalb der Gräber gefundenen Gegenſtände der chriſtlichen Periode zuweiſen. Auch reicht ſicher Manches von den Dingen, welche wir bereits als ſpätrömiſch aufgeführt haben, noch in dieſe Periode herein (von den Ohrlöffelchen und Glocken ward dies oben ſchon bemerkt).

Wir betrachten nun die Funde kurz im Einzelnen, indem wir die aus den Gräbern mit den anderen vereinigen.

## Kreuze.

**1340** (Taf. LXXI. Prytaneion [Inv. 4357). Kreuzchen zum Anhängen, von Bronzeblech. Oben noch ein Glied der Drahtkette. Mit eingeſchlagenen Würfelaugen verziert. Der Rand iſt ausgezackt. Die ſchöne Patina dieſes Stückes, welche ganz der der Bronzen der alten Zeit entſpricht, zeigt, daſs es aus einem alten Stücke Blech geſchnitten iſt, dergleichen die ſpäten Bewohner ja bei jedem Spatenſtiche finden konnten.

Ein genau übereinſtimmendes Kreuzchen gehört zu dem ſchon erwähnten Grabfunde Inv. 1791, wo es mit Arm-, Ohrringen und Haarnadeln zuſammen erſchien. Ein ſilbernes Kreuzchen, wiederum ganz derſelben Form, nur ohne die Würfelaugen, doch gezackt am Rande, fand ſich in einem über der Palaſtra belegenen Steinplattengrabe [Inv. Met. 244; vergl. Tageb. V, S. 177).

**1341** (Taf. LXXI). Gymnaſium (Inv. 7760). Kreuzchen aus dickerem Blech und etwas ſchlankerer Form, zum Anhängen mit einer Öſe verſehen. Mit Würfelaugen geziert; der Rand unten gezackt.

Ganz übereinſtimmend iſt ein Kreuzchen aus einem Thonplattengrabe bei der Nordoſtecke des Zeustempels [Inv. 1136); daſſelbe hängt noch an einem eiſernen Kettchen mit kleinen Glasperlen. — Ein gleiches Kreuzchen fand ſich beim Prytaneion im antiken Boden (Inv. 4087); es kann nur durch Zufall tiefer herabgerathen ſein. Andere kleine Kreuzchen ſind Inv. 413. 5534. 5463. 12395 (aus dünnem Blech, mit einem Haken zum Anhängen). Met. 232 von Silber.

**1342** (Taf. LXXI. Inv. Met. 230; Berlin, Dubl. Kreuzchen von Blei, gegoſſen; es hat einen kreisförmigen Rahmen und daran eine Öſe. Auf beiden Seiten ſehr unklare buchſtabenartige Zeichen, welche unſere Abbildung ſo deutlich wie möglich giebt.

## Ohrringe.

**1343** (Taf. LXXI. Nordöſtlich Prytaneion (Inv. Met. 262b). Silberner Ohrring aus einfachem, in der Mitte dickerem Draht; die ſpitzen Enden ſind zu Häkchen umgebogen, welche in einander greifen. Mit einem anderen gleichen zuſammen gefunden; das Paar ſtammt wahrſcheinlich aus einem Grabe.

Dieſer einfache Typus war der in der ganzen Periode herrſchende. Er fand ſich häufig in den Gräbern, und zwar meiſt paarweis. Gewöhnlich beſteht er aus Bronzedraht, ſeltener iſt derſelbe verſilbert oder von reinem Silber. Neben ihm kommt noch ein anderer, ebenfalls ſehr einfacher Typus ohne Häkchen in den Gräbern vor:

**1343a** (beiſtehend). Steinplattengrab im Oſten (Inv. 4368). Das eine Ende iſt ſpitz, das andere ſtumpf und durch einige Kieſeln geziert.

Vergl. Inv. 810. 833. 1137. 1791 (verſilbert). 3461. 3610. 10103. Met. 218 (Silber). Tagebuch V. S. 163. 177. 178; VI, S. 67 (Grabfunde).

**1344** (Taf. LXXI). Nordöstlich Prytaneion, in hoher Schicht (Inv. 13763). Ohrring von Bronzedraht mit einer Halbkugel von Blech daran. Paßt in der ganzen Art zu den byzantinischen Sachen. Das Blechkügelchen ist wohl ein ärmlicher Ersatz für eine Glasperle. In der Gegend des Fundes befanden sich viele Gräber.

**1345** Taf. LXXII. Nordöstlich Prytaneion (Inv. 7013). Aus Draht geflochtener Ohrring. Das eine Ende mit dem Häkchen ist abgebrochen. Ein gleiches Exemplar (Inv. 10103) fand sich in einem Grabe. Vergl. **1352**.

Einen ganz anderen reicheren Charakter trägt:

**1346** (beistehend). Leonidaion (Inv. 12435). Ohrgehänge mit ausgeschnittenen Verzierungen. In der Mitte des oberen und unteren Gliedes eine Höhlung, welche einst wohl eine Glasfüllung trug. Gewiß sehr spät.

## Armringe.

**1347** (Taf. LXXII). Südostbau (Inv. 13640). Gegossenes Armband mit flachen Enden in der, wie es scheint, nicht mehr verstandenen allgemeinen Form von Schlangenköpfen. Auf die beiden Seiten verteilt ist die Inschrift, welche wir in genauer Kopie darunter haben abbilden lassen (vergl. Arch. Ztg. 1881, S. 187, No. 414): Κύριε βοήσι τῇ φορούσῃ. Die beiden Abteilungen beginnen mit einem Kreuze.

Einfache gegossene Armbänder mit flachen schlangenkopfförmigen Enden befanden sich in den beiden oben angeführten Grabfunden (Inv. 1791 und 2113).

**1348** (Taf. LXXII). Buleuterion (Inv. 5711). Gegossener Armring. Auf den Enden sind ein Kreuz mit längerem Vertikalbalken und ein Fisch graviert.

Häufiger sind die aus dünnen schmalen Blechstreifen zusammengebogenen Armbänder, deren Enden durch einen Nagel zusammengehalten werden. Die Spätzeit kehrt hier wieder auf eine uralte Form zurück (vergl. **380** ff.), weil sie eben die einfachste ist.

**1349** (Taf. LXXI). Ostfront Zeustempel (Inv. 300). Armband aus Blech mit reicher Gravierung. Charakteristisch sind die Würfelaugen und die flachen Kreisbögen, welche mit Strichen gefüllt sind. Nicht sichtbar auf unserer Abbildung ist ein Kreuz und ein Vogel im Stile wie auf **1355**.

**1350** (beistehend). Aus einem Grab auf dem südlichen Stadionwall (Inv. 11786, vergl. Tageb. V, S. 224 f.). Gravierung eines Armbandes gleicher Form.

**1350a** beistehend. Über der Echohalle (Inv. 5798). Gravierung eines Armbandfragments derselben Art.

Gleicher Art sind noch mehrere Armbänder gefunden. In der Gravierung sind jene flachen Kreisbögen mit der Strichfüllung besonders beliebt. Mehrmals kommt auch der Fisch vor. Mehrere Exemplare stammen aus Gräbern. Siehe Inv. 4228. 7593. 13493. 12305. 12235. 2230. 9851. Inv. von 1884, No. 218. 219 beide aus Gräbern.

**1351** (Taf. LXXI). Östlich byzantinischer Kirche (Inv. 11883). Armband eines Kindes, in derselben Art wie die vorigen, aus Blech und genietet. Gravierte Ranken.

**1352** Taf. LXXI. Südostbau, in der obersten Schicht, über der römischen (Inv. 13158). Aus Draht geflochtener Armring, sicherlich aus dieser späten Zeit, ganz analog dem Ohrring **1345**.

## Haarnadeln.

**1353** (Taf. LXXI). Nördlich byzantinischer Kirche (Inv. 12354). Nadel mit einfachem rundem Knopf.

Dieser Typus, der in Olympia öfter vorkommt, ist in mehreren Exemplaren in dem Grabfunde Inv. 2113 vertreten; dieselben sind versilbert.

**1354** Taf. LXXI. Bei der Echohalle (Inv. 4150). Nadel mit polygonem Knopfe; mit Würfelaugen verziert.

Ebensolche Nadeln waren in dem Grabfunde Inv. 1791; hier hingen von dem Knopfe oben noch kleine Kettchen herab. Andere gleiche Exemplare sind: Inv. 7493. 5311. 12230. 8471. 13704.

Zum Motiv der Knöpfe vergl. die Ohrringe aus Gräbern der Völkerwanderungszeit in Deutschland, Lindenschmit, Altert. II, 10, 6, 8. 9.

In dem Grabfund Inv. 2113 war auch eine kleine dünne Nadel mit hakenförmigem oberem Ende.

Inv. 3500 (vor 11. Thesaur, wo mehrere Gräber waren) Ende einer runden Stange, 0,152 lang erhalten, bekrönt von einem Kreuze mit gleich langen Schenkeln von 18 mm Länge), auf dessen Spitze eine Taube sitzt. Roh gearbeitet, wohl eine große Schmucknadel.

## Fibeln, Schnallen u. dergl.

**1355** Taf. LXXI. Nordöstlich byzantinischer Kirche (Inv. 11716). Bügel einer Gewandspange mit nach unten umgebogenem Fuße, also anschließend an die oben **1144** besprochene spätrömische Form. Die Nadel mit ihrer Spiralfeder war besonders eingesetzt; sie war von Eisen, wie die Reste zeigen, welche in der Nadelaufnahme erhalten sind. Auf dem Bügel reiche Verzierung, aus gravierten Strichen, eingeschlagenen Punkten und Würfelaugen bestehend. Zweimal ein gleichschenkeliges Kreuz, ferner ein Stern und ein Vogel in linearem, an den alten griechisch-geometrischen erinnernden Stil.

Fragmentiertes Exemplar derselben Art mit Gravierung, Inv. 5408 (Südosten). Einfacher, ohne Gravierung, Inv. 3459. 4328.

1356 (Taf. LXXI). Öftliche Gymnafiumshalle (Inv.
12322). Der Bügel von Blech hat die ungefähre Geftalt
eines Hahnes. Auf dem Rücken eingefchlagene Würfelaugen. Refte der Nadel von Eifen.

Inv. 7754, ein Fragment mit Würfelaugen, vielleicht
vom Bügel einer Fibel. Aus einem Thonplattengrab
(vergl. Tageb. V, S. 15).

Einfache Schnallen mit beweglichem Dorn an ellip-
tifchem Bügel kamen in Gräbern in der byzantinifchen
Kirche vor. — Inv. 12544 (füdlich Paläftra), an die
Schnalle fetzt ein Streif von Blech an; darauf eingefchlagene Würfelaugen; ficher byzantinifch. — Andere
Schnallenfragmente diefer Periode: Inv. 7534. 12435.
12160.

1356a (Taf. LXXII). Gymnafium (Inv. 11792). War
oben in einem Scharnier beweglich. An der Rückfeite
des unteren Endes die Spur von vier abgebrochenen
Öfen. Die ausgefchnittene Hauptverzierung hat die
Geftalt eines Kreuzes. Die Weife der Gravierung mit
den Strichen und Punkten fanden wir in verwandter
Weife an den byzantinifchen Armbändern, weshalb ich
das Stück hierher geftellt habe. Doch gehört es, wie
ich nachträglich bemerke, wohl noch in gute römifche
Zeit. Es ift nämlich, wie aus dem Vergleiche des wohlerhaltenen Befchlages eines Käftchens aus Griechenland
(in Berlin, Misc. Inv. 7653) hervorgeht, eine bewegliche
Krampe, welche an einem Käftchen fich in der Richtung
befand wie auf unferer Abbildung; mit dem unteren
Ende griff fie in den Befchlag des Schloffes; in die
Öfen auf der Rückfeite griffen Riegel, welche den Verfchlufs bewirkten.

1357 (Taf. LXXI). Nordweftlich Leonidaion (Inv.
12952). Hinten flaches Befchlagftück; war mit zwei
Stiften befeftigt. Vielleicht von einem Agraffe oder dergl.; jedenfalls fehr fpät. Vereinzeltes
Stück.

Endlich feien hier einige Fragmente mit Email-
fchmuck angeführt: Inv. 13830, kreisrunde Scheibe von
3½ cm Durchmeffer, mit flachen Rillen auf der einen
Seite, wohl zur Füllung mit Email, das ausgefallen; auf
der flachen Rückfeite in der Mitte ein Knopf. — Inv. 2568,
kleine Scheibe mit Öfe zum Anhängen; mit mehreren
radial angeordneten Zellen, die mit rotem Glasflufs gefüllt find. — Tageb. V, S. 154, kleine »Krampe« mit
rotem Email, aus einem Grabe (f. oben S. 205). — Inv.
12090, kleines Fragment mit leeren Zellen für Email. —
Inv. 5747, Bronzeknopf von 14 mm Durchmeffer, mit
blauem Email, darin rote Kreife.

### Fingerringe.

1358 (beiftehend). Nordöftlich Prytaneion, wahrfcheinlich aus einem der dortigen Gräber ftammend (Inv. Met. 251; vergl.
Tageb. V, S. 284). Verfilberter Bronzering.
Auf der Siegelfläche die rückläufig gravierte Infchrift: Χριτι Βοηθει. Zu beiden Seiten ein
Kreuz.

In einem Grabe nordweftlich der Kirche wurde
ein filberner Ring mit dem Monogramme Chrifti ge-

funden (Inv. 8978; Tageb. V, S. 139). Fingerringe von
Bronze mit graviertem Kreuze find Inv. 12245. 14041.
9551. In einem Ziegelgrab fanden fich drei Fingerringe von Bronze, davon zwei mit graviertem Kreuze;
auf einem war eine kleine byzantinifche Münze feft-
geroftet. [1]

### Thongefäfse.

Die zahlreichen Thongefäfse diefer Periode find
ganz ungefirnift und unbemalt. Ihr einziger Schmuck
befteht in horizontalen Rillen oder graviertem Zickzack-
und Wellenband. Der Thon ift gelb oder rötlich; er ift
grob und die Oberfläche ungeglättet. Wir geben hier
einige Proben:

1359 (beiftehend). Steinplattengrab über der Echohalle mit drei Leichen und diefer einen Vafe links neben
den Köpfen (Tageb. V, S. 165); Kanne von 0,145 Höhe,
mit eingeritztem Zickzack und gewelltem Streif an der
Schulter.

1359
H: 6

1360
H: 5

1360 (beiftehend). Aus einem Grab nordöftlich byzantinifcher Kirche Inv. Tc. 3427. Höhe 0,15. Kanne
mit Rillen auf der Schulter.

1361 (beiftehend). Steinplattengrab im Often (Inv.
Tc. 1789). Höhe 0,13. Kanne mit cylindrifcher Mündung. Dorn am Henkel oben. Auf der Schulter ift
eine Zickzacklinie eingeritzt.

1362 (beiftehend). Grab über der Paläftra (Inv.
Tc. 3426). Höhe 0,14. Kanne mit Riefeln.

1363 (beiftehend). Paläftra (Inv. Tc. 3424). Kanne
mit Riefeln.

---

[1] Aus Verfehen ift diefelbe bei Treu, Tageb. V, S. 128,
als aufgelötete Platte mit Gorgonenfratze befchrieben.

17*

1364 beiftehend'. Öftliche Gymnafiumshalle (Inv. Tc. 3435). Höhe 0,12. Amphora mit Riefeln.

Andere derartige Gefäße: Inv. Tc. 223. 292. Tageb. 10. April 1879, kleine Kannen aus Gräbern. — Gefäße mit horizontalen Riefeln: Inv. Tc. 3444. 3445. 3481 und andere nicht inventarifierte. — Endlich kamen auch Refte von Thongefäßen der Form wie die Bronzekannen 1372 vor.

1365 beiftehend). Weftlich byzantinifcher Kirche (Inv. Tc. 2469). Lampe der fpätrömifchen Form, mit dem kreuzförmigen Monogramme Chrifti in Relief.

Inv. Tc. 2084. Chriftliche Lampe mit einem Lamm in Relief. Ringsum höhfche Hanken. Unten eingedrückt ein Epheublatt und zu beiden Seiten die zwei Buchftaben λ und ε.

Inv. Tc. 1803. Fragmentierte Lampe mit Kreuz in Relief. — Inv. Tc. 1785. Randftück einer Lampe mit geprefsten konzentrifchen Kreifen und Quadraten, eine Verzierung, die

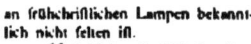

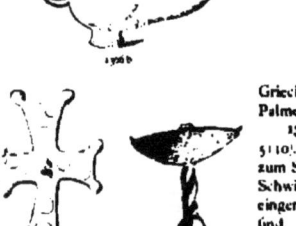

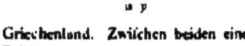

an frühchriftlichen Lampen bekanntlich nicht felten ift.

1366 beiftehend'. Südoften (Inv. Tc. 1707. Höhe mit der Hand gemachte Lampe der fpätrömifchen Form, mit zwei Dochtöffnungen. Auf der oberen Fläche geritzte Wellenlinien, wie auf einigen der oben angeführten Vafen. Der Verfertiger war fo heruntergekommen, dafs er keine Form für die Lampe befafs und fie aus der Hand machen mufste.

Das Wellenlinienornament findet fich, wie hier, auch zuweilen auf den großen Ziegeln eingeritzt, welche die Thonplattengräber bilden (auf der Innenfeite derfelben).

## Thonftempel.

1366 a (beiftehend). Nördlich Prytaneion (Inv. Tc. 2023). Stempel aus Terrakotta. Kreuz. Beftimmt,

das heilige Brot zu ftempeln. Es find noch mehrere ähnliche gefunden worden (Inv. Tc. 1824. 1825 mit Kreuz; 9811 mit Palmzweig

## Bronzegefäße und Eifengerät.

1366 b. c beiftehend'. Nördlich Echohalle (Inv. 5849). Lampe der gewöhnlichen Form, von 0,11 Höhe: über dem Henkel ein großes Kreuz mit längerem Vertikalbalken, mit eingefchlagenen Würfelaugen verziert: In drei Öfen waren Kettchen zum Aufhängen angebracht.

1367 Taf. LXXII. Gegend des Gymnafions (Inv. 7112). Vielleicht vom durchbrochen verzierten Henkel einer großen Bronzelampe. Der Stil weift das Stück jedenfalls der byzantinifchen Epoche zu. Zwei Pferde mit Sätteln und breiten, nach dem Hinterteil gehenden Riemen, ganz wie die Saumtiere im heutigen

Griechenland. Zwifchen beiden eine Palme.

1368 Taf. LXXII. Often (Inv. 5110). Sechsfeitiges Weihrauchgefäß, zum Stehen auf drei Füßen und zum Schwingen an drei eifernen Kettchen eingerichtet, deren Anfätze erhalten find. Außerdem ein Anfatz für einen ringförmigen Griff.

1369 Taf. LXXII. Nördlich Echohalle (Inv. 5848). Rundes Weihrauchgefäß, ebenfalls mit drei Füßen und drei Anfätzen für Ketten zum Schwingen. — Ein ganz gleiches liegt im Mufeum zu Konftantinopel unter den Funden von Affos (wo auch eine byzantinifche Schicht ausgegraben wurde.

1370 beiftehend. Weftlich Echohalle (Inv. 5063'. Höhe 0,09; oberer Durchmeffer 83 mm. Kleines Weihrauchgefäß in Becherform, zufammengefetzt aus einem jener uralten Dreifufskeffelchen als Gefäß und einem

Nagelkopfdeckel der guten klassischen Zeit als Fuss;
durch einen dicken gewundenen Draht wurden die
beiden Teile, deren die späteren Bewohner der Altis gar
viele in der Erde finden konnten, verbunden. Vergl.
Bronzefunde S. 84, Anm. 2.

1371 (Taf. LXXI. Westfront Zeustempel (Inv. 1163).
Ende eines gegossenen Henkels zum Anlöten an ein
Gefäss, mit einer Maske von barbarischer Rohheit ver-
ziert. Sicherlich kein altes, sondern ein sehr spätes Stück.

Endlich sind in den elenden Häusern, welche die
Altis bedeckten, mehrere zu gewöhnlichem Gebrauche
bestimmt gewesene, einfache unverzierte Bronzekessel,
Kannen und Flaschen gefunden worden, deren Henkel von
Eisen waren. Das Metall hat eine hässliche stumpfe dunkle
Farbe. Solche Kessel sind Inv. 3207 (Ostfront Heraion;
Höhe 28, oberer Durchmesser 21 cm); gleichartige, in
der obersten Schicht gefundene, werden erwähnt Tage-
buch V, S. 350. 379. Ein derartiges Exemplar in Berlin.
Dubl., Inv. 12338.

Ein Hauptfund dieser Art war aber der am 20. Dezember 1877 in einem der elenden späten Häuser unmittelbar ausserhalb der byzantinischen Ostmauer gemachte. Es fand sich hier auf einem Klumpen zusammen
eine Anzahl eiserner Geräte und Werkzeuge (Inv. Met.
203), sowie Bronzegefässe (Inv. 2231), und namentlich ein
grosser Thonpithos (Bauch 55 cm Durchmesser, oben
28 cm Durchmesser), darin zwei Thonkrüge voll von
Münzen (von Konstantin dem Grossen bis Justinian).
Eine Gruppe aus diesem Funde geben wir in Abbildung

1372 (Taf. LXXI). Vier Bronzegefässe: Links ein
kleiner Kessel, auf eine eiserne Schaufel festgeröstet (Höhe
0,22). In der Mitte eine grosse Kanne mit eisernem
Henkel (Höhe 0,26), welche durch Eisenrost mit dem
eisernen Henkel einer zweiten kleineren Kanne derselben
Form verbunden ist. Endlich rechts eine Flasche mit
dem Reste eines eisernen Henkels (Höhe 0,23). — Gefässe
dieser Formen sind in den obersten Schichten noch
mehrere gefunden worden. Es ist den meisten derselben,
ebenso wie den vorhin erwähnten Kesseln, eigentümlich,
dass sie nicht bauchige runde, sondern ganz oder fast
gerade Wandungen haben, die nach der Mündung und
nach dem Fusse zu scharf absetzen. Die Form der Flasche
rechts auf unserem Bilde, die ebenfalls mehrfach wiederkehrt, erinnert etwas an die Goldgefässe des Fundes
von Nagy-Szent-Miklós (L. Hampel S. 9 ff.).

Das Eisengerät jenes Fundes vom 20. Dezember 1877
bestand aus vier Spitzhacken, einer breiten Hacke, zwei
Schaufeln, sieben Sicheln, einem grossen Löffel (von
46 cm Länge) und einem aus grossen Ringen und Ketten
bestehenden Gerät, welches von Einheimischen als Vogel-
falle erklärt ward, aber viel wahrscheinlicher eine Fuchs-
falle ist.[1] — Ganz übereinstimmendes Eisengerät wurde
mehrfach in den Hütten der obersten Schicht gefunden;
namentlich mehrere der letzterwähnten Fuchsfallen, sowie
zahlreiche Sicheln und Hacken.

---

[1] Über die angeblich zu dem Funde gehörige Pompo-
balos siehe oben S. 184.

# Nachtrag

Zu S. 33. Zu den Terrakottastatuetten ist hinzuzufügen:

Inv. Tc. 74 (westlich Zeustempel, im 2. Jahre gefunden), fragmentierte Gruppe von zwei Wickelkindern
in einer Wiege, 53 mm hoch, 55 mm breit. Abgebildet
und besprochen Mitteil. d. Instituts, Athen, 1885, S. 83
(Marx). Ich habe die Gruppe bei meiner Aufnahme des
ganzen Bestandes des Museums in Olympia 1886 nicht
vorgefunden und kenne sie nur aus dem Inventar und
der zitierten Publikation; vermutlich wurde sie damals
zufällig an einem mir unbekannten Orte aufbewahrt.

Zu S. 102, 4. Zur Erklärung ist auch zu erinnern
an die alte Gruppe auf dem Grabe des Koroibos, welche
diesen die κῆρ παιδοφόνος tödtend darstellte (Paus. 1, 43, 7;
vergl. Anthol. Pal. 7, 154 und Weisshäupl, die Grab-
gedichte d. griech. Anthologie S. 92), und ferner an das
Gebet an Herakles, Orph. hymn. 12, 15, wo von diesem
erfleht wird, er möge die ἄτας und κῆρας vertreiben.
Zur Deutung als Ker würde die Figur des Reliefs vortrefflich passen.

# Register